78.-
10.-

Schriften zur Gleichstellung der Frau

herausgegeben von

Prof. Dr. Jutta Limbach
Prof. Dr. Heide Pfarr
Marion Eckertz-Höfer

Band 14

Ursula Rust (Hrsg.)

Juristinnen an den Hochschulen – Frauenrecht in Lehre und Forschung

Nomos Verlagsgesellschaft
Baden-Baden

Die Deutsche Bibliothek – CIP-Einheitsaufnahme

Juristinnen an den Hochschulen – Frauenrecht in Lehre und Forschung /
Ursula Rust (Hrsg.). – 1. Aufl. – Baden-Baden : Nomos Verl.-Ges.,1997
  (Schriften zur Gleichstellung der Frau ; Bd. 14)
  ISBN 3-7890-4717-1

1. Auflage 1997
© Nomos Verlagsgesellschaft, Baden-Baden 1997. Printed in Germany. Alle Rechte, auch die des Nachdrucks von Auszügen, der photomechanischen Wiedergabe und der Übersetzung, vorbehalten. Gedruckt auf alterungsbeständigem Papier.

Vorwort

Die Jurisprudenz war und ist bis heute eine männlich geprägte Wissenschaft. Die Dominanz besteht in zweifacher Hinsicht:

- sie manifestiert sich in einer weitgehenden Nichtexistenz von Frauen als Lehrende an juristischen Fakultäten;
- sie prägt Inhalte von juristischer Ausbildung und Forschung.

Beide Elemente sind Gegenstand des vorliegenden Sammelbandes "Juristinnen an den Hochschulen - Frauenrecht in Forschung und Lehre".

Die Mehrzahl der im Sammelband zusammengefaßten Beiträge sind bereits während eines Symposiums zum Thema "Juristinnen an den Hochschulen - Frauenrecht in Forschung und Lehre" vorgetragen und diskutiert worden, das 1995 am juristischen Fachbereich der Universität Bremen stattfand. Neben den Referaten sind Beiträge der Moderatorinnen aufgenommen worden. Außerdem wurden Beiträge ergänzt, um die hochschulpolitische und hochschulrechtliche Diskussion aufzugreifen, die während des Symposiums nicht vertieft werden konnte.

1. Eine grundsätzliche Einführung gibt der Beitrag von Prof. Dr. Jutta Limbach. Frau Limbach greift mit ihm sowohl das Problem der Unterrepräsentanz von Juristinnen im Wissenschaftsbetrieb und Möglichkeiten der Frauenförderung an juristischen Fakultäten als auch die Diskussion um Frauenrechte in Forschung und Lehre auf.

Der Beitrag verdeutlicht die Notwendigkeit, Frauenförderung an den Hochschulen keinesfalls auf Fragen der Vereinbarkeit von Familie und Beruf zu beschränken. Beschrieben wird der Stand der Integration frauenrechtlicher Fragen in Lehre und Forschung. An weniger als fünf Universitäten werden derzeit Veranstaltungen zum Frauenrecht angeboten, obwohl dessen Inhalte bereits so entwickelt sind, daß eine Kanonisierung der Gegenstände des Frauenrechts für die juristische Ausbildung möglich ist.

2. Die Situation von Juristinnen im Wissenschaftsbetrieb ist dadurch geprägt, daß Frauen an den juristischen Fakultäten als Lehrende krass unterrepräsentiert sind. Anfang der 80er Jahre gab es 8 Frauen unter den 730 Juraprofessoren. Auch wenn sich die Zahl von Universitätsprofessorinnen bis heute mehr als verdoppelt hat, ist ihr Anteil insgesamt an den Juraprofessuren unverändert verschwindend gering.

In den nächsten 10-15 Jahren werden an den juristischen Fakultäten die überwiegende Zahl der Lehrenden altersbedingt ausscheiden. Die Anzahl von Frauen bei den Neubesetzungen und zuvor bei der Nachwuchsförderung wird so bis weit in das nächste Jahrtausend entscheiden, ob es gelingt, die marginale Beteiligung von Frauen als Lehrende an den juristischen Fakultäten positiv zu verändern.

Den Beiträgen zur Frauenförderung sind zwei Erfahrungsberichte vorangestellt. Bettina Sokol beschreibt die Entstehungsbedingungen und Erfahrungen mit der Frauenförderung an einem juristischen Fachbereich. Dr. Susanne Walther gibt einen Überblick über den Stand der Förderung der Chancengleichheit von Wissenschaftlerinnen an einem Forschungsinstitut und ihre Einschätzung dazu.

Die strukturellen Defizite, die bisher die Versuche der Frauenförderung an den Hochschulen kennzeichnen, faßt Prof. Dr. Heide M. Pfarr zusammen. Sie zeigt alternative Ansätze auf und erörtert deren verfassungsrechtlichen Rahmen.

Mögliche europarechtliche Grenzen der Frauenförderung sind seit dem Urteil des Europäischen Gerichtshofs vom 17.10.1995 in der Rechtssache Kalanke zur Quotenregelung des Bremischen Gleichstellungsgesetzes verstärkt Gegenstand auch der juristischen Debatte geworden. Prof. Dr. Ninon Colneric analysiert die Auswirkungen der Entscheidung des Europäischen Gerichtshofs. Dr. Silvia Siegmund-Ulrich erörtert, welche Konsequenzen die Entscheidung des Europäischen Gerichtshofs für das geltende österreichische Recht zur Frauenförderung an den Hochschulen haben kann, auch vor dem Hintergrund des von Österreich vor dem Beitritt zur Europäischen Union ratifizierten völkerrechtlichen Übereinkommens vom 18.12.1979 zur Beseitigung jeder Form der Diskriminierung der Frau. In Ergänzung beider Beiträge ist als Anhang die Mitteilung der Kommission über die Auslegung des Urteils des Gerichtshofs in der Rechtssache Kalanke dokumentiert.

3. Rechtlich haben Frauen seit der Gründung der Bundesrepublik den gleichen Zugang wie Männer zur juristischen Hochschulausbildung und Berufstätigkeit. Die Beteiligung von weiblichen Studierenden hat im rechtswissenschaftlichen Studium seit Anfang der 70er Jahre signifikant zugenommen und liegt heute bei knapp 50%. Der steigende Anteil von weiblichen Studierenden findet aber bereits bei den Stellen des wissenschaftlichen Nachwuchses keine proportionale Entsprechung.

Die hochschulpolitischen Möglichkeiten der Frauenförderung sind Gegenstand des Beitrags von Helga Ebeling. Sie gibt einen Überblick zu den bisherigen Maßnahmen und Initiativen des Bundes zur Frauenförderung im Hochschulbereich und die geplante Weiterentwicklung.

Der Beitrag von Prof. Dr. Ursula Rust benennt Hürden, die für Frauen bis in den Beginn der Bundesrepublik hinein zu überwinden waren, um rechtlich die gleichen Chancen zu haben, den juristischen Beruf zu erlernen und auszuüben. Heute sind die Möglichkeiten der Frauenförderung und der Integration geschlechtsspezifischer Fragen in die juristische Ausbildung von Belang. Der Beitrag diskutiert den bestehenden hochschulrechtlichen Rahmen. Der Beitrag wird ergänzt durch die im Anhang von Bettina Graue zusammengestellte Übersicht über derzeitige Frauenförderrichtlinien an Universitäten sowie die Antidiskriminierungsrichtlinie des juristischen Fachbereichs der Universität Bremen.

Entwicklungen an den Hochschulen, die seit Beginn durch antidiskriminierungsrechtliche Gesetze und Gerichtsentscheidungen in den USA geprägt wurden, beschreibt Dr. Angelika v. Wahl. Der Beitrag analysiert die Erfolge juristischer Regelungen und benennt die bisherigen Grenzen der Geschlechtergleichbehandlung an amerikanischen Universitäten.

4. Die Parallele zur weitgehenden Nichtexistenz von Juristinnen in der Wissenschaft ist in der oft zu beobachtenden Nichtbeachtung von "Frauenthemen" in der Lehre und in der juristischen Forschung zu finden.

Prof. Dr. Ute Gerhard gibt einen Einblick zum Recht als Gegenstand der Frauenforschung. Ihr Beitrag führt die sozialwissenschaftlichen Erkenntnisse und die juristische Diskussion zusammen. Dr. Susanne Baer analysiert die institutionellen Rahmenbedingungen feministischer Jurisprudenz und gibt einen Überblick über die verschiedenen feministischen Ansätze in der Rechtswissenschaft. Sie benennt Möglichkeiten, feministische Ansätze in die juristische Ausbildung zu integrieren. Die allgemeinen Beiträge zur feministischen Forschung im Recht werden durch Dr. Gerlinda Smaus abgerundet. Ihr Beitrag befaßt sich mit der geschlechtsspezifischen Orientierung des Strafrechts.

5. Das Symposium "Juristinnen an den Hochschulen - Frauenrecht in Forschung und Lehre" war die zweite Veranstaltung, die 1994/95 am juristischen Fachbereich der Universität Bremen zur Situation der Juristinnen im Wissenschaftsbereich stattgefunden hat. Das Symposium wurde vorbereitet durch eine Arbeitstagung, an der insbesondere wissenschaftliche Mitarbeiterinnen und Hochschulassistentinnen von juristischen Fakultäten in der Bundesrepublik teilnahmen.

Beide Veranstaltungen waren möglich durch die Förderung des Bundesministeriums für Bildung und Wissenschaft, eine finanzielle Beteiligung der Universität Bremen und eine Förderung durch den juristischen Fachbereich der Universität Bremen. Ein besonderer Dank gilt auch dem Bundesministerium für den Druckkostenzuschuß, der die Veröffentlichung dieses Sammelbandes ermöglicht hat.

Es ist zu hoffen, daß der Sammelband Anstöße und Ideen für die anstehende Diskussion um die Zukunft der Frauenförderung auch an den juristischen Fakultäten geben wird und die Leserinnen und den Leser neugierig machen kann, mehr zur Frauenforschung im Recht zu erfahren.

Prof. Dr. Ursula Rust   Bremen, Mai 1996

Inhaltsverzeichnis

Jutta Limbach
Juristinnen im Wissenschaftsbetrieb - Feminisierung der Jurisprudenz? 15
1. Zum Fragezeichen 15
2. Was bedeutet "Feminisierung"? 15
3. Zahlenverhältnisse 16
4. Nur eine Frage der Zeit? 16
5. Der Einfluß feministischer Konzepte 17
6. Weibliche Minderheiten und der Zeitgeist 18
7. Die weibliche Moral 19
8. Mögliche Erklärungen 20
9. Konfligierende Gleichheitskonzepte 20
10. Frauen vor den Toren der Jurisprudenz 22
11. Ein Fach: Frauenrecht 22

Bettina Sokol
Gleichstellungspolitik am juristischen Fachbereich der Universität Bremen 24
1. Zufälle oder Schnittpunkte von Notwendigkeiten 24
2. Die Antidiskriminierungsdiskussion 25
3. Mehr Frauen, neue Lehrinhalte und Frauenforschung 26
4. Resümee 28

Susanne Walther
Minerva, warum trägst Du so einen kriegerischen Helm? 30
Frauenförderung in der Max-Planck-Gesellschaft
1. Einführung 30
1.1 Die Max-Planck-Gesellschaft 30
1.2. Querverbindung zur Universität: Förderung des wissenschaftlichen Nachwuchses 30
2. Beschäftigungssituation der Frauen in der MPG bzw. im MPI für Strafrecht 31
3. Das Thema Frauenförderung in der MPG 32
4. Zukunftsperspektiven 34

Heide M. Pfarr
Frauenförderung an juristischen Fakultäten 36
1. Überblick zur universitären Frauenförderung 36
2. Programme zur Vereinbarkeit von Familie und Beruf 36
3. Sonderprogramme für Frauen 37
4. Vorrangregelungen bei gleicher Qualifikation 37
5. Ziel- und Zeitvorgaben mit Sanktionen 38
6. Verfassungsmäßigkeit gezielter Stellenausschreibungen für Frauen 39
7. Weibliches Geschlecht als Eignungsmerkmal? 43
8. Perspektiven 44
Literatur 46

Ninon Colneric
Frauenquoten auf dem Prüfstand des EG-Rechts 47
1. Einleitung 47
2. Die einschlägigen Vorschriften des EG-Rechts 48
3. Der Vorlagebeschluß des BAG im Fall Kalanke 49
4. Die Schlußanträge des Generalanwalts Tesauro 50
5. Die Entscheidung des EuGH 51
6. Konsequenzen der Entscheidung 53

Silvia Siegmund-Ulrich
Frauenforschung und Frauenförderung an den österreichischen Hochschulen 55
1. Entwicklung und Institutionalisierung der Frauenforschung in Österreich 55
2. Der Schutz vor geschlechtsspezifischer Diskriminierung an den Universitäten und Hochschulen künstlerischer Richtung durch die Arbeitskreise für Gleichbehandlungsfragen 59
2.1 Zusammensetzung und Aufgaben der Arbeitskreise für Gleichbehandlungsfragen 59
2.2 Die Aufgaben der Arbeitskreise für Gleichbehandlungsfragen 60
2.3 Die verfahrensrechtlichen Kontrollinstrumente der Arbeitskreise für Gleichbehandlungsfragen nach dem Hochschulorganisationsrecht 61
2.3.1 Das Einspruchsrecht 61
2.3.2 Das Aufsichtsbeschwerderecht 61
2.4 Die verfahrensrechtlichen Kontroll- und Rechtsschutzinstrumente der Arbeitskreise für Gleichbehandlungsfragen nach dem Bundes-Gleichbehandlungsgesetz 62
2.4.1 Das Beschwerderecht vor der Gleichbehandlungskommission 62
2.4.2 Das Disziplinaranzeigerecht 63
2.4.3 Die Durchsetzung der Rechtsansprüche durch die Betroffenen vor Gericht oder vor den Verwaltungsbehörden 64
3. Die Frauenförderung an den Universitäten und Hochschulen künstlerischer Richtung 64
3.1 Die gesetzlichen Frauenförderungsgebote des Bundes-Gleichbehandlungsgesetzes 64
3.2 Der Frauenförderungsplan des Bundesministeriums für Wissenschaft, Forschung und Kunst 66
4. Zur Vereinbarkeit der leistungsgebundenen Vorrangregeln mit dem österreichischen Verfassungsrecht 67
5. Die Auswirkungen des EuGH-Urteils in der Rechtssache Kalanke auf die österreichischen Bestimmungen zur Frauenförderung 71
5.1 Zur Vereinbarkeit der österreichischen leistungsgebundenen Vorrangregeln mit Art. 2 Abs. 1 und 4 der RL 76/207/EWG 71
5.2 Zur Kollisionsproblematik gem. Art. 234 EG-Vertrag 72
Literatur 76

Dokumentation 1: Rechtsgrundlagen für Österreich: 77
1. Bundesgleichbehandlungsgesetz - Auszug 77
2. Universitäts-Organisationsgesetz - Auszug 78
3. Verordnung des Bundesministeriums für Wissenschaft, Forschung und Kunst (Frauenförderungsplan) - Auszug 80

Helga Ebeling
Frauenförderung im Hochschulbereich - Maßnahmen und Initiativen des Bundes 86
1. Die Ausgangslage 86
2. Förderinstrumente des Bundes 87
3. Bestandsaufnahme 88
4. Ausblick 89

Ursula Rust
Zur Situation von Frauen in der juristischen Ausbildung und an den juristischen Fakultäten 91
1. Der verspätete Zugang von Frauen zur juristischen Ausbildung und zu den juristischen Berufen 91
1.1 Rechtliche Zugangsbarrieren bis zum Beginn der Weimarer Republik 92
1.2 Erste Öffnung während der Weimarer Republik 93
1.3 Faktisches Berufsverbot während NS-Zeit 95
2. Integration bei den Lernenden, Zunahme bei den juristischen Berufen und Marginalität bei den Lehrenden 96
2.1 Integration bei den Lernenden 96
2.1.1 Rechtswissenschaftliches Studium 97
2.1.2 Referendariat 97
2.1.3 Benachteiligung von Frauen im Ausbildungsverlauf? 98
2.2 Zunahme bei den juristischen Berufen 100
2.3 Marginalität bei den Lehrenden 101
3. Frauenförderung 103
3.1 Förderung von Wissenschaftlerinnen 105
3.1.1 Vorrangregeln bzw. Zielvorgaben 105
3.1.1.1 Professuren 107
3.1.1.2 Qualifizierungsstellen 108
3.1.1.3 Sonderprogramme 110
3.1.2 Sanktions- bzw. Anreizsysteme 110
3.2 Inhaltlicher Aspekt der Frauenförderung 111
4. Zusammenfassung 112
Literatur 113

Angelika von Wahl
Geschlechtergleichbehandlung an amerikanischen Universitäten 115
„Equality versus Quality"? 115
1. Problemaufriß 115
2. Geschichtliche und politische Entwicklung amerikanischer Bildungspolitik für Frauen 118
3. Fallbeispiele aus den Bereichen Sport, Militär und Lehrbetrieb 122
3.1. Sport 122
3.2. Militär 124
3.3. Lehrbetrieb 125
4. Die Urteile des Verfassungsgerichts und die Entwicklung des Fallrechts zur Gleichbehandlung in der Bildung 127
4.1. Titel IX 127
4.2. 14. Amendment 129
4.3. Title VII 131

4.4.	Affirmative Action	132
5.	Fazit	133
Literatur		135

Dokumentation 2: Key events affecting minority representation in higher education 137

Ute Gerhard
Frauenforschung zu Recht - Dimensionen feministischer Rechtskritik 140
1.	Die neue Frauenbewegung und Recht	140
2.	Stufen oder Dimensionen feministischer Rechtskritik	142
3.	Über das Verhältnis von Moral und Recht	145
4.	Die Debatte um eine weibliche Moral und Geschlechterdifferenz	146
5.	Mein Resümee	148
Literatur		150

Susanne Baer
Feministische Ansätze in der Rechtswissenschaft 153
Zur großen Unbekannten im deutschen rechtswissenschaftlichen Diskurs
und ihrer Integration in die juristische Ausbildung
1.	Rahmenbedingungen: Zwischen Macht und Marginalisierung	154
1.1.	Personelle Ausgangslage	155
1.2	Die Struktur der Hochschulkarriere	156
1.3	Die Krisen der Wissenschaften	157
1.4	Die historische Voreingenommenheit	158
1.5	Die Besonderheit des Gegenstandes	160
2.	"Frauenrecht", "Recht der Geschlechterbeziehungen", "feministische Rechtstheorie"oder "feministische Rechtswissenschaft"?	162
2.1	"Frauen und Recht"	163
2.2	"Frauen im Recht"	163
2.3	"Weibliches Recht" - "Frauenrecht"	164
2.4	"Recht der Geschlechterbeziehungen"	167
2.5	"Feministische Rechtstheorie"	168
2.6	Feministische Rechtswissenschaft	169
3.	Zum Verhältnis zwischen Inhalt und Institution	172
3.1	Das Projekt "Feministische Rechtswissenschaft" der HUB	172
3.2	Erfahrungen	173
3.3	Eigenständigkeit und Integration	175
3.4	Ein Recht auf feministische Rechtswissenschaft?	176
Literatur		178

Gerlinda Smaus
Das Geschlecht des Strafrechts 182
1.	Geschlechtersymbolismus von gesellschaftlichen Institutionen	182
2.	Homologie des Geschlechtersymbolismus in der Wissenschaft und im Strafrecht	184
3.	Primäre Konstruktionen des Strafrechts - Geschlechtsspezifität seiner Tatbestände	186
4.	Geschlechtsspezifität der Rechtsprechung - sekundäre Kriminalisierung	189

5.	Männliche (gender) Behandlungsmethoden des Strafrechts - der strafrechtliche Anwendungskontext	191
6.	Zusammenfassung	192
Literatur		194

Anhang 1:	Mitteilung der Kommission in der Rechtssache C-450/93, Eckart Kalanke gegen Freie Hansestadt Bremen	197
1.	Einführung	197
2.	Die Einstellung der Gemeinschaft zu "positiven Maßnahmen"	198
3.	Der Tatbestand in der Rechtssache Kalanke	199
4.	Das Urteil	200
5.	Durch das Urteil aufgeworfene Fragen	200
5a)	Die Einstellung des Obersten Bundesgerichts der Vereinigten Staaten zur "affirmativen action"	201
5b)	Internationales Recht auf dem Gebiet der Menschenrechte	202
6.	Auslegung des Urteils in der Rechtssache Kalanke	203
	Schlußfolgerungen	204

Anhang 2: Universitäre Gleichbehandlungsrichtlinien bzw. Frauenförderpläne 205
Bettina Graue

A
Zur Struktur der Dokumentation nach ausgewählten frauenfördernden
Schwerpunkten 205

B	Dokumentation	208
1.	Baden-Württemberg	208
1.1	Albert-Ludwigs-Universität Freiburg i.Br.	208
1.2	Universität Konstanz	211
2.	Bayern	213
2.1	Friedrich-Alexander-Universität Erlangen-Nürnberg	213
2.2	Ludwig-Maximilians-Universität München	216
3.	Berlin	220
3.1	Freie Universität Berlin	220
3.2	Humboldt-Universität zu Berlin	223
4.	Brandenburg	228
5.	Bremen	228
	Universität Bremen	228
6.	Hamburg	233
	Universität Hamburg	233
7.	Hessen	233
7.1	Johann Wolfgang Goethe-Universität Frankfurt/a.M.	233
7.2	Philipps-Universität Marburg	236
8.	Mecklenburg-Vorpommern	239
9.	Niedersachsen	240
9.1	Universität Göttingen	240
9.2	Universität Hannover	240
9.3.	Carl von Ossietzky Universität Oldenburg	243
9.4	Universität Osnabrück	248
10.	Nordrhein-Westfalen	249
10.1	Universität Bielefeld	249

10.2	Ruhr-Universität Bochum	253
10.3	Westfälische Wilhelms-Universität Münster	255
10.4	Universität - Gesamthochschule Siegen	261
11.	Rheinland-Pfalz	265
	Universität Koblenz-Landau	265
12.	Saarland	269
	Universität des Saarlandes	269
13.	Sachsen	269
13.1	Technische Universität Dresden	269
13.2	Universität Leipzig	273
14.	Sachsen-Anhalt	277
14.1	Martin-Luther-Universität Halle-Wittenberg	277
14.2	Otto-von-Guericke-Universität Magdeburg	280
15.	Schleswig-Holstein	283
15.1	Frauenförderrichtlinien der Ministerin für Wissenschaft, Forschung und Kultur zur Gleichstellung der Frauen an den Hochschulen	283
15.2	Christian-Albrechts-Universität zu Kiel	285
16.	Thüringen	289
	Friedrich Schiller Universität Jena	289

Anhang 3: Antidiskriminierungsrichtlinie Fachbereich Rechtswissenschaft
Universität Bremen 1995   293

Anhang 4: Zu den Autorinnen   300

Jutta Limbach
Juristinnen im Wissenschaftsbetrieb - Feminisierung der Jurisprudenz?

1. Zum Fragezeichen

Wer in der Wochenzeitschrift "Die Zeit" die Stellenanzeigen der Rubrik "Lehre und Forschung" studiert, muß unwillkürlich den Eindruck gewinnen, daß die Zukunft der Universität weiblich ist. Kaum eine Anzeige, in der nicht mitgeteilt wird, daß eine Erhöhung des Anteils der Frauen am wissenschaftlichen Personal erstrebt und die Bewerbungen von Wissenschaftlerinnen besonders begrüßt werden. Mancher Mann, der nur der Rhetorik vertraut, mag da von Verzichtsängsten beschlichen werden. Unsereins dagegen sagt sich hoffnungsfroh, daß dort, wo der Frauenanteil erhöht werden soll, ein solcher - wenn auch in bescheidenem Umfang - schon vorhanden sein muß. Das vor allem angesichts der Tatsache, daß wir diese gezielt an die Frauen appellierenden Anzeigen schon seit einigen Jahren lesen.

Doch wer sich der Auskunft der Statistik anvertraut, kommt rasch zu dem Schluß, daß der Untertitel meines Themas, nämlich "Feminisierung der Jurisprudenz" zu Recht mit einem Fragezeichen versehen worden ist. Allerdings meint Feminisierung nicht nur die Tatsache des vermehrten Zugangs von Frauen zu den rechtswissenschaftlichen Fachbereichen.

2. Was bedeutet "Feminisierung"?

Zunächst heißt es, Auskunft zu geben, was mit dem vielsagenden Begriff "Feminisierung" eigentlich gemeint ist, damit wir wissen, wovon wir sprechen. Der naheliegende Rückgriff auf die deutsche Sprache bringt uns nicht viel weiter: Verweiblichung? Auch das kann vieles bedeuten.
Quantitativ verstanden, kann damit der wachsende Anteil von Frauen in einem Beruf oder Wissenschaftszweig gemeint sein.
Qualitativ begriffen, kann der Ausdruck dreierlei meinen[1]:
Zum ersten den Einfluß von Frauen oder genauer: der Einfluß von gemeinhin als weiblich geltenden Tugenden oder Einstellungen wie Menschlichkeit, Einfühlsamkeit und soziales Verständnis auf die Methoden und Inhalte von Forschung und Lehre eines Faches.
Zum zweiten kann der Begriff "Feminisierung" den Einfluß feministischer Konzepte auf die Analyse und Kritik von Forschung und juristischer Dogmatik vor dem Hintergrund frauenrechtlicher Belange meinen.
Zum dritten wird mit dem Begriff "Feminisierung" auch die Wirkung assoziiert, den der wachsende Anteil von Frauen auf den Status oder das Ansehen des Faches ausübt. Positiv gewendet, kann gefragt werden, ob es dem Ansehen der Jurisprudenz dient, wenn diese sich mit dem wachsenden weiblichen Element in eine weniger entrückte, bürgernahe und hilfreiche Profession wandelt.

Während ich diese letzte Fragestellung gern der späteren Diskussion überlasse, werde ich im folgenden auf die drei Aspekte des *zahlenmäßigen Geschlechterverhältnisses* in der Rechtswissenschaft, des *Einflusses weiblicher Elemente* zum einen und des *Einflusses feministischer Konzepte* auf das Denken, Handeln und Wissen der Rechtswissenschaft zum anderen eingehen.

Wer den hoffnungsvollen Erwartungen von Innovationen nachgehen will, die vielfach an den steigenden Anteil von Frauen in einem Beruf geknüpft werden, muß sich zunächst einmal um die Zahlenverhältnisse kümmern. Denn solche Hoffnungen dürften erst dann

---

[1] Vgl. die Definitionen bei Carrie Menkel-Meadow, in: Feminization of the Legal Profession, in: Richard L. Abel und Philip S.C. Lewis, Lawyers in Society, Volume III,Comparative Theories, 1989, S. 196 f.

berechtigt sein, wenn es sich nicht um vereinzelte weibliche Geschöpfe in einer im übrigen männerdominierten Zunft handelt.

3. *Zahlenverhältnisse*

Auf den ersten Blick scheint die Jurisprudenz ein Fach zu sein, in dem es Frauen zu etwas bringen können. So ist die Spitze des Bundesrechnungshofes, des Bundespatentgerichts und des Bundesverfassungsgerichts mit einer Volljuristin besetzt. Das Bundesjustizministerium wird (wurde) als erstes und einziges klassisches Ressort von einer Frau geleitet. Seit einigen Jahren wird die Justizministerkonferenz von drei bis fünf Ministerinnen aufgelockert.

Die Tatsachen überdies, daß seit über einem Jahrzehnt 40 bis 50% der Jurastudenten Frauen sind, im Jahr 1992 rund 40% der Absolventen des Jurastudiums Frauen waren und im Wintersemester 1991/92 die Rechtswissenschaft das am zweithäufigsten von Frauen gewählte Studienfach war[2], lassen die Frage nach der Feminisierung der Jurisprudenz bereits lohnend erscheinen.

Doch der erfreuliche weibliche Anteil der Studentenschaft und der erfolgreich Examinierten darf nicht darüber hinwegtäuschen, daß oberhalb jener Ebenen ein schier unaufhaltsamer Schwund der Juristinnen im Universitätsbetrieb einsetzt. Das mögen die bisher nur für das Jahr 1992 verfügbaren Zahlen der Bundesstatistik belegen[3].

Immerhin sind noch rund 30% aller wissenschaftlichen Mitarbeiter und erfolgreichen Doktoranden Frauen. Bei den qualifizierten Assistentenstellen, die schon mit Dozentenaufgaben verknüpft sind, sinkt der Frauenanteil bereits auf 16,7%. Von den 75 Hochschulassistenten, die eine C1-Stelle innehaben und unmittelbar eine Habilitation anstreben, sind lediglich 10, d.h. 11,7% Frauen. Geradezu trostlos gering ist der weibliche Anteil an den Hochschullehrerstellen: Von 752 Professuren im Fach Rechtswissenschaft sind nur 17 mit Frauen besetzt, also nur 2,2% aller C4- bis C2-Stellen. Gewiß ist die Universität - was die Präsenz von Frauen im öffentlichen Dienst angeht - ohnehin die zurückgebliebenste aller Provinzen. Doch liegt der Frauenanteil in der Gilde der Universitätsprofessoren insgesamt immerhin bei 5,5%. Nur in den Natur- und Ingenieurwissenschaften ist die Luft für Frauen noch dünner als in der Jurisprudenz.

4. *Nur eine Frage der Zeit?*

Gern wird angesichts dieser Situation beschwichtigend festgestellt, daß es nur eine Frage der Zeit sei, bis einige der examinierten Frauen in die oberen Ränge der Universitätshierarchie nachgewachsen seien. Ich bin nicht zuletzt deshalb skeptisch, weil die Studentinnenzahlen im Fach Rechtswissenschaft schon seit Jahrzehnten steigen, die Zahl der Hochschullehrerinnen dagegen stagniert.

Wie in anderen qualifizierten Berufen zeigt sich in der Universität, daß Frauen nicht in dem für das männliche Geschlecht üblichen Gleichschritt die Karriereleiter hinaufrücken. Hier sind viele Gründe zu bedenken. Doch eines gilt auch hier wie in vielen anderen qualifizierten Berufen, daß Mutter-Werden oder Mutter-Sein nach wie vor mit "Verhinderungen" verknüpft ist. Noch immer sind es die Frauen, die Lücken und Verzichte in ihren Berufsweg einplanen; es sei denn, sie versagten sich von vorn herein den Kinderwunsch.

Das hat erst jüngst eine im Auftrag des Bundesjustizministeriums durchgeführte Studie über die Karriereverläufe von Richterinnen, Staatsanwältinnen und Rechtspflegerinnen deutlich gemacht. Danach haben 59% der Richterinnen und 52% der Staatsanwältinnen ein oder mehrere Kinder. Obgleich deren Männer ihre Berufstätigkeit nahezu uneingeschränkt unterstützen, liegen die Familien- und Hausarbeit einseitig im Verantwor-

---

[2] Statistisches Jahrbuch für die Bundesrepublik Deutschland 1994, S. 418 f.

[3] Statistisches Jahrbuch für die Bundesrepublik Deutschland 1995, S. 403, 405 f.

tungsbereich der Frauen[4]. Immer wieder zeigt sich, daß die Männer in der Theorie ungemein gleichheitsfreundlich denken, daß sie aber im Ehealltag nach dem Motto verfahren: "Wasch mir den Pelz, aber mach mich nicht naß".

Die Entscheidung für Kinder ist für viele Frauen Anlaß, die eigenen Karrierewünsche einzuschränken. Rund die Hälfte der Frauen mit Kindern strebt keine (weitere) Beförderung mehr an. Sie nutzen die Möglichkeit der Teilzeitarbeit und Beurlaubung. Der Frauenanteil an den Teilzeitbeschäftigten in der Richter- und Staatsanwaltschaft beträgt rund 95%[5]. Im Bericht der Bundesregierung für die Weltfrauenkonferenz wird denn auch getreulich vermerkt, daß in den höheren Laufbahngruppen bei den Bundesbehörden und Bundesgerichten die Wahrscheinlichkeit gering ist, einer Frau zu begegnen[6]. Das gilt auch für die Oberlandesgerichte.

Hier zeigt sich die Ambivalenz von Gleichstellungsgesetzen mit ihren Maßnahmen, die die Vereinbarkeit von Familie und Beruf erleichtern sollen. Diese schreiben trotz oder gerade wegen ihrer egalitären Redeweise von Frau und Mann die Doppelverantwortung von Frauen fort. Denn diese sind es, die - nicht unerwartet - vorzugsweise jene alternativen Arbeitsformen wie die Teilzeitarbeit nutzen und damit mehr oder minder ungewollt die Ansicht nähren, daß es um Defizite der Frauen statt um Familienlasten geht, die eigentlich bei beiden Geschlechtern zu Buch schlagen sollten. *Heide Pfarr* und *Angelika Wetterer* haben diesem Kritikpunkt die besondere Aufmerksamkeit zugekehrt[7].

Die Schwierigkeiten von jungen Frauen, für die die Zeitökonomie nach wie vor eine existentielle Rolle spielt, steigern sich in der Universität. Die Qualifikation der Rechtswissenschaftlerin setzt einen langen Atem voraus. - Von aleatorischen Neigungen ganz zu schweigen! - Zunächst müssen das 1. und 2. juristische Staatsexamen mit Anstand gemeistert sein. Dann geht frau schon auf die Dreißig zu und verspürt wenig Neigung, sich auf das Wagnis der Habilitation einzulassen. Denn im Gegensatz zu einem Jünger des Rechts darf sie sich angesichts künftiger Familienfreuden nicht darauf verlassen, daß der Lebensgefährte ihr den Rücken frei halten wird. Kein Wunder also, daß die qualifizierten jungen Juristinnen aus der Not eine Tugend machen, die Tätigkeit der Richterin vorziehen, weil die dort gebotene freiere Arbeitszeitorganisation es ihnen besser ermöglicht, Familien- und Erwerbsarbeit unter einen Hut zu bringen.

Angesichts dieses Zahlen*un*verhältnisses kann man die Frage nach der Feminisierung der Jurisprudenz nur noch mit gebremstem Eifer stellen. Fragen wir zunächst einmal nach dem aktuellen Einfluß feministischer Konzepte auf Forschung und Lehre.

5. *Der Einfluß feministischer Konzepte*

Durch die frauenspezifischen Lehrangebote an der Freien Universität ein wenig ermutigt, habe ich die Vorlesungsverzeichnisse des Wintersemesters 1994/95 auf der Suche nach frauenspezifischen Lehrveranstaltungen auf der Agenda der juristischen Fachbereiche durchstöbert. Die Ausbeute war erwartungsgemäß gering, wenn nicht gar kläglich.

Lediglich vier bundesrepublikanische Rechtsfakultäten bieten Derartiges an: In Berlin hält die Inhaberin einer C1-Stelle eine Lehrveranstaltung zu dem Thema "Frauenförderung und Recht" ab. In Bremen gibt es immerhin drei Lehrveranstaltungen, die z.B. "Jura für Frauen" und die "Rechtsprechung des EuGH zur Gleichbehandlung der Geschlechter" zum Gegenstand haben. In Hamburg hält *Heide Pfarr* im Fachbereich II ein frauenspezifisches Seminar und in Hannover *Barbara Willenbacher* ein Seminar zum Thema "Frau und Recht" ab.

---

[4] Angela Hassels und Christoph Hommerich, Frauen in der Justiz, Bonn 1993, S.248 ff.
[5] ebenda, S. 297 ff.
[6] Bericht der Regierung der Bundesrepublik Deutschland für die 4. Weltfrauenkonferenz 1995, hg. vom Bundesministerium für Familie, Senioren, Frauen und Jugend, 1995, S. 20 f.
[7] Vgl. etwa Angelika Wetterer, Rhetorische Präsenz - faktische Marginalität, in: Zeitschrift für Frauenforschung 1994, Heft 1/2, S. 93.

Nun ist es eine Eigenart. der Rechtswissenschaftler, daß sie ihre Lehrveranstaltungen nur sehr allgemein, entlang dem juristischen Fächerkatalog benennen. Kaum je werden konkrete Problem- oder Konfliktbereiche ausdrücklich zum Thema juristischer Lehrveranstaltungen gemacht. Das Seminar über Obdachlosigkeit an der Universität Bielefeld, das in Frankfurt von *Gisela Zenz* angebotene Seminar über "Alter und Tod im Recht" oder das von *Heide Pfarr* "Zum Schutz des sozial schwächeren Arbeitnehmers" sind Raritäten und fallen gänzlich aus dem Rahmen des üblichen Lehrangebots heraus. Und das nicht nur, was die Wortwahl, sondern auch was den Gegenstand angeht.

Gewiß ist die Vermutung nicht von vorn herein abwegig, daß sich hinter dem einen oder anderen Fach, man denke etwa an das Familienrecht, auch Frauenprobleme verbergen und hier ein nicht ausdrücklich offengelegtes Einfallstor für feministisches oder frauenpolitisches Gedankengut zu finden ist. Davon darf man jedenfalls in dem Seminar von *Gisela Zenz* am Frankfurter Fachbereich ausgehen, das sich dem Thema "Familienrechtsreform, Fakten, Ideologien, Kontroversen" widmet.

Im übrigen bin ich - was die im Lehrplan verborgenen Frauenthemen angeht - eher skeptisch. Gewiß dürfen wir annehmen, daß im Rahmen einer Grundrechtsvorlesung Gleichstellungsprobleme von Frauen und in familienrechtlichen Veranstaltungen die geschlechtsspezifische Arbeitsteilung erörtert werden. Aber daß - wie das Feministinnen für sich in Anspruch nehmen - dabei das Recht aus der Perspektive von Frauen analysiert und kritisiert wird, darf - von Einzelfällen abgesehen - nicht so ohne weiteres unterstellt werden.

6. *Weibliche Minderheiten und der Zeitgeist*

Näher liegt die Vermutung, daß das im Universitätsbetrieb vereinzelte weibliche Geschlecht eher Zurückhaltung übt. Wir können wohl alle aus unserem Berufsalltag an der Universität die Befunde der Minoritätsforschung bestätigen, die *Regine Drewniak* in ihrer vergleichenden Analyse strafrechtlicher Orientierungen von Richterinnen und Richtern aufbereitet hat: Nämlich daß sich Minderheiten zunächst einmal der Mehrheit anpassen und auf diese Weise Kompetenz unter Beweis zu stellen versuchen. Erst nach einer Phase anfänglicher Konformität - so belehrt uns die Minoritätsforschung - können Minderheiten beginnen, einen abweichenden Standpunkt geltend zu machen. Sozialpsychologische Untersuchungen haben den Befund zu Tage geführt, *"daß der Minderheiteneinfluß von Frauen um so geringer ist, je früher sie von den Gruppennormen abweichen; wenn sie sich zunächst an die Gruppennormen anpassen, werden sie als sympathischer und als wertvollere Gruppenmitglieder wahrgenommen und nehmen so relativ größeren Einfluß auf die Gruppenmehrheit"*[8]. Die Chancen der weiblichen Minderheit, Einfluß auf die Einstellungen der männlichen Mehrheit auszuüben, wachsen, wenn die abweichende Position dem **Zeitgeist** entspricht. Regine Drewniak formuliert auf Grund dieser Befunde die vorsichtige Annahme, daß Strafrichterinnen innerhalb der Strafjustiz allenfalls zu "Vorreiterinnen" eines allgemeinen Trends werden, der bereits besteht, aber die Strafrichter noch nicht in seinen Bann gezogen hat[9].

Niemand von uns wird behaupten wollen, daß der Feminismus in unserer Gesellschaft im Trend liege. Das Gegenteil ist der Fall. Nicht einmal auf das weibliche Geschlecht ist Verlaß. Eine jüngste Lesefrucht nur zur Illustration. Eine Journalistin schreibt auf der Dritten Seite einer überregionalen Tageszeitung über Heide Simonis: *"Obwohl sie wahrlich keine Feministin ist, und Politik in der Sache vernünftigerweise wie jeder Mann betreibt..."*. Später gegen Ende dieses Beitrags: *"So tüchtig ist sie, und ein nettes Mädchen ist sie auch. ..."*. Wie wenig selbst von jenen Frauen begriffen worden ist, die sich berufen fühlen, andere zu informieren! Jedenfalls wäre es naiv, in diesem Punkte auf den

---

[8] Zitiert nach Regine Drewniak, Strafrichterinnen als Hoffnungsträgerinnen? Eine vergleichende Analyse strafrechtlicher Orientierungen von Richterinnen und Richtern, 1994, S. 33.

[9] ebenda, S. 34.

Zeitgeist zu hoffen. Die Frage kann nur lauten, wie kann frau diesem, also dem Zeitgeist aufhelfen.

7. Die weibliche Moral

Wenn wir noch nicht der Morgendämmerung feministischer Ansätze im Universitätsbetrieb der juristischen Fakultäten ins Auge sehen können, so könnte es doch sein, daß im Bereich der Rechtspraxis bereits weibliche Elemente zum Tragen kommen, ob es sich nun um den konkreten Niederschlag von Frauensolidarität oder den Einfluß der Tatsache handelt, daß Frauen - so jedenfalls eine verbreitete Annahme - *menschlicher, einfühlsamer, fürsorglicher, nachsichtiger, verständnisvoller und folglich milder sind.*

Dieser Frage ist *Regine Drewniak* in ihrer Studie "Strafrichterinnen als Hoffnungsträgerinnen?" nachgegangen. Es handelt sich um eine wirklich lesenswerte, luzide geschriebene, gediegene wissenschaftliche Studie, in der sie die von vielen Feministinnen immer wieder bemühte Annahme überprüft, daß die vermehrte Mitarbeit von Frauen in den juristischen Berufen mit Innovationen im Recht und der Rechtspflege verbunden sein könnte. Ihre Forschungsfrage lautet: Ob mit dem zunehmenden Frauenanteil in der Richterschaft das bisherige Verständnis der Justiz als Domäne rechtsstaatlicher Autorität hinter einem größeren Sozialbezug mit stärkerer Resozialisierungsfunktion zurücktritt. Das könnte dann gelten, wenn Richterinnen, anstatt universelle Prinzipien anzuwenden, "eine größere Sensibilität für die je spezifischen Situationen und Kontexte des Straftäters" zeigten[10].

Wer den Einfluß der zunehmenden Zahl von Richterinnen auf das Klima der Justiz und die Urteilsweisen der Richterschaft untersuchen will, muß zunächst einmal die Frage klären, ob es überhaupt so etwas wie ein weibliches Gefühl für Recht gibt. Nehmen Frauen Situationen anders wahr als Männer? Orientieren sie sich an anderen Zielen und bevorzugen sie andere Mittel der Konfliktlösung als Männer? Wir sind alle davon überzeugt, daß es Verhaltens- und Einstellungsunterschiede zwischen den Geschlechtern gibt. Aber können wir wirklich sicher sein, daß wir hier nicht Stereotypen und Vorurteilen über biologisch oder soziokulturell bedingten Verhaltens- und Denkunterschieden aufgesessen sind? Der Ertrag der soziologischen Suche nach solchen geschlechtstypischen Unterschieden ist bisher bescheiden. Er besagt, daß die Verhaltensunterschiede der Geschlechter nur von gradueller Natur sind und daß andere Faktoren - wie beispielsweise die soziale Herkunft - für das Handeln und Denken mitsächlich sind.

Bei dieser wenig ermutigenden Forschungslage suchen die Rechtssoziologen Zuflucht in der Debatte um männliche Moral und Gerechtigkeitsvorstellungen. Ausgangspunkt des Forschungsansatzes von Regine Drewniak sind denn auch die Studien über das moralische Bewußtsein von Frauen und Männern, vor allem das Buch von Carol Gilligan[11]. Diese hat idealtypisch eine männliche Gerechtigkeitsmoral von einer eher weiblichen Fürsorgemoral unterschieden. Während die Männer überwiegend prinzipienorientiert dächten, überwögen bei Frauen mehr fürsorgeorientierte Überlegungen. Die Männer, mehr auf die Reinheit und Stringenz des Denkens bedacht, seien vorzugsweise auf eine Abstrakt-juristische Wahrheit ausgerichtet. Dagegen sei für Frauen eher eine Moral der Fürsorge, der Solidarität und der Zuwendung (care) typisch. Ihr Handeln und Urteilen sei auf den Erhalt zwischenmenschlicher Beziehungen ausgerichtet. *Regine Drewniak* betont, daß es sich um idealtypische und damit einseitig überzeichnete Charakterisierungen handelt, die so rein in der Wirklichkeit nicht vorkommen[12]. Sie dienen der Rechtssoziologin, als Folie für vermeintliche, zu überprüfende Einstellungsunterschiede.

Ich kann hier im Rahmen dieses Vortrags ihr methodisches Vorgehen nicht nachzeichnen, sondern nur grob eine ihrer Hypothesen und das Ergebnis ihrer auf fiktive Fälle und Interessenkonflikte bezogenen Fragebogenaktion skizzieren. Ihre Hypothese war

---

[10] ebenda, S. 1.
[11] Carol Gilligan, Die andere Stimme, Lebenskonflikte und Moral der Frau, 1984.
[12] ebenda, S. 8 ff., 11.

u.a. die, daß Richterinnen mehr täterbezogen judizieren und die Eigenart des Delikts in Rechnung stellen, je nach dem, ob es sich um gegen die körperliche Unversehrtheit oder um gegen das Vermögen gerichtete Delikte handelt. Während sich Richter dagegen kraft ihres mehr durch abstrakte Prinzipien (z.B. Vergeltung) geleiteten Denkens an den Belangen der Gesellschaft orientieren dürften[13].

Regine Drewniak kommt zu dem Ergebnis, daß die Unterschiede der Richterinnen und Richter im Strafverhalten äußerst bescheiden sind. Die theoretische Annahme, daß sich innerhalb der Richterschaft Geschlechtsunterschiede in strafrechtlich relevanten Konfliktlösungen dingfest machen lassen, habe sich nicht bestätigt. Richterinnen wiesen keine höhere Bereitschaft als Richter auf, bei Strafzumessungen die Belange des Täters zu berücksichtigen, wenn diese mit Belangen der Gesellschaft in Widerspruch standen. "Entgegen der Annahme scheinen Richterinnen keine frauentypischen Konfliktlösungsorientierungen aufzuweisen."[14]

8. Mögliche Erklärungen

Es sei dahingestellt, ob kraft dieser Ergebnisse schon die Hoffnung zu Grabe getragen werden muß, daß die Justiz unter dem Einfluß von Frauen ein menschlicheres Gesicht, mehr Bürgernähe und Verständnis für den soziopolitischen und zeitgeschichtlichen Hintergrund der vor ihr verhandelten Konflikte gewinnen könnte. Zunächst sind mit *Regine Drewniak* einige Umstände zu bedenken, die die Ergebnisse dieser Studie beeinflußt haben könnten. Möglicherweise sind die Richterinnen nicht repräsentativ für die Population der Frauen und der diesen eigenen Fürsorgemoral. Das juristische Studium zieht bekanntlich auf Recht, Ordnung und Autorität bedachte Personen an. Möglicherweise sind Richterinnen im Gegensatz zu vielen ihrer Schwestern eher den Männern ähnlich autoritär strukturiert? Aber auch durch die berufliche Sozialisation könnte das soziale Verständnis der Frauen relativiert worden sein. Die juristische Sozialisation an den Universitäten, in der Referendarzeit und in den Gerichten ist schwerlich dazu angetan, die sozialen, rechtsgeschichtlichen und philosophischen Bezüge des Rechts, vor allem seinen sozio-ökonomischen Hintergrund zu reflektieren; geschweige denn Frauenprobleme zu bedenken. Nach wie vor wird die Unterweisung der Jüngerinnen und Jünger des Rechts von der juristischen Dogmatik und deren Scharfsinn beherrscht.

9. Konfligierende Gleichheitskonzepte

In diesen Zusammenhang enttäuschter Hoffnungen gehört auch die Erwartung, daß Frauen, wenn sie über Frauen zu Gericht sitzen oder sich berufsmäßig mit Frauenrechtsproblemen beschäftigen, Solidarität üben oder ein besseres Verständnis für Unrechtserfahrungen von Frauen zeigen werden. Ob und wie Frauen Benachteiligungen erleben, wird nicht nur durch ihr Geschlecht, sondern auch durch ihr Umfeld, ihre Rasse, ihre Schichtzugehörigkeit und ihren beruflichen Status bestimmt. Die Gleichheitsvorstellungen von Frauen sind durchaus unterschiedlich. *Waltraud Cornelißen* hat allein fünf Verständnisweisen der Gleichstellung nachgewiesen[15]. Mit diesen möchte ich Sie jetzt nicht vertraut, sondern nur deutlich machen, daß es *ein* Bild von Weiblichkeit nicht gibt und auch im feministischen Denken Vielfalt herrscht.

Es gibt ein interessantes Zeitzeugnis aus der Justiz, das schlaglichtartig illustriert, wie im Gefolge der neuen Frauenbewegung verschiedene Lebensentwürfe von Frauen miteinander konfligieren. Das *Oberverwaltungsgericht Berlin* hatte sich im Jahre 1981 mit einer 31-jährigen unverheirateten Frau beschäftigt, die einige Jahre zuvor ein nichteheliches Kind geboren hatte. Sie hatte sich gegenüber den Behörden geweigert, anzugeben, wer

---

[13] ebenda, S. 42 ff.
[14] ebenda, S. 90.
[15] Waltraud Cornelißen, Gleichheitsvorstellungen in Gleichheitskonzepten, in: ifg (Informationsdienst des Instituts Frau und Gesellschaft, 1988 (heft 3), S. 1-11.

Vater ihres Kindes sei. Seit der Geburt des Kindes war sie nicht mehr erwerbstätig. Sie bezog für sich und das Kind Hilfe zum Lebensunterhalt nach dem Bundessozialhilfegesetz. Die hierfür verausgabten Kosten verlangte die Behörde im Klagewege von der Mutter zurück. Die Behörde meinte, daß die Frau mit ihrer Weigerung, den Vater des Kindes zu benennen, den Sozialfall vorsätzlich herbeigeführt habe.

Es ereignete sich der höchst seltene Fall, daß überwiegend Frauen über diese Frau zu Gericht saßen. Eine Vorsitzende Richterin, eine Berichterstatterin und zwei ehrenamtliche Richterinnen "bevölkerten" neben einem Berufsrichter die Richterbank. Dieses von Frauen dominierte Gericht hat der Sozialbehörde recht gegeben und das Verhalten der Mutter als sozialwidrig beurteilt. Lassen Sie mich eine Passage aus den umfangreichen, aus Frauenfeder stammenden Urteilsgründen wortwörtlich zitieren. Dort heißt es u.a.:

> "Die Klägerin beansprucht für sich und ihr Kind vom Beklagten (das ist die Sozialbehörde) Hilfe zum Lebensunterhalt, um über viele Jahre hinweg ohne Berufstätigkeit auf Kosten der Allgemeinheit leben zu können. Sie hat die Unterbringung ihrer Tochter in einer Kindertagesstätte und eine dadurch ermöglichte Arbeitsaufnahme abgelehnt, um sich voll ihrem Kinde widmen zu können. Damit weicht die Klägerin von dem Verhalten von Millionen anderer Mütter ab, die sich der Mehrfachbelastung durch Haushaltsführung und Berufstätigkeit unterziehen und ein und sogar mehrere Kinder tagsüber in einer Kindertagesstätte betreuen lassen. Der erkennende Senat will nicht an den Motiven der Klägerin zweifeln, sich ausschließlich am Wohle ihres Kindes zu orientieren, zumal die Klägerin bei Ausübung einer Berufstätigkeit trotz des dann zu erwartenden Wegfalls der Sozialhilfe für sich und ihr Kind finanziell besser dastünde. Zur Menschenwürde im Sinne von Art. 1 und zum Recht auf freie Entfaltung der Persönlichkeit nach Art. 2 GG gehört aber auch, unter Einsatz der eigenen Möglichkeiten und Arbeitskraft sein Leben selbstverantwortlich zu gestalten und die materiellen Grundlagen dafür zu erarbeiten."[16]

Auf welcher Seite saßen oder standen in diesem Fall die Feministinnen? Hinter oder vor der Richterbank? Oder judizierten dort Emanzen? Ist unsere nicht mehr ganz so junge Mutter eine Postfeministin oder pflegt sie einen *richtig verstandenen Feminismus?* Vor Mythenbildung sei gewarnt. Weder dürfen wir fraglos Solidaritäten oder ein typisch weibliches Rechtsverständnis bei Juristinnen voraussetzen noch unterstellen, daß Feminismus ein ausgeformtes, in sich widerspruchsfreies Konzept ist. Vielfalt ist noch immer ein Vorzug und nicht etwa ein Mangel im wissenschaftlichen und politischen Denken.

Gleichwohl gibt es zumindest einen Stock gemeinsamer Leitideen des Feminismus, der diejenigen eint, die mit einer feministischen Perspektive das Geschäft der Jurisprudenz betreiben. Uns eint mit *Alice Schwarzer* die Einsicht, daß Feminismus eine Geisteshaltung umschreibt, die zwar vor nichts halt-, aber sich an den folgenden Grundannahmen festmacht:

- *daß die Frau ein menschliches Wesen mit einer unantastbaren Würde ist und einen Anspruch auf Gerechtigkeit hat;*
- *daß er - der Feminismus - sich gegen Gewaltverhältnisse richtet, die Frauen zum Objekt machen;*
- *daß er Aufmerksamkeit auf die spezifischen Lebensverhältnisse der Frauen lenkt und sich gegen jede Form von Diskriminierung der Frau durch und im Recht wendet;*
- *er hilft den Geschlechtsgenossinnen zu entdecken, daß ihr vermeintlich individuelles Schicksal Frauenschicksal ist.*
- *Sein Arbeitsethos ist es, Frauen - ohne ein festgezurrtes Bild von Weiblichkeit vorzugeben - auf dem Weg zur Selbständigkeit zu unterstützen.*

---

[16] OVG Berlin, in: FamRZ 1981, 1107-1111.

Wer so die Frau in das Zentrum der Betrachtung stellt, verabschiedet sich damit implizit von der alten Annahme, *daß der Mann das Maß aller Dinge* sei.

10. Frauen vor den Toren der Jurisprudenz

Auch wenn die zuvor umschriebene Geisteshaltung noch nicht zum Zeitgeist erstarkt ist, macht sich doch in einigen wenigen Zeitschriften wie ***Streit*** und ***Feministische Studien***, in Schriftenreihen und noch vereinzelten wissenschaftlichen Arbeiten, nicht zuletzt auch in der Politik vermehrt ein frauenpolitisches Engagement bemerkbar. Zwar sind die Erfolge weithin bescheiden. Doch darf man sie nicht *zusätzlich kleinreden*, wenn die Leidenschaft nicht im Keim erstickt werden soll. Eine Feminisierung der Jurisprudenz jedoch, verstanden als ein Vordringen von Frauen in der Zunft, eine Diskussion feministischer Rechtskritik oder eine systematische Beschäftigung mit Frauenproblemen im Recht, findet bisher nur außerhalb der juristischen Fakultäten statt. Bremen mag eine Ausnahme sein.

Auf die Warum-Frage sind viele Antworten möglich. Ein solches Fach wie feministisches Recht oder Frauenrecht wird wohl von vielen Männern und Kollegen noch als ein Stachel im Fleische empfunden; denn es geht in dieser Disziplin auch um die Teilung von Macht, Recht und Verantwortung zwischen den Geschlechtern.

Die feministische Einsicht, daß es eine männliche sowohl als auch eine weibliche Perspektive gibt, wird als ein Generalangriff auf das juristische Objektivitätsideal begriffen. Zu recht. Nicht zuletzt wird die häufig so selbstgenügsam juristisch-dogmatische Perspektive aufgebrochen, die das Politische gern aus dem Bereich der Wissenschaft verbannen möchte. Der Zusammenhang von Analyse, Kritik und Fortbildung des Rechts vor dem Hintergrund frauenrechtlicher Belange ist aber für eine feministische Beschäftigung mit dem Recht eine Selbstverständlichkeit. Sie betont den Zusammenhang von Forschen, Denken und Handeln.

Die frauenrechtliche Perspektive im Recht teilt insoweit die Vorbehalte, die jedem Versuch entgegengebracht werden, Recht vor dem Hintergrund konkreter sozialer Probleme zu analysieren, zu bewerten und fortzuentwickeln. Denken wir etwa an die Herausbildung des sozialen Schuldrechts, insbesondere des Verbraucherschutzrechts. Solche Vorbehalte, die auf grundlegend unterschiedliche Rechtsverständnisse zurückgehen, sind aus der Beschäftigung mit dem Recht nicht hinwegzudenken. Diesen gilt es sich zu stellen, sie zu kritisieren und mit konkurrierenden Rechtsverständnissen zu konfrontieren. Die Vorherrschaft von unbewußt männlich geprägten Vorverständnissen gerade in juristischen Fakultäten darf kein Grund für eine Umkehr von Frauen vor dem juristischen Fachbereich und eine Einkehr in eine Idylle von women studies in eigenen Hochschulen sein.

11. Ein Fach: Frauenrecht

Eine wichtige Vorbedingung für die Bereicherung der Rechtsfakultäten um eine frauenrechtliche oder feministische Perspektive scheint mir eine Leistung zu sein, die man gern als Kanonisierung eines Faches für Lehrzwecke bezeichnet. In Anbetracht der erfreulichen Vorarbeiten von Juristinnen, Soziologinnen und Psychologinnen sind wir längst so weit, ein Fach "Frauenrecht" oder "Feministisches Recht" hinsichtlich seiner Erkenntnisziele, Methodologie und seinem Gegenstand zu beschreiben. Ich denke, hier haben wir Tove Stang Dahl die Palme zu reichen, die mit ihrem Buch "Frauenrecht" dargetan hat, wie man zum ersten eine bereits etablierte Fachdisziplin mit der Frauenperspektive konfrontieren und zum zweiten ein Spezialfach Frauenrecht konzipieren kann. Ihr Themenspektrum reicht von Fragen der Methode, der Diskriminierung und Gleichheit über das Recht der Frauen auf Geld und die Diskussion eines Hausfrauenrechts am Beispiel der Pflegezulage bis zu der Rechtsposition der Frau im System der Arbeitslosenversicherung. Ein solches Fach hat offensichtlich den besonderen Vorzug, notwendig interdisziplinär und fächerübergreifend angelegt zu sein und von daher für die Rechtslehre insgesamt ein gutes Exempel zu bieten. Dieses Fach findet seine Grundlegung im Verfassungsrecht. Wir wissen, daß mit dem herausfordernden Auftakt des Art. 3 Abs. 2 GG die Gleichberechtigung zunächst zwar nur schleppend, aber mit der Nachhilfe des Bundesverfassungsgerichts auf der Ebene des gesetzten Rechts gut vorangekommen ist. Das Fach Frauenrecht schließt aber auch zwangsläufig das Zivil-, Straf-, Arbeits- und Sozialrecht ein. So ist z.B. die Existenzsicherung von Frauen ohne die Analyse des Zusammenspiels von Unterhalts-, Arbeits- und Sozialrecht gar nicht angemessen zu begreifen und neu zu gestalten. Daß ein solches Fach immer auch die rechtsgeschichtliche, rechtsphilosophische und rechtssoziologische Perspektive einzubeziehen hat, ist eine bare Selbstverständlichkeit.

Wir dürfen uns nicht darauf beschränken, die Präsenz und Funktion von Frauen in juristischen Fakultäten zu thematisieren oder gar das Wirken der Einsicht Goethes in der Jurisprudenz abwarten, *daß der Umgang mit Frauen das Element guter Sitten sei*. Wenn wir uns in der Wissenschaft dauernd einen Platz verschaffen wollen, müssen wir ein Lehrwerk aufbieten, das die Vielfalt, den Zweifels- und Realitätssinn sowie das Rüstzeug feministischen wissenschaftlichen Denkens im Recht unter Beweis stellt.

Bettina Sokol

Gleichstellungspolitik am juristischen Fachbereich der Universität Bremen

1. Zufälle oder Schnittpunkte von Notwendigkeiten

Erfahrungsberichten ist eine gewisse Tücke des Objekts eigen. Da Erfahrungen etwas höchst subjektives sind, müssen Erfahrungsberichte persönlich sein. Sie geraten allerdings leicht in die Gefahr, sich in historischen Anekdoten oder langweiligen Aufzählungen zu verlieren. Ich hoffe, beides vermeiden zu können. Mit dem juristischen Fachbereich der Universität Bremen verbindet mich, daß ich hier von Oktober 1979 bis November 1985 studiert habe, von Oktober 1986 bis März 1990 wissenschaftliche Mitarbeiterin war und auch danach noch hin und wieder Lehraufträge wahrgenommen habe.

Für die Aktivitäten am Fachbereich Rechtswissenschaft der Universität Bremen in den achtziger Jahren ist der Begriff "Gleichstellungspolitik" sicherlich objektiv zutreffend, doch die Planmäßigkeit und Vorausschau, die der Begriff suggeriert, hat diesen Initiativen lange Zeit gefehlt. Mehr wie die Teile eines Puzzles fügten sich spontane Aktionen, Proteste, Zufälle und persönliches Engagement einzelner Personen zusammen. Das Experiment der Bremer einphasigen JuristInnenausbildung beanspruchte für sich ebenso wie die gesamte Reformuniversität Bremen die Vermittlung kritischer Lehrinhalte. Gleichzeitig hatte sie sich gegen einen nicht geringen Anpassungsdruck von außen zur Wehr zu setzen.

Die hochschulpolitischen Eckpunkte in den achtziger Jahren waren Debatten an der Universität und mit der senatorischen Behörde um "Konsolidierung" der Universität, Hochschulgesamtplanung und Hochschulentwicklungsplanung. Für den Fachbereich kam noch die unabwendbar gewordene Umstellung auf ein zweiphasiges Studium hinzu. Was sich hinter all diesen Begriffen verbarg, bestand im wesentlichen aus Einsparungspolitik, Anpassung an herkömmliche Studieninhalte sowie Lehrformen und aus einer gesamtuniversitären Schwerpunktverlagerung vom geisteswissenschaftlichen zum naturwissenschaftlichen Bereich. Dazu kam die Institutionalisierung des bis dahin so gut wie überhaupt nicht vorhandenen Mittelbaus. Abgesehen von wissenschaftlichen Mitarbeiterinnen und Mitarbeitern, die das juristische Einphasenmodell zu evaluieren hatten, und von vereinzelten MitarbeiterInnen drittmittelfinanzierter Forschungsprojekte wurden im Fachbereich Rechtswissenschaft erst 1986 die ersten drei Halbtagsstellen für wissenschaftliche MitarbeiterInnen geschaffen. Vor diesem Hintergrund gab es gleichwohl erstaunliche Spielräume für Frauenpolitik. Das universitäre und fachbereichsinterne Diskussionsklima war durch die Notwendigkeit dauernder Angriffsabwehr stark politisiert und eben auch relativ aufgeschlossen gegenüber studentischen Forderungen, selbst Frauenforderungen.

In einem Jahrgang des Fachbereichs hatte sich 1980/81 eine studentische Frauengruppe gegründet. In dieser Frauengruppe verständigten wir uns über unsere eigene Lebens- und Studiensituation. Unser Ziel war, der Frauendiskriminierung in den Lehrveranstaltungen schlicht ein Ende zu setzen. Also bereitete sich die Frauengruppe gemeinsam inhaltlich auf Lehrveranstaltungen vor und brachte Frauenthemen ein, die von den Hochschullehrern nicht behandelt wurden. Außerdem startete die Gruppe hin und wieder eine fachbereichsöffentliche Aktion, um die Situation von Studentinnen ins Gespräch zu bringen. Nach einiger Zeit wurden Teile dieser Frauengruppe als reine Frauenliste für die studentische Vertretung in den Fachbereichsrat gewählt. Damit war gewährleistet, daß künftig auch in diesem Gremium Frauenpolitik thematisiert werden würde. Die Durchsetzung der ersten Lehrveranstaltungen allein zu Frauenrechtsthemen und der ersten Frauenprojekte - durchgeführt von wissenschaftlichen Mitarbeiterinnen sowie Lehrbeauftragten - fällt ebenso in diese Zeit wie die erstmalige Vergabe einer Vertretungsprofessur an eine Frau.

Nicht unerwähnt bleiben darf die Auseinandersetzung um die Besetzung einer ursprünglich herkömmlichen Zivilrechtsprofessur. Damals gab es noch keine Hochschullehrerin am Fachbereich. Auf die ausgeschriebene Professur hatten sich auch Frauen beworben, so daß Studentinnen zahlreich an den Sitzungen der Berufungskommission teilnahmen und für die Berufung einer Frau argumentierten. Die männliche Hochschullehrermehrheit in der Kommission blieb davon unbeeindruckt und setzte einen Mann auf Platz 1 des Berufungsvorschlags. Wegen der darauf folgenden massiven Proteste beschloß der Fachbereichsrat salomonisch die Neuausschreibung der Stelle, und zwar als Stelle mit frauenrechtlichen Anteilen. Nachdem in der nächsten Berufungsrunde erneut emotionsgeladene Debatten geführt worden waren - diesmal um die Plazierung der Frauen -, wurde die Stelle von der senatorischen Behörde nicht besetzt und inzwischen wohl auch gestrichen. Nach alldem war jedoch der Grundstein für eine gewisse Sensibilisierung des Fachbereichs für die Frauenfrage in der ersten Hälfte der achtziger Jahre gelegt, also einige Zeit vor den Beschlußfassungen des Fachbereichsrates zur Institutionalisierung von Frauenpolitik am Fachbereich.

Mit der Darstellung dieser verschiedenen, nicht einmal koordinierten Aktivitäten wird deutlich, daß Frauenpolitik auch in Selbstverwaltungsgremien wie sie die Universität kennzeichnen einen gewissen Vorlauf benötigt. Es bedarf einiger Anstöße von außen durch Studentinnen, wissenschaftliche Mitarbeiterinnen oder - wo vorhanden - Hochschullehrerinnen, die fachbereichsöffentlich frauenpolitische Forderungen stellen. Gehen die Frauen in die Selbstverwaltungsgremien und vertreten diese Forderungen auch dort, so sind bereits wesentliche Voraussetzungen für die Durchsetzung der Forderungen vorhanden.

2. *Die Antidiskriminierungsdiskussion*

Der im Fachbereichsrat immer wieder auf Fraueninitiative hin formulierte Anspruch, der Situation der Frauen im juristischen Studiengang mit einem Gesamtkonzept Rechnung zu tragen, führte im Mai 1987 dazu, daß die Einrichtung einer Antidiskriminierungskommission beschlossen wurde. Der Begriff der Antidiskriminierung ist zwar sprachlich nicht besonders schön, doch wurde er mit Bedacht gewählt. Er sollte in Abgrenzung zu der damals gängigen Verwendung des Begriffs der Frauenförderung zum Ausdruck bringen, daß es um die Beseitigung aktueller, struktureller Benachteiligungen von Frauen ging und leider immer noch geht. Keine besondere Zuwendung für vermeintlich Hilfsbedürftige war gewünscht, sondern die Abschaffung der ungerechtfertigten Bevorzugung von Männern mit dem Ergebnis, die Gleichberechtigung der Geschlechter zu verwirklichen.

Der Kommission gehörten sechs Hochschullehrer, drei wissenschaftliche Mitarbeiterinnen und eine Studentin an, die zugleich die Frauenbeauftragte des Fachbereichs war. Die Aufgabe der Kommission bestand zuallererst darin, Vorschläge für die inhaltliche Ausgestaltung des Lehrangebots zu erarbeiten, mit denen die Rechtsstellung der Frau stärkere Berücksichtigung in der Lehre finden könnte. Anlaß dafür war, daß die ersten Entwürfe für die für die zweiphasige Ausbildung neu zu erstellenden Studienordnung und Schwerpunktbereichsverordnung keinerlei diesbezügliche Ansätze enthalten hatten und daher auf Ablehnung der Frauen im Fachbereichsrat gestoßen waren. Beschlossen wurde daraufhin der auch heute noch existierende § 4 Abs. 4 der Studienordnung, der die Behandlung frauenspezifischer Fragestellungen in den Kern- und weiteren Pflichtfächern vorschreibt. Die Antidiskriminierungskommission legte dem Fachbereichsrat Vorschläge zur Erweiterung der Aufschlüsselung der Kern- und weiteren Pflichtfächer um frauenspezifische Themen vor. Es fanden zwar nicht alle diese Vorschläge eine Mehrheit im Fachbereichsrat, doch wurde der Kommission die Möglichkeit gegeben, die nicht mehrheitsfähigen Vorschläge in Form einer Kommentierung der Anlage zur Studienordnung beizufügen.

In Bezug auf die Schwerpunktbereichsverordnung war Konsens, daß erst einmal Erfahrungen mit dem Schwerpunktstudium in der neuen Ausbildung zu sammeln seien und es dafür genüge, den Schwerpunkten die Auswahl der frauenspezifischen Themen selbst zu überlassen. Verpflichtend wurde in § 2 Abs. 3 der Schwerpunktbereichsverordnung in ihrer ursprünglichen, vom juristischen Fachbereich vorgelegten Fassung lediglich festgehalten, daß frauenspezifische Fragestellungen Gegenstand der Prüfungen in allen Schwerpunktbereichen zu sein hatten. Nach dem alten Bremer Grundsatz, daß nur geprüft wird, was auch gelehrt worden ist, erschien dies vorläufig ausreichend, um frauenrelevante Lehrinhalte abzusichern. Diese Pflicht wurde allerdings im weiteren Entstehungsprozeß der Verordnung deutlich abgeschwächt. Letztlich enthielt der § 1 der Schwerpunktbereichsverordnung vom 9. September 1988 nur noch den Satz, daß frauenspezifische Fragestellungen in den Schwerpunktbereichen so weit wie möglich zu berücksichtigen seien.

Inzwischen ist in der neuen Schwerpunktbereichsverordnung vom 19.5.1995 in den in § 1 SBV geregelten allgemeinen Grundsätzen vorgesehen, daß zu den einzelnen Schwerpunktbereichen jeweils neben deren geschichtlichen, wirtschaftlichen und rechtsphilosophischen Grundlagen auch die gesellschaftlichen einschließlich der geschlechtsspezifischen Grundlagen gehören. In den einzelnen Schwerpunktbereichen sind zudem teilweise frauenspezifische Aspekte und Themen jeweils konkret bezogen auf den Schwerpunktbereich benannt. Insoweit gilt es beispielsweise im staats- und kommunalverwaltungsrechtlichen Schwerpunkt (§ 4 Nr.2 SBV) auch die Einrichtungen und Regelungen zur Gleichstellung der Frau zu behandeln, im wirtschaftsverwaltungsrechtlichen Schwerpunkt (§ 4 Nr. 4 SBV) die Frauenförderung im Wirtschaftsverwaltungsrecht und im arbeitsrechtlichen Schwerpunkt (§ 5 Nr. 1 SBV) die Diskriminierungsverbote sowie das Antidiskriminierungsrecht im Arbeitsverhältnis.

3.   Mehr Frauen, neue Lehrinhalte und Frauenforschung

Das Kernstück der Kommissionsarbeit bestand allerdings in der Erstellung des Antidiskriminierungsplans, der letztlich im April 1989 beschlossen wurde. Auch dieser Plan ist mittlerweile fortgeschrieben und von der am 5. Juli 1995 durch den Fachbereichsrat beschlossenen Antidiskriminierungsrichtlinie abgelöst worden. Gleichwohl sollen die Grundgedanken dargestellt werden, von denen sich die Kommission in ihrer damaligen Arbeit leiten ließ, da sie auch für die aktuelle Richtlinie noch ihre Gültigkeit besitzen. Um die Situation der Frauen am Fachbereich insgesamt verbessern zu können, bedurfte es eines Herangehens von verschiedenen Seiten aus: Zuallererst war die Erhöhung des Frauenanteils am wissenschaftlichen Personal nötig - besonders unter den Hochschullehrern. Die gesamtuniversitäre Richtlinie sah für die Erreichung dieses Zieles eine harte Quote für Stellen mit Qualifizierungsfunktion vor und eine weiche Entscheidungsquote für die Professuren. Diese Quotenregelungen wurden in den Antidiskriminierungsplan übernommen und zusätzlich um Ausschreibungspflichten ergänzt sowie um Anforderungen an Stellenbeschreibungen. Dabei ging es darum, die traditionellen Stellenanforderungen sowohl inhaltlich um frauenspezifische Anteile zu erweitern als auch um Befähigungen zu bereichern, die Frauen eher aufweisen als Männer. Außerdem wurde aus der Erkenntnis, daß Frauen ohnehin besser als Männer qualifiziert sein müssen, um als gleich qualifiziert akzeptiert zu werden, Konsequenzen gezogen. Für die Entscheidungsquote galt ausdrücklich, daß die gleiche Qualifikation schon gegeben sei, wenn auch nur eine annähernd als gleich zu bewertende fachliche Leistung der Frau vorliege. Diesem "subjektiven Faktor" der defizitären Wahrnehmung weiblicher Qualifikation sollte auch eine Verfahrensvorschrift bei der Erstellung der Berufungslisten dienen. Vor der Erarbeitung der eigentlichen Berufungsliste sollten getrennt Männer und Frauen innerhalb ihrer Geschlechtergruppe in eine Rangfolge gebracht werden, um die Argumente, die für bestimmte Personen sprachen, erst einmal unvoreingenommen zu benennen und dann zu sehen, wie der Vergleich zwischen den jeweiligen Erstplazierten und den weiteren Plätzen ausfallen würde.

Da die Erhöhung des Frauenanteils für sich genommen nicht schon automatisch die Situation der Frauen verbessert, konnte es bei diesen Maßnahmen allein nicht bleiben.

Zudem war der Frauenanteil unter den wenigen wissenschaftlichen Mitarbeiterinnen und Mitarbeitern prozentual betrachtet außergewöhnlich hoch und die Aussicht auf die Besetzung von Hochschullehrerstellen denkbar gering. Somit bildeten die frauenspezifischen Themen in der Lehre, die gerade mit der Studienordnung und der Schwerpunktbereichsverordnung beschlossen worden waren, einen weiteren wichtigen Punkt im Antidiskriminierungsplan. Normativ gesichert wurde zusätzlich ein kontinuierliches Angebot von frauenspezifischen Lehrveranstaltungen und von Frauentutorien. Um den Willen der Lehrenden zur Umsetzung der in der Anlage zur Studienordnung festgehaltenen frauenspezifischen Lehrinhalte zu unterstützen, legte der Antidiskriminierungsplan außerdem eine Berichtspflicht für die Vermittlung dieser Lehrinhalte fest. Diese Berichtspflicht rief den Unmut einiger Hochschullehrer hervor und brachte im Fachbereichsrat den gesamten Plan beinahe zum Scheitern. Die Freiheit der Lehre wurde bemüht und vermeintliche Überbürokratisierung kritisiert. Die einzige Stimmenthaltung und die einzige Gegenstimme bei der Beschlußfassung über den Plan im Fachbereichsrat sind letztlich nur wegen dieses Punktes abgegeben worden. Wir Frauen im Studiengang waren uns damals allerdings ziemlich sicher, mit der Berichtspflicht den Kernpunkt für die Umsetzung der großzügigen Bekenntnisse zur Notwendigkeit frauenspezifischer Lehrinhalte getroffen zu haben. Die Annahme, daß der vom Fachbereichsrat beschlossenen Berichtspflicht auch ohne die Androhung von Sanktionen Folge geleistet werden würde, erwies sich jedoch als unzutreffend. Soweit mir bekannt ist, sind derartige Berichte nur sehr vereinzelt erstellt worden. Warum hätte es ihnen - mangels Sanktionsmöglichkeit - auch besser ergehen sollen als den Berichten der Fachbereiche über die Umsetzung der gesamtuniversitären Richtlinie zur Erhöhung des Frauenanteils am wissenschaftlichen Personal.

Frauenspezifische Lehre muß weiterentwickelt werden, Frauenforschung ist daher nicht zuletzt für die Lehre erforderlich. Im November 1987 hatte sich unter Beteiligung einiger wissenschaftlicher Mitarbeiterinnen auch des juristischen Fachbereichs eine fachbereichsübergreifende wissenschaftliche Einrichtung Frauenforschung konstituiert. Neben der Unterstützung konkreter Projekte der Wissenschaftlichen Einrichtung durch den Fachbereichsrat war es im Juni 1988 gelungen, eine generelle Unterstützung der Wissenschaftlichen Einrichtung durch einen Fachbereichsratsbeschluß zu sichern. Dies wurde im Antidiskriminierungsplan festgehalten. Ansonsten sollte denjenigen, die Frauenforschung aus eigener Motivation betreiben, nichts auferlegt werden. Wer sich auf dieses Feld begibt, hat ohnehin genug zu leiden. Gleiches galt für die Arbeit der Frauenbeauftragten, deren Tätigkeit mit der gesamtuniversitären Richtlinie ausreichend geregelt erschien - mit Ausnahme der von ihr benötigten Sachmittel, deren Bereitstellung im Antidiskriminierungsplan zugesichert wurde. Zudem waren Frauen in den Fachbereichsgremien zu dieser Zeit kontinuierlich so stark vertreten, daß wir es für undenkbar hielten, daß der Frauenbeauftragten etwa irgendwelche Rechte vorenthalten werden könnten. Für eine solche Annahme gab die damalige Situation auch keinen Anlaß.

Die Auswertung der Planumsetzung und seine Fortschreibung waren Gegenstand weiterer Berichtspflichten, unter anderem über die Vergabe von Stellen, Lehraufträgen und Stipendien sowie über die Teilnahme und Bewertung von Leistungskontrollen der Studentinnen und Studenten. Anfangs sind diese Berichte auch erstellt worden. Die Antidiskriminierungsrichtlinie 1995 folgt in ihren Grundzügen dem Antidiskriminierungsplan von 1989, enthält jedoch entsprechend den zwischenzeitlich erzielten Fortschritten teilweise sehr viel ausführlichere und konkretere Vorgaben als ihr Vorläufer. Zu nennen sind hier nur beispielsweise die detaillierten Festlegungen im Bereich der geschlechtsspezifischen Lehrinhalte und im Bereich der Personalentwicklungsplanung.

Parallel zu den Fachbereichsaktivitäten in der zweiten Hälfte der achtziger Jahre gelang es den Frauen insgesamt auf zentraler Ebene, in der Diskussion um die Hochschulentwicklungsplanung durchzusetzen, daß zwei Professuren speziell für die Frauenforschung zur Verfügung gestellt wurden - eine im naturwissenschaftlichen und eine im geistes- und sozialwissenschaftlichen Bereich. Die im April 1989 eingerichtete Arbeitsgruppe des Akademischen Senats, der ich damals angehörte, hatte dem Akademischen Senat vorzuschlagen, welchen Fachbereichen diese beiden Stellen zugeordnet werden sollten und sie zu konzipieren. Nach heftigen Debatten in der Arbeitsgruppe um Zuordnungskriterien und deren Erfüllung wurde beschlossen, die Stelle im geistes- und sozialwissenschaftlichen Bereich für den Fachbereich Jura vorzusehen. Dabei waren ausschlaggebend der Lehr- und Forschungsbedarf im Fachbereich, die Verstärkung der Frauenpräsenz innerhalb des wissenschaftlichen Personals, der gesellschaftspolitische Bedarf an der Klärung frauenrechtlicher Fragestellungen sowie das mit der Professur verbundene wissenschaftliche Innovations- und Kooperationspotential. Zum Aufgabenbereich der Professur zum Recht der Geschlechterbeziehungen gehört demzufolge, daß das Recht der Arbeits- und Lebensbedingungen von Frauen und rechtliche Möglichkeiten der Antidiskriminierung insbesondere unter Berücksichtigung theoretischer Neukonzeptionen von Recht bearbeitet wird. Diesen Beschluß des Akademischen Senats vom Juli 1989 vollzog der Fachbereichsrat im November 1989 nach. Die Stelle wurde ausgeschrieben und die Berufungskommission nahm etwa ein Jahr später ihre Arbeit auf. Seit dem Sommersemester 1992 ist die Stelle besetzt.

4. Resümee

Das Konzept der Antidiskriminierung, das im Antidiskriminierungsplan 1989 wie auch in der Antidiskriminierungsrichtlinie 1995 seinen Ausdruck findet, versucht, einen umfassenden Ansatz zur Verbesserung der Situation von Studentinnen und Wissenschaftlerinnen am Fachbereich zu realisieren. Es beschränkt sich - nicht nur aus Gründen der Mittelknappheit - nicht auf die bloße Erhöhung des Frauenanteils am wissenschaftlichen Personal. Es setzt bei den Lehrinhalten an und will damit gerade auch die Hochschullehrer nicht aus ihrer Verantwortung für eine Lehre nehmen, die der Situation beider Geschlechter gerecht wird und Frauenthemen besonders berücksichtigt. Erst dann kann von einer ordnungsgemäßen und vollständigen Erfüllung der Lehrverpflichtung die Rede sein. Die Prüfungsrelevanz der frauenspezifischen Themen, die in der Studienordnung und in der Schwerpunktbereichsverordnung verankert ist, soll der Ernsthaftigkeit dieses Anliegens Nachdruck verleihen. Das weitere Standbein des konzeptionellen Ansatzes besteht darin, die Frauenforschung am Fachbereich zu entwickeln und zu unterstützen, um Innovationen Raum zu geben. Dabei meint Frauenforschung in diesem Zusammenhang alles, was sich im weitesten Sinne mit Frauen und Recht befaßt. Dies reicht vom Auffinden rechtlicher Diskriminierungen über rechtstatsächliche Betrachtungen der unterschiedlichen Betroffenheit der Geschlechter durch Rechtsnormen - Stichwort: mittelbare Diskriminierung - bis hin zur Infragestellung der rechtstheoretischen Grundlagen der männlichen Wissenschaft und der Suche nach dem strukturell patriarchalen Gehalt des Rechts.

Die Beschlußlage auf dem Papier erscheint recht erfolgreich für die Sache der Frauen. Dies ist auch nicht zuletzt dem Umstand zu verdanken, daß - jedenfalls in der zweiten Hälfte der achtziger Jahre - eine enge Koordination mit den Frauen im Akademischen Senat, also der zentralen Gremienebene stattfand. Inneruniversitäre, fachbereichsübergreifende Verständigung war auch über die Konferenz der Frauenbeauftragten möglich. Das Wechselspiel zwischen zentraler und dezentraler Gremienarbeit bringt große Vorteile mit sich, da durch verschiedene Initiativen, die sich gegenseitig ergänzen und fördern, zusätzliche Schubkräfte mobilisiert werden können.

Das gedankliche Konzept paralleler Maßnahmen zur Erhöhung des Frauenanteils, zur Integration frauenspezifischer Themen in die Lehre und zur Förderung der Frauenforschung ist nach wie vor sinnvoll und richtig. Gleichwohl muß die Frage erlaubt sein, ob und wieviel sich eigentlich seit Existenz der institutionellen Antidiskriminierungspolitik des Fachbereichs geändert hat. Inwieweit stand und steht diese Politik nicht nur auf geduldigem Papier und erschöpft sich in Gleichstellungsrhetorik, sondern wird von allen, die sie angeht, tatsächlich umgesetzt? Könnten die sicherlich zu bilanzierenden Erfolge nicht bei stärkeren und konsequenteren Bemühungen größer sein als nur geringfügig? Es nützt im allgemeinen wenig, lediglich an den guten Willen appellieren zu können, zumal, wenn die Adressaten aufgefordert werden müssen, überwiegend rein altruistisch zu handeln. Als einzige Statusgruppe mit einer gewissen personellen Kontinuität hätte die Hochschullehrerschaft ihre Verpflichtung für die Entwicklung des Fachbereichs in diesem Punkte ernster nehmen können. Studentinnen und wissenschaftliche Mitarbeiterinnen teilen demgegenüber in aller Regel das Schicksal, immer wieder neu anfangen zu müssen und Erfahrungen ihrer Vorgängerinnen nicht nutzen zu können.

Mangels eines Anreiz- und Sanktionssystems ist die Antidiskriminierungspolitik bislang im wesentlichen auf Appelle verwiesen. Hier besteht Handlungsbedarf. Zu denken wäre an eine Regelung, nach der diejenigen Fachbereiche, die binnen einer fünfjährigen Umsetzungszeit die festen Zielquoten für den Frauenanteil innerhalb der Statusgruppen realisiert haben, beantragen können, daß ihnen frei werdende Stellen aus denjenigen Fachbereichen, die die Zielquoten nicht erreicht haben, zur vorübergehenden Bewirtschaftung zugewiesen werden. Dies dürfte ein durchaus erprobungswürdiges Instrument sein, da Stellen als knappes Gut an dieser Universität sehr begehrt sind.

Susanne Walther

Minerva, warum trägst Du so einen kriegerischen Helm?
Frauenförderung in der Max-Planck-Gesellschaft*

1. Einführung.

1.1 Die Max-Planck-Gesellschaft

Die Max-Planck-Gesellschaft fördert die Wissenschaften im Dienst der Allgemeinheit in Nachfolge der 1911 gegründeten Kaiser-Wilhelm-Gesellschaft. Sie unterhält eigene natur- und geisteswissenschaftliche Forschungsinstitute, die sich vorwiegend der Grundlagenforschung widmen. Besonderes Augenmerk gilt dabei „neuen Aufgabenstellungen, die für die Hochschulforschung noch nicht reif oder wegen ihrer strukturellen Voraussetzungen weniger geeignet sind".[1] Dies erfordert einen Verzicht auf das Universalprinzip zugunsten einer Konzentration auf besondere Forschungsschwerpunkte; neben den insgesamt überwiegenden naturwissenschaftlichen Forschungsgebieten ist ein solcher Schwerpunkt etwa die Rechtsvergleichung.[2] Zur Zeit hat die MPG 68 Institute und selbständige Forschungsgruppen. Dazu gehören 6 juristische Institute, die sich jeweils im Schwerpunkt dem ausländischen und internationalen Recht sowie der Rechtsvergleichung widmen. Die Max-Planck-Gesellschaft hat auch ein schönes Emblem: Es zeigt das Profil der Minerva. Nach der antiken Mythologie ist sie die altitalische Göttin der Weisheit und der Künste und Herrin der Handwerker und Krieger, später wurde sie der griechischen Athene gleichgesetzt.[3] Minerva ist im Profil zu sehen, charakteristisch ist der kriegerische Helm.

Organisatorisch ist die Max-Planck-Gesellschaft eine gemeinnützige Organisation des privaten Rechts in Form eines eingetragenen Vereins. Die Finanzierung liegt freilich ganz überwiegend in öffentlicher Hand: Sie erfolgt im wesentlichen aus Steuermitteln, die je etwa zur Hälfte vom Bund und von den Ländern aufgebracht werden. Trotz überwiegend staatlicher Finanzierung besitzt die MPG kraft ihrer Verfaßtheit als Selbstverwaltungsorganisation der Wissenschaft einen relativ großen Bewegungsspielraum. Zentrales Entscheidungsgremium ist ein „Senat", dessen Zusammensetzung dem Prinzip folgt, daß eine „gleichwertige Partnerschaft von Staat, Wissenschaft und sachverständiger Öffentlichkeit" bestehen soll;[4] dementsprechend gehören dem Senat Vertreter aus Politik, Wissenschaft, Wirtschaft und Verwaltung an. In der Realität ist freilich die Entscheidungs- und Einflußmacht des Präsidenten sehr groß. Er steht an der Spitze der Gesellschaft und wird vom Senat für jeweils 6 Jahre gewählt. Er gehört dem Senat kraft Amtes an.

1.2. Querverbindung zur Universität: Förderung des wissenschaftlichen Nachwuchses

Wie verhält sich nun der Funktionsbereich der MPG zu dem der Universität? Von der ursprünglichen Idee her sollen Ergänzungsfunktionen wahrgenommen werden. Man geht davon aus, daß an den Universitäten tendenziell die Erfordernisse der Lehre im Vordergrund stehen und sie deshalb den Anforderungen, die Grundlagenforschung sowie auch

---

[*] Überarbeitete und aktualisierte Fassung des Symposiumvortrages.
[1] Siehe Max-Planck-Gesellschaft (Hrsg.), Jahrbuch 1994, S. 785.
[2] AaO.
[3] Siehe Max-Planck-Gesellschaft, Berichte und Mitteilungen 2/94, Erläuterung zum Titelbild.
[4] AaO.

„tastende" bzw. sich neu entwickelnde Forschung - gerade auch außerhalb etablierter Disziplinen - im Hinblick auf Zeit und Ressourcen stellt, nicht gerecht werden können.[5]
Neben dieses Ergänzungsverhältnis bei der Forschungsausrichtung tritt aber ein Verflechtungsverhältnis zwischen Max-Planck-Instituten und Universitäten, und zwar bei der Förderung des wissenschaftlichen Nachwuchses. Den Max-Planck-Instituten stehen vergleichsweise großzügige Forschungsausstattungen sowie Personal- und Stipendienmittel zur Verfügung. Meist sind mehrere der Wissenschaftlichen Mitglieder der Institute - insbesondere die Direktoren - gleichzeitig als Professoren an der nächstgelegenen Universität tätig. Sie rekrutieren naturgemäß ihre wissenschaftlichen Hilfskräfte aus der Studentenschaft bzw. den Examensjahrgängen. Wir wissen, daß dies wichtige Förderpositionen sind. Zur Veranschaulichung ihrer Größenordnung: An unserem Institut beispielsweise arbeiteten 1994 38 studentische Hilfskräfte und 28 geprüfte Hilfskräfte bzw. Doktoranden.

Die Max-Planck-Institute erfüllen aber durch die Nachwuchsförderung keineswegs nur eine einseitige „Serviceleistung" für die Universitäten. Sie handeln damit gleichzeitig im wohlverstandenen Eigeninteresse. Denn den Forschungsidealen der Gesellschaft kommt es zugute, wenn ein Teil der Wissenschaftlerpositionen in regelmäßigem Turn us neu besetzt, der Organisation quasi immer wieder „frisches Blut" zugeführt wird. Für Männer wie Frauen, die nach der Promotion etwa Anfang 30 sind, sind Befristungen indes nur zumutbar, wenn sie die reale Aussicht haben, später auf eine feste Position an der Universität wechseln zu können.

2. Beschäftigungssituation der Frauen in der MPG bzw. im MPI für Strafrecht

Der Anteil der Wissenschaftlerinnen in der Max-Planck-Gesellschaft lag am 1.1.1994 bei rund 15%.[6] Bei einer Aufschlüsselung nach Positionen treffen wir auf das altbekannte Muster: je statushöher die Position, desto geringer der Frauenanteil:

Anteil der Wissenschaftlerinnen in der MPG[7]
Fortschreibung der Übersicht aus MPG-Spiegel 2/91
Stand 1991

Vergütungs- bzw-.Besoldungsgruppe	Zahl der Frauen Stand 1.1.1991	Zahl der Frauen Stand 1.1.1993	Zahl der Frauen Stand 1.1.1995
C 4	2 von 210 = 1%	2 von 222 = 0,9%	5 von 234 = 2,1%
C 2/3	8 von 198 = 4%	10 von 194 = 5,2%	6 von 174 = 3,4%
BAT 1	1 von 58 = 2%	0 von 67 = 0%	0 von 54 = 0%
WIa	28 von 383 = 7%	28 von 430 = 6,5%	25 von 418 = 6,0%
WIb	21 von 935 = 13%	141 von 1062 = 13,3%	164 von 1085 = 19,1%
BAT und WIIa	10 von 880 = 24%	235 von 975 = 24,1%	215 von 1003 = 21,4%
Fortbildungsstipendiaten	98 von 330 = 28,9%	137 von 469 = 29,2%	
Doktoranden	293 von 1265 = 23,2%	330 von 1480 = 22,3%	noch nicht bekannt
Studentische Hilfskräfte	179 von 590 = 30,3%	208 von 588 = 35,4%	
Nachwuchsgruppenleiter	2 von 26	2 von 25	0 von 19

1.1.1995 MPG-Beschäftigte insgesamt: 11.149 davon Frauen: 41,5%   Quelle: Senatsvorlage

In der Gruppe der wissenschaftlichen Mitarbeiter ist gleichzeitig der Anteil der Zeitverträge am höchsten.[8] Keine Überraschung ist es schließlich, daß (auch) bei den Wissenschaftlern mehr Frauen als Männer teilzeitbeschäftigt sind.[9]

---

[5] Siehe Max-Planck-Gesellschaft (Hrsg.), Die Max-Planck-Gesellschaft und ihre Institute (3. Aufl. 1983), S. 16.
[6] Siehe Max-Planck-Gesellschaft (Hrsg.), Berichte und Mitteilungen 2/94, S. 73.
[7] Abgedruckt in MPG-Spiegel 2/1995, Beilage Nr. 2 des Gesamtbetriebsrates, S. 4.
[8] Zum 1.1.1994 betrug er rund 46%; aaO, S. 75.

Bemerkenswert schlecht sieht es mit dem Frauenanteil auf der für wissenschaftspolitische Veränderungen besonders bedeutsamen Ebene der Entscheidungsgremien der MPG aus. So sind von derzeit 56 Senatoren lediglich 2 Frauen, das entspricht einem Anteil von rund 3,6%. Im Wissenschaftlichen Rat, dem z.Zt. 277 Personen angehören, sitzen lediglich 10 (= 0,37%) Frauen, wobei ihr Anteil in der Geisteswissenschaftlichen Sektion immerhin etwas höher ausfällt (7 von 41 = ca. 17%).

In unserem Institut für ausländisches und internationales Strafrecht ergibt sich ein Bild, das teils unter, teils über diesen Größenordnungen liegt. Unter den zwei Direktoren (C 4) sowie den fünf Wissenschaftlern des Mittelbaus (C3 und BAT Ia) findet sich keine Frau. Höher als in der Gesamt-MPG ist der Frauenanteil auf der Ebene der wissenschaftlichen Mitarbeiter (Bat IIa/Ib), hier haben wir stolze 30%. Allerdings sind auf den Vollzeitstellen ganz überwiegend Männer, auf Teilzeitstellen überwiegend Frauen zu finden.[10] Bei den geprüften wiss. Hilfskräften (Referendaren) sind demgegenüber Frauen zu ca. 43% vertreten. Und bei den studentischen Hilfskräften sind sie sogar in der Mehrheit, mit einem Anteil von 60,5%. Es bleibt zu hoffen, daß sich dies auf Absehbare Zeit in einer Erhöhung des Frauenanteils in den höheren Positionen niederschlagen wird.

3. *Das Thema Frauenförderung in der MPG*

Es ist freilich allgemein bekannt, daß wir wohl bis weit in das Jahr 2000 hinein warten müßten, wollten wir es mit dem Hoffen auf die Zeit bewenden lassen. Auch daß man mit einer „weichen" Linie nicht weiterkommt, zeigt sich nun überdeutlich anhand der immer noch stagnierenden Frauenanteile. Die wohlklingenden „Empfehlungen" zur Förderung von Wissenschaftlerinnen, die der Wissenschaftliche Rat im Jahre 1991 verabschiedet hatte, haben nichts gebracht. Leitgedanke jener Empfehlungen war der Befund, daß im Hinblick auf die zukünftigen Aufgaben der Wissenschaft die „rechtzeitige und volle Entfaltung *aller* Talente und Begabungen unverzichtbar" sei.[11] Bei der Frage, wie dies schöne Ziel möglichst effektiv angestrebt werden sollte, blieb man aber vorsichtig. Denn die Empfehlungen des Rates beschränkten sich im wesentlichen auf das Thema „bessere Vereinbarkeit von Wissenschaft und Familie". Einflußnahmen auf Personalentscheidungen, insbesondere mittels einer Quotenregelung, wurden strikt abgelehnt. Immerhin wurde die Empfehlung ausgesprochen, sich bei der Besetzung von Förderplätzen wie etwa studentischen Hilfskraftstellen auch am Frauenanteil der vorangehenden Qualifikationsstufe zu orientieren.[12]

Initiativen des Gesamtbetriebsrats brachten dann Bewegung in das Thema. Er veranlaßte zunächst die Durchführung einer internen Untersuchung zur Beschäftigungssituation.[13] Auf dieser empirischen Grundlage legte der Gesamtbetriebsrat dann 1993 den Entwurf einer Gesamtbetriebsvereinbarung zur Gleichstellung von Frauen und Männern vor. Das Gros der vorgesehenen Maßnahmen konzentrierte sich auch hier auf die bessere Vereinbarkeit von Berufs- und Familienarbeit einschließlich der beruflichen Fortbildung und des Wiedereinstiegs nach Familienpause. Hinsichtlich der Einflußnahme auf Personalentscheidungen waren aber immerhin Begründungspflichten vorgesehen für den Fall, daß bei bestehender Unterrepräsentierung ein männlicher Bewerber vorhandenen Bewerberinnen vorgezogen wird, sei es bei Einstellung, sei es beim Aufstieg. Darüber hinaus normierte der Entwurf das Verbot der sexuellen Belästigung und der entsprechenden Fürsorgepflichten des Arbeitgebers. Bedeutsam ist schließlich, daß nach dem Entwurf eine zentrale Frauen- bzw. Gleichstellungsbeauftragte eingestellt werden soll, die ihre

---

[9] Beispielsweise betrug zum 1. Jan. 1993 der Anteil der Teilzeitbeschäftigten bei den weiblichen Wissenschaftlern 22%, bei den männlichen nur 4%; Rundschreiben der MPG, Nr. 96/1993, S. 13.

[10] Zu Jahresanfang 1995 waren von 16 Vollzeitstellen nur 3 mit Frauen besetzt, also gerade 18,7%, dagegen 75% der Teilzeitstellen (3 von 4).

[11] Siehe MPG-Spiegel 2/91, S. 18.

[12] Rundschreiben des Präsidenten Nr. 36/1991.

[13] Siehe Munz, Die Beschäftigungssituation von Männern und Frauen in der MPG (München 1993).

Funktion hauptamtlich und vollzeitig ausübt; zusätzlich würden in den einzelnen Instituten (sowie Arbeitsgemeinschaften und Projektgruppen) dezentrale Frauen- oder Gleichstellungsbeauftragte gewählt.

Spätestens nachdem 1994 das Frauenfördergesetz auf Bundesebene in Kraft getreten ist, konnte man sich den Forderungen nach konkreten Maßnahmen nicht mehr entziehen.[14] Die MPG-Führung verwies darauf, daß das FFG nicht unmittelbar für die Gesellschaft gelte; man wollte sich aber den darin enthaltenen Forderungen - wohl nicht zuletzt, weil ja die Finanzierung der Gesellschaft maßgeblich vom Bund erbracht wird - nicht verschließen. Im März 1995 hat der Senat deshalb „Grundsätze zur Frauenförderung in der MPG" beschlossen.[15] Danach sollen die Regelungen des Frauenfördergesetzes „in einer Fassung, die den Besonderheiten der MPG Rechnung trägt", Grundlage für frauenfördernde Maßnahmen in der MPG sein. Es wurde zwar nicht gesagt, worin konkret jene „Besonderheiten" bestehen. Jedenfalls hat man in dem Normenwerk, das in Wortlaut und Systematik den Vorschriften des FFG nachgebildet ist, an wesentlichen Abweichungen folgende für erforderlich gehalten:[16]

- Es wird ein zentraler "Frauenförder-Rahmenplan" geschaffen, wobei allerdings eine Federführung der Gleichstellungsbeauftragten *nicht* vorgesehen ist; diese "unterstützt" lediglich die Dienststelle (den Generalsekretär) hierbei (§ 4 Abs. 1);
- Der Rahmenplan kann durch Förderpläne auf Institutsebene "ergänzt" werden, insbesondere im Hinblick auf "quantitative Zielsetzungen"; wer dabei federführend ist, bleibt offen, doch muß der Entwurf (!) eines solchen Planes "rechtzeitig" vor Beschlußfassung der Zentrale (Generalverwaltung bzw. Gleichstellungsbeauftragter) "vorgelegt" werden (§ 4 Abs. 2); Begründungspflichten für den Fall, daß Förderpläne nicht eingehalten worden sind, *fehlen*;
- Pflichten zur Erhöhung von Frauenanteilen nach Maßgabe der aufgestellten Pläne gelten *nicht* für Berufungsverfahren (§ 7 Abs. 3); für diese ist lediglich eine Art frauenfreundlicher Gestaltungsauftrag formuliert worden;
- Unter dem Aspekt der "Anforderungen der wissenschaftlichen Arbeit" und der sich daraus ergebenden Bedeutung des Kontakts mit Fachgebiet und Institut sollen Alternativen zur familienbedingten Beurlaubung entwickelt werden (§ 11 Abs. 1); eine Parallelvorschrift zu dem in § 12 Abs. 4 FFG statuierten Benachteiligungsverbots hinsichtlich des bereits erreichten Platzes in der Beförderungsreihenfolge fehlt allerdings;
- Es werden eine "Zentrale Gleichstellungsbeauftragte" sowie, in den einzelnen Einrichtungen der MPG, "Vertrauenspersonen" bestellt (eine Wahl durch die Beschäftigten ist also wohl ausgeschlossen) (§ 15); die Möglichkeit einer vollständigen Freistellung von anderen Aufgaben ist nicht vorgesehen;
- Bei der Definition der *Aufgaben* von Gleichstellungsbeauftragter und Vertrauenspersonen ist, anders als im FFG (§ 17 Abs. 1 Nr. 1), *keine* Mitwirkung in Personalangelegenheiten sowie in sozialen und organisatorischen Angelegenheiten vorgesehen (§ 17);
- Ein *Beanstandungsrecht* (vgl. § 19 Abs. 3 FFG) ist unmittelbar nur der "Zentralen Gleichstellungsbeauftragten" eingeräumt, nicht aber den "Vertrauenspersonen" in den einzelnen Instituten (§ 19).

Die wenigen Zähne, die das FFG aufzuweisen hat, sind damit wohl gezogen. Da wirkt es doch beinahe zynisch, wenn die März-Beschlüsse des MPG-Senats dieser Operation noch ein paar beschwichtigende Sollens-, Erinnerungs- und Prüfungsappelle hinterherschieben: Die Zielsetzungen des FFG „sollen auch bei den Stipendiatinnen und Stipendiaten der Max-Planck-Gesellschaft verwirklicht werden" (ist das etwa nicht selbstverständlich?); die Förderungsempfehlungen des Wissenschaftlichen Rates von 1991

---

[14] BGBl. I S. 1406 (1994).
[15] Siehe MPG-Spiegel 2/95, S. 19 f.
[16] Rundschreiben Nr. 44/1995 v. 15.5.1995, Förderung von Frauen sowie Vereinbarkeit von Familie und Beruf in der Max-Planck-Gesellschaft, Anlage 1.

werden „in Erinnerung gerufen" (ach so, hat es sich also bloß um einen Fall von Vergessen gehandelt...?); und der Präsident „wird gebeten, zu prüfen", inwieweit C-Stellen zur „verstärkten Berufung" von qualifizierten Wissenschaftlerinnen „bereitgestellt" werden können (Frauen, jetzt heißt es um wunderbare Vermehrungen im Personalhaushalt beten!).[17] Angesichts dieses Befundes erscheint es nun angebracht, umso mehr Hoffnung in Initiativen vor Ort, in den einzelnen Instituten und Forschungseinrichtungen, zu setzen.

Im Juni 1995 ist dann ein Entwurf zu einer Gesamtbetriebsvereinbarung zur „Gleichstellung von Frauen und Männern in der Max-Planck-Gesellschaft" vorgelegt worden, der u.a. die Bestellung, die Aufgaben und die Rechtsstellung „der/des" Gleichstellungsbeauftragten sowie der „örtlichen Vertrauensperson" regelt (richtig, das soll jeweils auch ein Mann sein können). Im Hinblick auf den schon im FFG dürftigen Status der „Vertrauensperson" hatten übrigens die Mitarbeiterinnen und Mitarbeiter unseres Instituts in einer Stellungnahme gegenüber dem Senat sich dafür ausgesprochen, daß jedes Institut einen eigenen Frauenförderplan und eine eigene *Frauenbeauftragte* haben sollte. Gegenstand unserer Stellungnahme war außerdem die Forderung, daß befristete Arbeitsverträge um die Dauer von Mutterschutz und Erziehungsurlaub verlängert werden.

4.   Zukunftsperspektiven

Es liegt auf der Hand: Frauenförderung in der Wissenschaft ist (auch) in der MPG nicht gerade ein Ruhmesblatt. Für die Zukunft gilt es aber nun, die positiven Elemente der MPG-Regelung aufzugreifen, mögen diese auch weit hinter den Erwartungen zurückbleiben. Die Hoffnung muß sich daher, wie bereits angedeutet, vor allem auf Initiativen in den einzelnen Instituten richten, denen es ja nach der zentralen Regelung offen steht, eigene Frauenförderpläne aufzustellen und dabei auch über die zentrale Regelung ergänzend hinauszugehen.

Soweit es dabei um die Vereinbarkeit von Beruf und Familie geht, sollte die Diskussion von der reinen „Frauenschiene" weggeführt werden. Zwar sind es gegenwärtig überwiegend noch die Frauen, die konkreten Bedarf nach individuellen Problemlösungen zur Wahrnehmung von Familienaufgaben haben, doch gibt es Männer in entsprechender Situation. Solange und soweit die Frage, wie Beruf und Familie unter einen Hut zu bringen sind, von der Gesellschaft weitgehend als Individualproblem behandelt und in hohem Maße den Einzelnen aufgebürdet wird, müssen individuelle Lösungen gefunden werden, wo immer es geht. Es wäre schon merkwürdig, wenn dies ausgerechnet in Forschungsinstituten schwierig sein sollte. Wenn es Besonderheiten des Wissenschaftsbetriebes gibt, dann bestehen sie jedenfalls in geisteswissenschaftlichen Forschungs- und Lehreinrichtungen darin, daß es ein wohl überdurchschnittlich großes Flexibilitätspotential hinsichtlich Arbeitsort und Arbeitszeit gibt (zumal im Zeitalter der Computer und Datennetze), das für Frauen wie für Männer mit Familienpflichten nutzbar gemacht werden sollte.

Darüber hinaus liegen die Herausforderungen, die das Thema „Gleichberechtigung" an den Wissenschaftsbetrieb stellt, in einer zukunftsgerichteten Gestaltung der Strukturen. Jene Strukturen sind gegenwärtig immer noch vom Rollenbild des Wissenschaftlers vergangener Jahrhunderte geprägt, der sich ganz den Anforderungen des Lehr-, Forschungs- und Publikationsbetriebes verschreiben kann, weil er jemanden hat (eine Frau), um ihm dafür „den Rücken freizuhalten". Solange das System darauf aufbaut, sind die Einzelnen gezwungen, sich mehr oder weniger diesen Strukturen anzupassen. Beziehungsfördernd sind die alten Strukturen gewiß nicht (das gilt freilich nicht bloß für die Wissenschaften).

Vielen, Frauen wie Männern, mögen heute deshalb die damit verbundenen Verzichtsleistungen bezüglich der Gestaltung von Partnerschaft und Familie als zu groß erscheinen. Die Strukturen des Wissenschaftsbetriebes entsprechend zu ändern, ist keine Frage des politischen Ermessens, sondern ein Gebot des Grundgesetzes. Denn beim Zugang zu Forschung und Lehre geht es um die Verwirklichung des in Art. 3 GG verbürgten

---

[17]   Siehe MPG-Spiegel 2/95, S. 19.

Gleichheitssatzes. Dabei steht gegenwärtig die Verwirklichung im Verhältnis von Männern und Frauen im Vordergrund; es geht freilich darüber hinaus um den Gleichheitssatz im Verhältnis verschiedener Menschen mit unterschiedlichen Lebensanschauungen und unterschiedlicher Herkunft. In vielen anderen Ländern, namentlich in den USA, hat man längst erkannt, daß eine Veränderung der alten Strukturen ein Wissens- und Kreativitätspotential freisetzt, auf das Rechtswissenschaft, Rechtspraxis und Rechtspolitik an der Schwelle zum 21. Jahrhundert nicht mehr verzichten können.

Die Antwort auf meine Titelfrage: Minerva, warum trägst Du so einen kriegerischen Helm? liegt nun auf der Hand. Sie lautet natürlich: „Weil ich noch so viel erkämpfen muß." Aber der Tag wird kommen, an dem Minerva nach errungenem Sieg den Helm endlich abnehmen darf.

Heide M. Pfarr
Frauenförderung an juristischen Fakultäten[1]

1.   Überblick zur universitären Frauenförderung

Betrachten wir Frauenförderung an den Hochschulen, speziell an juristischen Fakultäten, bietet sich uns ein buntes Bild, das insgesamt wenig vergnügt stimmen kann. Zum einen wird deutlich, daß Frauenförderung so erfolgreich nicht sein kann, gibt es doch viele bei den Professuren gänzlich "frauenfreie" Fakultäten, und bei den anderen sind die wenigen Frauen vereinzelt. Auf der normativen Ebene ist das Bild noch buntscheckiger.
Da gibt es
a) Hochschulen und Fakultäten, an denen jede landes- und hochschulrechtliche Regelung oder eigenes Bemühen zur Frauenförderung fehlt. An anderen gibt es
b) Bestimmungen in Verlautbarungen, Beschlüssen, Satzungen, Richtlinien und/oder Gesetzen, wonach man auffordert, kann, sollte, plant, beabsichtigt, Frauen angemessen zu berücksichtigen. Ihnen mangelt es an jeder Verbindlichkeit. Manche nennen das "Frauenförderung". Wir nicht. Wir nennen das Beschwichtigungspolitik, wenn wir höflich sein wollen, sonst Verdummung.
Dann gibt es
c) Regelungen in Gesetzen des Bundes und einiger Länder, die einen Nachteilsausgleich zugunsten der Frauen beabsichtigen. Diese sind teils in Hochschulgesetzen, teils in Gleichberechtigungsgesetzen welchen Namens auch immer zu finden, teils in beiden, ohne daß niedergelegt ist, welches Gesetz Vorrang haben soll. Beschränkt auf Nachteilsausgleich sind das HRG, die Gesetze der CDU (oder früher CDU)-regierten Länder sowie die von Nordrhein-Westfalen, Schleswig-Holstein und auch von Bremen.
Die Frauenförderungsgesetze und -programme, die an den sogenannten "Defiziten" der Frauen ansetzen, gehen in der Regel davon aus, daß es den Frauen an Qualifikationen mangelt, wenn und weil sie sich der Familienarbeit gewidmet und sich um Kinder gekümmert haben, und bieten hier Nachhilfe und - unzureichende - Unterstützung an. Das andere "Defizit" der Frauen soll sein, daß Frauen nie Zeit haben. Da werden dann Regelungen über die sog. "Vereinbarkeit von Beruf und Familie" geschaffen oder erweitert.
d) In einigen Bundesländern und in mehr und mehr Hochschulen soll Frauenförderung dadurch stattfinden, daß Frauen dann berücksichtigt werden sollen, wenn sie mit männlichen Mitbewerbern gleich qualifiziert sind.
e) Noch wenig verbreitet hingegen sind Regelungen, die anordnen, bei der Vergabe von Geldern und bei Besetzungen in den verschiedenen Hierarchiestufen der Hochschulen einen bestimmten Anteil für Frauen vorzusehen.
f) Schließlich gibt es Frauenförderung dergestalt, daß bestimmte Positionen und Mittel ausschließlich für Frauen bestimmt sind, die sogenannte Sonderförderung.
Zu allen diesen Frauenförderungsformen haben wir mittlerweile mehr oder weniger umfangreiche Erfahrungen sammeln können, zu den erstgenannten viel, sehr wenig noch zu den letztgenannten.

2.   Programme zur Vereinbarkeit von Familie und Beruf

Die Programme mit dem Ziel, die Defizite bei den Frauen auszugleichen, indem sie die Vereinbarkeit von wissenschaftlicher Arbeit und Familie fördern wollen, bieten vorzugsweise Wiedereinstiegsprogramme nach der Familienphase. Alle diese Programme sind

---

[1] Referat für das Symposium "Juristinnen an der Hochschule - Frauenrecht in Lehre und Forschung" am 12. Februar 1995, Universität Bremen.

darauf angelegt oder laufen zumindest Gefahr, Familienarbeit und Kinderbetreuung als eine von den Frauen privat zu erledigende Aufgabe festzuschreiben oder hinzunehmen. So, wie die Programme ausgestaltet sind, werden weiterhin Männer von ihren Familienpflichten entlastet und die Forderung nach außerhäuslicher Kinderbetreuung bleibt unerfüllt. Die traditionelle Rollenzuweisung an die Frauen wird aufrechterhalten und gleichzeitig die Auffassung von ihrer Unzulänglichkeit und besonderen Kostenträchtigkeit auf dem Arbeitsmarkt gleichermaßen wie im Wissenschaftsbetrieb bestätigt.

Regelungen, die die Vereinbarkeit von Beruf und Familie verbessern sollen, sind zwar notwendig, um Frauen vergleichbare Erwerbschancen zu geben. Sie dürfen aber nicht so ausgestaltet sein wie die heutigen, durch die der geschlechtsspezifisch geteilte Arbeitsmarkt verfestigt wird und die Frauen als diejenige Personengruppe gelten, die mit Familienarbeit belastet und nicht kontinuierlich erwerbstätig sind. Vielmehr müssen sie so ausgeformt sein, daß sie Familienarbeit **neben** der wissenschaftlichen Arbeit ermöglichen und - ganz wichtig - von Männern nicht nur in Anspruch genommen werden **können,** sondern tatsächlich gleichermaßen in Anspruch genommen werden. Davon sind wir auf einer gesetzlichen Ebene weit entfernt.

Unsere Strategie in diesem Punkte muß sein: von der "Vereinbarkeit von Beruf und Familie" sind heute zwar überwiegend Frauen betroffen, aber gerade deshalb müssen Adressaten von Forderungen die Männer und der Staat in seiner Verpflichtung, eine ausreichende Infrastruktur zur Verfügung zu stellen, sein. "Wiedereinstiegsprogramme", die die Bundesregierung besonders liebt, mögen für einige Frauen heute hilfreich sein, vielleicht auch unverzichtbar. Aber sie haben nichts mit Frauenförderung zu tun. Sie dienen bestenfalls dem Ausgleich vorangegangener unverzeihlicher Fehler.

Bei den Männern und dem Staat liegen die Defizite, die es zu beseitigen gilt. Nicht bei den Frauen. Bei ihnen anzusetzen, ist grundsätzlich falsch.

3. Sonderprogramme für Frauen

Große Hoffnungen haben Frauen mit "Sonderprogrammen", also einer Sonderförderung verbunden. Jedoch sind die Erfahrungen nicht ermutigend. Denn im Ergebnis führten sie dazu, daß der Frauenanteil lediglich nicht gesunken ist. Bewerberinnen wurden auf die Stellen der Sonderförderung abgedrängt; die regulären Stellen wurden wie bisher mit Männern besetzt. Das bedeutet: Sonderförderung ist nur dann akzeptabel, wenn es gelingt, gleichzeitig die Besetzung regulärer Stellen mit Frauen durch entsprechende Programme und Pläne voranzutreiben. Eine Anrechnung von Sonderförderstellen auf die Berechnung der Frauenanteile darf nicht erfolgen.

4. Vorrangregelungen bei gleicher Qualifikation

Am meisten Arbeit, aber wenige Erfolge haben uns die Regelungen gebracht, die vorschreiben, Frauen seien dann vorrangig zu berücksichtigen, wenn sie mit männlichen Mitbewerbern gleich qualifiziert sind. Andere, weitergehende Regelungen waren früher nicht durchsetzbar und nicht gerichtsfest. Hochschulen, Rechtsprechung und Rechtswissenschaft mußten (und müssen z.T. noch) erfahren und lernen, daß diese Regelungen nichts bringen.

Heute können wir aufgrund mannigfacher Erfahrungen glaubwürdig berichten und belegen, daß die Feststellung der Qualifikation derart. beliebig und dehnbar ist, daß sich bestenfalls die Begründung für die Bevorzugung von Männern gewandelt hat, nicht aber Frauen gleiche Chancen bekommen haben. An die Rationalität der Entscheidungen glauben heute nur noch diejenigen Frauen und Frauenbeauftragten, die die Hochschule zu sehr lieben und deshalb durch eine rosarote Brille sehen, oder jene, die zu ihrem Selbstschutz immer noch von der Macht der Argumente und damit der Veränderbarkeit hergebrachter Prozeduren ausgehen. Dabei geht es um Macht. Es geht um Positionen, über die verfügen zu können nicht kampflos aufgegeben wird. Es geht um Definitionsmacht, um Einfluß, es geht um durchaus angenehme und gutbezahlte Jobs. Es geht um die Chance,

Wirklichkeit zu verändern. Nur darum. Nicht geht es - oder nur an weit hinterer Stelle - um Wahrheit, um Wissenschaft, um Freiheit, um die Ausbildung junger Menschen, nicht geht es um Qualifikation, um den Wettbewerb der Besten.

Die Diskussion um die "gleiche Qualifikation" sollte, wo immer wir können, von uns verweigert werden. Nicht, weil Frauen mit Männern in der Qualifikation nicht konkurrieren könnten. Aber wir haben erfahren müssen, in dieser Diskussion können wir nicht gewinnen, denn die Gegenseite spielt mit gezinkten Karten. Es ist Illusion zu meinen, es fehle nur an einer ausreichend präzisen Beschreibung der jeweiligen Anforderungen. Ich will nicht bestreiten, daß wir mit Strategien zur Definition des Qualifikationsbegriffs den einen oder anderen Punkt machen können; ich will nicht leugnen, daß es uns ab und an gelingt, die Entscheidung für einen Mann gewaltig zu erschweren. Aber: Die subjektiv wertenden Elemente werden aus den Entscheidungen nicht entfernt werden können, sie wird nicht gänzlich rational werden - und das heißt, wir obsiegen bei der Frage der Qualifikation mit einer Frau nur, wenn die Männer diesen Sieg zulassen - und das tun sie in aller Regel nicht nur wegen unserer guten Argumente.

5. *Ziel- und Zeitvorgaben mit Sanktionen*

Um so wichtiger, ja unverzichtbar ist es deshalb, andere Regelungen einzuführen oder anzuwenden, die uns aus diesem Dilemma herausführen. Das sind Regelungen, die anordnen, bei Besetzungen und der Vergabe von Geldern einen bestimmten Anteil für Frauen vorzusehen. Das Hessische Gleichberechtigungsgesetz z.B. schreibt dies für Frauenförderpläne vor. Für den Bereich der Hochschulen ist geregelt, daß Qualifikationsstellen mindestens mit dem Anteil an Frauen zu besetzen sind, den sie an den Absolventinnen und Absolventen des jeweiligen Fachbereichs stellen. Dasselbe gilt für wissenschaftliche Hilfskräfte ohne Abschluß; hier ist der Anteil an den Studierenden maßgebend. Auch die Richtlinie in Hamburg sieht derlei vor und noch einige weitere Frauenförderpläne in Hochschulen.

Der wesentliche Fortschritt dieser Regelung liegt auf der Hand: es kommt zumindest in dem festgelegten Frauenanteil nicht mehr zu Qualifikationsvergleichen mit Männern und den entsprechend unerfreulichen Diskussionen, in denen die Anforderungen und Bewertungen so lange gedreht und gewendet werden, bis nur die Entscheidung für den Mann übrig bleibt. Vielmehr wird die Anzahl der durch Frauen zu besetzenden Stellen errechnet und danach nur noch die Auswahl unter Bewerberinnen getroffen.

Die juristische Auseinandersetzung mit dieserart. Quoten für Qualifikationsstellen ist bereits, erfolgreich, meine ich, geführt. Frau Sokol, die wir heute hier gehört haben, hat sich darum verdient gemacht. Eine, so hoffe ich doch, Bestätigung können wir durch die Rechtsprechung erwarten, denn die CDU-Landtagsfraktion Hessens hat beim Hessischen Staatsgerichtshof Verfassungsbeschwerde gegen das Hessische Gleichberechtigungsgesetz eingelegt.

Für die Stellen, die nicht der Qualifikation dienen, sieht das Hessische Gleichberechtigungsgesetz keine starren Quoten vor. Es schreibt aber Frauenförderpläne mit einer Laufzeit von 6 Jahren vor. In sie sind verbindliche Zielvorgaben für einen Planungszeitraum von 2 Jahren aufzunehmen. Der Frauenförderplan muß jeweils für mehr als die Hälfte der Personalstellen, die besetzt werden, Frauen vorsehen. Nur wenn glaubhaft gemacht werden kann, daß nicht genügend Frauen mit der notwendigen Qualifikation zu gewinnen sind, dürfen es weniger als die Hälfte sein. Insofern kann der Plan flexibel auf die schon vorhandenen oder zu erwerbenden Qualifikationen der Frauen reagieren, ist also nicht abgehoben, sondern bleibt realitätsnah und erfüllbar, ohne zugleich an Verbindlichkeit zu verlieren.

Was heißt das für die Hochschulen und Fakultäten? Das heißt, daß zwar bei **jeder** Stellenbesetzung darum zu kämpfen ist, daß eine Frau berücksichtigt wird. Aber bei bestimmten Stellen wird von vorn herein festgelegt, daß sie für die Besetzung mit einer Frau vorgesehen sind. Wieviel das sind, ist auszurechnen anhand der Zahl der Frauen, die bundesweit über die Qualifikation bereits verfügen oder sie im Zeitablauf erwerben werden. Welche Stellen das im einzelnen sind oder sein können, gilt es auszuhandeln. Können die Herren Kollegen Frauen nicht vermeiden und wissen sie das, werden sie sich an diesem Aushandlungsprozeß dergestalt beteiligen, daß auch sie nicht diejenigen Stellen vorschlagen werden, in denen die Auswahl unter Frauen besonders klein ist.

Diese Festlegung des Anteils der Stellen geschieht am besten in einem Frauenförderplan des einzelnen Fachbereichs, der wiederum durch einen Frauenförderplan der Hochschule getragen sein sollte.

Von ausschlaggebender Bedeutung ist die Regelung dessen, was passiert, wenn der festgelegte Anteil der Stellen nicht mit Frauen besetzt worden ist, also: der Frauenförderplan nicht eingehalten wird - eine Entwicklung, mit der wir nach aller Erfahrung rechnen müssen, und um so mehr rechnen müssen, wenn für die Mißachtung des Frauenförderplans keine Sanktion droht.

Eine notwendige Sanktion ist, daß Stellen **gar nicht** mehr besetzt werden dürfen, wenn keine qualifizierte Frau gefunden wird, der Frauenförderplan aber durch eine Besetzung mit einem weiteren Mann verletzt würde. Gibt es die Chance, Männer zu nehmen, wenn Frauen nicht gefunden oder die Qualifikation der Gefundenen nicht für ausreichend erachtet wird, haben wir ein Scheunentor für die Umgehung geöffnet. Die Regelung, wie hier in Bremen, daß die Stellen dann nach einiger Zeit dem Fachbereich weggenommen und dahin gegeben werden, wo sie mit Frauen besetzt werden können, dürfte sehr hilfreich sein.

Wie die Stellen mit Frauen zu besetzen sind, wird heute in unterschiedlichen Formen versucht abzusichern. So z.B., indem in die Ausschreibung Anforderungen aufgenommen werden, die gerade von Frauen zu erfüllen sind, wie die Beratung von Studentinnen oder derlei.

6.   Verfassungsmäßigkeit gezielter Stellenausschreibungen für Frauen

Jedoch ist dies kein Allheilmittel. Wie wir uns auch drehen und wenden, wir müssen uns mit der Tatsache beschäftigten, daß die Frauenförderpläne mit Zeit- und Zielvorgaben irgendwann zu der Frage führen: können wir eine bestimmte Stelle direkt für Frauen ausschreiben, ganz bewußt und öffentlich nur nach Bewerber**innen** suchen?

Wird man uns dann nicht Verfassungswidrigkeit vorwerfen? Selbstverständlich. So unbefragt gültig und akzeptiert Quoten zugunsten von Männern waren und sind - und wir haben da eine Fülle von Beispielen -, so ungebremst ist der Vorwurf der Verfassungswidrigkeit, wenn effektiv zugunsten von Frauen eingegriffen werden soll.

Ganz wesentlich ist es, in derlei Diskussionen immer wieder auf folgendes hinzuweisen: Es geht nicht um die Zurücksetzung eines einzelnen konkreten Mannes, und es geht auch nicht um die Bevorzugung einzelner konkreter Frauen. Es geht um die **Gruppe der Frauen**, der endlich dieselben Chancen eingeräumt werden soll. Und die Männer sind nur als Teil einer Gruppe betroffen, deren Bevorzugung anders nicht abgebaut werden kann.

Jetzt ist ein kurzes juristisches Colloquium angesagt, also eine Auseinandersetzung mit den der juristischen Diskussion zugrundeliegenden Normen: Art. 3 Abs. 2 und 3 GG einschließlich der Grundgesetzergänzung 1994 durch den Satz. "Der Staat fördert die tatsächliche Durchsetzung der Gleichberechtigung von Frauen und Männern und wirkt auf die Beseitigung bestehender Nachteile hin." Für die Frauenförderung im öffentlichen Dienst brauchen wir noch Art. 33 Abs. 2 GG, der verspricht: "Jeder Deutsche hat nach seiner Eignung, Befähigung und fachlichen Leistung gleichen Zugang zu jedem öffentlichen Amte".

Demgegenüber können wir in unserer heutigen Diskussion die Normen auf der Ebene der Landesverfassungen und auch des einfachen Gesetzes vernachlässigen. Geht es auf verfassungsrechtlicher Ebene, sind diese Gesetze im Lichte der Verfassungsnormen grundrechtskonform auszulegen.

Es gibt keinen Zweifel daran, wen die Väter und Mütter des Grundgesetzes mit dem Benachteiligungsverbot wegen des Geschlechts in Art. 3 III GG im Auge hatten: gewiß nicht die Männer. Nicht das männliche Geschlecht war das gefährdete. Es war ja nicht gerade der deutsche Mann, der um angemessene Beachtung zu kämpfen hatte und dem der Zugang zu Professuren verweigert oder erschwert worden war. Geschützt werden mußten und sollten die Frauen.

Art. 3 III GG trug zwar mit dazu bei, daß es im langen, verzögerten Zeitablauf zu einer Gleichstellung der Frauen im geschriebenen Recht kam. Dieses Grundrecht führte aber nicht dazu, den Frauen zu einer tatsächlichen Gleichberechtigung zu verhelfen - insofern ein durchaus ineffektives Grundrecht, lange nur schön auf dem Papier und für das Papier.

Erst jetzt, wo nach Möglichkeiten gesucht wird, die Gesellschaft und ihre Wirkungsbedingungen durch Frauenförderung zugunsten der Frauen zu verändern, ihnen zu einer wirklichen Gleichberechtigung zu verhelfen, entfaltet dieses Grundrecht plötzlich ungeahnte Effektivität - zugunsten der Männer. Nun wirkt es, nun soll es wirken, zum Schutz der Angehörigen des bevorzugten Geschlechts. Daß das Versprechen auf Gleichstellung gegenüber dem benachteiligten Geschlecht gerade durch ein Absolutes und kategorisches Unterscheidungsverbot weiterhin nicht eingelöst wird und werden kann, diese Tatsache könnte ja vielleicht irritieren - sie tut es aber nicht, betrachtet man die Ausführungen der noch oder auch schon nicht mehr herrschenden Lehre in der Rechtswissenschaft.

Zu dieser achselzuckenden Nichtbeachtung des fortdauernden Mangels einer tatsächlichen Gleichberechtigung der Frauen paßt es dann auf das Schönste, daß eben dieselbe Meinung in der Rechtswissenschaft jenem Abs. 2 in Art. 3 GG, der da lautet: "Männer und Frauen sind gleichberechtigt", ganz denselben Inhalt zuspricht wie dem ineffektiven Abs. 3[2]. Ohne Irritation wegen dieser unnötigen Doppelung.

Hingegen sind inzwischen in der Rechtswissenschaft Ansätze zu einer angemesseneren Auslegung und Effektivierung des Art. 3 II GG entwickelt worden[3]. Sie alle stützen sich insbesondere auf die historische Auslegung, weisen aus der Entstehungsgeschichte des Absatzes nach, daß in Abs. 2 mehr und Weitergehendes gewollt wurde als die Wiederholung eines bloßen Verbotes der rechtlichen Ungleichbehandlung wegen des Geschlechts. Frauenförderung wird danach für zulässig gehalten, die damit zwangsläufig verbundene Ungleichbehandlung der Männer gerechtfertigt. Die theoretische Fundierung im einzelnen ist durchaus different: Sacksofsky etwa sieht in Art. 3 II GG ein gruppenbezogenes Dominierungsverbot des "herrschenden" Geschlechts; Raasch bescheinigt dem Gleichberechtigungsgrundsatz eine objektivrechtliche Zielsetzung, auf die sich allein die Frauen als bisher benachteiligte Hälfte der Bevölkerung berufen können. Auch Slupik bejaht ein Gruppenrecht für Frauen, gerichtet auf die Erreichung des sozialen Ideals der Geschlechterparität. Pfarr und andere leiten aus Art. 3 II GG die Pflicht des Staates ab, die faktische Gleichstellung der Frauen zu verwirklichen, und wollen durch praktische Konkordanz Gleichberechtigungsgebot und Benachteiligungsverbot miteinander versöhnen.

Sie alle können sich im Ergebnis zwar nicht beim OVG Münster[4], aber in der neueren Rechtsprechung des Bundesverfassungsgerichts[5] wiederfinden. In der Auslegung des Gleichberechtigungsgebotes können wir beim Bundesverfassungsgericht eine Entwicklung feststellen, die in drei Phasen verlaufen ist. In der ersten Phase, die bis Anfang der 70er Jahre dauerte, wird der Akzent auf die Gleichwertigkeit der Frau bei ihrer Andersartigkeit gesetzt. Die zweite Phase bis zur Mitte der 80er Jahre ist gekennzeichnet durch die Herstellung der rechtlichen Gleichheit von Mann und Frau und den Abbau jeglicher

---

[2] Zu den konsequenten Vertretern eines strikten Differenzierungsverbots zählt Sachs, Grenzen.

[3] siehe dazu Sacksofsky, Grundrecht; Fuchsloch, Verbot; auch schon Benda, Notwendigkeit; Maidowski; Diskriminierung, Pfarr, Quoten; Raasch, Frauenquote; Schiek, Nachtarbeitsverbot; Slupik, Entscheidung; Suelmann, Horizontalwirkung.

[4] OVG Nordrhein-Westfalen v. 15.6.1989 - 6 B 1318/89 -, v. 23.10.1990 - 12 B 2298/90, v. 10.4.1992, 12 B 2298/90 -, v. 2.7.1992 - 6 B 713/92 -, alle abgedruckt in Bertelsmann, Colneric, Pfarr, Rust, Handbuch zur Frauenerwerbstätigkeit (nachfolgend:HzF) Rechtsprechung T 1.

[5] Urteil v. 28.1.1992, BVerfGE 85, 191.

Differenzierung nach der Geschlechtszugehörigkeit. In der dritten Phase schließlich betont das BVerfG die reale Chancengleichheit von Frauen und Männern und läßt nach dem Geschlecht differierende Regelungen zur Verwirklichung tatsächlicher Chancengleichheit in begrenztem Umfang zu.

Ich stelle Ihnen im folgenden Entscheidungen des 1. Senats des BVerfG vor, in der durchaus nur bedingt Mut machenden Erkenntnis, daß für Quotenregelungen im öffentlichen Dienst zuvörderst der 2. Senat zuständig ist, der noch nichts Einschlägiges entschieden hat, jedoch in der Vergangenheit, besonders im § 218 - Urteil, durch ein bemerkenswertes Frauenbild hervorgetreten ist. Aber jetzt haben sie ja Frau Prof. Limbach als Vorsitzende.

In der Rentenalterentscheidung aus 1987 rechtfertigt der 1. Senat des BVerfG das frühere Rentenalter der Frauen mit dem Gedanken der Kompensation und führt ausdrücklich aus, daß der Gesetzgeber zu einer Ungleichbehandlung auch dann befugt ist, wenn er einen sozialstaatlich motivierten typisierenden Ausgleich von Nachteilen anordnet. Diese kompensatorische Begründung ist vielfach kritisiert worden, auch von mir[6].

Das Bundesverfassungsgericht hat sie auch in seiner Nachtarbeitsverbotsentscheidung aus 1992 methodisch verändert[7]. Der Regelungsgehalt des Art. 3 II GG wird nun von dem des Abs. 3 eindeutig unterschieden und abgegrenzt. Art. 3 III GG enthalte ein Benachteiligungsverbot wegen des Geschlechts; Art. 3 II gehe darüber hinaus und stelle ein Gleichberechtigungsgebot auf, das sich auch auf die gesellschaftliche Wirklichkeit erstrecke. Abs. 2 wolle für die Zukunft die Gleichberechtigung der Geschlechter durchsetzen; er ziele auf die Angleichung der Lebensverhältnisse, Frauen müßten die gleichen Erwerbschancen haben wie Männer. Überkommene Rollenverteilungen dürften durch staatliche Maßnahmen nicht verfestigt werden. Faktische Nachteile, die typischerweise Frauen treffen, dürften wegen des Gleichberechtigungsgebotes des Art. 3 II GG durch begünstigende Regelungen ausgeglichen werden. Das Gericht hält es ausdrücklich für möglich, daß ein Verstoß gegen das Verbot der Diskriminierung durch das Gleichberechtigungsgebot des Art. 3 II GG "gerechtfertigt" sein kann (verneint dies dann aber in der konkreten Frage des Nachtarbeitsverbotes). In der Entscheidung aus 1993 zur Diskriminierung bei der Einstellung ist diese Auslegung von Art. 3 II GG wiederholt und bestätigt worden.

Dieser vom BVerfG vorgezeichneten Linie folgt auch die Ergänzung des Art. 3 II GG durch die Verfassungsänderung 1994[8]. Auch sie verweist auf die Notwendigkeit einer realen Durchsetzung der Gleichberechtigung; auch sie nimmt den Staat in die Pflicht und verlangt von ihm die Förderung der Gleichberechtigung und ein Tätigwerden, um bestehende Nachteile abzubauen. Über die Mittel dazu, über die Zulässigkeit von Quoten hat sich der verfassungsändernde Gesetzgeber allerdings nicht einigen können.

Der Dogmatik des BVerfG folgend ist das Grundrecht aus Art. 3 II GG als ein Schutz- und Förderrecht zu verstehen, gerichtet auf das benachteiligte Geschlecht, also auf die Frauen.

Wir haben noch weitere Rechtsprechung. Negative, wie die des OVG Münster. Aber auch positive: Der Hessische Staatsgerichtshof geht in seinem Urteil aus 1993 über die Zulässigkeit von Frauenquoten in Personalräten davon aus, daß kompensatorisches Recht in Erfüllung des Gleichberechtigungsgrundsatzes den Schutzbereich des Diskriminierungsverbotes nicht berühren könne, gerade weil es dabei ja zwangsläufig zu einer Ungleichbehandlung kommen muß[9]. Das BAG bejaht in seinem Beschluß über die Verfassungsmäßigkeit qualifikationsabhängiger Frauenquoten im Bremischen Landesgleichstellungsgesetz - gleichfalls aus 1993[10] - deren Zulässigkeit, löst hingegen den Konflikt,

---

[6] dazu ausführlich Sacksofsky, 74 ff., 95 ff.

[7] Urteil v. 28.1.1992 BVerfGE 85, 191.

[8] Siehe dazu die Zusammenfassung der einschlägigen Diskussion bei Limbach/Eckertz-Höfer, Frauenrechte. sowie BT-Drs 12/6000, 49 ff.

[9] Hessischer Staatsgerichtshof v. 13.10.1993, ArbuR 1994, 409 mit Anm. Fuchsloch/Weber.

[10] BAG v. 22.6.1993 AP Nr. 193 zu Art. 3 GG mit Anm. Pfarr.

der bei einem Aufeinandertreffen des Gleichberechtigungsgebotes des Art. 3 II GG mit dem Diskriminierungsverbot, das sowohl in Art. 3 II wie in III GG normiert ist, entsteht nach den Maßstäben der praktischen Konkordanz.

Welcher dogmatische Ansatz auch immer: Frauenförderung ist nach der Rechtsprechung des Bundesverfassungsgerichts und der anderen genannten Gerichte und einer zunehmenden Zahl von Stimmen in der Literatur zulässig, ja, sogar geboten, allerdings nicht schrankenlos. Grenzen ergeben sich aus dem Gesichtspunkt der praktischen Konkordanz oder aus dem Verhältnismäßigkeitsgrundsatz, der wegen der möglichen Beeinträchtigung anderer Grundrechte gewahrt bleiben muß. Als denkbare Grundrechtsbeeinträchtigung wäre etwa die Berufsfreiheit der Männer nach Art. 12 GG zu nennen.

Verfassungsrechtliche Grenzen der Frauenförderung akzeptiere selbstverständlich auch ich. Jedoch sehe ich keinen Verstoß gegen Art. 3 II und III GG, wenn in einem Bereich, in dem Frauen unterrepräsentiert sind, festgelegt wird, für einen bestimmten, der Situation angemessenen Anteil zu besetzender Stellen auf einen Qualifikationsvergleich mit männlichen Bewerbern zu verzichten oder sie von vorn herein für die Besetzung mit qualifizierten Frauen zu reservieren. Dazu müssen folgende Voraussetzungen erfüllt sein:

1. In diesem Bereich müssen über einen längeren Zeitraum erheblich weniger Frauen als Männer beschäftigt sein - diese Formulierung soll zufällige Unterrepräsentanz ausschließen.
2. Die vorgesehene geschlechtsspezifische Stellenbesetzung ordnet sich ein in eine gezielte, kontrollierte, bedingte oder befristete Frauenförderung. Diese Formulierung soll willkürlichen Parameterwechsel ausschließen.
3. Der Ausschluß der Männer darf nicht alle Stellen erfassen und muß sich differenzierend auf die Angebotsseite bei den Frauen beziehen. Das bedeutet nicht "starre" Quoten, sondern flexible Zielvorgaben (wie derartige Quoten genannt werden können), die die Anzahl der Stellen, die Fluktuation und die bereits vorhandenen oder im Planungszeitraum erwerbbaren Qualifikationen bei der Gruppe der Frauen als Basis haben.

Selbstverständlich wird jetzt eingewandt, dies verstoße, wolle man es auf den öffentlichen Dienst anwenden, auf jeden Fall gegen Art. 33 II GG, wonach die Kriterien für den Zugang zu einem öffentlichen Amte sich allein an der Qualifikation festmachen dürften. Und Qualifikation, Sie haben ganz richtig gehört, kam ja bei meinen Voraussetzungen nicht vor.

Die unangefochten geltende Meinung in Rechtsprechung und Rechtswissenschaft leitet aus Art. 33 II GG den Grundsatz der Bestenauslese ab[11]. Alle Deutschen sind sozusagen durchnumeriert entsprechend der jeweiligen Qualifikation, befinden sich gleichsam in ganz genau gereihten Schlangen vor den Toren des öffentlichen Dienstes. Und die, die ganz vorn sind, hätten den "Zugang", müßten bei öffentlichem Bedarf und eigenem Wunsch eingestellt werden.

Allerdings kenne ich niemanden, der behauptet, die Personalentscheidungen für den öffentlichen Dienst seien in relevantem Ausmaß durch den Grundsatz der Bestenauslese geprägt. Die eigenen Entscheidungen - selbstverständlich, gleichermaßen die eigene Einstellung - aber die anderer? Wohl kaum. Art. 33 Abs. 2 GG prägt **nicht** die Realität des öffentlichen Dienstes. Aber wie gut ist er doch geeignet, Frauenförderung zu verhindern.

Aber auch dogmatisch wird das Leistungsprinzip im öffentlichen Dienst durchbrochen. Es gilt nicht Absolut, sondern soll durch andere Verfassungsprinzipien eingeschränkt, modifiziert oder sogar ausgehebelt werden können, so beispielsweise durch das Schwerbehindertengesetz, das Heimkehrergesetz, das Bundesevakuiertengesetz auf Grundlage des Sozialstaatsprinzips, zugunsten des föderativen Systems auf Grundlage von Art. 36 GG, und zugunsten der Soldatenversorgung auf Grundlage der nicht kodifizierten Sicherung der Verteidigungsfähigkeit[12].

Die Frage nach der Wirkung von Art. 3 II GG auf Art. 33 II GG - und umgekehrt - ist zu stellen. Betrachten wir allein das Ergebnis, liegt eine Aussage besonders nah: Wenn

---

[11] Lecheler, Handbuch, § 72, 17 ff.
[12] siehe Schmidt-Aßmann, NJW 1980, 17 ff.

Frauenförderung - unter bedingter Zurückstellung der Rechte der Männer - nach dem Gleichberechtigungsgebot gerechtfertigt sein kann, soll dies ausgerechnet für den Bereich des öffentlichen Dienstes nicht gelten? Wenn der Staat zur Förderung der Gleichstellung der Frauen verpflichtet ist, darf er das überall - nur nicht in seinem eigenen öffentlichen Dienst? Wohl kaum.

So könnte man begründen, daß auch Quotenregelungen zugunsten von Frauen auf der Grundlage des Gleichberechtigungsgrundsatzes nach Art. 3 II GG das Leistungsprinzip in zulässiger Weise modifizieren. Das bedeutet selbstverständlich nicht den Verzicht auf Eignung, Befähigung und fachliche Leistung bei Frauen; das Geschlecht kann diese Anforderungen nicht etwa ersetzen. Es bedeutet lediglich, daß Frauen, die die Anforderungen einer Stelle erfüllen, von Verfassungs wegen nicht einem Qualifikationsvergleich mit männlichen Mitbewerbern ausgesetzt werden müssen.

7. *Weibliches Geschlecht als Eignungsmerkmal?*

Ich möchte aber einen weitergehenden Ansatz wagen. Art. 33 II GG nennt die drei Kriterien Eignung, Befähigung und fachliche Leistung. Dazu hat die Rechtswissenschaft Definitionen erarbeitet, die allgemein anerkannt sind. Der Begriff der Eignung geht am weitesten, er erfaßt die gesamte Persönlichkeit[13]. Es kann z.B. um die körperliche und gesundheitliche Eignung gehen, also um Eigenschaften eines Menschen, die er nicht oder nicht sehr beeinflussen kann. Auch das Amt kann eine persönliche Eignung fordern. Zur Eignung soll auch die Verfassungstreue gehören, also eine politische Einstellung, derentwegen nach Art. 3 III GG doch eigentlich niemand benachteiligt oder bevorzugt werden darf.

Die Frage ist, ob unter bestimmten Umständen - und zwar denen, die ich oben aufgeführt habe, um eine Ungleichbehandlung der Männer zu rechtfertigen - die Tatsache, dem weiblichen Geschlecht anzugehören, Bestandteil der geforderten Eignung i.S. von Art. 33 II GG sein kann. Betrachten wir den Sinn dieser Verfassungsnorm: sie ist republikanisch und demokratisch gesinnt und will ständische Privilegien für den Zugang zu öffentlichen Ämtern ausschließen. Alle Mitglieder des Volkes sollen gleichermaßen in öffentlichen Ämtern vertreten sein können - aber nicht nur das. Sie sollen auch vertreten sein. Aus Art. 36 GG, wonach u.a. bei den obersten Bundesbehörden Beamte aus allen Bundesländern in angemessenem Verhältnis zu verwenden sind, wird deutlich, daß der Gesichtspunkt der Repräsentanz der Gruppen des Volkes in öffentlichen Ämtern gleichermaßen als Ziel in die Verfassung aufgenommen ist. Sicherlich ginge es zu weit, daraus zu schließen, der öffentliche Dienst sei nach allen denkbaren Gruppenmerkmalen durchzuquotieren. Jedoch hebt das Grundgesetz bestimmte Gruppierungen und ihre Rechte heraus. Das ist, wie erwähnt, die landsmannschaftliche Herkunft der Beamten. Das ist, und zwar mit größerem Gewicht, da in den Grundrechtskatalog aufgenommen, die Gruppe der Frauen.

Die Gesetze sind, das ist seit dem Lüth-Urteil des Bundesverfassungsgerichts unbestritten, im Lichte der Grundrechte auszulegen. Ich meine: beschienen vom Lichte des Gleichberechtigungsgebotes in Art. 3 II GG kann und muß sogar unter bestimmten Umständen die Zugehörigkeit zum weiblichen Geschlecht Bestandteil der Eignung im Sinne von Art. 33 II GG sein[14].

---

[13] Schmidt-Bleibtreu/Klein, GG, Art. 33 Rn. 6 ff.

[14] Das heißt: Männer können sich nicht darauf berufen, für sie gilt die Möglichkeit der geschlechtsspezifischen Stellenbesetzung nicht. Selbstverständlich gibt es Bereiche, in denen nur oder fast nur Frauen arbeiten, und selbstverständlich ist das unerfreulich. Nur ist diese Tatsache nicht darauf zurückzuführen, daß Männer bei dem Zugang zu diesen Beschäftigungen diskriminiert werden, es sei denn, man betrachtet die niedrige Bezahlung von frauentypischen Tätigkeiten als strukturelle Diskriminierung der Männer. Hat Frauenförderung Erfolg, gelingt es, den Frauen den Zugang und den Verbleib in "Männerbastionen" zu verschaffen, werden sich im Zeitablauf auch die "Frauendomänen" auflösen.

Diese Umstände sind angesichts der mangelnden Repräsentanz der Frauen im Hochschulbereich gegeben. Der Anteil der Frauen im Bereich des wissenschaftlichen Personals entspricht dauerhaft weder dem in der Bevölkerung, noch dem unter den Studierenden, sondern ist marginal geblieben. Es gibt so viele qualifizierte Frauen, daß viel mehr Frauen auf Qualifikationsstellen und Professuren sitzen könnten, ließe man sie bloß. Appelle und Regelungen, die nicht in die Personalauswahlentscheidung eingriffen, haben nichts oder verschwindend wenig gebracht, der Anteil der Frauen ist, wenn überhaupt, nur minimal gestiegen. Es ist zu belegen, daß Wissenschaft auch inhaltlich ausschließlich männlich geprägt ist und bestimmte Fragestellungen in ihr nicht vorkommen. Das Fehlen von Frauen im Lehrkörper der Universitäten hat negative Auswirkungen besonders auf weibliche Studierende. Angesichts der beliebig eingesetzten und dehnbaren Qualifikationsanforderungen sind mildere Regelungen gescheitert; d.h., eine weniger einschneidende Formulierung ist nicht effektiv und damit nicht verhältnismäßig.

Das heißt: ja, wir können bestimmte Stellen und eine begrenzte Anzahl von Stellen direkt der Besetzung durch Frauen widmen, wenn dies aufgrund eines Frauenförderplanes mit Zeit- und Zielvorgaben erfolgt. Das ist meine Ansicht, nicht die herrschende in Literatur und Rechtsprechung. Und selbstredend sind wir aber alle auf See und vor Gericht allein in Gottes Hand.

8.   Perspektiven

Ich verkenne nicht, daß wir mit einer solchen Politik "Quotenfrauen" produzieren. Solche, die auf die für Frauen ausgewiesene Stellen kommen, werden "Quotenfrauen" sein und alle übrigen auch, egal wann berufen oder eingestellt. Das wird nicht überall und von allen als Ehre betrachtet und das wird für die Betroffenen auch nicht leicht sein. Es wird Frauen geben, und vielleicht bei den typischerweise vereinzelten Juristinnen besonders oft, die sich mit Händen und Füßen dagegen sträuben werden, Quotenfrauen zu sein. Mir sind schon welche begegnet, besonders im außeruniversitären Raum, die ganz eindeutig solche waren, sich jedoch gegen Quoten aussprachen und es weit von sich wiesen, so bezeichnet zu werden. Eine ganz besonders unsolidarische Art. Frau, die ja damit zu behaupten sucht, ihre Position sei allein ihrer Qualifikation geschuldet, und damit gleichzeitig, Tüchtigkeit setze sich auch bei Frauen durch, und wenn sich eine Frau nicht durchsetze, sei sie eben nicht ausreichend qualifiziert. Je mehr Frauen sich öffentlich und lautstark als Quotenfrauen bekennen, desto leichter wird die Erkenntnis Platz greifen, daß Männer und Institutionen eben Quoten brauchen, um die hervorragenden Qualifikationen bei Frauen zu erkennen.

Aber es kommt noch schlimmer. Je erfolgreicher Frauenförderung sein wird, umso zahlreicher wird die Zahl der Feinde und männlichen "Opfer". Schon jetzt laufen ja ungezählte junge, dynamische Männer in der Bundesrepublik umher, die schmerzvoll berichten, sie seien nur deshalb nicht in dieser oder jener Position, weil ihnen, selbstverständlich zu Unrecht, eine Frau vorgezogen worden sei, nur weil sie eine Frau ist.

Würde Frauenförderung aber einmal wirklich greifen, ist der Widerstand verständlich: All die feinen Hierarchien, die langwierig eingespielten Positionen auf den Leitern, alles kommt durcheinander! Eine Frau soll die Professur bekommen und alle Pläne brechen zusammen! Nur weil sie eine Frau ist; denn - Frauen, seien wir ehrlich! - unsere Konzepte helfen auch den Frauen, vielleicht denen sogar zuerst, die sich nicht für die Sache der Frauen stark gemacht und damit gefährdet haben, die mit demselben dünnen Wasser gekocht haben wie die männlichen Kollegen.

Da kommt Haß auf bei den Männern. Da nutzt nicht der Hinweis, daß die Erwartungen geprägt waren und sind von der Bevorzugung von Männern. Vergessen wir nicht, Männer leiden nicht unter der Diskriminierung von Frauen. Mehr noch: die Lage, so wie sie war, so wie sie ohne Frauenförderung ist, entspricht durchaus ihrem Gerechtigkeitsempfinden. So fühlen sie sich bereits verfolgt und unendlich benachteiligt, wenn lediglich ihre Bevorzugung abgebaut oder auch nur deren Ausmaß beschnitten wird. Wie erst jault ihre Seele auf, wenn sie gegenüber einer Frau zurückstehen müssen, von der sie meinen, daß sie ihnen nur aufgrund von Frauenförderung vorgezogen worden ist.

Wir alle werden übrigens damit konfrontiert werden; denn geht es endlich vorwärts mit den Frauen, dann wird es auch mal unsere Partner und Freunde und Söhne erwischen und unseren Lieblingskollegen, der doch nun wirklich besser ist als ALLE anderen. Da müssen wir dann noch üben: daß er uns subjektiv leid tut, und wir es dennoch gerecht finden, daß eine in diesem Fall auch noch echt blöde Frau ihm vorgezogen wurde.

Die Verletzung des männlichen Gerechtigkeitsgefühls wird Folgen haben. Ich sage voraus, daß sich das Klima zwischen den Geschlechtern im Wissenschaftsbetrieb für eine gewisse, nicht unerhebliche Zeit verschlechtern wird, wenn wir erfolgreiche Frauenförderung haben werden. Unerheblich ist die Zeit deshalb nicht, weil ja nicht die gestandenen Herren die existenziell Verletzten sein werden. Nein, die jüngeren Männer sind es, die sich so bedroht fühlen, die, die ihre Karriere noch vor sich zu haben glaubten, die nun ihre Hoffnungen zusammenbrechen sehen, wenn in ihrem Bereich Frauen massiv unterrepräsentiert sind und eine Menge Nachholbedarf besteht.

Diese Klimaverschlechterung wird gefährlich sein. Denn nicht alle Frauen werden von der Frauenförderung profitieren - z.B. nicht oder wenig die Frauen auf den typischen Frauenarbeitsplätzen, die Schreibkräfte -, aber alle werden unter dieser Folge leiden, und zwar, harmoniesüchtig wie wir sind, stärker als die Männer. Um so bedeutender ist zweierlei. Einmal sollte die Frauenförderung möglichst schnell erfolgreich umgesetzt werden, damit viele Frauen überall stärker das Bild und die Strukturen und auch das Klima im Wissenschaftsbetrieb prägen können. Zum anderen brauchen die so gefährdeten und angefeindeten Frauen Unterstützung und Solidarität - und von wem können sie die wohl am ehesten erwarten als von anderen Frauen. Mir scheint, diese Periode halten wir nur durch, wenn wir uns verstärkt um Frauennetzwerke kümmern, um Verbindungen, die helfen können, wenn das mobbing losgeht. Durchaus auch informelle Verbindungen: aus Erfahrungen wissen wir, daß selbst regelmäßige gemeinsame Mittagessen hilfreich sein können.

Und deshalb ist es gut, daß es auch dieses Frauennetzwerk gibt, das heute hier zusammensitzt und sich, so hoffe ich, vergrößert und intensiv zusammenarbeitet.

Literatur

Benda, Ernst Notwendigkeit und Möglichkeit positiver Aktionen zugunsten von Frauen im öffentlichen Dienst. Hamburg (Leitstelle Gleichstellung der Frau) 1986

Fuchsloch, Christine, Das Verbot der mittelbaren Geschlechtsdiskriminierung. Ableitung, Analyse und exemplarische Anwendung auf staatliche Berufsausbildungsförderung. Baden-Baden 1995

Fuchsloch, Christine/ Weber, Ingrid Geschlechterquoten im öffentlichen Dienst. In: AuR 1994, 409

Lecheler, Helmut, in: Josef Isensee/Paul Kirchhof (Hrsg.) Handbuch des Staatsrechts der Bundesrepublik Deutschland, Bd. III, 1988, § 72

Limbach, Jutta/Eckertz-Höfer, Marion, Frauenrechte im Grundgesetz des geeinten Deutschland. Diskussion in der Gemeinsamen Verfassungskommission von Bundestag und Bundesrat und der Bundesratskommission - Dokumentation. Baden-Baden 1993

Maidowski, Ulrich Umgekehrte Diskriminierung. Quotenregelungen zur Frauenförderung im öffentlichen Dienst und in den politischen Parteien. Berlin 1989

Pfarr, Heide M., Quoten und Grundgesetz. Notwendigkeit und Verfassungsmäßigkeit von Frauenförderung. Baden-Baden 1988

Pfarr, Heide M., Anm. zu BAG v. 22.6.1993, AP Nr. 193 zu Art. 3 GG

Raasch, Sybille, Frauenquoten und Männerrechte. Baden-Baden 1991

Sachs, Michael, Grenzen des Diskriminierungsverbots. Eine Untersuchung zur Reichweite des Unterscheidungsverbots nach Artikel 3 Abs. 2 und 3 Grundgesetz. München 1987.

Sacksofsky, Ute, Das Grundrecht auf Gleichberechtigung. Eine rechtsdogmatische Untersuchung zu Artikel 3 Absatz 2 des Grundgesetzes. Baden-Baden 1991.

Schiek, Dagmar, Nachtarbeitsverbot für Arbeiterinnen. Gleichberechtigung durch Deregulierung? Baden-Baden 1992.

Schmidt-Aßmann, Eberhard, Leistungsgrundsatz des Art. 33 IIGG und soziale Gesichtspunkte bei der Regelung des Zugangs zum Beamtenverhältnis. In: NJW 1980, 16

Schmidt-Bleibtreu, Bruno/Klein, Franz, Kommentar zum Grundgesetz für die Bundesrepublik Deutschland, 7. Auflage. Neuwied-Frankfurt 1990

Slupik, Vera, Die Entscheidung des Grundgesetzes für Parität im Geschlechterverhältnis. Zur Bedeutung von Art. 3 Abs. 2 und 3 GG in Recht und Wirklichkeit. Berlin 1988

Suelmann, Heinz-Gerd, Die Horizontalwirkung von Art. 3 II GG. Baden-Baden 1994

Ninon Colneric

Frauenquoten auf dem Prüfstand des EG-Rechts

1. Einleitung

Der Deutsche Bundestag beschloß 1977, "zur Vorbereitung von Entscheidungen, die zur Verwirklichung der vollen rechtlichen und sozialen Gleichberechtigung der Frau in der Gesellschaft führen sollen", eine Enquete-Kommission einzusetzen.[1] In ihrem 1980 vorgelegten Bericht[2] empfahl diese Kommission mehrheitlich, "daß in allen Bereichen des öffentlichen Dienstes, in denen Frauen beschäftigt werden können, Frauen bei gleicher Qualifikation bei der Einstellung und Beförderung solange bevorzugt werden sollen, bis ein angemessenes Gleichgewicht der Geschlechter erreicht ist".

Als erstes Bundesland erließ Hamburg im Dezember 1983 eine entsprechende Quotenregelung, und zwar im Rahmen einer Frauenförderrichtlinie.[3] Andere Bundesländer folgten. Um sich rechtlich abzusichern, holte die Hamburger Leitstelle Gleichstellung der Frau ein Gutachten des ehemaligen Präsidenten des Bundesverfassungsgerichts Benda ein.[4] Benda konstatierte ein faktisches Gleichheitsdefizit im gesamten öffentlichen Dienst; er hob die Lehre an den Hochschulen als Bereich hervor, in dem die Unterrepräsentanz der Frauen besonders ausgeprägt ist. Angesichts der festgestellten strukturellen Diskriminierung sah er leistungsbezogene Quotenregelungen zugunsten von Frauen als grundsätzlich vereinbar mit Art. 3 Abs. 2 GG an. Er forderte jedoch Flexibilität in dem Sinne, daß entgegenstehende und u.U. höhergewichtige Gesichtspunkte die Chance haben müssen, sich auch gegenüber dem Frauenfördergesichtspunkt durchzusetzen. Dies gelte etwa für schwerwiegende Gesichtspunkte sozialer Art.[5] Außerdem sei eine gesetzliche Regelung erforderlich.[6]

Nach und nach wurden daraufhin die Frauenförderrichtlinien durch Gleichstellungsgesetze ersetzt.

Die Einführung von Frauenquoten hatte eine Serie von Konkurrentenklagen zur Folge. Die Gerichte wurden in diesen Streitigkeiten nahezu ausnahmslos von Männern angerufen, die verhindern wollten, daß Frauen an ihnen vorbeiziehen.[7]

Typischerweise spielten sich die Konflikte im Beamtenbereich ab. Die Gerichte für Verwaltungssachen entschieden ganz überwiegend zugunsten der Männer. Sie beanstandeten zunächst das Fehlen einer gesetzlichen Regelung; die späteren gesetzlichen Quotenregelungen wurden als unvereinbar mit § 7 Beamtenrechtsrahmengesetz[8] und Art. 33 Abs. 2 GG in Verbindung mit Art. 3 Abs. 2 und 3 GG angesehen. Eine rasche verfas-

---

[1] BT-Drucksache 8/305.

[2] BT-Drucksache 8/4461.

[3] Abgedruckt in Klaus Bertelsmann/Ninon Colneric/Heide M. Pfarr/Ursula Rust: Handbuch zur Frauenerwerbstätigkeit (nachfolgend HzF),Loseblatt Neuwied 1993, II, Nr. 5.2.6.

[4] Ernst Benda, Notwendigkeit und Möglichkeit positiver Aktionen zugunsten von Frauen im öffentlichen Dienst. Hamburg, (Leitstelle Gleichstellung der Frau) 1986

[5] A.a.O., insb. S. 188 ff. und 224 f.

[6] A.a.O., 194 ff. und 227.

[7] Einzelheiten dazu bei Ninon Colneric: Quotenregelung zur Frauenförderung - Anmerkungen zu dem Beschluß des BAG vom 22.6.1993 - 1 AZR 590/93. In: Der Personalrat 1994, 45 ff. Etliche Entscheidungen sind dokumentiert in HzF, Rechtsprechung, T 1. Beispiele für Verfahren, die von Frauen eingeleitet wurden: VG Oldenburg vom 18.10.94 - 6 B 970/94; Niedersächsisches OVG vom 5.4.95 - 2 M 924/95; Ninon Colneric, Quotenregelung zur Frauenförderung - Anmerkung zum Beschluß des BAG vom 22.6.93 -.

[8] "Ernennungen sind nach Eignung, Befähigung und fachlicher Leistung ohne Rücksicht auf Geschlecht, Abstammung, Rasse, Glaube, religiöse oder politische Anschauungen, Herkunft oder Beziehungen vorzunehmen."

sungsrechtliche Klärung war nicht zu erlangen. Das OVG Nordrhein-Westfalen rief zwar 1990 in einem Eilverfahren das Bundesverfassungsgericht an.[9] Der Berichterstatter des Bundesverfassungsgerichts schrieb dem OVG jedoch (gut 1 1/3 Jahre nach dem Vorlagebeschluß) folgendes: Das aus Art. 19 Abs. 4 GG folgende Gebot der Gewährung effektiven Rechtsschutzes verlange von einem Gericht, in Verfahren des vorläufigen Rechtsschutzes eine einstweilige Anordnung trotz einer dem geltend gemachten Anspruch entgegenstehenden Norm unter anderem dann zu erlassen, wenn 1. das Gericht erhebliche Zweifel an der Vereinbarkeit der Norm mit höherrangigem Recht habe oder von der Unvereinbarkeit der Norm mit höherrangigem Recht überzeugt sei und nach seiner Auffassung damit zu rechnen sei, daß im Hauptsacheverfahren nach einem entsprechenden Vorlagebeschluß und der vom Bundesverfassungsgericht zu treffenden Entscheidung der Antragsteller obsiegen werde und 2. ohne den Erlaß der einstweiligen Anordnung eine Durchsetzung des Anspruchs im Hauptsacheverfahren endgültig vereitelt würde.[10] Dieses Schreiben war Wasser auf die Mühlen aller Quotengegner.

Das Blatt wendete sich zugunsten der Frauen, als die Gerichte für Arbeitssachen begannen, sich mit Quotenregelungen zu befassen. Nun rückte auch das Recht der Europäischen Gemeinschaft ins Blickfeld.[11] Die Hoffnung wurde wach, daß der EuGH auf eine entsprechende Vorlage die Vereinbarkeit der Frauenquoten mit dem EG-Recht feststellen und dadurch auch die Rechtsprechung des Bundesverfassungsgerichts in einem für Frauen positiven Sinne beeinflussen würde.[12]

2. *Die einschlägigen Vorschriften des EG-Rechts*

Die Gleichbehandlung bei der Einstellung und Beförderung fällt in den Bereich der Richtlinie des Rates vom 9. Februar 1976 zur Verwirklichung des Grundsatzes der Gleichbehandlung von Männern und Frauen hinsichtlich des Zugangs zur Beschäftigung, zur Berufsbildung und zum beruflichen Aufstieg sowie in bezug auf die Arbeitsbedingungen (76/207/EWG). Art. 2 Abs. 1 der Gleichbehandlungsrichtlinie bestimmt:

> "Der Grundsatz der Gleichbehandlung im Sinne der nachstehenden Bestimmungen beinhaltet, daß keine unmittelbare oder mittelbare Diskriminierung auf Grund des Geschlechts - insbesondere unter Bezugnahme auf den Ehe- oder Familienstand - erfolgen darf."

Art. 2 Abs. 4 der Gleichbehandlungsrichtlinie lautet:

> "Diese Richtlinie steht nicht den Maßnahmen zur Förderung der Chancengleichheit für Männer und Frauen, insbesondere durch Beseitigung der tatsächlich bestehenden Ungleichheiten, die die Chancen der Frauen in den in Artikel 1 Absatz 1 genannten Bereichen beinträchtigen, entgegen."

Der EuGH hatte sich mit der letztgenannten Bestimmung bereits in einem Urteil aus dem Jahre 1988 kurz befaßt[13] und damals ausgeführt, diese Ausnahme diene dem Zweck, Maßnahmen zuzulassen, "die zwar nach ihrer äußeren Erscheinung diskriminierend sind, tatsächlich aber in der sozialen Wirklichkeit bestehende faktische Ungleichheiten beseitigen oder verringern sollen".

---

[9] Beschluß vom 23.10.90 - 12 B 2298/90 - HzF, Rechtsprechung, T 1, Nr. 4.

[10] Siehe dazu OVG Nordrhein-Westfalen, Beschluß vom 10.4.92 - 12 B 2298/90 - HzF, Rechtsprechung, T 1, Nr. 5.

[11] Siehe LAG Bremen, Urteil vom 8.7.92 - 2 Sa 322/91 - HzF, Rechtsprechung, T 1 Nr. 7.

[12] Siehe Colneric, Ninon, Ein Stolperstein würde ausgeräumt. In: Frau geht vor. Info-Brief 5/93, S. 3.

[13] Urteil vom 25.10.88 - Rs 312/86 (Kommission der EG ./. Frankreich) - HzF, Rechtsprechung, G 2 Nr. 8.

Nach der Rechtsprechung des EuGH sind bei der Auslegung gemeinschaftsrechtlicher Bestimmungen Empfehlungen der Gemeinschaftsorgane zu berücksichtigen.[14] Im Kontext der Quotenproblematik ist die Empfehlung des Rates vom 13.12.1984 zur Förderung positiver Maßnahmen für Frauen (84/635/EWG)[15] von Bedeutung. Der Rat stellt in den Begründungserwägungen dieser Empfehlung fest, daß die Frauen in der Arbeitswelt durch Einstellungen, Verhaltensweisen und gesellschaftliche Strukturen benachteiligt werden. Er empfiehlt den Mitgliedstaaten, eine Politik positiver Maßnahmen anzunehmen, um die faktischen Ungleichheiten, mit denen Frauen im Berufsleben konfrontiert sind, zu beseitigen sowie die Aufhebung der Geschlechtertrennung auf dem Arbeitsmarkt zu fördern.

An Klarheit bleibt das EG-Recht mit diesen Vorgaben hinter Art. 4 Abs. 1 des UNO-Übereinkommens zur Beseitigung jeder Form der Diskriminierung der Frau[16] zurück, der bestimmt:

"Zeitweilige Sondermaßnahmen der Vertragsstaaten zur beschleunigten Herbeiführung der De-facto-Gleichberechtigung von Mann und Frau gelten nicht als Diskriminierung im Sinne diese Übereinkommens, dürfen aber keinesfalls die Beibehaltung ungleicher oder gesonderter Maßstäbe zur Folge haben; diese Maßnahmen sind aufzuheben, sobald die Ziele der Chancengleichheit und Gleichbehandlung erreicht sind."

Der Aspekt der Frauenförderung wird auch in Art. 6 des Abkommens zwischen den Mitgliedstaaten der Europäischen Gemeinschaft mit Ausnahme des Vereinigten Königreichs Großbritannien und Nordirland über die Sozialpolitik angesprochen. Abs. 1 und 2 geben inhaltlich die Regelung des Art. 119 EG-Vertrag zum Grundsatz des gleichen Entgelts für Männer und Frauen wieder. Abs. 3 lautet:

"Dieser Artikel hindert einen Mitgliedstaat nicht daran, zur Erleichterung der Berufstätigkeit der Frauen oder zur Verhinderung bzw. zum Ausgleich von Benachteiligungen in ihrer beruflichen Laufbahn spezifische Vergünstigungen beizubehalten oder zu beschließen."

Diese Klausel stellt jedoch in systematischer Hinsicht lediglich eine Ausnahme von dem Grundsatz des gleichen Entgelts für Männer und Frauen bei gleicher Arbeit dar.[17]

3. *Der Vorlagebeschluß des BAG im Fall Kalanke*

Im Schrifttum wurde die Frage, ob Quotenregelungen mit dem Gemeinschaftsrecht vereinbar sind, unterschiedlich beantwortet.[18]

Durch einen Vorlagebeschluß des BAG im Fall Kalanke[19] erhielt der EuGH Gelegenheit, sich zu der Quotenproblematik zu äußern. Es ging im Ausgangsfall um § 4 des Gesetzes zur Gleichstellung von Frau und Mann im öffentlichen Dienst des Landes Bre-

---

[14] Urteil vom 13.12.89 - C-322/88 (Grimaldi ./. Le Fonds des maladies professionelles) - HzF, Rechtsprechung, G 2 Nr. 7.
[15] Abgedruckt in HzF, G II, Nr. 3.1.1.
[16] Abgedruckt in HzF, F I, Nr. 1.7.
[17] Abgesehen davon stellt sich die Frage, in welchem Verhältnis Art. 119 EG-Vertrag zu Art. 6 des Abkommens über die Sozialpolitik steht. Nach völkerrechtlichen Grundsätzen geht der frühere Vertrag vor, wenn nicht alle Vertragspartner eines früheren Vertrages an einem in Widerspruch dazu stehenden späteren Vertrag teilnehmen. (Vgl. dazu Zuleeg, Manfred, Vertragskonkurrenz, in Völkerrecht, Teil I: Verträge zwischen souveränen Staaten. In: Jahrbuch für Internationales Recht, Volume 20, 1977, 247 /275 - Problem der sog. inter-se-Vereinbarungen.)
[18] Zum Meinungsstand siehe BAG, Beschluß vom 22.6.93 - 1 AZR 590/92 - EzA Art. 3 GG Nr. 40.
[19] Beschluß vom 22.6.93 - 1 AZR 590/92 - EzA Art. 3 GG Nr. 40.

men (LGG). Danach sind Frauen im öffentlichen Dienst bei der Übertragung einer Tätigkeit in einer höheren Vergütungsgruppe bei gleicher Qualifikation wie ihre männlichen Mitbewerber vorrangig zu berücksichtigen, wenn sie - gemessen an einem 50%-Maßstab - unterrepräsentiert sind. Die Stelle eines Sachgebietsleiters beim Gartenbauamt in Bremen sollte wegen dieser Vorschrift mit einer Frau und nicht mit dem als gleich qualifiziert erachteten Kläger Kalanke besetzt werden. Eine Härteklausel enthält das LGG nicht; denn Bremen hatte sich Bendas Ansatz aus Sorge, daß die Quotenpolitik durch derartige Ausnahmeklauseln verwässert werden könnte, nicht zu eigen gemacht.[20]

Das BAG setzte sich sehr sorgfältig mit allen bisher gegen Quotenregelungen ins Feld geführten Bedenken auseinander. Es gelangte zu dem Ergebnis, daß die Bremer Regelung mit Art. 33 Abs. 2 GG, Art. 3 Abs. 2 und 3 GG, Art. 2 Abs. 2 der Landesverfassung der Freien Hansestadt Bremen und § 611 a Abs. 1 BGB vereinbar ist.

Von überragender Bedeutung für dieses Ergebnis war die Neuorientierung der Rechtsprechung des Bundesverfassungsgerichts zu Art. 3 Abs. 2 und 3 GG in der Nachtarbeitsverbotsentscheidung, die wiederum unter dem Einfluß der Rechtsprechung des Europäischen Gerichtshofs zustandegekommen war.[21] Das BAG betonte, das Bundesverfassungsgericht gehe davon aus, daß ein tatbestandlicher Verstoß gegen das Verbot der Diskriminierung wegen des Geschlechts (Art. 3 Abs. 3 GG) grundsätzlich durch das Gleichberechtigungsgebot des Art. 3 Abs. 2 GG gerechtfertigt werden könne. Art. 3 Abs. 2 GG sei so zu verstehen, daß gesetzliche Regelungen grundsätzlich zulässig sind, die faktische Nachteile ausgleichen sollen, die typischerweise Frauen treffen. Damit seien durch Art. 3 Abs. 2 GG Regelungen legitimiert, die leistungsabhängige Frauenquoten bei Beförderungen vorsehen.

Das Problem der fehlenden Härteklausel löste das BAG folgendermaßen: § 4 LGG sei verfassungskonform dahingehend auszulegen, daß in bestimmten Härtefällen von der grundsätzlichen Bevorzugung der Frau bei der Beförderung eine Ausnahme zu machen sei. Nur so könne dem Prinzip der praktischen Konkordanz genügt werden.

Der vorlegende Senat war davon überzeugt, daß die Bremer Regelung nach Art. 2 Abs. 4 der Gleichbehandlungsrichtlinie zulässig sei, weil sie eine Maßnahme zur Förderung der Chancengleichheit darstelle. Er hielt sich jedoch zu Recht für verpflichtet, den EuGH im Wege des Vorabentscheidungsverfahrens anzurufen.

Die Vorlagefragen bezogen sich auf "gesetzliche Regelungen", die mit Formulierungen aus § 4 LGG umschrieben wurden. Sie waren so abgefaßt, daß darin eine Einschränkung für Härtefälle nicht erwähnt wurde.

4. Die Schlußanträge des Generalanwalts Tesauro

Für alle, die gehofft hatten, daß der EuGH die Akzeptanz von Quotenregelungen erhöhen würde, waren die Schlußanträge des Generalanwalts Tesauro im Fall Kalanke ein Schock.[22]

Tesauro warf die Frage auf, ob unter dem Begriff Chancengleichheit in Art. 2 Abs. 4 der Gleichbehandlungsrichtlinie "die Gleichheit der Ausgangssituation oder die des Ergebnisses" zu verstehen ist. Er vertrat die Auffassung, die Einräumung der Chancengleichheit könne nur bedeuten, in die Lage zu versetzen, gleiche Ergebnisse zu erreichen, also für die Angehörigen der beiden Geschlechter gleiche Voraussetzungen hinsichtlich der Ausgangssituation zu schaffen. Der Umstand, daß zwei Bewerber unterschiedlichen Geschlechts die gleiche Qualifikation haben, bringe definitionsgemäß mit sich, daß die beiden Bewerber die gleichen Chancen hatten und haben. Art. 2 Abs. 4 der Gleichbe-

---

[20] Diese Information verdanke ich Ursula Rust.

[21] Siehe dazu Ninon Colneric, Konsequenzen der Nachtarbeitsverbotsurteile des EuGH und des BVerfG. In: NZA 1992, 393 ff.

[22] Anna Sporer hat die Ausführungen des Generalanwalts einer eingehenden Kritik unterzogen. Siehe: Frauenbevorzugende Quotenregelungen widersprechen EU-Recht?, Das Recht der Arbeit 1995, 442 ff.

handlungsrichtlinie erlaube zwar, positive Maßnahmen zu ergreifen, jedoch nur, um die Ausgangsposition der benachteiligten Gruppe zu verbessern. Die positive Maßnahme müsse auf die Beseitigung der Hindernisse ausgerichtet sein, die sich der Chancengleichheit der Frau in den Weg stellen, und z.B. bei der Schulwahl und der Berufsbildung ansetzen. Sie dürfe hingegen nicht darauf ausgerichtet sein, den Frauen eine Gleichstellung im Ergebnis bei der Besetzung von Arbeitsstellen, also an den Endpunkten, zu gewährleisten. Das Ziel der Vorschrift bestehe darin, die Chancengleichheit für Männer und Frauen zu verwirklichen, und nicht, letzteren beim Vorliegen gleicher Voraussetzungen unmittelbar ein Ergebnis zu garantieren. Die Frau verdiene es nicht, eine numerische und damit nur formale Gleichheit zu erreichen, allerdings zu dem Preis einer unbestreitbaren Verletzung eines Grundwertes jeder zivilisierten Gesellschaft: der gleichen Rechte, der Gleichbehandlung jedes einzelnen.

Bei diesem Ansatz standen nicht nur die Entscheidungsquoten auf dem Spiel, sondern auch weichere Formen der ergebnisorientierten Quotierung. Seine Schwächen liegen auf der Hand: Indem Tesauro definierte, daß gleichqualifizierte Personen die gleichen Chancen hatten und haben, verkürzte er den Begriff der Chancengleichheit in einer kaum zu übertreffenden Weise. Daß eine gleichqualifizierte Frau per se die gleichen Chancen auf einen Arbeitsplatz hat, ist eine Unterstellung, die an der sozialen Realität völlig vorbeigeht.

Tesauro war nicht entgangen, daß in den USA seit längerem eine Quotenpolitik verfolgt wird, um die Chancengleichheit von Frauen und Minoritäten zu erhöhen. Er zitierte restriktive Entscheidungen des Supreme Court. Das wichtigste Urteil dieses Gerichts zu Frauenquoten ließ er jedoch unerwähnt. Im Fall Johnson[23] war der Supreme Court zu folgendem Ergebnis gelangt:

"Sex was appropriately taken into account in promoting a female employee pursuant to a county agency's voluntary affirmative action plan that represented a moderate, flexible, case by case approach to gradually improving the underrepresentation of minorities and women in the agency's work force. Adoption of the affirmative action plan was justified by a conspicious imbalance in traditionally segregated job categories. It was not necessary that the employer have engaged in past discriminatory practices. The plan was temporary in nature, employing annually adjusted short-range goals aimed at attaining rather than maintaining a balanced work force, and it did not unnecessarily trammel male employees' rights or create an Absolute bar to their advancement."

5.   Die Entscheidung des EuGH

Am 17. Oktober 1995 meldete die dpa: "Europäischer Gerichtshof erklärt Frauenquoten für rechtswidrig. Quotenregelungen zur Begünstigung von Frauen verstoßen gegen das Recht der Europäischen Union (EU). Das hat der Europäische Gerichtshof in Luxemburg am Dienstag entschieden. Der Gerichtshof schloß sich mit seinem Urteil dem Rechtsgutachten seines Generalanwalts an. Danach darf das Grundrecht eines einzelnen auf Gleichbehandlung nicht verletzt werden, um so eine zurückliegende Benachteiligung einer Gruppe zu bekämpfen." Die Meldung ging durch die Medien und provozierte heftige Reaktionen pro und contra.

Es handelte sich objektiv um eine Falschmeldung.[24] Der Tenor der Entscheidung[25] lautete:

---

[23] Vom 25.3.87.

[24] Tesauro selbst erklärte bei einer Podiumsdiskussion auf dem Jahreskongreß der Europäischen Rechtsakademie Trier am 24.11.95 in Trier, ihm sei klar gewesen, daß der EuGH ihm nicht folgen würde. Er, Tesauro, habe menschenrechtlich argumentiert, der EuGH jedoch auf der Basis der Gleichbehandlungsrichtlinie.

[25] Urteil vom 17.10.95 - Rs C-450/93 -.

"Artikel 2 Absätze 1 und 4 der Richtlinie 76/207/EWG des Rates vom 9. Februar 1976 zur Verwirklichung des Grundsatzes der Gleichbehandlung von Männern und Frauen hinsichtlich des Zugangs zur Beschäftigung, zur Berufsbildung und zum beruflichen Aufstieg sowie in bezug auf die Arbeitsbedingungen steht einer nationalen Regelung entgegen, nach der, wie im vorliegenden Fall, bei gleicher Qualifikation von Bewerbern unterschiedlichen Geschlechts um eine Beförderung in Bereichen, in denen die Frauen unterrepräsentiert sind, den weiblichen Bewerbern automatisch der Vorrang eingeräumt wird, wobei eine Unterrepräsentation dann vorliegen soll, wenn in den einzelnen Vergütungsgruppen der jeweiligen Personalgruppe nicht mindestens zur Hälfte Frauen vertreten sind, und dies auch für die nach dem Geschäftsverteilungsplan vorgesehenen Funktionsebenen gelten soll."

Im Gegensatz zu Tesauro verneinte der EuGH die Vorlagefragen damit nicht pauschal, sondern für den Fall, daß weiblichen Bewerbern *automatisch* der Vorrang eingeräumt wird. Er liegt also auf derselben Linie wie Benda mit seinem Rechtsgutachten von 1986.

In den Entscheidungsgründen stellte der EuGH fest, daß eine Regelung, die den gleichqualifizierten Frauen bei einer Beförderung automatisch den Vorrang gegenüber männlichen Mitbewerbern einräumt, eine Diskriminierung aufgrund des Geschlechts im Sinne von Art. 2 Abs. 1 der Gleichbehandlungsrichtlinie bewirkt. Zu prüfen sei jedoch, ob sie nach Art. 2 Abs. 4 der Richtlinie zulässig sei. Unter Bezugnahme auf seine Entscheidung aus dem Jahre 1988[26] führte der Gerichtshof aus, nach dieser Vorschrift seien nationale Maßnahmen im Bereich des Zugangs zur Beschäftigung einschließlich des Aufstiegs zulässig, die die Frauen spezifisch begünstigen und darauf ausgerichtet sind, deren Fähigkeit zu verbessern, auf dem Arbeitsmarkt mit anderen zu konkurrieren und unter den gleichen Bedingungen wie die Männer eine berufliche Laufbahn zu verwirklichen. Er untermauerte diese Rechtsauffassung mit einem Hinweis auf die Empfehlung zur Förderung positiver Maßnahmen für Frauen. Art. 2 Abs. 4 der Gleichbehandlungsrichtlinie sei jedoch als Ausnahme von einem in der Richtlinie verankerten individuellen Recht eng auszulegen. Eine nationale Regelung, die den Frauen bei Ernennungen oder Beförderungen Absolut und unbedingt den Vorrang einräume, gehe aber über eine Förderung der Chancengleichheit hinaus und überschreite damit die Grenzen der in Art. 2 Abs. 4 der Richtlinie vorgesehen Ausnahme. Außerdem setze eine solche Regelung insofern, als sie darauf abziele, daß in allen Vergütungsgruppen und auf allen Funktionsebenen einer Dienststelle mindestens ebensoviel Frauen wie Männer vertreten sind, an die Stelle der in Art. 2 Abs. 4 vorgesehenen Förderung der Chancengleichheit das Ergebnis, zu dem allein die Verwirklichung einer solchen Chancengleichheit führen könnte.

Sowohl der Tenor als auch die Entscheidungsgründe werfen Zweifelsfragen auf. Unklarheiten produzierte der EuGH dadurch, daß er in den Tenor die Wendung "wie im vorliegenden Fall" aufnahm. Bei der Darstellung des Sachverhaltes hatte er vor auch die Auffassung des BAG referiert, daß § 4 LGG grundgesetzkonform ausgelegt werden müsse und deshalb in bestimmten Härtefällen eine Ausnahme von der grundsätzlichen Bevorzugung der Frauen zu machen sei. Die Wendung "wie im vorliegenden Fall" kann sich jedoch nur auf die Vorlagefragen beziehen; denn es ist nicht die Aufgabe des EuGH, über die Vereinbarkeit eines konkreten nationalen Gesetzes mit dem Gemeinschaftsrecht zu entscheiden. Er hat im Vorabentscheidungsverfahren auf Abstrakte Auslegungsfragen zu antworten. Da die Einschränkung für Härtefälle in den Vorlagefragen nicht erwähnt war, kann aus dem Urteil des EuGH nicht gefolgert werden, daß auch Quotenregelungen mit Härteklauseln gegen die Gleichbehandlungsrichtlinie verstoßen.[27]

---

[26] Siehe oben 2.

[27] Das Mitglied des Europäischen Parlaments Rothley vertrat bei der Podiumsdiskussion auf dem Jahreskongreß der Europäischen Rechtsakademie Trier am 24.11.95 die Auffassung, der EuGH habe nur gemeint, daß eine Härteklausel erforderlich sei.

Unklar ist auch, wie das Argument des EuGH einzuordnen ist, eine "solche Regelung" setze insofern, als sie auf eine mindestens 50%ige Repräsentation in allen Vergütungsgruppen und auf allen Funktionsebenen einer Dienststelle abziele, an die Stelle der Förderung der Chancengleichheit das Ergebnis, zu dem allein die Verwirklichung einer solchen Chancengleichheit führen könnte. Der Bezug zur Argumentation des Generalanwalts ist unverkennbar. Die Beschränkung auf automatisch wirkende Regelungen im Tenor hätte sich jedoch erübrigt, wenn der EuGH die Argumentation des Generalanwalts schlicht hätte übernehmen wollen. Möglicherweise sollte Gegenstand der Kritik auch das Ziel eines Frauenanteils von 50% sein. Da der Tenor die Einschränkung "automatisch" enthält, kann die Entscheidung jedoch nur dahingehend verstanden werden, daß die Kombination von Vorrangautomatik und 50%-Ziel mit dem EG-Recht unvereinbar ist.

6. Konsequenzen der Entscheidung

Die meisten in der Bundesrepublik Deutschland geltenden Gesetze zur Förderung der tatsächlichen Gleichstellung von Frauen und Männern im öffentlichen Dienst sind durch das Quotenurteil des EuGH nicht unmittelbar betroffen, weil sie keine Automatik vorsehen. Häufig enthalten sie, wie es das Benda-Gutachten forderte, eine Härteklausel, die eine Ausnahme von den Vorrangregeln für den Fall macht, daß schwerwiegende Gründe in der Person eines männlichen Mitbewerbers vorliegen. Manche Gleichstellungsgesetze kommen gänzlich ohne Klauseln vom Typ "bei gleicher Qualifikation die Frau" aus. In Hessen sind beispielsweise Frauenförderpläne vorgeschrieben, in denen grundsätzlich jeweils mehr als die Hälfte der zu besetzenden Stellen eines Bereichs, in dem Frauen unterrepräsentiert sind, zur Besetzung durch Frauen vorzusehen sind. Wird die Zielvorgabe des Frauenförderplanes für jeweils zwei Jahr nicht erfüllt, muß bis zu ihrer Erfüllung für jede weitere Einstellung oder Beförderung eines Mannes in einem Bereich, in dem Frauen unterrepräsentiert sind, eine besondere Zustimmung eingeholt werden.
Im Falle des Bremer LGG muß geprüft werden, ob der Quotenregelung im Wege der gemeinschaftsrechtskonformen Auslegung eine Einschränkung für Härtefälle entnommen werden kann.[28] Mit einem vergleichbaren Problem hatte sich bereits Benda in seinem Gutachten über positive Aktionen auseinanderzusetzen: Die Hamburger Frauenförderrichtlinie schrieb vor, Frauen, die über die gleiche Qualifikation wie ihre männlichen Mitbewerber verfügen, bei Beförderungen "so zu berücksichtigen, daß sie in allen Besoldungs-, Vergütungs- und Lohngruppen entsprechend ihrem Anteil an der jeweiligen Funktionsgruppe vertreten sind" und bei Neueinstellungen "so zu berücksichtigen, daß die Überrepräsentation von Männern abgebaut wird". In der Senatsvorlage zu der Richtlinie hatte es geheißen: "In ungewöhnlichen Ausnahmefällen könnte die ausnahmslose Durchführung der Richtlinien zu besonderen Härten führen. Dies kann nicht nur bei Berücksichtigung des Schwerbehindertengesetzes, sondern auch aus außergewöhnlichen sozialen Gesichtspunkten der Fall sein. In diesen Fällen sollte der Senat davon ausgehen, daß die Behördenleitung zu Abweichungen berechtigt ist."[29] Benda führte hierzu aus, für diese Auslegung spreche die Wahl des Wortes "berücksichtigen". Das Bundesverfassungsgericht habe bei der Auslegung des Art. 33 Abs. 5 GG[30] aus dessen Wortlaut, der ebenfalls von "Berücksichtigung" spreche, den Schluß gezogen, daß dem Gesetzgeber ein "größerer Spielraum" belassen werden sollte, um die Beamtengesetze den Erfordernissen des Neuaufbaus anzupassen. "Die hergebrachten Grundsätze des Berufsbeamtentums sollten dabei 'berücksichtigt', nicht aber unter allen Umständen 'beachtet' werden."[31]

---

[28] Siehe zum Grundsatz der gemeinschaftsrechtskonformen Auslegung EuGH, Urteil vom 14.7.94 - Rs C-91/92 (Faccini Dori) - NJW 1994, 2473 f. mit weiteren Nachweisen.
[29] Zitiert nach Benda, Fn.4, S. 49
[30] "Das Recht des öffentlichen Dienstes ist unter Berücksichtigung der hergebrachten Grundsätze des Berufsbeamtentums zu regeln."
[31] Benda, Fn. 4, S. 49 f. mit Rechtsprechungsnachweisen.

Auch § 4 LGG benutzt das Wort "berücksichtigen". Dem BAG ist deshalb darin zuzustimmen, daß diese Vorschrift verfassungskonform dahingehend ausgelegt werden kann, daß in bestimmten Härtefällen von der grundsätzlichen Bevorzugung der Frau bei der Beförderung eine Ausnahme zu machen ist. In dieser Interpretation steht § 4 LGG jedoch auch im Einklang mit dem gemeinschaftsrechtlichen Verbot automatisch wirkender Vorrangregeln.

Die Kalanke-Entscheidung selbst ist kein Hindernis für eine solche Interpretation. Das BAG hatte zwar auch in den Vorlagefragen den Begriff "berücksichtigen" benutzt. Die Interpretation dieses Begriffes durch den EuGH ist jedoch nur eine Interpretation der Vorlagefragen. Sie kann nicht eine Interpretation des Bremischen LGG sein, da dem EuGH dazu die Kompetenz fehlt. Das Urteil des EuGH enthält deshalb keine Vorgabe des Inhalts, daß die Wendung "vorrangig zu berücksichtigen" in § 4 LGG die Bedeutung einer "automatisch" bzw. "absolut und unbedingt" wirkenden Vorrangregelung hat.

Aus der Kalanke-Entscheidung kann allerdings nicht schlicht geschlossen werden, daß alle Vorrangregeln, die nicht automatisch wirken sollen, mit dem EG-Recht vereinbar sind. Der EuGH war erkennbar bestrebt, sich vorsichtig an das Problem der Quoten heranzutasten und nicht mehr zu entscheiden, als angesichts der ihm vorgelegten Fragen erforderlich war. Es besteht weiterhin gemeinschaftsrechtlicher Klärungsbedarf. Wie "weich" eine Gleichstellungsgesetzgebung sein muß, um den Anforderungen des EG-Rechts zu genügen, ist noch nicht Abschließend beantwortet.

Der Generalsekretär der Europäischen Kommission David F. Williamson erklärte auf dem Jahreskongreß der Europäischen Rechtsakademie Trier am 24.11.95, mit hoher Wahrscheinlichkeit werde die Gleichbehandlungsrichtlinie zur Klarstellung auf der Linie der Kalanke-Entscheidung ergänzt werden.

Ein Nebeneffekt des Urteils war, daß weiten Kreisen der Bevölkerung bewußt wurde: Dem EuGH gehören nur Männer an. Gefordert wird nun, den Gerichtshof selbst zu quotieren[32]

---

[32] Heidemarie Wieczorek-Zeul laut Frankfurter Rundschau vom 20.10.95; siehe auch den Kommentar von Charima Reinhard in der Frankfurter Rundschau vom 23.10.95. Mit der Technik der alternierenden Benennung wäre die Quotierung formal leicht umzusetzen: Benennt ein Mitgliedstaat für ihm zustehende Position beim EuGH einen Mann, müßte er beim nächsten Mal eine Frau benennen usw.

Silvia Siegmund-Ulrich

Frauenforschung und Frauenförderung an den österreichischen Hochschulen

1. Entwicklung und Institutionalisierung der Frauenforschung in Österreich

In Österreich hat sich insbesondere in den 80er Jahren die Frauenforschung als Forschungssegment an den Hochschulen etabliert. Es waren vor allem Wissenschaftlerinnen aus dem sozial- und geisteswissenschaftlichen Bereich, die zunehmend einschlägige Forschungsschwerpunkte in ihrer Arbeit gesetzt haben. Signifikant ist auch, daß die Frauenforschung in Österreich neben einigen sehr profilierten Professorinnen vor allem vom weiblichen wissenschaftlichen Nachwuchs auf der Ebene des "Mittelbaues" getragen wird, d.h. von Universitäts- bzw Hochschulassistentinnen[1] vor oder im Habilitationsstadium.

Die ersten Erfahrungen im Zusammenhang mit Etablierungsversuchen von Frauenforschungsschwerpunkten[2][3] an den Universitäten waren solche der Ausgrenzung. Probleme mit der Dotation für frauenforschungsspezifische Lehrveranstaltungen, keine Anerkennung als prüfungsrelevante Fächer, keine Verankerung von frauenforschungsspezifischen Lehrinhalten in den Studienplänen und Studienordnungen. Die Universitätsorgane waren nicht bereit, Ressourcen im notwendigen Ausmaß im Rahmen des routinemäßigen Forschungsbetriebes zur Verfügung zu stellen. Es ist bezeichnend, daß die Etablierung innovativer und interdisziplinärer Forschungsbereiche wie z.B. Umweltforschung oder Alterswissenschaften weitaus rascher gelungen ist und gelingt - nicht etwa, weil die Forschungsleistungen hochkarätiger wären, sondern weil diesen Forschungsgegenständen innerhalb der Universitäten eine höhere Akzeptanz entgegengebracht wird.

Vor dem Hintergrund dieser universitären Abschottungs- und Ausgrenzungsstrategien wurde erstmals 1991 in einem Forderungspapier auf der "Ersten gesamtösterreichischen Wissenschaftlerinnentagung in Baden" die Notwendigkeit einer institutionellen Absicherung der Frauenforschung formuliert. Insbesondere wurde die Schaffung von effektiven organisatorischen und finanziellen Rahmenbedingungen für die Frauenforschung gefordert. Und es wurde zunehmend politischer Druck auf das Wissenschaftsministerium aus-

---

[1] Das österreichische Hochschulrecht ist im Gegensatz zur Bundesrepublik Deutschland nach der Kompetenzverteilung des Bundes-Verfassungsgesetzes ausschließlich Bundessache (Art. 10 Abs. 1 Z 13 BVG). Das Hochschulorganisationsrecht des Bundes umfaßt das Universitäts-Organisationsgesetz 1975 UOG 1975 (BGBl 258/1975 idgF); das Universitäts-Organisationsgesetz 1993 - UOG 1993 (BGBl 805/1993), welches das UOG 1975 ablösen wird; das Kunsthochschul-Organisationsgesetz - KHSchOrgG (BGBl 1970/54 idgF) und das Akademie-Organisationsgesetz - AOG (BGBl 1988/25 idgF). Die organisationsrechtliche Unterscheidung in Universitäten und Hochschulen künstlerischer Richtung bedingt auch unterschiedliche Regelungen im Hochschullehrer-Dienstrecht. So werden die an den Universitäten verwendeten Ordinarii als "Universitätsprofessorin oder Universitätsprofessor" und die wissenschaftlichen Mitarbeiterinnen und Mitarbeiter als "Universitätsassistentin oder Universitätsassistent" bezeichnet; an den Hochschulen künstlerischer Richtung werden die Amtsbezeichnungen "Hochschulprofessorin oder Hochschulprofessor" und "Hochschulassistentin oder Hochschulassistent" verwendet.

[2] Eine Bestandsaufnahme und Beschreibung aller einschlägigen Projekte an den österreichischen Universitäten findet sich in Seiser/Knollmayer (Hrsg.), Bemühungen, Materialien zur Förderung von Frauen in der Wissenschaft III (1994). Vgl auch die Beiträge in Birkhan (Hrsg.), ZSfHD 2/1995.

[3] Derzeit gibt es in der österreichischen Hochschullandschaft nur ein Ordinariat mit facheinschlägiger Widmung. Es ist dies das Ordinariat "Politisches System Österreichs mit besonderer Berücksichtigung der Frauenforschung" am Institut für Politikwissenschaft der Sozial- und Wirtschaftswissenschaftlichen Fakultät der Universität Innsbruck, welches oUniv.-Prof. WERLHOF innehat.

geübt, durch Förderungsmaßnahmen zu verhindern, daß sich die Schere zwischen internationaler Entwicklung und heimischen Strukturdefiziten für die Frauenforschung nicht noch weiter auftut. Diese organisierte Interessenartikulation war auch partiell erfolgreich. 1992 wurden spezielle Habilitationsstipendien für Frauen (Charlotte-Bühler-Habilitationsstipendien) eingeführt.[4]

Seit 1993 werden spezielle Dissertationsstipendien für Frauen ausgeschrieben.[5]

1993 wurden nach Finanzierungs- und Planstellenzusagen des Wissenschaftsministeriums durch Gründungsbeschlüsse der zuständigen Hochschulorgane an den Universitätsstandorten Wien, Graz und Linz "Interuniversitäre Koordinationsstellen für Frauenstudien und Frauenforschung" eingerichtet. Es sind dies keine Forschungsinstitute, sondern besondere Universitätseinrichtungen,[6] deren Aufgabe vor allem darin liegt, den frauenforschungsbezogenen Lehr- und Forschungsbetrieb sowie neue einschlägige Initiativen organisatorisch zu unterstützen, z.B. durch Hilfestellung bei der Akquirierung von Geldmitteln für Forschungsprojekte, Koordination interdisziplinärer Ringvorlesungen u.a. Die Koordinationsstellen sind für alle Universitäten und Hochschulen künstlerischer Richtung des jeweiligen Standortes (Wien, Graz, Linz) zuständig. Mit dieser neuen Infrastruktur sollen bessere Rahmenbedingungen für jene geschaffen werden, die Frauenforschungsarbeit an den Universitäten und Hochschulen künstlerischer Richtung leisten und im regulären Betrieb nicht auf entsprechende Ressourcen zugreifen können.

Darüber hinaus wurde vom Wissenschaftsministerium bereits Mitte der 80er Jahre ein "Sonderkontingent an Lehrauftragsstunden für die Frauenforschung" geschaffen.[7] Es ist dies ein an chronischer Knappheit leidendes Stundenkontingent, das den Universitäten und Hochschulen zweckgebunden für einschlägige frauenforschungsspezifische Lehrveranstaltungen zugewiesen wird.[8] Das Sonderkontingent wurde geschaffen, weil im Rahmen der herkömmlichen Lehrauftragsvergabe frauenforschungsbezogene Themen kaum berücksichtigt wurden. Das Budgetkontingent sollte und soll die Funktion haben, die frauenforschungsbezogene Lehre an den Universitäten zu etablieren, jedoch mit dem mittelfristigen Ziel, die Frauenforschung in den regulären Lehrbetrieb einzugliedern.

Durch diese Sonderfinanzierung wurde zwar erreicht, daß die Abhaltung dieser Lehrveranstaltungen als stundenmäßiger Mindeststandard gesichert ist, gleichzeitig jedoch verhindert bzw. erschwert dieser Sonderstatus nunmehr eine Integration der frauenforschungsbezogenen Lehrinhalte in die ordentlichen Studien. Das Sonderkontingent ist ein

---

[4] Dem Fonds zur Förderung der wissenschaftlichen Forschung wird vom Wissenschaftsministerium jährlich eine zweckgewidmete Dotation zur Vergabe dieser Stipendien zugewiesen.

[5] Die Mittelvergabe erfolgt über den Forschungsförderungsfonds für die gewerbliche Wirtschaft. Voraussetzung für die Mittelvergabe ist ua, daß die Dissertantin zusammen mit einem Unternehmen und dem wissenschaftlichen Betreuer oder der wissenschaftlichen Betreuerin ein Projekt festlegt, das einen gehobenen Innovationsgrad aufweist und ein klar definiertes firmenrelevantes Problem löst.

[6] Vgl § 83 Abs. 3 UOG 1975.

[7] In Österreich gehört die Ausübung der Lehre zwar zu den Dienstpflichten der Universitäts- bzw Hochschulassistentinnen und Hochschulassistenten, die Bezahlung dieser Leistungen in der Lehre erfolgt jedoch nicht über das Grundgehalt, sondern über eine gesonderte (idR einkommensteuerpflichtige) Remuneration aufgrund des Bundesgesetzes über die Abgeltung von Lehrauftragsstunden (BGBl 1974/463 idgF). Die Zuweisung dieser Lehrauftragsstunden erfolgt an den Universitäten durch die zuständigen Fakultäten. Im Verteilungskampf der Institute um die zur Verfügung stehenden Stunden bleiben Anträge mit frauenforschungsbezogenen Lehrinhalten sehr oft auf der Strecke.

[8] Durch das UOG 1993 ergibt sich eine einschneidende Änderung. Mit Wirksamwerden der neuen organisationsrechtlichen Bestimmungen wird den Universitäten nur mehr ein Globalbudget zugewiesen. Dann entscheiden die Universitäten im Rahmen ihrer Budgethoheit über die konkrete Verwendung der Mittel. Aus diesem Grunde wird die Implementierung eines entsprechenden budgetären Förderungszieles in die gem. § 39 Abs. 1 UOG zu erlassenden universitätsspezifischen Frauenförderungspläne als notwendig erachtet.

gutes Beispiel dafür, wie Frauenforschungsförderung sich ins Gegenteil verkehrt, sobald diese Förderung als Argumentationshilfe für die Zementierung der Ausgrenzung aus dem regulären Studienbetrieb mißbraucht wird. Was als finanzielle Starthilfe zur Überwindung des akademischen Widerstandes gedacht war, droht nun zum Dauerprovisorium zu werden.

Im Universitätsorganisationsrecht[9] ist das Prinzip der Vielfalt wissenschaftlicher Theorien, Methoden und Lehrmeinungen normiert. Darüber hinaus ist im Allgemeinen Hochschul-Studiengesetz als leitender Grundsatz für die Gestaltung der Studien die Offenheit für die Vielfalt wissenschaftlicher Lehrmeinungen und wissenschaftlicher Methoden und das Prinzip der permanenten Studienreform verankert.[10]

Diese Grundsätze begründen zum einen die Pflicht zur Anpassung der Studienvorschriften an die Fortschritte in den einzelnen Wissenschaftsdisziplinen. Dies bedeutet - bezogen auf die Frauenforschung - die Verpflichtung zur Verankerung von frauenforschungsbezogenen Lehrinhalten in den Studienordnungen und Studienplänen.[11] [12] Zum anderen konstituieren die im UOG 1993 und im UOG 1975 festgelegten Grundsätze auch eine Entscheidungsdeterminante hinsichtlich des Auswahlermessens bei der Besetzung von Planstellen, der Entscheidung über Gastprofessuren und der Einladung von Gastvortragenden.[13] Diesem Aspekt trägt der Frauenförderungsplan des BMWFK[14] Rechnung, indem bei "der Ausschreibung von Planstellen für Universitäts- und Hochschulprofessor/inn/en in jenen Fachgebieten, in denen bereits mit frauenspezifischen Themen und Forschungen verbundene Lehrveranstaltungen im Studienplan verankert sind, auf diesen Umstand hinzuweisen (ist)."[15]

Es ist schon erstaunlich zu sehen, wie die in jeder Hinsicht reformunwilligen Universitätsorgane einerseits den Mythos von der dynamischen Offenheit des Wissenschaftsbetriebes pflegen und dieses Selbstbild andererseits durch zeitgleich ablaufende Konkur-

---

[9] Vgl § 1 Abs. 2 Z 2 UOG 1993 und § 1 Abs. 2 lit c UOG 1975.

[10] Vgl § 1 Abs. 1 lit c und § 3 Abs. 3 AHStG. Gem. § 3 Abs. 3 leg cit sind die besonderen Studiengesetze, die Studienordnungen und die Studienpläne "(...) den Erfordernissen der wissenschaftlichen Berufsvorbildung und Fortbildung in stetem Zusammenhang mit den Fortschritten der Wissenschaft anzupassen."

[11] Daß die Frauenforschung in Österreich einen Entwicklungsstand erreicht hat, der den gesetzlichen Auftrag zur Studienreform und zur Schaffung einschlägiger personeller und organisatorischer Rahmenbedingungen aktualisiert hat, ist auch von der Österreichischen Rektorenkonferenz bereits anerkannt. Verwiesen sei in diesem Zusammenhang auf den Plenarbeschluß der Österreichischen Rektorenkonferenz vom 3./4. Juni 1991 zu "Frauen in den Hochschulen".

[12] In welchem Ausmaß die Frauenforschung trotz der schlechten Rahmenbedingungen auch im universitären Studienbetrieb ihren Niederschlag gefunden hat, zeigt die nachstehend zitierte Dokumentation von ca 4.000 Diplomarbeiten, Dissertationen und Habilitationen mit frauenspezifischen und feministischen Themenstellungen. Korotin unter Mitarbeit von Breitenfellner, Bibliographie: Frauenspezifische und feministische Hochschulschriften an österreichischen Universitäten 1968-1993, Institut für Wissenschaft und Kunst - Dokumentationsstelle Frauenforschung. (Hrsg.), Materialien zur Förderung von Frauen in der Wissenschaft IV (1994). Der aktuelle Stand der wissenschaftlichen Literatur ist speziellen Datenbanken zu entnehmen. Hingewiesen sei insbesondere auf die Datenbank ARIADNE der Österreichischen Nationalbibliothek.

[13] In diesem Sinne auch Ermacora/Langeder/Strasser, Hochschulrecht, Anm 9 zu § 1 UOG 1975 und Bast, UOG '93, Anm 7 zu § 1 Abs. 2 Z 3.

[14] Verordnung des Bundesministers für Wissenschaft, Forschung und Kunst betreffend Maßnahmen zur Förderung von Frauen im Wirkungsbereich des Bundesministeriums für Wissenschaft, Forschung und Kunst (Frauenförderungsplan im Wirkungsbereich des Bundesministeriums für Wissenschaft, Forschung und Kunst), BGBl 1995/229.

[15] Vgl § 5 Abs. 3 Frauenförderungsplan des BMWFK. Können Bewerberinnen und Bewerber facheinschlägige Qualifikationen nachweisen, so sind diese für das Aufgabenprofil der Planstelle relevanten spezifischen Leistungsnachweise bei der Ermittlung der oder des Bestgeeigneten zu berücksichtigen.

renzschutz- und Ausgrenzungsstrategien in keiner Weise leidet. Das funktioniert nur durch Verdrängung und indem Frauenforschungsarbeit fachlich diskreditiert wird.

Nur vor diesem Hintergrund wird verständlich, weshalb im Frauenförderungsplan des BMWFK für die Universitäten und Hochschulen künstlerischer Richtung die Gleichwertigkeit der Frauenforschung als Förderungsgebot verankert ist.

"§10. Wissenschaftliche Themen aus dem Bereich der Frauenforschung sind im Rahmen von Qualifikationsbeurteilungen (z.B. im Habilitationsverfahren oder im Überleitungsverfahren) innerhalb des wissenschaftlichen Faches als gleichwertig mit Arbeiten zu anderen Forschungsthemen anzusehen. Interdisziplinäre und außeruniversitäre Leistungen im Rahmen der Frauenforschung sind hierbei besonders zu berücksichtigen."

In den Frauenförderungsplan des BMWFK wurde auch ein Budgetgestaltungsgrundsatz für die universitäre Ressourcenbewirtschaftung aufgenommen, welcher die bisherigen Verteilungsusancen empfindlich treffen könnte.

"§ 13 (1) In den Richtlinien und Kriterien für Budgeterstellung und Budgetzuteilung sind die gesetzlichen Frauenförderungsgebote des Bundes-Gleichbehandlungsgesetzes und die in dieser Verordnung enthaltenen Förderungsmaßnahmen als planungs- und verteilungsrelevante Gesichtspunkte aufzunehmen. Budgetanträge, die insbesondere der Unterrepräsentation oder Benachteiligung von Frauen entgegenwirken, sind bevorzugt zu reihen und nach Maßgabe der vorhandenen Mittel zu berücksichtigen.
(2) An Universitäten und Hochschulen künstlerischer Richtung ist der Arbeitskreis für Gleichbehandlungsfragen befugt, Vorschläge und Anregungen für die Erstellung der Kriterien für die Budgetzuweisung durch den Rektor/die Rektorin zu machen.
(3) Unbeschadet allfälliger aufsichtsbehördlicher Maßnahmen wegen Nichtbeachtung von Bestimmungen dieser Verordnung hat der Rektor/die Rektorin auch im Rahmen der Budgetzuweisung die Nichteinhaltung des Frauenförderungsgebotes zu sanktionieren."

Diese Bestimmung stößt an den Universitäten insbesondere deshalb auf großen Widerstand, weil sie nicht der vertraut gewordenen Frauenförderungsformel "Maßnahmen der Vereinbarkeit von Familie und Beruf" zugeordnet werden kann. Mit dieser Bestimmung soll den Frauen im Verteilungskampf um Ressourcen der Universität ganz offensiv ein Wettbewerbsvorteil eingeräumt werden. Zugleich macht dieser Widerstand jedoch auch deutlich, daß die Frage der Frauenförderung primär eine Konkurrenz- und Verteilungsfrage ist. Es geht um Mitwirkungsansprüche in bezug auf die universitären Entscheidungsabläufe und um den verbesserten Zugang zu Ressourcen, z.B. Verbesserung der Forschungsbedingungen durch personelle und apparative Ausstattung.[16]

---

[16] Gegenstand von Beschwerden an die universitären Arbeitskreise für Gleichbehandlungsfragen waren immer wieder Benachteiligungen bei der Beteilung mit EDV-Ausstattung und Fragen der diskriminierenden Verweigerung von finanziellen Leistungen für den Forschungsaufwand bzw für wissenschaftliche Vortragsreisen. In das Feld der diskriminierenden Ressourcenbewirtschaftung fällt auch die Weigerung eines Institutsvorstandes, die Kostendeckung für eine institutsexterne Entwicklung von Dias zu genehmigen, da eine kostengünstigere, aber qualitativ weniger hochwertige Entwicklungsmöglichkeit am Institut bestand. Die betroffene Wissenschafterin war der Ansicht, daß die internen Möglichkeiten der Diaentwicklung dem internationalen wissenschaftlichen Vortragsstandard ihres Fachbereiches nicht entsprechen. Dieser Beschwerdefall steht für das immer wieder feststellbare Problem, daß Wissenschafterinnen die Nutzung der vorhandenen finanziellen Möglichkeiten zur Optimierung ihrer Wissenschaftskarriere nicht in demselben Maße zugebilligt wird, wie den männlichen Kollegen.

2. *Der Schutz vor geschlechtsspezifischer Diskriminierung an den Universitäten und Hochschulen künstlerischer Richtung durch die Arbeitskreise für Gleichbehandlungsfragen*

Daß die Institutionalisierung der Frauenforschung nur sehr langsam voranschreitet, hat nicht zuletzt mit der Tatsache zu tun, daß Wissenschafterinnen auf allen Ebenen der qualifizierten wissenschaftlichen Verwendung und der qualifizierten Leitungsfunktionen eklatant unterrepräsentiert sind. In der Anlage A zum Frauenförderungsplan des BMWFK sind für den Stichtag 1. Juli 1993 für die Universitäten insgesamt folgende Frauenanteile ausgewiesen:
2,89% ordentliche Universitäts- bzw Hochschulprofessorinnen; 5,23% außerordentliche Universitäts- bzw Hochschulprofessorinnen und 19,08% Universitäts- bzw Hochschulassistentinnen. Und es gab zu diesem Stichtag keine Frau in der Funktion einer Rektorin oder Dekanin.

2.1   Zusammensetzung und Aufgaben der Arbeitskreise für Gleichbehandlungs fragen

Durch eine Novelle zum Hochschulorganisationsrecht[17] wurde im Jahre 1990 für alle Universitäten und Hochschulen künstlerischer Richtung die Einrichtung eines "Arbeitskreises für Gleichbehandlungsfragen" verpflichtend. Die Mitglieder der Arbeitskreise werden von den zuständigen Fakultäten aus dem Kreis der Angehörigen dieser Fakultät entsendet. Es handelt sich um ein kollegial strukturiertes Verwaltungsgremium, welchem Vertreterinnen und Vertreter des wissenschaftlichen Personals, der allgemeinen Universitätsbediensteten und der Studierenden angehören können.
Die dem Dienststand der Universität angehörenden Mitglieder der Arbeitskreise besorgen die Gleichbehandlungsaufgaben neben ihren beruflichen Verpflichtungen. Die Tätigkeit als Arbeitskreismitglied ist ein unbesoldetes Ehrenamt, das neben den Berufspflichten und möglichst ohne Beeinträchtigung des Dienstbetriebes auszuüben ist. Dabei ist auf die zusätzliche Belastung aus dieser Tätigkeit Rücksicht zu nehmen. Der Vorsitzenden oder dem Vorsitzenden des Arbeitskreises steht unter Fortzahlung der Dienstbezüge die zur Erfüllung der Aufgaben notwendige freie Zeit zu; die Inanspruchnahme ist der oder dem Dienstvorgesetzten mitzuteilen.[18]
Die Mitglieder des Arbeitskreises sind in Ausübung ihrer Tätigkeit weisungsfrei gestellt.[19] Die Grundsatzentscheidung des Gesetzgebers, für die Wahrung des Diskriminierungsschutzes an den Universitäten und Hochschulen künstlerischer Richtung keine speziellen Planstellen für Gleichbehandlungsbeauftragte zu schaffen, sondern eine ehrenamtliche Aufgabenbesorgung durch das wissenschaftliche und nichtwissenschaftliche Personal und von Studierenden vorzusehen, hat Vor- und Nachteile.
Daß die Arbeitskreismitglieder zum Teil aus dem wissenschaftlichen Personalstand rekrutiert werden, hat den Vorteil, daß die einschlägigen Personalauswahlverfahren hinsichtlich der Qualifikationsfrage mit mehr Sachkompetenz begleitet werden können.
Der Nachteil dieser Konstruktion liegt vor allem darin, daß jene Wissenschaftlerinnen und Wissenschaftler, die sich noch in einem dienstrechtlichen Qualifikationsstadium befinden und in dieser Zeit Gleichbehandlungsagenden des Arbeitskreises wahrnehmen, de

---

[17]   Vgl § 106a UOG 1975 idF der Novelle BGBl 1990/364.
[18]   Die Rechte der Arbeitskreismitglieder und der Vorsitzenden der Arbeitskreise sind nicht im Hochschulorganisationsrecht geregelt, sondern durch einschlägige Bestimmungen des Bundes-Gleichbehandlungsgesetzes (B-GBG). Vgl § 27 B-GBG.
[19]   Vgl § 106a Abs. 11 UOG 1975, BGBl 258 idF BGBl 1993/249; UOG; § 40 Abs. 7 UOG 1993, BGBl 805;§25a Abs. 11 AOG, BGBl 1987/25   idF BGBl 1993/250 und § 14b Abs. 11 KHSchOrgG, BGBl 1970/54 idF BGBl 1993/251.

facto Nachteile hinsichtlich ihres wissenschaftlichen Qualifikationserwerbes erleiden.[20] Die für die Gleichbehandlungstätigkeit aufgewendete Zeit gilt zwar als Dienst (Verwaltungstätigkeit), diese Zeit fehlt jedoch für die wissenschaftliche Arbeit. Eine Schutzbestimmung, wonach diese Zeiten der Arbeitskreistätigkeit in einem bestimmten Ausmaß in die laufenden dienstrechtlichen Fristen für den wissenschaftlichen Qualifikationserwerb nicht eingerechnet werden, fehlt im Hochschullehrer-Dienstrecht.[21] In die einschlägigen Bestimmungen des Hochschulorganisationsrechtes wurde nur eine generalklauselartige Schutzbestimmung aufgenommen, wonach die Mitglieder der Arbeitskreise für Gleichbehandlungsfragen in der Ausübung ihrer Befugnisse nicht beschränkt und wegen dieser, insbesondere hinsichtlich der dienstlichen Laufbahn, nicht benachteiligt werden dürfen.[22]

Damit in derartigen Fällen zumindest der dienstrechtliche Stellenwert der geleisteten Gleichbehandlungsarbeit außer Streit steht, wurde in den Frauenförderungsplan des BMWFK eine Bestimmung aufgenommen, wonach die Tätigkeit als Mitglied des Arbeitskreises für Gleichbehandlungsfragen im Verfahren zur Übernahme in ein provisorisches oder definitives Dienstverhältnis als wichtiger Beitrag zur Erfüllung der Dienstpflichten im Bereich der Verwaltung zu berücksichtigen ist.[23]

2.2 Die Aufgaben der Arbeitskreise für Gleichbehandlungsfragen

Gesetzliche Aufgabe der Arbeitskreise für Gleichbehandlungsfragen ist es, Diskriminierungen auf Grund des Geschlechtes durch Kollegialorgane der Universitäten und Hochschulen künstlerischer Richtung zu verhindern.[24] Diese generalklauselartige Aufgabenumschreibung wird durch das Bundes-Gleichbehandlungsgesetz (B-GBG)[25] konkretisiert.

Das Bundes-Gleichbehandlungsgesetz gilt auch für den Bereich der Universitäten und Hochschulen künstlerischer Richtung, die ein Teilsegment im öffentlichen Dienst des Bundes darstellen.[26] Die materiellrechtlichen Abschnitte des B-GBG normieren die verpönten Diskriminierungstatbestände[27] und die Frauenförderungsgebote.[28]

---

[20] Derartige Qualifikationsstufen sind nach dem österreichischen Hochschullehrer-Dienstrecht die Übernahme in ein provisorisches Dienstverhältnis (§ 177 Beamten-Dienstrechtsgesetz (BDG), BGBl 1977/329 idgF) und die Übernahme in ein definitives Dienstverhältnis (§ 178 BDG und Z 21.4. bis 21. 6 der Anlage 1 zum BDG). Das Habilitationsverfahren ist in § 36 UOG 1975 und § 28 UOG 1993 geregelt.

[21] Vgl z.B. § 177 Abs. 4 BDG.

[22] Vgl § 106a Abs. 10 UOG 1975; § 40 Abs. 6 UOG 1993; § 25a Abs. 10 AOG und § 14b Abs. 10 KHSchOrgG.

[23] Vgl § 15 Frauenförderungsplan des BMWFK.

[24] § 106a Abs. 3 UOG 1975 idgF; § 39 Abs. 3 UOG 1993; § 25a Abs. 3 AOG idgF und § 14b Abs. 3 KHSchOrgG idgF.

[25] Bundesgesetz über die Gleichbehandlung von Frauen und Männern und die Förderung von Frauen im Bereich des Bundes (Bundes-Gleichbehandlungsgesetz), BGBl 1993/100 idF BGBl 1994/16, 1995/54 und 1995/552

[26] Vgl § 1 B-GBG. Die Vorsitzenden der Arbeitskreise werden als Gleichbehandlungsbeauftragte des B-GBG im funktionellen Sinne tätig, da diese im Rahmen des sachlichen Wirkungsbereiches der Arbeitskreise die Aufgaben der Gleichbehandlungsbeauftragten des B-GBG zu erfüllen haben (§ 28 Abs. 8 iVm § 27 Abs. 7 B-GBG). Auch die nach dem B-GBG für die sonstigen Verwaltungsstellen des Bundes zu bestellenden Gleichbehandlungsbeauftragten üben ihre Aufgaben ehrenamtlich neben ihren herkömmlichen Dienstpflichten aus.

[27] Verboten sind gem. § 3 B-GBG die unmittelbare und mittelbare Diskriminierung auf Grund des Geschlechtes bei der Begründung des Dienst- oder Ausbildungsverhältnisses (Z 1); bei der Festsetzung des Entgelts (Z 2); bei der Gewährung freiwilliger Sozialleistungen, die kein Entgelt darstellen (Z 3); bei Maßnahmen der ressortinternen Aus- und Weiterbildung (Z 4); beim beruflichen Aufstieg (Z 5); bei den sonstigen Arbeitsbedingungen (Z 6) und bei der Beendigung eines Dienst-

2.3 Die verfahrensrechtlichen Kontrollinstrumente der Arbeitskreise für Gleichbehandlungsfragen nach dem Hochschulorganisationsrecht

Die Arbeitskreise sind zur Vollziehung der einschlägigen hochschulorganisationsrechtlichen Gleichbehandlungsbestimmungen und jenen des B-GBG zuständig.[29] Da das Hochschulorganisationsrecht und das B-GBG unterschiedliche Kontroll- und Rechtsschutzinstrumente für die Personalverfahren vorsehen, die von den Arbeitskreisen alternativ oder kumulativ zur Anwendung gebracht werden können, ergibt sich auf der Ebene der Universitäten und Hochschulen künstlerischer Richtung in bezug auf Gleichbehandlungsfragen ein Dualismus der Rechtsdurchsetzung, wie er in den übrigen Bereichen des öffentlichen Dienstes nicht besteht.

Im Hochschulorganisationsrecht wurde ein spezifisches System der begleitenden Kontrolle für die Personalverfahren an den Universitäten und Hochschulen künstlerischer Richtung geschaffen. Es handelt sich um Beratungs- und Kontrollrechte im Vorfeld der endgültigen Personalentscheidung. Diese Kontrollrechte können die Aufhebung eines diskriminierenden Personalbeschlusses zur Folge haben. Nach der Rechtsschutzkonzeption des B-GBG ist bei der Personalaufnahme und bei Beförderungen im Bundesdienst eine solche Korrekturmöglichkeit in der Sache selbst nicht möglich. Das B-GBG eröffnet in diesen Fällen nur die Möglichkeit zur Durchsetzung von Schadenersatzansprüchen.

2.3.1 Das Einspruchsrecht

Hat der Arbeitskreis Grund zur Annahme, daß der Beschluß eines Kollegialorgans eine geschlechtsspezifische Diskriminierung darstellt, so kann dieser innerhalb von drei Wochen bei der Vorsitzenden oder dem Vorsitzenden des Kollegialorgans einen schriftlichen und begründeten Einspruch gegen den Personalbeschluß erheben. Wird der Einspruch in der betreffenden Sitzung angemeldet, so ist eine Vollziehung des beeinspruchten Beschlusses bis zum Ablauf der Einspruchsfrist unzulässig. Wird der in der Sitzung angemeldete Einspruch vom Arbeitskreis in offener Frist tatsächlich ausgefertigt, so ist die Beratung und Beschlußfassung in der beeinspruchten Personalangelegenheit unter Berücksichtigung des Einspruchs neuerlich durchzuführen. In diesem Fall ist eine aufschiebende Wirkung des Einspruchs bis zur Wiederholungssitzung gegeben.[30]

2.3.2 Das Aufsichtsbeschwerderecht

Hält das Kollegialorgan in der Wiederholungssitzung an seiner ursprünglichen Ansicht fest und wird ein Beharrungsbeschluß gefaßt, so hat der Arbeitskreis das Recht, innerhalb von drei Wochen ab dieser Beschlußfassung beim Wissenschaftsministerium eine

---

oder Ausbildungsverhältnisses (Z 7). Hinzu kommt das Verbot der sexuellen Belästigung gem. § 7 B-GBG.

[28] Die Frauenförderung ist in den §§ 40 bis 44 B-GBG geregelt.

[29] Dies ist ein Sonderfall und erklärt sich damit, daß noch vor dem Inkrafttreten des B-GBG die Institution der Arbeitskreise für Gleichbehandlungsfragen nach dem Hochschulorganisationsrecht geschaffen wurde. Das B-GBG nimmt auf diese bereits vorhandenen Gleichbehandlungsinstitutionen Bedacht, indem den Vorsitzenden der Arbeitskreise die Rechte und Pflichten einer Gleichbehandlungsbeauftragten i.S. des BGBG übertragen wurden (§ 17 Abs. 7 B-GBG). Um eine klare Zuständigkeitsabgrenzung zwischen Gleichbehandlungsbeauftragten und Arbeitskreisen herbeizuführen, wurde gem. § 27 Abs. 8 B-GBG klargestellt, daß im Rahmen des örtlichen und sachlichen Wirkungsbereiches der Arbeitskreise keine Gleichbehandlungsbeauftragten bestellt werden dürfen.

[30] Vgl § 106a Abs. 7 und 8 UOG 1975; § 40 Abs. 3 und 4 UOG 1993; § 25a Abs. 7 und 8 AOG; § 14b Abs. 7 und 8 KHSchOrgG.

Aufsichtsbeschwerde einzubringen. Die Vollziehung des Beharrungsbeschlusses ist in diesem Fall bis zur Entscheidung durch die Aufsichtsbehörde unzulässig.[31]

Einspruchs- und Aufsichtsbeschwerderecht mit aufschiebender Wirkung haben zur Folge, daß ein diskriminierender Personalbeschluß nicht rechtswirksam werden kann. Qualifiziert die Aufsichtsbehörde den Personalbeschluß als diskriminierend, so hat dies die aufsichtsbehördliche Kassation des rechtswidrigen Personalbeschlusses zur Folge.[32] In diesem Fall hat eine neuerliche Beschlußfassung des zuständigen Hochschulorgans unter Zugrundelegung der Rechtsansicht der Aufsichtsbehörde zu ergehen. Damit bleiben z.B. die Chancen von rechtswidrig ausgeschiedenen Bewerberinnen und Bewerbern im konkreten Personalauswahlverfahren gewahrt. Sie haben damit wieder die Möglichkeit, unter den gleichen Bedingungen wie die übrigen Mitbewerberinnen und Mitbewerber am Verfahren teilzunehmen.

2.4 *Die verfahrensrechtlichen Kontroll- und Rechtsschutzinstrumente der Arbeitskreise für Gleichbehandlungsfragen nach dem Bundes-Gleichbehandlungsgesetz*

Die Arbeitskreise für Gleichbehandlungsfragen haben in ihrem Wirkungsbereich auch das B-GBG anzuwenden, so daß diese in derselben Beschwerdesache kumulativ oder alternativ auch von den Rechtsschutzinstrumenten des B-GBG Gebrauch machen können. Es ist jedoch ein wesentlicher Unterschied zu den Kontrollbefugnissen nach dem Hochschulorganisationsrecht gegeben. Nach der Rechtsschutzkonzeption des B-GBG ist nur eine ex-post-Kontrolle von Personalentscheidungen möglich. Wurde ein diskriminierender Personalbeschluß gefaßt, so kann dagegen eine Beschwerde bei der Gleichbehandlungskommission eingebracht und/oder eine Disziplinaranzeige vor der zuständigen Dienstbehörde erstattet werden. Beide Kontrollinstrumente sind jedoch nicht mit aufschiebender Wirkung ausgestattet, d.h. der in Beschwerde gezogene Personalbeschluß kann vollzogen werden. Das B-GBG sieht dementsprechend bei diskriminierenden Personalaufnahme- und Beförderungsentscheidungen nur einen Schadensersatz für die erlittene Diskriminierung vor.[33] Die allenfalls zum Einsatz kommenden disziplinarrechtlichen Sanktionsmechanismen entfalten nur Wirkung gegenüber dem diskriminierenden Dienstnehmer oder der diskriminierenden Dienstnehmerin und haben keinerlei Auswirkung auf den bereits vollzogenen rechtswidrigen Personalbeschluß.

2.4.1 *Das Beschwerderecht vor der Gleichbehandlungskommission*

Grundsätzlich sind die vom B-GBG eingeräumten Schadensersatz-[34] bzw. Restitutions-

---

[31] Vgl § 106a Abs. 9 UOG 1975; § 40 Abs. 7 UOG 1993; § 25a Abs. 9 AOG und § 14b Abs. 9 KHSchOrgG.

[32] Vgl § 5 Abs. 4 und 5 lit c UOG 1975; § 8 Abs. 3 Z 3 UOG 1993; § 4 Abs. 5 Z 3 AOG; § 5 Abs. 4 KHSchOrgG.

[33] Vgl §§ 10, 14 und 15 B-GBG.

[34] Schadenersatzansprüche bestehen im Falle einer Diskriminierung bei der Nichtbegründung eines Dienst- oder Ausbildungsverhältnisses (§ 10), bei der Entgeltfestsetzung (§ 11), beim nichterfolgten beruflichen Aufstieg (§§ 14 und 15) und im Falle sexueller Belästigung (§ 18).

ansprüche[35] vor Gericht oder den zuständigen Dienstbehörden durchzusetzen.[36] [37]
Vor der Einleitung eines rechtsförmlichen Verfahrens bei Gericht oder gegenüber den Dienstbehörden zur Durchsetzung der Ansprüche nach dem B-GBG kann die Gleichbehandlungskommission angerufen werden. Die Gleichbehandlungskommission ist im Bundeskanzleramt eingerichtet und hat die Aufgabe, von Amts wegen oder auf Antrag Gutachten über die Frage zu erstatten, ob die Verletzung eines Gleichbehandlungs- oder Frauenförderungsgebotes nach dem B-GBG gegeben ist. Wird die Verletzung eines Gleichbehandlungsgebotes oder Frauenförderungsgebotes festgestellt, so hat die Kommission der jeweils zuständigen Ressortleitung einen schriftlichen Vorschlag zur Verwirklichung der Gleichbehandlung zu übermitteln.

Die Befugnisse der Kommission haben nur Schlichtungscharakter, d.h. es kann noch vor Einleitung eines rechtsförmlichen Verfahrens bei Gericht oder gegenüber der Dienstbehörde auf eine Durchsetzung der Ansprüche nach dem B-GBG hingewirkt werden. Scheitern diese Schlichtungsakte, so hat die oder der Betroffene die Rechtsansprüche vor Gericht oder der zuständigen Verwaltungsbehörde durchzusetzen. Das Gutachten der Kommission dient in diesem Fall als Beweismittel.[38]

2.4.2 Das Disziplinaranzeigerecht

Gem. § 8 B-GBG stellt jede unmittelbare oder mittelbare Diskriminierung auf Grund des Geschlechtes auch eine Dienstpflichtverletzung dar, die nach den dienst- und disziplinarrechtlichen Vorschriften zu verfolgen ist. Das Disziplinaranzeigerecht steht nicht den Betroffenen selbst, sondern den Gleichbehandlungsbeauftragten bzw. für den Bereich der Universitäten und Hochschulen künstlerischer Richtung den Vorsitzenden der Arbeitskreise zu.[39]

---

[35] In den übrigen Fällen besteht ein Anspruch auf Gewährung der verweigerten freiwilligen Sozialleistung (§ 12), auf Einbeziehung in die verweigerte Aus- oder Weiterbildungsmaßnahme (§ 13), auf Gewährung der gleichen Arbeitsbedingungen (§ 16) und auf Erklärung der Rechtsunwirksamkeit der Kündigung oder Entlassung (§ 17).

[36] Der Rechtsweg hängt vom dienstrechtlichen Status der Betroffenen ab. Vertragsbedienstete haben ihre Ansprüche vor Gericht durchzusetzen. Beamtinnen und Beamte müssen ihre Ansprüche hingegen vor der zuständigen Dienstbehörde gemäß den Vorschriften des Dienstrechtsverfahrensgesetzes geltend machen. Nur im Falle einer sexuellen Belästigung durch Dritte ist auch für Beamtinnen und Beamte der gerichtliche Rechtsweg zu beschreiten. Bewerberinnen und Bewerber um eine Planstelle, welche mit ihrer Bewerbung die Begründung eines Dienstverhältnisses anstreben, haben ihre Ansprüche ebenfalls vor Gericht einzuklagen (§ 19 B-GBG).

[37] Schadenersatzansprüche sind als "civil rights" i.S. des Art. 6 der Europäischen Menschenrechtskonvention (EMRK) zu qualifizieren. In Österreich genießt die EMRK Verfassungsrang, sodaß nach den Verfahrensgarantien des Art. 6 EMRK über derartige Ansprüche nur ein Organ befinden kann, das Tribunalqualität hat, dh mit richterlichen Garantien ausgestattet ist. Der in § 19 B-GBG für Beamtinnen und Beamte festgelegte Weg der Rechtsdurchsetzung vor der zuständigen Dienstbehörde - unter Anwendung des Dienstrechtsverfahrensgesetzes (BGBl 1984/29 idgF) und der Dienstrechtsverfahrensverordnung (BGBl 1981/162 idgF) - ist daher als verfassungswidrig zu qualifizieren. Entschädigungsansprüche sind ihrem Wesen nach dem Bereich des herkömmlichen Zivilrechts zuzuzählen; daher genügt die nachprüfende Kontrolle durch die Gerichtshöfe des öffentlichen Rechts in diesem Fall nicht. Es hätte ein Organ mit Tribunalqualität zu entscheiden, dem die selbständige Feststellung und Würdigung der Tat- und Rechtsfrage obliegt (vgl z.B. VfSlg 11.760/1988).Über Entschädigungsansprüche hat hinsichtlich der Anspruchsgrundlagen und der Höhe der Entschädigung ein Gericht i.S. des Art. 6 MRK zu entscheiden. So auch der VwGH in VwSlg 13.142/1990.

[38] Zusammensetzung, Aufgaben und das Verfahren vor der Gleichbehandlungskommission sind in den §§ 21 bis 25 B-GBG normiert.

[39] Vgl § 27 Abs. 4 und 7 B-GBG.

2.4.3   Die Durchsetzung der Rechtsansprüche durch die Betroffenen vor Gericht oder vor den Verwaltungsbehörden

Die institutionellen Hilfsmöglichkeiten des B-GBG zur Rechtsdurchsetzung (insbesondere die Anrufung der Gleichbehandlungskommission) müssen von den Betroffenen nicht in Anspruch genommen werden. Diese können ihre Ansprüche auch unmittelbar vor den zuständigen Gerichten oder Dienstbehörden durchsetzen[40]

3.   Die Frauenförderung an den Universitäten und Hochschulen künstlerischer Richtung

3.1   Die gesetzlichen Frauenförderungsgebote des Bundes-Gleichbehandlungsgesetzes

Mit dem Inkrafttreten des B-GBG 1993 wurden in Österreich durch die §§ 42 und 43 B-BGB erstmals leistungsgebundene Frauenförderungsgebote in die Rechtsordnung implementiert, welche auch von den zur Personalentscheidung berufenen Universitätsorganen[41] zwingend zu beachten sind:

"§ 42. Bewerberinnen, die für die angestrebte Planstelle nicht geringer geeignet sind als der bestgeeignete Mitbewerber, sind entsprechend den Vorgaben des Frauenförderungsplanes so lange bevorzugt aufzunehmen, bis der Anteil der Frauen in der betreffenden Verwendungsgruppe im Wirkungsbereich der jeweiligen Dienstbehörde mindestens 40% der Gesamtzahl der dauernd Beschäftigten beträgt. Steht einer Verwendungsgruppe eine entsprechende Entlohnungsgruppe gegenüber, ist diese in den Vergleich miteinzubeziehen. Verwendungen gemäß § 1 Abs. 2 sind dabei nicht zu berücksichtigen."[42]

"§ 43. Bewerberinnen, die für die angestrebte höherwertige Verwendung (Funktion) nicht geringer geeignet sind als der bestgeeignete Mitbeweber, sind entsprechend den Vorgaben des Frauenförderungsplanes so lange bevorzugt zu bestellen, bis der Anteil der Frauen an der Gesamtzahl der im Wirkungsbereich der jeweiligen Dienstbehörde auf eine Verwendungsgruppe entfallenden Funktionen mindestens 40% beträgt. Steht einer Verwendungsgruppe eine entsprechende Entlohnungsgruppe gegenüber, ist diese in den Vergleich miteinzubeziehen. Verwendungen (Funktionen) gemäß § 1 Abs. 2 sind dabei nicht zu berücksichtigen."[43]

Durch diese leistungsgebundenen Vorrangregeln hat auch der österreichische Gesetzgeber im Falle der gleichen Qualifikation zwischen Männern und Frauen das Auswahlermessen der zur Personalentscheidung zuständigen Organe eingeschränkt, weil ge-

---

[40] In diesen Verfahren besteht keine Vertretungsbefugnis der Arbeitskreise für Gleichbehandlungsfragen oder der Gleichbehandlungsbeauftragten.

[41] Personalangelegenheiten werden im autonomen Wirkungsbereich der Universitäten und Hochschulen künstlerischer Richtung besorgt. Damit ist in diesen Angelegenheiten zwar kein Weisungszusammenhang zum Wissenschaftsministerium gegeben, die aus dem Legalitätsprinzip des Art. 18 B-VG erfließende Bindung der Universitätsorgane an die bestehenden Gesetze und Verordnungen des Bundes bleibt jedoch unberührt.

[42] Das Frauenförderungsgebot ist demnach auf die Besetzung von Planstellen für Verwendungen nicht anzuwenden, für die gem. § 1 Abs. 2 ein bestimmtes Geschlecht unverzichtbare Voraussetzung für die Ausübung der vorgesehenen Tätigkeit darstellt. § 1 Abs. 2 stellt eine Ausnahmeklausel i.S. von Art. 2 Abs. 2 der RL 76/207/EWG dar, welche im Lichte der einschlägigen Rechtsprechung des EuGH auszulegen ist.

[43] Vgl FN 43.

genwärtig noch immer traditionelle Vorstellungen über die männliche und weibliche Leistungsfähigkeit signifikant zum Nachteil der weiblichen Bewerberinnen durchschlagen.

Diese leistungsgebundenen Vorrangregeln kommen jedoch nur entsprechend den Vorgaben des Frauenförderungsplanes und bis zur Erreichung einer Frauenquote von 40%[44] zur Anwendung. Dies bedeutet, daß bis zur Erreichung des Gesamtzieles kein Vollziehungsautomatismus gegeben ist, sondern die gesetzlichen Frauenförderungsgebote nur im Rahmen der konkreten zeitlichen und qualitativen Zielvorgaben der Frauenförderungspläne Wirksamkeit entfalten.

Der Inhalt der ressortspezifischen Frauenförderungspläne ist in § 41 Abs. 3 B-GBG geregelt:

"Im Frauenförderungsplan ist jedenfalls festzulegen, in welcher Zeit und mit welchen personellen, organisatorischen sowie aus- und weiterbildenden Maßnahmen in welchen Verwendungen eine bestehende Unterrepräsentation sowie bestehende Benachteiligungen von Frauen beseitigt werden können. Dabei sind jeweils für zwei Jahre verbindliche Vorgaben zur Erhöhung des Frauenanteils in jeder Verwendungsgruppe im Wirkungsbereich jeder Dienstbehörde festzulegen. Steht einer Verwendungsgruppe eine entsprechende Entlohnungsgruppe gegenüber, ist diese mit der Verwendungsgruppe gemeinsam zu behandeln."

Aufgrund der Übergangsbestimmung des § 51 B-GBG wurden die Frauenförderungspläne für die Ressorts erstmalig mit Wirkung vom 1. Jänner 1994 für einen Zeitraum von zwei Jahren erstellt, und zwar auf der Grundlage des mit Stichtag vom 1. Juli 1993 ermittelten Frauenanteils an der Gesamtzahl der dauernd Beschäftigten sowie der zu erwartenden Fluktuation.

Für die ressortspezifischen Frauenförderungspläne besteht gem. § 41 Abs. 2 in der Folge eine fortlaufende Pflicht zur Evaluierung und Anpassung an die geänderten dienstrechtlichen Strukturen der jeweiligen Ressorts.

"§ 41 (2) Der Frauenförderungsplan ist auf der Grundlage des zum 1. Juli jedes zweiten Jahres zu ermittelnden Anteiles der Frauen an der Gesamtzahl der dauernd Beschäftigten sowie der zu erwartenden Fluktuation für einen Zeitraum von sechs Jahren zu erstellen und fortzuschreiben. Nach jeweils zwei Jahren ist er an die aktuelle Entwicklung anzupassen."

§ 41 Abs. 3 B-GBG legt als Finalnorm die inhaltliche Ausgestaltung der Frauenförderungspläne nur als Ziel-Mittel-Relation fest. Die Bestimmung der Zeitkomponenten für die tatsächliche Erreichung des Gesamtzieles von 40% und die qualitative Formulierung von geeigneten Förderungsmaßnahmen liegen im Ermessen der jeweiligen Ressortleitung.[45] Dies bedeutet, daß eine stufenweise Anhebung des Frauenanteiles durch Festlegung von Teilquoten mit einem Geltungszeitraum von jeweils zwei Jahren möglich ist und somit der Zeithorizont für die tatsächliche Zielerreichung eines 40%-Frauenanteils in den jeweiligen Ressorts unterschiedlich festgelegt werden kann.

Durch die gesetzliche Ermächtigung zur Festlegung von zeitlich gestaffelten Teilzielen ist es der jeweiligen Ressortleitung überlassen, in den Frauenförderungsplänen verbindliche Vorgaben für die Auswahlentscheidung bei gleicher Qualifikation zu entwickeln, die

---

[44] Die 40%-Quote orientiert sich am Frauenanteil der berufstätigen Bevölkerung in Österreich. "Statistische Erhebungen belegen, daß der Frauenanteil an der berufstätigen Bevölkerung in Österreich seit Jahrzehnten um die 40% beträgt. Solange im Bundesdienst dieser Frauenanteil sowohl bei den Beschäftigten, als auch bei den Funktionen in der betreffenden Verwendungsgruppe nicht erreicht wird, sollen daher Fördermaßnahmen gesetzt werden. Aus diesem Grund werden die Fördermaßnahmen auf jene Verwendungs- und Entlohnungsgruppen beschränkt, in denen weniger als 40% der Beschäftigten Frauen sind." Vgl 875 BlgNR, 18. GP, 24.

[45] Aufgrund der unterschiedlichen Personalstruktur und der dienstrechtlichen Besonderheiten in den einzelnen Ressorts ist die Vereinbarkeit der finalen Determinierung der Frauenförderungspläne mit dem Legalitätsprinzip des Art. 18 B-VG zu bejahen.

einerseits den Bedürfnissen der jeweiligen Organisationseinheiten entsprechen und andererseits auch einen verhältnismäßigen Korridor für den Berufszugang und den beruflichen Aufstieg von gleichqualifizierten Mitbewerbern zulassen.

Die leistungsgebundenen Vorrangregeln der §§ 42 und 43 B-GBG schaffen somit für Bewerberinnen gegenüber Mitbewerbern nur innerhalb der Teilquotenvorgaben einen gesetzlichen Wettbewerbsvorteil bei der Auswahlkonkurrenz. Tatbestandsvoraussetzungen für die Anwendung der Vorrangregeln sind:
    a) Die Feststellung der gleichen Eignung zwischen einem Bewerber und einer Bewerberin
    b) Die Feststellung eines Frauenanteils von weniger als 40% in der konkreten Verwendungsgruppe. Bis zu diesem Prozentsatz ist die in § 40 B-GBG definierte Unterrepräsentation von Frauen in der entsprechenden Verwendungsgruppe oder hinsichtlich einer Funktion dieser Verwendungsgruppe gegeben.
    c) Die Feststellung eines Frauenanteils, der unterhalb der für jeweils zwei Jahre für die konkrete Verwendungsgruppe festgelegten Teilquote liegt.

Die Einräumung dieses gesetzlichen Wettbewerbsvorteiles bei Vorliegen der dem Verhältnismäßigkeitsgrundsatz entsprechenden Tatbestandsvoraussetzungen ist im Gegensatz zur Eignungsfrage keine Ermessensentscheidung, sondern eine gebundene Entscheidung. Im Rahmen der Vorgaben der Frauenförderungspläne muß der gleichgeeigneten Bewerberin der Vorzug vor dem gleichgeeigneten Mitbewerber gegeben werden.

Die Beachtung der gesetzlichen Vorrangregeln gehört gemäß § 40 Abs. 1 B-GBG zu den Dienstpflichten jener Organe, die Personalentscheidungen zu treffen haben.

3.2   *Der Frauenförderungsplan des Bundesministeriums für Wissenschaft, Forschung und Kunst*

Der Frauenförderungsplan des BMWFK wurde vom zuständigen Bundesminister gem. § 41 Abs. 1 B-GBG im März 1995 im Verordnungswege erlassen.

Der Frauenförderungsplan des BMWFK besteht aus einem materiellrechtlichen Teil und einem Statistikteil, welcher als Anlage A die Bediensteten und Frauenquoten an den einzelnen Dienststellen des Ressortbereichs mit Stichtag 1. Juli 1993 ausweist.

Die Regelungsschwerpunkte des Frauenförderungsplanes sind:
    a) Die Festlegung von Teilquoten,
    b) die Verbesserung der Wettbewerbsbedingungen durch frauenfördernde Handlungspflichten in den Personalauswahlverfahren und
    c) die Sicherung von verbesserten Forschungsbedingungen durch frauenfördernde budgetäre Planungs- und Verteilungsgrundsätze.

In § 2 Abs. 2 des Frauenförderungsplanes werden die Steigerungsvorgaben für einen Zeitraum von zwei Jahren (Teilquoten) in einer Generalklausel definiert. Demnach sind Förderungsmaßnahmen mit dem Ziel anzuwenden, die jeweils bestehende Frauenquote innerhalb der nächsten zwei Jahre in den einzelnen Verwendungs- bzw Entlohnungsgruppen im Wirkungsbereich der jeweiligen Dienstbehörde um 20% zu erhöhen. Liegt die bestehende Frauenquote unter 10%, ist diese um 100% zu erhöhen. Liegt die Frauenquote bei 0%, so sollen bevorzugt Planstellen gem. § 4 geschaffen werden, die ausschließlich mit einer Frau zu besetzen sind.

Eine weitere Konkretisierung erfolgt durch die Vorgaben gem. § 9 (Erteilung von Lehraufträgen) und § 17 (Auftragsforschung für das Bundesministerium für Wissenschaft, Forschung und Kunst).

In § 4 des Frauenförderungsplanes ist eine besondere Planstellenwidmung vorgesehen. Danach ist in den jährlichen Stellenplananträgen festzulegen, welche Planstellen ausschließlich mit einer Frau zu besetzen sind.

4. Zur Vereinbarkeit der leistungsgebundenen Vorrangregeln mit dem österreichischen Verfassungsrecht

Für die österreichische Rechtslage ist davon auszugehen, daß die leistungsgebundenen Vorrangregeln des B-GBG in Verbindung mit den konkreten Vorgaben der ressortspezifischen Frauenförderungspläne keine Diskriminierung der Männer i.S. des B-VG darstellen.

Der allgemeine Gleichheitsgrundsatz der österreichischen Bundesverfassung ist in Art. 7 Abs. 1 B-VG verankert. Dieser lautet:

"Art. 7.
(1) Alle Bundesbürger sind vor dem Gesetz gleich. *Vorrechte der Geburt, des Geschlechtes,* des Standes, der Klasse und des Bekenntnisses *sind ausgeschlossen.*[46]
(2) Den öffentlichen Bediensteten, einschließlich der Angehörigen des Bundesheeres, ist die ungeschmälerte Ausübung ihrer politischen Rechte gewährleistet.
(3) Amtsbezeichnungen können in der Form verwendet werden, die das Geschlecht des Amtsinhabers oder der Amtsinhaberin zum Ausdruck bringen. Gleiches gilt für Titel."

Die allgemeine Gleichheitsverbürgung des Art. 7 Abs. 1 B-VG wurde durch die im Verfassungsrang ratifizierten Art. 1 bis 4 der UN-Konvention zur Beseitigung jeder Form der Diskriminierung der Frau ergänzt.[47] [48] Diese Bestimmungen sind jedoch durch einen Erfüllungsvorbehalt gem. Art. 50 Abs. 2 B-VG innerstaatlich nicht unmittelbar anwendbar, dh es bedarf konkreter innerstaatlicher Ausführungsgesetze, welche den in Art. 1 bis 4 festgelegten völkerrechtlichen Verpflichtungen innerstaatlich Geltung verschaffen. Eine solche spezielle Transformation hat der Verfassungsgesetzgeber 1993 vorgenommen, indem im Hochschulorganisationsrecht spezielle Verfassungsbestimmungen[49] implementiert wurden:

"§ 106a (2) (Verfassungsbestimmung) Vorübergehende Sondermaßnahmen von Universitätsorganen oder des Bundesministers für Wissenschaft und Forschung zur beschleunigten Herbeiführung der De-facto-Gleichberechtigung von Mann und Frau im Sinne des Art. 4 der UN-Konvention zur Beseitigung jeder Form der Diskriminierung der Frau, BGBl. Nr. 443/1982, *gelten nicht als Ungleichbehandlung im Sinne des Art. 7 Abs. 1 B-VG.*"[50]

Damit hat der Verfassungsgesetzgeber für die Hochschulorgane einerseits eine spezielle verfassungsrechtliche Ermächtigung zur Erlassung von vorübergehenden Sondermaßnahmen i.S. der UN-Konvention zur Herbeiführung der De-facto Gleichberechtigung erlassen.

Zum anderen hat der Verfassungsgesetzgeber in einer authentischen Interpretation des Art. 7 Abs. 1 B-VG klargestellt, daß eine ungleiche Behandlung von Männern durch die

---

[46] Hervorhebung durch die Autorin.

[47] Vgl BGBl 1982/443. Die Art. 1 bis 4 der UN-Konvention sind vom Nationalrat als verfassungsändernd genehmigt worden.

[48] Auch die Erläuterungen weisen darauf hin, daß es sich um eine inhaltliche und formelle Ausgestaltung des allgemeinen Gleichheitssatzes gem. Art. 7 Abs. 1 B-VG handelt. Vgl 823 BlgNR 15. GP, 25.

[49] Es handelt sich dabei um folgende gleichlautende Verfassungsbestimmungen: § 106a Abs. 2 UOG 1975; § 25a Abs. 2 AOG; § 14b Abs. 2 KHSchOrgG. Die Verfassungsbestimmung in § 39 Abs. 2 UOG hat nur insofern einen anderen Wortlaut, als der Bundesminister für Wissenschaft und Forschung nicht mehr genannt wird. Dies liegt im Ausbau der Hochschulautonomie durch das UOG 1993 begründet.

[50] Hervorhebung durch die Autorin.

Festlegung positiver Aktionen i.S. der UN-Konvention eine zulässige Differenzierung zwischen Mann und Frau darstellt. Aus dieser verfassungsrechtlichen Klarstellung läßt sich ableiten, daß dem Art. 7 Abs. 1 B-VG nicht nur eine individualrechtliche, sondern auch eine sozialgestaltende Dimension immanent ist, die vom Gesetzgeber im Rahmen seines rechtspolitischen Gestaltungsspielraumes nach dem Prinzip der Verhältnismäßigkeit umgesetzt werden kann.

Die Implementierung dieser ermächtigenden Verfassungsnormen im Hochschulorganisationsrecht bedeutet insbesondere eine Umsetzung der völkerrechtlich eingegangenen Verpflichtungen gem. Art. 2 lit a und d i.V.m. Art. 4 der UN-Konvention:

Art. 2 lit a und d der UN-Konvention lauten:

"Die Vertragsstaaten verurteilen jede Form von Diskriminierung der Frau, kommen überein, mit allen geeigneten Mitteln unverzüglich eine Politik der Beseitigung der Diskriminierung der Frau zu verfolgen und *verpflichten sich zu diesem Zweck,*
a) den Grundsatz der Gleichberechtigung von Mann und Frau in ihre Verfassung oder in andere in Frage kommende Gesetze aufzunehmen, sofern sie dies noch nicht getan haben, und *durch gesetzgeberische und sonstige Maßnahmen für die tatsächliche Verwirklichung dieses Grundsatzes[51] zu sorgen;"*
(...)
d) die Frau diskriminierende Handlungen oder Praktiken zu unterlassen und *dafür zu sorgen, daß alle staatlichen Behörden und öffentlichen Einrichtungen im Einklang mit dieser Verpflichtung handeln;"*

Art. 4 der Konvention lautet:

"1. Vorübergehende Sondermaßnahmen der Vertragsstaaten zur beschleunigten Herbeiführung der De-facto-Gleichberechtigung von Mann und Frau gelten nicht als Diskriminierung im Sinne dieser Konvention, dürfen aber keinesfalls die Beibehaltung ungleicher oder gesonderter Maßstäbe zur Folge haben; diese Maßnahmen sind aufzuheben, sobald die Ziele der Chancengleichheit und Gleichbehandlung erreicht sind.[52]
2. Sondermaßnahmen der Vertragsstaaten zum Schutz der Mutterschaft, einschließlich der in dieser Konvention angeführten Maßnahmen, gelten nicht als Diskriminierung."

Art. 2 lit a und d der UN-Konvention konstituieren die Verpflichtung der Vertragsstaaten, für die tatsächliche Verwirklichung des Gleichheitsgrundsatzes zu sorgen. Österreich ist damit eine völkerrechtliche Verpflichtung eingegangen, gesetzgeberische Maßnahmen zu setzen, welche dem Ziel der beschleunigten Herstellung der De-facto-Gleichberechtigung dienen und den Anforderungen des Art. 4 entsprechen. Die Wahl der Mittel zur Erreichung dieses Konventionszieles bleibt den einzelnen Signaturstaaten überlassen. Österreich ist der völkerrechtlichen Verpflichtung zur Umsetzung des Konventionszieles durch die gesetzliche Verankerung von leistungsgebundenen Vorrangregeln gem. §§ 42 und 43 B-GBG nachgekommen und hat somit die allgemeine völkerrechtliche Verpflichtung durch innerstaatliche Umsetzungsmaßnahmen konkretisiert.

Diese Maßnahmen sind auch im Lichte des Art. 24 der UN-Konvention zu sehen:

---

[51] Hervorhebung durch die Autorin.
[52] Hervorhebung durch die Autorin.

Art. 24 hat folgenden Wortlaut:

"Die Vertragsstaaten verpflichten sich, auf nationaler Ebene *alle erforderlichen Maßnahmen zu treffen, um die volle Ausübung der in dieser Konvention anerkannten Rechte zu gewährleisten.*"[53]

Zu diesen von der Konvention anerkannten Rechten gehört insbesondere der Grundsatz der Gleichberechtigung i.S. einer materiellen Gleichheitsgarantie. In Art. 24 wird klargelegt, daß jene Maßnahmen, die zur Zielerreichung erforderlich sind, von den Vertragsstaaten verpflichtend zu setzen sind. Die Erforderlichkeit einer Maßnahme haben die Vertragsstaaten nach den konkreten innerstaatlichen Verhältnissen zu beurteilen. Österreich hat es 1993 als erforderlich angesehen, zur Beseitigung der tatsächlichen Chancenungleichgewichte zwischen Männern und Frauen im öffentlichen Dienst leistungsgebundene Vorrangregeln einzuführen.[54] Die Stagnation in der Planstellenentwicklung des öffentlichen Dienstes in Richtung Geschlechterparität hat deutlich gemacht, daß elf Jahre nach der Ratifikation der UN-Konvention mit gelinderen Frauenförderungsmitteln das Konventionsziel in Österreich nicht erreicht werden kann.

Daß kein Individualbeschwerdeverfahren eingerichtet wurde, ist für die Beurteilung der für Österreich aus dem Vertrag erfließenden völkerrechtlichen Verpflichtungen nicht maßgeblich.[55] Insbesondere im Lichte des Art. 24 der UN-Konvention ist davon auszugehen, daß leistungsgebundene Quotenregelungen als notwendiges Mittel zur Erreichung des Konventionszieles von den Mitgliedstaaten unter bestimmten Umständen zu setzen sind.[56]

Mit den §§ 42 und 43 B-BGB wurden gesetzliche Grundlagen für den Abbau der frauenfeindlichen Einstellungspraxis im öffentlichen Dienst des Bundes im Falle von ex-aequo-Qualifikationen geschaffen, welche dem Konventionsziel der beschleunigten Herbeiführung der De-facto-Gleichberechtigung dienen. Daß leistungsgebundene Vorrangregeln als zulässige Maßnahme i.S. der UN-Konvention anzusehen sind, ergibt sich aus Art. 4 der Konvention. Danach sind explizit vorübergehende Sondermaßnahmen zulässig, die zur Erreichung der Konventionsziele ungleiche oder gesonderte Maßstäbe normieren, um das Ziel der De-facto-Gleichberechtigung von Mann und Frau zu erreichen. Nur die Beibehaltung von ungleichen oder gesonderten Maßstäben über die Erreichung des Konventionssszieles hinaus ist unzulässig. Da die als Ziel formulierte De-facto-Gleichberechtigung für Männer und Frauen nur für die Gruppe der Frauen nicht erreicht ist, ergibt sich daraus auch klar, daß Sondermaßnahmen ausschließlich zugunsten von Frauen normiert werden dürfen. Die Sondermaßnahmen sollen darüber hinaus der beschleunigten Herbeiführung faktischer Gleichheit dienen. Damit ist auch klargestellt, daß ergebnisorientierte Maßnahmen, denen ein wirksamer zeitgebundener Lenkungseffekt zugunsten des Konventionszieles immanent ist, als zulässig anzusehen sind.

Auch Nowak ist der Ansicht, daß die österreichischen Quotenregelungen als zulässige Sondermaßnahmen i.S. des Art. 4 der UN-Konvention anzusehen sind und verweist darauf, daß das gem. Art. 17 der UN-Konvention eingerichtete Komitee[57] 1988 in der

---

[53] Hervorhebung durch die Autorin.

[54] In den Erläuterungen zur Regierungsvorlage wird explizit darauf hingewiesen, daß das B-GBG eine spezielle Transformation der UN-Konvention darstellt und Österreich mit der Erlassung des Gesetzes internationale Verpflichtungen erfüllt. Vgl BlgNR 857, 18. GP, 16 - 17.

[55] Ein solches Verfahren wird jedoch derzeit aufgrund einer Empfehlung der Wiener Weltkonferenz über Menschenrechte 1994 im Rahmen der Vereinten Nationen vorbereitet. Vgl dazu mit weiteren Hinweisen Nowak, Die internationalen Aspekte der Gleichbehandlung von Frauen und Männern, Vortragsmanuskript anläßlich der Tagung der Österreichischen Juristenkommission am 29. November 1995 in Wien, 3.

[56] Anderer Ansicht Nowak, Aspekte, 19.

[57] Zur Überprüfung der Durchführung der UN-Konvention durch die Signatarstaaten wurde gem. Art. 17 ein Komitee für die Beseitigung der Diskriminierung der Frau eingerichtet. Die Mitglieder des

Empfehlung Nr. 5[58] hinsichtlich der Vollziehung des Art. 4 der UN-Konvention alle Vertragsstaaten aufgefordert hat, von der Möglichkeit vorübergehender Sondermaßnahmen wie beispielsweise positiver Aktionen, bevorzugender Behandlung oder Quotensystemen verstärkt Gebrauch zu machen, um die volle Integration von Frauen in den Bereichen Bildung, Wirtschaft, Politik und Beschäftigung voranzutreiben.[59]

Leistungsgebundene Quotenregelungen ausschließlich zugunsten von Frauen sind daher im Lichte des Art. 4 der UN-Konvention als zulässige Sondermaßnahmen zur Erreichung der De-facto-Gleichberechtigung zu qualifizieren. Die Vorrangregeln gem. §§ 42 und 43 B-GBG sind einerseits nur befristet wirksam, nämlich bis zur Erreichung eines 40%-Frauenanteils in der jeweiligen Verwendungsgruppe, und überbinden andererseits auch nicht das Prinzip der Bestqualifikation bei der Personalauswahl im öffentlichen Dienst.[60] Durch die gesetzliche Anbindung der §§ 42 und 43 B-GBG an die in den Frauenförderungsplänen formulierten Teilquoten sind diese Bestimmungen auch als verhältnismäßig anzusehen.

Die leistungsgebundenen Vorrangregeln sind im Lichte der authentischen Interpretation des Verfassungsgesetzgebers (gem. Art. 106a Abs2 UOG) 1975 auch als vereinbar mit dem allgemeinen Gleichheitsgebot des Art. 7 Abs1 B-VG zu qualifizieren. Dies gilt jedoch nur unter der Voraussetzung, daß diese Vorrangregeln auch den vom Verfassungsgerichtshof (VfGH) entwickelten Auslegungsgrundsätzen zur sachlichen Rechtfertigung einer differenzierenden Regelung i.S. des Art. 7 Abs1 B-VG entsprechen. Eine sachliche Rechtfertigung ist nach der Judikatur des VfGH anzunehmen, wenn die Differenzierung im öffentlichen Interesse geboten ist, ein geeignetes Mittel zur Zielerreichung darstellt und verhältnismäßig ist.[61] Daß leistungsgebundene Vorrangregeln zugunsten von Frauen diesen verfassungsrechtlichen Anforderungen entsprechen und auch im Lichte der systematischen Gewährleistungsschranken[62] verfassungsrechtlich zulässig sind, wurde im rechtswissenschaftlichen Schrifttum bereits eingehend analysiert.[63]

Komitees werden von den Vertragsstaaten namhaft gemacht und in einer vom Generalsekretär am Sitz der Vereinten Nationen anberaumten Sitzung der Vertragsstaaten von diesen gewählt. Gem. Art. 18 besteht eine Berichtspflicht der Vertragsstaaten i.S. auch über die zur Durchführung der Konvention getroffenen gesetzgeberischen Maßnahmen. Aufgrund dieser Berichte legt das Komitee der Generalversammlung der Vereinten Nationen im Wege des Wirtschafts- und Sozialrates einen jährlichen Tätigkeitsbericht vor. Das Komitee kann auf Grund seiner Prüfung der Berichte und Informationen der Vertragsstaaten Vorschläge und allgemeine Empfehlungen abgeben.

[58] General Recommendation No. 5 on Temporary special measures, UN-Doc. HR/GEN/1/Rev, 1, 74.

[59] Vgl Nowak, Aspekte, 4. In FN 15 wird aus der Empfehlung Nr 5 nachfolgender Passus zitiert: "The Committee ... recommends that States parties make more use of temporary special measures such as positive action, preferential treatment or quota systems to advance women's integration into education, the economy, politics and employment."

[60] Vgl z.B. § 3 Abs. 1 Z 3 BDG oder § 33 Abs. 2 RDG.

[61] Vgl dazu insbesondere Holoubek, ÖZW 3/1991, 72.

[62] Vgl dazu grundsätzlich Adamovich-Funk, Verfassungsrecht, 372. Im gegebenen Zusammenhang sind vor allem die Garantien des Art. 3 Abs. 1 StGG (Recht auf die gleiche Zugänglichkeit zu öffentlichen Ämtern), Art. 6 StGG (Recht auf Freiheit der Erwerbsbetätigung) und Art. 5 StGG (Recht auf Unverletzlichkeit des Eigentums) zu nennen.

[63] Vgl Binder, Gleichheitssatz, Bundesministerium für Justiz (Hrsg.), Grund- und Freiheitsrechte, 227; Floßmann, Diskriminierung ,in Floimair (Hrsg.), Diskussionen (1991), 39; Rebhahn, JBl 11/1993, 337 (695); Sporrer, Feministische Theorie und Frauenforschung, Mitteilungen des Instituts für Wissenschaft und Kunst 3/1991; Sporrer, Gleichberechtigung (1995); Siegmund-Ulrich, ÖZP 2/1994,151. Anderer Ansicht ist Gutknecht, ZAS 4/1993, 122.

5. Die Auswirkungen des EuGH-Urteils in der Rechtssache Kalanke auf die österreichischen Bestimmungen zur Frauenförderung

Durch den Beitritt Österreichs zur Europäischen Union[64] sind die Bestimmungen des BGBG nunmehr auch im Lichte der einschlägigen europarechtlichen Gleichheitsgarantien in dem vom EuGH klargelegten Bedeutungsgehalt auszulegen.[65] Zur Beurteilung der österreichischen Quotenbestimmungen gem. . §§ 42 und 43 B-GBG im Lichte des Gemeinschaftsrechtes und der Quotenentscheidung des EuGH in der Rs Kalanke[66] sind die nachstehenden Überlegungen anzustellen.

5.1 Zur Vereinbarkeit der österreichischen leistungsgebundenen Vorrangregeln mit Art. 2 Abs1 und 4 der RL 76/207/EWG

1995 wurden beim Verfassungsgerichtshof (VfGH) zwei Bescheidbeschwerden gem. Art. 144 B-VG eingebracht, in welchen von den Beschwerdeführern, die jeweils in einem Ernennungsverfahren gegenüber einer Mitbewerberin nicht zum Zug gekommen sind, moniert wird, daß sie durch die verfassungswidrige Bestimmung des § 43 B-GBG in ihren Rechten verletzt wurden. Im speziellen wird § 43 B-GBG als im Widerspruch zu Art. 7 Abs.1 B-VG angesehen.

Der VfGH hat nun zunächst die Zulässigkeit der Bescheidbeschwerden zu prüfen. Sollten die Anträge nicht aus formellen Gründen zurückgewiesen werden,[67] so ist in materieller Hinsicht die Vereinbarkeit der Norm mit dem Verfassungs- und Europarecht zu prüfen. Da der VfGH als Höchstgericht entscheidet, ist für diesen Fall gem. Art. 177 Abs3 EG-Vertrag die Verpflichtung des VfGH anzunehmen, den EuGH in dieser Frage um eine Vorabentscheidung über die Auslegung des Art. 2 Abs. 1 und 4 der RL 76/207/EWG in bezug auf die Vereinbarkeit der österreichischen Frauenförderungsgebote mit den genannten Bestimmungen zu ersuchen.

Nach dem EuGH-Urteil in der Rs Kalanke bleibt nämlich die Frage offen, ob zumindest jene leistungsgebundenen Quotenregelungen zulässig sind, die keinen Absoluten und unbedingten Vorrang bei Ernennungen und Beförderungen vorsehen, sondern auf differenzierte Vorgaben von Frauenförderungsplänen Abstellen, welche von der jeweiligen Ressortleitung unter Beachtung der spezifischen Personalstruktur der einzelnen Dienstbehörden zu erlassen sind.

Die §§ 42 und 43 B-GBG sind auch im Lichte des Kalanke-Urteils als richtlinienkonform anzusehen.[68] [69]

---

[64] Vgl Staatsvertrag über den Beitritt Österreichs zur Europäischen Union, BGBl 1995/45.

[65] Das B-GBG findet gem. § 1 iVm § 3 B-GBG nur auf die im aktiven Dienststand befindlichen Bundesbediensteten, auf Lehrlinge, Teilnehmerinnen und Teilnehmer an der Eignungsausbildung und auf Bewerberinnen und Bewerber um eine Planstelle des Bundes Anwendung. Das B-GBG enthält keine spezifischen arbeitsrechtlichen Schutzvorschriften, daher sind für die Auslegung der Diskriminierungstatbestände des B-GBG und der Frauenförderungsbestimmungen Art. 119 EG-Vertrag, die Lohngleichheitsrichtlinie 75/117/EWG und die Gleichbehandlungsrichtlinie 76/207/EWG von Relevanz. Auslegungssteuernde Wirkung kommt für das B-GBG auch den Empfehlungen des Rates zur Förderung positiver Maßnahmen für Frauen (84/635/EWG) und zur beruflichen Bildung der Frauen (87/567/EWG) sowie der Empfehlung der Kommission zum Schutz der Würde von Frauen und Männern am Arbeitsplatz (92/131/EWG) zu. Vgl zur auslegungssteuernden Wirkung von Empfehlungen EuGH 13. 12. 1989, Rs C-322/88 (Grimaldi/Le Fonds des maladies professionelles), Slg 1989, 4209, Urteilstenor.

[66] EuGH 17. 10. 1995, Rs C 450/93 (Kalanke/Freie Hansestadt Bremen).

[67] Zu prüfen ist insbesondere die Parteistellung der Beschwerdeführer.

[68] Vgl. zur RL-Konformität der österreichischen Regelungen Sporrer. DRdA 1/1996, 79; Siegmund-Ulrich, ÖIMR-Newsletter 5/1995, 203; Für die grundsätzliche Zulässigkeit der Milderung der österreichischen Bevorzugungsregel durch die Frauenförderpläne spricht sich auch Kucsko-Stadlmayer, Verwaltung heute, 3/1996, 26, aus. Auch Rebhahn, JBl 11/1993, 681 (695), betont das

Die österreichischen Quotenregelungen unterscheiden sich in zwei wesentlichen Aspekten von der Quotenregelung im Bremischen Landesgleichstellungsgesetz. Zum einen kommen die Vorrangregeln nur entsprechend den Vorgaben des Frauenförderungsplanes zur Anwendung. Damit ist es der jeweiligen Ressortleitung überlassen, in den Frauenförderungsplänen verbindliche Vorgaben für die Auswahlentscheidung bei gleicher Qualifikation zu entwickeln, die einerseits den Bedürfnissen der jeweiligen Organisationseinheiten entsprechen und andererseits auch einen verhältnismäßigen Korridor für den Berufszugang und den beruflichen Aufstieg von gleichqualifizierten Mitbewerbern zuläßt. Dies bedeutet, daß eine stufenweise Anhebung des Frauenanteils durch Festlegung von Teilquoten mit einem Geltungszeitraum von jeweils zwei Jahren möglich ist und damit der Zeithorizont für die tatsächliche Zielerreichung eines 40%-Frauenanteils in den Verwendungs- und Funktionsgruppen der jeweiligen Ressorts unterschiedlich festgelegt werden kann.

Die quantitativen und zeitgebundenen Planungsgesichtspunkte können auf die konkrete Personalstruktur und die personellen Besonderheiten im jeweiligen Ressort abgestimmt werden.[70]

Zum anderen wurde als Finalziel ein Frauenanteil von 40% verankert. Dieser Prozentsatz entspricht dem Frauenanteil an der österreichischen Erwerbsbevölkerung. Die Erreichung eines 40%-Frauenanteiles im öffentlichen Dienst ist daher eine Zielvorgabe, die einen objektiven Bezugsrahmen hat und als verhältnismäßig anzusehen ist.

Sollte der EuGH jedoch auch den österreichischen Typus der leistungsgebundenen Vorrangregel als vom Ausnahmetatbestand des Art. 2 Abs4 der RL 76/207/EWG nicht erfaßt ansehen, so wird für Österreich die Kollisionsproblematik gem. Art. 234 EG-Vertrag virulent.

5.2 Zur Kollisionsproblematik gem. Art. 234 EG-Vertrag

Österreich ist mit der Ratifizierung der UN-Konvention zur Beseitigung jeder Form von Diskriminierung der Frau[71] 1982 eine völkerrechtliche Verpflichtung zur Herstellung der

---

[69] durch die Frauenförderpläne gewährleistete Steuerungspotential in bezug auf die Abmilderung der Eingriffsintensität der Vorrangregeln. Eine RL-Widrigkeit der österreichischen Vorrangregeln besteht nach Ansicht von Handstanger/Waldherr, ÖJZ 1/1996, 17 und Eichinger, RdW 12/1995, 471. Eine glänzende europarechtliche Analyse der Argumentation des Generalanwaltes Giuseppe Tesauro in dessen Schlußanträgen zum Kalanke-Verfahren wurde von Sporrer erarbeitet. Vgl Sporrer, DRdA 5/1995, 442.

[70] Die von den einzelnen Ressorts erlassenen Frauenförderungspläne sind jedoch sehr unterschiedlich ausgestaltet. In manchen Frauenförderungsplänen sind überhaupt keine Teilquoten formuliert, im Frauenförderungsplan des Wissenschaftsressorts wurde in Form einer Generalklausel ein Zuwachs von 20% bzw unter bestimmten Umständen von 100% für einen Zeitraum von 2 Jahren vorgeschrieben (vgl § 2 Abs. 2 Frauenförderungsplan des BMWFK). Nur der Frauenförderungsplan des Justizressorts ist als ausreichend determiniert anzusehen, so daß der verpönte "Vollziehungsautomatismus" i.S. des EuGH-Urteiles in der Rs Kalanke ausgeschlossen werden kann. Es ist daher davon auszugehen, daß zwar die §§ 42 und 43 B-GBG eine richtlinienkonforme Gesetzeskonstruktion darstellen, die Mehrzahl der Frauenförderungspläne jedoch einer richtlinienkonformen Konkretisierung und Anpassung bedürfen. Für den Frauenförderungsplan des Wissenschaftsressorts ist darüber hinaus darauf hinzuweisen, daß die besondere Planstellenwidmung nur für Frauen gem. § 4 keine Deckung im B-GBG findet. Die verfassungsrechtliche Ermächtigung zur Erlassung einer derartigen Bestimmung ergibt sich allenfalls aus § 106a Abs. 2 UOG 1975.

[71] Die UN-Konvention wurde von Österreich anläßlich der zweiten Weltfrauenkonferenz in Kopenhagen am 17. 7. 1980 unterzeichnet. Die Ratifikationsurkunde wurde am 31. März 1983 beim Generalsekretariat der Vereinten Nationen hinterlegt. Die Konvention ist für Österreich gem Art. 27 Abs. 2 am 30. April 1982 in Kraft getreten. Der Abschluß dieses Staatsvertrages wurde vom Nationalrat samt den Vorbehalten genehmigt und am 7. September 1982 im BGBl 443 kundgemacht.

De-facto-Gleichberechtigung[72] eingegangen und hat diese Verpflichtung im Jahre 1993 durch einschlägige Verfassungsbestimmungen[73] und die Einführung von leistungsgebundenen Vorrangregeln in den §§ 42 und 43 B-GBG innerstaatlich umgesetzt.

Für den Fall, daß die österreichischen Vorrangregeln vom EuGH ebenfalls als nicht vereinbar mit Art. 2 Abs. 1 und 4 der RL 76/207/EWG qualifiziert würden, wäre daher eine Kollisionsproblematik i.S. des Art. 234 Abs1 EG-V hinsichtlich der einschlägigen Richtlinienbestimmungen und der in Umsetzung der völkerrechtlichen Verpflichtungen erlassenen §§ 42 und 43 des B-GBG gegeben.

Art. 234 Abs. 1 hat folgenden Wortlaut:

"Die Rechte und Pflichten aus Übereinkünften, die vor Inkrafttreten dieses Vertrages zwischen einem oder mehreren Mitgliedstaaten einerseits und einem oder mehreren dritten Ländern andererseits geschlossen wurden, werden durch diesen Vertrag nicht berührt."

Art. 234 EG-Vertrag ist auch auf den neuen Mitgliedstaat Österreich anwendbar. In Art. 6 der Akte über die Bedingungen des Beitritts des Königreichs Norwegen, der Republik Österreich, der Republik Finnland und des Königreichs Schweden und die Anpassungen der die Europäische Union begründenden Verträge[74] wird ausdrücklich festgehalten, daß Art. 234 des EG-Vertrages für die neuen Mitgliedstaaten auf die vor ihrem Beitritt geschlossenen Abkommen und Vereinbarungen anwendbar ist.[75]

Aufgrund dieser Bestimmungen hätte der VfGH nach dem abgeschlossenen Vorlageverfahren die Kollisionsproblematik zu prüfen.

Wie der EuGH in der Rs Levy[76] ausgesprochen hat, wäre es Sache des nationalen Gerichts zu prüfen, welche Verpflichtungen dem betreffenden Mitgliedstaat aufgrund eines früheren internationalen Übereinkommens treffen, die Grenzen dieser Verpflichtungen zu ermitteln und danach zu entscheiden, inwieweit diese Verpflichtungen der Anwendung der Bestimmungen der RL 76/207/EWG entgegenstehen.

Der EuGH hat hinsichtlich des richtlinienwidrigen Frauennachtarbeitsverbotes in Frankreich sehr deutlich zum Normwiderspruch von nationalen völkerrechtskonformen Rechtsvorschriften und entgegenstehendem Sekundärrecht der Europäischen Gemeinschaft Stellung genommen:

"Die innerstaatlichen Gerichte sind verpflichtet, die volle Beachtung von Artikel 5 der Richtlinie 76/207/EWG (...) sicherzustellen und entgegenstehende nationale Rechtsvorschriften nicht anzuwenden, es sei denn, die Anwendung einer derartigen Vorschrift ist erforderlich, um sicherzustellen, daß der betreffende Mitgliedstaat Pflichten aus einer Übereinkunft erfüllt, die vor Inkrafttreten des EWG-Vertrags mit dritten Ländern geschlossen wurde."[77] [78]

---

[72] Österreich hat sich nur das Recht vorbehalten, Art. 17 lit b in bezug auf militärische Dienstleistungen und Art. 11 in bezug auf das Verbot der Nachtarbeit von Frauen und den besonderen Arbeitnehmerschutz von Frauen im Rahmen der in der innerstaatlichen Gesetzgebung vorgesehenen Beschränkungen anzuwenden.

[73] Vgl FN 50.

[74] ABl 94/C 241/05.

[75] Hinzuweisen ist darauf, daß auch Schweden die UN-Konvention zur Beseitigung jeder Form von Diskriminierung der Frau ratifiziert hat.

[76] EuGH 2. 8. 1993, Rs C-158/91 (Levy/Ministère public ua).

[77] EuGH 2. 8. 1993, Rs C-158/91 (Levy/Ministère public ua), Urteilstenor.

[78] Auch Österreich hat das ILO-Übereinkommen Nr 89 ratifiziert, welches zum Verbot der Frauennachtarbeit völkerrechtlich verpflichtet. In Österreich stehen die speziellen Nachtarbeitsverbote für Frauen im Bäckereiarbeitergesetz (BGBl 1955/69 idF BGBl 1978/232) und im Frauennachtarbeitsgesetz (BGBl 1969/237 idF BGBl 1993/257) noch immer in Geltung. Der VfGH hatte die ein-

Aufgrund des eindeutig verpflichtenden Charakters der Bestimmungen in Art. 2 lit a und d i.V.m. Art. 4 und Art. 24 der UN-Konvention müßte das Prüfverfahren die Unanwendbarkeit der Art. 2 Abs1 und 4 der RL 76/207/EWG in bezug auf die österreichischen leistungsgebundenen Vorrangregeln gem. §§ 42 und 43 B-GBG zum Ergebnis haben. Die UN-Konvention stellt auf ergebnisorientierte Maßnahmen ab, die geeignet sind, die faktische Gleichstellung zwischen Frauen und Männern beschleunigt herbeizuführen. Der Ausnahmetatbestand des Art. 2 Abs4 der RL 76/207/EWG deckt nach dem EuGH-Urteil in der Rs Kalanke derartige Maßnahmen nicht.

Wie der EuGH in der Rs Levy weiter klargestellt hat, ist für die Entscheidung darüber, ob eine gemeinschaftsrechtliche Vorschrift gegenüber einem früheren internationalen Übereinkommen zurücktreten muß, wesentlich, ob dieses dem betreffenden Mitgliedstaat Verpflichtungen auferlegt, deren Erfüllung die Drittstaaten, die Parteien des Übereinkommens sind, noch verlangen können.

Betreffend die UN-Konvention zur Beseitigung jeder Form von Diskriminierung der Frau gibt es keine späteren Übereinkommen, wodurch das Gebot zur Umsetzung der Defacto-Gleichberechtigung der Frauen nach Maßgabe der Art. 2 lit a und d i.V.m. Art. 4 und Art. 24 der UN-Konvention obsolet geworden wäre. Nur in diesem Fall müßte der VfGH Art. 2 Abs. 1 und 4 der RL 76/207/EWG anwenden und die entgegenstehenden nationalen Rechtsvorschriften aufheben.

Würde die Kollisionsproblematik vom VfGH bejaht, so wäre in einem nächsten Schritt Art. 234 Abs2 des EG-Vertrages zu beachten:

"Soweit diese Übereinkünfte mit diesem Vertrag nicht vereinbar sind, wenden der oder die betreffenden Mitgliedstaaten alle geeigneten Mittel an, um die festgestellten Unvereinbarkeiten zu beheben. Erforderlichenfalls leisten die Mitgliedstaaten zu diesem Zweck einander Hilfe; sie nehmen gegebenenfalls eine gemeinsame Haltung ein."

Als geeignete Mittel zur Auflösung der Kollisionsproblematik sind nur völkerrechtlich zulässige Mittel anzusehen, wie z.B. ein Antrag auf Revision der UN-Konvention oder die Beendigung der Mitgliedschaft.

Die UN-Konvention selbst enthält in Art. 23 eine Günstigkeitsklausel, die jedoch auf die gegenständliche Kollisionsproblematik nicht angewendet werden kann.[79]

Gem. Art. 26 der UN-Konvention kann ein Antrag auf Revision von einem Vertragsstaat jederzeit durch schriftliche Mitteilung an den Generalsekretär gestellt werden. Die einseitige Beendigung der Mitgliedschaft ist in der Konvention nicht geregelt. Für diesen Fall haben die allgemeinen Regelungen der Wiener Vertragsrechtskonvention zur Anwendung zu kommen.

Es ist jedoch auch darauf hinzuweisen, daß in der Literatur die Rechtsansicht vertreten wird, daß die Behebung der Kollisionsproblematik als ultima ratio auch durch Anpas-

---

schlägigen Bestimmungen in zwei Normprüfungsverfahren als nicht gleichheitswidrig i.S. des Art. 7 Abs. 1 B-VG qualifiziert (vgl VfGH 12. 3. 1992, G 220/91-9 u.a. unter Verweis auf VfGH 6. 12. 1990, G 223/88). Die europarechtlichen Bestimmungen waren zum Prüfzeitpunkt noch nicht anzuwenden. Mit dem Beitritt Österreichs zur Europäischen Union wären die speziellen Nachtarbeitsverbote für Frauen als richtlinienwidrig zu qualifizieren, da sie vom Ausnahmetatbestand des Art. 2 Abs. 3 der RL 76/207/EWG nicht gedeckt sind. Österreich hat jedoch im EU-Beitrittsvertrag einen Vorbehalt verankert, wonach Art. 5 der RL 76/207/EWG bis zum Jahr 2001 für die Republik Österreich hinsichtlich der Nachtarbeit von Frauen nicht gilt. Ohne diesen Vorbehalt wäre dieselbe Kollisionsproblematik wie im Fall des französischen Nachtarbeitsverbotes gegeben.

[79] "Diese Konvention läßt zur Herbeiführung der Gleichberechtigung von Mann und Frau geeignetere Bestimmungen unberührt, die enthalten sind a) in den Rechtsvorschriften eines Vertragsstaates oder b) in sonstigen für diesen Staat geltenden Konventionen, Verträgen oder Abkommen."

sung des sekundären Gemeinschaftsrechts zu erfolgen hat.[80] Für Petersmann ergibt sich aus dem Wortlaut des Art. 234 EG-Vertrag nicht zwingend, daß Gegenstand der Anpassungsverhandlungen der Mitgliedstaaten nur die Altverpflichtung der Mitgliedstaaten sein kann und nennt Beispiele dafür, daß in der Gemeinschaftspraxis Anpassungen des sekundären Gemeinschaftsrechts im Hinblick auf Art. 234 an Altverträge der Mitgliedstaaten erfolgt sind.[81] Aus dem Grundsatz der Gleichwertigkeit mehrerer völkerrechtlicher Verträge und des in Art. 234 EG-Vertrag zum Ausdruck kommenden Völkerrechtsgrundsatzes "pacta sunt servanda" werden als ultima ratio auch einschlägige gemeinschaftsrechtliche Mitwirkungs- und Anpassungspflichten für die EWG-Organe abgeleitet.[82]

Eine solche Anpassung könnte durch eine einschlägige Konkretisierung des Ausnahmetatbestandes von Art. 2 Abs4 der RL 76/207/EWG erfolgen. Ich erachte eine derartige "Anpassungsbereitschaft" nicht als utopisch, zumal auch die Kommission ein Programm zur Förderung positiver Aktionen ihrer weiblichen Bediensteten für den Zeitraum von 1992 bis 1996 beschlossen hat, in welchem unter Pkt 2 hinsichtlich der beruflichen Entwicklungsperspektiven und Fortbildungsmöglichkeiten für Frauen betont wird, daß diese in allen Laufbahngruppen einer Verbesserung bedürfen. Solange noch ein Rückstand aufzuholen ist, "muß das im ersten Programm für positive Aktionen vorgesehene Prinzip, Frauen bei der Einstellung, Beförderung und Besetzung von Führungspositionen bei gleicher Qualifikation und/oder gleichen Verdiensten den Vorzug zu geben, weiterhin Gültigkeit haben."[83]

Sollten sich die in diesem Beitrag skizzierten Prüfebenen in der Rechtswirklichkeit tatsächlich in der dargelegten Form auftun, so wäre in der Folge die österreichische Bundesregierung gefordert, einschlägige Initiativen auf dem Verhandlungswege zu setzen, um die Kollisionsproblematik zugunsten der benachteiligten österreichischen Frauen und ihrem berechtigten Interesse auf Gleichstellung in der sozialen Wirklichkeit aufzulösen. Es steht zu hoffen, daß nach den Nationalratswahlen am 17. Dezember 1995 eine Bundesregierung gebildet wird, die bereit ist, den Frauen Österreichs eine hörbare Stimme in den zuständigen Organen der Europäischen Union zu verleihen, sollte der EuGH seine restriktive Rechtsprechung zu Art. 2 Abs4 der RL 76/207/EWG noch weiter verfestigen.

---

[80] So etwa Petersmann in von der Groeben/Thiesing/Ehlermann (Hrsg.), Kommentar zum EWG Vertrag Bd 4^4 (1991), Rz 10 zu Art. 234.
[81] Petersmann, Kommentar, Rz 10.
[82] Petersmann, Kommentar, Rz 10 und 11.
[83] Vgl die vom Referat für Chancengleichheit, Generaldirektion Personal und Verwaltung aufgelegte Broschüre Chancengleichheit für Frauen und Männer in der Kommission.

Literatur

Adamovich-Funk, Österreichisches Verfassungsrecht 3 (1985)
Bast, UOG 93, (1994)
Birkhan (Hrsg.), Feministische Kontexte. Institutionen Projekte Debatten und der neue Frauenförderungsplan, ZSfHD (Zeitschrift für Hochschuldidaktik) 2/1995
Binder, Gleichheitssatz und Geschlechterparität im öffentlichen Dienst, Bundesministerium für Justiz (Hrsg.), Grund- und Freiheitsrechte in der gerichtlichen Praxis (1983)
Eichinger, EuGH verwirft Frauenquote. Zum Urteil vom 17.10.1995, Rs-C 450/93, „Kalanke/Freie und Hansestadt Bremen", RdW 12/1995
Ermacora/Langeder/Strasser, Österreichisches Hochschulrecht 3 (1986).
Floßmann, Die positive Diskriminierung im österreichischen Recht, Floimair (Hrsg.), Diskussionen zum Thema "'Frau sein in Salzburg" (1991)
Gutknecht, Frauenförderung und Gleichheitsgrundsatz, ZAS 4/1993, 122
Handstanger/Waldherr, Aus der Rechtsprechung der Europäischen Union, ÖJZ 1/1996, 17
Holoubek, Die Sachlichkeitsprüfung des allgemeinen Gleichheitssatzes dargestellt an der jüngeren Judikatur des Verfassungsgerichtshofes insbesondere zum Wirtschaftsrecht, ÖZW 3/1991, 72
Korotin unter Mitarbeit von *Breitenfellner*, Bibliographie: Frauenspezifische und feministische Hochschulschriften an österreichischen Universitäten 1968 - 1993, Institut für Wissenschaft und Kunst, Dokumentationsstelle Frauenforschung (Hrsg.), Materialien zur Förderung von Frauen in der Wissenschaft IV (1994)
Kucsko-Stadlmayer, Frauenquote im öffentlichen Dienst. Müssen die Quoten im Bundes-Gleichbehandlungsgesetz nach dem EuGH-Urteil fallen?, Verwaltung heute, 3/1996, 26
Petersmann, in: von der Groeben, Thiesing, Ehlermann (Hrsg.), Kommentar zum EWG-Vertrag 4, Bd.4, 1991
Rebhahn, Gleichbehandlung, Qualifikation und Leistung, JBl 11/1993, 337
Seiser/Knollmayer (Hrsg.), Von den Bemühungen der Frauen in der Wissenschaft Fuß zu fassen. Materialien zur Förderung von Frauen in der Wissenschaft III.(1994)
Siegmund-Ulrich, Zur Ambivalenz des gleichen Rechts, ÖZP 2/1994, 151
Siegmund-Ulrich, Anmerkungen zum EuGH Urteil vom 17. Oktober 1995 - Rs C-450/93 (Kalanke/Freie Hansestadt Bremen), ÖlMR-Newsletter 5/1995, 203
Sporrer, „Automatische" Frauenquoten widersprechen EU-Recht, DRdA 1/1996, 79
Sporrer, Frauenbevorzugende Quotenregelungen widersprechen EU-Recht? DRdA 5/1995, 442
Sporrer, Gleichberechtigung und Gleichheitssatz - Gleichbehandlung und Frauenförderung aus der Sicht des Verfassungs- und Europarechts (1995)
Sporrer, Verfassungsrechtliche Aspekte der Quotenregelungen, Feministische Theorie und Frauenforschung, Mitteilungen des Instituts für Wissenschaft und Kunst, 3/1991

Dokumentation 1 : Rechtsgrundlagen für Österreich:

1. Bundesgleichbehandlungsgesetz - Auszug - (Bundesgesetz über die Gleichbehandlung von Frauen und Männern und die Förderung von Frauen im Bereich des Bundes, BGBl. 1993/100 i.d.F. BGBl. 1994/16, 1995/43 und 1995/522)

4. TEIL

Besondere Fördermassnahmen für Frauen

Frauenförderungsgebot

§ 40. (1) Die Vertreterinnen oder Vertreter des Dienstgebers sind verpflichtet, nach Maßgabe der Vorgaben des Frauenförderungsplanes auf eine Beseitigung
1. einer bestehenden Unterrepräsentation von Frauen an der Gesamtzahl der dauernd Beschäftigten und der Funktionen sowie
2. von bestehenden Benachteiligungen von Frauen im Zusammenhang mit dem Dienstverhältnis hinzuwirken (Frauenförderungsgebot).

(2) Frauen sind unterrepräsentiert, wenn der Anteil der Frauen an der Gesamtzahl
1. der dauernd Beschäftigten in der betreffenden Verwendungsgruppe oder
2. der Funktionen, welche auf die in der betreffenden Verwendungsgruppe dauernd Beschäftigten entfallen, im Wirkungsbereich der jeweiligen Dienstbehörde weniger als 40% beträgt. Steht einer Verwendungsgruppe eine entsprechende Entlohnungsgruppe gegenüber, ist diese in den Vergleich miteinzubeziehen.

(3) Die Abs. 1 und 2 sind nicht auf die in § 1 Abs2 genannten Verwendungen anzuwenden.

Frauenförderungspläne

§ 41. (1) Nach Einholung eines Vorschlages der Arbeitsgruppe für Gleichbehandlungsfragen haben die Leiterin und der Leiter einer Zentralstelle einen Frauenförderungsplan für das Ressort zu erlassen.

(2) Der Frauenförderungsplan ist auf der Grundlage des zum 1. Juli jedes zweiten Jahres zu ermittelnden Anteiles der Frauen an der Gesamtzahl der dauernd Beschäftigten sowie der zu erwartenden Fluktuation für einen Zeitraum von sechs Jahren zu erstellen und fortzuschreiben. Nach jeweils zwei Jahren ist er an die aktuelle Entwicklung anzupassen.

(3) Im Frauenförderungsplan ist jedenfalls festzulegen, in welcher Zeit und mit welchen personellen, organisatorischen sowie aus- und weiterbildenden Maßnahmen in welchen Verwendungen eine bestehende Unterrepräsentation sowie bestehende Benachteiligungen von Frauen beseitigt werden können. Dabei sind jeweils für zwei Jahre verbindliche Vorgaben zur Erhöhung des Frauenanteils in jeder Verwendungsgruppe im Wirkungsbereich jeder Dienstbehörde festzulegen. Steht einer Verwendungsgruppe eine entsprechende Entlohnungsgruppe gegenüber, ist diese mit der Verwendungsgruppe gemeinsam zu behandeln.

Bevorzugte Aufnahme in den Bundesdienst

§ 42. Bewerberinnen, die für die angestrebte Planstelle nicht geringer geeignet sind als der bestgeeignete Mitbewerber, sind entsprechend den Vorgaben des Frauenförderungsplanes so lange bevorzugt aufzunehmen, bis der Anteil der Frauen in der betreffenden Verwendungsgruppe im Wirkungsbereich der jeweiligen Dienstbehörde mindestens 40% der Gesamtzahl der dauernd Beschäftigten beträgt. Steht einer Verwendungsgruppe eine entsprechende Entlohnungsgruppe gegenüber, ist diese in den Vergleich miteinzubeziehen. Verwendungen gemäß § 1 Abs. 2 sind dabei nicht zu berücksichtigen.

Bevorzugung beim beruflichen Aufstieg
§ 43. Bewerberinnen, die für die angestrebte höherwertige Verwendung (Funktion) nicht geringer geeignet sind als der bestgeeignete Mitbewerber, sind entsprechend den Vorgaben des Frauenförderungsplanes solange bevorzugt zu bestellen, bis der Anteil der Frauen an der Gesamtzahl der im Wirkungsbereich der jeweiligen Dienstbehörde auf eine Verwendungsgruppe entfallenden Funktionen mindestens 40% beträgt. Steht einer Verwendungsgruppe eine entsprechende Entlohnungsgruppe gegenüber, ist diese in den Vergleich miteinzubeziehen. Verwendungen (Funktionen) gemäß § 1 Abs. 2 sind dabei nicht zu berücksichtigen.

Bevorzugung bei der Aus- und Weiterbildung
§ 44. Frauen sind zur Teilnahme an Aus- und Weiterbildungsmaßnahmen, die zur Übernahme höherwertiger Verwendungen (Funktionen) qualifizieren, entsprechend den Vorgaben des Frauenförderungsplanes bevorzugt zuzulassen.

2. Universitäts-Organisationsgesetz - Auszug (UOG 1975 idF BGBl 1993/249)

XVI a. Abschnitt

Arbeitskreis für Gleichbehandlungsfragen
§ 106a. (1) Die Kollegialorgane der Universitäten und der Bundesminister für Wissenschaft und Forschung haben bei der Behandlung von Personalangelegenheiten darauf hinzuwirken, daß in allen universitären Arbeitsbereichen ein ausgewogenes Zahlenverhältnis zwischen den an der Universität tätigen Männern und Frauen erreicht wird. Die Erreichung dieses Zieles ist durch geeignete Maßnahmen, insbesondere durch vom obersten Kollegialorgan zu beschließende Frauen-Förderpläne, die für andere Universitätsorgane Empfehlungscharakter haben, anzustreben.
(2) (Verfassungsbestimmung) Vorübergehende Sondermaßnahmen der Universitätsorgane oder des Bundesministers für Wissenschaft und Forschung zur beschleunigten Herbeiführung der De-facto-Gleichberechtigung von Mann und Frau im Sinne des Art. 4 der UN-Konvention zur Beseitigung jeder Form von Diskriminierung der Frau, BGBl. Nr. 443/1982, gelten nicht als Ungleichbehandlung im Sinne des Art. 7 Abs. 1 B-VG.
(3) An jeder Universität hat das oberste Kollegialorgan einen Arbeitskreis einzurichten, dessen Aufgabe es ist, Diskriminierungen auf Grund des Geschlechts durch Kollegialorgane der Universität entgegenzuwirken (Arbeitskreis für Gleichbehandlungsfragen). Nach Maßgabe der vom obersten Kollegialorgan festgesetzten Zahl ist von jedem Fakultätskollegium aus dem Kreis aller Angehörigen der betreffenden Fakultät die erforderliche Anzahl von Mitgliedern in diesen Arbeitskreis zu entsenden. An Universitäten ohne Fakultätsgliederung bestellt das oberste Kollegialorgan selbst die Mitglieder des Arbeitskreises. Dem Arbeitskreis für Gleichbehandlungsfragen haben Vertreter der Universitätsprofessoren, der im § 63 Abs. 1 lit.b genannten Personengruppe, der Studierenden und der allgemeinen Universitätsbediensteten anzugehören. § 19 Abs.1 ist anzuwenden.
(4) Die Mitglieder des Arbeitskreises für Gleichbehandlungsfragen haben das Recht, jeweils höchstens zu zweit an Sitzungen der Kollegialorgane, soweit dort Personalangelegenheiten behandelt werden, mit beratender Stimme teilzunehmen und überdies Anträge zu stellen, Einsicht in die entsprechenden Akten und Unterlagen zu nehmen, Sondervoten zu Protokoll zu geben und bestimmte Diskussionsbeiträge von Mitgliedern des Kollegialorgans in das Protokoll aufnehmen zu lassen. Sie haben die Universitätsangehörigen

in Gleichbehandlungsfragen zu beraten und diesbezügliche Beschwerden von Universitätsangehörigen entgegenzunehmen.

(5) Der/Die Vorsitzende des Arbeitskreises für Gleichbehandlungsfragen hat das Recht, an den Sitzungen des obersten Kollegialorgans der betreffenden Universität mit Stimmrecht teilzunehmen, soweit es sich um grundsätzliche Angelegenheiten handelt, die den Aufgabenbereich des Arbeitskreises für Gleichbehandlungsfragen betreffen. Soweit das oberste Kollegialorgan konkrete Personalentscheidungen im Einzelfall zu treffen hat, gilt jedoch Abs. 4.

(6) Der Arbeitskreis für Gleichbehandlungsfragen ist zu jeder Sitzung eines Kollegialorgans, soweit dort Personalangelegenheiten behandelt werden, zu laden. Unterbleibt die Ladung, so hat das Kollegialorgan in einer neuerlichen Sitzung unter ordnungsgemäßer Beiziehung der Mitglieder des Arbeitskreises für Gleichbehandlungsfragen die Beratung und Beschlußfassung in der diesem Beschluß zugrundeliegenden Personalangelegenheit neuerlich durchzuführen.

(7) Hat der Arbeitskreis für Gleichbehandlungsfragen Grund zur Annahme, daß ein Beschluß des Kollegialorgans eine Diskriminierung von Personen auf Grund ihres Geschlechts darstellt, so kann er innerhalb von drei Wochen beim Vorsitzenden des Kollegialorgans einen schriftlichen und begründeten Einspruch gegen den Beschluß des Kollegialorgans erheben. Der Einspruch kann von einem Mitglied des Arbeitskreises für Gleichbehandlungsfragen zunächst ohne Ausführung einer Begründung angemeldet werden; diesfalls ist eine Vollziehung des betroffenen Beschlusses - insbesondere die Erlassung von Bescheiden oder der Abschluß von Verträgen auf Grund des beeinspruchten Beschlusses - bis zum Ablauf der Einspruchsfrist, wenn aber ein Einspruch erhoben wurde, bis zur neuerlichen Beschlußfassung durch das Kollegialorgan nicht zulässig.

(8) Das Kollegialorgan hat im Falle der Abgabe eines schriftlichen und begründeten Einspruchs des Arbeitskreises für Gleichbehandlungsfragen in der nächsten Sitzung unter Berücksichtigung dieses Einspruchs die Beratung und Beschlußfassung in der diesem Beschluß zugrundeliegenden Personalangelegenheit neuerlich durchzuführen.

(9) Im Falle eines Beharrungsbeschlusses des Kollegialorgans ist der Arbeitskreis berechtigt, den Bundesminister für Wissenschaft und Forschung um Ausübung seines Aufsichtsrechts anzurufen. Die Aufsichtsbeschwerde kann zunächst von einem Mitglied des Arbeitskreises für Gleichbehandlungsfragen ohne Ausführung einer Begründung angemeldet werden; diesfalls ist die Einbringung der Aufsichtsbeschwerde durch den Arbeitskreis für Gleichbehandlungsfragen innerhalb von drei Wochen ab Beschlußfassung durch das Kollegialorgan nachzureichen. Ab Anmeldung oder Einbringung der Aufsichtsbeschwerde ruht das Verfahren und ist die Vollziehung des betroffenen Beschlusses - insbesondere die Erlassung von Bescheiden oder der Abschluß von Verträgen auf Grund dieses Beschlusses - nicht zulässig. Das Verfahren ist erst wieder aufzunehmen bzw. der betroffene Beschluß zu vollziehen, wenn der Bundesminister für Wissenschaft und Forschung entweder keinen Anlaß findet, den Beschluß aufzuheben, oder wenn der Bundesminister im Rahmen des Aufsichtsrechts den Beschluß mit Bescheid aufgehoben hat.

(10) Die Mitglieder des Arbeitskreises für Gleichbehandlungsfragen dürfen in der Ausübung ihrer Befugnisse nicht beschränkt und wegen dieser, insbesondere hinsichtlich der dienstlichen Laufbahn, nicht benachteiligt werden.

(11) (Verfassungsbestimmung) Die Mitglieder des Arbeitskreises für Gleichbehandlungsfragen sind in Ausübung ihrer Tätigkeit selbständig und unabhängig.

3. Verordnung des Bundesministers für Wissenschaft, Forschung und Kunst betreffend Maßnahmen zur Förderung von Frauen im Wirkungskreis des Bundesministeriums für Wissenschaft, Forschung und Kunst (Frauenförderungsplan) - Auszug

Auf Grund des § 41 des Bundes-Gleichbehandlungsgesetz, BGBl. Nr. 100/1993, wird verordnet:

I. Abschnitt

Allgemeine Bestimmungen

Unterrepräsentation von Frauen
§ 1 (1) Frauen sind unterrepräsentiert, wenn der Anteil der Frauen an der Gesamtzahl
1. der dauernd Beschäftigten in der betreffenden Verwendungs/Entlohnungsgruppe oder
2. der Funktionen, welche auf die in der betreffenden Verwendungsgruppe dauernd Beschäftigten entfallen, im Wirkungsbereich der jeweiligen Dienstbehörde weniger als 40% beträgt. Universitäts- und Hochschulassistenten/Universitäts- und Hochschulassistentinnen, die in einem Dienstverhältnis auf unbestimmte Zeit gemäß § 176 Beamten-Dienstrechtsgesetz 1979 (BDG 1979) stehen, sind als dauernd beschäftigt anzusehen.
(2) Dienstbehörden im Ressortbereich des Bundesministeriums für Wissenschaft, Forschung und Kunst sind
1. der Bundesminister/die Bundesministerin für Wissenschaft, Forschung und Kunst;
2. die Universitäten (der Rektor/die Rektorin, der Universitätsdirektor/die Universitätsdirektorin oder der Bibliotheksdirektor/die Bibliotheksdirektorin, für das ihm/ihr nach den Organisationsvorschriften unterstehende Personal);
3. die Kunsthochschulen (der Rektor/die Rektorin oder der Bibliotheksdirektor/die Bibliotheksdirektorin für das ihm/ihr nach den Organisationsvorschriften unterstehende Personal);
4. die Akademie der bildenden Künste in Wien (der Rektor/die Rektorin, der Bibliotheksdirektor/die Bibliotheksdirektorin oder der Direktor/die Rirektorin der Gemäldegalerie für das ihm/ihr nach den Organisationsvorschriften unterstehende Personal);
5. das Bundesforschungs- und Prüfzentrum Arsenal;
6. die Zentralanstalt für Meterologie und Geodynamik;
7. die Geologische Bundesanstalt.
(3) Die übrigen Dienststellen im Ressortbereich mit Ausnahme des Bundestheaterverbandes sind im Sinne dieser Verordnung dem Bundesministerium für Wissenschaft, Forschung und Kunst (Abs 2 Z1) zuzuzählen.
(4) Aus der als Anlage A zu dieser Verordnung angeschlossenen Statistik ergibt sich eine bestehende Unterrepräsentation von Frauen im Sinne des Abs. 1 im Ressortbereich des Bundesministeriums für Wissenschaft, Forschung und Kunst.

Ziel des Frauenförderungsplanes
§ 2 (1) Ziel des Frauenförderungsplanes ist es, den Anteil der weiblichen Beschäftigten in allen Verwendungsgruppen bzw. Entlohnungsgruppen und Funktionen im Ressortbereich des Bundesministeriums für Wissenschaft, Forschung und Kunst auf mindestens 40% zu erhöhen. Alle Maßnahmen, die direkt oder indirekt auf die Frauenquote Einfluß nehmen, sind an diesem Ziel auszurichten. Die Dringlichkeit der Förderung von Frauen bestimmt sich nach dem Ausmaß der Unterrepräsentation. Eines der vorrangigen Ziele ist daher insbesondere die vermehrte Besetzung von hochqualifizierten wissenschaftlichen, künstlerischen, künstlerisch-pädagogischen und künstlerisch-wissenschaftlichen Planstellen (z.B. Universitäts- und Hochschulprofessor/inn/en und Universitäts- und Hochschulassi-

stent/inn/en auf unbestimmte Zeit) oder Funktionen im Bereich der Universitäten und Hochschulen künstlerischer Richtung mit Frauen.
(2) Förderungsmaßnahmen sind mit dem Ziel anzuwenden, die in den einzelnen Verwendungsgruppen/Entlohnungsgruppen oder Funktionen jeweils bestehende Frauenquote (Anteil der Frauen an der Gesamtzahl in den einzelnen Verwendungsgruppen/Entlohnungsgruppen oder Funktionen im Wirkungsbereich einer Dienstbehörde) innerhalb der nächsten zwei Jahre ab Kundmachung dieser Verordnung im Wirkungsbereich der jeweiligen Dienstbehörde gemäß § 1 Abs. 2 und 3 um 20% zu erhöhen, bis eine 40%ige Frauenquote erreicht ist. Liegt die bestehende Frauenquote unter 10% , sind Förderungsmaßnahmen mit dem Ziel anzuwenden, die bestehende Frauenquote innerhalb der nächsten zwei Jahre ab Kundmachung dieser Verordnung um jeweils 100% zu erhöhen. Liegt die Frauenquote in einer Verwendungsgruppe/Entlohnungsgruppe oder Funktion im Wirkungsbereich der jeweiligen Dienstbehörde gemäß § 1 Abs. 2 und 3 bei 0% , sind bevorzugt Maßnahmen gemäß § 4 anzuwenden.
(3) Die in den Frauenförderplänen gemäß § 39 Abs. 1 Universitäts-Organisationsgesetz 1993 (UOG 1993) vorgesehenen weitergehenden Maßnahmen bleiben von dieser Verordnung unberührt.

Frauenförderungsgebot
§ 3 (1) Die Vertreterinnen und Vertreter des Dienstgebers (§ 2 Abs. 4 B-GBG) sind verpflichtet, auf eine Beseitigung
1. einer bestehenden Unterrepräsentation von Frauen an der Gesamtzahl der dauernd Beschäftigten und Funktionen sowie
2. von bestehenden Benachteiligungen von Frauen im Zusammenhang mit dem Dienstverhältnis hinzuwirken.
(2) Bewerberinnen, die für die angestrebte Planstelle nicht geringer geeignet sind als der bestgeeignete Mitbewerber, sind so lange bevorzugt aufzunehmen, bis der Anteil der Frauen in der betreffenden Verwendungsgruppe im Wirkungsbereich der jeweiligen Dienstbehörde gemäß § 1 Abs. 2 und 3 mindestens 40% der Gesamtzahl der dauernd Beschäftigten beträgt. Steht einer Verwendungsgruppe eine entsprechende Entlohnungsgruppe gegenüber, ist diese in den Vergleich miteinzubeziehen.
(3) Bewerberinnen, die für die angestrebte höherwertige Verwendung (Funktion) nicht geringer geeignet sind als der bestgeeignete Mitbewerber, sind so lange bevorzugt zu bestellen, bis der Anteil der Frauen an der Gesamtzahl der im Wirkungsbereich der jeweiligen Dienstbehörde gemäß § 1 Abs. 2 und 3 auf eine Verwendungsgruppe entfallenden Funktion mindestens 40% beträgt. Steht einer Verwendungsgruppe eine entsprechende Entlohnungsgruppe gegenüber, ist diese in den Vergleich miteinzubeziehen.
(4) Frauen sind zur Teilnahme an Aus- und Weiterbildungsmaßnahmen, die zur Übernahme höherwertiger Verwendungen (Funktionen) qualifizieren, bevorzugt zuzulassen.

II. Abschnitt

Frauenförderungsmaßnahmen

Besondere Planstellenwidmung
§ 4 In den jährlichen Stellenplananträgen ist festzulegen, welche Planstellen bei Neu- und Wiederbesetzungen - gegliedert nach Verwendungsgruppen/Entlohnungsgruppen - ausschließlich mit einer Frau zu besetzen sind. Sofern sachlich nichts anderes geboten ist, hat die Anzahl dieser ausschließlich mit Frauen zu besetzenden Planstellen für jede Verwendungsgruppe/Entlohnungsgruppe im Wirkungsbereich der jeweiligen Dienstbehörde gemäß § 1 Abs. 2 und 3 jeweils 20% der Gesamtzahl der beantragten Planstellen zu betragen. Im Rahmen der Planstellenzuteilung ist eine entsprechende Widmung der zugeteilten Planstellen im gleichen prozentuellen Ausmaß vorzunehmen. In besonders begründeten sachlich gerechtfertigten Ausnahmefällen kann der Bundesminister/die Bundesministerin

für Wissenschaft, Forschung und Kunst von der Anwendung dieser Bestimmung Absehen.

Ausschreibung

§ 5 (1) Vor einer Ausschreibung gemäß Ausschreibungsgesetz 1989 (AusG) ist nachweislich zu prüfen, ob nicht innerhalb der Dienststelle für einen Aufstieg in die mit der betreffenden Planstelle verbundene Funktion geeignete Kandidatinnen vorhanden sind (§ 25 Z 4 AusG). In diesem Fall hat eine Ausschreibung zu unterbleiben.
(2) In den von § 4 nicht erfaßten Fällen hat jeder Ausschreibungstext den Hinweis zu enthalten, daß Frauen bei gleicher Qualifikation bevorzugt aufgenommen werden. Die Ausschreibung von Planstellen ist Bediensteten der betreffenden Dienststelle auch während einer gesetzlich vorgesehenen Form der Abwesenheit vom Dienst bzw. Dienstort bekanntzumachen.
(3) Bei der Ausschreibung von Planstellen für Universitäts- und Hochschulprofessor/inn/en in jenen Fachgebieten, in denen bereits mit frauenspezifischen Themen und Forschungen verbundene Lehrveranstaltungen im Studienplan verankert sind, ist auf diesen Umstand hinzuweisen.

Wiederholung der Ausschreibung

§ 6 Sind bis Ablauf der Bewerbungsfrist keine Bewerbungen von Frauen eingelangt, ist die Stelle vor Beginn des Auswahlverfahrens nochmals auszuschreiben. Nach Anhörung (Stellungnahme) des Arbeitskreises für Gleichbehandlungsfragen oder der Gleichbehandlungsbeauftragten kann die Wiederholung der Ausschreibung entfallen. Langen auf Grund der neuerlichen Ausschreibung wiederum keine Bewerbungen von Frauen ein, ist das Auswahlverfahren durchzuführen. Die Fälle des § 4 sind davon nicht betroffen.

Auswahlverfahren

§ 7 (1) Werden im Rahmen des Auswahlverfahrens für eine zu besetzende Planstelle Aufnahmegespräche mit Bewerbern und Bewerberinnen durchgeführt, sind zu diesen Aufnahmegesprächen jedenfalls alle Bewerberinnen, die die gesetzlichen Ernennungsvoraussetzungen erfüllen, einzuladen.
(2) In Aufnahmegesprächen haben frauendiskriminierende Fragestellungen (z.B. Familienplanung) zu unterbleiben. Bei der Beurteilung der Eignung von Bewerberinnen dürfen keine Bewertungskriterien herangezogen werden, die sich an einem diskriminierenden, rollenstereotypen Verständnis der Geschlechter orientieren.
(3) Bewerbungen von Frauen während einer gesetzlich vorgesehenen Form der Abwesenheit vom Dienst bzw. Dienstort sind gleichrangig mit anderen Bewerbungen zu berücksichtigen.
(4) Für Frauen, die wegen der Wahrn ehmung von Familienpflichten einen Berufseintritt bzw. einen Wiedereintritt ins Berufsleben erst im fortgeschrittenen Lebensalter anstreben, ist in bezug auf das Überschreiten der Altersgrenze des § 4 Abs. 1 Z 4 BDG 1979 bevorzugt um Nachsicht anzusuchen.

Berufungsverfahren für Universitäts- und Hochschulprofessor/inn/en

§ 8 (1) Alle geeigneten Bewerberinnen sind zu einem Berufungsvortrag einzuladen.
(2) Bewerberinnen, die nicht geringer geeignet sind als die bestgeeigneten Mitbewerber, sind bevorzugt in den Berufungsvorschlag aufzunehmen.
(3) Mit Kandidatinnen im Besetzungsvorschlag, die nicht geringer geeignet sind als die bestgeeigneten Mitbewerber, sind bevorzugt Berufungsverhandlungen zu führen.

Erteilung von Lehraufträgen

§ 9 (1) Bei Lehrbeauftragten an Universitäten und Hochschulen künstlerischer Richtung ist die bestehende Frauenquote innerhalb einer Studienrichtung in einem Zeitraum von zwei Jahren um 20% zu erhöhen, bis eine 40%ige Frauenquote (Anteil der weiblichen Lehrbeauftragten an der Gesamtzahl der Lehrbeauftragten) erreicht wird. Sofern die be-

stehende Frauenquote unter 10% liegt, ist diese im Zeitraum von zwei Jahren um 100% zu erhöhen.
(2) An Universitäten und Hochschulen künstlerischer Richtung außerhalb des Geltungsbereiches des UOG 1993 ist jeweils ein Sonderkontingent für Lehraufträge betreffend Lehrveranstaltungen mit frauenspezifischen Inhalten zur Verfügung zu stellen, bis eine 40%ige Frauenquote bei den Lehrbeauftragten an der jeweiligen Universität und Hochschule künstlerischer Richtung erreicht ist.

Gleichwertigkeit der Frauenforschung
§ 10 Wissenschaftliche Themen aus dem Bereich der Frauenforschung sind im Rahmen von Qualifikationsbeurteilungen (z.B. im Habilitationsverfahren oder im Überleitungsverfahren) innerhalb des wissenschaftlichen Faches als gleichwertig mit Arbeiten zu anderen Forschungsthemen anzusehen. Interdisziplinäre und außeruniversitäre Leistungen im Rahmen der Frauenforschung sind hierbei besonders zu berücksichtigen.

Karriereplanung
§ 11 (1) In Dienstbeschreibungen und Eignungsabwägungen dürfen keine Beurteilungskriterien einbezogen werden, aus denen sich ein Nachteil für das weibliche Geschlecht ergibt. Die Aufnahme von Eignungskriterien, die sich an einem diskriminierenden, rollenstereotypen Verständnis der Geschlechter orientieren, ist unzulässig.
(2) Bei der Festlegung der Dienstpflichten für die Dienstnehmerinnen dürfen keine diskriminierenden, an einem rollensteretopyen Verständnis der Geschlechter orientierten, Aufgabenzuweisungen erfolgen. Gleiches gilt für die Beschreibung und Gestaltung der Arbeitsplätze.
(3) Mit Dienstnehmerinnen aller Verwendungen hat der Dienstvorgesetzte/die Dienstvorgesetzte jährlich ein Karriere- bzw. Mitarbeitergespräch in sinngemäßer Anwendung der §§ 45a, 85 bzw. 186 Abs. 1 Z 2 BDG 1979 zu führen.

Aus- und Weiterbildung
§ 12 (1) Die Dienstvorgesetzten haben dafür zu sorgen, daß alle Dienstnehmerinnen, einschließlich der teilzeitbeschäftigten, auch während einer gesetzlich vorgesehenen Abwesenheit vom Dienst bzw. Dienstort über Veranstaltungen der berufsbegleitenden Fortbildung und über Schulungsveranstaltungen für Führungskräfte bzw. -nachwuchs informiert werden. Sie haben geeignete Dienstnehmerinnen auf Wunsch zur Teilnahme an Fortbildungs- und Schulungsseminaren zu entsenden. Gleiches gilt für alle im Hinblick auf die Karriereplanung und -förderung wesentlichen Veranstaltungen wissenschaftlicher, wissenschaftlich-künstlerischer oder künstlerischer Natur und überdies für Freistellungen gemäß § 160 BDG 1979 zum Zwecke der Durchführung von Lehr- und Forschungstätigkeiten, soweit nicht zwingende dienstliche Interessen entgegenstehen.
(2) Jede Dienststelle hat eine Liste der im Abs. 1 genannten Veranstaltungen für alle Mitarbeiter/innen zugänglich regelmäßig aktualisiert kundzumachen.
(3) Die Zulassung zu den Grundausbildungslehrgängen gemäß BDG 1979 ist auch den teilbeschäftigten Vertragsbediensteten zu ermöglichen.

Budgetangelegenheiten
§ 13 (1) In Richtlinien und Kriterien für Budgeterstellung und Budgetzuteilung sind die gesetzlichen Frauenförderungsgebote des Bundes-Gleichbehandlungsgesetzes und die in dieser Verordnung enthaltenen Förderungsmaßnahmen als planungs- und verteilungsrelevante Gesichtspunkte aufzunehmen. Budgetanträge, die insbesondere der Unterrepräsentation oder Benachteiligung von Frauen entgegenwirken, sind bevorzugt zu reihen und nach Maßgabe der vorhandenen Mittel zu berücksichtigen.
(2) An Universitäten und Hochschulen künstlerischer Richtung ist der Arbeitskreis für Gleichbehandlungsfragen befugt, Vorschläge und Anregungen für die Erstellung der Kriterien für die Budgetzuweisung durch den Rektor/die Rektorin zu machen.

(3) Unbeschadet allfälliger aufsichtsbehördlicher Maßnahmen wegen Nichtbeachtung von Bestimmungen dieser Verordnung hat der Rektor/die Rektorin auch im Rahmen der Budgetzuweisung die Nichteinhaltung des Frauenförderungsgebotes zu sanktionieren.

Zusammensetzung von Kommissionen
§ 14 Bei der nicht aufgrund einer Wahl zu erfolgenden Bestellung von Mitgliedern in Kommissionen (insbesondere Aufnahme- und Begutachtungskommissionen nach dem Ausschreibungsgesetz 1989, Leistungsfeststellungs- und Disziplinarkommissionen) ist das Frauenförderungsgebot zu beachten und der Frauenanteil entsprechend dem jeweiligen Zahlenverhältnis der Dienstnehmerinnen und Dienstnehmer im Wirkungsbereich der jeweiligen Dienstbehörde gemäß § 1 Abs. 2 und 3 zu erhöhen.

Arbeitskreis für Gleichbehandlungsfragen
§ 15 (1) Die Tätigkeit als Mitglied eines Arbeitskreises für Gleichbehandlungsfragen ist als wichtiger Beitrag zur Erfüllung der Dienstpflichten im Bereich der Verwaltung (§§ 176 und 178 BDG 1979) zu berücksichtigen.
(2) Der Universitätsdirektion, dem Rektor und der Akademiedirektion obliegt die administrative Unterstützung der Arbeitskreise für Gleichbehandlungsfragen an Universitäten und Hochschulen künstlerischer Richtung. Deren Leiter/Leiterin hat dafür Sorge zu tragen, daß die dafür erforderlichen Ressourcen (Personal-, Raum- und Sachaufwand zur Verfügung gestellt werden, und dies auch bei seiner/ihrer Bedarfsanmeldung an die zuständigen Universitäts- bzw. Hochschulorgane zu berücksichtigen.

Kinderbetreuungsplätze
§ 16 Die Dienststellenleiter/innen bzw. Rektoren/Rektorinnen haben auf der Basis von jährlichen Bedarfserhebungen, insbesondere gemäß den Sonderrichtlinien für die Gewährung einer Förderung für Betriebskindergärten des Bundes, alle geeigneten Maßnahmen zur Deckung des Bedarfs an Betreuungsplätzen für die Kinder der Mitarbeiter/Mitarbeiterinnen der jeweiligen Dienststelle zu treffen.

Auftragsforschung für das Bundesministerium für Wissenschaft, Forschung und Kunst
§ 17 Bei der für Auftragsforschung des Bundesministeriums für Wissenschaft, Forschung und Kunst an Einzelpersonen gewidmeten Budgetmitteln ist die bestehende Frauenquote (Anteil der Projektnehmerinnen an der Gesamtzahl der projektdurchführenden Personen) in einem Zeitraum von zwei Jahren um 20% zu erhöhen, bis eine 40%ige Frauenquote erreicht wird.

Information über einschlägige Rechtsvorschriften
§ 18 Eine vom Bundesministerium für Wissenschaft, Forschung und Kunst ausgearbeitete Zusammenstellung aller im Hinblick auf Gleichbehandlungs- und Frauenförderungsangelegenheiten relevanten Rechtsvorschriften ist jedem Dienststellenleiter/jeder Dienststellenleiterin im Dienstweg zu übermitteln und von diesem/dieser nachweislich zur Kenntnis zu nehmen. Innerhalb der Universität und Hochschule künstlerischer Richtung hat der Rektor/die Rektorin für die nachweisliche Weiterleitung an die Leiter/innen der Universitäts- und Hochschuleinrichtungen (Instituts- und Klinikvorstände, Abteilungsleiter/innen, Meisterklassenleiter/innen) sowie die Leiter/innen der sonstigen Organisationseinheiten zu sorgen. Der Dienststellenleiter/Die Dienststellenleiterin hat diese Zusammenstellung der einschlägigen Rechtsvorschriften an der jeweiligen Dienststelle öffentlich aufzulegen

III. Abschnitt

Umsetzung der Frauenförderungsmaßnahmen

Zuständigkeit
§ 19 Die Umsetzung der in dieser Verordnung angeführten Frauenförderungsmaßnahmen obliegt allen jenen Organen, die Entscheidungen oder Vorschläge hinsichtlich jener personellen, finanziellen organisatorischen oder die Aus- und Weiterbildung betreffenden Angelegenheiten, auf die sich die in dieser Verordnung genannten Frauenförderungsmaßnahmen beziehen, nach den jeweiligen Organisationsvorschriften zu treffen haben.

Dienstpflichten
§ 21 Die Umsetzung der in dieser Verordnung genannten Maßnahmen zählt zu den Dienstpflichten (6. Abschnitt des BDG 1979) der dafür jeweils zuständigen Organwalter.

Helga Ebeling

Frauenförderung im Hochschulbereich - Maßnahmen und Initiativen des Bundes[1]

1. Die Ausgangslage

Frauenförderung in Deutschland wurde mit der Grundrechtsänderung 1994 auf eine neue Grundlage gestellt. Die geänderte Fassung des Art. 3 Abs. 2 GG sieht vor, daß der Staat „die tatsächliche Gleichstellung von Frauen und Männern fördert und auf die Beseitigung bestehender Nachteile hinwirkt".

Mit dieser Ergänzung bilanziert der Gesetzgeber implizit die Ergebnisse einer „passiven" Gleichstellungspolitik des Art. 3 Abs.2 GG, alte Fassung - dem Wortlaut nach verband man die Feststellung, Männer und Frauen seien gleichberechtigt, mit der Hoffnung, der notwendige gesellschaftliche Wandel werde sich ohne aktives Zutun des Staates vollziehen.

Diese Wendung von einem passiven zu einem aktiven Eintreten des Staates für die Gleichberechtigung wurde mit Inkrafttreten des Zweiten Gleichberechtigungsgesetzes am 1. September 1994 konkretisiert (z.B. Bundesgremienbesetzungsgesetz, Frauenfördergesetz des Bundes). Hierdurch bieten sich neue Chancen auch für die Bildungs- und Hochschulpolitik. Gerade die Bildungs- und Wissenschaftspolitik trägt eine umfassende Mitverantwortung, um langfristig wirkungsvollen Veränderungen in Richtung einer partnerschaftlichen Gleichstellung von Männern und Frauen in allen gesellschaftlichen Bereichen den Weg zu bereiten.

Während bisher für den Bereich der Hochschulen Frauenfördermaßnahmen des Bundes insbesondere auf § 2 Abs.2 HRG gestützt wurden, nach dessen Wortlaut die Hochschulen "bei der Wahrnehmung ihrer Aufgaben auf die Beseitigung der für Wissenschaftlerinnen bestehenden Nachteile hinwirken", stellt der geänderte Wortlaut des Gleichheitsgrundsatzes im Grundgesetz eine breitere Basis für laufende und künftige Maßnahmen zur Förderung von Frauen auch im Bereich der Hochschulen dar.

Die Maßnahmen des Bundes, auf die Gleichstellung von Männern und Frauen an Hochschulen hinzuwirken, zielen - vor dem Hintergrund der Zuständigkeit der Länder und der Autonomie der Hochschulen - vor allem darauf, adäquate Rahmenbedingungen für eine gleichberechtigte Teilhabe von Frauen und Männern in allen Bereichen der Hochschulen zu schaffen. Dieses erfolgt im Rahmen gesetzlicher Regelungen und beispielhafter Maßnahmen und Programme des Bundes und der Länder, wie z.B. dem Zweiten Hochschulsonderprogramm zur Förderung des wissenschaftlichen Nachwuchses. Mit einer beispielhaft frauenfreundlichen Ausgestaltung der Fördermöglichkeiten sowie gesetzlichen Regelungen, wie z.B. beim BAFöG, wird die Zielsetzung verfolgt, Brüche in den Biographien von Frauen zu vermeiden und die Belange von Frauen mit Kindern selbstverständlich zu berücksichtigen. Damit soll ein Klima geschaffen werden, in dem die Gleichbehandlung von Frauen selbstverständlich wird.

Freilich liegen zentrale Karriereentscheidungen für Frauen bei Stellenbesetzungsverfahren in den Händen der Fachbereiche an den Hochschulen.

Der Miteinfluß des Bundes zur Sicherung einer adäquaten Beteiligung von Frauen bei der Stellenbesetzung wurde daher über die Empfehlungen der Bund-Länder-Kommission für Bildungsplanung und Forschungsförderung (BLK) geltend gemacht. Die auf Initiative des Bundes von der BLK erarbeiteten und im Jahre 1989 verabschiedeten Empfehlungen der BLK zur „Förderung von Frauen im Bereich der Wissenschaft" enthielten zur Durchsetzung der Ziele des Art.2 Abs.2 HRG (Abbau bestehender Nachteile für Wissenschaftlerinnen) den Grundsatz der Einsetzung von Frauenbeauftragten an allen deutschen Hochschulen. Diese haben bei Stellenbesetzungsverfahren ein Informations- und Mit-

---

[1] unter Mitarbeit von Andrea Heyn und Petra Schulze

spracherecht. Die Empfehlungen konnten inzwischen bundesweit umgesetzt und weiterentwickelt werden, die Vorgabe betreffend die Einsetzung von Frauenbeauftragten an Hochschulen wurde auch in die Hochschulgesetze der Länder übernommen.

Zur Sicherung eines regelmäßigen Erfahrungsaustausches zwischen den Hochschulfrauenbeauftragten und zum Zwecke der Vernetzung verfügbarer Daten zur Frauenförderung an Hochschulen fördert das BMBF die Arbeit der Bundeskonferenz der Hochschulfrauenbeauftragten auf Projektbasis.

Die Berücksichtigung von Frauen bei Stellenbesetzungsverfahren ist auch Gegenstand der Verhandlungen zur Fortschreibung der Hochschulsonderprogramme; es soll verhindert werden, daß die Förderung des wissenschaftlichen Fortkommens von Frauen auf Stipendienprogramme beschränkt bleibt.

2. Förderinstrumente des Bundes

Die konkreten Maßnahmen des Bundes zur Frauenförderung im Hochschulbereich haben, transportiert auch durch die Empfehlungen des BLK-Berichts aus dem Jahre 1989 zur Frauenförderung im Bereich der Wissenschaft, dessen Fortschreibung Ende 1995 in der BLK verabschiedet wurde, folgende konkrete Ausformung erhalten:
- Der Bund fördert im Rahmen des Zweiten Hochschulsonderprogramms und des Hochschulerneuerungsprogramms für die neuen Länder die Erhöhung des Frauenanteils in Hochschule und Wissenschaft, wobei besonderes Gewicht auf die Verbesserung der Vereinbarkeit von wissenschaftlicher Qualifizierung und familiären Verpflichtungen gelegt wird. Dabei wird für alle personenbezogenen Fördermaßnahmen (Stipendien, Stellen) eine dynamische Steigerung der Frauenbeteiligung, orientiert an den jeweiligen Frauenanteilen der vorangehenden Qualifikationsstufe angestrebt. Die Maßnahmen stehen im Kontext der allgemeinen Zielsetzung der Hochschulsonderprogramme: Das z.Zt. noch laufende Zweite Hochschulsonderprogramm zur Förderung des wissenschaftlichen Nachwuchses wurde im Jahr 1991 von den Regierungschefs von Bund und Ländern beschlossen - in einem Zeitraum von 10 Jahren werden 4 Milliarden DM zur Förderung der Leistungsfähigkeit von Hochschulen und Forschung bereitgestellt. Im einzelnen werden eine Reihe von insbesondere Frauen fördernden Maßnahmen durchgeführt:
- Zur Erhöhung des Frauenanteils unter den Promovenden stehen neben gezielten Beratungsangeboten flexiblere Zeitstrukturen und Kinderbetreuungszuschläge für Kinder bis zu 12 Jahren in Höhe von 300 bis 500 DM, abhängig von der Kinderzahl, zur Verfügung, um die besondere familiäre Belastung von Frauen auszugleichen. Auch die Förderung der Postdoktoranden im Rahmen der Graduiertenkollegs sieht diese Kinderbetreuungszuschläge vor. Mittlerweile sind diese Kinderbetreuungszuschläge zur Sicherung der Gleichbehandlung auf alle von Bund und Ländern geförderten Stipendien für Graduierte ausgedehnt worden.
- Ein weiterer Schwerpunkt wurde im Bereich der Habilitationsförderung von Frauen gesetzt. Die Habilitationsstipendien der DFG mit einem Förderzeitraum von zwei bis drei Jahren können zeitlich flexibel auch als Teilstipendien mit entsprechender Laufzeitverlängerung in Anspruch genommen werden. Zusätzlich zu diesen Stipendien werden Kinderbetreuungszuschläge (siehe oben) gewährt.
- Weiterhin umfaßt das Zweite Hochschulsonderprogramm Stipendien nach dem modifizierten Heisenberg-Programm für den hochqualifizierten habilitierten wissenschaftlichen Nachwuchs.
- Neu geschaffen wurden auch besondere Fördermöglichkeiten zur Verbesserung der Vereinbarkeit von wissenschaftlicher Laufbahn und Familienaufgaben. Zur Verfügung stehen zum Beispiel Kontaktstipendien, die während einer familienbedingten Unterbrechung der hauptamtlichen wissenschaftlichen Tätigkeit eine finanzielle Unterstützung zur Teilnahme an wissenschaftlichen Kongressen, für die Beschaffung von Literatur usw. ermöglichen.
- Eines der wichtigsten Instrumente bilden die besonders stark nachgefragten Wiedereinstiegsstipendien. Sie haben zum Ziel, Nachwuchswissenschaftlerinnen im Anschluß an

eine familienbedingte Unterbrechung den Wiedereinstieg in eine wissenschaftliche Tätigkeit zu ermöglichen, um sich in ein neues Forschungsprojekt einzuarbeiten bzw. ein unterbrochenes Projekt wiederaufzunehmen. Bemerkenswert ist in diesem Zusammenhang, daß mehr als ein Viertel der bisher bewilligten Wiedereinstiegsstipendien in den Bereichen Mathematik und Naturwissenschaften vergeben wurde. Es konnte mithin gelingen, das Potential der Naturwissenschaftlerinnen gezielt zu fördern und für die zukünftige Entwicklung im Hochschulbereich verfügbar zu machen.

- Aus Mitteln des HSP II und mithin unter maßgeblicher finanzieller Beteiligung des Bundes haben die Länder darüber hinaus eine Reihe unterschiedlicher zusätzlicher Fördermaßnahmen für Nachwuchswissenschaftlerinnen realisiert. So werden zum Beispiel das Netzwerk Frauenforschung und das Lise-Meitner-Programm des Landes Nordrhein-Westfalen im Rahmen des HSP II mit einem Finanzierungsschlüssel 60 : 40 (Bund/-Länder) unterstützt.

- Auch im Rahmen des Hochschulerneuerungsprogramms für die neuen Bundesländer findet die Förderung von Frauen im Bereich der Wissenschaft besondere Unterstützung; dabei finden die Frauenfördermaßnahmen des HSP II entsprechende Anwendung. Ergänzend ist in diesem Zusammenhang auf die durch Initiative des Bundes 1990 neu geschaffene Möglichkeit der Mitfinanzierung des Bundes bei der Errichtung von Hochschulkinderbetreuungseinrichtungen nach dem Hochschulbauförderungsgesetz hinzuweisen. Hierdurch sollen notwendige Rahmenbedingungen für den weiblichen wissenschaftlichen Nachwuchs und für studierende Frauen mit Kindern geschaffen werden.

- Ergänzt wird die Frauenförderung im Hochschulbereich durch die gemeinsam von Bund und Ländern im Rahmen der BLK geförderten Modellversuche im Förderschwerpunkt „Mädchen und Frauen im Bildungswesen".

3.   Bestandsaufnahme

Im Rahmen des HSP II ist inzwischen eine erfreuliche Erhöhung der Frauenbeteiligung zu verzeichnen.
Im Jahre 1994 wurden insgesamt
- 37,5% der Promotionsstipendien der Begabtenförderungswerke
- 32,4% der Stipendien der Graduiertenkollegs der DFG
- 28% der DFG-Habilitationsstipendien
- 17% der Stipendien des modifizierten Heisenberg-Programmes (für hochqualifizierten - habilitierten - wissenschaftlichen Nachwuchs)
an Frauen vergeben.
Bezogen auf alle 1994 im Rahmen des HSP II bewilligten Fördermöglichkeiten für den wissenschaftlichen Nachwuchs lag der Frauenanteil bei 28,5% .
Die durch das HSP II insbesondere für Frauen neu eingeführten Kinderbetreuungszuschläge zu den Stipendien erhielten 1994

- 83 der geförderten Promovendinnen der Begabtenförderungswerke
- 43 der Stipendiatinnen der Graduiertenkollegs der DFG
- 42 der Habilitationsstipendiatinnen der DFG .

Die im Rahmen des HSP II neu geschaffenen Fördermöglichkeiten zur Unterstützung des Wiedereinstiegs von Frauen in die Wissenschaft zeigen angesichts der großen Nachfrage, daß hier bislang eine Förderlücke bestanden hat. 1994 wurden 658 Wiedereinstiegsstipendien, 129 Werkverträge zur Förderung des Wiedereinstiegs und 107 Kontaktstipendien vergeben.
Von den im Rahmen des HSP II geförderten Stellen an Hochschulen waren 1994 306,5 mit Frauen besetzt, dieses entspricht einem Anteil von 25% (an Universitäten 32% , an Fachhochschulen 14,2%).
Vergleicht man die Frauenanteile in Bildung und Wissenschaft aus den Jahren 1990 und 1993, die in den nachfolgenden Schaubildern dargestellt sind, wird die Notwendig-

keit und Schubkraft der Hochschulsonderprogramme deutlich. Ein vorsichtiger Aufwärtstrend ist zu verzeichnen. Die Anstrengungen in den Hochschulsonderprogrammen müssen jedoch weitergeführt und zum Teil intensiviert werden.

Tabelle: Frauenanteile in% in Bildung und Wissenschaft, 1990 und 1993

	Alte Länder		Neue Länder	Deutschland
	1990	1993	1993	1993
	%-Anteil	%-Anteil	%-Anteil	%-Anteil
Abitur/allg. Schulen	50,6	52,0	59,3	53,4
Studienanfänger	39,3	43,1	48,6	43,8
Studierenden	38,3	39,6	46,1	40,2
Studienabschlüsse	37,5	39,6	45,0	39,9
Promotionen	27,8	30,4	39,2	30,6
Wissensch. Mitarb./Doz./Ass.	22,3	23,9	34,4	25,8
Habilitationen	10,0	11,8	16,0	12,1
C2-Professuren	8,0	9,6	10,4	9,8
C3-Professuren	6,1	6,6	12,5	7,2
C4-Professuren	2,6	3,7	7,2	4,0

Quelle: bmbf: Grund- und Strukturdaten 1995/96; eigene Berechnung des Referats 214

Über die konkreten Maßnahmen im Rahmen der Hochschulsonderprogramme hinaus hat das BMBF gemeinsam mit den Ländern in der BLK Empfehlungen zur Frauenförderung an Hochschulen entwickelt, die seit einigen Jahren vielfältige Initiativen durch die Länder und Hochschulen (jeweils im Rahmen ihrer Zuständigkeit) nach sich gezogen haben:
- Die Einsetzung von Frauenbeauftragten an allen Hochschulen,
- transparente und frauenfreundliche Gestaltung von Stellenbesetzungsverfahren,
- die Erstellung von Frauenförderplänen an Hochschulen,
- stärkere Berücksichtigung von Frauen bei der Nachwuchsförderung,
- Flexibilisierung gesetzlicher Regelungen,
- Institutionalisierung der Frauenforschung an den Hochschulen

Schließlich konnte es gelingen, auch die gesetzlichen Rahmenbedingungen für ein staatlich gefördertes Hochschulstudium von Frauen in den vergangenen Jahren maßgeblich zu verbessern. Beim BaFöG hat der BMBF die Möglichkeit geschaffen, die Förderungshöchstdauer wegen Kindererziehung zu verlängern. In diesem Zeitraum wird der volle Zuschuß geleistet. Außerdem können bei der Darlehensrückzahlung Darlehenserlasse vorgenommen werden, wenn eine Erwerbstätigkeit wegen Kindererziehung nicht ausgeübt werden kann. Seit dem 17. Änderungsgesetz wurden besondere Freibeträge wegen Kinderbetreuung gesetzlich ermöglicht.

Im Rahmen des BLK-Förderschwerpunkts „Mädchen und Frauen im Bildungswesen" wurden bislang 10 Hochschulmodellversuche gefördert. Diese befassen sich schwerpunktmäßig mit neuen Ansätzen zur Frauenförderung in technischen Studiengängen und der Entwicklung von Studienangeboten für Frauen beim Wiedereinstieg. Hier wird deutlich, daß dem vorhandenen Studien- und Weiterbildungsinteresse von Frauen in dieser Lebensphase von Seiten der Hochschulen bislang viel zu wenig Beachtung geschenkt worden ist.

4. Ausblick

Für die anstehende Revision und Zusammenführung der Hochschulsonderprogramme wird es von besonderer Bedeutung sein, die Mittel für die Förderung von Frauen im Bereich der Wissenschaft auf hohem Niveau zu sichern. Um das Potential hochqualifizierter

Wissenschaftlerinnen besser nutzen zu können, müssen insbesondere Habilitationsmöglichkeiten für Frauen an allen Fachbereichen auf Stellen geschaffen werden.

Notwendig sind ferner, gezielte Maßnahmen, um mehr Frauen als Fachhochschulprofessorinnen zu gewinnen. Gerade die Hochschulen tragen eine umfassende Mitverantwortung, damit im Zuge der Globalisierung und der Entwicklung unserer Gesellschaft zu einer Informationsgesellschaft die erforderlichen Strukturveränderungen mitvollzogen werden können. Hierzu gehört auch die Überwindung von eingefahrenen Strukturen und Hemmnissen, die noch immer dazu beitragen, daß qualifizierte Frauen in den Spitzenpositionen des Hochschul- und Forschungsbereiches erheblich unterrepräsentiert sind.

Ursula Rust

Zur Situation von Frauen in der juristischen Ausbildung und an den juristischen Fakultäten

Die Jurisprudenz war für Frauen in Deutschland bis zur Mitte des 20. Jahrhunderts nicht oder nur unter im Vergleich zu männlichen Juristen erschwerten Bedingungen zugänglich. Anfang des 20. Jahrhunderts hatten Frauen keinen Zugang zum Studium. Anschließend war ihnen das juristische Staatsexamen rechtlich versperrt. Nach der rechtlichen Öffnung des Berufs in der Weimarer Republik blieben Juristinnen faktisch von der Ausübung des erlernten Berufes ausgeschlossen. Entsprechend ist die juristische Ausbildung und der juristische Beruf davon gekennzeichnet gewesen, daß es kaum Frauen im rechtswissenschaftlichen Studium sowie in den juristischen Berufen gab (vgl. Kapitel 1.).

Die männliche Dominanz der Rechtswissenschaft veränderte sich auch in den ersten 20 Jahren der Bundesrepublik fast kaum. Der Frauenanteil beim juristischen Studium blieb bei niedrigem Ausgangsniveau konstant. Erst mit dem Ausbau der Universitäten Anfang der 70er Jahre nahm der Anteil der Frauen bei den Studierenden der Rechtswissenschaft zu. Die Entwicklung setzte sich mit steigenden Frauenanteilen in den juristischen Berufen langsam fort. Fast vollständig unberührt ist hiervon nur die Hochschule geblieben. Die juristischen Fakultäten bilden zwar den juristischen Nachwuchs aus und damit zunehmend weibliche Studierende. In der universitären Lehre und Forschung gibt es bis heute aber kaum Juristinnen (vgl. Kapitel 2.).

Seit Mitte der 80er Jahre ist es generell Aufgabe der Hochschulen, die bestehenden Nachteile für Wissenschaftlerinnen abzubauen. Dies gilt auch für die juristischen Fakultäten. Die Hochschulgesetze der Länder und/oder die Gleichstellungsgesetze der Länder sehen Frauenförderprogramme vor und es sind zumindest Frauenbeauftragte zu bestellen. Die landesgesetzlichen Vorgaben werden vielfach durch Pro-gramme der Universitäten ergänzt und vereinzelt auch durch eine Richtlinie für den einzelnen Fachbereich.

Die Förderung der Wissenschaftlerinnen hat das Ziel, den Anteil der Frauen bei den Lehrenden und Forschenden an den Hochschulen zu erhöhen. Frauenförderung hat für die Wissenschaft einen weiteren, mehr inhaltlichen Aspekt. Die männliche Dominanz führt dazu, frauen- und geschlechtsspezifische Fragestellungen in Lehre, Forschung und Prüfung meist auszublenden. Der doppelte Aspekt einer numerischen und inhaltlichen Frauenförderung gilt für die Hochschule generell, also nicht nur, aber eben auch für die juristischen Fakultäten. Die rechtliche Zulässigkeit verschiedener Fördermaßnahmen ist umstritten. Insbesondere wird ihre rechtliche Zulässigkeit in Frage gestellt, soweit Frauenförderprogramme Vorrangregeln für Frauen an den Hochschulen vorsehen. Aktuellen Anlaß hat hierzu das Urteil des EuGH[1] zum Bremischen Landesgleichstellungsgesetz gegeben sowie die ausschließende Entscheidung des BAG.[2] Am Beispiel des Bremischen Hochschulgesetzes, der Richtlinie der Bremer Universität zur Frauenförderung und der Antidiskriminierungsrichtlinie des Fachbereichs Rechtswissenschaft an der Universität Bremen ist die Frage der gemeinschaftsrechtlichen Zulässigkeit exemplarisch zu erörtern (vgl. 3.).

1. Der verspätete Zugang von Frauen zur juristischen Ausbildung und zu den juristischen Berufen

Die Zulassung von Frauen zur juristischen Ausbildung und zu den juristischen Berufen ist das Ergebnis langer Auseinandersetzungen gewesen, von der Frauenbewegung, einzelnen Frauen und Parlamentarierinnen - parteiübergreifend - gefordert und von den juri-

---

[1] EuGH, Urteil v. 17.10.1995 - Rs C-450/93 (Kalanke ./. FHB Bremen - Streitverkündete Glißmann), NZA 1995, 1095 = EuGRZ 1995, 546 mit Schlußanträgen Generalanwalt

[2] BAG, Urteil vom 5.3.1996 - 1 AZR 590/92, NZA 1996, 751.

stischen Fachverbänden vehement abgelehnt³. Die Stationen für den Zugang von Juristinnen waren die Öffnung der Hochschulausbildung, zunächst nur mit dem Abschluß Promotion, dann der Zugang zur ersten juristischen Staatsprüfung, dann zum Referendariat und dann für kurze Zeit auch zu den juristischen Berufen. Nur für einen Zeitraum von 12 Jahren hatten Juristinnen während der ersten Hälfte des 20. Jahrhunderts formal das gleiche Recht wie ihre männlichen Kollegen auf Ausbildung und eine ihrer Ausbildung gemäße Betätigung. Vor 1922 und nach 1934 galt für Juristinnen beruflich ein weitgehend stringend durchgesetztes Berufsverbot. Erst seit der Bundesrepublik⁴ haben Juristinnen rechtlich die gleichen Chancen wie Juristen, sich für eine juristische Ausbildung zu entscheiden *und* einen juristischen Beruf auszuüben.

1.1   Rechtliche Zugangsbarrieren bis zum Beginn der Weimarer Republik

Ausgangspunkt war die Ende des 19. Jahrhunderts noch für jedes Hochschulstudium von Frauen bestehende Hürde der fehlenden Reifeprüfung. Die gymnasiale Ausbildung war mit der für das Hochschulstudium erforderlichen Reifeprüfung männlichen Schülern vorbehalten⁵.

Ende des 19. Jahrhunderts wurden im Wege der Selbsthilfe für die ersten Mädchen die Möglichkeiten geschaffen, sich als Externe auf die Reifeprüfung vorzubereiten. 1896 bestanden die ersten sechs Frauen in Deutschland das Abitur, nachdem sie private Gymnasialkurse besucht hatten⁶. Vereinzelt wurde es Frauen mit Abitur seit Ende des 19. Jahrhunderts gestattet, als Gasthörerinnen universitäre Veranstaltungen zu besuchen⁷.

Anfang des 20. Jahrhunderts erfolgte dann die offizielle Zulassung zum ordentlichen Universitätsstudium⁸. Damit war auch das juristische Studium möglich. Möglicher Studienabschluß war die Promotion⁹. So war mit der Zulassung zum Studium noch nicht der Weg offen, die für die Ausübung juristischer Berufe erforderlichen beiden Staatsexamina ablegen zu können¹⁰.

Zunächst gab es nur wenige Frauen, die an einer rechtswissenschaftlichen Fakultät immatrikuliert waren¹¹. Im SS 1908 waren lediglich acht Studentinnen in Jura ein-

---

³ Es ist insbesondere der Verdienst des Deutschen Juristinnenbundes gewesen, die Geschichte der Juristinnen zu dokumentieren. Einzelne Zeitabschnitte sind außerdem in einigen Zeitschriftenaufsätzen vertieft behandelt worden. Die Rechtsgeschichte und die Rechtssoziologie haben sich mit diesem Thema hingegen nur vereinzelt befaßt. Es fehlt bis heute umfassende systematische Forschung.

⁴ Zur Entwicklung in der DDR allgemein Rinken, Einführung, 168 ff.; hinsichtlich der Juristinnen Stein, Frauen, 214 ff.

⁵ Mädchen konnten sich auf den Mädchenschulen mit Lehrinhalten nach der "Natur- und Lebensbestimmung des Weibes" befassen: vgl. Deutscher Juristinnenbund, Juristinnen, 1.

⁶ Kohleiss, KritV 1988, 116.

⁷ Mertens, Töchter, 31 ff.

⁸ Baden 1900, Bayern 1903, Württemberg 1904, Sachsen 1906, Thüringen 1907, Hessen 1908, Preußen 1908, Mecklenburg 1909: vgl. Mertens, Töchter, 34.

⁹ Deutscher Juristinnenbund, Juristinnen, 2. 1913 gab es in Deutschland zwölf in den Rechtswissenschaften promovierte Frauen. Sie waren überwiegend in nichtjuristischen Berufen tätig: vgl. Bajohr/ Rödiger-Bajohr, KJ 1980, 39 (41).

¹⁰ Schon Anfang des Jahrhunderts galt die bis heute - nur durch eine kurzfristige Reformzeit in den 70er Jahren unterbrochene - Zweistufigkeit der juristischen Ausbildung in ein Universitätsstudium mit dem ersten juristischem Staatsexamen als Abschluß und der Referendarausbildung als zweiter Stufe mit dem Abschluß des Zweiten juristischen Staatsexamen: vgl. Rinken, Einführung, 122 ff., 282 ff.

¹¹ Die ersten Frauen immatrikulierten sich unterschieden nach den rechtswissenschaftlichen Fakultäten im Wintersemester bzw. Sommersemester an folgenden Universitäten: Berlin 1908/09, Bonn 1908/09, Breslau 1911/12, Erlangen 1913, Freiburg vor 1907, Gießen 1910/11, Göttingen 1908/09, Greifswald 1915, Halle 1912/13, Heidelberg vor 1907, Jena 1909/10, Kiel 1909/10, Kö-

geschrieben (bei in allen Fächern insgesamt 375 Studentinnen). Im SS 1914 waren es bei insgesamt 4.056 Studentinnen 78 Jurastudentinnen[12]. Angesichts der fehlenden beruflichen Perspektiven des juristischen Studiums für eine spätere Berufsausübung[13] war es keineswegs verwunderlich, daß sich weibliche Studierende überwiegend für andere Studiengänge, insbesondere das philosophische und das medizinische Studium entschieden[14].

Bei der Öffnung des ersten juristischen Staatsexamens machte Bayern den Anfang. Frauen konnten seit 1912[15] in Bayern an der ersten juristischen Staatsprüfung teilnehmen, durften sich anschließend aber nicht Referendarin nennen und wurden auch nicht zum Vorbereitungsdienst zugelassen. Die anderen Bundesstaaten folgten mit ähnlichen Regelungen[16]. Ausnahmen bildeten Württemberg, Baden und Sachsen. Sie ließen Frauen - seit 1919 - auch zum Referendardienst zu[17]. Die Ausübung juristischer Berufe wurde Frauen gleichwohl nicht erlaubt[18].

Die Zahl der Jurastudentinnen nahm kontinuierlich zu. Waren an den preußischen Universitäten[19] im WS 1913/14 nur 25 Frauen (bei insgesamt 2303 Studentinnen) für das rechtswissenschaftliche Studium eingeschrieben, erhöhte sich diese Zahl im WS 1917/18 auf 74 Frauen (bei insgesamt 3990 Studentinnen)[20].

1.2   Erste Öffnung während der Weimarer Republik

Die entscheidende Wende kam auch noch nicht mit dem Beginn der Weimarer Republik. Zwar waren nach Art. 109 der Weimarer Reichsverfassung alle Deutschen vor dem Gesetz gleich und es hatten alle Staatsbürger ohne Unterschied nach Maßgabe der Gesetze und entsprechend ihrer Befähigung und ihren Leistungen Zugang zu den öffentlichen Ämtern. Dies war verbunden mit der Konkretisierung des Art. 128 Abs. 2 WRV, daß alle Ausnahmebestimmungen gegen weibliche Beamte beseitigt werden. Die Umsetzung der verfassungsrechtlichen Gleichheitsgrundsätze ließ auf sich warten[21], auch hinsichtlich der

---

nigsberg 1909, Leipzig 1911/12, Marburg 1908/09, Münster 1913, München vor 1907, Rostock 1917, Straßburg 1910, Tübingen 1912, Würzburg 1909: vgl. Mertens, Töchter, Tabelle 3, 62.

[12] Mertens, Töchter, 61 f.; nach Reis, Juristin, 91 waren es im WS 1911/12 bereits 67 Jurastudentinnen.

[13] Bereits 1895 rief die spätere Leiterin der Berliner Zentralstelle für Rechtsschutz Maria Raschke in der "Frauenbewegung" alle interessierten Frauen zum Studium der Rechtswissenschaft auf, selbst wenn sie ihr im Studium erworbenes Wissen nicht als Richterin oder Anwältin verwenden könnten: vgl. Mertens, Töchter, 48 und Berneike, Frauenfrage, 71. Zur Arbeit der von Camilla Jellinek 1900 errichteten "Rechtsschutzstelle für Frauen" vgl. Deutscher Juristinnenbund, Juristinnen, 3.

[14] Mertens, Töchter, 61 ff.

[15] Deutscher Juristinnenbund, Juristinnen, 2. Nach Bajohr/ Rödiger-Bajohr, KJ 1980, 41 waren in Bayern Frauen bereits seit 1903 zur ersten Staatsprüfung zugelassen.

[16] Preußen ließ mit Einschränkungen wie in Bayern Frauen durch Verordnung vom 5.5.1919 zur Ersten juristischen Staatsprüfung zu: vgl. Deutscher Juristinnenbund, Juristinnen, 2 f.

[17] Hassels/Hommerich, Frauen, 34.

[18] Die erste Beschäftigungsmöglichkeit für Frauen im Justizdienst war die der Gerichtsschreiberin: mit der Bekanntmachung über die Verwendung weiblicher Hilfskräfte im Gerichtsschreiberdiensten vom 14.12.1916(RGBl. 1916, 1362) wurden Frauen während des 1. Weltkrieges als Gerichtsschreiberinnen zugelassen.

[19] Insgesamt waren im SS 1914 an deutschen Universitäten 74 Studentinnen in Jura immatrikuliert: vgl. Mertens, Töcher, 95.

[20] Lindenberger, Justizstatistik, DJZ 1918, 430.

[21] Ähnlich wie zu Beginn der Bundesrepublik hinsichtlich Art. 3 Abs. 2 GG wurde die Auffassung vertreten, daß es sich lediglich um eine unverbindliche Verfassungsbestimmung handeln würde, die den Gesetzgeber zwar programmatisch binden würde, einzelnen Frauen aber nicht das Recht auf Gleichbehandlung geben würde: vgl. Kohleiss, KritV 1988, 117.

Öffnung der juristischen Berufe für Frauen. Im Parlament wurden seit 1920 Anträge mit dem Ziel eingebracht, die juristischen Berufe für Frauen zu öffnen[22].

Außerhalb des Parlaments wurde die Frage insbesondere von den juristischen Berufsverbänden diskutiert, als ob es sich um eine "Kulturfrage ersten Ranges" handelte[23]. 1921 kam der 4. Deutsche Richtertag fast einstimmig zum Ergebnis, daß die Frau zum Richterberuf ungeeignet sei[24]. Etwas weniger eindeutig fiel 1922 das Ergebnis der 14. Vertreterversammlung des Deutschen Anwaltsverein aus. Hier wurde der Antrag, die Frau eigne sich nicht zur Rechtsanwaltschaft, "lediglich" mit 45 gegen 22 Stimmen angenommen[25].

Im Juli 1922 verabschiedete der Reichstag das Gesetz, mit dem die gesetzlichen Hindernisse für die Ausbildungs- und Beschäftigungsmöglichkeiten von Juristinnen beseitigt wurden[26]. Die gegen die Beschäftigung von Frauen vorgetragenen Vorurteile und Gründe faßte der SPD-Abgeordnete Hoffmann in der Reichstagsdebatte zusammen:

"im allgemeinen für die Justiz ungeeignet, Hausfrau, kein Interesse für Justiz, Rechtspflege wird verweichlicht und verteuert, Schwierigkeiten wegen der körperlichen und seelischen Beschaffenheit, Inferiorität des Verstandes, und es sei eine alte deutsche Auffassung, daß es eine Schande für den Mann sei, von einer Frau abgeurteilt zu werden ...

Er bewertete die Argumente wie folgt:

"Nach Ausschaltung aller oberflächlichen, aus veralteten Verhältnissen und überlieferten Vorurteilen herausgewachsenenen Gründen bleibt ein sehr ernster und sehr menschlicher übrig: Die Furcht vor Konkurrenz, und man geniert sich nur, ihn auszusprechen ..."[27].

Die Beseitigung der rechtlichen Hindernisse hatte tatsächlich nur wenig Auswirkungen. Erfahrungsberichte aus der damaligen Zeit zeigen, daß Juristinnen studierten und ihre Berufstätigkeit in einem beruflichen Umfeld begannen, dessen Einstellung ein äußerst feindliches Umfeld für Juristinnen bot[28]. Ergebnis war, daß bis zum Beginn des Dritten Reiches nur wenige Juristinnen als Richterinnen ernannt wurden[29] oder in den Verwaltungsdienst übernommen worden waren[30]. Etwas günstiger war die Entwicklung bei den Rechtsanwältinnen[31].

---

[22] Deutscher Juristinnenbund, Juristinnen, 6 ff; Böhm, DRiZ 1986, 365 ff.

[23] Kohleiss, KritV 1988, 118.

[24] Deutsche Richterzeitung 1921, 196 (206); auszugsweise nachgedruckt bei v. Hasseln, DRiZ 1984, 12 ff.

[25] Juristische Wochenschrift 1922, 1241 (1255).

[26] Gesetz über die Zulassung der Frauen zu den Ämtern und Berufen der Rechtspflege, RGBl. 1922, S. 573.

[27] Reichstagsdrucksache, 176. Sitzung des Reichstages vom 23.2.1922, S. 6023; nachgedruckt bei Böhm, DRiZ 1986, 369 f.

[28] Hassels/Hommerich, Frauen, 36.

[29] Nach einer im Reichstag vorgelegten Statistik gab es im Mai 1930 in Deutschland 74 Frauen in richterlichen Dienstgeschäften, davon vier in planmäßigen Stellen beschäftigte Amts- und Landgerichtsrätinnen, vier ständige Hilfsarbeiterinnen und 66 noch nicht endgültig übernommene Gerichtsassessorinnen: Deutscher Juristinnenbund, Juristinnen, 14 f. Nach der Berufszählung 1933 (Saarland 1935) gab es 36 Richterinnen und Staatsanwältinnen. Dies entsprach einem Frauenanteil von 0,3%: vgl. Bajohr/Rödiger-Bajohr, KJ 1980, 45.

[30] Für 1929 werden 3 Juristinnen genannt: vgl. Deutscher Juristinnenbund, Juristinnen, 14.

[31] Berufszählung 1925 nennt 55, die Zählung 1933 252 Rechtsanwältinnen. Dies entsprach einem Frauenanteil von 0,4% bzw. 1,3%: vgl. Bajohr/Rödiger-Bajohr, KJ 1980, 45.

Die Zahl der Jurastudentinnen erhöhte sich nach der gesetzlichen Beseitigung des Berufsverbots für Juristinnen. Im Wintersemester 1923/24 gab es im Deutschen Reich 580 Jurastudentinnen. Dies entsprach einem Frauenanteil von 6,2% an alle Jurastudierenden. In den Folgejahren sank die Zahl vorübergehend wieder. Im Wintersemester 1925/26 waren es 378 Jurastudentinnen. Dies entsprach einem Frauenanteil von etwa 2,5%[32]. 1932 gab es dann 1.108 Studentinnen in den Rechtswissenschaftlichen Fakultäten[33]. Die erste Frau habilitierte sich 1932 in den Rechtswissenschaften[34].

1.3 Faktisches Berufsverbot während NS-Zeit

Die Öffnung der juristischen Berufe für Frauen war nur von kurzer Dauer. Seit Anfang der 30er Jahre wurden Beamtinnen generell[35] und Juristinnen seit der Machtübernahme der Nationalsozialisten in besonderer Weise schrittweise aus ihren bisherigen beruflichen Stellungen verdrängt. Dies entsprach der nationalsozialistischen Vorstellung von der grundsätzlichen "Männlichkeit des Staates"[36].

Nach Erlaß des Reichsministers der Justiz vom September 1935[37] war eine Übernahme von Assessorinnen in die richterliche oder staatsanwaltliche Laufbahn künftig nicht mehr möglich. Zur Anwaltschaft wurden Frauen seit 1936 nicht mehr zugelassen[38]. Juristinnen verblieb - sofern sie nicht bereits im Zuge der "Säuberung des Beamtenapparats" entlassen worden waren - sowohl im Justizdienst[39] als auch in der Anwaltschaft[40], wenn überhaupt, die Möglichkeit, auf Tätigkeiten weit unter ihrem Qualifikationsniveau beschäftigt zu werden[41].

Gelockert wurde die grundsätzliche Beschränkung der Berufsausübung für Juristinnen 1942 unter den Bedingungen der Kriegswirtschaft und dem Mangel an männlichen Juristen. Ausnahmsweise wurden Juristinnen in der Justiz u.a. in der freiwilligen Gerichtsbarkeit eingesetzt, keinesfalls aber in Streitverfahren[42].

---

[32] Bajohr/Rödiger-Bajohr, KJ 1980, 44f.

[33] Mertens, Töchter, 95, der auch allgemein die Entwicklung des Frauenstudiums in der Weimarer Republik vor dem Hintergrund der wirtschaftlichen Entwicklung beschreibt, 80 ff.

[34] Dr. jur. habil. Magdalena Schoch war die erste von 8 bis 1970 in den Rechtswissenschaften habilitierten Frauen. Sie mußte 1933 emigrieren. Die zweite war Dr. jur. habil. Gerda Krüger, die ihre Habilitation erst 1946 Abschließen konnte, nachdem sie 1938 aus politischen Gründen genötigt worden war, von ihrem abgeschlossenen Habilitationsverfahren zurückzutreten: vgl. Flügge, Streit 1984, 153.

[35] Für die Beamtinnen griff u. a. das "Gesetz über die Rechtsstellung der weiblichen Beamten" vom 30.5.1932. Danach konnten verheiratete weibliche Reichsbeamte entlassen werden, wenn ihre wirtschaftliche Versorgung dauerhaft gesichert sei: vgl. Meier-Scherling, DRiZ 1975, 10. Die Zölibatsklausel entsprach einer bereits aus der Zeit der Weimarer Republik bekannten beamtenrechtlichen Tradition - trotz des Art. 128 Abs. 2 WRV, vgl. Pfarr/Bertelsmann, Diskriminierung, 36 f.

[36] Hierfür hinsichtlich der Juristin beispielhaft Dieterich, Deutsche Juristen-Zeitung, 1933, 1256 ff.; vgl. auch Rinken, Einführung, 59, 154.

[37] Der Erlaß wurde 1936 durch eine Härtefallregelung zugunsten der Assessorinnen modifiziert, die bereits drei Jahre entgeltlich im Justizdienst gearbeitet hatten: Erlaß abgedruckt in Deutscher Juristinnenbund, Juristinnen, 158 f.

[38] Meier-Scherling, DRiZ 1975, 11.

[39] Bereits im Justizdienst beschäftigte Assessorinnen konnten im gehobenen mittleren Justizdienst beschäftigt werden. Noch größer war der beruflichen Abstieg für Juristinnen, die bisher nur das 2. Staatsexamen abgelegt hatten. Die konnten als Bürohilfsarbeiterinnen im gehobenen mittleren Justizdienst beschäftigt werden: vgl. Deutscher Juristinnenbund, Juristinnen, 17 ff.

[40] U.a. als Hilfskräfte in Anwaltskanzleien.

[41] Als "Ausweichstellen" wurden Tätigkeiten in der Verwaltung, in der "Wohlfahrtspflege", im "weiblichen Reichsarbeitsdienst" und bei der "Reichstreuhänderverwaltung" angeboten: vgl. Hassels/Hommerich, Frauen, 37.

[42] Meier-Scherling, DRiZ 1975, 12; Bajohr/Rödiger-Bajohr, KJ 1980, 48 ff.

Bei den Rechtsanwältinnen fand keine Lockerung der Diskriminierung statt. So konnten zwar einige Juristinnen während des Krieges die Praxis eines eingezogenen Kollegen weiterführen. Mit dessen Tod aber endete die Vertretung und zwar auch dann, wenn die Auflösung der Praxis eine Härte für die Hinterbliebenen bedeutete[43].
Der Zahl der Studentinnen in den rechtswissenschaftlichen Fakultäten sank drastisch. Waren im Sommer 1932 noch 1.108 Frauen für das Jurastudium immatrikuliert, verblieben im SS 1937 65 Jurastudentinnen und damit weniger, als bereits im SS 1914 mit 78 Studentinnen[44].

2. *Integration bei den Lernenden, Zunahme bei den juristischen Berufen und Marginalität bei den Lehrenden*

Nach Kriegsende konnten Frauen rechtlich wieder alle juristischen Berufe ausüben. Bei der Gründung der Obersten Bundesgerichte wurde an jedes eine Frau berufen[45]. Auf allgemein verbesserte berufliche Chancen für Juristinnen kann hieraus aber nicht geschlossen werden. Auf Ablehnung stießen insbesondere verheiratete Juristinnen[46]. So war für die Tätigkeit in der Justiz und auch im öffentlichen Dienst die auch noch in den 50er Jahren geltende Zölibatsklausel des Deutschen Beamtenrechts eine unverändert bestehende rechtliche Hürde[47].
In den ersten 20 Jahren der Bundesrepublik blieb die Zahl der Juristinnen insgesamt gering[48]. So lag der Frauenanteil 1959 im richterlichen Dienst bei 2,5% und 1969 bei 6%. Im staatsanwaltlichen Dienst stieg der Frauenanteil von 1,5% im Jahr 1959 auf 4% im Jahr 1969[49]. In der Rechtsanwaltschaft lag der Frauenanteil 1960 bei unter 2% und stieg auf 4,5% im Jahre 1970[50].
Mit der Expansion des Hochschulbereichs seit Ende der 60er Jahre[51] stieg nicht nur die Zahl der Studierenden der Rechtswissenschaft. Auch der Frauenanteil im juristischen Studium nahm deutlich zu (2.1). Seitdem steigen die Frauenanteile in den meisten juristischen Berufen stetig, wenn auch langsam (2.2). Fast vollständig unberührt vom steigenden Frauenanteil in der juristischen Ausbildung ist bis heute die Hochschule geblieben (2.3).

2.1   *Integration bei den Lernenden*

Seit den 60er Jahren hat der Anteil der Studentinnen beim juristischen Studium und beim Referendariat durchgängig zugenommen.

---

[43] Deutscher Juristinnenbund, Juristinnen, 20 f.
[44] Mertens, Töchter, 95.
[45] Es waren Erna Scheffler (BVerfG), Gerda Krüger-Nieland und Elisabeth Krumme (BGH), Anne-Gudrun Meier-Scherling (BAG), Maria Schwarz (BSG), Charlotte Schmitt (BVerwG); Deutscher Juristinnenbund, Juristinnen, 21. Außerdem war bereits bei der Entstehung des Grundgesetzes mit Elisabeth Selbert eine Juristin mit ihrem Kampf um die Fassung des Gleichberechtigungssatzes des Art. 3 Abs. 2 GG maßgeblich beteiligt.
[46] Hassels/Hommerich, Frauen, 39.
[47] Pfarr/Bertelsmann, Diskriminierung, 376 f; Büchner, RiA 1983, 7.
[48] Deutlich höher lag der Frauenanteil bei den rechtswissenschaftlichen Berufen in der DDR. Ihr Anteil lag bei den Abschlüssen im Direktstudium 1961 bei über 37%; Stein, Frauen, 280, auch allgemein zur Situation der Juristinnen in der DDR, 214 ff.
[49] Hassels/Hommerich, Frauen, 39.
[50] Böge, Chancen, 92.
[51] Hommerich, Anwaltschaft, 23 ff.

2.1.1 Rechtswissenschaftliches Studium

Waren 1965 knapp 12% der Studienanfängerinnen Frauen, liegt der Frauenanteil seit den 90er Jahren bei ca. 46% [52].

Tabelle 1: Anteile der Jurastudentinnen am ersten Fachsemester an der Gesamtzahl der Studienanfänger im Fach Jura (jeweils Sommer- und Wintersemester) [53]

Jahr	Gesamtzahl der Studienanfänger/-innen	Frauenanteil in%
1965	4.666	11,9
1970	6.566	17,7
1975	11.907	28,5
1980	13.935	37,2
1985	11.582	42,6
1990	11.896	44,1

Im Vergleich zu den Frauenanteilen in den anderen Studienfächern ist eine deutliche Verschiebung festzustellen: Lag bis Anfang der 70er Jahre die Zahl der Studentinnen an juristischen Fakultäten noch deutlich unter der Frauenquote an den Universitäten insgesamt, haben sich seit Mitte der 80er Jahre beide Quoten angeglichen und liegt der Frauenanteil im rechtswissenschaftlichen Studium heute höher als im Hochschulstudium insgesamt [54].

Bei den bestandenen Abschlußprüfungen hat sich der Frauenanteil von einem Ausgangsniveau bei 9,4% im Jahr 1961 auf über 40% in den 90er Jahren gesteigert (vgl. Tabelle 2).

Tabelle 2: Frauenanteile an den erfolgreichen Kandidaten in der ersten juristischen Staatsprüfung [55]

Studienjahr	Stud. insgesamt	darunter Frauen	in%
1961	3.367	316	9,4
1972	3.876	491	12,7
1975	4.416	603	13,7
1980	5.699	1.620	28,4
1985	6.302	2.000	31,7
1990	8.642	3.494	40,4
1993	9.781	4.140	42,3

In Bremen lag der Frauenanteil sowohl 1992 mit 51,6% als auch 1993 mit 48,2% bei den bestandenen Prüfungen über dem Bundesdurchschnitt. [56]

2.1.2 Referendariat

Auch der Frauenanteil im Referendariat hat seit Mitte der 70er Jahre zugenommen.

---

[52] Rinken, Einführung, 51.
[53] Hassels/Hommerich, Tabellenband, Tabelle 1; für 1990: Böge, Chancen, 272.
[54] Böge, Chancen, 86.
[55] 1961 bis 1990: vgl. Böge, Chancen, 268; 1993: vgl. Bundesministerium der Justiz, Prüfungsstatistik.
[56] Jahresberichte des Justizprüfungsamtes für 1992, 1993.

Tabelle 3: Anteile der Referendarinnen im Vorbereitungsdienst von
1970 - 1994 (jeweils am 1. Januar)[57]

Jahr	ReferendarInnen insg.	Frauenanteil in%
1970	11.760	10,8
1975	14.307	12,4
1980	10.893	24,1
1985	16.271	31,2
1990	22.434	38,1
1995	....	42,7

Für die einzelnen Bundesländer differieren dabei die Frauenanteile deutlich, wie die Übersicht über die Zahl der Referendare im Vorbereitungsdienst zeigt.

Tabelle 4: ReferendarInnen am 1.1.1994 nach Ländern[58]

Land	insgesamt	Frauenanteil
Baden-Württemberg	3.176	41,22
Bayern	4.946	43,36
Berlin	1.473	40,65
Brandenburg	31	39,00
Bremen	246	50,00
Hamburg	1.098	41,71
Hessen	2.385	43,37
Mecklenburg-Vorpommern	54	40,00
Niedersachsen	2.132	42,68
Nordrhein-Westfalen	6.204	41,59
Rheinland-Pfalz	1.592	35,80
Saarland	280	38,90
Sachsen	--	--
Sachsen-Anhalt	23	22,00
Schleswig-Holstein	842	42,52
Thüringen	41	36,60

Angaben zu den Ursachen dieser länderspezifischen Differenzen fehlen.

2.1.3   *Benachteiligung von Frauen im Ausbildungsverlauf?*

Wenig Kenntnisse bestehen auch über die Ursachen der höheren Durchfallquoten von Frauen in beiden juristischen Staatsprüfungen. Geschlechtsspezifische Unterschiede bestehen bundesweit insbesondere bei der 1. Staatsprüfung.

---

[57] Hassels/Hommerich, Tabellenband, Tabelle 2; 1995 Rinken, Einführung, 51.
[58] Bundesministerium der Justiz, Zahl der Referendare im Vorbereitungsdienst (ohne besonderen Vorbereitungsdienst) am 1. Januar des Jahres 1994.

Tabelle 5: Anteile nicht erfolgreicher Frauen und Männer in Prozent
bei der ersten und der zweiten juristischen Staatsprüfung von 1985 bis 1993[59]

Jahr	1. Staatsprüfung		2. Staatsprüfung	
	Frauen	Männer	Frauen	Männer
1985	33	26	11	11
1986	30	25	11	9
1987	29	24	14	12
1988	30	25	16	10
1989	29	23	11	11
1990	26,1	21,8	9,3	11,0
1993	25,8	21,2	12,5	7,01

Für die Abschlußprüfung der einstufigen Juristenausbildung ist anders als bei der zweistufigen Ausbildung eine höhere Durchfallquote für Frauen nicht klar feststellbar gewesen. Vielmehr verteilte sich der größere Prüfungserfolg über die Jahre auf beide Geschlechter.

Tabelle 6: Geschlechtsspezifische Durchfallquoten in der Abschlußprüfung der einstufigen Juristenausbildung von 1985 - 1989 in% [60]

Jahr	Anteil der nicht erfolgreichen	
	Frauen	Männer
1985	13	11
1986	11	15
1987	19	17
1988	14	14
1989	16	15

Inwieweit sich außerdem auch die Noten der ersten und zweiten Staatsexamina geschlechtsspezifisch unterscheiden, ist auf Basis der veröffentlichten Daten nicht hinreichend klärbar. Die These, Frauen hätten "im Durchschnitt in den letzten Jahren bessere Prüfungsergebnisse als Männer gehabt"[61], läßt sich anhand der für Nordrhein-Westfalen geschlechtsspezifisch ausgewiesenen und in der Studie von Hassels/Hom-merich veröffentlichten Ergebnisse der zweiten juristischen Staatsprüfung für 1988 und 1989 nicht bestätigen. Nach diesen Ergebnissen lag der Frauenanteil bei den Prädikatsexamen unter den Vergleichswerten der Männer[62]. Für das erste Staatsexamen in Bremen sind für die 90er Jahre geschlechtsspezifische Unterschiede bei der Durchschnittspunktzahl der bestandenen Prüfungen nicht erkennbar[63].
Insgesamt ist zu konstatieren, daß die Fragen des Umfangs und der möglichen Ursachen geschlechtsspezifischer Unterschiede beim Prüfungserfolg weitgehend unerforscht sind. Zur universitären Ausbildungssituation von Jurastudentinnen liegen insbesondere Erfahrungsberichte vor[64].

---

[59] Für 1985 bis 1989: Hassels/Hommerich, Tabellenband, Tabelle 10 und 11; für 1990: vgl. Böge. Juristinnen, 88; für 1993 eigene Berechnungen nach Bundesministerium der Justiz, Prüfungsstatistik 1993.
[60] Hassels/Hommerich, Tabellenband, Tabelle 12.
[61] So Schultz, Frauen, 23.
[62] Hassels/Hommerich, Frauen, 44.
[63] Jahresberichte des Justizprüfungsamtes, Senator für Justiz und Verfassung für die Jahre 1990 bis 1995.
[64] U.a. Fabricius-Brand/ Berghahn/ Sudhölter, Juristinnen, 15 ff.

Die sozialhistorische Untersuchung zur Entwicklung des Frauenstudiums in Deutschland seit der Jahrhundertwende bewertet geschlechtsdifferenzierte Prüfungsergebnisse in der Volkswirtschaftslehre als Formen der Benachteiligung[65]. Ob dies auch für die Prüfungsstrukturen der juristischen Ausbildung ein valides Erklärungsmuster wäre, bedürfte erst einer differenzierten Nachprüfung.

2.2 Zunahme bei den juristischen Berufen

Mit dem steigenden Frauenanteil an den erfolgreichen Prüfungsabschlüssen in der ersten und zweiten juristischen Staatsprüfung hat sich langsam auch die Zusammensetzung der juristischen Berufe verändert. Die Frauenanteile in Justiz und Anwaltschaft sind deutlich gestiegen.

Tabelle 7: Frauenanteil in Justiz und Anwaltschaft 1960 bis 1989 in%

Jahr	Gericht	StA	Anwaltschaft
1960	-	-	unter 2
1961	3,0	2,0	---
1970	-	-	4,5
1971	7,4	5,4	-
1981	13,6	11,8	8,0
1985	14,9	14,3	12,0
1987	16,6	15,9	13,2
1989	17,6	17,6	14,7
1995	27		19,29

Über die Anteile der Juristinnen in der öffentlichen Verwaltung und in der Wirtschaft liegen im Vergleich zur Justiz und Anwaltschaft nur wenig Angaben vor[66] und damit für Juristinnen und Juristen quantitativ wichtige Berufsbereiche. Die Anwaltsstudie aus dem Jahre 1988[67] geht davon aus, daß ca. 18% der Juristinnen und Juristen in der Justiz (Richterdienst, Staatsanwaltschaft) beschäftigt sind, 45% als Anwälte bzw. Notare, 27% im Bereich der öffentlichen Verwaltung und ca. 10% in der Wirtschaft.

Zur Frage der Diskriminierung von Juristinnen im Beruf liegen für die Phase des Berufseinstiegs Untersuchungen im Rahmen der Anwaltsstudie aus dem Jahr 1988 vor. Danach nannten für die Wirtschaft 75% und für die Anwaltschaft 70% der befragten Frauen mit Bewerbungserfahrungen ihr Geschlecht als einen ihrer Meinung nach ausschlaggebenden Grund dafür, daß ihre Bewerbungen abgelehnt wurden. Für den öffentlichen Dienst lagen die entsprechenden Quoten bei 27% und für die Justiz bei 16%[68]. Dem Bild der besonderen Probleme von Juristinnen beim Berufseinstieg für den Bereich der Wirtschaft und der Anwaltschaft entspricht bis heute die Stellenausschreibungspraxis. Es ist gerade für die juristischen Berufe außerhalb des öffentlichen Dienstes unverändert feststellbar, daß das Gebot der geschlechtsneutralen Stellenausschreibung des § 611b BGB in erstaunlich hohem Maße mißachtet wird[69].

Trotz der beschriebenen geschlechtsspezifischen Probleme beim Berufseinstieg und bei der Berufsausübung kann für die Berufe außerhalb des Wissenschaftsbereichs festgestellt werden, daß der Einbruch der Frauen in die Männerdomäne der juristischen Berufe gelungen ist, wenn auch mit erheblichen Problemen verbunden.

---

[65] Mertens, Töchter, 120 ff.
[66] Böge, Juristinnen, 89 f.
[67] Hommerich, Anwaltschaft, 26.
[68] Hommerich, Anwaltschaft, 63 f., insb. Tabelle 25.
[69] Bertelsmann/Colneric/Pfarr/Rust, Handbuch zur Frauenerwerbstätigkeit (im folgenden HzF), P 5; Pabst/Slupik, ZRP 1984, 178.

2.3 Marginalität bei den Lehrenden

Deutlich anders ist die Situation für die Hochschule geblieben. Der steigende Frauenanteil bei den Staatsexamina hat sich bis heute hinsichtlich des wissenschaftlichen Personals an den Hochschulen kaum ausgewirkt. Dies ist um so bemerkenswerter, als dies das einzige berufliche Tätigkeitsfeld ist, für das die Hochschule nicht nur den Zugriff und die Verantwortlichkeit für das universitäre Studium hat, sondern für das sie auch die nachfolgenden Qualifizierungsprozesse der Promotion und Habilitation selber gestaltet und durchführt.

Bei der Promotion, der ersten wichtigen Stufe für eine Hochschullaufbahn, sind in den Rechtswissenschaftlichen Fakultäten bis heute ehemalige Studentinnen der Rechtswissenschaft nach dem 1. oder dem 2. Staatsexamen nicht in gleicher Weise wie ehemalige Jurastudenten integriert. So waren 1990 bei 862 juristischen Promotionen 140 Frauen beteiligt, d.h. 16,2% [70]. Dieser Prozentsatz war etwa halb so hoch wie der Anteil der Frauen, die seit Mitte der 80er Jahre das erste Staatsexamen bzw. das zweite Staatsexamen bestanden hatten[71].

Insgesamt steigt die Zahl und der Anteil der Frauen, die an juristischen Fakultäten promovieren. 1981 waren es 44 Frauen bei insgesamt 463 Promotionen (Frauenanteil 9,5%). 1991 waren es 165 Frauen bei insgesamt 949 juristischen Promotionen (Frauenanteil 17,4%). 1992 waren es 190 Frauen bei insgesamt 1.012 juristischen Doktorprüfungen, dies entspricht einem Anteil von 18,8% [72].

Bei den Habilitationen ist es den juristischen Fakultäten nicht einmal ansatzweise gelungen, den Frauenanteil entsprechend den zunehmenden Frauenanteilen bei den juristischen Staatsexamina zu steigern. Erstmals kann 1992 eine etwas positivere Veränderung beobachtet werden.

Tabelle 8: Habilitationen Rechtswissenschaft[73], in absoluten Zahlen bundesweit

Jahr	Insgesamt	Männer	Frauen
1980	25	25	-
1981	26	26	-
1982	28	25	3
1983	34	34	-
1984	23	22	1
1985	21	18	3
1986	25	24	1
1987	27	24	3
1988	27	24	3
1989	17	15	2
1990	19	18	1
1991	21	21	-
1992	30	23	7
1993	32	27	5

Die Zahlen lassen offen, inwieweit die Habilitationen als reguläre Nachwuchsförderung im Rahmen von C1-Stellen erfolgten oder durch Sonderprogramme bzw. Stipendien gefördert waren. Der Frauenanteil bei den C1-Stellen war seit den 80er Jahren ähnlich gering wie bei den Habilitationen.

---

[70] Böge, Juristinnen, 86.
[71] Hassels/Hommerich, Tabellenband, Tabelle 4.
[72] Statistisches Jahrbuch 1994, 419.
[73] Wirtschaft und Statistik 5/1995, 345*.

Tabelle 9: C1- Stellen im früheren Bundesgebiet in %[74]

Jahr	insgesamt	Männer	Frauen	Frauenanteil
1982	52	44	8	15,4
1985	61	53	8	13,1
1986	69	60	8	11,8
1987	67	59	8	11,9
1988	86	58	8	12,1
1990	83	53	10	15,9
1991	75	65	10	13,3

Vom Ausbau der C1-Stellen in den 80er Jahren haben ausschließlich Hochschulassistenten profitiert. Die Zahl der Hochschulassistentinnen stagnierte bei 8. 1990 wurde der Frauenanteil erreicht, der bereits das Ausgangsniveau Anfang der 80er Jahre gewesen ist.
Der Frauenanteil ist bei den Lehrenden an den rechtswissenschaftlichen Fakultäten marginal[75].

Tabelle 10: Hauptberufliches wissenschaftliches Personal an rechtswissenschaftlichen Fakultäten der Bundesrepublik (alt) 1990 nach Statusgruppen und Geschlecht[76]

	insgesamt	Frauen (absolut)	Frauen (in%)
Professoren	765	16	2,1
Doz./Ass.	174	25	14,4
wiss. Mitarbeiter	1.188	325	27,4
Lehrkräfte für besondere Aufgaben	62	12	19,4

Anfang der 80er Jahre gab es 8 Frauen unter den 730 Juraprofessoren und -professorinnen[77], also 1,1%. 1991 hatte sich diese Zahl auf 17 bei insgesamt 752 Professoren erhöht und damit den Anteil von 2,3% erreicht. Verteilt auf die Dienstbezeichnungsgruppen war die Entwicklung von 1982 bis 1991 wie folgt:

Tabelle 11: Professorinnen auf C-3/ C-4 Stellen im früheren Bundesgebiet - Rechtswissenschaft[78]

	1982	1985	1986	1987	1988	1990	1991
C-4 insgesamt	543	560	571	559	564	586	590
Männer	542	556	568	555	561	580	580
Frauen	1	4	3	4	3	6	10
in%	0,184	0,714	0,525	0,715	0,531	1,023	1,694
C-3 insgesamt	128	128	149	134	138	132	122
Männer	122	122	136	128	123	123	115
Frauen	6	7	7	6	9	9	7
%	4,7	5,4	4,9	4,5	6,5	6,8	5,7

---

[74] Statistisches Bundesamt: Personal an Hochschulen. Hrsg.: Bundesministerium für Bildung und Wissenschaft 1994, 125.
[75] Noch krasser sieht die Situation an den Fachhochschulen einschließlich der Verwaltungsfachhochschulen aus. Hier hat es im Lehr- und Forschungsbereich Rechtswissenschaften im Zeitraum von 1982 bis 1991 lediglich 1982 eine Professorin C 2 auf Zeit gegeben sowie 1991 eine C3-Professorin; vgl. Statistisches Bundesamt: Personal an Hochschulen. Hrsg.: Bundesministerium für Bildung und Wissenschaft,1994, 125.
[76] Böge, Juristinnen, 275.
[77] Gerhard/Limbach, Rechtsalltag, 9.
[78] Statistisches Bundesamt: Personal an Hochschulen. Hrsg.: Bundesministerium für Bildung und Wissenschaft 1994, 125.

Insgesamt ist für die juristische Ausbildung an den Universitäten festzustellen, daß sich die steigende Beteiligung von Frauen an der juristischen Ausbildung nicht entsprechend bei der Ausbildung des juristischen Nachwuchses in der Hochschule fortgesetzt hat und sich bis heute bei den Lebenszeitprofessuren auch nicht nur ansatzweise adäquat auswirkt.

Ausgangssituation ist heute die bundesweit zwar fast hälftige Beteiligung von Frauen am juristischen Studium. Demgegenüber steht die fast vollständige Nichtexistenz bei den Lehrenden und damit auch bei den Forschenden. Dies Phänomen gilt bundesweit. Auch die Neugründungen im Zuge der Bildungsreform wie die "Bremer Universität" haben hier seit Anfang der 70er Jahre personell keine neuen Zeichen gesetzt.

Der hürdenreiche Zugang von Frauen zur juristischen Ausbildung kann heute in keiner Weise erklären, warum der Frauenanteil bei den Qualifikationsstellen für den Wissenschaftsbetrieb so gering geblieben ist. Vielmehr ist die Situation mit dem von Benda verwendeten Begriff der strukturellen Diskriminierung[79] zu bezeichnen. Diese Situation wird aus Sicht der Sozialwissenschaften als Prozeß der Marginalisierung von Frauen in hochqualifizierten Berufen beschrieben und zwar auch für die juristischen Berufe[80].

3. Frauenförderung

Es ist nach § 2 Abs. 2 Hochschulrahmengesetz (HRG) Aufgabe der Hochschulen, bei der Wahrnehmung ihrer Aufgaben auf die Beseitigung der für Wissenschaftlerinnen bestehenden Nachteile hinzuwirken[81], eine Zielbestimmung, die 1985 in das HRG einfügt wurde[82]. Zu dieser Neuregelung wurde schon 1986 festgestellt, der Regelungsgehalt könne sich nicht in einer Wiederholung des verfassungsrechtlichen Gleichheitssatzes und damit in einem Verbot rechtlicher Benachteiligung beschränken. Inhalt sei vielmehr ein über das Diskriminierungsverbot hinausgehendes Gebot aktiver Förderung von Frauen im Wissenschaftsbetrieb[83]. Die heutige Situation an den Hochschulen spricht nicht dafür, daß eine entsprechende Förderung hinreichend stattgefunden hat.

Neben dem HRG regeln die Hochschulgesetze der Länder und teilweise auch die Landesgleichstellungsgesetze die Grundlagen für Frauenförderung an den Hochschulen[84]. Die gesetzlichen Regelungen werden ergänzt bzw. können durch satzungsrechtliche Bestimmungen der jeweiligen Universitäten oder Hochschulen ergänzt werden[85]. Die Richtlinien der Universitäten sind in ihren Vorgaben, wie die Förderung der Wissenschaftlerinnen stattzufinden hat, teils erheblich präziser als die gesetzlichen Regelungen.

Die universitären Regelungen wiederum können bzw. müssen - dies ist in den unterschiedlichen Richtlinien verschieden geregelt - durch Regelungen der Fachbereiche ergänzt werden. Auf der Ebene einer juristischen Fakultät gibt es - soweit ersichtlich - bisher nur am juristischen Fachbereich der Universität Bremen eine Festlegung, wie bei Personalentscheidungen Frauenförderung umzusetzen ist[86]. Ebenfalls nur für Bremen ist außerdem gesetzlich bestimmt, daß geschlechtsspezifische Fragen Gegenstand der Lehre sowie der ersten juristischen Staatsprüfung sind.

Für die heutigen Hochschulfrauenförderungsprogramme lassen sich verschiedene Regelungsbereiche unterscheiden, die sich in vier Gruppen zusammenfassen lassen:

---

[79] Benda, Gutachten, 7.
[80] Costas und Böge in: Wetterer, Konstruktion, 121 (133f), 139 (149).
[81] Die Hochschulen wirken bei der Wahrnehmung ihrer Aufgaben auf die Beseitigung der für Wissenschaftlerinnen bestehenden Nachteile hin.
[82] Drittes Gesetz zur Änderung des Hochschulrahmengesetzes v. 14.11.1985, BGBl. I, 2090.
[83] Lüthje, NVwZ 1986, 343 (344).
[84] Vgl. dazu Übersicht Graue, Streit 1996, 23 ff.
[85] Vgl. Übersicht zu universitären Frauenförderrichtlinien Graue in Anhang 2 dieses Sammelbandes.
[86] Zur Geschichte der Frauenförderung am juristischen Fachbereich in Bremen vgl. Sokol in diesem Sammelband.

- allgemeine Zielbestimmungen,
- Vereinbarkeit von Kindern und Beruf bzw. Studium,
- institutionelle Verankerung der Frauenförderung und
- Vorrangregeln bzw. Zielvorgaben und Sanktions- bzw. Anreizsysteme zur Erhöhung des Anteils von Wissenschaftlerinnen.

Für die ersten drei Gruppen sind die Normen des Landesrechts bereits vom HRG vorgegeben bzw. angestoßen worden. So
- sind für die Hochschulgesetze aller Länder eine § 2 Abs. 2 HRG entsprechende allgemeine Aufgabenbeschreibung übernommen worden;
- sind für einen Großteil der Landeshochschulgesetze dem Benachteiligungsverbot des § 34 Nr. 4 HRG wegen Zeiten der Kinderbetreuung oder wegen Familienpflichten ähnliche Bestimmungen getroffen worden. Dies Benachteiligungsverbot wird mit §§ 50, 57c HRG durch den Anspruch auf Verlängerung befristeter Arbeitsverhältnisse um Zeiten der Kinderbetreuung und Pflege ergänzt, Regelungen, die ähnlich in den Landeshochschulgesetzen zu finden sind und i.S. von Maßnahmen zur Vereinbarkeit von Familie und Beruf einen Schwerpunkt der universitären Richtlinien bilden;
- haben die Länder in Umsetzung ihrer Aufgabe, § 2 Abs. 2 HRG zu konkretisieren und umzusetzen, bestimmt, an den Hochschulen Frauenbeauftragte einzusetzen[87] und so das Prinzip, Nachteile für Wissenschaftlerinnen zu beseitigen, institutionell verankert. Grundlage hierfür ist mit einer Ausnahme das jeweilige Landeshochschulgesetz sowie teilweise auch das Landesgleichstellungsgesetz. Für Hessen ist die Tätigkeit der Frauenbeauftragten an den Hochschulen ausschließlich im Landesgleichstellungsgesetz geregelt.

Die Tätigkeit der Frauenbeauftragten wird in mehreren Ländern durch Frauenkommissionen, Frauenausschüsse oder Frauenversammlungen oder ähnliches begleitet[88].

Die Kombination eines Nachteilsausgleichs als Aufgabe der Hochschule, eines Benachteiligungsverbots wegen familiärer Pflichten und einer institutionellen Verankerung mit der Tätigkeit einer Frauenbeauftragten ist das Frauenförderungskonzept, das der Frauenförderung an den Hochschulen nach dem HRG zugrunde liegt. Gleiches gilt hinsichtlich der landesrechtlichen Vorgaben für Bayern, Brandenburg, Sachsen, Sachsen-Anhalt und Thüringen.

Ein weitergehender Ansatz mit Maßnahmen i.S. der vierten oben genannten Gruppe, also mit Vorrangregelungen bzw. Zielvorgaben und Sanktions- und Anreizsystemen gilt für die Hochschulen in Baden-Württemberg, Berlin, Bremen, Hamburg, Hessen, Mecklenburg-Vorpommern,. Niedersachsen, Nordrhein-Westfalen, Rheinland-Pfalz, Saarland und Schleswig-Holstein. Die jeweiligen Hochschulgesetze bzw. in Hessen, Niedersachsen und Nordrhein-Westfalen die jeweiligen gleichstellungsrechtlichen Regelungen enthalten verschieden ausgestaltete und unterschiedlich verbindliche Vorrangregeln bzw. Zielvorgaben dafür, wie bei Personalentscheidungen darauf zu achten ist, den Frauenanteil beim wissenschaftlichen Personal an der Hochschule zu erhöhen[89]. Die landesgesetzlichen Vorgaben sind meist durch universitäre Richtlinien ergänzt worden.

Sanktions- bzw. Anreizsysteme sind landesgesetzlich für Berlin vorgesehen[90] sowie vereinzelt in universitären Richtlinien[91].

---

[87] Vgl. Ebeling in diesem Sammelband.

[88] Nachweise bei Graue, Streit 1996, 25, 27, 29.

[89] Vgl. Graue, Streit 1996, 24, 26, 28. Die Übersicht ist zu ergänzen um die mittlerweile verabschiedeten Landesgleichstellungsgesetze für Baden-Württemberg, Bayern und Saarland, abgedruckt HzF H I 5.2.1.2, 5.2.2., 5.2.12.5.

[90] § 5a Gesetz über die Hochschulen im Lande Berlin (BerlHG) i.d.F.v. 12.10.1990, zuletzt geändert am 21.9.1995; GVBl. 1990, S. 2165:
"Der Akademische Senat erläßt im Benehmen mit dem Kuratorium Richtlinien zur Förderung von Frauen in Forschung, Lehre und Studium sowie zur Förderung des nichtwissenschaftlichen weib-

3.1 Förderung von Wissenschaftlerinnen

Anders als für den öffentlichen Dienst hat es bisher nur ansatzweise eine juristische Debatte darüber gegeben, ob Vorrangregeln zugunsten von Frauen an der Hochschule zulässig seien. Es liegt eine Untersuchung von Francke/Sokol/Gurlit zur Frage der Frauenquoten in öffentlichen Berufsausbildungen vor, die sich auch mit der Hochschullaufbahn befaßt[92]. Benda hat in seinem Rechtsgutachten zur Verfassungsmäßigkeit der Quotenregelung die Hochschule als den Bereich genannt, bei dem die Notwendigkeit der Frauenförderung besonders augenfällig sei[93]. Gerichtliche Entscheidungen liegen im Zusammenhang mit Berufungsverfahren vor sowie neuerdings auch hinsichtlich der Stellung der Frauenbeauftragten an den Hochschulen[94].

Die Situation hat sich auch seit der Entscheidung des EuGH in der Rechtssache Kalanke zum Bremischen Landesgleichstellungsgesetz nicht grundlegend verändert. Allerdings wurde unmittelbar danach z.B. an der Bremer Universität diskutiert, inwieweit es überhaupt noch zulässig sei, bei Stellenausschreibungen der Universität darauf hinzuweisen, daß diese sich bemühe, die Unterrepräsentanz von Frauen abzubauen und deshalb besonders Frauen auffordere, sich auf ausgeschriebene Stellen zu bewerben[95]. Für die hochschulpolitische Diskussion hat die Kalanke-Entscheidung unmittelbare Auswirkungen gehabt. Ob dies auch den rechtlichen Aussagen der Entscheidung entspricht, ist zu bezweifeln[96]. Dies ist am Beispiel des juristischen Fachbereichs an der Universität Bremen beispielhaft zu erörtern.

3.1.1 Vorrangregeln bzw. Zielvorgaben

Grundlage für Vorrangregeln bzw. Zielvorgaben sind zunächst § 4 Abs. 2 S. 3 und 4 des Bremische Hochschulgesetzes[97].

- Danach ist eine Bewerberin bei der Besetzung einer *Professur* bei Unterrepräsentanz und *gleichwertiger Qualifikation* wie der Bewerber zu bevorzugen. Im Unterschied zum BremLGG gilt diese Vorrangregel nicht automatisch. Die Vorgabe ist nur *grundsätzlich* zu beachten. Ausnahmen sind im Einzelfall möglich.

---

lichen Personals (Frauenförderrichtlinien). Die Frauenförderrichtlinien regeln auch die Förderung von Frauen bei der Vergabe von Mitteln."

[91] Bremen, Frankfurt am Main, Hannover, Bochum, Münster, Magdeburg, vgl. Graue, Anhang 2 in diesem Sammelband.

[92] Francke/Sokol/Gurlit, Frauenquoten, 186 ff.

[93] Benda, Notwendigkeit, 16 ff.

[94] U.a. LG Berlin v. 7.6.1994 - 13.O. 56/94:Schadensersatz einer Bewerberin wegen unsachgemäßen Bewerbungsverfahrens (Dozentin Hochschule); Hess LAG v. 21.7.1994 - 13 Sa 478/94: Unzulässigkeit einer Abberufung der Frauenbeauftragten im Zusammenhang mit Inkrafttreten des HessLGG (Gesamthochschule Kassel).

[95] Dies schildert die Frauenbeauftragte der Bremer Universität für das nichtwissenschaftliche Personal als Reaktion aus das EU-Quoten-Urteil im Bremer-Uni-Schlüssel Nr. 37, Dezember 1995, 12.

[96] dazu Colneric in diesem Sammelband.

[97] Nach § 4 Abs. 2 S. 3 und 4 BremHG v. 20.12.1988, GBl. 1989, 245 erlassen die Hochschulen "Frauenförderungsrichtlinien, in denen auch bestimmt wird, daß Frauen in Bereichen, in denen sie unterschiedlich vertreten sind, bei gleichwertiger Qualifikation wie männliche Mitbewerber grundsätzlich zu bevorzugen sind und daß in Berufungskommissionen in der Regel mindestens zwei Frauen mitwirken müssen, von denen eine Professorin sein soll. In den Richtlinien ist ferner zu regeln, daß Frauen bei der Vergabe von Ausbildungsplätzen oder von Stellen mit Qualifizierungsfunktion mindestens den Anteil der Studienanfängerinnen des jeweiligen Bereichs unter der Voraussetzung mit Vorrang zu berücksichtigen sind, daß von den einzelnen Bewerberinnen im Einzelfall die für die jeweilige Aufgabe gestellten Anforderungen erbracht werden".

- Anders ist dies für die Besetzung von sog. *"Stellen mit Qualifizierungsfunktion"* vorgesehen. Die Vorrangregel greift *automatisch* zugunsten der Bewerberin, von der im Einzelfall die für die jeweilige Aufgabe gestellten Anforderungen erbracht werden, also wenn die *erforderliche Qualifikation* vorliegt.

Universitätsweit konkretisieren § 2 (Vorrangregel) sowie § 3 (Zeitvorstellung) der Richtlinie zur Erhöhung des Anteils von Frauen am wissenschaftlichen Personal der Universität Bremen die gesetzliche Vorgabe[98]. Ziffer 5 der Antidiskriminierungsrichtlinie 1995 präzisiert die Vorrangregeln für den juristischen Fachbereich[99].

Für die rechtliche Bewertung einer Vorrangregel bzw. von Zielvorgaben ist es für die Hochschule unerläßlich, zwei Beschäftigungsbereiche und damit Zugangsmöglichkeiten klar zu trennen. Zu unterscheiden ist zwischen der Besetzung von Professuren und der Auswahlentscheidung für Qualifizierungsstellen. Solche sind an der Universität insbesondere Promotions- und Habilitationsstellen. Selbst wenn sie korporationsrechtlich nicht zum Mittelbau gehören, gehören dazu auch u.a. die studentischen Hilfskräfte bei einer spezifisch hochschulbezogenen qualifizierenden Tätigkeit.[100]

Die Unterscheidung zwischen der Besetzung von Qualifizierungsstellen und von Professuren ist verfassungsrechtlich relevant. Bei der Besetzung einer Stelle mit Qualifizierungsfunktion handelt es sich nicht um die Frage des gleichen Zugangs zu öffentlichen Ämtern. Prüfungsmaßstab ist nicht Art. 33 Abs. 2 GG, sondern Art. 12 Abs. 1 GG in Verbindung mit Art. 3 GG[101]. Bei der Besetzung von Professuren ist bei Vorrangregeln zugunsten von Frauen hingegen Art. 33 Abs. 2 GG in Verbindung mit Art. 3 Abs. 2 und 3 GG berührt.

Auch im Recht der europäischen Gemeinschaft wird zwischen der Berufsausbildung und dem späteren Zugang zu Arbeitsplätzen durch Einstellung und Beförderung unterschieden. Grundlage ist die Richtlinie 76/207[102]. Sie nennt in Art. 3 den Bereich Einstellung und Beförderung, bei dem der Grundsatz der Geschlechtergleichbehandlung zu beachten ist. Getrennt davon geregelt ist in Art. 4 die berufliche Ausbildung, Weiterbildung und Umschulung. Für beide Bereiche, also die Einstellung bzw. Beförderung und die Qualifizierung gilt dabei der Grundsatz des Verbots der Geschlechterdiskriminierung nach Art. 2 Abs. 1 Richtlinie 76/207 und damit die Ausnahmemöglichkeit für positive Maßnahmen[103] nach Art. 2 Abs. 4 Richtlinie 76/207.

Der Inhalt des Diskriminierungsverbots nach Art. 2 Abs. 1 Richtlinie 76/207 sowie Möglichkeiten positiver Ausnahmen durch Vorrangregeln nach Art. 2 Abs. 4 Richtlinie 76/207 waren Gegenstand der Kalanke-Entscheidung des EuGH mit dem Ergebnis, daß die Vorrangregel des Bremischen Gleichstellungsgesetzes mit dem Gemeinschaftsrecht unvereinbar ist. Ob das Verdikt der Unvereinbarkeit mit dem EG-Recht auch die Bremer Hochschulregeln betrifft, wird nachfolgend erörtert. Hinsichtlich der Verfassungsmäßigkeit von Vorrangregeln und Zielbestimmungen ist auf andere Veröffentlichungen zu verweisen[104].

---

[98] Vgl. Graue, Anhang 2 in diesem Sammelband.

[99] Siehe Beschluß des Fachbereichsrats Rechtswissenschaft v. 5.7.1995, Anhang 3 in diesem Sammelband.

[100] Zur Abgrenzung siehe im einzelnen Francke/Sokol/Gurlit, Frauenquoten, 119 ff.

[101] Dazu ausführlich Francke/Sokol/Gurlit, Frauenquoten, 158.

[102] Richtlinie des Rates vom 9.2.1976 zur Verwirklichung des Grundsatzes der Gleichbehandlung von Männern und Frauen hinsichtlich des Zugangs zur Beschäftigung und zum beruflichen Aufstieg sowie in bezug auf die Arbeitsbedingungen - 76/207/EWG (ABl. Nr. L 39/40), abgedruckt HzF, G I 3.3.

[103] So die Bezeichnung der Empfehlung des Rates vom 13.12.1984 zur Förderung positiver Maßnahmen für Frauen (84/635/EWG), ABl. Nr. L 331/34 v. 19.12.1984; abgedruckt HzF G II 3.1.1.

[104] Zur Besetzung von Professuren Pfarr in diesem Band mit weiteren Nachweisen; zur Vereinbarkeit von Vorrangregeln bei Qualifizierungsstellen mit Art. 5 Abs. 3 GG und Art. 3 GG vgl. Francke/Sokol/Gurlit, Frauenquoten, 159 ff. 186 ff.

3.1.1.1 Professuren

Anders als § 4 Abs. 2 des BremLGG[105] sieht das Bremer Hochschulgesetz und damit die für die Besetzung von Professuren speziellere und deshalb einschlägige gesetzliche Vorschrift vor, Frauen bei gleicher Qualifikation *grundsätzlich* den Vorrang zu geben. Entsprechendes sehen § 2 Abs. 1 der universitären Richtlinien und Ziffer 5.4.1 der Antidiskriminierungsrichtlinie 1995 vor. Ob diese Vorrangregeln wegen der Öffnungsklausel "grundsätzlich" nicht vom Verdikt der Gemeinschaftswidrigkeit erfaßt sind, ist davon abhängig, ob das Kalanke-Urteil speziell den Automatismus des § 4 Abs. 2 BremLGG mißbilligt hat[106] oder generell die Ausnahme des § 2 Abs. 4 Richtlinie 76/207 auf positive Aktionen wie Maßnahmen zur Vereinbarkeit von Familie und Beruf begrenzen wollte[107]. Einen solchen weiten Begründungsansatz hatte der Generalanwalt Tesauro im Kalanke-Verfahren vertreten[108]. Zutreffend hat hierzu das BAG mit Urteil vom 5.3.1996 - 1 AZR 590/92 festgestellt, daß der EuGH der Begründung des Generalwalts nicht gefolgt ist. Ergebnisorientierte Vorrangregeln, die den Grundsatz der Verhältnismäßigkeit beachten, sind gemeinschaftsrechtlich erlaubt[109]. Maßnahmen i.S. von Art. 2 Abs. 4 Richtlinie 76/207 sind nicht auf einen "Defizitausgleich" beschränkt, sondern können auch für Personalauswahl-entscheidungen ergebnisorientierte Vorgaben treffen[110].

Die für die Besetzung von Professuren nicht automatisch anzuwendenden Vorrangregeln[111] sind mit dem Gemeinschaftsrecht vereinbar. Allerdings beschränkt sich der Anwendungsbereich dieser Art. der Vorrangregelung auf den seltenen Anwendungsfall, daß zwischen gleichqualifizierten Bewerberinnen und Bewerbern zu entscheiden ist.

Anders als bei sonstigen Personalentscheidungen des öffentlichen Dienstes ist es für die Hochschule die typische Entscheidungssitution, daß nicht der einzelne Dienstherr die Personalauswahl trifft, sondern eine Berufungskommission die entscheidende Vorauswahl vornimmt. Bei der Beurteilung der Qualifikation und der Entscheidung einer Berufungskommission für die Kandidatin bzw. den Kandidaten spielen vielfältige Gesichtspunkte eine Rolle, die nicht immer streng qualifikationsbezogen sind. Die gerichtliche Überprüfbarkeit der Entscheidung einer Berufungskommission ist begrenzt. Die Berufungsliste ist für die Hochschulverwaltung nach § 18 Abs. 2 BremHG allerdings nur begrenzt bindend[112]. Es ist für die Hochschule besonders relevant, wie das Verfahren der Auswahlentscheidung ausgestaltet ist. Hierzu enthalten die Hochschulgesetze mit dem

---

[105] Gesetz zur Gleichstellung von Frau und Mann im öffentlichen Dienst des Landes Bremen v. 20.11.1990, GBl. S. 433), abgedruckt HzF I I 5.2.5.

[106] Colneric in diesem Sammelband sowie Anmerkung zum EuGH vom 17.10.1995 in Streit 1995, 168 f. und BB 1996, 265;Graue, RiA 1996, 80 (81); Kahnert, ZTR 1996, 8; Schiek, PersR 1995, 512 (515); Schiek/Dieball, EuroAs 1995, 183, Rust, NJ 102.

[107] Sachs. JuS 1996, 350 ; Starck, JZ 1996, 196.

[108] Schlußantrag des Generalanwalts Tesauro v. 6.4.1995, abgedruckt EuGRZ 1996, 546; dazu kritisch Sporrer, DRdA 1995, 442; Baer, Streit 1996, 38.

[109] BAG; NZA 1996, 754 f

[110] Solche Vorrangregeln sehen im übrigen auch das 1. und das 2. Programm der EG-Kommission über "positive Aktionen der Kommission zur Förderung ihrer weiblichen Beschäftigten" vor und zwar in bisher vom EuGH nicht beanstandeter Art. und Weise, vgl. Rust, NJ 102, 104.

[111] Problematisch könnte die Vorrangregelen nach §§ 14 und 18 HambHG sein, die selber keine Härteklausel enthalten, vgl. Schiek, PersR 1995, 512 (516).

[112] Für die Möglichkeit der Hochschulverwaltung i.S. der Frauenförderung von der Berufungsliste abweichen zu können vgl. Püttjer, DÖD 1989, 279. Diese Möglichkeit hat sich bisher auch nachteilig für Frauen ausgewirkt: vgl.VG Berlin vom 6.5.1994 - VG 5 A 122.94 - und OVG Berlin v. 6.9.1994 - OVG 4 S 88.94: Keine einstweilige Anordnung auf Untersagung der Ernennung eines Mannes abweichend von der Reihung des Berufungsvorschlags.

Ziel der Frauenförderung Vorgaben[113], konkretisiert durch universitäre Richtlinien und Berufungsordnungen.

3.1.1.2 Qualifizierungsstellen

Gemeinschaftsrechtlich ist die Möglichkeit einer Vorrangregelung im Bereich der Qualifizierung noch nicht näher geklärt. Bisher hat der Gerichtshof über diese Frage noch nicht entschieden[114]. Dies ist vor dem Hintergrund von Interesse, daß nicht nur in Bremen sondern auch in weiteren Bundesländern für die Qualifizierung nach dem jeweiligen Hochschulgesetz[115] bzw. Landesgleichstellungsgesetz[116] Vorrangregeln zugunsten von Frauen gelten - mit unterschiedlicher Verbindlichkeit und jeweils ohne Härteklausel. Die Vorrangregeln sind überwiegend von einem Frauenförderplan mit Ziel- und Zeitvorgaben begleitet.

Hinsichtlich der gemeinschaftsrechtlichen Wertung von Vorrangregeln für den Bereich der Qualifizierung ist relevant, ob ähnlich wie im Verfassungsrecht auch im Gemeinschaftsrecht zwischen der Ausbildung als der notwendigen Voraussetzung, um sich mit gleichen Chancen für Arbeitsplätze später auch bewerben zu können, und der Einstellung bzw. Beförderung zu differenzieren ist. Eine solche Unterscheidung legt die Empfehlung über positive Maßnahmen aus dem Jahr 1984 nahe[117]. Sie nennt die Ausbildung als den Bereich, der besonders relevant ist, um die Chancengleichheit von Frauen und Männern zu realisieren[118]. Eine Vorrangregel bei der Besetzung von Qualifizierungsstellen entsprechend dem Anteil der auf der jeweils niedrigeren Stufe ausgebildeten Frauen ist allerdings nur dann gemeinschaftskonform, wenn sie durch Art. 2 Abs. 4 Richtlinie 76/207 gerechtfertigt ist.

Der EuGH betont in der Kalanke-Entscheidung zu Recht, daß Ausnahmen vom Gleichbehandlungsgrundsatz[119] als einem in der Richtlinie verankerten individuellen Recht eng auszulegen sind[120]. Die Ausnahmevorschriften zum Gleichbehandlungsgrund-

---

[113] Ein Beispiel hierfür ist die Bremer Regelung, daß in Berufungskommissionen in der Regel mindestens zwei Frauen mitwirken, davon soll eine Professorin sein. Eine ähnliche Regelung war Gegenstand einer Hausarbeit im öffentlichen Recht an der Universität Mannheim. Die in Jus 1992, 676 von Huba, Hermann/ Schloßareck, Fred veröffentlichte Lösungsskizze erwähnt erstaunlicherweise überhaupt nicht die gemeinschaftsrechtliche Komponente der Fragestellung.

[114] Das Kalanke-Urteil betrifft eine Beförderungsentscheidung mit einer grundsätzlichen Wertung automatischer Vorrangregeln, die auch für die Einstellung zu beachten ist, also die in Art. 3 Richtlinie 76/207 genannte Bereiche und nicht die Qualifizierung i.S. von Art. 4 Richtlinie 76/207.

[115] § 18 Hamburgisches Hochschulgesetz

[116] Berlin (§ 7 LGG), Hessen (§ 7 LGG), Niedersachsen (§ 6 LGG) und Schleswig-Holstein (§ 3 LGG).

[117] Vgl. Nr. 4 vierter Spiegelstrich der Empfehlung, Fn 104.

[118] Ebenso hat der Generalanwalt im Kalanke-Verfahren Tesauro, der anders als der EuGH jegliche Prioritätsregel bei der Besetzung von Stellen mit dem Verdikt der Gemeinschaftswidrigkeit belegen wollte, gerade keine Bedenken gegenüber positiven Maßnahmen im Bereich der Ausbildung.

[119] Nach der Richtlinie 76/207 sind neben positiven Maßnahmen nach Art. 2 Abs. 4 zwei weitere Ausnahmen möglich: Tätigkeiten, für die das Geschlecht eine unabdingbare Voraussetzung ist, können vom Anwendungsbereich des Gleichbehandlungsgrundsatzes ausgenommen werden (Art. 2 Abs. 2 Richtlinie) sowie Schutzvorschriften für Frauen bei Schwangerschaft und Mutterschaft (Art. 2 Abs. 3 Richtlinie)

[120] Es ist seit dem in dem Urteil des EuGH v. 15.5.86 - Rs 222/84 (Johnston), Slg. 1986, 1651 (zu Art. 2, Abs. 2 Rl 76/207 Rn. 36, zu Art. 2, Abs. 3 Rn. 44) ständige Rechtsprechung des EuGH, Ausnahmen vom Verbot der Geschlechtergleichbehandlung eng auszulegen. Noch ohne die Festlegung einer engen Auslegung die beiden den Ausschluß von Vätern billigenden Entscheidungen zum Mutterschaftsurlaub: EuGH v. 26.10.1983 - Rs 163/82 - (Kommission ./. Italien), Slg. 1983, 3273, EuGH v. 12.7.1984 - Rs 184/83 (Hofmann), Slg. 1984, 3047 (zu Art 2 Abs. 2 Rl 76/297 Rn. 21, Abs. 3 Rn. 22 und 25 sowie Abs. 4 Rn. 23 f.).

satz sind so kaum noch geeignet, das "Einfallstor" zu sein, um tradierte soziale Rollen der Geschlechter weiterhin rechtlich festschreiben zu können. Um Chancengleichheit realisieren zu können, ist es konsequent, mögliche Ausnahmen von der Regel der Gleichbehandlung strikt zu begrenzen[121].

Bei der Bestimmung des Anwendungsbereichs der drei nach Art. 2 Richtlinie 76/207 möglichen und eng auszulegenden Ausnahmen ist der allgemeine Rechtsgrundsatz der Verhältnismäßigkeit zu beachten, der zu den allgemeinen Rechtsgrundsätzen gehört, auf denen die Rechtsordnung der Gemeinschaft beruht. Deshalb "dürfen Ausnahmen nicht über das zur Erreichung des verfolgten Ziels angemessene und erforderliche Maß hinausgehen"[122].

Unverhältnismäßig ist eine Vorrangregel bei Beförderungen und damit auch bei Einstellungen, die *automatisch* zur Anwendung kommt, so das Ergebnis des Kalanke-Urteils. Welche anderen Maßnahmen zur Förderung der Chancengleichheit dann aber verhältnismäßig wären, bleibt mit der Kalanke-Entscheidung noch weitgehend offen[123].

Die Rückkoppelung in Rn. 21 des Kalanke-Urteils zur Johnston-Entscheidung verdeutlicht wenig, bezog sich diese doch gerade auf die Frage, ob an tradierte Rollen der Geschlechter anknüpfende Schutzgesetze für Frauen zukünftig beibehalten werden könnten. Ziel der Ausnahmen für Mutterschutz und besonderer Arbeitsschutz-bestimmungen für Frauen ist, geschlechtsspezifische Regeln dann zu ermöglichen, wenn biologische Gründe die unterschiedliche Behandlung der Geschlechter rechtfertigen können. Das Ziel der nach Art. 2 Abs. 4 Richtlinie 76/207 für positive Maßnahmen möglichen Ausnahme ist aber ein anderes.

Die Ausnahme für Maßnahmen zur Chancengleichheit wird gerade für solche Situationen relevant, in denen biologische Gründe eine unterschiedliche Behandlung der Geschlechter nicht rechtfertigen würden und der Grundsatz der Geschlechtergleichbehandlung nach Art. 2 Abs. 1 Richtlinie 76/207 also zu beachten wäre. Gleichwohl geht das Gemeinschaftsrecht davon aus, daß ein striktes Gleichbehandlungsgebot mit Ausnahmen bei biologischen Unterschieden nicht hinreichend sein würde, um den Gleichbehandlungsgrundsatz zu verwirklichen, da das Gemeinschaftsrecht mit Art. 2 Abs. 4 R/L 76/207 den Mitgliedstaaten die Möglichkeit eröffnet hat, Maßnahmen zur Förderung der Chancengleichheit durchzuführen. Der Gerichtshof bestätigt mit der Kalanke-Entscheidung den Zusammenhang von Gleichbehandlungsgrundsatz und der zur Zielerreichung notwendigen Ausnahmemöglichkeit für positive Maßnahmen, indem er ausdrücklich die Erwägungsgründe für die Empfehlung über positive Maßnahmen in Rn. 20 als Auslegungskriterium nennt.

Es geht nicht lediglich darum, die Ausnahmemöglichkeit für Maßnahmen zur Förderung der Chancengleichheit eng auszulegen. Vielmehr ist es im Einzelfall zu bewerten, ob die Ausnahme geeignet ist, um das Ziel der Verwirklichung des Grundsatzes der Geschlechtergleichbehandlung zu erreichen, also der Beseitigung der auf dem Geschlecht beruhenden Diskriminierung, die als Grundrecht des Menschen Bestandteil der allgemeinen Grundsätze des Gemeinschaftsrechts ist[124]. Art. und Weise der hierfür verwendeten Maßnahmen müssen verhältnismäßg sein.

Der Gerichtshof wiederholt in Rn. 18 der Kalanke-Entscheidung die Auslegung zu Art. 2 Abs. 4 Richtlinie 76/207, die zuvor im Urteil zum Vertragsverletzungsverfahren

---

[121] Eine entsprechend klare Abgrenzung zu Art. 3 III und II GG verwendet das BVerfG seit der Nachtarbeitsverbotsentscheidung v. 28.1.1992; BVerfGE 85, 191 (207 ff).

[122] EuGH v. 15.5.86 - Rs 222/84 (Johnston), Slg. 1986, 1651, Rn. 38.

[123] Die EG-typische Möglichkeit und Besonderheit, den Sinn von Begriffen rechtsvergleichend zu ermitteln und so zu klären, ob Vorrangregeln wie im Bremer Gleichstellungsgesetz dazu gehören könnten, besteht wohl kaum, gibt es doch lediglich in Österreich den Normen, die bundesrepublikanischen Vorrangregeln im öffentlichen Dienst vergleichbar sind; vgl. Siegmund-Ulrich in diesem Sammelband

[124] EuGH v. 15.6.1978 - Rs 149/77 (Defrenne III ./. Société anonyme belge de navigation aérielle Sabena) Slg. 1978, 1365, Rn. 26/29.

gegen Frankreich 1988 enthalten war. Danach läßt die in Art. 2 Abs. 4 Richtlinie vorgesehene Ausnahme Maßnahmen zu, "die zwar ihrer äußeren Erscheinung nach diskriminierend sind, tatsächlich aber in der sozialen Wirklichkeit bestehende faktische Ungleichheiten beseitigen oder verringern sollen"[125]. Hierzu benennt der Gerichtshof in Rn. 19 des Kalanke-Urteils Regelungen als gemeinschaftskonforme Maßnahmen zur Förderung der Chancengleichheit für den Bereich des Zugangs zur Beschäftigung einschließlich des Aufstiegs, "die Frauen spezifisch begünstigen und darauf ausgerichtet sind, deren Fähigkeiten zu verbessern, auf dem Arbeitsmarkt mit anderen zu konkurrieren und unter gleichen Bedingungen wie Männer eine berufliche Laufbahn zu verwirklichen".

Maßnahmen im Bereich der Qualifizierung sind besonders geeignet, die Konkurrenzbedingungen zugunsten von Frauen zu verbessern*[126]*. Es bestehen deshalb keine Bedenken, daß die Vorgaben des Bremer Hochschulgesetzes, der universitären Richtlinie und der Antidiskriminierungsrichtlinie mit dem Gemeinschaftsrecht vereinbar sind, obwohl sie keine Härteklausel enthalten. Ziel ist, die gleichen Startbedingungen für den akademischen Arbeitsmarkt zu schaffen. Die Unterrepräsentation von Frauen an juristischen Fakultäten ist für sämtliche Qualifizierungsstellen augenfällig und seit Jahren weitgehend unverändert, obwohl sich der Anteil möglicher Bewerberinnen kontinuierlich vergrößert hat. Hier die Qualifizierungsmöglichkeiten gezielt für Frauen zu verbessern, ist geeignet und auch erforderlich, da ansonsten der Weg zur wissenschaftlichen Laufbahn mangels Promotion versperrt und mangels Habilitation erheblich erschwert werden würde.

3.1.1.3 Sonderprogramme

Die aus Mitteln des Bundes[127] und des Landes Bremen finanzierten C-1-Sonderprogramme zur Förderung des wissenschaftlichen Nachwuchses sowie die entsprechenden Promotionsstipendien, die ausschließlich für Frauen zur Verfügung stehen, sind ebenso wie die Vorrangregeln bei den Qualifizierungsstellen zu rechtfertigen.

Allerdings hat sich als Problem der Sonderprogramme zumindest für die Universität Bremen gezeigt, daß durch die Sonderprogramme lediglich der zuvor im Rahmen der üblichen Stellenvergabe erreichte Frauenanteil gehalten werden konnte. Eine Erhöhung des Frauenanteils wurde nicht erreicht[128]. Sonderprogramme haben nur kompensiert, daß bei der Besetzung der regulären Qualifizierungsstellen Frauen - anders als nach Hochschulgesetz oder Universitätsrichtlinie vorgesehen - nicht entsprechend berücksichtigt worden sind.

3.1.2 Sanktions- bzw. Anreizsysteme

Die Zusammenschau von Sonderprogrammen und bindenden Vorgaben für die Besetzung der Qualifizierungsstellen verdeutlicht, daß die Vorrangregeln wenig Auswirkungen zugunsten der Wissenschaftlerinnen haben, wenn ihre kontinuierliche Mißachtung er-

---

[125] EuGH v. 25.10.88 - Rs 312/86 (Kommission ./. Frankreich), Slg. 1988, 6315, Rn. 15. Die allgemeine Zulassung der in französischen Tarifverträgen seit langem vorgesehenen besonderen Rechte für Frauen war so nicht zu rechtfertigen und wurde als mit der Richtlinie 76/207 für unvereinbar erklärt. Die vom Generalanwalt Slynn vorgeschlagene Entscheidung war von diesem damit begründet worden, man könne nicht "wie Frankreich argumentieren, daß, weil Frauen im allgemeinen immer diskriminiert worden seien, (seien) per se alle Bestimmungen zugunsten von Frauen im beruflichen Bereich als Teil eines Aufholprozesses gültig"; Slg. 1988, 6329.

[126] General recommandantion No.5 (seventh session 1988) Supplement No. 38 (A/43/38) hat hierzu empfohlen, "that States parties make more use of temporary special measures such as positive action, preferential treatment or quota systems to advance women's integration into education.

[127] Allgemein kritisch zum Hochschulsonderprogramm II Mesletzky, ifg 4/1995, 29 ff.

[128] Dies berichtet der für Forschungsförderung zuständige Referent Karl Leonhard Reinhold, Das Sonderprogramm zur Förderung des weiblichen wissenschaftlichen Nachwuchses in der Universität Bremen, impulse aus der Forschung Nr. 17, April '94, 5 ff.

gebnislos bleiben würde. Die Diskrepanz zwischen den aufgestellten Grundsätzen und der täglichen Praxis hat dazu geführt, daß nicht nur an der Bremer Universität sondern auch generell auf Bundesebene bei den Frauenbeauftragten der Hochschulen Anreizsysteme erörtert werden, damit die Grundsätze der Frauenförderung in Praxis auch tatsächlich beachtet werden.

Für Bremen sieht die universitäre Richtlinie i.S. eines Sanktions- bzw. Anreizsystems in § 3 Abs. 4 die Möglichkeit vor, Fachbereichen, die die Unterrepräsentanz von Frauen im angestrebten Umfang abgebaut haben, freiwerdende Stellen aus solchen Fachbereichen zuzuweisen, die diesem Ziel nicht näher gekommen sind. Bis heute ist diese Regelung nicht zur Anwendung gekommen.

Innerhalb des juristischen Fachbereichs sehen Ziffer 5.1 und 5.2 der Antidiskriminierungsrichtlinie 1995 ein Sanktions- bzw. Anreizsystem für die Vergabe von Mitteln für studentische Hilfskräfte bzw. für die Besetzung von Stellen wissenschaftlicher Mitarbeiterinnen und Mitarbeiter vor. Ausgehend von der Zielgröße von 50% - dies ist der Anteil der Studentinnen und Absolventinnen in Bremen, der über dem Bundesdurchschnitt liegt - ist die Vergabe der Mittel für studentische Hilfskräfte und der Promotionsstellen an den einzelnen Hochschullehrer und die einzelne Hochschullehrerin geregelt.

Die Vorrangregel bei entsprechender Qualifikation wird für die Promotionsstellen mit einem Verfahren ergänzt, das als Dominomodell zu beschreiben ist. Die Zielvorgabe entspricht der bisherigen Voraussetzung, damit die Vorrangregel Anwendung finden würde. Sie orientiert sich also an dem vorhandenen Qualifikationspotential. Wenn im Einzelfall Personalentscheidungen dazu führen, daß der Frauenanteil unter das am Qualifikationspotential orientierte Ziel sinkt, ist die von dem einzelnen Hochschullehrer oder der einzelnen Hochschullehrerin geplante oder gewünschte Stellenbesetzung nicht durchführbar. Statt dessen hat die nächste Person die Möglichkeit, die freigewordene Stelle zu besetzen. Es bleibt abzuwarten, ob dieser Wechsel von der begrenzt qualifikationsbezogenen Vorrangregelung zur Zielvorgabe sich als ein praktikablerer und effektiverer Weg erweisen wird. Rechtliche Bedenken können gegen diesen Weg wie bereits gegen die Vorrangregel selber nicht in überzeugender Weise geltend gemacht werden.

3.2   Inhaltlicher Aspekt der Frauenförderung

Der zweite Ansatz der Frauenförderung betrifft den Inhalt von Studium, Lehre und Forschung. So ist es nach § 3 Abs. 2 des hessischen Hochschulgesetzes Aufgabe der Hochschulen, nicht nur auf die Beseitigung bestehender Nachteile für Frauen hinzuwirken, sondern auch, in den Fächern entsprechende Forschungs- und Lehrprogramme zu fördern. Nach § 2 Abs. 2 des niedersächsischen Hochschulgesetzes haben die Hochschulen in Forschung und Lehre, Studium und Weiterbildung, bei der Gestaltung der Arbeitsabläufe sowie bei der Wahrnehmung ihrer übrigen Aufgaben die Lebenssituation von Frauen zu berücksichtigen und ihre Möglichkeiten zur Förderung von Frauenforschung und Frauenstudien zu nutzen. Für Bremen ist entsprechendes im Hochschulgesetz geregelt. Konkretisiert werden die gesetzlichen Vorgaben in einer Vielzahl der universitären Richtlinien[129].

Ausgehend von den vorhandenen Regelungen dürfte die Situation für die Frauenforschung und frauenrechtliche Themen in der Lehre hervorragend sein. Einen ganz anderen Eindruck vermittelt der Blick in die Lehrveranstaltungsverzeichnisse der juristischen Fakultäten[130]. Es ist die Ausnahme, daß für das juristische Studium Lehrveranstaltungen zu frauenrelevanten Themen angeboten werden[131]. Eine Professur mit der Widmung für diesen Themenbereich gibt es bisher nur an der Universität Bremen. Und hier ist ein erster

---

[129]   Vgl. Graue im Sammelband.
[130]   Vgl. Limbach in diesem Sammelband.
[131]   Vgl. für ein Beispiel an der Humboldt-Universität Baer in diesem Sammelband.

Ansatz gelungen[132], den möglichen Inhalt frauenrechtlicher Veranstaltungen zu kanonisieren[133].

Als weiterer Aspekt des Stellenwertes frauenrelevanter Themen für die universitäre Ausbildung ist es relevant, inwieweit diese auch Gegenstand der Prüfung sind. Für Bremen ist dies seit der Novelle des JAPG 1992 gesetzlich verankert worden, konkretisiert durch die Studienordnung und die Schwerpunktbereichsverordnung.

4. Zusammenfassung

Für Frauen ist der Zugang zur juristischen Ausbildung und den juristischen Berufen mit vielen rechtlichen Hürden verbunden gewesen. Der Berufsbereich, für den der steigende Anteil weiblicher Studierender sich bis heute nur marginal ausgewirkt hat, ist die Hochschule.

Frauenförderung an der Hochschule kann mit bindenden Vorgaben insbesondere bei den Nachwuchsstellen ansetzen.

Frauenspezifische Inhalte der Lehre sollten auch Prüfungsgegenstand sein. Der Mindestinhalt frauenspezifischer Lehre für den jeweiligen Fachbereich kann heute kanonisiert und damit durchschaubar ausgestaltet werden.

---

[132] Vgl. Nr. 4.1 der Antidiskriminierungsrichtlinie 1995, Anhang 3 in diesem Sammelband.
[133] Vgl. dazu Limbach zum Frauenrecht in diesem Sammelband.

Literatur

Baer, Susanne, Quotierung vor EuGH und BVerfG - Gleichheit zwischen Philosophie und Recht. In: Streit 1996, 38

Bajohr, Stefan/Rödiger-Bajohr, Kathrin, Die Diskriminierung der Juristin in Deutschland bis 1945. In: KJ 1980, 39

Benda, Ernst, Notwendigkeit und Möglichkeit positiver Aktionen zugunsten von Frauen im öffentlichen Dienst, Hamburg (Leitstelle Gleichstellung der Frau) 1986.

Berneike, Christiane Die Frauenfrage ist Rechtsfrage. Die Juristinnen der deutschen Frauenbewegung und das Bürgerliche Gesetzbuch, Baden-Baden 1995

Bertelsmann, Klaus/Colneric, Ninon/Pfarr, Heide M. /Rust, Ursula, Handbuch zur Frauenerwerbstätigkeit, Loseblatt, Neuwied 1993

Böge, Sybille, Ungleiche Chancen, gleiches Recht zu vertreten. In: Stein/ Wetterer, Frauen, 76

Böge, Sybille, Geschlecht, Prestige und „horizontale" Segmentierungen in der juristischen Proffession. In: Wetter (Hg), Konstruktion 139

Böhm, Reglindis, Der Kampf um die Zulassung der Frauen als Rechtsanwältinnen und zum Richteramt. In: DRiZ 1986, 365 - 374

Büchner, Lutz Michael, Die beamtenrechtliche Stellung der Frau seit 1919. In: RiA 1983, 2 - 10

Colneric, Ninon, Anmerkungen zu EuGH vom 17.10.199. In: Streit 1995, S. 168; dies. in: BB 1996, 265

Costas, Ilse, Die juristische Profession im deutsch-französischen Vergleich. In: Wetterer, (Hrsg.), Konstruktion, 121

Der Hessische Minister der Justiz (Hrsg.), Frauen in juristischen Berufen - ein Brevier für Referendare und Referendarinnen. Wiesbaden 1987

Deutscher Juristinnenbund (Hrsg.), Juristinnen in Deutschland. Eine Dokumentation (1900-1984), München 1984, 1-27

Dieball, Heike/Schiek, Dagmar, Bevorzugung ja - allerdings nicht automatisch. In: EuroAS 1995, 185

Dietrich, Der Beruf der Frau zur Rechtsprechung. In: DJZ 1933, 1256 - 1259

Fabricius-Brand/Margarethe/Berghahn, Sabine/Sudhölter, Kristine (Hrsg.), Juristinnen - Justitia entläßt ihre Töchter, Berlin 1982

Flügge, Sybilla, Der lange Weg in die Gerichte. Von der Männlichkeit des Staates und vom Ende holder Weiblichkeit. In: Streit 1984, 149 - 153

Francke, Robert/Sokol, Bettina/Gurlit, Elke, Frauenquoten in öffentlicher Ausbildung. Zur Verfassungsmäßigkeit von geschlechterbezogenen Quotenregelungen in öffentlichen Berufsausbildungen, Baden-Baden 1991.

Frauenbeauftragte der Georg-August-Universität Göttingen, Quoten und Grundgesetz (Referate am 17.11.1994 von Heide M. Pfarr und Jörn Ipsen). Göttingen 1995.

Fuchsloch, Christine, Kalanke und die Folgen - zugleich eine Anmerkung zu den Urteilen des EuGB vom 17.10.1995 und BAG vom 5.3.1196. in: FuR 1996, 87

Gerhard, Ute/Limbach, Jutta(Hrsg.), Rechtsalltag von Frauen. Frankfurt aM 1988

Graue, Bettina, Das EuGH-Urteil vom 17.10.1995 zu leistungsabhängigen Quoten im öffentlichen Dienst des Landes Bremen. In: RiA 1996, 80

Hassels, Angela/Hommerich, Christoph, Frauen in der Justiz. Eine empirische Analyse der Berufssituation, Karriereverläufe und Karrierechancen von Richterinnen, Staatsanwältinnen und Rechtspflegerinnen. Hrsg. vom Bundesministerium für Justiz. Köln 1993, Frauen in der Justiz - Tabellenband. Bergisch-Gladbach 1993

von Hasseln, Sigrun, Die Zulassung der Frau zum Richteramt -Thema des vierten Richtertages 1921. In: DRiZ 1984, 12 - 15

Hommerich, Christoph, Die Anwaltschaft unter Expansionsdruck. Hrsg. vom Bundesministerium für Justiz und vom Deutschen Anwaltverein. Köln/Essen 1988

Kahnert, Joachim, Die Quotenentscheidung des Europäischen Gerichtshofes vom 17.10.1995. In: ZTR 1996, 8

Kohleiss, Annelies, Frauen in und vor der Justiz. Der lange Weg zu den Berufen der Rechtspflege. In: KritV 1988, 115 - 127

Kremer, Eduard Die Stellung der Frau im deutschen Beamtenrecht - Stationen einer Diskriminierung. In: DöD 1989, 207 - 210

Loritz, Karl-Georg, EuGH - Bevorzugte Beförderungen von Frauen im Arbeitsverhältnis, Anmerkung. In: EuZW 1995, 763 - 765

Lüthje, Jürgen, Neue Grundsätze und Probleme des Hochschulrechts. In: NVwZ 1986, 343

Meier-Scherling, Anne-Gudrun, Die Benachteiligung der Juristin zwischen 1933 und 1945. In: DRiZ 1975, 10 - 13

Mertens, Lothar, Vernachlässigte Töchter der Alma Mater. Ein sozialhistorischer und bildungssoziologischer Beitrag zur strukturellen Entwicklung des Frauenstudiums in Deutschland seit der Jahrhundertwende, Berlin 1991

Mesletzky, Josephine, „Es tröstet sie eine Weile darüber hinweg, arbeitslos zu sein ...". Das Hochschulsonderprogramm II - ein geeignetes Mittel zur Erhöhung des Frauenanteils in Forschung und Lehre?. In: Zeitschrift für Frauenforschung 4/95, 29 - 39

Pfarr, Heide M./Bertelsmann, Klaus, Diskriminierung im Erwerbsleben - Ungleichbehandlung von Frauen und Männern in der Bundesrepublik Deutschland, Baden-Baden 1989

Pabst, Franziska/Slupik, Vera, Die geschlechtsneutrale Arbeitsplatzausschreibung gem. § 611b BGB. Zur Wirksamkeit arbeitsrechtlicher Sollvorschriften am Beispiel des Anzeigenmarktes für juristische Berufe. In: ZRP 1984, 178

Püttjer, Hanna, Frauenförderung durch staatliche Verwaltung bei der Lehrkörperergänzung der Hochschulen. In: DöD 1989, 279 - 283

Reis, Sofie, Die Juristin. In: Das Frauenbuch - Frauenberufe und Ausbildungsstätten - von Eugenie von Soden, Stuttgart. 1913, 91 - 93

Sachs, Michael, Europarechtswidrigkeit der Frauenquotenregelung im Bremer Gleichstellungsgesetz. In: JuS 1996, 350 - 351

Rinken, Alfred, Einführung in das juristische Studium, 3. Aufl. München 1996

Sessar, Klaus, Die Frau vor den Toren der Jurisprudenz. In: FS für Franz Pallin, Wien 1989, 401 - 418

Schiek, Dagmar, Die EuGH-Entscheidung „Kalanke" - Folgerungen für antidiskriminierende Maßnahmen im öffentlichen Dienst. In: PersR 1995, 512 - 519

Scholz, Rupert/Hofmann, Hans, EuGH: Bevorzugung von Frauen durch die Bremer Quotenregelung mit europäischem Recht nicht vereinbar - Anmerkung. In: WiB 1995, 951 - 953

Schultz, Ulrike, Frauen im Recht - Wie männlich ist die Juristenschaft? FernUniversität - Gesamtschule Hagen. Begleittext 89/9

Stark, Christian, Anmerkung zu EuGHE vom 17.10.1995. In: JZ 1996, 196 - 199

Stein, Ruth Edith, Marginalität im Westen - Gleichberechtigung im Osten? Frauen im Osten Deutschlands in Hochschule und Beruf. In: Stein/Wetterer, Frauen, 181-239

Stein, Ruth Edith/Wetterer, Angelika, (Hrsg.), Studierende und studierte Frauen: Ein Ost-West-Deutscher-Vergleich. Kassel 1994.

Wetterer, Angelika (Hrsg.) Die soziale Konstruktion von Geschlecht in Professionalisierungsprozessen. Frankfurt/New York 1995

Angelika von Wahl

Geschlechtergleichbehandlung an amerikanischen Universitäten „Equality versus Quality"?

1. Problemaufriß

Die Diskussion um Gleichstellung im Bildungssektor ist in den USA seit den 60er Jahren nicht mehr so intensiv geführt worden wie heute. Dabei zeigen Kritiker weniger auf die tatsächliche Krise in den überfüllten und schlecht ausgestatteten High-Schools der armen Stadtbezirke, als auf die Gleichstellung und Förderung von Minoritäten und Frauen an amerikanischen Elite Universitäten.[1] Tatsächlich haben Frauen und Minoritäten in den letzten 30 Jahren enorme Steigerungsraten in Zulassungen und Hochschulabschlüssen verzeichnet, nachdem vormals Rassen- und geschlechtssegregierte Schulen und Universitäten integriert worden sind. Doch nicht alle interpretieren diese Entwicklung als nur positiv. Kritiker von "Affirmative Action" und "Title IX", den zwei wichtigsten Komponenten der Gleichstellung, sehen eine negative Korrelation zwischen vermehrter Gleichheit und der Qualität in Lehre und Forschung. Ihrer Meinung nach ringen "equality" und "quality" miteinander. Setzt man die komplexen Probleme in der höheren Bildung in den USA in solche Opposition, folgt aus dem Streben nach Gleichheit inhärent ein Niedergang wissenschaftlicher Qualität. Dagegen identifiziert dieser Aufsatz verschiedene Bereiche im tertiären Bildungssektor, in denen durch den wachsenden Frauenanteil weniger Qualitätsansprüche gefährdet sind als männliche Identität, Traditionen und Privilegien.

Die amerikanische Literatur zum Thema Gleichstellung von Frauen an Universitäten hat sich in den letzten Jahrzehnten inhaltlich und quantitativ stark gewandelt. Während es in den 60er Jahren kaum Untersuchungen gab, sind in den 70er und frühen 80er Jahren zahlreiche Artikel zum Thema "Title IX" und der politischen Durchsetzung der Gleichstellung, von Frauen und Bildung, der Geschichte und Wirkung von Frauencolleges, der Gründung von Frauenstudien und juristischen Fragen zur Bildung publiziert worden.[2] Nach der gleichen Zulassung von Frauen in die schwer zugänglichen Fachbereiche Recht, Medizin und Wirtschaft nahm das gesellschaftliche und akademische Interesse an diesen Themen ab.[3] So wurde in den letzten 10 Jahren kein umfangreicher Artikel zur Lage der

---

[1] Nathan Glazer, Affirmative Discrimination; Ethnic Inequality and Public Policy, New York 1975; Allan Bloom, The Closing of the American Mind, New York 1987; Dinesh D'Souza, Illiberal Education, The Politics of Race and Sex on Campus, New York 1991; Howard Dickman (Hrsg.), The Imperiled Academy, New Brunswick, London 1993.

[2] Grundlegende Studien sind die von Alice Rossi, Ann Calderwood (eds.), Academic Women on the Move, New York 1973 und der Report der Carn egie Commission, Opportunities for Women in Higher Education, New York 1973 und Margaret W. Rossiter, Women Scientists in America 1995. Einen historischen Überblick liefern Barbara Miller Salomon, In the Company of Educated Women, New Haven und London 1985; Sally Schwager, Educating Women in America, Signs: Journ al of Women in Culture and Society 12, Nr. 2, Winter 1987, S. 333-72; Geraldine Joncich Clifford, Shaking Dangerous Questions from the Crease: Gender and American Higher Education, Feminist Issues 3, 1983, S. 3-62; Studien zur Geschichte und Wirkung von Frauencolleges sind u.a.: Elizabeth Tidball und Vera Kistiakowsky, Baccalaureate Origins of American Scientists and Scholars, Science 193, August 1976, S. 646-52; Mary Oates und Susan Williamson, Women's Colleges and Women Achievers, Signs, Vol. 3, Nr. 4, Sommer 1978, S. 795-806; Joy Rice und Annette Hemmings, Women's Colleges and Women Achievers: An Update, Signs, Vol. 13, Nr. 3, 1988, S. 546-59. Zur Curricula Reform an Schulen z.B.: Sharon Sims, Women's History and the Public Schools, Women's Rights Law Reporter, Vol. 14, Nr. 1, Winter 1992, S. 9-23.

[3] Report from the National Advisory Council, Washington 1988, S. V. Bildungsfragen von Frauen waren seit Mitte der 80er Jahre "out." Auch die Vertretung von Frauen innerhalb der höheren Ränge der Universitätsverwaltung stagniert bei etwa 10%, siehe: Sheila Kaplan und Adrian Tinsley,

Gleichstellung von Studentinnen und Universitätsangestellten an amerikanischen Universitäten in einer der großen feministischen Zeitschriften veröffentlicht[4]. Dies hängt einerseits mit den großen Fortschritten von Frauen im Bildungssektor und erweiterten Publikationsmöglichkeiten zusammen und andererseits mit der veränderten wissenschaftlichen Diskussion innerhalb des Feminismus. Heute befaßt sich ein großer Teil der Literatur mit postmodernen Fragestellungen und Problemen, die u.a. die euro- und androzentrische Konstruktion der Curricula kritisieren und ein gemeinsames Interesse von "Frauen" unter dem Begriff der "Differenz" hinterfragen.[5] Diese Diskussionen haben Inhalt und Rahmen des Diskurses zu Gleichheit und Gleichbehandlung grundlegend erweitert und erhellt, jedoch z.T. vernachlässigt, daß materielle Benachteiligungen, wie Diskriminierungen an Universitäten bei Zulassungen, Beförderungen, Einkommen, Stipendien etc. fortbestehen. Der Schwerpunkt dieses Aufsatzes liegt dagegen auf gesetzlichen und strukturellen Ungleichheiten, ihren juristischen Interpretationen und politischen Folgen.

Generell sind seit Anfang der 70er Jahre deutlich positive Entwicklungen für Frauen in der tertiären Bildung sichtbar: Direkte oder formale Diskriminierung ist heute im Gegensatz zu den 50er und 60er Jahren selten und fast alle höheren Bildungseinrichtungen verfügen über explizite Antidiskriminierungsrichtlinien. Frauen stellen 52% aller Studenten und sind mit etwa 40% in den vormals exklusiven Fächern Medizin, Recht und Ökonomie repräsentiert. Ein Bewußtsein für die Existenz von Frauendiskriminierung hat sich entwickelt. Frauen haben eigene wissenschaftliche Organisationen und Zeitschriften gegründet und einen neuen Fachbereich, der das Studium von "Frauenthemen" institutionalisiert und legitimiert hat. Veränderungen im Curriculum waren die Folge. Auf der anderen Seite bestehen institutionelle "Ausnahmen" und Benachteiligungen fort, z.B. in den Bereichen Universitätssport, Militär, Jurastudium und Anstellungen auf Lebenszeit ("Tenure").[6]

Im folgenden werden der gesetzliche Ursprung, Umsetzung und die juristische Interpretation der Gleichstellungsgesetze dargestellt und die Inhalte und Struktur der Ausnahmen analysiert. Als theoretische Basis dient die Untersuchung von Cockburn, die in vier Organisationen Inhalt und Form patriarchalen Widerstands gegenüber geschlechtsspezifischer Gleichstellung analysiert hat.[7] Während Faktoren wie Klassenzugehörigkeit und ethnische Herkunft eine wichtige Rolle in der Verteilung von Prestige und materiellen Vorteilen spielen, verdeutlicht Cockburn die zentrale Bedeutung, die die Verteidigung traditioneller Maskulinität auf institutioneller und kultureller Ebene gegenüber ge-

---

The Unfinished Agenda: Women in Higher Education Administration, Academe, Jan.-Febr. 1989, S. 18-22.

[4] Weder in Sings, Feminist Issues, Gender & Society oder Feminist Review sind seit Mitte der 80er Jahre Artikel erschienen, die eine Bestandsaufnahme und Wirkungsanalyse der gesetzlichen Gleichstellung von Frauen in der höheren Bildung vornehmen.

[5] Margareth Andersen, 1988, Changing the Curriculum in Higher Education, in: Reconstructing the Academy, Women's Education and Women's Studies, Hrsg. Elizabeth Minnich, Jean O'Barr, Rachel Rosenfeld; Hester Eisenstein und Alice Jardine (Hrsg.), The Future of Difference, New Brunswick 1985; Sandra Harding, The Instability of the Analytical Theories of Feminist Theory, in: Sex and Scientific Inquiry, Hrsg. Sandra Harding und Jean O'Barr, Chicago 1987, S. 283-302; und: Sandra Harding, Whose Science? Whose Knowlege? Thinking from Women's lives, Ithaca New York, 1991; Judith Butler, Gender Trouble, Feminism and the Subversion of Identity, London, New York 1990.

[6] Eine andere geschlechtersegregierte Ausnahme sind die privaten Frauencolleges aus dem 19. Jahrhundert von denen heute noch etwa ein Viertel existiert. Sie sind allerdings nicht zum Zweck des Ausschluß von männlichen Studenten gegründet worden, sondern als Reaktion zu verstehen. Dieser Aufsatz befaßt sich im Schwerpunkt mit der rechtlichen Situation an öffentlich finanzierten Institutionen und nicht mit Privatuniversitäten.

[7] Cynthia Cockburn, In the Way of Women, Men's Resistance to Sex Equality in Organizations, Corn ell, Ithaca 1991. Die vier Fallstudien untersuchten eine öffentliche Dienstleistungsverwaltung, Gewerkschaft, kommunale Administration und eine private Geschäftskette.

schlechtsspezifischen Gleichstellungsmaßnahmen einnimmt. Dies ist um so mehr der Fall, wenn Maßnahmen als status quo verändernd angesehen werden. Auch Gelb und Palley haben in ihrer Policystudie festgestellt, daß die Durchsetzung von Gesetzen, die sich auf Gleichheit zwischen den Geschlechtern ("role equity") beziehen eher erfolgreich sind, als die, die auf eine grundlegende Veränderung des Geschlechterverhältnisses abzielen ("role change").[8] Sie argumentieren, daß das Antidiskriminierungsgesetz Title IX deshalb erfolgreich war, weil es von der Frauenbewegung als "role equity issue" charakterisiert werden konnte und keine fundamentale Umwälzungen des Geschlechterverhältnis bedeutete.[9]

Unter "equity" wird nicht nur eine an männlichen Standards orientierte Angleichstellung verstanden. Der englische Begriff "equity" ist in der Bedeutung verwandt mit "Gerechtigkeit" und geht davon aus, daß unter bestimmten Umständen Formen der Wiedergutmachung, die über den gesetzlichen Rahmen hinausgehen, nötig sind. 1787 wurden in den USA in Anlehnung an das englische Rechtssystem, "equity courts" eingerichtet (früher "Courts of the King's Conscience"). Diese Einstellung erlaubte Bundesgerichten in den 60er Jahren, das Unterlaufen der Rassensegregation zu beenden.[10]

Mein Aufsatz problematisiert Inhalt und Umsetzung von "role equity" und "role change" im Bildungswesen erneut. Will man geschlechtsspezifische Gleichstellung im Bildungssystem in der Gesamtheit analysieren, müssen verschiedene Faktoren berücksichtigt werden, die grundlegende Wirkung haben. Dazu gehören sowohl die für Gleichstellung relevanten Gesetze, Policies und Verfassungsurteile als auch institutionelle, materielle und kulturelle Hürden gegen Gleichbehandlung. Das Ziel der Analyse ist, allgemeinere Aussagen zu Ein- und Ausschlußmechanismen im Bildungswesen zu erhalten und Widerstand von Frauen inhaltlich und institutionell zu spezifizieren und zu erklären. Damit soll auch der simplizistischen Dichotomie von Qualität versus Gleichheit, wie sie in amerikanischen Diskussionen vielfach auftaucht, eine kritische Interpretation entgegengesetzt werden.

Ich gehe von der These aus, daß geschlechtsspezifische Gleichbehandlung in den USA in der tertiären Bildung zwar formal weitgehend durchgesetzt worden ist, daß wichtige hierarchisierende Ausnahmen jedoch weiter bestehen. Inhalt und Struktur der Abwehr gegen Gleichstellungsmaßnahmen deuten darauf hin, daß weniger die Qualität der Fachbereiche und Institutionen, sondern eher die Identität, die Traditionen und die materiellen Privilegien der Nutznießer auf dem Spiel stehen.

Im einzelnen werden vier Fragenkomplexe untersucht:

1. In welchem politischen und historischen Kontext entwickelte sich Gleichbehandlung von Frauen an amerikanischen Universitäten? Welche Formen der Gleichstellung existieren im Bildungswesen und wie wurden sie umgesetzt?
2. Welche wichtigen Gebiete der Segregation und Diskriminierung von Frauen an den Universitäten sind erhalten geblieben? Was bedeuten sie für die Umsetzung von Bildungs- und Gleichstellungspolitik?
3. Wie haben sich juristische Interpretationen, insbesondere im Verfassungsgericht, hinsichtlich der Gleichstellung entwickelt?
4. Welche Schlußfolgerungen können wir über die Ursachen der Ungleichheit und bezüglich der Diskussion um Qualität und Gleichheit treffen?

---

[8] Joyce Gelb und Marian Lief Palley, Women and Public Policies, Princeton 1987.
[9] Gleichzeitig äußerten sie Zweifel an der Interpretation des Title IX als einem reinen Ausdruck der Gleichbehandlung, Gelb, S. 127.
[10] Miriam Chamberlain (Hrsg.), Women in Academe, Progress und Prospects, New York 1988, S. 168 ff.

2. Geschichtliche und politische Entwicklung amerikanischer Bildungspolitik für Frauen

Bildung spielte in den USA historisch eine zentrale Rolle für die Identität und Integration der neuen Nation. Anstelle einer ständischen Ordnung, die die gesellschaftliche Position des Individuums festschrieb, versprach die junge Demokratie Aufstiegsmöglichkeiten und Erfolg durch Bildung und Eigenleistung. Das Bildungssystem ist geprägt von den Besonderheiten amerikanischer Staatsbildung, die mit Europa nur wenig Gemeinsamkeiten aufweist. So hatten öffentliche Schulen die Funktion, Millionen von Einwanderern die englische Sprache, eine demokratische Kultur und einen patriotischen „Amerikanismus" nahe zu bringen. Das Bildungswesen trug damit grundlegend zur gesellschaftlichen Integration bei. Andererseits führte fehlende national koordinierte Bildungspolitik zu einem bis heute fragmentierten und dezentralen Bildungssystem, das extreme materielle und regionale Unterschiede aufweist, da bis heute z.B. kein Finanzausgleich zwischen den Kommunen stattfindet.

Die überwältigende Mehrheit weißer Frauen und Afro-Amerikaner waren bis zum Ende des Bürgerkrieges (1861-1865) und der dann einsetzenden Industrialisierung von dem Erfolgsrezept der sich entwickelnden Leistungsgesellschaft ausgeschlossen, da sie keine öffentlichen Schulen besuchen durften. Die Schwäche staatlich gelenkter Bildungspolitik ermöglichte aber anders als in Deutschland die frühe Gründung privater Frauencolleges.[11] Mit dem Zugang von Mädchen zu öffentlichen Schulen nach 1865 wurden mehr Frauencolleges gegründet, die im späten 19. Jahrhundert die erste Generation progressiver Wissenschaftlerinnen und Frauenpolitikerinnen hervorbrachten.[12] Die Eröffnung der Frauencolleges deutet auf eine frühe Form der "role equity" hin, durch eine Angleichung an männliche Lehrinhalte und Einstellung, daß die Bildung für Frauen der Mittelschicht nicht mehr prinzipiell unakzeptabel sei. In der höheren Bildung entwickelte sich eine geschlechtsspezifische Struktur des "seperate but equal".

An den Universitäten, die dagegen früh Koedukation eingeführt hatten, wie die University of Chicago, schoß die Zahl der Studentinnen zwischen 1892 und 1902 von 24% auf 50%.[13] Beunruhigt über die "Feminisierung" der Universität wurden getrennte Kurse für Frauen und Quoten für Männer eingerichtet. Auch an der Stanford University wurde von 1904 bis 1933 die offizielle Ratio von 3 zu 1 eingesetzt, um die Anzahl der Frauen zu senken, nachdem 1901 die Studentinnen, die schon 50% ausmachten, bessere Noten und mehr Auszeichnungen als die Männer erhalten hatten.[14] Koedukation wurde also aufgrund der als bedrohlich empfundenen weiblichen Konkurrenz und der Gefährdung männlicher Identität und Superiorität durch "Feminisierung" zurückgenommen. Männerquoten bestanden z.T. bis Anfang der 70er Jahre fort (s.u.).[15]

Der zweite Einschnitt in der Entwicklung zu größerer allgemeiner Zugänglichkeit zu Universitäten folgte mit dem Zweiten Weltkrieg. Angesichts sinkender Studentenzahlen, stieg die Immatrikulation von Frauen kurzzeitig in allen Bereichen auf einen Stand an, der erst wieder in den 70er Jahren erreicht wurde. Die wichtigste gesetzliche Veränderung der Nachkriegszeit bestand in der finanziellen Unterstützung des Studiums für mit-

---

[11] Das erste College, das Frauen zuließ, war Oberlin College 1837. Der Grund für die Öffnung bestand neben ethischen Überlegungen in finanziellen Nöten. Siehe Women in Academe, S. 4.

[12] Wichtig waren die sieben privaten Colleges für junge Frauen der Oberschicht ("Seven Sisters"), die mit den ausschließlich Männern zugänglichen Elite Universitäten der "Ivy League" lose affiliiert waren. Die bekannten sieben Frauencolleges waren: Smith, Vassar, Bryn Mawr, Mount Holyoke. Radcliffe, Barn ard, Wellesley.

[13] Barbara Miller Solomon, S. 58-59.

[14] Women in Academe, S. 6; auch Mary Roth Walsh, "Doctors Wanted: No Women Need Apply", Sexual Barriers in the Medical Profession, 1835-1975, New Haven, London 1977.

[15] Siehe z.B. den Protest von Radcliff Studentinnen, die 1971 gegen die Ratio 4:1 bei der Zulassung von Erstsemestern protestierten. In: Solomon, S. 114.

tellose zurückgekehrte Kriegsveteranen durch den Staat.[16] Damit übernahm der amerikanische Staat zum ersten Mal Verantwortung für ökonomisch Benachteiligte in der höheren Bildung. Die sozialstaatliche Intervention führte zu einer enormen Bildungsexpansion für männliche Studenten und einem Ausbau der Colleges. Die Zulassung von Frauen wurde dagegen gedrosselt und sank von 41% 1940 auf 24% 1950.[17] Nur eine Minorität amerikanischer Frauen (und Männer) hatte Zugang zu den teuren privaten Colleges und Universitäten. Die Mehrheit der zu öffentlichen Colleges zugelassenen Studentinnen wurde auf eine eingeschränkte Zahl von Fachbereichen verwiesen.[18] Das männliche Studenten favorisierende Quotensystem bei Zulassungen bestand z.B. bis in die 70er Jahre z.B. an der öffentlichen University of North Carolina: "Admission of women on the freshman level [Erstsemester] will be restricted to those who are especially well-qualified". Die Quoten resultierten 1970 in einer Zulassung von 426 Studentinnen und 1.893 Studenten.[19]

Nach 1961 sank in allen westlichen Demokratien die geschlechtsspezifische Ungleichheit im Bildungssektor aufgrund von steigenden Einkommen, Demographie, abnehmendem politischem Konservatismus und sozio-kulturellen Veränderungen.[20] Ausbildung von Mädchen und Frauen wurde nicht mehr als überflüssiger Luxus angesehen, sondern in der Mittelschicht höher bewertet. Auch das höchst fragmentierte Bildungssystem in den USA änderte sich.[21] In entscheidendem Maße trug 1954 das Urteil des Verfassungsgerichts im Fall Brown v. Board of Education of Topeka[22] zu einer Revolutionierung des Bildungswesens bei, weil durch das Urteil Rassensegregation in Schulen und Universitäten zum ersten Mal als verfassungswidrig eingestuft wurde.[23] Die Tragweite dieser Jahrhundertentscheidung führte langfristig zur Beendigung des Apartheidsystems in den Südstaaten, zur Desegregation aller öffentlichen Einrichtungen und zur Demokratisierung des Bildungswesens *auch* für Frauen.

Die breite gesetzliche Umsetzung des Urteils wurde im folgenden Jahrzehnt durch die schwarze Bürgerrechtsbewegung unter Martin Luther King und im Kongreß durch liberale Republikaner erkämpft. 1964 erließ der Kongreß den Civil Rights Act mit den für unser Thema wichtigen Gesetzen, Title VI und Title VII. Während der Title VI Rassen-

---

[16] Der sogenannte GI Bill (GI bedeutet General Infantry).

[17] Women in Academe, S.6.

[18] Lynne Brodie Welch (Hrsg.), Perspectives on Minority Women, New York 1992.

[19] U.S. Congress, House of Representatives, Discrimination Against Women, hearings before the Special Subcommittee on Education of the Committee on Education and Labor, 91st Cong., 2nd sess., Section 805 of H.H. 16098, June and July 1970, S. 300.

[20] Francis Castles und Jane Marceau, The Transformation in Gender Inequality in Tertiary Education, Journ al of Public Policy, 9,4, S. 493-507, 1989; Michael Hout, Adrian Raftery und Eleanor Bell, Making the Grade, Educational Stratification in the United States, 1925-1989, in: Yossi Shavit und Hans-Peter Blossfeld, Persistent Inequality, Changing Educational Attainment in Thirteen Countries, Boulder, San Francisco, Oxford 1993, S. 25-49.

[21] In den USA existiert weder eine national geplante Bildungspolitik, noch ein sozialstaatlicher finanzieller Ausgleich zwischen armen und reichen Gemeinden und Einzelstaaten, so daß die Qualität der Bildungseinrichtungen extrem variiert. Unterschieden werden private und öffentliche Institutionen und dort nochmal die Colleges (zwei oder vier Studienjahre) und Forschungsuniversitäten. Es gibt 1.586 private 4 Jahres Universitäten, 604 öffentliche 4 Jahres Universitäten, 1.021 öffentliche und 421 private zwei Jahres Universitäten. Frauen stellten 1993 55,1% der Studenten. Der Prozentsatz an Minoritäten war an den privaten 4 Jahres Colleges mit 19,3% am niedrigsten und am höchsten mit 27,7% an öffentlichen zwei Jahres Colleges.in: The Chronicle of Higher Education, Almanac, No. 1, Sept. 1, 1995, S. 5.

[22] 347 U.S. 483 (1954).

[23] 1886 hatte das Supreme Court in Plessy v. Ferguson geurteilt, daß getrennte Eisenbahnabteile für Schwarze und Weiße nicht dem Gleichstellungsgrundsatz des 14ten Verfassungszusatz widersprachen und damit die "seperate but equal" Doktrin begründet. Die Ära der "Jim Crow-" oder Apartheidsgesetze legitimierte die Rassentrennung nach dem Ende der Sklaverei bis in die 60er Jahre.

und Geschlechterdiskriminierung in Schulen, Krankenhäusern, Theatern, Bussen etc. verbot, untersagte Title VII Diskriminierung aufgrund von Rasse, Geschlecht, nationaler Herkunft und Religion am Arbeitsplatz.[24] Ein Jahr zuvor wurde der Equal Pay Act erlassen, der gleichen Lohn für gleiche Arbeit zwischen Männern und Frauen vorschrieb, allerdings die Universitäten und Verwaltungen aussparte. Universitäten und Colleges konnten damit länger als andere staatliche Institutionen den status quo aufrechterhalten. Der wenig bekannte Higher Education Act aus dem Jahr 1965 bildet die materielle Basis der Antidiskriminierungspolitik, weil durch ihn mittellose Studenten zum ersten Mal Darlehen erhalten konnten. Als einen weiteren Bestandteil amerikanischer Antidiskriminierungspolitik erließ Präsident Johnson zwei Executive Order (11246 und 11375) mit dem Ziel, Diskriminierung bei der Vergabe öffentlicher Aufträge zu verbieten. Er begründete so das wichtige Modell der "Affirmative Action". Während Antidiskriminierungsgesetze individuelle Benachteiligung betreffen, handelt es sich bei Affirmative Action zum ersten Mal um einen systematischen Ansatz, der strukturelle Benachteiligung von sozialen Gruppen anerkennt.[25] Die Richtlinien des Ministeriums für Gesundheit, Bildung und Wohlfahrt erklären die zugrunde liegende Annahme: "The premise of the affirmative action concept of the Executive Order is that unless positive action is undertaken to overcome the effects of systemic institutional forms of exclusion and discrimination, a benign neutrality in employment practices will tend to perpetuate the *status quo ante* indefinitely".[26] Eine Fortschreibung historischer Ungleichheiten widersprach jedoch immer stärker dem liberalen Prinzip der Chancengleichheit und dem „freien Markt".

Die „schwarzen" Antidiskriminierungsgesetze sind inhaltlich, institutionell und politisch wichtig für Frauen: Da es keinen geschlechtsspezifischen Gleichberechtigungsartikel in der amerikanischen Verfassung gibt, bedeutete die Berücksichtigung der Kategorie "Geschlecht" eine erste staatliche Kenntnisnahme existierender Diskriminierung.[27] Inhaltlich und institutionell untermauerte eine Subsumierung von Frauen in das "schwarze" Bürgerrechtsgesetz eine bis heute existierende Analogie zwischen diesen beiden Formen der Diskriminierung.[28] Die Analogie ermöglichte einerseits wirksame Argumentationsketten und eine erleichterte Umsetzung, negierte aber andererseits die Situation farbiger Frauen sowie biologische und soziale Differenzen zwischen den Geschlechtern.[29] Die späteren Gesetze und Policies für Frauen sind zunächst aus diesem ethnischen Ent-

---

[24] "Race" wird meist mit dem in Deutschland historisch belasteten Begriff "Rasse" übersetzt. Andere Begriffe wie "Ethnien" etc. fassen nicht den amerikanischen Kontext. Die Kategorie "Geschlecht" wurde ursprünglich durch konservative Südstaatler im Kongreß hinzugefügt, um das gesamte Gesetz lächerlich zu machen und zu Fall zu bringen. Siehe Angelika v. Wahl, Berufliche Gleichstellung von Frauen in den USA und der Bundesrepublik, Dissertation, Berlin 1995.

[25] Sechs verschiedene Gleichstellungsansätze wurden analysiert von Angelika v. Wahl, Geschlecht und Arbeitsmarkt, Gleichstellungspolitik in den USA und der Bundesrepublik, PROKLA 99, Nr. 2, Juni 1995.

[26] Women in Academe, S.175-76. Der Begriff "Affirmative Action" an Universitäten umfaßt heute für Frauen so unterschiedliche Ziele wie die Veröffentlichung offener Stellen, Förderung von Frauenstudien, die Aufstellung von Zielquoten bei Zulassung von Studentinnen, die Anstellung und Beförderung gleich qualifizierter Wissenschaftlerinnen und Verwaltungsangestellter, spezielle Stipendien und Unterstützung von frauen- oder minoritätenrelevanten Programmen, Konferenzen, Forschungsthemen, Publikationen etc. Siehe Angelika v. Wahl, Dissertation, Fußnote 24.

[27] Cynthia Harrison, A "New Frontier" for Women: The Public Policy of the Kennedy Administration, The Journ al of American History, 67, S. 630-46.

[28] William Chafe, Women and Equality, Changing Patterns in American Culture, Oxford u.a. 1977; Myra Marx Ferree, Equality and Autonomy: Feminist Politics in the United States and West Germany, in: Mary Fainsod Katzenstein und Carol McClurg (Hrsg.), The Women's Movements of the United States and Western Europe, Consciousness, Political Opprtunity, and Public Policy, Philadelphia 1987, S. 172 - 195.

[29] Gloria Hull, Barbara Smith und Patricia Bell Scott (Hrsg.), All the Women Are White, All the Blacks Are Men, But Some Of Us Are Brave, Old Westbury 1983.

stehungszusammenhang zu begreifen, der in den USA zunächst zu einer breiten Einsetzung von Antidiskriminierungs- und Gleichstellungsmassnahmen vor allem für Schwarze führte.

Die entscheidende Wende für *Frauen* kam Anfang der 70er Jahre mit dem Anwachsen der neuen Frauenbewegung und einer Reihe von wichtigen Gesetzesreformen: die Reform des Title VII verbot Diskriminierung am Arbeitsplatz nun auch an Universitäten und schloß damit Wissenschaftliche Mitarbeiterinnen, Professorinnen und Stellen in der Universitätsverwaltung ein. Flankierend wurde der Equal Pay Act von 1963 erweitert und Ausnahmeregelungen für den Bereich Verwaltung und Erziehung wurden zurückgenommen. Der reformierte Public Health Service Act verbot diskriminierende Zulassungsregeln gegenüber Frauen insbesondere im Studienfach Medizin.[30] Weiterhin wurden die Ausführungsbestimmungen für die Executive Orders 11246 und 11375, die Affirmative Action bei öffentlicher Auftragsvergabe vorsahen, aufgrund einer effektiven Kampagne der Frauenrechtsorganisation WEAL unter der Leitung von Bernice Sandler nun auch auf die Universitäten angewendet.[31] Damit war der gesetzliche und kulturelle Ausnahmestatus, den die gesamte höhere Bildung inne hatte, beendet.

Die wichtigste gesetzliche Verankerung fand geschlechtsspezifische Gleichbehandlung im neuen Title IX des Education Amendments im Jahr 1972, das die Geschlechterdiskriminierung in allen bundesstaatlich unterstützten Schulen, Colleges, Fachbereichen und Programmen verbot. Title IX war in Anlehnung an die bereits etablierten Gleichstellungsgesetze des Civil Rights Act entworfen worden und lautete: "No person in the United States shall, on the basis of sex, be excluded from participation in, be denied the benefits of, or be subjected to discrimination under any education program or activity receiving Federal financial assistance...".[32] Der Zugriff geschlechtsspezifischer Antidiskriminierungsgesetze wurde durch Title IX nachhaltig gestärkt, besonders in den Bereichen Zulassungen, Kurswahl, finanzielle Unterstützung der Studentinnen, Wohnheimplätze, Sport, Ehestand, Stipendien, Erwerbstätigkeit, Gesundheitsversorgung und psychologische Beratung.

Eine Gleichstellungsabteilung (Office of Civil Rights, OCR) im Ministerium für Gesundheit, Bildung und Wohlfahrt (HEW) übernahm die Umsetzung und Überwachung des Title IX. Diese Abteilung sollte die Universitäten informieren, Ausführungsrichtlinien entwerfen, die Umsetzung überprüfen, Beschwerden nachgehen und im Notfall durch die Unterbrechung oder Unterbindung der für jede bessere Universität lebensnotwendigen bundesstaatlichen Mittel Sanktionen aussprechen.[33]

---

[30] Literatur zur Geschichte der Diskriminierung von Frauen in der Medizin siehe Walsh, Fußnote 14.

[31] 1974 wurde als weitere Massnahme der Women's Educational Equity Act erlassen, der durch die Vergabe von "grants" und Aufträgen die Gleichstellung von Mädchen und Frauen unterstützen soll. Er führte zur Gründung des National Advisory Council on Women's Educational Programs, das in den folgenden Jahren in Analysen Fortschritte und Handlungsbedarf aufzeigte und wichtige Empfehlungen zur Umsetzung des Title IX erarbeitete und dadurch zu einer fundierten Lobbypolitik beitrug. Darunter war auch die Studie The Unenforced Law: Title IX Activity by Federal Agencies other than HEW, Washington 1978, die aufzeigte, dass nicht einmal beteiligten Bundesverwaltungen das Gesetz einhielten. Weitere: Sex Bias: Education Legislation and Regulations, Washington 1977; Efforts Towards Sex Fairn ess in the Use of Education Division Funds, Washington 1977.

[32] 20 USC. 1681.

[33] Der amerikanische Staat gab 1993 etwa 20 Milliarden aus für Forschung und Entwicklung an Universitäten. Damit stammen 60% des Geldes vom Staat, knapp 8% vom Einzelstaat, der Rest vom Guthaben der Universität (University Endowment), der Industrie und anderen Quellen, Chronicle of Higher Education, ibid. 1993, S. 5. Nicht nur alle öffentlichen Universitäten (604) bekommen Geld aus Washington, sondern auch die etwa 1.500 privaten 4-Jahres Colleges und Universitäten.

3. Fallbeispiele aus den Bereichen Sport, Militär und Lehrbetrieb

Die Umsetzung von Title IX an Colleges hinkte aus verschiedenen Gründen hinterher: Zunächst gestaltete sich die Implementierung angesichts des Umfangs der politischen Probleme, der komplexen Antidiskriminierungsgesetze und der geringen Zahl der Mitarbeiter der OCR als überwältigend. Priorität hatte die Beendigung der Rassensegregation in öffentlichen Schulen. Den Gegnern geschlechtsspezifischer Integration wurden durch Sonderregelungen breite Zugeständnisse gemacht: Ausgenommen von der Gleichbehandlungsgesetzgebung wurden religiöse Einrichtungen, bestimmte studentische Vereinigungen ("fraternities" und "sororities"), öffentliche Militärakademien und alle privaten Universitäten und Colleges, die traditionell unisex waren.[34] Damit hatte der Gesetzgeber die nicht zu unterschätzende Opposition privater Eliteuniversitäten und des Militärs im voraus erfolgreich beschwichtigt. Diese Maßnahme rief trotz ihrer einseitigen Beschränkung keine Proteste auf den Plan.

3.1. Sport

Das größte Hindernis gegen die Einsetzung des Title IX entwickelte sich überraschend, nachdem das in den USA einflußreiche College-Sport Establishment feststellte, daß die bevorzugte Stellung seiner Trainer und der z.T. große Summen einspielenden Football und Basketball Teams gefährdet war.[35] Republikanische Abgeordnete und einige Universitätspräsidenten sperrten sich daher gegen den Title IX und versuchten durch Zusätze, bestimmte lukrative und prestigeträchtige Sportarten von der Gleichbehandlung auszunehmen. Drastische Einschränkungen der Gleichstellung, die im Senat vorgeschlagen wurden, konnten jedoch keine Mehrheit gewinnen.[36]

Die Ausgaben für die Sportprogramme sind enorm und spiegeln das Verhältnis des medienwirksamen Männersports gegenüber dem Frauensport wider. So gab die oberste Stufe der Sportabteilungen (NCAA, Division I) schon 1978 pro Kopf durchschnittlich 2.156 $ für Frauen im Sport aus und 5.257 $ für Männer.[37] Weit größer waren die Unterschiede jedoch zwischen den gesamten Budgets: In der gleichen Gruppe gaben Colleges im Durchschnitt 1.650.000 Mio. Dollar für die teureren "Männersportarten" und nur 276.000 für den "Frauensport" aus.[38] Der Einfluß des universitären Sport Establishments wurde deutlich, als das für Gleichstellung zuständige Ministerium sich weigerte aufgrund der Kritik der Sportverbände bis 1979 bestimmte Ausführungs-richtlinien für den Title IX zu erarbeiten. Die Auseinandersetzung um den Sport mag europäischen Beobachtern trivial vorkommen, doch in den USA spielt Sport materiell, symbolisch und gesellschaftlich eine wichtige Rolle.

Der Widerstand gegen Title IX erklärt sich aus der Relevanz des Universitätssports. Sport hat eine unvergleichlich wichtigere Funktion an amerikanischen als an deutschen Universitäten: Sportteams repräsentieren die Universitäten und ihre z.T. historische

---

[34] Darunter waren auch die bereits erwähnten Frauencolleges, deren Zahl aber ständig abnimmt. Während es 1960 noch 233 überwiegend katholische Frauencollegs gab, waren es 1986 nur noch 90 und 1995 84, in: Women in Academe, S. 116 und Chronicle of Higher Education Second Thoughts at Women's Colleges, 10.2.1995, S. A 22-A24.

[35] Gelb, S. 102. Der Umsatz erreichte schon 1978 13.9 Mio. Dollar.

[36] Gelb, S. 104, Towers und Javits Amendments. Allerdings wurde eine oberflächlich neutrale Unterteilung in "contact" und "noncontact" Sportarten eingeführt, die Mädchen und Frauen davon abhalten konnte, an den fortgeschrittenen Basketball oder Football Männerteams ("contact" Sport) teilzunehmen. Weiterhin brauchte bei der Neuverteilung des Sportbudgets keine gleich hohe Endsumme für Frauen und Männer erreicht zu werden. Eine Ungleichverteilung blieb auch bei den wichtigen Sportstipendien bestehen, die nur in der pro Kopf Zahl gleich sein muß

[37] Gelb. S. 103.

[38] Unter die Kosten fallen auch Sportanlagen und -stadien, Reisen, Versicherungen, Trainer, medizinische Versorgung, extra Unterkünfte, Stipendien etc.

Konkurrenz, und ihre emotional geladenen Wettkämpfe sind legendär. Sehr gute Teams spielen Geld ein durch den Verkauf von Werbe- und Fernsehrechten, von Tickets und Geschenkartikeln.[39] Bekannte Teams sind weiterhin ein wichtiger Teil für Public Relations der Universitäten und für die Anwerbung neuer Studenten. Championships sind ein zentraler Bestandteil der Freizeitgestaltung und sozialer Integration auf dem Campus. Bekannte Trainer sind respektierte, ja z.T. verehrte Persönlichkeiten des öffentlichen Lebens. Gesellschaftlich gesehen ist Sport in den USA eine quasi-religiöse Angelegenheit und Sport wird nicht nur als ein wichtiges Zeichen von Fitness, sondern auch als ein Barometer individueller Leistungsfähigkeit, Kampfgeistes und Selbstbewußtseins interpretiert. Sportlern werden daher Führungsqualitäten zugesprochen, die über das eigentliche Feld ihrer Expertise hinausgehen. Darüber hinaus - und hier wichtiger - eröffnet dieser Bereich mit seinen großzügigen Stipendien finanzschwachen High School Absolventen die Möglichkeit, zu studieren und sich materiell abzusichern, also ihre Schichtenzugehörigkeit zu ändern. Um zu verdeutlichen, daß Sportstipendien die Eintrittskarte in eine Eliteuniversität bedeuten können, hier ein Beispiel: An der Duke University werden Stipendien an Football- und Basketballspieler in der Höhe der Studiengebühren (26.000 Dollar pro Jahr) plus Nebenkosten vergeben. Über ein vierjähriges Studium können so über hundert Studenten eine über 100.000 $ teure Ausbildung umsonst erhalten. Tradition, hoher symbolischer Wert und materielle Privilegien haben zu einer geschlechtssegregierten Welt im Mikrokosmos des Schul- und Universitätssports geführt, die Auswirkungen für den gesamten Bildungsbereich haben.

So beschränkt sich die Rolle von Frauen in den "contact" Sportarten wie Football auf die bunte Pausenakrobatik der kurzberockten "Cheerleader", die das eigene Team anfeuern und unterhalten sollen. Traditionelle Wahrnehmung akzeptabler Maskulinität und Feminität werden untermauert: Während die Mädchen eine unterstützende passive Position einnehmen, erreichen die Jungen "excellence" durch aktiven Wettkampf, Aggression und homosozialen Teamgeist.[40] Sportliche Schüler und Studenten genießen hohes Ansehen, wogegen Studentinnen in Sportarten wie Rudern, Hockey, Basketball etc. von Kommilitonen lange als soziale Anomalie empfunden wurden. Ehrgeizige Sportlerinnen sehen sich eher in der Position, ihr Interesse rechtfertigen zu müssen und damit vor der Wahl zu stehen, entweder als "Frau" oder "Athletin" anerkannt zu werden. Während Jungen ihre Heterosexualität durch Teilnahme in unisex Teams beweisen, stellen Mädchen diese in Frage. Die sozial anerkannten Sportarten stellen daher ein Refugium männlicher Leistung, Identität und Privilegien dar und ziehen finanzielle und soziale Vorteile nach sich, die bildungspolitische Relevanz haben.

Title IX hat die Muster der Teilnahme von Frauen und Mädchen im Sport jedoch verändert. So stieg die Teilnahme zwischen 1973 und 1983 in öffentlichen Schulen um 114%.[41] An den Colleges waren vor der Umsetzung des Gesetzes etwa 16.000 Frauen sportlich aktiv; eine Zahl, die sich 1984 verzehnfacht hatte und ein Grund für das gute Abschneiden der USA bei den Olympischen Spielen 1984 war. Knapp 20% der Sportstipendien gehen heute an Frauen.[42] Problematisch gestaltet sich nach der Übernahme des

---

[39] Bei vielen Football Teams liegt allerdings das Defizit weit höher als die Einnahmen. So hatten 45% der Teams in der besten Liga (IA) jährliche Defizite, die bei durchschnittlich 638.000 Dollar lagen. In unteren drei Ligen lag der Anteil defizitärer Teams zwischen 94 und 99%. Siehe: Intercollegiate Sports, Hearing before the Subcommittee on Commerce, Consumer Protection, and Competitiveness of the Committee on Energy and Commerce, House of Representatives on: Title IX Impact on Women's Participation in Intercollegiate Athletics and Gender Equity, 17. Februar 1993, S. 23.

[40] ohne Autor, Sex Discrimination and Intercollegiate Athletics: Putting Some Muscle on Title IX, The Yale Law Journal, Vol. 88, Nr. 6, Mai 1979, S. 1254-1279.

[41] Gelb, S. 118.

[42] Stipendien gehen zu über 80% an Männer. Da ein Football Team etwa 85 bis 100 Spieler umfaßt, die etwa 100.000 Dollar über vier Jahre bekommen, sind rote Zahlen schnell geschrieben. Prozen-

kleinen Frauensportverbandes durch den bis dahin Männern vorbehaltenen Sportverband NCAA dagegen der Verlust zahlreicher Arbeitsplätze von Frauen, die vorher als Trainerinnen der Frauenteams beschäftigt waren.[43] Die völlige Integration des Frauenverbandes führte zu einem Kontrollverlust über die Verteilung zahlreicher Posten im Frauensport. Diese Entwicklung weist auf Nachteile im "role equity" Ansatz im marktwirtschaftlichen patriarchalen Kontext hin. "Integration" wird dort mit der Aufgabe jeglicher Autonomie gleichgesetzt.

Die wichtigsten positiven Folgen des Title IX zeigten sich besonders in den Fachbereichen Rechtswissenschaft, Medizin und Wirtschaft. Diese Fächer ließen bis in die 60er Jahre kaum Frauen, Afro-Amerikaner und z.T. Juden zu, so daß der Prozentsatz von Medizinstudentinnen bei 6% und von Schwarzen bei etwa 2% lag.[44] 1974 brachten es Frauen schon auf 22% der Erstsemester in Medizin, heute liegt ihre Zahl bei etwa 45%. Jura war ebenfalls 1965 eine reine Männerdomäne (96%), 1987 lag der Anteil von Frauen zehnmal so hoch wie 1965 bei etwa 40%.[45] 1985 erhielten 14.400 Frauen einen Hochschulabschluß in Rechtswissenschaft, elfmal so viele wie 1970.[46] Die Zahl der Abschlüsse im Wirtschaftsstudium stieg 1971 von etwa 1000 Frauen auf 21.000 1986. Studentinnen stellten ein Drittel des Gesamtzahl.[47] Heute liegt der Prozentsatz bei knapp unter 50%.

Durch demokratisierte und leistungsorientierte Zulassungsregeln hat sich Chancengleichheit für Studentinnen bei der Zulassung an den meisten Universitäten fast selbständig umgesetzt. Wo Zugang und Öffnung vorher segregierter Fachbereiche fortgeschritten ist, hat sich die Auseinandersetzung um "equal opportunities" gelegt. Heute ist die Unterrepräsentation von Frauen unter den Professorenstellen, die "Anstellung auf Lebenszeit" (Tenure) und ihr Ausschluß von öffentlich finanzierten Militärakademien ein Thema.

3.2. Militär

Frauen sind seit der Aufhebung der Wehrpflicht (1973) ein integraler Teil der U.S. Armee und stellen etwa 15% der Freiwilligen. Seit 1993 werden sie auch in der Luftwaffe in Kampfsituationen eingesetzt. Mehr Frauen als Männer wählen diesen Beruf, weil sie so unentgeltlich eine solide Ausbildung in verschiedensten Berufen erhalten oder studieren können. Die zwei militärischen Eliteakademien West Point und Annapolis sind seit der Aufhebung der Wehrpflicht integriert. Zwei öffentliche Akademien, das Virginia Military Institute (VMI) und The Citadel in South Carolina haben dagegen die Koedukation an ihren Colleges mit allen Mitteln bekämpft. Angesichts der veränderten Realitäten durch die Umwandlung des Militärs in eine Freiwilligenarmee, wird der Ausnahmestatus, den Militärakademien bis dahin im Title IX innehatten, unterlaufen. Vom Kernbereich des Militärs gesellschaftlich überholt, hat sich an den selbsternannten Akademien der Widerstand nur noch verstärkt.

---

 tual ähnlich liegen die geschlechtsspezifischen Ausgaben für laufende Kosten und für die Anwerbung neuer Athleten. Siehe Hearing, Fußnote 40.

[43] 1970 waren männliche Trainer vonn Frauenteams rar, 1984 stellen sie schon 53,8% dar. 86,5% der Frauenteams wurden 1984 von einem männlichen Sportdirektor verwaltet; siehe Leotus Morrison. From the Playing Fields and Courts, S. 250-63, in: Educating the Majority, Women Challenge Tradition in Higher Education, (Hrsg.) Carol Pearson, Donna Shavlik, Judith Touchton, New York 1989. 1972 waren 90% der Personen in der Verwaltung des universitären Frauensports Frauen, 1992 lag der Prozentsatz bei 16.8%. Siehe Hearings, S. 20. Eine ähnliche Entwicklung fand mit den Professorenstellen an früheren Frauencolleges statt.

[44] Gelb, S. 97; Toward Equal Education Opprtunity: Affirmative Admissions Programs at Law and Medical Schools, U.S. Commission on Civil Rights Clearinghouse Publication 55, June 1978. S.18.

[45] Herma Hill Kay, Sex-Based Discrimination, Texts, Cases and Materials, dritte Ed., St. Paul, Minnesota 1988, S. 882.

[46] Women in Academe, S. 194.

[47] ibid., S. 199.

Mezey interpretiert den Widerstand dieser beiden Institutionen als eine Reaktion, die durch typisch südstaatliche Traditionen untermauert wird.[48] Unter „südstaatlichen" Charakteristika sind eine starke militärische Tradition zu verstehen und eine paternalistische Einstellung gegenüber Frauen, die als feminine "Southern Belles" auf ein für sie restriktives Podest gehoben werden. Militärschulen können sich als Eckpunkte männlicher Identität öffentlicher Unterstützung erfreuen, und dies um so mehr, je stärker diese Identität in Frage gestellt wird. Ein ehemaliger Student der Citadel beschreibt die Einstellung und Zielsetzung dieser Akademien so: "These institutions install and cultivate in their cadets what were once commonly referred to as the virtues of southern manhood - honour, chivalry, and devotion to God, state and the family".[49] Insofern als es an diesen Akademien eher darum geht aus Studenten "Männer zu machen" und traditionelle Maskulinität zu perpetuieren, wird die Bedrohlichkeit der Koedukation verständlich.

Vergleicht man den Bereich Sport mit den Militärakademien, fallen zahlreiche Ähnlichkeiten auf: Bei beiden handelt es sich um ritualistische, teamorientierte und kämpferische Aktivitäten, die nach innen Kohärenz und nach außen Respekt vermitteln. Solchermaßen definierte Maskulinität kann am besten in einem homosozialen Umfeld aufrecht erhalten werden. Aufgrund physischer Unterschiede zwischen den Geschlechtern, die in direkten Kampfsituationen relevant sein können, hat die Diskriminierung von Frauen in diesen Bereichen mehr gesellschaftliche Akzeptanz als bei der Vergabe von Professorenstellen.

3.3 Lehrbetrieb

Ernste Auseinandersetzungen fanden bei der Verleihung der Lebenszeitstellung für ProfessorInnen statt ("Tenure"), einem Prozeß, der in Deutschland der Berufung oder der Verbeamtung wissenschaftlichen Personals ähnelt. Die Berufung bringt das in den USA unerhörte Privileg mit sich, unkündbar zu sein. Lebenszeitstellungen sichern aber nicht nur die materielle Basis des individuellen Wissenschaftlers, sondern auch institutionelles Mitspracherecht, fortlaufende Forschungen und Lehre im jeweiligen Fachgebiet. Dies ist gerade für die geringe Institutionalisierung und Akzeptanz feministischer und/oder geschlechtsspezifischer Fragestellungen und Forderungen wichtig.

Bei der Ablehnung der Lebenszeitstellung für Frauen handelt es sich in den USA um ein so alltägliches Phänomen, daß bereits ein Name für diese Form der Diskriminierung geprägt worden ist: die "Revolving Door Theory" (Drehtür-Theorie). Der Name besagt, daß Zugang zwar grundsätzlich möglich ist, es jedoch in der Realität schwierig ist, permanente Anstellungen zu bekommen. Obwohl Frauen insgesamt einen höheren Anteil an Positionen besetzen als in der Bundesrepublik, spiegelt sich die hohe Repräsentation der Studentinnen nicht im Lehrkörper wider, selbst wenn man eine Zeitverschiebung berücksichtigt. So waren zwischen 1986 und 87 z.B. nur 20,4% der C4-Professuren (Full Professor) an juristischen Fakultäten von Frauen besetzt, obwohl die Anzahl von Studentinnen mit juristischen Examen schon seit 1978 bei über 40% lag.[50]

Frauen sind historisch von allen höheren Bildungseinrichtungen ausgeschlossen worden. Dies liegt im kirchlichen Ursprung der Universitäten begründet und hat eine Tradition hervorgebracht, die Biologie als Vorbedingung geistiger Ausbildung und intellektueller Leistung ansieht. Im Ergebnis hat diese kirchliche Interpretation dazu geführt, daß Biologie tatsächlich eine Vorbedingung des Lernens und Lehrens wurde und so eine ungleiche Verteilung an materiellem Wohlstand, Prestige und Ansehen perpetuiert. Bestätigt wird dadurch das Vorurteil, daß Verstand, Logik und Forscherdrang männliche Attribute sind, die eine Voraussetzung für analytisches Denken und wissenschaftliche Objektivität darstellen, während Gefühl eine feminine Eigenschaft ist. Obwohl Erziehung als

---

[48] Susan Gluck Mezey, The Persistence of Sex Segregated Education in the South, Southeastern Political Review, Vol. 22, Nr. 2, Juni 1994, S. 371-395.

[49] Mezey, S. 381.

[50] Women in Academe, S. 213-14.

eines der wichtigsten Betätigungsfelder von Frauen angesehen wird, beschränkt sich dies auf die unteren Ränge der Bildungspyramide, auf Kindergärten und Grundschulen. Dies liegt an der ideologischen Verknüpfung der Frau mit Familienpflichten, die Erziehung von Kindern als eine natürliche Folge geschlechtsspezifischer Funktionszuweisung ansieht. Männer sollen demgegenüber als unabhängigere Individuen ernstzunehmender und herausfordernder Forschung und Lehre nachgehen. Intellektuelle "excellence" und hohe Qualität wird aufgrund dieser Tradition noch heute eher als Ergebnis "männlichen" Geistes angesehen. An den Orten dieses Wissenschaftsverständnisses sind Frauen daher „fremd".[51]

Neben diesen kulturellen Hindernissen haben institutionelle Prozesse innerhalb der Universitäten die Umsetzung von Gleichbehandlung erschwert. Zentral ist der traditionelle und z.T. mysteriöse Auswahlprozeß neuer Kollegen durch andere Professoren. Während es Sinn macht, daß die Forschung der Bewerber durch andere Experten evaluiert wird, um Wissenschaft von Markt- und staatlichen Machtinteressen freizuhalten, kann dieser Mechanismus auch zu einer sozialen Auswahl führen, die Konformität in Lehre und Forschung aufrecht erhält. Der Ernennungs- und Beförderungsprozeß ist in den USA streng geheim und betrifft nur das aus Professoren bestehende Auswahlkomitee. Die Unabhängigkeit und Vertraulichkeit des Tenureprozeß' wird sehr ernst genommen und als Fundament akademischer Freiheit angesehen.[52] Es wird impliziert, daß die Mitglieder des Komitees objektiv und ohne Vorurteile über die Leistung und Qualität der Bewerber und Bewerberinnen urteilen.

Geschlechtsspezifische Vorurteile sind weit verbreitet und nur schwer veränderbar. Tests mit Gruppen von Männern und Frauen haben bewiesen, daß Bewerberinnen nicht aufgrund individueller Leistung, sondern eher aufgrund ihrer Zugehörigkeit zur Gruppe "Frau" beurteilt werden. So beurteilten wiederholt Männer *und* Frauen das selbe Material, egal ob es sich um wissenschaftliche Texte, Kunst etc. handelte, immer negativer, wenn der Absender eine Frau war.[53] Dieser Mechanismus ist auch an den Universitäten intakt und behindert die Gleichbehandlung von Frauen. Dies zeigt sich u.a. in den quantitativ und zeitlich unterschiedlichen Beförderungsraten. Von 1973 bis 1983 stieg der Prozentsatz aller wissenschaftlich beschäftigten Frauen nur von 22.3% auf 27.1%.[54] Die meisten Frauen arbeiten dabei in niedrigen und nicht fest angestellten Positionen. Männer werden im Durchschnitt zu knapp 70% auf Lebenszeitstellen übernommen und Frauen zu unter 50%. Dabei steht die Anzahl von Professorinnen in negativer Korrelation mit privater Finanzierung der Universität und mit ihrem Prestige.

Gleichstellungsgesetzgebung perlt an diesem klandestinen Mechanismus, der öffentlich unhinterfragt die Allokation von Stellen und Macht an der Universität vornimmt, ab. Wie wir sehen werden, sind die Gerichte in diesem Zusammenhang wenig nützlich gewesen, da sie nicht in akademischer Autonomie eingreifen und Expertentum hinterfragen wollen. Es gestaltet sich für Klägerinnen als fast unmöglich, die Validität der Entscheidung zu überprüfen.

Das illustriert auch die umfangreiche empirische Untersuchung von Guinier u.a., die Leistungen von Studentinnen und Studenten der Rechtswissenschaft an einer der besten

---

[51] In dem Urteil EEOC von Catholic University of America, Nr. 94-5263, Washington D.C. wurde noch 1996 festgestellt, daß die Ablehnung einer unkündbaren Stelle an eine Dozentin des kanonischen Rechts legitim sei, da diese Stelle in den Bereich der Geistlichkeit falle und diese ausschließlich Sache der Männer sei.

[52] Kürzlich hat ein männlicher Professor erfolgreich gegen diese Praxis geklagt, in: "Lifting the Cloak of Secrecy From Tenure, Court Order Results in Unprecedented Access to Files at Ohio State University", in: Chronicle of Higher Education, 14.4.1995, Vol. XLI, Nr. 31, S. A16-23.

[53] Z.B. in Women in Academe, S. 184.

[54] Women in Academe, S. 258.

Juristischen Fakultäten in den USA verglichen haben.[55] Sie stellten fest, daß sich trotz identischer Zulassungs- und Testnoten der Erstsemesterstudentinnen und -studenten nach dem ersten vollen Jahr eine Leistungsdifferenz zwischen Männern und Frauen entwickelt hatte, die bis zum Ende des Studiums konstant blieb.[56] Besonders abschreckend und einschüchternd wirkte auf Frauen die dominante Sokratische Lehrmethode. Sie bedeutet, daß StudentInnen vor dem gesamten Hörsaal vom Professor in ein rechtliches Streitgespräch verwickelt werden. Diese konfrontative Methode widerspricht im allgemeinen der weiblichen Sozialisation diametral. Weiterhin wurde festgestellt, daß sinkende Leistungen und damit abnehmendes Selbstvertrauen einen negativen materiellen Effekt nach Beendigung des Studiums hatten. Zusammenfassend stellten die Autorinnen fest, daß besonders informelle Ausschluß- und Entwertungsmechanismen sowohl auf oberer Ebene (Tenure) als auch auf unterer Ebene (Studentinnen) nicht überwunden sind und die Leistung und Karriere begabter Frauen negativ beeinflussen. Der Gleichbehandlung stehen informelle Ausschlußmechanismen und die unkritische Übernahme traditioneller Lehrmethoden, die an weiter existierenden männlichen Normen wie offenem Konkurrenzgebahrens und Aggressivität anknüpfen und Studentinnen "entmächtigen".

4. Die Urteile des Verfassungsgerichts und die Entwicklung des Fallrechts zur Gleichbehandlung in der Bildung

Will man Gleichstellung in ihrer Gesamtheit darstellen, ist man mit einem höchst komplexen Netz interdependenter juristischer und politischer Variablen konfrontiert. Nebeneinander- und ineinandergreifend bestimmen hauptsächlich a) der Title IX, b) der 14. Zusatzartikel der Verfassung, c) der Title VII des Bürgerrechtsgesetzes und d) Affirmative Action durch die Executive Orders die Rahmenbedingungen und Interpretationsmuster der Urteile im Bildungssektor. Da es zwischen o.g. Faktoren zu offensichtlichen und subtilen Widersprüchen, Doppelungen etc. kommt, ist die Rechtsprechung ebenfalls komplex und widersprüchlich. Hier können nur einige der wichtigsten Urteile dargestellt werden. Im folgenden werden die vier verschiedenen rechtlichen Einflüsse mit dem Ziel diskutiert, zu allgemeinen Aussagen der Entwicklung der Rechtsprechung zu gelangen. Zentral sind dabei die Urteile, die die geschlechtsspezifische Gleichbehandlung entweder direkt forciert oder behindert haben. Sie weisen darauf hin, daß amerikanische Gerichte die Gleichstellung generell unterstützt haben, doch in bestimmten Bereichen vor der wirksamen Aufhebung geschlechtsspezifischer Benachteiligung zurückgewichen sind.

4.1. Titel IX

Angesichts der Passivität der Behörden haben viele Frauen bei den Gerichten um Abhilfe gesucht. Die letzten zwei Jahrzehnte der Rechtsprechung zu Title IX befassen sich daher mit der Frage nach dem exakten Anwendungs- und Geltungsbereich des Gesetzes. Die Analyse zeigt eine positive Einstellung des Supreme Court gegenüber einer Stärkung des Title IX und einer Förderung der "role equity" sowohl im Sinne einer strikten Gleichbehandlung als auch in geringerem Masse in Fällen, die unterschiedliche Situiertheit von Männern und Frauen berücksichtigen (z.B. im Fall sexueller Belästigung).

Im ersten Urteil des Supreme Court unter Title IX, Cannon v. University of Chicago,[57] ging es um die Frage, ob der Title IX Privatpersonen Klagerecht einräumt oder ob nur die Behörden selbst, Beschwerden verfolgen können. Eine abgewiesene Bewerberin auf einen Medizinstudienplatz hatte angesichts der Passivität der Gleichstellungsbehörden

---

[55] Guinier, Lani; Fine, Michelle; Balin, Jane; und Bartow, Ann; Stachel, Deborah Lee; "Becoming Gentlemen: Women's Experience At One Ivy League Law School", in: University of Pennsylvania Law Review, Nov. 1994, Vol. 143, S. 1-100.

[56] Demnach war es am Ende des ersten Jahres dreimal so wahrscheinlich, dass Männer sich unter den besten 10% der JurastudentInnen befanden als Frauen.

[57] 44` U.S. 677 (1979)

selbst gegen die Universität geklagt. Das Gericht entschied, daß in Anlehnung an die Praxis des Title VI und VII individuelle Klagen erlaubt seien und schlußfolgerte, daß der Kongreß ähnliches für den Title IX nicht ausgeschlossen habe. Das Supreme Court eröffnete durch die Analogie zwischen Rassen- und Geschlechterdiskriminierung den Rechtsweg für viele Frauen und unterstützte aktiv "role equity". Während sich Title IX offensichtlich mit der Gleichstellung von Studentinnen befaßte, war es bis 1982 unklar, ob auch die Diskriminierung am Arbeitsplatz durch Title IX verboten sei. In North Haven Board of Education v. Bell hielt das Supreme Court die Anwendung des Gesetzes auf die Erwerbsarbeit im staatlich unterstützten Bildungswesen für verfassungskonform. Das Gericht argumentierte: "There is no doubt that 'if we are to give [Title IX] the scope that its origins dictate, we must accord it a sweep as broad as its language'".[58] Damit wurden arbeitsrechtliche Klagen nicht nur unter Title VII, sondern auch unter Title IX möglich.[59] Die Mehrheit des Gerichts stellte weiterhin fest, daß sich Sanktionen nicht auf die gesamte Institution, sondern nur auf die jeweiligen diskriminierenden Programme und Fachbereiche beziehen dürften. Dies führte 1984 zu einer engen Auslegung des Title IX in Grove City College v. Bell, die aber 1988 durch den Civil Rights Restoration Act wieder rückgängig gemacht wurde. 1992 stellte das Verfassungsgericht in Franklin v. Gwinnett County Public Scholl[60] einstimmig fest, daß bei absichtlicher Diskriminierung Schadensersatz zu zahlen sei. Eine Schülerin hatte hier ihre High School erfolgreich wegen sexueller Belästigung verklagt.[61] Das Gericht hielt fest: "Where legal rights have been invaded, and a federal statute provides for a general right to sue for such invasion, federal courts may use any available remedy to make good wrong done".[62] Mit diesen Urteilen stützte das Verfassungsgericht den Title IX und stärkte die Rechtsposition individueller Klägerinnen auch gegenüber eindeutig frauenspezifischen Diskriminierungen wie sexueller Belästigung. Deutlich wird hier das Antidiskriminierungsprinzip selbst in Anwendung auf Probleme, die aus dem geschlechtsspezifischen Machtungleichgewicht resultieren. Mit dem Problem der Diskriminierung im Sport befaßten sich überwiegend untere Gerichte.[63] Umstritten war die gesetzliche Unterscheidung zwischen den Kategorien "contact sport" und "noncontact sport". Die Sportindustrie und Sportvereine argumentierten, daß in "contact sports", wie Football und Basketball, eine Segregation der Geschlechter aufrecht erhalten bleiben sollte, weil eine Verletzungsgefahr für Mädchen und Frauen, die gegen Jungen bzw. Männer antreten würden, besonders hoch sei. Die empirisch nicht nachgewiesene Behauptung wurde von verschiedenen Gerichten als zu generell und simplizistisch abgelehnt.[64] Klagen wegen "umgekehrter Diskriminierung" waren wiederholt erfolglos.[65]

Quasi neutrale Kategorien wie "contact sport" werden in der Behandlung der Geschlechter angewendet und führen im Ergebnis zur Aufrechterhaltung der lukrativen Domänen im Männersport und dadurch zu mittelbarer Diskriminierung. Es ist unklar, warum indirekte Diskriminierung dieser Art bisher juristisch geduldet wurde, da es in einem grundlegenden Urteil in den 70er Jahren mittelbare Diskriminierung in einem ethni-

---

[58] Ellen Vargyas, Breaking Down Barriers, A Legal Guide To Title IX, National Women's Law Center, Washington, 1994, S.13.
[59] Kay, S. 846.
[60] 112 S.Ct. 1028 (1992)
[61] Dagegen nicht erfolgreich: Alexander v. Yale, in: Kay S. 868 ff, Court of Appeals.
[62] Siehe Fussnote 62 in Vargyas.
[63] Die rechtliche Diskussion um die Umsetzung des Title IX im Sport lässt sich in diesen Aufsätzen nachvollziehen: Joseph Krakora, The Application of Title IX to School Athletic Programs, Corn ell Law Review, Januar 1983, Vol. 63, Nr. 2, S. 222-235; ohne Autor (Commentary), Sex Discrimination in Athletics: Conflicting Legislative and Judicial Approaches, Alabama Law Review, Vol. 29, Nr. 2, Winter 1978, S. 390-425. S.o. Aufsatz im Yale Law Journ al.
[64] Commonwealth v. Pennsylvania Interscholastic Athletic Association (18 Pa. Commonwealth Ct. 45, 334 A.2d 839 (1975) und Clinton v. Nagy (411 F. Suö. 1396 (N.D. Ohio 1974).
[65] Siehe z.B. Drake Urteil in Vargyas.

schen Konflikt für illegal erklärt hat.[66] Mittelbare Diskriminierung existiert ebenso im Bereich der Sportstipendien fort. Wie wir im nächsten Abschnitt deutlich sehen werden, hat auch in Militärakademien eine "seperate but equal"-Doktrin bei geschlechts-spezifischer Diskriminierung überlebt.

4.2.   14. Amendment

Andere Klagen im Bildungswesen sind unter dem 14ten Verfassungszusatz erfolgt. Das 14. Amendment garantiert "equal protection under the law" und wurde zur Abschaffung der Sklaverei erlassen. Es garantiert ähnlich wie Art. 3 GG gleiche Rechte, ist aber weniger spezifisch und bindet nur die Einzelstaaten. Im Gegensatz zur starken Position, die das Supreme Court in Brown gegen die Rassentrennung an öffentlichen Schulen eingenommen hat, besteht in der Rechtsprechung eine Ambivalenz gegenüber geschlechtsspezifischer Segregation.[67] So befaßte sich das Verfassungsgericht 1982 mit einer der letzten "single sex" Zulassungsregeln an einer öffentlichen Universität in den USA. Im Fall Mississippi University for Women v. Hogan klagte ein Mann auf Zulassung zum Bereich Krankenpflege unter dem 14ten Amendment und gegen geschlechtsspezifische Segregation. Das Gericht entschied, daß die ausschließliche Zulassung von Frauen verfassungswidrig sei. Es erklärte aber nicht die geschlechtsspezifische "seperate but equal" Doktrin generell zum Verfassungsverstoß und schränkte damit die Bedeutung der Entscheidung ein. Hogan kann als funktionales Äquivalent zu Brown angesehen werden, doch während das Gericht in Brown zu einem eindeutigen Nein gegenüber Rassensegregation gelangte, scheute es in Hogan vor einer generellen Ablehnung der Geschlechtersegregation zurück. Spätere Urteile deuten darauf hin, daß geschlechtsspezifische Segregation an einigen öffentlichen Colleges weiterhin möglich ist.

1989 wurde die unisex Politik des Virginia Military Institute durch eine Klage des Justizministeriums gegen den Staat Virginia in Frage gestellt.[68] Während der Verhandlungen wurden zahlreiche Experten zum Thema Integration gehört. Ein Sachverständiger stellte die erfolgreiche Koedukation in West Point dar, mußte aber zugeben, die Anwesenheit von Frauen "dilute[d] the West Point experience".[69] Auch der veränderte Sprachgebrauch von früher "chairman" zu gegenwärtig "chairperson" stieß durch seine symbolische Relevanz bei den Verteidigern des status quo auf Widerstand. Ein Experte auf Seiten Virginias, der konservative Harvard Soziologe David Riesman, argumentierte, daß physische und psychologische Unterschiede zwischen den Geschlechtern zu einem Niedergang ("deterioration") der Akademie führen würden, wenn man(n) Frauen zuließe.[70] Es taucht das bereits bekannte Argument auf, daß sich "Quality" und "Gleichheit" ausschließen.

Der von Reagan ernannte Richter stellte im Urteil fest, daß es sich bei der Integration um eine "life-and-death confrontation" für das VMI handele und unterstrich damit implizit die Wahrnehmung integrativer Maßnahmen als identitäts- und institutionsbedrohend. Trotz der Verfassungswidrigkeit der Zulassungspolitik hielten die Richter die Aufrechterhaltung der "men-only" Politik für akzeptabel, weil es eine legitime Zielsetzung öffentlicher Schulen sei, "citizen-soldiers" hervorzubringen. Obwohl Frauen durch ihre Zulassung zum U.S.-Militär theoretisch und praktisch bereits unter diese Kategorie fal-

---

[66] Griggs v. Duke Power Co., 401 U.S. 424 (1971)

[67] Almost As Fairly, The First Year of Title IX Implementation in Six Southern States, A Report by the Southeastern Public Education Program of the American Freinds Service Committee, Atlanta 1979; siehe auch das Urteil in Personnel Administrator of Massachusetts vs. Feeney 442 (U.S. 256 (1976), in dem eine Quote im öffentlichen Dienst in Massachusetts, die praktisch alle Stellen (98%) für Männern reservierte, als verfassungskonfrom eingestuft wurde.

[68] United States v. Virginia 766 F.Supp. 1407 (W.D. Va. 1991) und ein Jahr später in der Berufung 976 F.2d 890 (4th Cir. 1992).

[69] Mezey, S. 383.

[70] Ibid. S. 384.

len, konnte das Gericht die Kategorien "Staatsbürger"/"Soldat" und "Frau" nicht zur Deckung bringen. Grundannahmen über festgeschriebene gesellschaftliche Funktionen der Geschlechter beschränken weiterhin die Gleichstellung in öffentlichen Bildungseinrichtungen. Auch die rechtliche "Lösung" der Klage gibt darüber Aufschluß: Dem VMI wurde erlaubt, ein seperates Frauenprogramm an einem 50 Kilometer entfernten privaten Frauencollege zu eröffnen. Dieser Fachbereich ist weder qualitativ noch im Prestige vergleichbar. Die Praxis erinnert unweigerlich an die "seperate but equal" Politik der 50er Jahre. Die Verfassungsmäßigkeit dieser getrennten Fachbereiche ist Mitte 1996 mit 7 zu 1 Stimme abgelehnt worden. Das VMI hat im September seine Zulassungspolitik geändert, allerdings nicht ohne es den neuen weiblichen Rekruten schwer zu machen: Es werden z.B. explizit keine Schlösser an den Zimmertüren der Studentinnen angebracht und auch keine sonstigen Sicherheitsvorkehrungen eingeführt. Weiterhin müssen sich die Studentinnen ebenfalls einen obligatorischen Stoppelhaarschnitt schneiden lassen. Deutlich werden der Zwang zur totalen (aber unmöglichen) Assimilation und die Abschreckungsabsicht hinter den öffentlichen Ankündigungen zu fehlenden Sicherheitsbemühungen.[71]

Ein ähnlicher Fall, der aber unvergleichliches Medieninteresse erhielt, begann 1992 mit der versehentlichen Zulassung von Shannon Faulkner zur Citadel. Die Bewerberin hatte in ihren Unterlagen keine Angaben zum Geschlecht gemacht und war an der selbsternannten Militärakademie in South Carolina aufgenommen worden. Die Akademie stellte den Fehler fest und sandte Faulkner eine verspätete Absage, mit der diese vor Gericht zog. Im Gegensatz zu den professionell und strategisch geplanten Klagen der Bürgerrechtsbewegung und Frauenrechtsgruppen klagte Faulkner individuell und ohne Lobby. Der Prozeß, das Medieninteresse und die harsche Ablehnung vor Ort konzentrierte sich daher ganz auf ihre Person. Gesellschaftliche Isolation und gewalttätige Angriffe waren die Folge für Faulkner.[72] Bei der Auseinandersetzung um Faulkners Zulassung ging es weniger um ihre Teilnahme an Kursen, denn schon seit 1949 konnten Frauen in Abendkursen an der Citadel studieren. Problematisch schien auch nicht der Erhalt der "Qualität", denn die Citadel ist akademisch nur durchschnittlich. Verteidiger des Status Quo waren dagegen besorgt über die mögliche Störung des nur-männlichen Gemeinschaftslebens. Das Gemeinschaftsleben ist einerseits durch Drill, absolute Befehlsgewalt und Brutalität gegenüber den kahlgeschorenen Erstsemestern gekennzeichnet,[73] und andererseits durch Infantilisierung, Nähe und zwischenmännliche Solidarität. Seinen Ausdruck erfährt diese Nähe z.B. im täglichen gegenseitigen Anziehen der Uniformhemden, dem sogenannten "shirt tuck". Ein Verteidiger zeigte im Gericht ein Video, das den Vorgang demonstrierte. Er beschrieb die Bedeutung so: „In order to get a proper shirt tuck, you can't do it yourself - you need your classmates to do it for you. There's really a lot of dependance upon your classmates".[74] Täglicher Drill und rigider Benehmenskodex ordnen die Individualität jedes Einzelnen der Gemeinschaft unter. Die Anwesenheit einer Frau barg für die Verteidiger der Citadel die Gefahr einer ernsthaften Störung dieser homosozialen Welt. Dem Gericht schienen diese Argumente in der Berufung aber nicht als ausreichend, um Faulkner auszuschließen. Ihr wurde sukzessive die Teilnahme an Kursen und an den paramilitärischen Drillübungen erlaubt. Nach ihrem Sieg vor dem United States District Court und drei Tagen militärischen Drills, der sogenannten "Hell Week", verließ Faulkner aufgrund allgemeiner Erschöpfungserscheinungen die Akademie. Die Citadel befindet sich nun vor der Entscheidung einer Privatisierung der Institution, um weiteren Integrationsversuchen aus dem Weg zu gehen oder weitere Frauen zuzulassen.

---

[71] U.S. v. Virginia, 64 U.S.L.W. 4638

[72] Faulkner und ihre Familie wurden Opfer von Vandalismus, offener Belästigung, anonymen Beleidigungen und Gewaltandrohungen, siehe Susan Faludi, The Naked Citadel, The New Yorker, 5. September 1994, S.62-81.

[73] Pat Conroy, The Lords of Discipline, New York 1982.

[74] Faludi, S. 79.

Es läßt sich festhalten, daß die Gerichte unter dem 14. Amendment der geschlechtsspezifischen Gleichbehandlung zwar zustimmten, daß sie aber weder ein generelles Differenzierungsverbot in der Bildung aussprechen, noch quasi neutrale Regelungen hinterfragen. Sowohl die Begrenzung auf eine Gleichstellung, die "role equity" mit Assimilation gleichsetzt, als auch geschlechtsspezifische Segregation gefährden die Umsetzung einer egalitären Behandlung. Oberflächliche "Gleichstellung" durch neutrale Zulassungskriterien, ignoriert die tatsächlichen Erfahrungen informeller und indirekter Diskriminierung durch die Betroffenen. Die Urteile fordern durch die Reduktion von "equity" auf formale Gleichbehandlung weniger einen gerechten Interessenausgleich als eine unmögliche Assimilationsleistung von Frauen. Im folgenden stoßen wir auf ein weiteres Beispiel dieser Politik oberflächlicher Gleichbehandlung, die im Ergebnis geschlechtsspezifische Unterschiede und ihre materiellen und symbolischen Manifestationen perpetuiert.

4.3. Title VII

Die Rechtsprechung zur Gleichstellung unter Title VII entwickelte sich bis 1972 überwiegend in einem industriebezogenen Kontext und nicht im Bildungswesen. Rassendiskriminierung am Arbeitsplatz war der ursprüngliche Fokus des Title VII und Geschlechterdiskriminierung wurde nur im Hinblick auf ihre gesetzlichen Ausnahmeregelungen diskutiert.[75] Dies änderte sich nach der Reform des Gesetzes und mit den ersten Klagen von weiblichem Universitätspersonal.

Klagen in diesem Bereich unterscheiden sich nachhaltig von dem ursprünglichen Entstehungskontext: "They called into question the judgements of highly educated and well respected individuals, who had chosen to pursue a life of scholarship and instruction. The judgements themselves, concerning as they did subtle questions of quality and the prediction of future achievement were subjective ones".[76] Wichtig ist hier aber nicht nur die Infragestellung der Entscheidung eines sehr respektierten Personenkreises und daß geistige Leistungen höher gewertet werden als körperliche Arbeit, sondern daß diese Bewertung geschlechtsspezifisch relevant ist. "Academic quality and excellence" sind auf den ersten Blick neutrale Kategorien. Die Gerichte haben daher generell sehr zurückhaltend gegenüber dem universitären Kontext verhalten und stellen die Beförderungsentscheidungen der Professorenschaft kaum in Frage.[77] Von 160 Klagen in Bundesgerichten zwischen 1971 und 1984 wurden nur 34 positiv für die Klägerinnen entschieden.[78] Viele Klagen wurden erst gar nicht zur Verhandlung zugelassen.

Der erste Fall, in dem eine Mitarbeiterin einer Institution der höheren Bildung (im Fachbereich Sport) ein für sie positives "Tenure" Urteil erreichte, war in Kunda v. Muhlenberg College.[79] Der Fall lag einfach, da das ganze Komitee sie bereits als qualifizierte Wunschkandidatin eingestuft hatte. Da sie jedoch nicht über den angemessenen Abschluß verfügt hatte, wurde sie zunächst abgelehnt. Das Urteil erlaubte ihr, den fehlenden Abschluß in zwei Jahren nachzuarbeiten. Die Richterin sah sich genötigt, den ungewöhnlichen Eingriff gegenüber der wissenschaftlichen Institution zu rechtfertigen: " [the] fact that the discrimination in this case took place in an academic rather than commercial setting does not permit the court to abdicate its responsibility to insure the award of a meaningful remedy. Congress did not intend that those institutions which employ persons who work primarily with their mental faculties should enjoy a different status under Title VII than those which employ persons who work primarily with their hands".[80] Die Richterin traf damit den Kern der Praxis, die die Universitäten durch das Argument wissen-

---

[75] Kay, S. 594 ff.
[76] Kay, S. 684.
[77] Faro v. New York University, 502 F.2d 1229, 1231-32, 2d Cir. 1974.
[78] George R. LaNoue, Barbara A. Lee, Academics in the Court: The Consequences of Faculty Discrimination Litigation 23-34, 1987, in Kay: S. 685.
[79] (F.2d 532 (3d Cir. 1980)
[80] Zitiert in Kay, S. 686.

schaftlicher Freiheit und intellektueller Leistung vor der stringenten Umsetzung bestimmter Bürgerrechte schützte.

Im Fall Sweeney v. Keene State College[81] ging es nicht darum, ob eine Beförderung stattfinden solle, sondern um den Zeitpunkt. Diese Frage ist relevant, da Frauen im Durchschnitt länger auf eine Beförderung warten. Hier verhinderte die Klägerin erfolgreich eine Verschiebung. Das Gericht stellte ebenso fest: "...women at Keene State were evaluated by a stricter standard than their male collegues, and that the institution generally was unresponsive to the concerns of its female faculty".[82] Angesichts der Tatsache, daß die Beweislast bei den Klägerinnen liegt, die keinen Zugang zu den Manuskripten und Entscheidungsvorgängen der Kommissionen haben und angesichts der gerichtlichen "Nichteinmischungspolitik" bleiben die Chancen auf Erfolg durch Klagen gering.[83] Das von Kommissionen meist vorgebrachte Argument "unzureichender Forschung" ist für die Gerichte kaum widerlegbar. Die institutionelle und inhaltliche Unzugänglichkeit des Berufungsprozesses an amerikanischen Universitäten unterstützt und perpetuiert den status quo.

Der Fall, der das größte Aufsehen erregte, ereignete sich zwischen 1981 und 1986 an der Harvard University, als einer der bekanntesten Sozialwissenschaftlerinnen der USA, Theda Skocpol, die Berufung verweigert wurde.[84] Die Entscheidung wurde nach drei Jahren vom Universitätspräsidenten widerrufen. Die Arbeitsatmosphäre hatte sich für die Klägerin wie voraussehbar sehr verschlechtert. Obwohl das ihrer Produktivität keinen Abbruch tat, läßt sich die Hypothese aufstellen, daß es unter solchen Umständen wenig Sinn macht, wenn Frauen sich auf eine Stelle hineinklagen.[85] Universitäten bauen auf die kollegiale Kooperation der ProfessorInnen, und diese kann nach erfolgreicher Klage auf Berufung in das Gegenteil umschlagen. Das bedeutet, daß selbst wenn Klägerinnen vor Gericht erfolgreich sind, sie in der Institution von informellen Netzwerken ausgeschlossen und unter subtilem Widerstand leiden können. Das Erreichen struktureller "role equity" ist noch nicht gleichzusetzen mit dem Ende patriarchalen Widerstandes auf der informellen Netzwerk-Ebene.

4.4. Affirmative Action

Individuelle Klagen aufgrund von Verstößen gegen die Affirmative Action Richtlinien (Executive Orders) am Arbeitsplatz sind bisher nicht zugelassen worden. Klagen gegen Affirmative Action sind meist unter der "equal protection" Klausel oder dem Title VII geführt worden. Da die Urteile in der Öffentlichkeit aber als Affirmative Action Fälle bekannt sind, werden die wichtigsten Urteile hier separat zusammengefaßt.

Bernice Sandler, die 1969 die Beschwerdekampagne der Frauenrechtsgruppe WEAL organisiert hatte, stellte in einem Rückblick über die ersten 10 Jahre von Affirmative Action fest, daß die gewaltigen Fortschritte durch Stagnation in bestimmten Bereichen konterkariert würden.[86] Während Kritiker von Affirmative Action glauben, daß Gleichstellungsmaßnahmen Gruppenzugehörigkeit über Leistung stellen würden, verdeutlicht eine Durchsicht der tatsächlichen Einstellungs- und Beförderungsquoten, daß im Gegenteil die Bedeutung der Gruppenzugehörigkeit noch immer weiße Männer übervorteilt.

Zahlreiche Fälle haben die Verfassungsmässigkeit und Legitimität von Affirmative Action Plänen getestet. Die Mehrheit lag im Bereich der Rassendiskriminierung in der

---

[81] (569 F.2d, 269, 1978)

[82] ibid. 604 F.2d, S. 112-113, weiterhin eine Warnung des Richters vor gerichtlicher "abdication", in Academe, S. 181.

[83] Siehe: Lieberman: Zahorik v. Corn ell: Langland v. Vanderbilt University, in Kay: 688-89. Gilt auch für sexuelle Belästigung: Alexander v. Yale University.

[84] "A Question of Sex Bias at Harvard", New York Time Magazine, 16, Okt., 1981.

[85] Liz McMillen, "Women Who Won Tenure Fight Gets Cool Reception at Harvard", 33 Chronicle of Higher Education, Nr. 5, 1.10.1986, S.1.

[86] in: Kay, S 863.

Industrie. In dem bekanntesten Affirmative Action Urteil in der Bildungspolitik wurde aktive Gleichstellungspolitik an Universitäten durch den Einsatz von Zielquoten bestätigt, während feste Quoten bei Zulassungen abgelehnt wurden[87]. Die Legitimität freiwilliger Förderpläne in der Privatwirtschaft wurde ebenfalls festgestellt, was für private Universitäten relevant ist.[88] Tendenziell ist mit der konservativen Wende in der amerikanischen Gesellschaft auch bei den Verfassungsrichtern die Akzeptanz von Fördermaßnahmen für Schwarze und die Anwendung jeglicher Differenzierung entlang der Rassenlinie gesunken. Die letzten Urteile zu Affirmative Action schränken den Anwendungsbereich bei der Berücksichtigung der Hautfarbe ein: vorher konnte "unter Umständen" zwischen den Rassen differenziert werden, heute gilt ein "generelles Nein".[89] Diese Interpretation wurde im Sommer 1996 durch das Urteil Texas versus Hopwood[90] weiter untermauert. Hier hielt das Verfassungsgericht die Entscheidung des 5. Berufungsgerichts aufrecht, das für die Abschaffung von ethnischen Quoten an der Juristischen Fakultät der University of Texas gestimmt hatte. Kritiker fürchten nun eine erneute Segregation der Eliteuniversitäten in den Südstaaten. Bisher sind Gleichstellungsmaßnahmen für Frauen durch die Urteile nicht direkt betroffen und werden wie bisher unter einem mittleren Prüfungsstandard verhandelt. Die enge Auslegung des Differenzierungsverbots für die Kategorie "race" weist aber tendenziell auf einen Rückzug staatlicher Verantwortung hin, die auch geschlechtsspezifische Fälle betreffen könnte. Es ist möglich, daß die Mehrheit der Richter in Zukunft die Anwendung aktiver Gleichstellung für Frauen als Verstoß gegen den Gleichbehandlungsgrundsatz interpretieren könnte.

5. Fazit

Vor dem Hintergrund einer immer stärker individualisierten leistungsorientierten Gesellschaft und angesichts eines schwachen Sozialstaats gilt Bildung in den USA als der Schlüssel zu materieller Absicherung und sozialer Mobilität. Aufgrund der Öffnung des Bildungswesens und der enormen Fortschritte, die Frauen in den letzten 25 Jahren erzielt haben, hat geschlechtsspezifische Ungleichheit in der tertiären Bildung rapide abgenommen. Verschiedene wichtige Antidiskriminierungsgesetze und eine überwiegend wohlwollende Rechtsprechung haben diesen Trend unterstützt. Eine Analyse wichtiger Bereiche weist aber gleichzeitig auf das folgenreiche Fortbestehen formaler und informeller Benachteiligungen von Frauen hin.

Eine Ursache für die geschlechtsspezifische Ungleichheit liegt in der institutionalisierten Definition traditioneller Maskulinität und ihrer handfesten materiellen und sozialen Vorteile. Zentral für die Aufrechterhaltung der privilegierten homosozialen Bereiche ist bei intellektuellen wie physisch herausfordernden Aktivitäten eine (weiße) männliche Definition von „Qualität". Sie umfaßt entweder ritualistisches, aggressives und kollektives Verhalten in Sport und Militär oder die interessenlose, unabhängige, intellektuelle Einzelleistung eines Forschers.[91]

Die Analyse des universitären Qualitätsdiskurses, der rhetorisch Gleichheit gegen Leistung stellt, weist einerseits auf eine breite Abwehr gegen erweiterte Partizipation und Konkurrenz, aber auch auf ein Verharren in einem defensiven Traditionalismus hin.

---

[87] Regents of the University of Californ ia v. Bakke, 438 U.S. 265 (1978).

[88] United Steelworkers of America v. Weber, 443 U.S. 193 (1979). Eine ausführlichere Darstellung der Rechtsprechung zu Affirmative Action in: Angelika von Wahl, Affirmative Action - das amerikanische Modell der Frauenförderung durch öffentliche Auftragsvergabe, Vortrag auf der Sachverständigenanhörung zu den Paragraphen 13 und 14 des Berliner Landesgleichstellungsgesetz am 18. und 19.5.1995, Berlin.

[89] Adarand Constructors v. Pena, 13.6.1995, News and Observer, S. 1 A und 10 A.

[90] Hopwood v. University von Texas, No. 95-1773

[91] Evelyn Fox Keller, „The Wo/Man Scientist: Issues of Sex and Gender in Pursuit of Science", in: The Outer Circle, Woman in Scientific Community, ed. Harriet Zuckermann et.al., New York, London, 1991, S. 227 - 236.

Amerikanische Vertreter des „Qualitäts"-Arguments gehen von der Annahme aus, daß geschlechtsspezifische Gleichheitsforderungen erstens gegen die „natürliche" Komplementarität der Geschlechter verstoßen und/oder zweitens ein Versuch materieller Umverteilung sind. Die Bezugnahme auf die Kategorie „Qualität" als entscheidendes Argument gegen erweiterte Partizipationsmöglichkeiten von Frauen und Minoritäten sowie gegen die Neubewertung der Curricula ist nicht konsistent mit historischen und empirischen Fakten. Weniger inkonsistent wäre der Rückgriff auf die Kategorie „status quo" in Verteidigung des bisherigen Verteilungs- und Wertesystems. Doch dieses Argument stößt im liberalen amerikanischen Diskurs auf geringe ideologische Unterstützung. Festzuhalten ist, daß die verschiedenen Argumente der Gleichstellungsgegner auf die Existenz zweier Denkströmungen innerhalb dieser Gruppen hinweisen. Dies sind einmal die „Traditionalisten" und die „Meritokraten". Erstere verstehen unter „Qualität" ein bestimmtes Charakteristikum oder nur eine Eigenart, die nicht unbedingt ewas über hohe Leistungsfähigkeit aussagt. So verfügte die Militärakademie Citadel zu keiner Zeit über hohe intellektuelle oder physische Leistungsstandards. Dagegen ist dieser Ort ein Hort homosozialen Zusammenlebens, der für die Kadetten eine spezifische „Qualität" oder Beschaffenheit besitzt, dessen gesamtgesellschaftlicher Nutzen jedoch gering ist. Ich stimme mit den Gegnern der Gleichstellungsmaßnahmen an der Citadel darin überein, daß die Integration von Frauen diese Welt drastisch verändern würde. Zur Verteidigung der männlichen Reservate Sport und Militär werden im allgemeinen vormoderne Argumente über die Komplementarität der Geschlechter angebracht.

Demgegenüber verstehen die „Meritokraten", als Anhänger des freien Marktes, unter „Qualität" ein bestimmtes objektives Leistungsideal. Die Universität als Ort der Wissens- und Zivilisationsproduktion unterliegt idealerweise diesen Standards. Diese Wendung des Arguments basiert bei den Meritokraten erstens auf einem impliziten Objektivitätsglauben, zweitens auf der Idee des offenen Marktes, der die Besten ans Ziel läßt und drittens der Annahme gleicher Ausgangschancen. Empirisch untermauert wird diese These nicht und die Frage bleibt offen, ob Minoritäten, Frauen etc. tatsächlich so zu einer gleichberechtigten Repräsentation und Machtverteilung gelangen. Unter dem Qualitätsargument gegen Gleichstellung kann man also zwei Gruppen subsumieren, die unterschiedliche Ideologien (feste Hierarchien versus freier Markt), unterschiedliche Selektionsmechanismen (soziale Auslese versus Leistungsauslese) und andere zentrale Begriffe verwenden.

Gleichstellung (role equity) kann zwar von den Anhängern des Leistungsideals ideologisch eher akzeptiert werden, wird jedoch im Endeffekt begrenzt auf die Phase des Zugangs an der Universität. Die „Traditionalisten" scheuen schon in dieser Phase vor einer generellen Anwendung des Gleichheitsprinzips zurück. „Role change" ist dagegen ideologisch für beide Gruppen nicht akzeptabel, da es eine grundlegende Infragestellung der patriarchalen Ideen der Traditionalisten bedeutet. Die Meritokraten können sich nicht mit dem Gedanken an die Relevanz sozialer Gruppen mit unterschiedlicher Machtverteilung anfreunden. „Leistung" und „freier Wettbewerb" stehen bei den Meritokraten kollektiven Fördermaßnahmen wie Affirmative Action entgegen, selbst wenn sie als Gruppe lange von der Einschränkung der Konkurrenz durch den Ausschluß von Frauen und Schwarzen profitiert haben.

Natürlich sind die Bereiche Sport/Militär und der Lehrbetrieb nicht nur geschlechtsspezifisch hierarchisch strukturiert. Während sich viele Männer der Unterschicht und aus ethnischen Minderheiten in den Bereichen Sport und Militär engagieren und dort Ausbildung und Auskommen finden, sichern sich im Lehrbetrieb eher die überwiegend weißen Abkömmlinge der Mittelschicht ihre Stellungen. Klassen- und rassenspezifische Hierarchien werden also gleichzeitig reproduziert und überschneiden sich mit geschlechtsspezifischen Strukturen und Prozessen.

Heute haben Frauen in den USA vormals unerreichbare Berufe und Karrieren eingeschlagen. Um es mit Gloria Steinem`s Worten zu sagen: „We have become the men we wanted to marry." Dagegen hat sich Inhalt und Form männlicher Identitäten und Biographien an den Universitäten kaum gewandelt.

Literatur

Andersen, Margareth, Changing the Curriculum in Higher Education, in: Reconstructing the Academy, Women's Education and Women's Studies, Hrsg. Elizabeth Minnich/ Jean O'Barr/ Rachel Rosenfeld, 1988
Bloom, Allan, The Closing of the American Mind, New York 1987
Brodie Welch, Lynn (Hrsg.), Perspectives on Minority Women, New York 1992
Butler, Judith, Gender Trouble, Feminism and the Subversion of Identity, London, New York 1990
Castles, Francis/Marceau, Jane, The Transformation in Gender Inequality in Tertiary Education, Journal of Public Policy, 9,4, S. 493-507, 1989
Chafe, Willlam, Women and Equality, Changing Patterns in American Culture, Oxford u.a. 1977
Chamberlain, Miriam (Hrsg.), Women in Academe, Progress and Prospects, New York 1988, S. 168 ff
Clifford, Geraldine Jonich,, Shaking Dangerous Questions from the Crease: Gender and American Higher Education, Feminist Issues 3, 1983, S. 3-62
Cockburn, Cynthia, In the Way of Women, Men's Resistance to Sex Equality in Organizations, Cornell, Ithaca 1991
Conroy, Pat, The Lords of Discipline, New York 1982
Dickman, Howard (Hrsg.), The Imperiled Academy, New Brunswick, London 1993
Eisenstein, Hester/ Jardine, Alice, (Hrsg.), The Future of Difference, New Brunswick 1985
Ferree, Myra Marx,, Equality and Autonomy: Feminist Politics in the United States and West Germany, in: Mary Fainsod Katzenstein/ Carol McClurg (Hrsg.), The Women's Movements of the United States and Western Europe, Consciousness, Political Opportunity, and Public Policy, Philadelphia 1987, S. 172-195
Gelb, Joyce/Palley, Marian Lief, Women and Public Policies, Princeton 1987
Glazer, Nathan, Affirmative Discrimination; Ethnic Inequality and Public Policy, New York 1975
Gluck, Mezey Susan, The Persistence of Sex Segregated Education in the South, Southeastern Political Review, Vol. 22, Nr. 2, Juni 1994, S. 371-395
Guinier, Lani/ Fine, Michelle/Balin, Jane/Bartow, Anne/Lee Stachel, Deborah, "Becoming Gentlemen: Women's Experience At One Ivy League Law School", in: University of Pennsylvania Law Review, Nov. 1994, Vol. 143, S. 1-100
Harding, Sandra, The Instability of the Analytical Theories of Feminist Theory, in: Sex and Scientific Inquiry, Hrsg. Sandra Harding/ Jean O'Barr, Chicago 1987, S. 283-302
Hill, Herma Kay, Sex-Based Discrimination, Texts, Cases and Materials, dritte Ed., St. Paul, Minnesota 1988, S. 882
Hout, Michael/Raftery, Adrian// Eleanor Bell, Elenor, Making the Grade, Educational Stratification in the United States, 1925-1989, in: Yossi Shavit/ Hans-Peter Blossfeld, Persistent Inequality, Changing Educational Attainment in Thirteen Countries, Boulder, San Francisco, Oxford 1993, S. 25-49
Hull, Gloria/ Barbara Smith/Bell Scott, Patricia (Hrsg.), All the Women Are White, All the Blacks Are Men, But Some Of Us Are Brave, Old Westbury 1983
Keller, Evelyn Fox, „The Wo/Man scientist: Issues of Sex and Gender in Pursuit of Science", In: The Outer Circle, Woman in Scientific Community, ed. Harriet Zuckermann et. a., New York, London, 1991
Oates, Mary/Williamson, Susann, Women's Colleges and Women Achievers, Signs, Vol. 3, Nr. 4, Sommer 1978, S. 795-806
o.V.; Sex Discrimination and Intercollegiate Athletics: Putting Some Muscle on Title IX, The Yale Law Journal, Vol. 88, Nr. 6, Mai 1979, S. 1254-1279

o.V. (Commentary), Sex Discrimination in Athletics: Conflicting Legislative and Judicial Approaches, Alabama Law Review, Vol. 29, Nr. . 2, Winter 1978, S. 390-425

Rice, *Joy Hemmings, Annette*, Women's Colleges and Women Achievers: An Update, Signs, Vol. 13, Nr. . 3, 1988, S. 546-59

Rossi, *Alice/Calderwood, Ann* (eds.), Academic Women on the Move, New York 1973

Rossiter, *Margaret*, Women Scientists in America, Before Affirmative Action 1940 - 1972, Baltimore and London 1995

Schwager, *Sally*, Educating Women in America, Signs: Journ al of Women in Culture and Society 12, Nr. . 2, Winter 1987, S. 333-72

D'Souza, *Dinesh*, Illiberal Education, The Politics of Race and Sex on Campus, New York 1991

Tidball, *Elisabeth/Kistiakowsky, Vera*, Baccalaureate Origins of American Scientists and Scholars, Science 193, August 1976, S. 646-52

Vargyas, *Ellen*, Breaking Down Barriers, A Legal Guide To Title IX, National Women's Law Center, Washington, 1994, S.13

v. *Wahl, Angelika*, Geschlecht und Arbeitsmarkt, Gleichstellungspolitik in den USA und der Bundesrepublik, PROKLA 99, Nr. . 2, Juni 1995

v. *Wahl, Angelika*, Öffentliche Auftragsvergabe als Mittel der Frauenförderung: Das amerikanische Modell der "Affirmative Action. In: Kritische Justiz 1996, 181-196

Wobbe, *Theresa*, Eine Frage der Tradition: Wissenschaftspolitische Überlegungen in historischer Perspektive, in: Elke Biester/ Barbara Holland-Cunz/ Eva Maleck-Lewy/ Anja Ruf/ Birgit Sauer /Hg.), Gleichstellungspolitik - Totem und Tabus. Eine feministische Revision. Frankfurt a.M., New York. 1994, S. 122 - 140

Zuckermann, *Harrie/Cole, Jonathan R./Buner, John T.*, (eds), The Outer Circle, Women in the Scientific Community, New York, London 1991

Dokumentation 2: Key events affecting minority representation in higher education[1]

1964 Congress passes the Civil Rights Act, barring discrimination based on race.

1965 In a speech at Howard University, President Johnson outlines many of the ideas behind affirmative action. „You do not take a person who, for years, has been hobbled by chains and liberate him, bring him up to the starting line of a race, and then say, you are free to compete with all the others, and still justly believe that you have been completely fair."

1965 Congress passes the Higher Education Act, the law that would later be expanded to include most federal student-aid programs.

1967 The Texas Supreme Court rejects a legal challenge to Rice University's decision to change its charter and admit students of all races.

1969 The City University of New York adopts an open-admission policy, effective in 1970.

1970 The NAACP Legal Defense and Educational Fund sues the U.S. Department of Health, Education, and Welfare, charging that it has failed to order the desegregation of public colleges in 10 Southern and border states.

1971 Harvard University adopts an affirmative-action program for the hiring of women and members of minority groups, and creates an office of minority affairs.

1972 Williams College formally adopts a policy of affirmative action and faculty recruitment and hiring.

1972 Congress passes a law creating Basic Educational Opportunity Grants which would later be named Pell Grants and become the primary government grant to low-income students.

1973 In a lawsuit known as the Adams case, US District court Judge John H. Pratt rules that the federal government must seek deseggregation plans from the 10 states that it had found operating segregated higher-education systems.

1973 The American Associations of University Professors endorses the use of affirmative action in faculty hiring.

1974 The Supreme Court, sidestepping a potentially explosive decision on the constitutionality of racial preferences in law-school admission, dismisses DeFunis v. *Odegaard* because the plaintiff was set to graduate from the University of Washington law school.

1978 The Supreme Court rules in Regents of the *U. of Californ ia v. Bakke* that colleges may use race as a factor in admission decisions, but may not set aside a specific proportion of their entering classes for minority students.

1978 Congress passes the Tribally Controlled Community College Assistance Act, providing federal support to colleges run by Indian tribes.

---

[1] Aus: The chronicle of higher education, April 28, 1995, Vol. XL, Nr. 33, S.A. 16-19

1983   Rejecting a plea from Bob Jones University, the Supreme Court rules that a non-profit tax exemption cannot be granted to schools and colleges that violate „fundamental public policy" by practising racial discrimination.

1985   A report from the College Board says that gains made by black students in the 1960s and early 1970s have eroded during the previous 10 years and are endangered by policies that „threaten to reverse the movement towards equality."

1987   A study by the University of Californ ia at Berkeley rejects a charge that the university imposed discriminatory admissions policies or practices to hold down enrollment of Asian Americans.

1987   A federal judge dismisses the Adams case, which for nearly 15 years forced Southern and border states to submit plans to desegregate their public colleges.

1987   The University of Michigan adopts the „Michigan Mandate" to increase the number of minority faculty members and students. As a result, by 1994 the proportion of minority students rose to 13.7 per cent from 7.9 per cent and the proportion of black undergraduates to 8.3 per cent from 5.4 per cent.

1988   The University of Wisconsin at Madison unveils a plan to add 70 minority-group members to its faculty within three years, and to double to 400 the number of minority students by 1993. In fall 1991, after minority enrollment dipped 17 per cent from the previous year, the university said it would re-tool the „Madison Plan."

1988   „One Third of a Naton," a report by the American Council on Educton, declares that the future prosperity of the United States i.S. at risk unless the country renews its commitment to the advancement of minority groups.

1988   Duke University requires each of its 56 departments to hire a black faculty member by fall 1993. In 1994, after falling far short of that goal, the university vowed to double the number of black professors on its campus within a decade.

1989   A federal appeals court revives the Adams case, again forcing the Education Department to monitor the desegregation of public colleges in 18 Southern and border states.

1990   Michael Williams, head of the Education Department's Office for Civil Rights in the Bush Administration, says it i.S. generally illegal for colleges to restrict scholarships based on race or ethnicity. After protest from colleges, the Administration reviewed the issue, but later adopted a policy that did generally restrict such scholarships.

1992   The Supreme Court rules that Mississippi has not done enough to eliminate segregation in its public universities and orders a federal district judge to hold a new trial to come up with a solution. The state responds with a desegregation plan that would involve closing and merging of some black colleges.

1994   The Education Department upholds the legality of minority scholarships created by colleges to promote diversity or to remedy past discrimination.

1995   President Clinton orders a review of all federal laws involving affirmative action.

Ergänzung:[2]

1996 Das Verfassungsgericht schränkte ethnische Quoten bei der öffentlichen Auftragsvergabe (Adarand Constructors v. Pena) und - indirekt - bei der Zulassung zu Universitäten ein (University of Texas v. Hopwood, Berufungsgericht). Es verurteilte dagegen aber Ungleichbehandlung von Frauen in Militärakademien (U.S. v. Virginia) und beendete die „seperate but equal" Praxis.

---

[2] Angelika v. Wahl

Ute Gerhard

Frauenforschung zu Recht
Dimensionen feministischer Rechtskritik[1]

In meinem Beitrag will ich versuchen, die unterschiedlichen und auch von einander getrennten Diskurse in der Frauenbewegung und der feministischen Theorie zusammenzubringen, nämlich Erkenntnisse der sozialwissenschaftlichen Frauenforschung und die juristische Diskussion. M. E. läuft die Diskussion über Frauen-Recht immer wieder in zwei ganz verschiedene Richtungen: Sie wird einerseits geführt als zunehmend elaborierter philosophischer Diskurs über Moral, Gleichheit und Differenz. Andererseits geht es darum, rechtspraktische bzw. aktuelle rechtspolitische Probleme zu lösen, die arbeitsteilig eher Juristinnen oder 'Frauen in der Politik' überlassen werden. Eingezwängt zwischen das Interesse an einer weiblichen Moral, bzw. eine vehement geführten Debatte über Theorien der Geschlechterdifferenz einerseits und politischen Pragmatismus andererseits, gibt es anscheinend keine Anwältin oder Adressatin des Rechts, geschweige denn eine Bewegung, für die Recht, der Kampf ums Recht, heute noch ein Mittel oder ein Weg zu mehr Gerechtigkeit, Befreiung und die Veränderung des Status Quo gesellschaftlicher Verhältnisse sein könnte.

Die Schwierigkeit im theoretischen wie praktischen Umgang mit Recht nicht nur für Frauen liegt in dem komplexen und doppeldeutigen Begriff von Recht. Denn Recht ist nicht nur das, was die Gesetze an einem bestimmten Ort und zu bestimmter Zeit sagen, das sog. positive Recht, auch nicht nur ihre praktische Rechtsanwendung, also die bloße Empirie, sondern eine Vorstellung davon, wie die Beziehungen zwischen Personen aussehen sollten. Mit dem Begriff Recht verbindet sich nicht nur die Gesamtheit aller Regelungen und Normen, die im Unterschied zu anderen Normensystemen wie Sitte, Brauch oder Konventionen mit Hilfe eines Rechtsstabes und staatlichen Zwanges durchsetzbar sind (vgl. Weber 1976, S. 17), sondern auch die Vorstellung von 'richtigem' Recht, von Gerechtigkeit, einer im Medium Recht verankerten legitimen Ordnung.

Die Rechtsskepsis und die Distanz speziell von Frauen und Feministinnen gegenüber Recht gründen sich auf ihre vielfältigen, schlechten Erfahrungen mit Recht, mit der noch immer nicht verwirklichten Gleichberechtigung und auf die Erkenntnis, daß Recht in Theorie und Praxis männliche Denkweisen, Maßstäbe und Interessen verkörpert. Und selbst Rechtsfortschritte haben, gemessen an den Forderungen und Erwartungen von Frauen, in vielen Fällen ein durchaus zweischneidiges Ergebnis, weil sie offensichtlich neue Freiheiten und Fortschritte in Bezug auf die Gleichberechtigung nur um den Preis der Anpassung und Integration in eine männliche Welt, Arbeitswelt oder politische Öffentlichkeit, ermöglichen. Denn Gesetze sind in einer pluralistischen, in viele Teilinteressen ausdifferenzierten Gesellschaft nicht nur Ergebnis und Ausdruck gesellschaftlicher Kompromisse, sondern auch von **Machtverhältnissen**, in denen Frauen bisher nicht viel mehr als Alibifunktionen erfüllt haben.

1.   Die neue Frauenbewegung und Recht

Eine grundsätzliche Rechtsskepsis oder auch das Desinteresse an Rechtsfragen kennzeichnete auch den Beginn der neuen Frauenbewegung. Sie war eine Konsequenz aus dem Scheitern der in der Verfassung versprochenen Gleichberechtigung und auch Er-

---

[1] Dieser Beitrag ist die überarbeitete Fassung meines Aufsatzes "Feminismus zu Recht. Unrechtserfahrungen und Rechtsverständnis in der neuen Frauenbewegung und Ansätze zu einer feministischen Rechtskritik", in: M. Brückner/B. Meyer (Hg.), Die sichtbare Frau, Freiburg 1994, S. 327-368

gebnis der hinhaltenden Widerstände gegen ihre Einlösung im Rechtsalltag. Die Kritik der Nur-Gleichberechtigungs-Politik folgte zum einen aus der Frontstellung gegen die etablierten oder traditionellen Frauenverbände, die sich seit der 1949 verfassungsmäßig verankerten Gleichberechtigung gemäß Art. 3 GG rechtspolitisch am Ziel wähnten oder auch die offensichtlichen Diskrepanzen zwischen Rechtsnorm und Rechtswirklichkeit auf dem Wege einer schrittweisen und geziemenden Reform zu lösen versuchten. Zum anderen wurde von 'linker' Seite die nur formale Gleichberechtigung kritisiert, weil sie ohne materielle Umsetzung die Voraussetzungen wahrer, "menschlicher Emanzipation" verfehlte und sich im "engen bürgerlichen Rechtshorizont" (Marx 1972, S. 347f., 1982, S. 21) eingerichtet hätte, ohne die bestehenden kapitalistischen Strukturen und ungleichen Verhältnisse in der Gesellschaft anzugreifen.

Dennoch war die Frauenbewegung von Anbeginn mit Rechtsproblemen konfrontiert. Unrechtserfahrungen und Enttäuschungen begleiteten sie in ihren großen Auseinandersetzungen um die Einführung einer Fristenlösung und die ablehnende Entscheidung des Bundesverfassungsgerichts zur Schwangerschaftsunterbrechung im Jahr 1975 (Paczensky 1980; dies./Sadrozinsky 1984), bei der Veröffentlichung von Gewalt gegen Frauen (Hagemann-White 1981; Brückner 1983) und im Kampf um die Finanzierung von Frauenhäusern (Arbeitsgruppe Frauenrechte 1983; Lösch/Sieveking 1985; Gerhard 1986), in den Diskussionen um die Bestrafung von Vergewaltigern und einen neuen Straftatbestand Vergewaltigung in der Ehe (Schapira 1977; Teubner 1988), und nicht zuletzt in der Zurücknahme einer Familienrechtsreform, die zum erstenmal Gleichberechtigung auch in der Ehe und nach der Ehe zu verwirklichen schien (Wiegmann 1980, 1986). Doch seit dem Beginn der achtziger Jahre, mit der Institutionalisierung einzelner Frauenprojekte und dem parteipolitischen Engagement von Feministinnen z.B. bei den GRÜNEN, der Vorlage eines Entwurfs für ein Antidiskriminierungsgesetz durch die Humanistische Union schon 1978 und 1986 durch die GRÜNEN, seit der Einrichtung von Gleichstellungsstellen und Frauenbeauftragten, sind einige Brücken zwischen autonomer Bewegung und den Institutionen des Staates gebaut worden. Mit der Ausdifferenzierung und Verbreiterung der Frauenbewegung in die Parteien, Gewerkschaften und Kirchen hinein gibt es eine pragmatische feministische Rechtspolitik sowie feministische Juristinnen auch in der BRD, mit deren Präsenz und Kritik gerechnet werden kann (vgl. die Zeitschrift "Streit" seit 1983). Zugleich kommen seitdem auch die etablierten Frauenverbände im Deutschen Frauenrat nicht mehr umhin, ihre Schotten gegenüber feministischen Anliegen und Problemformulierungen zu öffnen. Z.B. werden im Verbandsorgan "Informationen für die Frau" inzwischen durchaus Themen aufgegriffen, die auch aus der autonomen Frauenbewegung kommen. Das neue Interesse an Rechtsfragen ist nicht zuletzt durch gesellschaftliche Veränderungen provoziert, die von der Frauenbewegung als sozialer Bewegung und Motor gesellschaftlichen Wandels initiiert wurden. Die wissenschaftliche Kontroverse um Gleichheit und/oder Differenz schließlich, die 1989 auf dem internationalen Kongreß "Menschenrechte haben (k)ein Geschlecht" wie von selbst aufbrach und alle historischen wie aktuellen Problemstellungen beherrschte (Gerhard u.a. 1990), konnte sich schon ein Jahr später unter den dramatisch veränderten Verhältnissen in Gesamtdeutschland in der Debatte um "Frauen für eine neue Verfassung" (vgl. Feministische Studien Extra 1991) bewähren. Sie hätte politisch praktisch werden können, wenn nicht die ermutigenden Ansätze zu einer Verfassungsbewegung und einem neuen Gesellschaftsvertrag zwischen Ost und West **und zwischen Männern und Frauen** an der Herrschaft der politisch konservativen Parteien in der Verfassungskommission selbst gescheitert wären. Ich habe den Eindruck, daß dort für einen Augenblick lang eine Chance bestanden hat, auch die feministischen Anliegen der Frauenbewegung und anderer Bürgerrechtsbewegungen zu formulieren und rechtsförmig werden zu lassen. Zumindest war es für alle Beteiligten eine nachdrückliche Erfahrung, daß auch Nichtjuristinnen über die Formulierung von Verfassungstexten diskutiert haben, und daß vielen zum ersten Mal deutlich wurde, was solche Texte mit uns selbst, mit unseren eigenen Erfahrungen zu tun haben, daß sie nicht nur eine Angelegenheit der Verfassungsjuristen sind.

2. Stufen oder Dimensionen feministischer Rechtskritik

Den Ausgangspunkt feministischer Rechtskritik, einer durch die Frauenbewegung angestoßenen Frauenforschung im Bereich des Rechts, bildete also die nicht verwirklichte Gleichberechtigung, die Diskrepanz zwischen Rechtsnorm und Rechtswirklichkeit trotz ihrer verfassungsrechtlichen Verankerung und das aus der Opposition gegen die Gesetzgebung und Rechtsprechung zum Schwangerschaftsabbruch gewonnene neue Unrechtsbewußtsein. Schließlich machte die Kritik an den in der Rechtspraxis vorgegebenen Maßstäben und normativen Wertsetzungen deutlich, daß die bisherige Gleichstellungspolitik nicht den Status quo geschlechtsspezifischer Ungleichheit verändert hatte.

Für eine Rechtskritik aus feministischer Perspektive genügte es darum nicht mehr, die bisherigen Benachteiligungen im Recht lediglich als Überhang patriarchalischen Rechts oder als Schritt für Schritt aufzuholende Verspätung im Prozeß zunehmender Demokratisierung und Verrechtlichung zu verstehen. Es ging auch nicht mehr darum, die Defizite und geschlechtsspezifischen Nachteile der Frauen in unserer Gesellschaft durch rechtliche Maßnahmen zu kompensieren. Ins Zentrum der Kritik rückten vielmehr die Systematik und schließlich die Prämissen des geltenden Rechts auf Gleichberechtigung. D.h. die Frage stellte sich, ob Recht bereits seiner Form nach oder lediglich in seiner bisherigen Anwendung auf die Lebenslagen und Bedürfnisse von Frauen zu kritisieren ist.

Den Anfang grundsätzlicher Kritik bildete die Erkenntnis, daß das formal gleiche Recht nicht neutral ist und deshalb auch nicht allgemein, da es vorwiegend die männliche Arbeits- und Lebensweise zum Ausgangspunkt seiner Tatbestandsbeschreibungen und Berechtigungen macht. Beispiele hierfür finden sich in fast allen Rechtsbereichen. Während aber das Ehe- und Familienrecht seit der Reform von 1977 nicht nur formal sondern auch materiell, etwa im Scheidungs- und Versorgungsrecht, explizit egalitär gestaltet ist, erwiesen sich das Arbeits-, Sozial- und vor allem Sozialversicherungsrecht als sehr resistent gegenüber den Veränderungen im Geschlechterverhältnis; z.B. durch die Orientierung an männlicher Körperkraft bei der Eingruppierung nach sog. Leichtlohngruppen und durch den anhaltenden Widerstand der Tarifparteien gegen die vielfältigen Formen auch mittelbarer Diskriminierung (vgl. Pfarr/Bertelsmann 1981); außerdem in der Ausrichtung aller Sozialversicherungsleistungen am Leistungslohn sowie des Erwerbslebens an der typisch männlichen Normalbiographie. Auf der Grundlage der neuen Untersuchungen sozialwissenschaftlicher Frauenforschung zum Verhältnis von Lohn- und Hausarbeit und ihrer geschlechtsspezifischen Zuordnung wurde es daher möglich, die Systematik der Benachteiligungen im Bereich sozialer Sicherung wie in der Sozialpolitik überhaupt aufzudecken. Demnach sind der Vorrang der Erwerbsarbeit und die Nichtanerkennung von Haus- und Familienarbeit der hauptsächliche Anlaß für die Diskriminierung von Frauen im sozialen Sicherungssystem. Dieses Berechtigungssystem bildet die Basis für die damit auch geschlechtshierarchische Teilung des Sozialstaates in eine Arbeiter- und Armutspolitik mit sehr viel niedrigeren und nur subsidiären Ansprüchen von Frauen z.B. in der Sozialhilfe (vgl. Kickbusch/Riedmüller 1984; Gerhard 1988a; Veil u.a. 1992).

Eine andere Ebene möglichen Rechtsmißbrauchs entlarvte die Rechtstatsachenforschung oder empirische Rechtssoziologie: Die Auslegung des Rechts mit Hilfe moralischer Wertungen (etwa mit der Formel der Verletzung der guten Sitten, § 242 BGB) ermöglicht eine Rechtsauslegung im Interesse derer, die Macht, d.h. in diesem Fall Definitionsmacht besitzen. Die sog. unbestimmten Rechtsbegriffe, Generalklauseln oder die Ermessensspielräume der Verwaltung sind Beispiele dafür, daß nicht die Form des Rechts, sondern gerade seine "Entformalisierung", seine mangelhafte inhaltliche Bestimmtheit und Konkretisierung Einbruchsstellen für eine diskriminierende Praxis schafft. Gerade weil Frauenrechte gegen traditionelle Verhaltensweisen und Ansichten durchzusetzen sind, geben Beurteilungsspielräume und das für die Anwendung im Einzelfall zugestandene Ermessen den Raum frei für geschlechtsspezifische Vorurteile der Rechtsanwender und eine die Frauen diskriminierende Praxis.[2] Das hieße, nicht in der Abstraktion des Rechts vom Einzelfall liegt das mögliche Unrecht, die unsachliche Diskriminierung, sondern in seiner nur behaupteten Neutralität und inhaltlichen Ungenauigkeit und damit in der nicht "in seinem Inhalt *bestimmten* Allgemeinheit" der Gesetze (vgl. Neumann 1967).

Im Gegensatz zum Arbeits-, Sozialrecht und einem sich ständig weiter ausdifferenzierenden Wirtschaftsrecht aber wurde der traditionelle *weibliche Lebenszusammenhang*, der Bereich der Familie, in der Jurisprudenz allzu lange als "rechtsfreier Raum" definiert, als eine Privatsphäre, in die sich - das ist das Verständnis liberaler Freiheits- und Abwehrrechte - möglichst niemand, erst recht nicht staatliche Instanzen einzumischen hätten. Noch bei der Abfassung des Bürgerlichen Gesetzbuches um 1900 wurden Ehe und Familie juristisch als 'besonderes Gewaltverhältnis' charakterisiert. Das hatte für alle dieser Gewalt Unterworfenen gravierende Folgen. Aus der mobilisierenden Erfahrung "auch das Private ist politisch" hat die neue Frauenbewegung vor allem die Rechtsverletzungen und die Gewalt in den privaten Beziehungen, z.B. durch die Einrichtung von autonomen Frauenhäusern, zu einem öffentlichen Skandal und politischen Thema gemacht.[3] Trotzdem sind auf der Ebene des positiven Rechts bisher kaum Rechtsveränderungen oder Erfolge zu verzeichnen: Die Frauenhäuser sind immer noch nicht institutionell abgesichert bzw. stehen unter der diskriminierenden Kontrolle der Sozialverwaltung. Der Straftatbestand der "Vergewaltigung in der Ehe" hat erst jetzt die letzten Hürden im Gesetzgebungsverfahren passiert. Der Tatbestand 'sexuelle Belästigung am Arbeitsplatz' ist lediglich im neuesten CDU-Entwurf zu einem Antidiskriminierungsgesetz vorgesehen[4], aber bisher in der Bundesrepublik im Rechtsalltag ohne Bedeutung.

Wie das in der Frauenforschung entwickelte Konzept des weiblichen Lebenszusammenhangs (Prokop 1976), das anderes und mehr meint als der alle Ungleichheit anscheinend erklärende Hinweis auf die Doppelrolle der Frau, haben die Erkenntnisse sozialwissenschaftlicher Frauenforschung der feministischen Rechtskritik analytische Dimensionen eröffnet, die die Rechtsprobleme nicht nur als ideologische, ökonomische oder herrschaftssoziologische zu decouvrieren helfen, sondern immer wieder auf den gesellschaftlichen Gesamtzusammenhang verweisen. Danach ist Recht Abbild und Motor gesellschaftlicher Machtverhältnisse, aber es kann auch ein Kompromiß zum Ausgleich von Interessengegensätzen sein. Allerdings ist in der Bundesrepublik die Arbeitsteilung zwischen Juristinnen und Feministinnen immer noch nicht aufgehoben, gibt es bisher nur wenige Ansätze zu einer feministischen Jurisprudenz (vgl. dagegen Stang Dahl 1992), für die gerade im Bereich der Dogmatik noch viel zu tun bleibt. Schließlich hat die Rechtslehre - "diese gewaltige Verdinglichung von Scharfsinn, die in die Jurisprudenz investiert worden ist, [...] (und sie) zu einer so männlichen Disziplin" macht (Bloch 1972, S. 210) - in Bezug auf die Frauenrechte jahrhundertelang bewiesen, wie sie jenseits oder anstelle der Gesetze als Rechtsquelle auftritt[5], zuletzt im Machtspruch über die Rechtswidrigkeit des Schwangerschaftsabbruchs (BVerfGE vom 28.5.1993).

---

[2] Z.B. der unbestimmte Rechtsbegriff der "Verfügbarkeit" im Arbeitsförderungsrecht, der entgegen aller Gleichverpflichtung der Männer im Familienrecht und trotz aller Proteste typischerweise nur für Frauen die Verfügbarkeit und damit alle Rechtsansprüche auf Arbeitslosengeld für den Arbeitsmarkt an familiären Verpflichtungen scheitern läßt. Vgl. Ute Gerhard (1988b, 1988c).

[3] Carol Hagemann-White (1981); vgl. Der Bundesminister für Jugend, Familie, Gesundheit (1984), Fachtagung zu Gewalt gegen Frauen; vgl. Zentrale Informationsstelle für Autonome Frauenhäuser (1984), sowie die Petition für ein Bundesgesetz zur Finanzierung von Frauenhäusern, Hrsg. v. Komitee für Grundrechte und Demokratie e.V., die mit ihren mehr als 26 000 Unterschriften zu den großen Petitionsinititativen gehört.

[4] Vgl. aber §15 des Hess. Gesetzes über die Gleichberechtigung, in Kraft seit dem 1.1.1994.

[5] In welches Unrecht die "unbegrenzte Auslegung" durch die Richter und Rechtsanwender führen kann, hat Ingeborg Maus für die "Juristische Methodik und Justizfunktion im Nationalsozialismus"

Eine andere Dimension juristischer Kritik eröffnet die Geschichte der Interpretation des Gleichberechtigungsparagraphen. Wie z.B. Ines Reich-Hillweg (1979), Heide Pfarr (1981), Vera Slupik (1988), Ute Sacksofsky (1991) detailliert zeigen konnten, haben sich hierbei auch die materiellen Rechtsgrundlagen seit 1949 in großen Wellenbewegungen verändert.

Trotz verfassungsrechtlich verankerter Gleichberechtigung kam dabei rechtspraktisch zunächst die eigentlich überholte Rechtsregel zur Anwendung, die in der Aristotelischen Formel ausgedrückt wird, daß nur Gleiches gleich, Ungleiches aber seiner Verschiedenheit nach zu behandeln sei. Dabei sollte eine Interpretation durch den besonderen Absatz II in Art. 3 GG, im Sinne eines Differenzierungsverbots gerade in dieser Hinsicht, ausgeschlossen sein. Das zeigt, es wurde in der Rechtspraxis und Rechtssprechung weder das absolute Differenzierungsverbot des Gleichberechtigungsartikels durchgehalten, noch war andererseits das Dilemma bewußt, daß die Berücksichtigung der Geschlechterdifferenz immer nur als Minus oder Abweichung von männlichen Maßstäben und ihrer Normierung definiert wurde und damit ebenfalls zu Diskriminierung, d.h. Unterscheidung und nachteiligen Rechtsfolgen führte. Hatte Elisabeth Selbert in ihrem wirkungsvollen Eintreten für den Gleichberechtigungsparagraphen im Parlamentarischen Rat noch gegen den patriarchalischen Widerstand und gegen das polemische Mißverständnis der "Gleichmacherei" oder angeblich "mechanischen" Gleichheit argumentiert: "Es ist ein grundlegender Irrtum, bei der Gleichberechtigung von der Gleichheit auszugehen. Die Gleichheit baut auf der Gleichwertigkeit auf, die die Andersartigkeit anerkennt"[6], so ahnte Erna Scheffler bereits 1950 die hierin versteckten Einbruchstellen für erneute Diskriminierungen und die gefährliche Weichenstellung, die diese defensive Argumentation mit der bloßen Gleichwertigkeit für Rechtslehre und Rechtsprechung bot, und versuchte klarzustellen:

"Allgemein herrschend ist heute die Lehre, die sagt: Gleichberechtigung bedeutet, daß in Gesetzgebung, Verwaltung und Rechtsprechung gleiche Tatbestände gleich behandelt werden müssen. Wenn nun der Gesetzgeber neben dem allgemeinen Prinzip der Gleichberechtigung noch besonders bestimmt: Männer und Frauen sind gleichberechtigt, so kann das nur heißen, daß die natürliche Verschiedenheit der Geschlechter **rechtlich** nicht als verschiedener Tatbestand gewertet werden darf. [...] Gerade weil Männer und Frauen psychisch und physisch verschieden sind, hat er überhaupt ihre rechtliche Gleichheit besonders normiert. Man kann nicht den Grundsatz: Gleichberechtigung trotz Geschlechtsverschiedenheit wieder mit dem Argument der Geschlechtsverschiedenheit einschränken. Das widerspricht der immanenten Logik des Gleichberechtigungsgrundsatzes."[7]

In der nun mehr als vierzigjährigen Rechtsprechung des Bundesverfassungsgerichts kamen auf diese Weise durchaus widersprüchliche, d.h. auch für Frauen positive Ergebnisse zustande, wobei bis zum Beginn der siebziger Jahre vor allem die "Betonung der natürlichen Verschiedenheiten" die Urteilspraxis bestimmte (Sacksofsky 1991, S. 80f.; vgl. auch Slupik 1988). Ausschlaggebend für diese Leitlinie war die Zweistufigkeit der bürgerlichen Ordnung, die traditionell im Familienrecht (bis 1977) die Unterordnung bzw. eine über die 'Hausfrauenehe' als Norm verlängerte Arbeitsteilung und Abhängigkeit vorsah. Diese Auffassung von Familie und der Rolle der Frau wurde auch noch mit der Anerkennung und Berücksichtigung "nicht nur der objektiv biologischen, sondern auch funktionalen (arbeitsteiligen) Unterschiede" vehement verteidigt und konserviert (BVerfGE. 3, S. 225ff.). Denn mit dieser "Grundsatzformel" waren ja gerade die traditionellen Geschlechtsrollenklischees, insbesondere der "bestehende Zustand der Arbeitsteilung [...] zur Basis der rechtlich erlaubten Differenzierung gemacht" worden (Reich-Hillweg 1979, S. 50).

---

und wiederholt nachgewiesen, vgl. dies. (1983, 1989a, 1989b). Zur "Voreingenommenheit der Jurisprudenz als dogmatische Wissenschaft" vgl. Ute Gerhard (1986).

[6] Parlametarischer Rat, 42. Sitzung des Hauptausschusses, 18.1.1949, Stenogr. Protokolle, S. 538f., vgl. hierzu Barbara Böttger (1990, S. 215ff.)

[7] Erna Scheffler, Referat auf dem 38. Deutschen Juristentag, zit. n. Ute Sacksofsky (1991, S. 107)

Erst in den siebziger Jahren näherte sich die Rechtsprechung des Bundesverfassungsgerichts - wie Ute Sacksofsky (1991, S. 85f.) nachweist - einem Gleichheitsverständnis an, das nicht mehr von der traditionellen Rollenteilung bestimmt wird, jedoch, da immer weniger formalrechtliche Privilegien der Männer bestanden, mit der kontraproduktiven Folge, daß vor allem Männerklagen erfolgreich waren (etwa in der Entscheidung aus dem Jahr 1975, die eine Neuordnung des Rentenrechts zugunsten einer Witwerrente vorsah (BVerfGE 31, S. 1 f.). Für die achtziger Jahre konstatiert die Autorin dagegen eine stärkere "Berücksichtung der sozialen Unterschiede", also die Leitlinie, für erlittene Nachteile "einen kompensatorischen Ausgleich zugunsten von Frauen zuzulassen." (Sacksofsky 1991, S. 91f.)

Somit hat sich nach vielen Umwegen und Widerständen bei der Auslegung des Gleichberechtigungsartikels mit Hilfe wichtiger einzelner Befürworter, Gutachten und Gerichtsurteile doch allmählich eine 'herrschende Meinung' durchgesetzt, wonach Art. 3 Abs. 2 - so die zu blasse Formel der Gemeinsamen Verfassungskommission - "die **tatsächliche** Durchsetzung der Gleichberechtigung von Frauen und Männern" meint und der Staat die Aufgabe hat, "auf die Beseitigung bestehender Nachteile" hinzuwirken und Gleichheit **herzustellen**.[8]

3. Über das Verhältnis von Moral und Recht

Im Verhältnis zu Moral ist Recht gleichzeitig ein Weniger, insofern es nur einen Teil der moralischen Vorschriften zu Recht erklärt, ein Mehr, als es seinen Regeln durch äußerlichen Zwang Geltung verschafft. Wie groß die Schnittmenge zwischen Recht und Moral jeweils ist, ist eine der immer wieder diskutierten Grundfragen der Rechtstheorie (vgl. Habermas 1992, S. 135f.; Radbruch 1952, S. 16f.; vgl. hierzu auch Nagl 1993, S. 17f.). Kant folgend ist Moral der umfassendere, dem Recht "vorausliegende" Begriff, der in eine Rechts- und eine Tugendlehre zerfällt. Moral ist somit ein Oberbegriff für Recht und Ethik (Kant 1968, S. 309ff; 323ff.)

Doch angesichts der im Rechtsformalismus und Rechtspositivismus so mißverstandenen Trennung von Recht und Moral nun wäre die ganze Geschichte der Jurisprudenz, insbesondere "Der Funktionswandel des Gesetzes im Recht der bürgerlichen Gesellschaft" (Franz Neumann 1967) zu referieren: Von Kant bis zum Ende des 19. Jahrhunderts steht die Forderung nach der "Allgemeinheit des Gesetzes im Zentrum der deutschen Rechtstheorie" (S. 42). Im Gegensatz zur englischen "rule of law", die in England durch das Parlament, und damit durch die partiell demokratische Beteiligung der Bürger geschaffen und legitimiert ist, sichert der Rechtsstaat in Deutschland lediglich formal die wirtschaftlichen Freiheitsrechte des Bürgertums, "verhält sich dieser Rechtsstaat zur Staatsform anscheinend "neutral" (S. 51). Die Rechtslehre unterschied daher zwischen einem formellen und materiellen Gesetz (zur Sicherung des Budgetrechts). Von hier aus entwickelt sich ein juristischer Positivismus (vgl. Julius Stahl: "Recht und positives Recht sind ...gleichbedeutende Begriffe", zit. n. Maus, 1978, S. 33), der jeden Inhalts im Sinne einer materialen Gerechtigkeit beraubt zu sein scheint.

Ingeborg Maus hat - in Anlehnung an F. Neumann - (vgl. 1983, 1989a, 1989b) in vielfältigen Zusammenhängen nachgewiesen, wie diese formale Struktur des Rechts unter veränderten politischen und ökonomischen Verhältnissen neue und andere Bedeutung gewinnt. Nicht zufällig wurde ihrer Analyse folgend die strenge Formalität des Gesetzesbegriffes von der herrschenden Lehre in dem Augenblick aufgegeben, als das Gesetzgebungsverfahren mit der Weimarer Verfasssung in die Hände eines demokratischen Gesetzgebers gelangte. Zunehmend wird das formal zustande gekommene Recht durch Generalklauseln und unbestimmte Rechtsbegriffe ersetzt, "zerstören außerrechtliche

---

[8] Bericht der Gemeinsamen Verfassungskommission (1993, S. 31). Vgl. auch Wolfgang Gitter (1974), Karl-Heinrich Friauf (1981), Ernst Benda (1986) sowie Ute Sacksofsky (1991) mit weiteren Nachweisen.

Wertordnungen die formale Rationalität" (Neumann 1967, S. 62).[9] Mit der Kritik an Carl Schmitt, seines Begriffs einer zweistufigen, einer "höheren und niederen Legalität", hat I. Maus mit dem Irrtum aufgeräumt, daß gerade der Rechtspositivismus, die Gesetzesbindung der Justiz an diktatorische Gesetze im NS der Pervertierung der Rechtsordnung zum Unrechtsstaat Tür und Tor geöffnet habe. Da Gesetze im demokra-tischrechtsstaatlichen Verständnis ohnehin nicht vorlagen, machte "die inhaltliche Unbestimmtheit jede Gesetzesbindung zur Farce" (Maus 1978, S. 45). Die Restauration des Naturrechts nach 1945 (vgl. Werner Maihofer 1966) sowie die große Bedeutung, die in der Verfassungsjustiz der Rückgriff auf überpositive, der Verfassung vorausliegende Werte hatte, haben - so I. Maus - zu einer faktischen "Remoralisierung des Rechts" in der Rechtsprechung geführt, die durch keinen Souverän begrenzt oder kontrollierbar ist. (1992, S. 309/310) Nicht ohne Grund ist Recht in der Form von Gesetzen und als Ergebnis demokratischer Gesetzgebungsverfahren gegenüber der Moral an engere Voraussetzungen geknüpft (vgl. Habermas 1992, S. 136), da es mit Zwangsbefugnissen ausgestattet ist. Die Trennung von Moral und Recht eröffnet freilich erst die Möglichkeit einer auch moralischen Begründung des Rechts.

"Als selbständige Perspektive bildet sie...ein gesellschaftliches Widerstandspotential, das dem staatlichen Rechtssetzungsprozeß umso notwendiger entgegengesetzt werden muß, als dessen Verfahren...niemals automatisch gerechte Ergebnisse garantieren... Insofern setzt die moralische Kritisierbarkeit demokratisch gesetzten Rechts die Trennung von Recht und Moral gerade voraus." (Maus 1992, S. 336)

Damit aber sind wir bei der Bedeutung, die eine feministische Debatte über Moral und Ethik für eine Kritik des geltenden Rechts haben kann, ist auch angedeutet, inwieweit eine Diskussion um die Geschlechterdifferenz die Maßstäbe und Hinsichten des Rechts auf Gleichheit beeinflussen kann.

4.   Die Debatte um eine weibliche Moral und Geschlechterdifferenz

Der in den letzten Jahren meistbeachtete Anwendungsfall feministischer Kritik an den Ergebnissen einer wissenschaftlichen Disziplin war die von C. Gilligan's Buch "Die andere Stimme" (1984) ausgelöste Debatte um eine andere, weibliche Moral. (vgl. A. Maihofer 1988; G. Nunner-Winkler Hg. 1991) Gestützt auf empirische Befunde, kritisiert Gilligan hierin das von L. Kohlberg in einem Stufenmodell entwickelte Konzept moralischer Reife, wonach Frauen häufiger als Männer nicht die höchste Stufe moralischer Urteilsfähigkeit und also universeller Gerechtigkeitsethik erreichen, vielmehr in Konfliktsituationen auf "konventionellem" Niveau und auf den jeweiligen Kontext bezogen entscheiden. Gegen diese Hypothese von der "Unterentwicklung" weiblicher Moral setzt Gilligan zwei in der Sozialisation und im Kontext der Geschlechterungleichheit ausgebildete unterschiedliche moralische Orientierungen oder Moralpraxen, wonach die weibliche als "Ethik der Fürsorge" und Anteilnahme einer männlichen prinzipiellen und „universellen Gerechtigkeitsethik" gegenübergestellt wird.

Auch wenn die methodische wie auch empirische Basis dieser Theorie von den "zwei Moralen" inzwischen vielfältig infragestellt und durch neuere Untersuchungen modifiziert wurde (vgl. R. Döbert 1988; Nunner-Winkler 1991), bleibt zu fragen, warum diese Thesen von durchaus gegensätzlichen Standorten aus rezipiert und weltweit eine so breite und bis heute nicht abgeschlossene Resonanz und Kontroverse hervorgerufen haben. (vgl. K. Davis 1991). Offenbar geht es in dieser Debatte um mehr als eine diszi-plinäre Kritik, also um normative Werte, fragwürdig gewordene Standards und ein anderes Verständnis von Politik, aber auch um die Gegensätze zwischen verschiedenen Feminismen, die Differenz unter Frauen und die nach wie vor problematische wie mißverständliche Bezugnahme auf "Weiblichkeit".

---

[9]   Vgl. zur Kontroverse um die Interpretation des Gleichheitssatzes in der Weimarer Republik Perels 1979, S. 69ff.

Nun scheint es so, als ob einerseits Gilligans Thesen über eine 'weibliche Moral', deren empirische Grundlage nicht zufällig Rechtsfragen sind, aber auch die Diskussion über Recht oder eine feministische Rechtstheorie erst wieder möglich gemacht haben. Das gleiche gilt für die weltweit geführte theoretische Debatte um Geschlechterdifferenz, die das bisherige Gleichheits- und Rechtsverständnis, die Gerechtigkeit im Geschlechterverhältnis sowie Selbstverständlichkeiten und Denkgewohnheiten infragestellt. Denn in einer kritischen, nicht ontologisch oder essentialistisch begründeten Perspektive der Differenz kommen auch andere kulturelle, soziale und ethnische Differenzen, ja, auch die Differenzen unter den verschiedenen Gruppen von Frauen in den Blick und stellen insofern eine Herausforderung für ein allzu formales, mechanisches oder androzentrisches und ethnozentristisches oder wie auch immer eingeschränktes Gleichheitsverständnis dar. Als Pole auf einem Kontinuum unterschiedlichster Positionen im Hinblick auf Recht sind vereinfacht zu nennen: Auf der einen Seite die Theoretikerinnen der Geschlechterdifferenz, für sie sind die herkömmlichen Rechtsmittel der falsche Weg, Menschenrechte, Gleichheit und Freiheit "männlicher Diskurs," - "der traditionelle politische Wortschatz ist in toto verdächtig". "Gleichheit bedeutet hier Angleichung...Angleichung an das männliche Modell." (Cavarero 1990, S. 97) Ausgangspunkt für diese 'radikale' Richtung ist die Vorstellung einer vor aller Geschichte "ursprünglichen" Differenz und die "unleugbare Wirklichkeit", daß es zwei Geschlechter gibt, denn "der Mensch ist zwei". (Diotima 1989) Am pointiertesten hat L. Irigaray die Auswirkungen der sexuellen Differenz als entscheidender Struktur unserer Gesellschaft, ihrer soziokulturellen Ordnung, insbesondere der Sprache, des Unbewußten und ihrer ethischen Fundamtente benannt und Vorschläge für eine weibliche Rechtsordnung erarbeitet, die auf besonderen Unrechtserfahrungen von Frauen beruhen. Dazu gehören an erster Stelle der Schutz der Menschenwürde der Frau, aber auch "die juristische Gewährleistung der Jungfräulichkeit als Bestandteil der weiblichen Identität" oder "das Recht auf Mutterschaft". (Irigaray 1990, S. 338ff.; vgl. auch dies. 1991) Wie problematisch diese Form der Aufwertung weiblicher Werte ist, wie mißverständlich ihr Essentialismus, ist wiederholt kritisiert worden. (Rossanda 1990, S. 27) Gleichwohl hat Irigaray's fundamentale Kritik am geltenden Recht im Gesamtzusammenhang von Kultur, Sprache und symbolischer Ordnung wesentlich zur Auseinandersetzung mit Recht und zur Differenzierung des Gleichheitsbegriffes beigetragen.

Die Vertreterinnen eines humanistischen Feminismus auf der anderen Seite nehmen die Rechte-Erklärungen der neuzeitlichen Revolutionen beim Wort und in Anspruch. Sie beziehen sich auf Gleichheit als Inbegriff des neuzeitlichen Rechts, als Leitnorm sozialer Gerechtigkeit. Wenn wir den Kampf um Rechte in der Geschichte der Frauenbewegungen betrachten, aber meinte 'Gleichheit' niemals nur Verteilungs-gerechtigkeit im Hinblick auf materielle Güter, sondern gleichberechtigte Teilhabe an Entscheidungsprozessen und gleiche Freiheiten. Das Rechtsprinzip der Gleichheit war/ist "Brechstange" gegen Privilegien und Herrschaft, denn es hat die ungleiche Rechtswirklichkeit andauernd in Frage gestellt und den Anstoß zu Veränderungen gegeben.

Es ist darum für mich schwer verständlich, warum einige Historikerinnen mit Blick auf die Rechtskämpfe der Frauenbewegungen des 19. Jahrhunderts von einer "nur" Rechtsbewegung sprechen (vgl. Lerner 1979) und damit erneut eine Abwertung vornehmen, so als ob wir ohne diese Vorkämpferinnen auskämen. In der gegenwärtigen feministischen Diskussion um Gleichheit und Differenz ist die Rechtsproblematik darüber hinaus von einer philosophischen, d.h. vor allem poststrukturalistisch geführten Diskursanalyse verdeckt und dominiert worden, sind auf diese Weise die Institutionen und sozialstrukturellen Bedingungen sowie die historischen, empirischen und juristischen Kontexte vernachlässigt worden. Zwar wurde betont, daß auch die Dekonstruktion, der 'Tod des Subjekts' die politische Handlungsfähigkeit, also die vielleicht gerade erst erworbene Subjektivität oder subjektiven Rechte der Frauen nicht einschränke (Butler 1991, S. 209f.), werden die pragmatische Lösungen für die Aufhebung "falscher Gegensätze" vorgeschlagen (Fraser 1992), finden auch Annäherungen statt im Plädoyer für "eine dynamische Betrachtungsweise der Geschlechterdifferenz" (Jaggar 1993, S. 204f.). Speziell aus juristischer Perspektive plädiert D. Rhode daher für Strategien mittlerer Reichweite, "for a less dualistic, more contextual approach" (Rhode 1992, S. 149). Und doch geht das von den amerikanischen Theoretikerinnen so genannte "sameness - difference - dilemma" nicht in der Gegenüberstellung von "equality -difference" auf und hat m.E. im deutschen Kontext eher zur Verwirrung beigetragen, weil damit die amerikanische Rechtsproblematik ohne Berücksichtigung der Kontexte verallgemeinert wurde. Denn eine entscheidende Differenz - wenn denn "der Hintergrund eines voll entwickelten demokratischen Staates, der Recht und Gesetz ... garantiert", (Benhabib 1993, S. 117) noch irgendeine Rolle spielt - besteht darin, daß das deutsche Grundgesetz im Gegensatz zum amerikanischen Recht durch die Einführung des Art.3 Absatz 2 im Hinblick auf das Verhältnis von Mann und Frau die Aristotelische Interpretation des Gleichheitssatzes (Nur Gleiches gleich zu behandeln...) ausgeschlossen hat. Die amerikanischen Autorinnen argumentieren jedoch *aristotelisch*, wenn sie "sameness" /Selbigkeit mit "equality"/ Gleichheit gleichsetzen.

Ein Beispiel hierfür sind die Ausführungen von C. MacKinnon: Die Geschlechter**differenz** ist in ihrem Verständnis identisch mit Geschlechter**dominanz**. "Diesem Ansatz zufolge ist Ungleichheit nicht eine Frage von Gleichheit und Differenz, sondern von Herrschaft und Unterwerfung." (MacKinnon 1993, S. 8; vgl. dies. 1987 u. 1989). Weil - so MacKinnons Gedankengang - die Rechtsungleichheit der Frauen eindeutig ein Ergebnis der männlicher Macht ist, der Mann entsprechend der Aristotelischen Formel "das Maß aller Dinge ist", kann die behauptete Geschlechtsneutralität des Rechts diesem Ansatz zufolge nichts anderes voraussetzen als "be the same as men". "Gender neutrality i.S. simply male standard." Das Rechtskonzept der Gleichheit setzt hiernach "sameness", d.h. Gleichheit im Sinne von Identität voraus (MacKinnon 1987, S. 33ff.). Diese Zuspitzung leitet sich aus der Genese der Gleichheitsrechte in den USA - zunächst der Schwarzen und erst sehr viel später der Frauen - und den Verfahren zu ihrer Durchsetzung vor dem höchsten Verfassungsgericht, der Rechtsprechung des Supreme Court folgerichtig ab. Denn es ging immer darum, neue **Standards** der Gleichberechtigung durchzusetzen mit Hilfe der von der Rechtsprechung und der Rechtslehre erlaubten Klassifikationen von Personengruppen (reasonable classifications). Doch wie verschieden und uneben der Weg ist, mit Hilfe des Grundgesetzes in der BRD Rechtsfortschritte erzielt werden, zeigen auch die verschiedenen Beiträge in diesem Band. Wie die Rechtsprechung und Rechtspraxis im Hinblick auf den Art. 3 Abs. 2 GG zeigt, sind die Ergebnisse auch mit der Klarstellung, daß "die Verschiedenheit der Geschlechter rechtlich nicht als verschiedener Tatbestand gewertet werden darf" (E. Scheffler 1950), keineswegs widerspruchsfrei. Zumindest aber zeigt die neueste Verfassungsänderung des Gleichberechtigungsartikels zur "tatsächlichen Durchsetzung" des Gleichheitsprinzips jetzt die Richtung an, in die juristischer Sachverstand und feministisches Engagement zu argumentieren hätten.

5.   *Mein Resümee*

Die Form des Rechts als Angebot zu gesellschaftlicher Übereinkunft anstelle von Gewalt können und sollten Frauen m.E. nicht ausschlagen. Die einmal als subjektives Grund- und Menschenrecht postulierte Freiheit und Gleichheit hat trotz alledem die ungleiche Rechtswirklichkeit andauernd in Frage gestellt und den Anstoß zu vielfältigen Veränderungen gegeben. Denn Recht als Prinzip und erst recht in der Form des Gleichberechtigungsartikels und entsprechender Gesetze steht gegen die ungleiche und ungerechte Wirklichkeit auf der Seite der Frauen. Die 200jährige Frauengeschichte seit der Französischen Revolution ist daher nicht nur gekennzeichnet durch Unterdrückung und fortwährende Diskriminierung von Frauen, sondern ist auch eine Geschichte vieler einzelner und gemeinsamer Befreiungsschritte und gewonnener Kämpfe um Gleichberechtigung und Emanzipation. Gerade weil das Gleichheitsgebot in der deutschen Rechtstradition nicht nur formale sondern materiale Gleichheit meinte und die Veränderung und Transformation der bestehenden Verhältnisse intendierte, ist nicht einzusehen, warum eine rechtsskeptische feministische Theorie in ihrer berechtigten Kritik am Noch-Nicht der Gleichberechtigung mit ihren Interpretationen des Gleichheitssatzes hinter diesen juristischen Meinungsbildungsprozeß und eine zunehmend 'herrschenden Lehre' zurückfällt, sich damit eher die Argumente der Gegner der Gleichheit zu eigen macht, anstatt sie rechtswissenschaftlich und dogmatisch geschult zu widerlegen. Dies verstehe ich als vornehmliche Aufgabe einer feministischen Jurisprudenz, um der Ängstlichkeit vieler weiblicher Vertreterinnen und den Abwehrstrategien der männlichen Juristenzunft zu begegnen.

Die sozialen Bewegungen als Trägerinnen und Motoren des sozialen Wandels auch im Recht haben immer einen entscheidenden Anteil an der Artikulation und dem Aushandeln einer nicht nur formalen, sondern substantiellen, sozialen Gleichheit gehabt. Das galt insbesondere für die Arbeiterbewegung, aber auch für die Frauenbewegungen des 19. und 20. Jahrhunderts, ebenso für die Bürgerrechtsbewegungen und andere neue soziale Bewegungen. Sie haben das Leiden der Benachteiligten und Unterdrückten und ihre Empörung und Unrechtserfahrungen zu einem Politikum gemacht, ihre Bedürfnisse zur Sprache gebracht und um die Anerkennung der für sie relevanten 'Hinsichten' der Gleichheit und ihrer Verschiedenheiten in der Form des Rechts gekämpft und gerungen.

Angesichts der enttäuschenden Erfahrungen mit formaler Gleichberechtigungspolitik hat die Übung zu neuem Selbstbewußtsein und Autonomie in der neuen Frauenbewegung in Selbstbewußtwerdungs- und Selbsterfahrungsgruppen, in Projekten und im Umgang mit staatlichen Institutionen sowie die Rechtskritik aus feministischer Perspektive das Verständnis von Gleichheit und Gleichberechtigung grundlegend verändert. In der anläßlich des Kongresses "Menschenrechte haben (k)ein Geschlecht" öffentlich gewordenen Debatte um Gleichheit und Differenz zum Beispiel haben sich die Beteiligten darauf verständigt, daß es nicht nur um ein Absehen, also eine Nichtberücksichtigung der Differenz, sondern gerade auch um Anerkennung der Geschlechterdifferenz und der Differenzen auch unter Frauen geht. Der Formulierungsvorschlag im Frankfurter Entwurf "Frauen für eine neue Verfassung" benennt das Dilemma und kennzeichnet es als Aufgabe immer neuer Auslegungen und Verständigungsprozesse. Danach meint Gleichberechtigung "Gleichheit **und** die Anerkennung von Verschiedenheiten". (Vgl. Feministische Studien Extra 1991, S. 108f.) Aus diesem Grund aber ist die Bezugnahme auf die Frauenbewegung immer wieder wichtig und unentbehrlich. Denn ich gehe davon aus, daß wir diesen Kampf um Anerkennung unserer Maßstäbe für Gleichheit und Gleichberechtigung nur bestehen können, wenn wir selbstbestimmt leben und uns autonom artikulieren können. Insofern sind die in der Frauenbewegung geübte Autonomie, die Erkenntnis anderer Bedürfnisse und eigener Erfahrung eine Grundvoraussetzung, um die Auseinandersetzung um das, was Gleichberechtigung meinen muß, auch zu bestehen. Frauen haben längst erkannt, daß sie auch untereinander sehr verschieden sind, daß wir also niemals einen eigenen 'Königinnenweg' zur richtigen Emanzipation finden werden, und daß auch noch andere Ausprägungen gesellschaftlicher Ungleichheit zu berücksichtigen sind. Daß es verschiedener Strategien bedarf, macht die Sache ja gerade so kompliziert. Um diese Gleichberechtigung in allen uns wichtigen Hinsichten durchzusetzen, bedarf es immer wieder neuer Verfahren der Beteiligung von Frauen und der Anerkennung ihrer Verschiedenheiten. Insofern ist Quotierung eines unter anderen Verfahren, um die Beteiligung von Frauen in diesen Aushandlungsprozessen überhaupt zu ermöglichen. Denn es geht darum, daß Frauen für Frauen selbst die Maßstäbe und Hinsichten des Rechts bestimmen, erfinden und im Prozeß der öffentlichen Kommunikation und Willensbildung gleichberechtigt aushandeln.

In diesem Sinne wollte ich die Juristinnen ermutigen, diese Geschäfte unterstützt von Feministinnen anderer Disziplinen weiter zu führen.

Literatur

Arbeitsgruppe Frauenrechte im Komitee für Grundrechte und Demokratie (Hg.), "Droht das Aus fürs Frauenhaus?" - Bestandsaufnahme zur Situation der autonomen Frauenhäuser. Rechtliche und finanzielle Forderungen. Red.: Ute Gerhard, Petra Schallhöfer. Sensbachtal 1983, S. 3-18

Benda, Ernst, Notwendigkeit und Möglichkeit positiver Aktionen zugunsten von Frauen im öffentlichen Dienst. Rechtsgutachten im Auftrag der Leitstelle Gleichstellung der Frau in Hamburg, Freiburg 1986

Benhabib, Seyla, Feminismus und Postmoderne. Ein prekäres Bündnis, in: Benhabib, Seyla/Butler,

Buttler, Judith/Corn ell, Drucilla/Fraser, Nancy (Hg.), Der Streit um Differenz. Feminismus und Postmoderne in der Gegenwart, Frankfurt/M. 1993, S.9-31

Bloch, Ernst, Naturrecht und menschliche Würde, Frankfurt/M. 1972

Böttger Barbara, Das Recht auf Gleichheit und Differenz. Elisabeth Selbert und der Kampf der Frauen um Art. 3.2 *Grundgesetz,* Münster 1990

Brückner, Margit, Die Liebe der Frauen. Über Weiblichkeit und Mißbrauch, Frankfurt/M. 1983

Butler, Judith, Das Unbehagen der Geschlechter, Frankfurt/M. 1991

Cavarero, Adriana, Die Perspektive der Geschlechterdifferenz, in: Gerhard Ute u.a. (Hg.) Differenz und Gleichheit. Menschenrechte haben (k)ein Geschlecht, Frankfurt/M. 1990, S. 95-111

Davis, Kathy, Die Rhetorik des Feminismus. Ein neuer Blick auf die Gilligan-Debatte, in: Feministische Studien, 9.Jg. 1991, S. 79-97

Diotima. Philosophinnengruppe aus Verona, Der Mensch ist zwei. Das Denken in der Geschlechterdifferenz, Wien 1989

Döbert, Rainer, Männliche Moral - weibliche Moral?, in: Gerhardt, Uta/Schütze, Yvonne (Hg.), Frauensituationen. Veränderungen in den letzten zwanzig Jahren, Frankfurt/M. 1988, 81-113

Fraser, Nancy, Falsche Gegensätze, in: Benhabib, Seyla/Butler, Judith/Corn ell, Drucilla/Fraser, Nancy (Hg.), Der Streit um Differenz. Feminismus und Postmoderne in der Gegenwart, Frankfurt/M. 1993, S. 59-79"

Frauen für eine neue Verfassung. Feministische Studien extra, hg. von Claudia Burgsmüller u.a., Weinheim, 9.Jg. 1991

Friauf, Karl Heinrich, Gleichberechtigung der Frau als Verfassungsauftrag. Rechtsgutachten. Schriftenreihe des BMJ, Heft 11, Stuttgart. 1981

Gerhard, Ute, Die Frau als Rechtsperson - oder: Wie verschieden sind die Geschlechter? Über die Voreingenommenheit der Jurisprudenz als dogmatische Wissenschaft, in: Hausen, Karin/ Nowotny, Helga (Hg.), Wie männlich ist die Wissenschaft? Frankfurt/M. 1986, S. 108-126

Gerhard, Ute/Schwarzer, Alice/Slupik, Vera (Hg.), Auf Kosten der Frauen. Frauenrechte im Sozialstaat, Weinheim 1988

Gerhard, Ute, Sozialstaat auf Kosten der Frauen. Einleitung, in: U. Gerhard/A. Schwarzer/V. Slupik (Hg.), Auf Kosten der Frauen. Frauenrechte im Sozialstaat, Weinheim 1988b, S. 11-37

Gerhard, Ute, Die Verfügbarkeit der Frauen. Arbeitspolitik gegen Frauen, in: U. Gerhard/A. Schwarzer/V. Slupik (Hg.), Auf Kosten der Frauen - Frauenrechte im Sozialstaat, Weinheim 1988c, S. 39-77

Gerhard, Ute/Jansen, Mechthild/Maihofer, Andrea u.a. (Hg.), Differenz und Gleichheit. Menschenrechte haben (k)ein Geschlecht, Frankfurt/M. 1990

Gilligan, Carol, Die andere Stimme. Lebenskonflikte und Moral der Frau, München 1984

Gitter, Wolfgang/Löwisch, Manfred/Mennel, Annemarie, Welche rechtlichen Maßnahmen sind vordringlich, um die tatsächliche Gleichstellung der Frau mit den Männern im Arbeitsleben zu gewährleisten? Gutachten zum 50. Deutschen Juristentag, München 1974

Habermas, Jürgen, Faktizität und Geltung. Beiträge zur Diskurstheorie des Rechts und des demokratischen Rechtsstaats, Frankfurt/M. 1992

Hagemann-White, Carol/Kavemann, Barbara/Kootz, Johanna/ Weinmann, Ute/Wildt, Christine/Bundesminister für Jugend, Familie und Gesundheit, Hilfen für mißhandelte Frauen. Abschlußbericht der wissenschaftlichen Begleitung des Modellprojekts Frauenhaus Berlin, Schriftenreihe des BMJFG, Nr. . 124, Stuttgart/Berlin/Köln/Mainz 1981

Hegel, Georg Wilhelm Friedrich, Grundlinien der Philosophie des Rechts, Hrsg. v. H. Reichelt, Frankfurt/M./Berlin/Wien 1972

Irigaray, Luce, Über die Notwendigkeit geschlechts-differenzierter Rechte, in: Gerhard Ute u.a. (Hg.) Differenz und Gleichheit. Menschenrechte haben (k)ein Geschlecht, Frankfurt/M. 1990, S. 338-351.

Irigaray, Luce, Ethik der sexuellen Differenz, Frankfurt/M. 1991

Jaggar, Alison M., Differenz und Gleichheit der Geschlechter, in: Roessler, Beate (Hg.), Quotierung und Gerechtigkeit. Eine moralphilosophische Kontroverse, Frankfurt/M, New York 1993, S. 193-215

Kant, Immanuel, Die Metaphysik der Sitten. Hg. v. W. Weischedel, Werke in 12 Bdn., Bd. 8, Frankfurt/M. 1968

Kickbusch, Ilona/ Riedmüller, Barbara (Hg.), Die armen Frauen. Frauen und Sozialpolitik, Frankfurt/M. 1984

Lerner, Gerda, The Majority Finds its Past, Oxford/New York/Toronto 1979

Lösch, Gundula/Sieveking, Klaus, Frauenhausbewegung und Recht, in: Gessner, V./Hassemer, W. (Hg.), Gegenkultur und Recht, Baden-Baden 1985, S. 183-207

MacKinnon Catherine A., Feminism Unmodified. Discourses on Life and Law, Cambridge 1987

MacKinnon, Catherine A., Towards a Feminist Theory of the State, Cambridge 1989

MacKinnon, Catharine A., Auf dem Weg zu einer feministischen Jurisprudenz, in: Streit 1/2 1993, S. 4-13

Maihofer, Andrea, Ansätze zur Kritik des moralischen Universalismus. Zur moraltheoretischen Diskussion um Gilligans Thesen zu einer 'weiblichen' Moralauffassung, in: Feministische Studien 1/1988, S. 32-52

Maihofer, Werner (Hg.), Naturrecht oder Rechtspositivismus?, Darmstadt 1966

Marx, Karl, Kritik des Gothaer Programms, in: MEW 19, Berlin 1982, S. 13-34

Marx, Karl, Das Kapital, 1. Bd., MEW 23, Berlin 1972

Maus, Ingeborg, Entwicklung und Funktionswandel der Theorie des bürgerlichen Rechtsstaats, in: Mehdi Tohidipur (Hg.), Der bürgerliche Rechtsstaat, 1. Bd. Frankfurt/M. 1978, S. 13-81

Maus, Ingeborg, Juristische Methodik und Justizfunktion im Nationalsozialismus, in: Archiv für Rechts- und Sozialphilosophie. Beiheft 18/1983, S. 176-196

Maus, Ingeborg, "Gesetzesbindung" der Justiz und die Struktur der nationalsozialistischen Rechtsnormen, in: Dreier, Ralf/ Sellert, Wolfgang (Hg.), Recht und Justiz im "Dritten Reich". Frankfurt/M. 1989a, S. 80-103

Maus, Ingeborg, Justiz als gesellschaftliches Über-Ich. Zur Funktion von Rechtsprechung in der "vaterlosen Gesellschaft", in: Werner Faulstich/Gunter E. Grimm (Hg.), Sturz der Götter? Vaterbilder in Literatur, Medien und Kultur des 20. Jahrhunderts, Frankfurt/M. 1989b, S. 121-149

Maus, Ingeborg, Zur Aufklärung der Demokratietheorie. Rechts- und demokratietheoretische Überlegungen im Anschluß an Kant, Frankfurt/M. 1992

Nagl-Docekal, Herta/Pauer-Studer, Herlinde, Jenseits der Geschlechtermoral. Beiträge zur feministischen Ethik, Frankfurt/M. 1993

Neumann, Franz L., Der Funktionswandel des Gesetzes im Recht der bürgerlichen Gesellschaft, in: ders., Demokratischer und Autoritärer Staat, Frankfurt/M. 1967, S. 31-81

Nunner-Winkler, Gertrud (Hg.), Weibliche Moral. Die Kontroverse um eine geschlechtsspezifische Ethik, Frankfurt/M./New York 1991

Paczensky, Susanne v. (Hg.), Wir sind keine Mörderinnen, Reinbek 1980

Paczensky, Susanne v./Sadrozinski, Renate (Hg.), Die Neuen Moralisten. § 218 - Vom leichtfertigen Umgang mit einem Jahrhundertthema, Reinbek 1984

Perels, Joachim, Der Gleichheitssatz zwischen Hierarchie und Demokratie, in: ders. (Hg.), Grundrechte als Fundament der Demokratie, Frankfurt/M. 1979

Pfarr, Heide/Bertelsmann, Klaus, Lohngleichheit, Stuttgart/Berlin/Köln 1981

Prokop, Ulrike, Weiblicher Lebenszusammenhang. Von der Beschränktheit der Strategien und der Unangemessenheit der Wünsche, Frankfurt/M. 1976

Raasch, Sibylle, Frauenquoten und Männerrechte, Baden-Baden 1991

Radbruch, Gustav, Einführung in die Rechtswissenschaft, Stuttgart. 1952

Reich-Hillweg, Ines, Männer und Frauen sind gleichberechtigt, Frankfurt/M. 1979

Rhode, Deborah L., The Politics of Paradigms. Gender Difference and Gender Disadvantage, in: Gisela Bock/Selma James (ed.), Beyond Equality and Difference, London/New York, 1992 (S.149-163)

Rossanda, Rossana, Differenz und Gleichheit, in: U. Gerhard u.a. (Hg.), Differenz und Gleichheit. Menschenrechte haben (k)ein Geschlecht, Frankfurt/M. 1990, S. 13-27

Sacksofsky, Ute, Das Grundrecht auf Gleichberechtigung. Eine rechtsdogmatische Untersuchung zu Artikel 3 Abs. 2 des Grundgesetzes, Baden-Baden 1991

Schapira, Alisa, Die Rechtsprechung zur Vergewaltigung. Über die weit gezogenen Grenzen der erlaubten Gewalt gegen Frauen, in: Kritische Justiz, 10.Jg. H.3, 1977

Scheffler, Erna, Die Gleichberechtigung der Frau. In welcher Weise empfiehlt es sich, gemäß Art. 117 d. Grundgesetzes das geltende Recht an Art. 3 Abs. 2 des Grundgesetzes anzupassen? Referat von Erna Scheffler auf dem 38. Deutschen Juristentag, Tübingen 1951

Slupik, Vera, Die Entscheidung des Grundgesetzes für Parität im Geschlechterverhältnis. Zur Bedeutung von Art. 3 Abs. 2 u. 3 GG in Recht und Wirklichkeit, Berlin 1988

Stang Dahl, Tove., Frauenrecht. Eine Einführung in feministisches Recht, Bielefeld 1992

Teubner, Ulrike, Vergewaltigung als gesellschaftliches Problem. Forderungen zu einer Reform des Sexualstrafrechts, in: Gerhard, Ute/Limbach, Jutta (Hg.), Rechtsalltag von Frauen, Frankfurt/M. 1988, S. 79-90

Veil, Mechthild/Prinz, Karin/Gerhard, Ute (Hg.), Am modernen Frauenleben vorbei. Verliererinnen und Gewinnerinnen der Rentenreform 1992, Berlin 1992

Weber, Max, Wirtschaft und Gesellschaft, Tübingen 1976

Wiegmann, Barbelies, Ende der Hausfrauenehe - Plädoyer gegen eine trügerische Existenzgrundlage, Reinbek 1980

Wiegmann, Barbelies, Das neue Scheidungs-Un-Recht, in: Feministische Studien 2/1986, S. 82-90

Susanne Baer

Feministische Ansätze in der Rechtswissenschaft
Zur großen Unbekannten im deutschen rechtswissenschaftlichen Diskurs und ihrer Integration in die juristische Ausbildung[1]

> "Dem einzelnen Grundrechtsträger (und der Trägerin) erwächst aus der Wertentscheidung des Art. 5 Abs. 3 GG ein Recht auf solche staatlichen Maßnahmen, ... die zum Schutz seines (und ihres) grundrechtlich gesicherten Freiraumes unerläßlich sind, weil sie ihm (oder ihr) freie wissenschaftliche Betätigung überhaupt erst ermöglichen."[2]

In Deutschland wird zunehmend die Frage diskutiert, ob und wie sich feministische[3] Inhalte in die juristische Ausbildung integrieren lassen (sollten)[4]. Die Frage nach dem "ob" ist in anderen Ländern wie Norwegen, Dänemark, Niederlande, USA, Kanada, Australien oder Großbritannien längst bejaht worden; das "wie" verändert und differenziert sich kulturspezifisch. In Deutschland können beide Fragen nur beantwortet werden, wenn klar ist, was feministische Ansätze überhaupt sind. Da es an diesem Wissen regelmäßig fehlt, dient der Beitrag der Aufklärung. Er fügt den vielen politischen einige juristische Argumente für die Integration feministischer Ansätze in die Rechtswissenschaft hinzu und macht exemplarisch konkrete Vorschläge für eine verbesserte Gestaltung von Forschung und Lehre.

Im ersten Teil des Beitrages werden die historischen und institutionellen Rahmenbedingungen geklärt, auf die Frauen und Feminismen an juristischen Fakultäten treffen. Verdeutlichend kann dabei auf die auffällige Verspätung der deutschen feministisch-rechtswissenschaftlichen Entwicklung gegenüber den angloamerikanischen und skandinavischen Ländern, aber auch gegenüber anderen Wissenschaften verwiesen werden. Die Verspätung findet einen Grund in den Tücken der Sache: Die Rechtswissenschaft ist mit dem Recht in besonderem Maße und somit nicht zuletzt affirmativ an Machtstrukturen unserer Gesellschaften gebunden, die wiederum zentraler Kritikpunkt feministischer Ansätze sind. Im Spannungsfeld zwischen Macht und Marginalisierung tendiert feministische Jurisprudenz folglich auch dazu, das eigene Fach zu gefährden; im Spannungsfeld zwischen feministischer Wissenschaftskritik und Ansprüchen an Wissenschaftlichkeit tendiert feministische Forschung überhaupt dazu, den Hochschulrahmen und das dort dominante Wissenschaftsverständnis zu überwinden[5].

Der zweite Teil des Beitrags dient der Aufklärung über das, was das Feministische in der Rechtswissenschaft ausmacht und ausmachen kann. Ist es durch den Gegenstand bestimmt und ist dieser "Frauen", "weibliches Recht", wie in Norwegen ein

---

[1] Überarbeitetes Manuskript des Beitrages zum Symposium "Juristinnen an der Hochschule - Frauenrecht in Forschung und Lehre" am 17./18.2.1995 in Bremen.

[2] BVerfGE 35, 79 (Hochschulurteil vom 29.5.1973) mit sprachlichen Ergänzungen aus Gründen der Gleichberechtigung; vgl. § 13 des Gesetzes zur Gleichstellung von Frauen und Männern im öffentlichen Dienst im Land Brandenburg v. 4.Juli 1994, GVBl. I Nr. 19/1994 v. 5.7.1994.

[3] Zur Frage, was genau "feministisch" ist, vgl. u. II.

[4] Wichtige frühe Beiträge finden sich in der Rechtszeitschrift STREIT, s.a. die Aufsätze von Gerhard und Limbach in Hausen, Karin/Nowotny, Helga (Hg., 1986): Wie männlich ist die Wissenschaft? Frankfurt/M., Beiträge in Gerhard, Ute/Limbach, Jutta (Hg., 1988): Rechtsalltag von Frauen. Frankfurt/M. und in Battis, Ulrich/Schultz, Ulrike (1990, Hg.): Frauen im Recht. Baden-Baden.

[5] Fox Keller, Evelyn (1989): Feminismus und Wissenschaft. In: List, Elisabeth/ Studer, Herlinde, Hg. (1989): Denkverhältnisse - Feminismus und Kritik. Frankfurt a.M.; S. 281.

"Frauenrecht" als "feministisches Recht"[6] oder, wie in Bremen, ein "Recht der Geschlechterbeziehungen"? Arbeiten Feministinnen - es handelt sich bislang regelmäßig um weibliche Personen - mit einer spezifischen Methode? Betreiben sie ausschließlich "feministische Rechtstheorie", ergänzen sie jedes traditionelle Fach um feministische Aspekte oder kreieren sie etwas Eigenes? Ist das Feministische also ein Teil der Rechtswissenschaft, eine eigene Jurisprudenz oder gar Teil einer anderen Disziplin, der "Frauenstudien", die sich zu "gender studies", zu "Studien des Geschlechts" entwickelt haben?

Im dritten Teil werden die inhaltlichen mit den institutionellen Fragen verbunden, um Vorschläge zur Integration feministischer Ansätze in die juristische Ausbildung machen zu können. Diesbezüglich lassen sich Erfahrungen der im Ansatz installierten Lehre an der Berliner Humboldt-Universität oder aus der Praxis in den USA verarbeiten. Daneben kann auf die hochschul- und verfassungsrechtlichen Aspekte der feministischen Nachbesserung der juristischen Ausbildung verwiesen werden.

1.   Rahmenbedingungen: Zwischen Macht und Marginalisierung

Die Versuche, feministische Ansätze in die rechtswissenschaftliche Ausbildung zu integrieren, sind nicht neu. Studentische Initiativen fordern seit langem die Berücksichtigung weiblicher Lebenslagen in Forschung und Lehre; wissenschaftliche Arbeiten zum diskriminierenden und letztlich auch praxisfernen Charakter derselben liegen vor. Bereits 1977 präsentierten Pabst und Slupik eine Untersuchung zum Frauenbild im zivilrechtlichen Schulfall[7]: Danach sind Frauen in den Ausbildungshypothesen unterrepräsentiert, handeln vorwiegend im privaten Bereich oder in "typisch weiblichen" Berufen, werden über ihre Beziehungen zu Männern oder als Objekt bzw. Motiv für deren Handlungen und damit nicht als eigenständig charakterisiert[8]. Die juristische Ausbildung dogmatisiert so den Diskriminierungsfall. Entsprechende Kritik führte zumindest in Österreich zum Erfolg: Kienapfel redigierte sein Lehrbuch zum Strafrecht im Hinblick auf geschlechtsspezifische Stereotypisierung[9].

1986 fragte dann Jutta Limbach, wie männlich die deutsche Rechtswissenschaft eigentlich sei[10], wobei sie zu dem Schluß kam, daß "auf der Ebene von Postulaten" "die Rechtswissenschaftler und Juristen ungemein egalitär" dächten, aber "die Denkakrobatik", die den hierarchischen Charakter des Geschlechterverhältnisses verschleiert, dazu beitrage "daß die Gleichberechtigung der Geschlechter auf der formaljuristischen Ebene steckenbleibt"[11]. 1988 fügten Limbach und Gerhard hinzu, daß "die juristische Ausbildung zur Anpassung sozialisiert" und "die Jurisprudenz sich zu lange in der Abstraktion von den konkreten Lebensbedingungen der Frauen bewährt und ihre einseitigen Interessen oft genug durch die Ausgrenzung von Frauen aus der Entwicklung des "allgemeinen Rechts" verraten hat[12]. Noch heute sind Frauen in der Rechtswissenschaft deutlich unterrepräsentiert; feministische Ansätze finden sich nur im Ausnahmefall in Lehre und Forschung[13].

---

[6] Vgl. Dahl, Tove Stang (1992): Frauenrecht - eine Einführung in feministisches Recht. Bielefeld.

[7] Pabst, Franziska/Slupik, Vera (1977): Das Frauenbild im zivilrechtlichen Schulfall. Eine empirische Untersuchung, zugleich ein Beitrag zur Kritik gegenwärtiger Rechtsdidaktik. In: KJ S. 242-256; auch in: Gerhard/Limbach (1988), aaO., S. 199 ff.

[8] Pabst/Slupik 1977, aaO, S. 255.

[9] Kodré, Petra (1991): Der forsche Hansi und die entzückende Resi. Eine Analyse von Alltagssexismen am Beispiel eines Lehrbuches. Linz.

[10] Limbach, Jutta, in: Hausen, Karin/Nowotny, Helga (Hg., 1986): Wie männlich ist die Wissenschaft? Frankfurt/M., S. 87 ff.

[11] Limbach aaO., S. 104.

[12] Gerhard/Limbach (1988) aaO., Einleitung, S. 9.

[13] Ausführlicher dazu Limbach, Sokol und Pfarr in diesem Band.

Neben der Ausgrenzung aus der Institution haben sich feministische Arbeiten in der Rechtswissenschaften mit einseitigen Wahrnehmungsmustern und unreflektierten Vorverständnissen auch in der dann nicht nur stereotypisierenden, sondern auch diskriminierenden Rechtsfindung auseinandergesetzt[14]. Belegt werden konnte beispielsweise, daß insbesondere in der Rechtsprechung zu sexueller Gewalt noch heute mythologisierende Verklärungen dominieren, die eine Täterperspektive zum Nachteil von Frauen einnehmen[15]. Seit 1983 veröffentlicht die Zeitschrift STREIT, das bislang einzige deutschsprachige Periodikum, das sich feministischer Rechtskritik und Rechtsfortbildung verpflichtet fühlt[16], unterschiedlichste Analysen aus nahezu allen dogmatischen Gebieten. Fraglich ist allerdings, inwieweit dies jenseits der feministischen Forschung zur Kenntnis genommen wird.

Eine nicht mehr nur separierte, nischenhafte Diskussion um feministisch-rechtswissenschaftliche Fragen auch an juristischen Fakultäten entsteht erst in jüngerer Zeit. In Bremen gibt es seit 1992 die Professur für das "Recht der Geschlechterbeziehungen"[17], in Berlin seit 1993/4 das "Projekt Feministische Rechtswissenschaft"; im Sommer 1995 eine erste Gastprofessur[18] und in Zukunft vielleicht gar eine dauerhafte Absicherung. An anderen Fakultäten werden vereinzelt Seminare angeboten; die Fernuniversität Hagen führt seit Jahren entsprechende Studienbriefe im Angebot. Die institutionellen Knospen sollten aber nicht darüber hinwegtäuschen, daß die Bedingungen zur Entfaltung einer vollen Blütenpracht keinesfalls ideal oder - nicht zuletzt im Vergleich zum Ausland - der Thematik angemessen sind. Die von Studentinnen artikulierte Forderung nach Berücksichtigung auch ihrer Lebenslagen und Interessen, aber auch die Forderung nach einem Anschluß der deutschen Rechtswissenschaft an internationale Entwicklungen hat daher keineswegs an Aktualität verloren.

1.1. Personelle Ausgangslage

Die Rahmenbedingungen zur Etablierung feministischer Ansätze an den Hochschulen sind allerdings in Deutschland nicht besonders ermutigend. Nach wie vor ist hier die weibliche Personaldecke im allgemeinen und die feministisch versierte Personaldecke im besonderen sehr dünn. Die Marginalisierung oder Ignoranz der Kategorie Geschlecht und Diskriminierung im Hochschulbereich haben natürlich Folgen[19]. 1991 lag der Frauenanteil bei den Studierenden der Rechtswissenschaft bei etwa 46%, im Examen bei 40%,

---

[14] Abel, Maria Henriette (1986): Vergewaltigung - Stereotypen in der Rechtsprechung und empirische Befunde. Berlin; Raab, Monika (1993): Männliche Richter - weibliche Angeklagte. Bonn.

[15] Dazu ausführlicher Baer, Susanne (1995): Würde oder Gleichheit? Baden-Baden, S. 123 ff.

[16] Zur Geschichte der STREIT vgl. deren Heft 1/2 1993 und Limbach, Jutta (1988): Engagement und Distanz als Probleme einer feministischen Rechtswissenschaft. In: Gerhard/ Limbach aaO., S. 169 ff. Feministisch orientierte Veröffentlichungen finden sich sonst auch häufiger in der Zeitschrift für Rechtssoziologie, der Kritischen Justiz, der Kritischen Vierteljahresschrift für Gesetzgebung und Rechtswissenschaft.

[17] Dazu Sokol in diesem Band. In Bremen ist auch die Ausbildung auf die Berücksichtigung geschlechtsspezifischer Inhalte verpflichtet worden, vgl. Antidiskriminierungsrichtlinie 1995 (Beschluß des Fachbereichsrates vom 5.7.1995), unter 4.

[18] Erster Gast war Professor Dr. Frances Olsen, UCLA, USA; zweiter Gast Prof. Dr. Nicola Lacey, GB.

[19] Vgl. auch Färber, Christine (Hg. 1994): Innenansichten. Studentinnen und Wissenschaftlerinnen an der Universität. Berlin; Lange, Silvia (1994). Diskriminierung von Frauen in Prüfungssituationen. Berlin. Scholz, Bettina/Schittenhelm, Anja (1994): Exmatrikulation. Studienabbruchverhalten von Frauen und Männern. Berlin; Drews, Lydia (1994): Alles unter einen Hut kriegen. Die Situation von Studierenden und Wissenschaftlerinnen mit Kindern. Berlin. Dreyer, Kristine/Trolle, Claudia (1994): Sexuell belästigt. Studentinnen berichten über ihre Erfahrungen mit Dozenten. Berlin.

bei der Promotion bei 20-30% [20]; bei den Habilitationsstellen bei 12% und bei den Professuren bei 2% [21]. An den Zahlen läßt sich der (Miß-)Erfolg einer auf die biologische Geschlechtszugehörigkeit rekurrierenden Gleichstellungspolitik ablesen; die qualitative Frage nach dem inhaltlichen Wandel der Jurisprudenz, der Gleichberechtigung zum Ausdruck bringen würde, also beispielsweise nach der Veränderung des Verständnisses dessen, was "Frauen" und was "Männer" nicht zuletzt im Recht sind, ist damit aber nicht zu beantworten.

Allerdings liegt es nahe, einen Zusammenhang zwischen der Präsenz - oder Abwesenheit - von Juristinnen an der Hochschule und feministischen Ansätzen in der Rechtswissenschaft herzustellen. In den Ländern, in denen feministische Ansätze zum Kanon gehören, gehören Frauen auch in die Fakultäten. Besonders deutlich wird das in den USA: Die juristische Fakultät in Los Angeles beschäftigt mehr Professorinnen als alle deutschen Fakultäten zusammen; die wichtigen Lehrbücher und Vorlesungen widmen feministischen Ansätzen ganz selbstverständlich ihre Aufmerksamkeit. Frauen- und Minderheitenförderung hat in den USA ähnlich wie in Kanada, Australien oder auch Großbritannien nicht nur zu personeller Präsenz geführt, sondern hat es auch ermöglicht, zeitgemäße Inhalte in Forschung und Lehre einzubringen. Umgekehrt verdeutlicht die bundesdeutsche Situation, daß ohne personelle Gleichstellungspolitik feministische Ansätze insbesondere in der juristischen Ausbildung nicht berücksichtigt werden und die Forschung, ins Außeruniversitäre gedrängt, beschränkt bleibt. Gleichheitspolitik bezieht sich folglich nicht oder nur vorübergehend notgedrungen auf biologische Sets, sondern auf das Geschlecht in einem sozialen und in der Verknüpfung zwischen Biologie und geteilter Erfahrung bzw. Zuschreibung konstitutiven Sinn, ohne die leibliche Dimension notwendig aus dem Blick zu verlieren[22]. Der inhaltliche Wandel ist ohne personelle Veränderungen, die personelle Veränderung nicht ohne inhaltliche Wirkung zu denken.

1.2 Die Struktur der Hochschulkarriere

Aus feministischer Sicht - und nicht nur aus dieser - wird die Lage an den Hochschulen durch die besonders für Frauen problematischen Strukturen der Profession verschärft. Ausbildung und Berufsweg dauern lange und ermöglichen kaum biographische Brüche, die für Frauen aufgrund der andauernden Primärzuständigkeit für Kinder immer wieder auftauchen. Mehrfache (Aus-)Bildung, die eine notwendig interdisziplinäre Arbeit der feministischen Forschung begünstigt, und Ausflüge in die Rechtspraxis, die erforderliche Reflexion derselben erst wirklich ermöglichen, werden nicht honoriert. Die Habilitation erweist sich ohnehin als innovations- und minderheitenfeindlich. Anders als in Deutschland wird beispielsweise in den USA vor einer Berufung nicht notwendig die noch dazu personenbezogene wissenschaftliche Dienstleistung und theoretische Arbeit vorausge-

---

[20] Frauen promovieren nicht nur seltener, sondern auch unter schlechteren Bedingungen als Männer; vgl. die Studie der Frauenbeauftragten der FU Berlin (Prof. Rottleuther).

[21] Der Anteil von Frauen bei allen Professuren liegt bei 5, 5% ; nur die Natur- und Ingenieurswissenschaften liegen damit hinter der Jurisprudenz. Daten finden sich auch im Vergleich DDR/BRD in Stein, Ruth-Heidi/Wetterer, Angelika (1994, Hg.): Studierende und studierte Frauen. Ein ost- westdeutscher Vergleich. Kassel und darin Böge, Sibylle: Ungleiche Chancen, gleiches Recht zu vertreten; Schultz, Ulrike (1989): Wie männlich ist die Juristenschaft? Begleittext; hg. von der FernUniversität Gesamthochschule Hagen. I.Ü. Hassels/Hommerich (1993): Frauen in der Justiz. Bundesministerium für Justiz. In der Praxis steigt insbesondere die Zahl der Richterinnen - von 3% 1960 auf 23% 1993 - verhältnismäßig rapide an.

[22] Nachdrücklich Lindemann, Gesa (1994): Die Konstruktion der Wirklichkeit und die Wirklichkeit der Konstruktion. In: Wobbe, Theresa/Lindemann, Gesa (1994): Denkachsen. Zur theoretischen und institutionellen Rede vom Geschlecht. Frankfurt/M. 1994, aaO., S. 115 ff.; MacKinnon, Catharine A. (1994): Gleichheit der Geschlechter: Über Differenz und Dominanz. in Appelt, Erna/Neyer, Gerda: Feministische Politikwissenschaft. Wien. S. 37 ff. und (1987): Women as Women in Law. In: Feminism Unmodified. Cambridge/Mass.

setzt, sondern die außeruniversitäre praktische Berufserfahrung der Bewerberin oder des Bewerbers oder die geisteswissenschaftliche Qualifikation in einem zweiten Fach anerkannt. Das ermöglicht biographische Flexibilität und erfordert und fördert inhaltliche, meist eben auch interdisziplinäre Offenheit. Eine Möglichkeit, diese besonders der Forschung dienliche und im Wissenschaftsbegriff angelegte Offenheit zu gewährleisten, würde auch die beispielsweise in Basel zulässige kumulative oder die in Südeuropa übliche nicht personenbezogene Habilitation bieten. Dann könnten sich Frauen wie Männer berufliche und wissenschaftlich-inhaltliche Seitensprünge erlauben, ohne die Beziehung zur Universität gefährden zu müssen. Vielmehr wäre eine Bereicherung inhaltlicher wie personeller Art. zu erwarten.

1.3   Die Krisen der Wissenschaften

Der Versuch einer Integration feministischer Inhalte in die juristische Ausbildung trifft auch auf eine insgesamt schwierige Situation der Hochschulen. Von außen erzeugen die Mittelknappheit[23] und eine "Krise der Geisteswissenschaften"[24], die eben diese zu ersten Opfern der Sparpolitik macht, kein Klima, das neuen Aufgaben günstig wäre. Das bekommen zuerst die in den Sozial- und Kulturwissenschaften verhältnismäßig etablierten Frauenforscherinnen zu spüren. Provokativ ist die These formuliert worden, Frauen würden erst dann in die Wissenschaft Einzug halten, wenn der Reputationsverlust nicht mehr zu verkraften sei[25]; überzeugender läßt sich mit dem Ansatz von Wetterer sagen, daß der Widerstand gegen Frauen in der Wissenschaft auch darauf zurückzuführen ist, daß ihre Präsenz einem Reputationsverlust gleichkommt[26].

Neben der äußeren, allgemeinen Schwierigkeit findet sich auch eine innere. Die Frauenforschung ist mit dem Selbstverständnis angetreten, die eigene Methodologie, Kategorienbildung und inhaltliche Schwerpunktsetzung wie auch ihr Verhältnis zu anderen Ansätzen und der Wissenschaft an sich immer wieder kritisch zu hinterfragen.[27] Damit stellt sich zum Beispiel immer differenzierter die Frage, ob es um "Frauenforschung", "Geschlechterforschung", "gender studies" oder "feministische Studien" geht. Gleichzeitig gilt es, die im Hinblick auf traditionelle Wissenschaftsverständnisse kritisierte Dichotomisierung von Theorie und Praxis zu reflektieren[28].

Exemplifiziert wird die Diskussion um den Charakter feministischer Wissenschaft in der deutschen Rezeption der Arbeiten von Judith Butler: Die Rhetorik-Professorin aus den USA habe, so ein Teil der deutschen Kritik, im "Unbehagen der Geschlechter"[29] die klassisch-kritischen Fragen der Frauenforschung, die auf vermachtete Diskriminierungszusammenhänge abzielten, zugunsten der entpolitisierten Frage nach wechselnden Reprä-

---

[23]   Vgl. Erichsen, Hans-Uwe/Scherzberg, Arn o (1990): Verfassungsrechtliche Determinanten staatlicher Hochschulpolitik. In: NVwZ S. 8 ff..

[24]   Vgl. mit nicht unproblematischen Folgerungen Douges, Juergen B. u.a. (Kronberger Kreis)(1993): Zur Reform der Hochschulen. Bad Homburg, die mit dem Satz beginnen: "Die deutsche Hochschule hatte einmal eine Spitzenstellung - im vorigen Jahrhundert."

[25]   Braun, Christina von (1994): Der Mythos der "Unversehrtheit" in der Moderne: Zur Geschichte des Begriffs "Die Intelektuellen". In: Amstutz, Nathalie/Kuoni, Martina (Hg.): Theorie - Geschlecht - Fiktion. Basel. S. 25-45.

[26]   Vgl. Wetterer, Angelika (1992): Profession und Geschlecht. Über die Marginalität von Frauen in hochqualifizierten Berufen. Frankfurt/M. /New York.

[27]   Vgl. schon 1984 das Sonderheft der beiträge zur feministischen theorie und praxis "Frauenforschung oder feministische Forschung?" 7. Jg., H. 11 sowie das Sonderheft von Signs: Journal of Women in Culture and Society 1986, abgedruckt in Malson, Micheline R. et. al. (eds., 1989): Feminist Theory in Practice and Process. Chicago.

[28]   Dazu schon Lorenz Stein (1841): Zur Charakteristik der heutigen Rechtswissenschaft. In Deutsche Jahrbücher für Wissenschaft und Kunst. No 92 -100 (In Fortsetzungen zu Savigny's System des heutigen römischen Rechts), auf den mich Christian Bumke hinwies.

[29]   Frankfurt/M. 1991, im Original "Gender Trouble" 1990.

sentationen der Geschlechtsidentitäten aufgegeben. Das verunmögliche die Verortung eines politischen Subjekts "Frauenbewegung" und verschleiere Gewaltverhältnisse[30]. Damit wird ein Ausgangspunkt feministischer Wissenschaft - der machttheoretische und politisch orientierte - gegen einen neostrukturalistisch geprägten, eher kulturwissenschaftlichen Ansatz gestellt. Der eine fordert eine enge Verbindung zwischen Theorie und Praxis[31], während der andere zumindest einen Empirismus eher ablehnt. Die Polarität ist allerdings keine eindeutige, denn Butlers herrschaftskritische Tendenz wird dabei häufig übersehen. Sie spricht als Vertreterin der "queer studies", einer kritischen Denkbewegung, die aus der politischen Aktivität der amerikanischen Schwulen, Lesben und Transsexuellen Anregungen bezieht, und kritisiert die "heterosexuelle Matrix" als Zwangsordnung. Zudem befaßt sie sich in "Bodies That Matter. On the Discursive Limits of Sex"[32] mit den leiblichen und den hierarchischen Dimensionen des Geschlechterverhältnisses.

Die feministische Diskussion fokussiert jedenfalls den eigenen Wissenschaftsbegriff, die - in Deutschland starke - Anbindung der Theorie an eine politische Praxis oder aber die - in den USA oft geforderte - Politisierung der Theorie. Politisierung wird dabei nicht als Ende der Wissenschaftlichkeit verstanden, sondern im Sinne eines Abschieds von vermeintlichen Neutralitäts- und Objektivitätsidealen. Mit Georg Christoph Lichtenberg ließe sich sagen: "Alle Unparteilichkeit ist artifiziell. Der Mensch ist immer parteiisch und tut sehr recht daran. Selbst Unparteilichkeit ist parteiisch."[33] Theorie muß sich damit nicht in subjektiven oder interessegeleiteten Relativierungen verlieren, sondern begibt sich auf die Suche nach einer neu definierten Objektivität. An dieser Stelle wird denn auch die Relevanz feministischer Theoriebildung für die Rechtswissenschaft besonders deutlich[34].

1.4 Die historische Voreingenommenheit

Zur schlechten personellen und wissenschaftspolitischen Struktur gesellt sich aus feministischer Sicht in der Rechtswissenschaft eine historische Bürde. Dort liegt auch ein Grund für die deutsche Verspätung im Vergleich zu anderen Ländern. In Deutschland war der Widerstand gegen Gleichstellung in der Jurisprudenz ungemein stark, was eine "kurze Berufsgeschichte" zur Folge hat[35]. Juristinnen traf massive Diskriminierung, die im Nationalsozialismus einen Höhepunkt, aber weder Anfang noch Ende fand[36]. Die erste Frau Dr. jur., Anita Augspurg, mußte noch in der Schweiz promovieren[37]; Frauen durften erst 1912 in Bayern und erst 1919 in Preußen das erste Staatsexamen ablegen und bis

---

[30] Vgl. z.B. die Beiträge in Heft 4/1993 der Neuen Rundschau.

[31] So schon Maria Mies in beiträge H. 11, S. 41 ff.

[32] New York/London 1993. S. auch den Auszug "Körper von Gewicht. Über die diskursiven Grenzen des Körpergeschlechts". in: Neue Rundschau 4/1993, S. 57 ff. (Dt. mittlerweile unter diesem Titel erschienen.)

[33] Lichtenberg, Georg Christoph: Sudelbücher. Hg. 1968, München, F 578.

[34] Zu den damit einhergehenden Gefahren Fox Keller (1989), aaO., S. 286; i.Ü. Baer, Susanne (1994): Objektiv - neutral - gerecht? Feministische Rechtswissenschaft am Beispiel sexueller Diskriminierung im Erwerbsleben. In: 77 KritV 2/94, S. 154-178 und (1995), aaO., S. 159 ff.

[35] Limbach in: Hausen/Nowotny 1986, aaO., S. 89. S.a. Radbruch und Juchacz 1920 mit dem Antrag auf Anpassung des GVG und der RAO an Art. 109 WRV im Reichstag; Ds. 363, Anfrage 139 v. 28. Juli 1920; Deutscher Juristinnenbund (Hg. 1984): Juristinnen in Deutschland. Eine Dokumentation (1900-1984). München; S. 8.

[36] Deutscher Juristinnenbund aaO. S. 11.

[37] Das Recht zur Habilitation, das sie selbst nie nutzen konnte, erkämpfte die Philosophin Edith Stein 1920; s. Wobbe, Theresa (1994): Von Marianne Weber zu Edith Stein: Historische Koordinaten des Zugangs zur Wissenschaft. In: dies./Lindemann, Gesa (1994): Denkachsen. Zur theoretischen und institutionellen Rede vom Geschlecht. Frankfurt/M. 1994, aaO., S. 28 ff.

1930[38] nicht zum zweiten Examen oder gar in der Praxis antreten[39]. In den zwanziger Jahren spielte wie nach 1945 das Geschlecht eine wichtigere Rolle für die berufliche Entwicklung als die Konfession[40], die mit dem Nazi-Terror an den Universitäten unmenschliche Folgen zeitigte. Die Misogynie des NS hatte allerdings auch zur Folge, daß Frauen in den meisten Fächern aus den Hochschulen herausgedrängt wurden[41]; in der juristischen Praxis war die Präsenz von Frauen "ein schweres Unrecht gegen den Mann wie gegen die Frau selbst"[42]. Juristinnen sollten nicht mehr in Erscheinung treten[43].

Nach 1945 konnten Frauen zwar Rechtswissenschaft studieren und juristische Berufe ausüben, doch endete geschlechtsbezogene Diskriminierung damit nicht[44]. Sie bezieht sich auf Personen und (damit auch) auf Inhalte. In der deutschen Jurisprudenz wird bislang all das, was mit den Fragestellungen der Frauenforschung erkannt werden kann, kaum zur Kenntnis genommen. Wichtige Bausteine zur Aneignung einer Frauenrechtsgeschichte im doppelten Sinne - einer Geschichte der Frauen im Recht und einer Geschichte des Denkens und Handelns von Frauen über und mit Recht - verdanken wir den Arbeiten von Ute Gerhard[45]; in der Dogmengeschichte, in der Geschichte des DDR-Rechts und in der Geschichte der Rechtswissenschaft selbst ist allerdings noch viel zu tun. So steht die für die Soziologie kürzlich von Theresa Wobbe vorgelegte Geschichte der verschütteten Forschungsinhalte aus, die Frauen zum Recht vorlegten[46]. Allein die Arbeiten der Soziologin Mathilde Vaerting, die bereits 1928 das Geschlecht als hierarchische Struktur und Zuschreibung analysierte[47], harren der staats- und rechtstheoretischen Entdeckung.

Die Forschung zeigte sich da in anderen Ländern offener. So konnte sich in Skandinavien schon in den 70er Jahren ein Fach "Frauenrecht" entwickeln[48]. In den angloamerikanischen Ländern ist die feministische Forschung in juristische Fakultäten ebenfalls vor Jahren eingedrungen[49]. Die offenere institutionelle Struktur des rechtswissenschaftlichen Diskurses und das nordamerikanische Hochschulwesen mit seinen dezentralen, teils privaten, um Profil ringenden, Nachfrage-kontrollierten und leistungsorientierten Universi-

---

[38] DJB 1984, aaO., S. 16: Die erste examinierte Volljuristin gab es 1930 in Hamburg (Cläre Meyer).

[39] Vgl. detailliert DJB 1984, aaO., S. 2 f.

[40] Huerkamp, Claudia (1994): Jüdische Akademikerinnen in Deutschland 1900-1938. In: Wobbe/Lindemann aaO., S. 100. 11 der 19 in Berlin praktizierenden Anwältinnen waren Jüdinnen.

[41] Explizit wird das im vorrangig antisemitischen "Gesetz gegen die Überfüllung der deutschen Schulen und Hochschulen" von 1933: Es legte fest, daß nicht mehr als 10% aller Studierenden Frauen sein dürften. Anders war die Praxis wohl in der Medizin. Vgl. Huerkamp 1994, aaO., S. 103 f., 107.

[42] Dietrich (1993): Der Beruf der Frau zur Rechtsprechung, in: DJZ S. 1255 ff.

[43] S. die Zusammenstellung der Maßnahmen bei Meier-Scherling, Anne-Gudrun (1975): Die Benachteiligung der Juristin zwischen 1933 und 1945, in: DRiZ, S. 10 ff.; dazu Bajohr, Stefan/Rüdiger-Bajohr, Kathrin (1980): Die Diskriminierung der Juristin in Deutschland bis 1945. In: KJ, S. 39-50.

[44] Vgl. die Zahlen o. und die Portraits in Fabricius-Brand, Margarethe/Sudhölter/Berghahn, Sabine (1982): Berlin.

[45] Vgl. u.a. Gerhard, Ute (1978): Verhältnisse und Verhinderungen. Frankfurt/M.; dies.: (1990): Gleichheit ohne Angleichung. Frauen im Recht. München. S.a. Schröder, Hannelore (1979): Die Rechtlosigkeit der Frau im Rechtsstaat. Frankfurt/New York.

[46] Wobbe 1994, aaO., S. 15 ff. Vgl. allg. Simon, (Hg. 1994): Rechtswissenschaft in der Bonner Republik. Studien zur Wissenschaftsgeschichte der Jurisprudenz.

[47] Neubegründung der Psychologie von Mann und Weib. Bd. I: Die weibliche Eigenart. im Männerstaat und die männliche Eigenart. im Frauenstaat. Karlsruhe 1921, Nachdruck Berlin 1975. Vgl. dazu Wobbe aaO., 38.

[48] Ausf. Stang Dahl aaO.

[49] Vgl. für die Zeit bis 1980 Epstein, Cynthia Fuchs (1983): Women in Law. Garden City; S. 219 ff. (Durschschnittlicher Anstieg von 2,2. auf 10, 5% ; an jungen Fakultäten weit höher (Antioch 26% , UC Davis 25% ; N.Carolina Central 44%), an Eliteschulen - bis auf NYU: 15% - eher niedriger.)

täten stellten zumindest Nischen für kritische Ansätze zur Verfügung, die im deutschen System staatlicher Aufgabenzuweisung, uniformer Anforderungsprofile und Mentorenabhängiger Laufbahn häufig fehlen. In einem gemischten System gibt es zudem für diskriminierte Gruppen "eigene Orte der Qualifizierung und Professionalisierung"[50], die hierzulande als separatistische Abweichung, nicht jedoch als gleichheitsfördernde Maßnahme verstanden werden. Schließlich sorgt die Output-Orientierung und der Angebotscharakter der Lehre an anglo-amerikanischen Hochschulen - in Großbritannien werden entsprechende Evaluationsverfahren gerade eingeführt, in Deutschland sind sie höchst umstritten - für eine erhöhte Rezeptivität aller Disziplinen gegenüber gesellschaftlicher Nachfrage, die aus sozialem Wandel entsteht, der den Wandel des Geschlechterverhältnisses umfaßt.

1.5 Die Besonderheit des Gegenstandes

Die mangelnde Rezeptivität der Rechtswissenschaft oder - mit Gerhard 1986 - die "Voreingenommenheit der Jurisprudenz als dogmatische Wissenschaft"[51] steht mit Gegenstand und Methoden der Disziplin in engem Zusammenhang. Zum einen herrscht ein Rechtsverständnis - genauer: ein Verständnis vom Zusammenhang zwischen Recht und Lebenswirklichkeiten - vor, das aus feministischer Sicht nicht übernommen werden kann; zum anderen lebt die Rechtswissenschaft auch von einer Nähe zum Recht als Nähe zur Macht, mit der sich aus feministischer Sicht nur bedingt affirmativ umgehen läßt.

Das der Rechtswissenschaft zumindest traditionell zugrundeliegende Rechtsverständnis trennt Recht und Politik und arbeitet mit dem Anspruch, neutral zu sein oder sich verhalten zu können, was aus einer spezifischen Objektivität folge. So grenzt sich Rechtswissenschaft gegen Rechtsetzung und Rechtspraxis ab, auch wenn beide sie - dann aber disziplinär in die Grundlagenfächer abgespalten - beschäftigen. Diese Abgrenzung muß nicht positivistisch begründet sein, sondern kann auch aus einer „rein dogmatischen" Orientierung folgen[52]. Nicht transparent wird dann, daß Rechtswissenschaft ebenso wie Rechtsprechung allein aufgrund der Unbestimmtheit der Normprogramme und des gerade in Deutschland ausgeprägten Einflusses der kommentierenden Wissenschaft auf die Praxis immer auch in gewissem Sinne Rechtsetzung ist[53]. Beispielsweise tritt die "Gesellschaft der Verfassungsinterpreten" in den USA nur offener in Erscheinung als in der Bundesrepublik[54], wenn die öffentliche Diskussion verfassungsgerichtlicher Entscheidungen als Interpretation gewertet wird. Aus feministischer Perspektive läßt sich die Rechtswissenschaft aber nicht als neutral und unpolitisch, sondern als Praxis hinter der Praxis begreifen.

Gegen das tradierte Selbstverständnis der Rechtswissenschaft haben sich nicht nur Feministinnen, sondern auch andere kritische Perspektiven, wie sie beispielsweise die Rechtssoziologie ermöglicht, gewandt. Institutionell führen diese allerdings ein Schattendasein. Eine Rechtspolitologie hat sich überhaupt nur außerhalb der juristischen Fakultäten entwickelt; kritische Rechtsphilosophie wird ebenso häufig von Sozialphilosophinnen

---

[50] Wobbe aaO., S. 46, verweist auch auf die anti-egalitäre Mentalität der deutschen Hochschulen, und das entsprechende, bis heute erstaunliche Beharrungsvermögen.

[51] In Hausen/Nowotny aaO., S. 108 ff.

[52] Vgl. bei Hofmann, Hasso (1991): Rechtsphilosphie. In: Koslowski, Peter (1991): Orientierung durch Philosophie. Tübingen, S. 118, 122: Die Rechtsdogmatik hat am Geltungsanspruch des Rechts teil.

[53] Die Unbestimmtheit ("indeterminacy") ist zentrales Thema der Critical Legal Studies, dazu Unger, Roberto Mangabeira (1986): The Critical Legal Studies Movement. Cambridge/London. Vgl. aber auch Derrida, Jacques (1991): Gesetzeskraft. Frankfurt/M.

[54] Vgl. Häberle, Peter (1975): Die offene Gesellschaft der Verfassunginterpreten. In: JZ S. 352 ff. und dagegen Blankenburg, Erhard/Treiber, Hubert (1982): Die geschlossene Gesellschaft der Verfassungsinterpreten. In: JZ S. 543 ff. Die jüngsten Debatten um Kruzifixe und Soldaten könnten neue Tendenzen anzeigen.

oder -philosophen artikuliert wie Fragen zu Frauen und Recht in der Frauenforschung an gesellschafts-, nicht rechtswissenschaftlichen Instituten bearbeitet werden. Rechtstheoretische Ansätze wie die Hermeneutik, der Rechtsrealismus, die kritischen und diskurstheoretischen Ansätze zum Recht und auch die ökonomischen Rechtstheorien[55] haben sich jedenfalls von der Idee der rigide autonomen rechtlichen Sphäre verabschiedet, auch wenn sie die Besonderheit des juristischen Diskurses normativ betonen mögen[56]. Auch diese Ansätze haben in der deutschen Rechtswissenschaft aber keinen gesicherten Stand.

Feministische Rechtstheoretikerinnen gehen noch über bisherige Kritiken hinaus. Sie verweisen nicht nur auf die untrennbaren Zusammenhänge zwischen Recht, sozialer Wirklichkeit und Politik, sondern auch auf ihre bislang einseitige Gestaltung nach männlichen Maßstäben[57]. Feministische Rechtstheorie befaßt sich insbesondere mit der Dialektik des Rechts als Herrschaftsinstrument einerseits und Medium zur Emanzipation andererseits[58] für eine Gruppe von Menschen, die rechtlich - beispielsweise anders als "Arbeiter" in einer „linken"Rechtswissenschaft - kaum oder jedenfalls nicht als Subjekte in Erscheinung traten. Diese Dialektik wird unter Berücksichtigung sprachphilosophischer Interventionen eine doppelte, wenn es nicht nur um ambivalente Potentiale des Rechts, sondern auch um Ambivalenz im Hinblick auf die Fixierung diskriminierender Geschlechtsrealitäten geht[59]. Im Vordergrund der feministischen Kritik steht somit nicht nur das rechtswissenschaftliche Selbstverständnis, sondern vielmehr der hegemoniale Anspruch eines sich selbst legitimierenden, der männlichen und damit einer dominanten Perspektive verpflichteten Rechts[60]. Recht wird dann nicht zuletzt folgenorientiert - als Teil der gesellschaftlichen Wirklichkeit, als gesellschaftliche Praxis und als sich selbst legitimierender Diskurs der Dominanz gesehen[61]. Insofern könnte sich die Forschung in Richtung auf eine kulturwissenschaftliche Theorie des Rechts als institutionalisiertvermachteten kulturellen Code entwickeln[62]. Recht hält danach den eigenen Anspruch, allgemein, objektiv, neutral und daher gerecht zu sein, entweder nicht ein oder muß noch lernen, was einen solchen Geltungsanspruch qua Universalismus und Objektivität in geschlechtsdifferenzierten Gesellschaften begründen kann[63]. Die kritische Distanz, die sich hier ergibt, ist allerdings nicht mit Abstinenz gleichzusetzen, denn auch Feministinnen bleibt unweigerlich die Teilhabe am vermachteten Diskurs erhalten. Sie wird zum Dilemma, da, wenn und soweit Feminismus eine theoretische und praktische Bewegung ist, die die Machtfrage stellt und folglich immer auch die eigene Disziplin unterminiert.

Der Gegenstand der Rechtswissenschaft bereitet feministischen Ansätzen also auch deshalb Schwierigkeiten, weil sie als juristische Ansätze nicht nur theoretisch gewissermaßen subversiv sein müssen, sondern auch praktisch an Recht als einer Dominanzstruktur teilnehmen. Als Teil eines institutionalisiert vermachteten Diskurses nimmt die Rechtswissenschaft aus feministischer Sicht im Unterschied zu anderen Geisteswissenschaften, die geschichtlich-gesellschaftliche Wirklichkeiten in ihrer Gesamtheit zum Ge-

---

[55] Vgl. die Diskussion in Habermas, Jürgen (1994/1992): Faktizität und Geltung. Beiträge zur Diskurstheorie des Rechts und des demokratischen Rechtsstaats. 4. Auflage Frankfurt/M., S. 242 ff.

[56] Vgl. auch Alexy mit der Sonderfallthese, vgl. Theorie der juristischen Argumentation. 2. Aufl. Frankfurt/M. 1991, dort insbes. das Nachwort (1991): Antwort auf einige Kritiker und S. 261 ff.

[57] Schneider, Elizabeth M. (1986): The Dialectics of Rights and Politics. Perspectives from the Women's Movement. In: 61 NYU L.Rev. 589 ff.

[58] Maihofer, Andrea (1988): Zum Dilemma GRÜNER Rechtspolitik, in: KJ S. 432 ff.

[59] Dazu m.w.N. u.

[60] MacKinnon, Catharine A. (1989): Feminism in Legal Education. In: 1 Legal Education Review, S. 85 ff.

[61] Umfassend MacKinnon, Catharine A. (1989): Toward a Feminist Theory of the State. Cambridge.

[62] Inwieweit sich Berührungspunkte zu Häberles Konzeption der Kulturwissenschaft ergeben, läßt sich noch nicht Absehen. Vgl. Häberle, Peter (1982): Verfassungslehre als Kulturwissenschaft.

[63] Dazu Baer 1994, aaO.

genstand haben[64], eine besondere Stellung ein. Die Teilhabe an Macht, die mit der Position der Wissenschaft einhergeht, mag einen machttheoretisch und kritisch ausgerichteten juristischen Ansatz dann als Widerspruch in sich erscheinen lassen. Diejenigen, die im Recht nicht präsent werden, die ungesehen bleiben und auch deshalb strukturell benachteiligt, diejenigen also, die auch vom Recht nicht geschützt, sondern durch das Recht selbst benachteiligt werden, hätten in der Rechtswissenschaft an sich keinen Ort. Dazu gehören Frauen. Feministische Rechtswissenschaft muß somit versuchen, den aufgezeigten Dilemmata produktiv zu entkommen.

2. *"Frauenrecht", "Recht der Geschlechterbeziehungen", "feministische Rechtstheorie" oder "feministische Rechtswissenschaft"?*

"Im Diskurs der Frauenforschung ist nicht ohne weiteres auszumachen, welche Sichtweisen als feministisch anzusehen wären."[65]

Mit der feministischen Erweiterung des Gegenstandes der Rechtswissenschaft - vom positivierten Normgefüge zum dominanten Diskurs - ist angedeutet, welche rechtstheoretische Ausgangsposition feministische Ansätze einnehmen; mit der Kritik ist angedeutet, daß bestimmte Zielsetzungen verfolgt werden, die allerdings nur verkennend - und nicht selten polemisch-ignorant - mit "einseitigen" Interessen gleichzusetzen wären. Mittlerweile hat sich zu feministisch-juristischen Ansätzen in der Bundesrepublik eine Begriffsvielfalt entwickelt, die kurze Fixierungen unmöglich macht. Es gilt daher, auch Bedeutungsdifferenzen transparent zu machen. Transparenz im Hinblick auf die Perspektiven dient - getreu der feministischen Wissenschaftstheorie - dazu, den politischen Standort, die Reichweite und Implikationen der jeweiligen Denkrichtung aufzuweisen und schafft auch die Voraussetzung dafür, Wege zu ihrer institutionellen Absicherung zeigen zu können.

In den USA werden feministische und feministisch-rechtswissenschaftliche Ansätze gern als liberale, radikale, postmoderne und kulturelle voneinander geschieden. Olsen hat die feministische Kritik in Ansätze unterteilt, die entweder auf der Geschlechterdifferenz beharren, oder die auf Gleichwertigkeit in der Differenz setzen oder aber die jede Differenz als Hierarchisierung ablehnen[66]. Das greift jedoch nicht selten zu kurz[67]. Daher sollen feministische Ansätze hier im Hinblick auf ihre Selbstausweisung, ihre historische und logische Entstehung und ihre zentralen und insbesondere methodischen Fragestellungen betrachtet werden[68]. Auf der Suche nach der großen Unbekannten fragt sich dann, wo Gemeinsamkeiten hinsichtlich des Gegenstandes oder/und der Methode oder Methoden liegen, um eine auch wissenschaftstheoretisch angemessene Bezeichnung dieser Suchbewegungen vornehmen zu können.

---

[64] Klassisch Dilthey's Unterscheidung zwischen Natur und Geist, die Gadamer explizierte, die aber heute so idealtypisch weder trägt noch sinnvoll erscheint, für feministische Ansätze jedenfalls nicht zu halten ist.

[65] Carol Hagemann-White & Reiner Schröder zu einer Dekade Frauenforschung in der Bundesrepublik 1993 im editorial zum ifg 1/2, 1993, S. 5.

[66] Olsen, Frances E. (1990): Das Geschlecht des Rechts. In: KJ S. 303 ff., insbes. 305, 310.

[67] Die Schwierigkeit der Kategorisierung wird deutlich, wenn beispielsweise MacKinnon mehrfach auftaucht, ihr dezidiert machttheoretischer Zugang aber nicht klar zutagetritt. Vgl. Olsen, aaO.

[68] Sonst werden Arbeiten meist nach inhaltlichen Schwerpunkten zusammengestellt, was feministische Ansätze auf den Hinweis auf spezifische, "frauenrelevante" Themen reduziert. Vgl. Battis/Schultz aaO., auch Gerhard/Limbach aaO. Hier soll demgegenüber gezeigt werden, daß es sich um mehr als das handelt.

2.1 "Frauen und Recht"

Versuche zur Verwirklichung von Gleichberechtigung der rechtswissenschaftlichen Perspektiven und Inhalte sind in vielerlei Form unternommen worden. Am Anfang stand meist die Suche nach der Präsenz oder Abwesenheit von Frauen als der diskriminierten Gruppe des Geschlechterverhältnisses im Recht. Die Themenstellung "Frauen und Recht" bezeichnet in Europa wie in den anglo-amerikanischen Staaten die Anfänge der Bewegung, die geschlechtsspezifisch blinde Flecken im juristischen Diskurs aufzudecken sucht. Damit konnten, wie es Pasero für die Soziologie formulierte, "Regeln, die ein Geschlechterverhältnis konstituieren und Menschen lebenslänglich in Frauen und Männer aufteilen" als kontingent entlarvt und als weitgehend "in sich stimmige Machtbalancen" beschrieben werden[69]. Die Thematisierung des weiblichen Alltagslebens und des ins Private abgedrängten "weiblichen Lebenszusammenhanges" (Prokop) in der Wechselwirkung mit rechtlichen Normen ermöglicht es, Auswirkungen des Rechts auf das Leben von Frauen sowie das Verhältnis und den Zugang von Frauen zum Recht zu erkennen[70]. Beispielsweise ist die Privatsphäre für Frauen ein schutzloser Raum, da er - so die legitimierende Ideologie[71] - keine Intervention zuläßt, um Machtverhältnisse auszugleichen. Daraus erklärt sich nicht nur die traditionelle Straflosigkeit der Vergewaltigung in der Ehe als solcher, sondern auch die andauernde Nichtimplementation vorhandenen Rechts gegen häusliche Gewalt. Im Vordergrund der theoretischen Bewegung, die sich dieser Fragen annimmt, stand und steht oft die praktische Orientierung feministisch-juristischen Arbeitens; das geht auch darauf zurück, daß die feministische Rechtskritik gerade in der Bundesrepublik stark von Anwältinnen initiiert und geprägt wird. Gleichzeitig wird hintergründig die im kontinentalen Europa verbreitete relative Rechtsskepsis von Teilen der Frauenbewegung bedient, wenn das eigene Leben gegen die rechtliche Idealisierung gesetzt wird. Die praktische Priorität im Sinne direkter Umsetzbarkeit in Dogmatik oder Politik scheint allerdings nicht zuletzt mit Generationswechseln und dem Eindringen von Feministinnen in die Rechtswissenschaft - nicht nur in die Rechtspraxis - abzunehmen. Eine stärker theoretische Orientierung wird der Gefahr entgegentreten müssen, die Anbindung der Theorie an die Lebenswirklichkeit aus den Augen zu verlieren.

2.2 "Frauen im Recht"[72]

In einer weiteren Phase feministischer Interventionen in den juristischen Diskurs stellt sich die Frage nach der Position von Frauen im Recht. Dabei geht es auf der konzeptionellen Ebene um die Ausblendung weiblicher Lebenslagen, die als Zuweisung geschlechtsspezifisch strukturierter Handlungsspielräume an Frauen und Männer zum Vorteil der letztgenannten interpretiert werden kann. So blendet das Konzept des Normalarbeitnehmers mit dem ihm korrespondierenden Arbeitsbegriff[73] beispielsweise einen

---

[69] Pasero, Ursula (1994): Geschlechterforschung revisited.: konstruktivistische und systemtheoretische Perspektiven, in: Wobbe/Lindemann, aaO., S. 266.

[70] Vgl. dazu u.a. Slupik, Vera (1988): Weibliche Moral versus männliche Gerechtigkeitsmathematik? Zum geschlechtsspezifischen Rechtsbewußtsein. In: Bryde, Brun-Otto/ Hoffmann-Riem, Wolfgang (Hg.): Rechtsproduktion und Rechtsbewußtsein. Baden-Baden, S. 221-238; Gerhard, Ute.(1990), aaO.

[71] Dagegen umfassend Olsen, Frances (1983): The Family and The Market: A Study of Ideology and Legal Reform. In: 96 Harv.L.Rev. S. 1497-1578; s.a. Cohen, Jean L. (1993): Das Öffentliche, das Private und die Repräsentation von Differenz. In: 104 Neue Rundschau, S. 92-98.

[72] Gerhard, Ute (1988): Anderes Recht für Frauen? Feminismus als Gegenkultur. In: Gessner, Volkmar/Hassemer, Winfried (Hg.): Rechtsproduktion und Rechtsbewußtsein. Baden-Baden, S. 209-226.

[73] Vgl. z.B. Degen, Barbara (1988): Sind Frauen auch Arbeitnehmer - oder: Wie geschlechtsneutral ist das Arbeitsrecht? Überlegungen anläßlich eines Beschlusses des BAG vom 11.11.1986 (3 ABR 74/85). In: STREIT, S. 51-61.

großen Teil der gesamtgesellschaftlich zu leistenden Arbeit, die Frauen unbezahlt verrichten, aus. Im Zivilrecht ist der "billig und gerecht denkende Rechtsgenosse" konzeptionell ebenso ein Mann[74] wie im Verfassungsrecht der Inhaber oben genannter Privatsphäre, die eben nur ihm zur autonomen Gestaltung zur Verfügung steht[75]. Auf der Ebene der Rechtsanwendung gilt es, wie Jutta Limbach einst formulierte, "sexistische Denkmuster" aufzuspüren[76], was Abel in ihrer Arbeit zur Rechtsprechung in Vergewaltigungsfällen exemplarisch demonstrierte[77]. Ein feministischer Ansatz in der Rechtswissenschaft, der sich ausschließlich auf Frauen im Recht konzentriert, wird die Position von Frauen in einzelnen Rechtsgebieten untersuchen. So entsteht eine notwendige Ergänzung des geltenden Kanons; der Kanon selbst bleibt aber unangetastet. Damit läuft ein solcher Ansatz zumindest Gefahr, dem - eben kanonisierten - männlichen Maßstab zu folgen. Der Fragmentierung des Menschen im Recht durch die Trennung dogmatischer Gebiete, der sich für Minderheiten durch die Verschleierung kumulativer Effekte diskriminierend auswirkt[78], würde so Vorschub geleistet.

2.3 "Weibliches Recht" - "Frauenrecht"

"Unter der vorgefundenen Wucht herabsetzender Zuschreibungen", die sich im Recht fanden und finden, "mag es auf den ersten Blick einleuchtend sein, das Blatt zu wenden."[79] Diese Wende wird mit einem "Frauenrecht" und einer "geschlechtsdifferenzierten Rechtsordnung", in Formen des "weiblichen Rechts", der "Feminisierung des Rechts" oder einer "weiblichen Rechtsanwendung" impliziert. Sie stoßen gerade angesichts der Wucht des Negativen, der Vehemenz der Diskriminierung durch die Universalisierung des Männlichen, auf erhebliche positive Resonanz. Diese Ansätze eint das affirmative Beharren auf einem Geschlechterunterschied, das nur die ungleiche Bewertung der einen oder anderen Seite bekämpft. Vereinfacht gesagt sind danach Frauen und Männer eben doch verschieden, wenn auch nicht mehr oder weniger wertvoll.

Auf der theoretischen Ebene nahm die Suche nach Weiblichkeit im Recht ihren Ausgang von der Debatte um Carol Gilligan's Kritik an Kohlbergs Modell der moralischen Entwicklung, dem sie empirische Erkenntnisse zum moralischen Urteil von weißen Mittelschichtmädchen entgegenhielt[80]. Ungeachtet der später nicht nur hierzulande[81], son-

---

[74] Vgl. die Diskussion um die "reasonable woman" oder das "reasonable victim" im US-Recht in Baer (1995), aaO., S. 159 ff.

[75] Grundlegend Olsen 1983, aaO.; Cohen 1994, aaO. Die Rechtsprechung des BVerfG deutet allerdings auf eine Sensibilisierung für "private" Hierarchien, die die Vertragsfreiheit beinträchtigen können. Vgl. BVerfGE 89, 214, 231 ff. (Bürgschaften); E 81, 242, 253 ff. (Handelsvertreter). Ganz dagegen Isensee, Josef (1992): Handbuch des Staatsrechts V, 111 Rn. 135.

[76] Limbach, aaO., S. 94 ff. unter Hinweis auf Schapira, Alisa (1977): Die Rechtsprechung zur Vergewaltigung. Über die weit gezogenen Grenzen der unerlaubten Gewalt gegen Frauen. In: KJ, S. 221-241.

[77] Abel, Maria Henriette (1986): Vergewaltigung - Stereotypen in der Rechtsprechung und empirische Befunde. Berlin. Vgl. nicht nur zu diesen Delikten auch jüngst Raab, Monika (1993): Männliche Richter - weibliche Angeklagte. Bonn.

[78] Beispielsweise bewirken geschlechtsneutrales Arbeitsrecht und Familienrecht erst im Zusammenspiel die Verweisung von Frauen in die "Privatsphäre". Vgl. auch zur geschlechtsspezifischen Zeitverteilung durch Recht Scheiwe, Kirsten (1993): Frauenzeiten - Männerzeiten. Berlin.

[79] Pasero, aaO., S. 271

[80] Ausgangspunkt war die entwicklungspsychologische Studie "In a different voice". Cambridge 1982, die auf Juristinnen erhebliche Faszination ausübte. Vgl. die Debatte mit Gilligan in Dubois, Ellen C./Dunlap, Mary/Gilligan, Carol/MacKinnon, Catharine A./Menkel-Meadow, Carrie/Marcus, Isabel (1985): Feminist Discourse, Moral Values, and the Law - a Conversation. In: 43 Buffalo L. Rev. 11-87.

[81] Vgl. die Beiträge in Nunner-Winkler, Gertrud (Hg., 1991): Weibliche Moral. Die Kontroverse um eine geschlechtsspezifische Ethik. Frankfurt a.M.

dern auch von Gilligan selbst vorgenommenen Modifikationen[82] und der Schwierigkeit, Erkenntnisse aus der Entwicklungspsychologie in die Rechtswissenschaft zu übertragen, prägt diese Debatte um die Geschlechterdifferenz seitdem auch juristische Auseinandersetzungen. Dem differenztheoretischen Ansatz geht es dogmatisch übersetzt um eine Interpretation des Rechts auf Gleichheit als Recht auf eine affirmativ anzuerkennende Differenz[83], also einen kleinen Unterschied ohne große Folgen. In diese Richtung argumentierte schon Elisabeth Selbert bei den Beratungen des Grundgesetzes 1949[84]. Das Gleichheitsrecht wird dann nicht als striktes Differenzierungs- im Sinne eines Anknüpfungsverbotes verstanden, sondern läßt sachliche Unterscheidungen zu, die nicht zu Hierarchisierungen führen sollen. Darin könnte im deutschen Verfassungsrecht allerdings auch ein Rückschritt liegen: Das Bundesverfassungsgericht hat mit der jüngsten, auf soziale Gerechtigkeit orientierten Formel zur Auslegung des Art. 3 Abs. 2 GG[85] zumindest einen Schritt in die Richtung gemacht, aus "Unterschieden" nicht mehr Rechtfertigungen für Ungleichbehandlungen abzuleiten[86].

Neostrukturalistische Ansätze plädieren etwas anders für eine Interpretation von Gleichheit als Gleichwertigkeit im Sinne bedürfnisorientierter Gerechtigkeit. Im Mittelpunkt steht weniger die (Geschlechter-) Differenz als vielmehr die allgemeine "différance" als Diskrepanz zwischen normativen Zuschreibungen jedweder Art. und erlebter Wirklichkeit[87]. Die Zuschreibung einer Geschlechtszugehörigkeit sei aufgrund dieser Diskrepanz immer "ungerecht", da unangemessen. Sie soll vermieden werden, indem das Geschlecht normativ keine Rolle mehr spielt und sozial dennoch seinen Platz behalten kann. Es fragt sich dann, ob ein solcher Ansatz überhaupt mit Recht arbeiten kann, das immer eine Zuschreibung, zumindest die einer Handlungskompetenz, enthält. Wird das akzeptiert, so könnte Gleichheit zu einem distributiven Recht werden, das entweder nur als Prinzip zu verwirklichen oder aber auf formale Gleichheit zu reduzieren ist. Die amerikanische Rechtstheoretikerin Corn ell hat die Schwierigkeit, Rechte gegen Diskriminierung festschreiben, aber die Geschlechterdifferenz im Recht weder leugnen noch manifestieren zu wollen, als "feministisches Dilemma" treffend akzentuiert[88]. Anschaulich mag das in Fällen werden, wo Kompensation auf einen Geschlechterunterschied rekurrieren muß, um diesen auszugleichen, gleichzeitig aber Gefahr läuft, die mit ihm einhergehende Stigmatisierung (die "Quotenfrau") zu normieren.

Neben Differenztheorie und Neostrukturalismus gibt es auch in der Rechtspraxis Ansätze, die sich im Sinne eines "weiblichen Rechts" affirmativ auf einen Geschlechtsunterschied beziehen. In Deutschland entwickelt eine Arbeitsgruppe, die beim Feministischen Rechtsinstitut e.V. in Bonn angesiedelt ist, alternative "weibliche" Rechtsfindungsfor-

---

[82] Vgl. z.B. Gilligan, Carol (1990): Joining the Resistance: Psychology, Politics, Girls and Women. In: 29 Michigan Quarterly Rev.: The Female Body I, Laurence Goldstein ed., S. 501-536.

[83] S. a. Maihofer, Andrea (1990): Gleichheit nur für Gleiche? In: Gerhard, Ute u.a. (Hg.): Differenz und Gleichheit. Menschenrechte haben (k)ein Geschlecht, Frankfurt a.M., S. 351-365; ferner Irigaray, Luce, (1991): Die Zeit der Differenz. Für eine friedliche Revolution. Frankfurt a.M./New York; Libreria delle Donne die Milano (1988): Wie weibliche Freiheit entsteht. Berlin. Kritisch Baer 1995, aaO., S. 205 ff.

[84] Dazu ausführlich Böttger, Barbara (1990): Das Recht auf Gleichheit und Differenz. Elisabeth Selbert und der Kampf der Frauen um Art. 3.2 Grundgesetz. Münster.

[85] BVerfGE 85, 191, 207 (Nachtarbeit); BVerfG v. 16.11.1993 in STREIT 1994, S. 125 m. Anm. Heike Dieball (Diskriminierung bei der Einstellung). Das BVerfG läßt allerdings die Möglichkeit offen, biologische Unterschiede noch zu berücksichtigen, vgl. BVerfGE 85, 191, 207 f.

[86] Umfassend Sacksofsky, Ute (1990): Das Grundrecht auf Gleichberechtigung. Baden-Baden.

[87] Zur Gleichwertigkeit s. Corn ell, Drucilla (1993): Transformations. Recollective Imagination and Sexual Difference. New York & London; kritisch Baer 1995, aaO., S. 228 ff.

[88] Corn ell, Drucilla (1991): Beyond Accomodation. Ethical Feminism, Deconstruction and the Law. New York & London; dazu Baer, Susanne (1992): Ansätze feministischer Rechtswissenschaft in den USA - vom "feministischen Dilemma" zur feministischen Rechtskultur? In: ZfRSoz, S. 310-313.

men, also beispielsweise Verhandlungsmodelle anstelle kontradiktorischer Streitschlichtung. Mit der neueren rechtssoziologischen Forschung ist es allerdings kaum mehr möglich, auf eine bessere "weibliche" Rechtspraxis in rechtsstaatlichen Verfahren zu hoffen: Weder urteilen Frauen per se frauenfreundlicher noch profitieren weibliche Angeklagte von einem Frauenbonus[89]. Die Betrachtung nichtförmlicher Verfahren zur Austragung von Konflikten, derer sich Frauen vielleicht auch im Unterschied zu Männern bedienen, kann allerdings Hinweise auf Alternativen geben, die in der Lage wären, die Lebensrealität von Frauen angemessen einzubeziehen[90].

Neben Differenztheorien und "weiblicher Rechtsfindung" hat schließlich die Norwegerin Stang Dahl mit dem "Frauenrecht" versucht, auf eine "systematische Frauenperspektive abzustellen"[91]. Das "Frauenrecht" befaßt sich mit für Frauen typischen Konfliktlagen und konstruiert daraus ein neues Spezialfach; gleichzeitig konfrontiert es "bereits etablierte Rechtsdisziplinen mit der Frauenperspektive"[92]. Das erfordert den Abschied von üblichen Kategorisierungen im juristischen System, eine "Umorganisierung des Rechtskanons"[93]. So müsse nicht über Straf-, Arbeits- und Familienrecht, sondern aufgrund der drei wichtigsten Bereiche der Ungleichverteilung von Gütern über Hausfrauenrecht und "Recht der Frauen auf Geld", aber auch über "Geburtenrecht" gesprochen werden[94]. Im Geburtenrecht wird eine "weibliche Norm" etabliert, die aber wohl vor dem Hintergrund der nicht nur bundesdeutschen Erfahrungen mit Schutz- und Sondernormen, die sich als patriarchale Bevormundung entpuppten, zu hinterfragen wäre[95]. Hinsichtlich der Interpretation von Gleichheit ist der dogmatische Ertrag des "Frauenrechts" eher gering: Diskriminierung bedeutet danach betont neutral "ungleiche Behandlung", "Geschlechterdiskriminierung" ist ebenso betont neutral die ungleiche Behandlung aufgrund des Geschlechts[96]. Das "Frauenrecht" unterscheidet sich von der traditionellen Interpretation dann nur insofern, als es auch "reelle Diskriminierung", also die sogenannte mittelbare Diskriminierung untersucht.

Insgesamt stehen alle affirmativen Differenzmodelle vor der Schwierigkeit, auf eine Geschlechterdifferenz rekurrieren zu müssen, ohne dabei Diskriminierung zu wiederholen. Aus diesem Dilemma führen dann zwei Wege hinaus: Zum einen kann vom Recht gefordert werden, alle individuellen Differenzen als gleichwertige anzuerkennen[97]. Zum anderen kann versucht werden, "das Weibliche" bis auf die Stufe des "Männlichen" hinaufzuwerten. Letzteres stößt allerdings auf Kritik, die sich aus dem macht- oder herrschaftstheoretischen Ansatz ergibt, den insbesondere MacKinnon verfolgt[98]. Danach läßt

---

[89] Drewniak, Regine (1993): Strafrichterinnen als Hoffnungsträgerinnen?; Oberlies, Dagmar (1990): Der Versuch, das Ungleiche zu vergleichen. Tötungsdelikte zwischen Männern und Frauen und die rechtliche Reaktion. In: KJ S. 318-331.

[90] Vgl. die Beiträge von Degen und Bode in Floßmann, Ursula (Hg. 1995): Feministische Jurisprudenz. Linz.

[91] Dahl, aaO., S. 15.

[92] Dahl aaO., S. 11

[93] Dahl aaO. S. 23.

[94] Dahl, aaO., Kapitel 6, 7 und 8.

[95] Mit anderem Schwerpunkt Ute Gerhard in ihrer Rezension in: STREIT 1993, S. 123, 124.

[96] Dahl aaO., S. 35.

[97] In diese Richtung geht Corn ell aaO. und Minow, Martha (1990): Making all the Difference. Inclusion, Exclusion and American Law. Ithaca/London.

[98] MacKinnon, Catharine A. (1994): Auf dem Weg zu einer neuen Theorie der Gleichheit. In: KritV S. 363-376; dies.: (1993): Auf dem Weg zu einer feministischen Jurisprudenz. In: STREIT S. 4 ff.; dies. (1989): Toward a Feminist Theory of the State. Cambridge; dies. (1987): Feminism Unmodified. Discourses on Life and Law. Cambridge. S.a. für deutsche Ansätze, die sich stärker in der Tradition der kritischen Theorie bewegen, z.B. Knapp, Gudrun-Axeli (1992): Macht und Geschlecht. Neuere Entwicklungen in der feministischen Macht- und Herrschaftsdiskussion. In:

sich keine Geschlechterdifferenz halten, weil sie per se als Hierarchie konstituiert ist. Weder könne auf biologische Differenz noch auf psychologische Konzepte von Mütterlichkeit, die in den USA in den 70er Jahren verbereitet waren, Bezug genommen werden, noch könnten postmoderne Ansätze, die sich stattdessen auf die derzeit männliche, dann weiblich zu besetzende "symbolische Ordnung" beziehen[99], ihren Bezugspunkt außerhalb der hierarchischen Realität haben. Sie liefen Gefahr, die Hierarchisierung zu perpetuieren. Differenzbetonte Ansätze leben danach mit dem Risiko des "ontologisierenden Gehalts", der zur "Verdoppelung alter Zuschreibungsmuster" führen kann[100]. Zu berücksichtigen gilt, daß "Weiblichkeit" in der Diskriminierung erlernte und erzwungene Eigenschaften oder Verhaltensweisen beinhaltet, die ohne diesen Kontext nicht zu retten sind. Vor diesem Dilemma stehen allerdings keinesfalls nur feministische Theoretikerinnen. Vielmehr stellt sich das Problem allen theoretischen und politischen[101] Bewegungen, die - von postmodernen über kommunitaristische hin zu neoliberalen Ansätzen - Differenz betonen, ohne gleichzeitig eine Zerstörung der hierarchisierenden Zuschreibung von Unterschiedlichkeit in den Blick zu nehmen. Wird das geleistet, kann das Denken über "Frauenrecht" einen Erkenntnisgewinn bringen: Würde nämlich ein Recht, das die Geschlechter in ihrer differenten Realität wahrnimmt, ohne diese festzuschreiben, eine andere Regelungssystematik erforderlich machen, als sie das als männlich diagnostizierte Recht aufweist?

2.4 "Recht der Geschlechterbeziehungen"

Der erste deutsche Lehrstuhl, der sich um feministische Ansätze in der Rechtswissenschaft bemüht, deckt in Bremen kein "Frauenrecht", sondern das "Recht der Geschlechterbeziehungen" ab. Unabhängig vom institutionellen Erfolg, der damit erzielt wurde[102], stößt die begriffliche Einordnung der Materie auf Bedenken. Die Begrifflichkeit steht allerdings im Einklang mit einer allgemeinen Tendenz weg von "Frauenforschung" und hin zu "gender studies". Sinn dieser Forschung kann sein, das Geschlecht im jeweiligen Diskurs ausfindig zu machen; die US-Amerikanerin Jane Flax hat einmal deutlicher formuliert, es gehe darum, "zu analysieren, wie wir über Geschlecht denken, oder nicht denken, oder es vermeiden, daran zu denken", worauf die Kritikerin moderner alltagskultureller Diskurse Teresa de Lauretis hinzufügte, daß dahinter aber doch die Suche nach dem weiblichen Subjekt stehe, daß "immer im Geschlecht konstruiert und definiert sei, vom Geschlecht seinen Ausgang nehme."[103]

Die Lehrstuhlbezeichnung impliziert die Beschäftigung mit Recht, das Beziehungen zwischen den Geschlechtern wahrnimmt oder diese formt, was von intimen Verbindungen bis hin zur Diskriminierung durch Gewalt reichen kann. Zu fragen wäre dann, ob Frauen (und Männer) sich überhaupt jemals außerhalb einer Beziehung zueinander miteinander sehen lassen. Ein "Recht der Geschlechterbeziehungen" müßte zumindest in der Lage sein, auch diejenige feministische Forschung aufzugreifen, die sich mit der Normativität und Gestalt der dominanten heterosexuellen Struktur als binärem Code befaßt[104].

---

dies./Wetterer, Angelika (Hg., 1992): TraditionenBrüche. Entwicklungen feministischer Theorie. Freiburg. S. 287-325.

[99] S. Irigaray 1991. aaO.

[100] Pasero aaO., S. 271.

[101] Differenz als Identität und damit als Konstitutions- und Mobilisierungsfaktor ist auch für soziale Bewegungen gerade in multikulturellen und dennoch vereinheitlichenden Gesellschaften wie den USA wichtig.

[102] Vgl. Sokol in diesem Band.

[103] Jane Flax in: Feminist Theory in Practice and Process, aaO., S. 51 ff.; de Lauretis (1986): Feminist Studies/Critical Studies: Issues, Terms and Contexts, in: dies., ed., Bloomington, S. 9.

[104] "Queer theory" benennt die Theoriebildung, die aus der Schwulen- und Lesbenbewegung kommt, aber sehr viel weitere, "postmoderne", "querlaufende" Wellen schlägt. Exemplarisch Butler, Judith (1993): Bodies that matter. On the discursive limits of "sex". New York/London.

Das legen Arbeiten von Adrienne Rich, Monique Wittig oder Marilyn Frye ebenso nahe wie die jüngere "queer theory"[105]. Eine "ganzheitliche" Betrachtungsweise, die "undogmatische Problemlösungen" zuläßt[106], darf die Problematik der zweigeschlechtlichen Ordnung jedenfalls nicht verdecken.

Positiv gewendet kann mit einem Fokus auf Geschlechterbeziehungen vielmehr gerade die Erkenntnis einhergehen, daß sich "Frauen" und "Männer" erst durch die Konstruktion einer Zweigeschlechtlichkeit konstituieren[107] und daß diese Konstitutionsbedingung das eigentliche Problem von Diskriminierung darstellt. Andererseits ist "Geschlecht" ein neutraler und damit die Hierarchie auch verschleiernder Begriff. Deutlich wird hier hoffentlich, daß feministische Rechtswissenschaft sich selbst (und nicht nur "anderen") derart kritische Fragen stellt. Die institutionelle Verankerung feministischer Diskurse an den juristischen Fakultäten wird diesen Prozeß auch im Austausch mit anderen Ansätzen vertiefen können.

2.5 "Feministische Rechtstheorie"

Aus der Rezeption von feministischen Arbeiten zum Recht des angloamerikanischen Rechtskreises entwickelte sich in Deutschland ein Trend hin zur Beschäftigung mit "feministischer Rechtstheorie". Die Bezeichnung "Rechtstheorie" impliziert eine Meta-Ebene. Sie ist allerdings weniger der begrifflichen Tradition der Philosophie verpflichtet[108], sondern lehnt sich an die anglo-amerikanische Tradition der "legal theory" an. "Legal theory" kann jede übergreifende, zumindest auch grundlegende, jedenfalls nicht "nur" dogmatische, meist interdisziplinäre, oft philosophisch fundierte, aber nicht nur rechtsphilosophische und jede kritisch-kreative Auseinandersetzung mit dem Recht sein, die von Einzelproblemen oder von allgemeineren Fragestellungen ihren Ausgang nimmt. Zwischen Rechtsphilosophie und -theorie wird nicht selten auch nur zeitlich - das eine alt, das andere neu - unterschieden. Der unscharfe Begriff hilft jedenfalls für die Frage, worum es bei "feministischer Rechtstheorie" im Unterschied zu anderen feministischen und zu rechtswissenschaftlichen Theorien geht, nicht viel weiter.

Die Begrenzung feministisch-rechtswissenschaftlicher Ansätze auf "feministische Rechtstheorie" läuft allerdings Gefahr, einen zentralen Baustein des feministischen Wissenschaftsverständnisses außer Acht zu lassen. Dieser bezieht sich auf das Zusammenspiel von Theorie und Praxis: Die Trennung zwischen beiden gelte es aufzuheben, um Theorie und Praxis gegen- und miteinander reflektieren zu können. Angestrebt ist nicht unbedingt ein Ineinander-aufgehen, sondern eine Durchlässigkeit der einen für die andere Dimension. Als "feministische Rechtstheorie" ließe sich dann mit der Praxis verschränkte Theorie begreifen, die nach der Rolle des Rechts im und für das Geschlechterverhältnis fragt. Das beinhaltet beispielsweise die Untersuchung demokratietheoretischer Arbeiten auf ihre geschlechtsspezifischen Implikationen[109], die empirisch nachgewiesen werden

---

[105] Dazu Butler aaO. und Hark, Sabine in: 11 fem. studien 1993; Rich, Adrienne (1989): Zwangsheterosexualität und lesbische Existenz. In: List/Studer (Hg.): Denkverhältnisse. Frankfurt/M., S. 244-280.

[106] Lucke, Doris (1991): Vorüberlegungen für ein Recht der Geschlechterbeziehungen. Zur Begründung eines "anderen" Rechts. In: STREIT, S. 91 ff., 94.

[107] Zur Zweigeschlechtlichkeit vgl. Hagemann-White, Carol (1984): Thesen zur kulturellen Konstruktion von Zweigeschlechtlichkeit. In: Schaeffer-Hegel/Wartmann (Hg.): Mythos Frau, S. 137-139; auch Lindemann, Gesa (1994): Das paradoxe Geschlecht. Transsexualität im Spannungsfeld von Körper, Leib und Gefühl. Frankfurt/M. Zusammenfassend Rödig, Andrea (1992): Geschlecht als Kategorie. Überlegungen zum philosophisch-feministischen Diskurs. In: feministische Studien, S. 105 ff.

[108] So meine Abgrenzung in Baer 1994, aaO.

[109] Z.B. Fraser, Nancy (1989): Unruly Practices. Power, Discourse and Gender in Contemporary Social Theory. Minneapolis. (dt. 1994); Young, Iris Marion (1990): Justice and the Politics of Difference. Princeton.

können, oder die Auseinandersetzung mit Gerechtigkeitsvorstellungen, wie sie geltendes Recht verkörpert und wie sie in staats- und rechtstheoretischen Entwürfen enthalten sind[110], die die Lebenswirklichkeit von Frauen nicht mit einbeziehen.

2.6 Feministische Rechtswissenschaft

Ich habe andernorts dafür plädiert, all die geschilderten Ansätze als "feministische Rechtswissenschaft" zusammenzufassen[111]. Das mag anmaßend erscheinen - wer hat schon eine eigene Wissenschaft? Das Unbewußte wollte wohl dem zumindest in den 80er Jahren populären Vorwurf der "Unwissenschaftlichkeit" einer Auseinandersetzung mit "Frauenfragen" entgegentreten. Dieser Vorwurf läßt sich aber auch nicht zuletzt unter Rückgriff auf die Rechtsprechung des Bundesverfassungsgerichts leicht widerlegen. Nach dem Hochschulurteil wird Wissenschaft verfassungsrechtlich kognitiv bestimmt, ist also all das, "was nach Inhalt und Form als ernsthafter planmäßiger Versuch zur Ermittlung der Wahrheit anzusehen ist"[112]. Ernsthaftigkeit läßt sich feministischen Forscherinnen sicherlich bescheinigen, wenn sie sich über Jahrzehnte mit Dingen befassen, die ihnen institutionelle Anerkennung hierzulande kaum bescheren, in anderen Ländern aber als wissenschaftsdiskursfähig angenommen werden. Die Methodendiskussion gibt auch Auskunft über die Planmäßigkeit ihres Vorgehens. Die feministische Debatte kann dabei wie alle anderen das Wilhelm von Humboldtsche Privileg der, wie das BVerfG interpretiert, "prinzipiellen Unabgeschlossenheit jeglicher wissenschaftlichen Erkenntnis"[113] für sich in Anspruch nehmen. Schließlich ist die "Ermittlung der Wahrheit" als Leitziel der Forschung in der Spät- (oder Post-)moderne ohnehin insofern anrüchig geworden, als es zumindest die eine, ewige und darstellbare Wahrheit nicht zu geben scheint. Wird ein relativierter Wahrheitsbegriff zugrundegelegt[114], so beteiligt sich gerade der Feminismus an der Suche nach ihr: Feministische Kritik entdeckt die Einseitigkeit der bisher präsentierten "Wahrheit" und verdeutlicht die männliche Ausrichtung und gegen Frauen gerichtete Ausblendung oder Idealisierung des Weiblichen. Sie zeigt auf die entsprechende Unangemessenheit rechtswissenschaftlicher Perspektiven und begibt sich auf die "Wahrheitssuche" im Sinne adäquaterer Darstellungen, auf die Suche nach einer "größeren Objektivität" gerade in den Fächern, die sonst "nicht wissenschaftlich genug" seien[115].

Im Hinblick auf den kritischen Gehalt feministischer Rechtswissenschaft sei angemerkt, daß es zur wissenschaftlichen Freiheit gehört, "auch herabsetzende, diffamierende und despektierliche Meinungen" (sogar über die Verfassung) zu vertreten[116]. Feministische Ansätze behaupten allerdings nicht einmal die "Wertlosigkeit der Jurisprudenz als Wissenschaft"[117]. Auch eine am Selbstverständnis der Profession orientierte soziale Be-

---

[110] Z.B. Okin, Susan Moller (1989): Justice, Gender and the Family. New York; Benhabib, Seyla (1989): Der verallgemeinerte und der konkrete Andere. Ansätze zu einer feministischen Moraltheorie. In: List, Elisabeth /Studer, Herlinde (Hg.): Denkverhältnisse - Feminismus und Kritik. Frankfurt a.M., S. 454-487.

[111] Baer, 1994, aaO., insbes. S. 160 ff.

[112] BVerfGE 35, 79, 113; zur Differenzierung nach kognitiver und sozialer Begriffsbestimmung Blankenagel, Alexander (1980): Wissenschaftsfreiheit aus der Sicht der Wissenschaftssoziologie. In: 105 JöR 35 ff., insbes. 38 f., 48.

[113] BVerfGE 35, 79, 113.

[114] Das impliziert auch das Urteil selbst, wenn die Forschung nur noch als Suche nach neuen Erkenntnissen beschrieben und unter den Vorbehalt des Humboldtschen Privilegs gestellt wird. Ebda.; kritisch auch z.B. Blankenagel 1990 aaO., S. 47 m.w.N.

[115] Fox Keller 1989, aaO., S. 281, 284.

[116] Vgl. Schlink, Bernhard (1976): Zwischen Identifikation und Distanz. In: Der Staat S. 335, 353; siehe i.Ü. 3 Abs. 2 HRG.

[117] S. die gleichnamige Schrift von Julius Herrmann von Kirchmann (1990, Reprint von 1847), hg. von Herrmann Klenner, Freiburg/Berlin.

griffsbestimmung[118] würde feministischen Ansätzen die Wissenschaftlichkeit im verfassungsrechtlichen Sinne keinesfalls Absprechen können: Sie folgen zwar nicht allen tradierten Codes[119], stellen vielmehr insbesondere die Merton'schen Kriterien für wissenschaftliche Arbeit[120] in Frage, doch verabschieden sie sie nicht. Festgestellt ist somit, daß die feministische zu den wissenschaftlichen Suchbewegungen gehört. Was aber ist nun nochmals das "feministische" an ihr?

"Feministische Rechtswissenschaft" meint zunächst, daß Rechtswissenschaft so betrieben wird, daß geschlechtssensible Fragestellungen, die sich gegen die Vorherrschaft und Allgemeingültigkeit der männlichen Perspektive richten, im Vordergrund stehen. Das kann im Sinne einer immanenten Kritik bedeuten, konsistente Argumentationen auch bei rechtlichen Reaktionen auf Frauen oder auf Diskriminierung von Frauen einzufordern[121]. Im Sexualstrafrecht läßt sich mit Blick auf den Gewaltbegriff und die Rechtsprechung zu § 177 StGB fordern, systemwidrige Abweichungen im Sonderfall Frauen zu unterlassen[122] und diskriminierende Vorverständnisse nicht in die Auslegung einzubringen[123]. Geschlechtssensible Fragen können aber auch einen radikaleren Perspektivenwechsel nicht nur auf einen Fall, sondern auch auf die rechtliche Konstruktion der Wirklichkeit überhaupt erforderlich machen. So mögen die Relevanzkriterien, nach denen Fakten zum Tatbestand werden, ähnlich wie in der moraltheoretischen Debatte um das Heinz-Dilemma in Zweifel gezogen werden, oder es mag die Methode der historischen Auslegung abzulehnen sein, wenn sie gerade für historisch marginalisierte Gruppen diskriminierende Auswirkungen hat[124].

Feministische Rechtswissenschaft erweitert somit den Gegenstand der Jurisprudenz in einem kulturwissenschaftlichen Sinne: Recht ist nicht mehr autonome Sphäre oder schlichter Spiegel der Gesellschaft, sondern vermachteter Teil einer "Dominanzkultur"[125]. Gleichzeitig bezeichnet "feministische Rechtswissenschaft" einen methodischen und erkenntnistheoretischen Ausgangspunkt und ein - nicht mehr vorgeblich desinteressiertneutrales - Ziel. Der Begriff "feministisch" steht dabei für ein Vorhaben, das sich nicht auf den Gegenstand "Frauen" oder, theoretisch vielleicht genauer, aber auch neutral und kaschierend, auf "Geschlecht" festlegt. Vielmehr wählt es als Ausgangspunkt die Theorie und Praxis der Emanzipationsbewegungen, zu denen nicht zuletzt die Frauenrechtsbewegungen gehören[126], und entscheidet sich so für eine Perspektive der in kritischer Aneignung artikulierten Lebensrealität von Frauen und anderen quantitativen oder qualitativen Minderheiten[127]. Daraus erklärt sich die in den USA geläufige Bezeichnung der "outsider jurisprudence".

Feministische Rechtswissenschaft entscheidet sich zudem für ein fast schon konventionell anmutendes Ziel, für Gleichberechtigung, also das Ende von nicht nur perso-

---

[118] Blankenagel 1980, aaO., S. 47.
[119] Zu feministischer Didaktik im Jurastudium s. Torrey, Morrison et.al. (1990): Teaching Law in a Feminist Manner
[120] Kurzgefaßt: Universalismus, Organisierter Skeptizismus, Kommunalismus, Desinteressiertheit; bei Blankenagel 1980, aaO., S. 62 f.
[121] So der Ansatz von Olsen 1990, aaO.
[122] Ähnlich der Kritik bei Frommel, Monika (1993): Rechtsprechung statt Rechtsverweigerung. In: Neue Kriminalpolitik 3/93, S. 22 ff.
[123] Vgl. Abel aaO. Umfassend Baer 1995, aaO., S. 123 ff.
[124] Vgl. MacKinnon, Catharine A. (1993): Auf dem Weg zu einer feministischen Jurisprudenz. In: STREIT S. 4 ff.; Mossman, Mary Jane (1986): Feminism and Legal Method: the difference it makes. In: 3 Australian J. of L. & Soc. 30 S. ff.; allg. zur Bedeutung von Geschichte für Recht Blankenagel, Alexander (1989): Tradition und Verfassung - Neue Verfassung und alte Geschichte in der Rechtsprechung des BVerfG. Baden-Baden;
[125] So der Titel des Werkes von Rommelspacher, Birgit (1995).
[126] Deutlich Gerhard (1990), aaO.
[127] Zur Methode des "consciousness raising" ausführlich MacKinnon, 1989. aaO., Kapitel 5.

neller, sondern eben auch inhaltlicher, "perspektivischer" Diskriminierung. Mit der feministischen Verortung und Zielsetzung ist folglich eine offensive Politisierung des eigenen Standorts und der so betriebenen Rechtswissenschaft verbunden. "Feministische Rechtswissenschaft" wendet sich mit kritischen Fragen, nicht aber mit vorweggenommenen Ergebnissen gegen Scheinneutralität und vorgetäuschte Objektivität, die zur Marginalisierung diskriminierter Gruppen beitragen. Die offensive Politisierung mag strategisch einiges erschweren, dient jedoch eben der Transparenz, die von allen gefordert werden kann.

Für die Politikwissenschaft haben Appelt und Neyer 1994 einen Sammelband "Feministische Politikwissenschaft" vorgelegt, der auf die mit den feministischen Fragen einhergehende "Re-Konzeptionalisierung" des Faches abhebt[128]. Mit der geschlechtssensiblen Fragestellung, die feministische Juristinnen einfordern, ist diese Re-Konzeptionalisierung ebenfalls verbunden. Für den übergeordneten Sammelbegriff "Feministische Rechtswissenschaft" spricht dabei auch die auffallende Ähnlichkeit der im Detail und der Schwerpunktsetzung verschiedenen Ansätze. Geschlechtssensible Analysen des Rechts enthalten zusammenfassend drei wesentliche Elemente[129]: Erstens erarbeiten sie eine Analyse von Geschlecht im Recht, also der juristischen Konstituion und Perpetuierung von "Frauen" und "Männern". Zweitens machen sie die Lebensrealität von Frauen im Sinne von kritisch angeeigneter weiblicher Erfahrung der Welt gegen dominante Zuschreibungen geltend. Drittens fordern sie erkenntnistheoretisch Pluralität statt Objektivität und perspektivisch Parteilichkeit[130] statt Neutralität.

Gegenstände dieser Denkbewegungen sind Recht und Staat im Verhältnis zur Gesellschaft unter geschlechtssensiblen Vorzeichen. Methodisch wird interdisziplinär gearbeitet; es finden sich Spuren einer Hermeneutik, eines Rechtsrealismus und insbesondere seiner kritischen Wendungen[131], aber auch diskurstheoretische Elemente[132]. Catharine MacKinnon hat versucht, eine eigene feministische Methode herauszuarbeiten, die sich aus dem erkenntnistheoretischen Moment des "Consciousness Raising" und der macht- oder herrschaftstheoretischen Analyse des Verhältnisses zwischen Staat, Recht und Gesellschaft sowie des Geschlechts als sozial perpetuierter Hierarchie zusammensetzt[133]. Eine Folge dessen besteht darin, positivistisch rigide Trennungen zwischen Theorie und Praxis, Recht und Politik und Recht und seinen Wirkungen aufzugeben und dialektische Zusammenhänge in den Vordergrund zu rücken.

"Feministische Rechtswissenschaft" bezeichnet somit eine Auseinandersetzung mit dem Recht, die die Neuformulierung grundlegender Konzepte der Rechtswissenschaft mit sich bringt. Sie befaßt sich nicht nur mit einem "Frauenrecht", da sie genauso Männer in den Blick nimmt und nehmen muß; sie befaßt sich nicht nur mit dem "Recht der Geschlechterbeziehungen", da sie das Recht, das Geschlecht als Hierarchie konstituiert, in den Blick nimmt und Frauen wie Männern jenseits dieses Verhältnisses Raum zu geben sucht, und sie umfaßt mehr als die "feministische Rechtstheorie", da sie ihre Fragen in

---

[128] Appelt/Neyer 1994, aaO. S. 7. Ähnlich formulierte - kritisch - Marlis Krüger 1987 "Überlegungen und Thesen zu einer feministischen (Sozial-)Wissenschaft", in: Beer, Ursula (Hg., 1987): Klasse - Geschlecht. Bielefeld, S. 58 ff.

[129] Ausführlich und mit Nachweisen in Floßmann, Ursula (Hg. 1995): Feministische Jurisprudenz, S. 8 ff.

[130] Zur Rolle der Perspektiven im Recht Baer 1995, aaO., S. 159 ff.

[131] In den USA vor allen Dingen die Bewegung der Critical Legal Studies; dazu Roberto M. Unger (1986): The Critical Legal Studies Movement. Cambridge/Mass.; vergleichend die Beiträge in Joerges, C./Trubek, David M. (1989): Critical Legal Thought: An American-German Debate. Baden-Baden.

[132] Dazu jüngst Habermas 1994, aaO., insbes. S. 272 ff.; s.a. Schneider 1986, aaO., die von "conversation" spricht.

[133] MacKinnon 1989, aaO. (In deutscher Übersetzung liegen Kapitel 12 und 13 vor: 1993 und 1994 aaO.)

allen und an alle, also eben auch die dogmatischen Gebiete der Rechtswissenschaft zu stellen bemüht ist.

3. Zum Verhältnis zwischen Inhalt und Institution

Feministische Rechtswissenschaft, die zwischen Macht und Marginalisierung auf eine qualitative Veränderung des eigenen Faches und seiner Forschungsergebnisse drängt, braucht ihren Platz in der juristischen Ausbildung. Dafür sprechen politische Gründe; dafür spricht ein wissenschaftlicher Anspruch, der perspektivische Einseitigkeit durch einen gewissen Pluralismus zu ersetzen sucht; dafür lassen sich aber auch rechtliche Argumente finden, auf die zurückzukommen sein wird. Nachdem umrissen werden konnte, worum es sich bei feministischer Rechtswissenschaft handelt, muß nun dargelegt werden, wie sie sich konkret in der Ausbildung verankern läßt. Praktische Erfahrungen konnten bislang in Deutschland vor allem die Universitäten in Bremen und in Berlin, im Ausland vor allem die norwegischen und die nordamerikanischen Hochschulen machen.

3.1 Das Projekt "Feministische Rechtswissenschaft" der HUB

An der Humboldt-Universität zu Berlin entstand auf Initiative von Studierenden 1993 das Projekt "Feministische Rechtswissenschaft"[134]. Es ist als Veranstaltungszyklus über je zwei Semester konzipiert. In Seminaren und Colloquien werden moraltheoretische, philosophische, rechtstheoretische und rechtsphilosophische Fragen behandelt und mit dogmatischen Einzelproblemen, rechtssoziologischen Befunden und rechtspolitischen Fragen verknüpft.

Im ersten Semester des Zyklus' werden theoretische Grundlagen feministischer Rechtswissenschaft vermittelt, ohne diese von der Praxis abzukoppeln. So läßt sich die Debatte um eine "weibliche Moral" mit Untersuchungen zum "weiblichen" Rechtsbewußtsein und "weiblicher" Rechtspraxis verbinden. Die Frage nach der Kategorie Geschlecht in der feministischen Wissenschaft und die nach der Ontologisierungsgefahr eines "feministischen Wir" kann mit konkreten Fallkonstellationen der multiplen Diskriminierung von weiblichen Angehörigen von Minderheiten oder dem feministischen Dilemma der Wiederholung einer diskriminierenden Frauenrolle verbunden werden. Gerechtigkeitstheorien lassen sich beispielsweise mit Seyla Benhabib's Konzept des konkreten Anderen kritisch diskutieren und Demokratietheorien können im Hinblick auf die ideologische Trennung zwischen privater und öffentlicher Sphäre am konkreten Beispiel der staatlichen Intervention bei häuslicher Gewalt untersucht werden. Die Seminare befassen sich schließlich mit dem Gleichheitsgrundrecht als zentralem Bezugspunkt von Antidiskriminierungsrecht. Diskutiert werden Interpretationsalternativen von Sachs über Slupik bis Sacksofsky, vom BVerfG bis zu den Ansätzen MacKinnons[135].

In einem zweiten Block stehen eher dogmatische Fragen im Vordergrund, die aber nicht getrennt von theoretischen Ansätzen behandelt werden. Vor dem Hintergrund der skizzierten theoretischen Ansätze können methodische Ausgangspunkte einer feministischen Rechtswissenschaft erarbeitet werden, um ein Instrumentarium für den Umgang mit dogmatischen Einzelproblemen zur Verfügung zu stellen. Übergeordnet ist auch die Frage nach der Rolle des Staates für eine emanzipatorische Politik, die am Beispiel gesetzlicher Frauenförderung und des von Schiek analysierten Nachtarbeitsverbots für Arbeiterinnen untersucht wird[136]. Des weiteren befaßt sich feministische Forschung und Lehre mit dem Bereich der intimen Lebensformen, der Sexualität und der Reproduktion. Die rechtliche Perspektive kann dabei mit den empirischen Kenntnissen zur Normalität

---

[134] Als Lehrkräfte sind Ulrike Merger und die Autorin tätig; Unterstützung kam insbesondere von Prof. Dr. Bernhard Schlink und der HUB-Präsidentin Prof. Dr. Marlis Dürkop.

[135] Zusammenfassend mit Nachweisen Baer 1995, aaO., S. 221 ff.

[136] Schiek, Dagmar (1992): Nachtarbeitsverbot für Arbeiterinnen. Gleichberechtigung durch Deregulierung? Baden-Baden.

sexueller Übergriffe, der feministischen Analyse struktureller Gewalt und der dominanten Definition von Sexualität kontrastiert werden. Damit einhergehende historische, theoretische und dogmatische Fragen wurden auch in einem Vertiefungscolloquium "Recht, Sexualität und Geschlecht" unter Berücksichtigung psychoanalytischer, soziologischer oder postmoderner Erklärungsmodelle behandelt.

Die Zusammenschau theoretischer, oft auch nicht genuin rechtswissenschaftlicher Analysen und juristischer Dogmatik ermöglicht es, nicht nur blinde Flecken, sondern auch männliche Perspektiven des Rechts aufzudecken. Orientiert an angemesseneren Interpretationen des Gleichheitsrechts und der Gerechtigkeitsmodelle kann so nach objektiverem, dogmatisch konsistentem und letztlich gerechterem Recht gesucht werden.

3.2 Erfahrungen

Das Interesse am Berliner Projekt ist groß, die Akzeptanz bei Studierenden und in der Fakultät wächst, die Scheine werden anerkannt. Insofern macht es gute Erfahrungen. Natürlich gibt es aber auch Schwierigkeiten, die mittelfristig Modifikationen bewirken werden. In den Veranstaltungen werden Begeisterung und Befremden und auch Stärken und Schwierigkeiten des feministischen Ansatzes deutlich. Sie betreffen vor allen Dingen[137] die Nähe der Inhalte zum Leben der Studierenden (und Lehrenden), die notwendige Interdisziplinarität feministischer Wissenschaft und den fächerübergreifenden Charakter feministisch-rechtswissenschaftlicher Analysen.

Die Themen, die in den Veranstaltungen zur feministischen Rechtswissenschaft behandelt werden, liegen sehr nahe an der Lebenswirklichkeit (nicht nur) der Teilnehmenden. Allen sind intime Beziehungen wichtig, die hier lebensnah, aber auch kritisch reflektiert werden. Viele haben Erfahrungen mit sexueller Gewalt, die hier gerade im Hinblick auf die Folgen behandelt wird. Alle sind mit Frauen- oder Männerbildern und -rollen konfrontiert, die hier kritisch beleuchtet und daher nicht mehr ohne weiteres verfügbar werden. Ob erwünscht oder nicht: schnell stellt sich wie auch in Diskussionen über feministische Ansätze ein Betroffenheitsbewußtsein ein, das in seinen persönlichen Dimensionen kaum aufgefangen werden kann, auch wenn die Distanzierungsmöglichkeit der Kritik oft hilft. Besonders deutlich wird dieses Betroffenheitsproblem in der Reaktion von Männern auf das feministische Projekt: Regelmäßig entstehen Debatten über "EMMA-Feminismus", über "Männerfeindlichkeit" der Frauenbewegung, je nach Generation über Sexualität oder Sorgerecht für Väter, Beziehungen und Belästigung oder "Anmache". Meist bleibt für ein Gespräch über die Inhalte feministischer Rechtswissenschaft dann kaum noch Zeit. Nicht nur in der Lehre muß mit solchen Abwehrmechanismen jedenfalls sensibel umgegangen werden.

Feministische Rechtswissenschaft ist des weiteren notwendig interdisziplinäre Wissenschaft. Sie muß auf die Lebenswirklichkeit und damit auf Erkenntnisse der qualitativen, seltener der quantitativen Sozialforschung zurückgreifen; sie muß, um die Begrenztheit der juristischen Perspektive verdeutlichen zu können, andere Perspektiven - philosophische, linguistische, psychologische - in den Blick nehmen. Auch hierin liegt eine Abkehr vom traditionellen Selbstverständnis der Disziplin. Schmidt-Aßmann konstatierte jüngst, die rechtswissenschaftliche sei vorrangig "individuelle und disziplinäre Forschung"[138]. Eine solche kann feministische Fragestellungen aber kaum integrieren[139]. Ganz praktisch

---

[137] Neben Nähe und Interdisziplinarität gibt es noch praktischere Probleme, die aber leichter gelöst werden können. Texte, mit denen didaktisch gearbeitet werden kann, liegen nicht in ausreichendem Maße vor; manches ist überhaupt nur in englischer Sprache zu haben. Relativ zu anderen Fächern und Ländern steht die Übertragung feministischer Theorie in die Rechtswissenschaft in Deutschland eben noch am Anfang.

[138] Schmidt-Aßmann, Eberhard (1995): Zur Situation der rechtswissenschaftlichen Forschung. In: JZ, S. 2-10, insbes. S. 6.

[139] Vgl. auch die Kritik im DFG-Perspektivenbericht, wo Interdisziplinarität beispielsweise im Umweltrecht angemahnt wird und die Befassung mit "querschnittartigen Problemschwerpunkten" als

ergibt sich daraus in der Lehre ein Zeitproblem: es sprengt schlicht den üblichen Rahmen, wenn beispielsweise im Zivilrecht bei der Behandlung der Voraussetzungen eines gültigen Vertragsschlusses die feministische Perspektive berücksichtigt und wirklich vermittelt werden soll, inwiefern Recht mit männlich strukturierten Prämissen wie der Freiheit der Entscheidung oder dem Maßstab des billig und gerecht Denkenden arbeitet und so diskriminierende Wirkungen legitimiert[140].

In der Lehre zeigt sich auch, daß Jura-Studentinnen und -Studenten regelmäßig keine Übung im Umgang mit soziologischen oder theoretischen Texten haben, im Studium wenig über plurale Interessenlagen und verschiedene und dennoch gleichberechtigte Perspektiven zu hören ist und daher kulturwissenschaftliche Arbeiten oft als diffus, essayistisch und ungenügend wahrgenommen werden. Zudem stellt sich die Frage, wie interdisziplinäre Arbeit auch zwischen den Disziplinen der Rechtswissenschaft selbst nicht zuletzt eingedenk der qualifikationsbedingten Grenzen geleistet werden kann.

Eine weitere Schwierigkeit feministisch-rechtswissenschaftlicher Lehre und Forschung ergibt sich also daraus, daß fächerübergreifend gearbeitet werden muß. Die Fülle des Stoffes, den es zu behandeln gälte, ist ungeheuer groß. Auch können dogmatische Vorkenntnisse nicht in allen Rechtsgebieten vorausgesetzt werden, die für eine Problematik wichtig sind. So ist das Problem sexueller Gewalt nur adäquat zu behandeln, wenn zumindest Grundlagen des Strafrechts, Strafprozeßrechts, Zivil- und Zivilprozeßrechts, Familien- und Sozialrechts, aber auch Polizeirecht, Jugend- und Sozialhilferecht einbezogen werden. Langfristig wäre darüber nachzudenken, ob sich eine der feministischen Methode verpflichtete Ausbildung an sozialen Konfliktlagen und nicht an der herkömmlichen Struktur der Rechtsgebiete zu orientieren hätte. Die Frage stellt sich allerdings nicht nur aus feministischer Sicht: Auch rechtsvergleichende oder europäisierte Ausbildung müßte stärker von Lebensrealitäten und weniger vom nationalen dogmatischen Zuschnitt einer Frage ausgehen[141].

Anders als in Deutschland konnten in den USA bereits langfristigere Erfahrungen gemacht werden. Insbesondere an den fachlich herausragenden nordamerikanischen Hochschulen wird deutlich, daß feministische Rechtswissenschaft dreifach zu verankern ist. Zum einen gibt es dort Professuren für feministische Rechtswissenschaft, wo insbesondere die notwendige Forschung geleistet wird, in der Lehre allerdings auch traditionelle Fächer ("torts", "contracts", "constitutional law") unter Einbeziehung der feministischen Perspektive abgedeckt werden. Zum zweiten werden so und idealiter auch von allen anderen feministische Inhalte in den traditonellen Fächerkanon integriert. Strafrechtsprofessoren sehen sich dann vor der Aufgabe, Sexualstrafrecht nicht nur zu behandeln, sondern dies auch nicht in Übernahme der gesetzlichen Struktur aus der Perspektive des Täters zu tun, eingedenk der feministischen Kritik die Opferperspektive einzubeziehen und außerdem zu berücksichtigen, daß Studierende sowohl als Täter wie als Opfer über diese Fragen nicht immer nur Abstrakt sprechen oder schreiben. Drittens wird in sogenannten "Law Clinics" versucht, die Orientierung am Lebenssachverhalt und die Ablehnung einer rigiden Trennung zwischen Theorie und Praxis in einer starken Anbindung juristischer Lehre, Forschung und Ausbildung an die Rechtspraxis zu verwirklichen. In "Law Clinics" arbeiten Studierende unter Anleitung nach einer theoretischen Einführung mit Anwältinnen und Anwälten an Fällen, die vor Gericht anhängig sind, was Gespräche mit Mandantinnen, die Arbeit an der Durchsetzung und Überwachung zivilrechtlicher Anordnungen oder das Verfassen von Schriftsätzen beinhalten kann. Anders als mit der deutschen einstufigen Ausbildung wurde so nicht das gesamte Studium verändert; vielmehr sind die

---

Aufgabe der Zukunft erscheint. Nachweise bei Schmidt-Aßmann, aaO., S. 5 und seine Skepsis S. 7 f. Allg. u.a. Grimm, Dieter (Hg., 1973/1976): Rechtswissenschaft und Nachbarwissenschaften. 2 Bände.

[140] Vgl. dazu Clare Dalton (1985): An Essay in the Deconstruction of Contract Doctrine, in: 94 Yale L.J. S. 997 ff. und auf einer anderen Ebene Carole Pateman (1988): The Sexual Contract. Stanford.

[141] Zu kurz greifen diesbezüglich die Würzburger Thesen zur Juristenausbildung. Vgl. JuS 1995, S. 749; Kurzfassung in NJW 1995, S. 2612.

Law Clinics eine Art. Projektkurs, die auf großes Interesse stoßen. In Deutschland könnten in diesem Sinne auch kurze Praktika während der Ausbildung gezielt (und möglichst materiell gefördert) an feministische Anwältinnen, Gleichstellungsbehörden oder Frauenbeauftragte vermittelt und theoretisch begleitet werden.

3.3   Eigenständigkeit und Integration

In den USA, wo sich feministische Rechtswissenschaftlerinnen seit vielen Jahren gerade an den Elite-Hochschulen finden, entstand zudem der Eindruck, daß weder allein die Nischenexistenz einer separierten Rechtswissenschaft noch allein der Appell an die Kollegen, geschlechtssensibler zu lehren und zu forschen, Erfolg verspricht. Diese Einschätzung wird auch von der Bremer Erfahrung bestätigt. In Bremen wurde anläßlich der Neufassung der Studienordnungen 1987 festgelegt, daß in allen Fächern "frauenspezifische Inhalte" zu berücksichtigen seien. Dies sollte eine Berichtspflicht über diese Inhalte und ihre Vermittlung sichern. Seitdem hat sich in der normalen Lehre nach Aussagen von Studierenden kaum etwas geändert, die Berichtspflicht wurde nicht implementiert[142]. Vielen - und auch gutwilligen Lehrkräften - mag nicht zuletzt völlig unklar sein, was "frauenspezifische Inhalte" sind. Hier schließt sich der Kreis zur anhaltenden Nicht-Rezeption feministisch-rechtswissenschaftlicher Arbeiten. Daher bedarf es auch in der Bundesrepublik der eigenständigen Verankerung feministischer Ansätze in der Rechtswissenschaft und auch der auch durch die Eigenständigkeit beflügelten Anreicherung traditioneller Lehre und Forschung.

Die eigenständige Absicherung feministischer Rechtswissenschaft ermöglicht es, sich von tradierten Kategorisierungen und Begrifflichkeiten entfernen zu können, theoretischere und interdisziplinäre Fragestellungen umfassend zu behandeln und in der Forschung Anschluß an die internationale Entwicklung zu gewinnen. Die Integration und der Anschluß an andere, bislang als einzige etablierte Ansätze in der Rechtswissenschaft muß über die schlichte Ergänzung einer Literaturliste oder die schlichte Variation einer Fallösung hinausgehen. Ein methodisch anderer, häufig auf die Praxis orientierter Ansatz bedarf einer Vorgehensweise, die den komplexen Analysen, den umfangreichen, aber notwendigen soziologischen Unterfütterungen und den vielfältigen Möglichkeiten der angemessenen rechtlichen Antworten gerecht wird.

Sollen feministische Ansätze in die traditionelle Ausbildung an- und bereichernd integriert werden, so müßten schließlich alle Fächer und alle Lehrenden die Dimension Geschlecht und geschlechtsbezogene Diskriminierung berücksichtigen[143]. Integration ist dabei streng von Assimilation zu unterscheiden. Wie die Minoritätenforschung insbesondere in den USA auf anderer Ebene verdeutlicht, ist der Assimilationsstrategie kein Erfolg beschieden[144]. Die Bewahrung von Eigenständigkeit auch in den Institutionen wird vermeiden können, daß Lippenbekenntnisse oder unzureichende Analysen das kritische Potential der feministischen Rechtswissenschaft aus dieser ausschließen[145].

---

[142] Hochschullehrer beklagen häufig, es gebe kein Material, mit dem sich feministische Inhalte lehren ließen. Das ist insbesondere im Sozial-, Arbeits-, Familien-, Erb- und Verfassungsrecht falsch. Es liegen bereits zahlreiche Arbeiten vor; die STREIT publiziert nicht nur Analysen, sondern auch Rezensionen und Veröffentlichungshinweise. Folglich handelt es sich oft nicht um Material-, sondern um Rezeptionsmangel. Zudem ist niemand gehindert, in seinem Rechtsgebiet forschend selbst geschlechtssensible Fragen zu stellen.

[143] Vgl. zu erforderlichen curricularen Entwicklungen z.B. MacFarlane, Julie (1994): A Feminist Perspective on Experience-Based learning and Curriculum Change. In: 26 Ottawa L. rev. 357-383.

[144] Eindrücklich u.a. Bell, Derrick (1987): And We Are Not Saved. The Elusive Quest for Racial Justice. New York.

[145] Zu dieser Dynamik MacKinnon 1994, aaO.

3.4 Ein Recht auf feministische Rechtswissenschaft?

An einigen Hochschulen setzt sich langsam die Erkenntnis durch, daß es dieser Integrationsleistung im Hinblick auf feministische Rechtswissenschaft bedarf. Es kann spekuliert werden, woran das liegt. Wichtiger ist, das gewichtige und nicht zuletzt auch rechtliche Gründe für die Integration feministischer Ansätze sprechen. Nach § 2 Abs. 1 S. 1 HRG dienen die Hochschulen den Wissenschaften durch Forschung, Lehre und Studium. Der Auftrag verpflichtet darauf, relevante wissenschaftliche Entwicklungen aufzugreifen. Nur dann kann Wissenschaft im Sinne der ständigen Bereitschaft zur Reflexion der eigenen Position betrieben werden. Feministische Ansätze fordern diese Reflexion ein. Nach § 2 Abs. 1 S. 2 HRG soll das Hochschulstudium auf berufliche Tätigkeiten vorbereiten. Der Ausbildungsauftrag zielt, auch wenn er nicht überbetont werden darf, um einer übermäßigen Verschulung nicht den Weg zu ebnen, auf die Praxisnähe gerade eines juristischen Studiums. Diese Praxis gestaltet sich geschlechtsdifferent. Juristinnen und Juristen müssen daher lernen, mit weiblichen und männlichen Konfliktlagen adäquat und verantwortlich, also nicht diskriminierend, umzugehen. Gerichte können sich mit einseitigen Wahrnehmungen und unreflektierten Vorverständnissen nicht begnügen. Auch kann die Ausbildung den Entfremdungs- und Diskriminierungsprozessen ihrer weiblichen Klientel nicht einfach zusehen. Eine geschlechtssensible Anreicherung des Jurastudiums führt daher zur augenfälligen Verbesserung des Hochschulangebots.

Hochschulrechtlich ließe sich allerdings auch anders argumentieren. Der junge § 2 Abs. 2 HRG bestimmt, daß die Hochschule "bei der Wahrnehmung ihrer Aufgaben auf die Beseitigung der für Wissenschaftlerinnen bestehenden Nachteile" hinzuwirken hat. Das bezieht sich auf die Maßnahmen im Hochschulbereich, die Diskriminierung durch die Beseitigung geschlechtsspezifischer Privilegien abbauen. Daraus läßt sich zum einen nicht schließen, daß die Verpflichtung zur Verwirklichung von Gleichberechtigung anderswo nicht besteht[146]; zum anderen ist es ein Nachteil für feministische Wissenschaftlerinnen, wenn ihre Arbeit an der Hochschule weder nachgefragt noch adäquat bewertet wird. Somit verwirklicht die Integration feministischer Inhalte in die Rechtswissenschaft auch das Gebot des § 2 Abs. 2 HRG.

Sollten den Hochschulen diese Aufgaben staatlich zugewiesen werden (§ 2 Abs. 9 HRG), würde in die Forschungs- und Lehrfreiheit nicht eingegriffen werden, da so Möglichkeiten lediglich auf einem weiteren Feld eröffnet werden. Um ein Mißverständnis zu vermeiden, sei hier betont, daß eine solche Aufgabenzuweisung nicht auf eine Vereinheitlichung des Denkens abzielen kann, die in der konservativ-fundamentalistischen Polemik zu einem angeblichen Dogma der "political correctness" beschworen wird. Ganz im Gegenteil: feministischer Wissenschaft geht es um eine gleichberechtigte Pluralisierung von methodischen Ansätzen und die Reflexion der diskriminierenden Gehalte bislang unangefochtener Aussagen[147].

Noch weiter würde übrigens gehen, wer ein subjektives Recht auf feministische Rechtswissenschaft geltend machen wollte. Es ließe sich darüber nachdenken, ein solches aus Art. 5 Abs. 3 GG herzuleiten[148]. Zur Gesellschaft dürfte die Wissenschaft mit ihren Inhalten gehören; Gleichberechtigung würde bedeuten, feministische Positionen in sie zu integrieren. Wie eingangs hervorgehoben, meint das BVerfG im Hochschulurteil "dem einzelnen Träger des Grundrechts aus Art. 5 Abs. 3 GG erwächst aus der Wertentscheidung ein Recht auf solche staatlichen Maßnahmen auch organisatorischer Art, die zum Schutz seines grundrechtlich gesicherten Freiraums unerläßlich sind, weil sie ihm die freie wis-

---

[146] Vgl. Reich, Andreas (4. Aufl. 1994): HRG-Kommentar. Bad Honnef, § 2 Rn. 3

[147] Ganz anders entstand das deutsche Konzept akademischer Freiheit. Vgl. Bollenbeck, Georg (1994): Bildung und Kultur. Glanz und Elend eines deutschen Deutungsmusters. Frankfurt/M.

[148] Gestützt würde diese Überlegung auch von den jüngsten Formeln des BVerfGE zu Art. 3 Abs. 2 GG. wonach sich das Gleichberechtigungsgebot auch auf die gesellschaftliche Wirklichkeit, also auch auf die Hochschulen erstreckt. Vgl. BVerfGE 85, 191, 207.

senschaftliche Betätigung überhaupt erst ermöglichen"[149]. Dazu gehöre die "Bereitstellung von personellen, finanziellen und organisatorischen Mitteln"[150], zu der der Staat aufgrund seiner faktischen Monopolstellung verpflichtet sei. Nun läßt sich über feministisch-juristische Fragen sicherlich nicht schlecht auch außerhalb der Universitäten nachdenken. Ein Teil der deutschen Frauenbewegung meint, daß sich das nicht-universitäre Feld dazu sogar besser eigne, ignoriert damit aber nicht nur die Möglichkeiten der Institution, sondern auch die Bedeutung einer adäquaten juristischen Ausbildung, sollen Diskriminierungen durch Recht in Zukunft vermieden werden. Starke Argumente für die Integration feministischer Inhalte in die juristische Ausbildung finden sich im Grundgesetz, aber eben nicht nur dort, sondern untermauern, was zeitgenössische Rechtswissenschaft dem eigenen Anspruch schuldet.

---

[149] BVerfGE 35, 79, 116.
[150] BVerfGE 35, 79, 114-115.

Literatur

Abel, Maria Henriette, Vergewaltigung - Stereotypen in der Rechtsprechung und empirische Befunde. Berlin 1986
Alexy, Theorie der juristischen Argumentation. 2. Aufl. Frankfurt/M. 1991
Baer, Susanne, Ansätze feministischer Rechtswissenschaft in den USA - vom "feministischen Dilemma" zur feministischen Rechtskultur? In: ZfRSoz 1992, 310-313
dies. Objektiv - neutral - gerecht? Feministische Rechtswissenschaft am Beispiel sexueller Diskriminierung im Erwerbsleben. In: KritV 1994, 154, 1995, 159.
dies., Würde oder Gleichheit? Baden-Baden 1995
Bajohr, Stefan/Rüdiger-Bajohr, Kathrin, Die Diskriminierung der Juristin in Deutschland bis 1945. In: KJ 1980, 39-50.
Battis, Ulrich/ Schultz, Ulrike (Hg.), Frauen im Recht. Baden-Baden 1990
Bell, Derrick, And We Are Not Saved. The Elusive Quest for Racial Justice. New York 1987
Benhabib, Seyla, Der verallgemeinerte und der konkrete Andere. Ansätze zu einer feministischen Moraltheorie. In: List, Elisabeth /Studer, Herlinde (Hg.): Denkverhältnisse - Feminismus und Kritik, Frankfurt/M. 1989, 454-487.
Blankenburg, Erhard/Treiber, Hubert, Die geschlossene Gesellschaft der Verfassungsinterpreten. In: JZ 1982, 543 ff.
Blankenagel, Alexander, Wissenschaftsfreiheit aus der Sicht der Wissenschaftssoziologie. In: 105 JöR 1980, 35 ff
Böttger, Barbara, Das Recht auf Gleichheit und Differenz. Elisabeth Selbert und der Kampf der Frauen um Art. 3.2 Grundgesetz. Münster 1990
Bollenbeck, Georg, Bildung und Kultur. Glanz und Elend eines deutschen Deutungsmusters. Frankfurt/M. 1994
Braun, Christina von, Der Mythos der "Unversehrtheit" in der Moderne: Zur Geschichte des Begriffs "Die Intellektuellen". In: Amstutz, Nathalie/Kuoni, Martina (Hg.): Theorie - Geschlecht - Fiktion. Basel 1994, 25-45
Butler, Judith, Bodies That Matter. On the Discursive Limits of Sex. New York/London 1993
Cohen, Jean L., Das Öffentliche, das Private und die Repräsentation von Differenz. In: 104 Neue Rundschau 1993, 92-98.
Cornell, Drucilla, Beyond Accomodation. Ethical Feminism, Deconstruction and the Law. New York/London 1991
dies., Transformations. Recollective Imagination and Sexual Difference. New York/London 1993
Dalton, Clare, An Essay in the Deconstruction of Contract Doctrine. In: 94 Yale L.J., 1985, 997 ff.
Dahl, Tove Stang, Frauenrecht - eine Einführung in feministisches Recht. Bielefeld 1992
Dalton, Clare, An Essay in the Deconstruction of Contract Doctrine. In: 94 Yale L.J., 1985, 997 ff.
Degen, Barbara, Sind Frauen auch Arbeitnehmer - oder: Wie geschlechtsneutral ist das Arbeitsrecht? Überlegungen anläßlich eines Beschlusses des BAG vom 11.11.1986 (3 ABR 74/85). In: STREIT 1988, 51-61
Derrida, Jacques, Gesetzeskraft. Frankfurt/M. 1991
Deutscher Juristinnenbund (Hg.), Juristinnen in Deutschland. Eine Dokumentation (1900-1984). München 1984
Dietrich, Der Beruf der Frau zur Rechtsprechung. In: DJZ 1933, 1255 ff.
Douges, Jürgen B. u.a. (Kronberger Kreis): Zur Reform der Hochschulen. Bad Homburg (1993)
Dreyer, Kristine/Trolle, Claudia, Sexuell belästigt. Studentinnen berichten über ihre Erfahrungen mit Dozenten. Berlin 1994

Drewniak, Regine, Strafrichterinnen als Hoffnungsträgerinnen?.1993
Drews, Lydia, Alles unter einen Hut kriegen. Die Situation von Studierenden und Wissenschaftlerinnen mit Kindern. Berlin 1994
Dubois, Ellen C./Dunlap, Mary/Gilligan, Carol/MacKinnon, Catharine A./Menkel-Meadow, Carrie/Marcus, Isabel, Feminist Discourse, Moral Values, and the Law - a Conversation. In: 43 Buffalo L. Rev. 11-87, 1985.
Epstein, Cynthia Fuchs, Women in Law. Garden City 1983
Erichsen, Hans-Uwe/Scherzberg, Arn o, Verfassungsrechtliche Determinanten staatlicher Hochschulpolitik. In: NVwZ 1990, 8 ff.
Fabricius-Brand, Margarethe/Sudhölter/Berghahn, Sabine (Hg.), Juristinnen - Justitia entläßt ihre Töchter. Berlin 1982
Färber, Christine (Hg.), Innenansichten. Studentinnen und Wissenschaftlerinnen an der Universität. Berlin 1994
Flax, Jane In: Feminist Theory in Practice and Process. 51 ff
Floßmann, Ursula (Hg 1995): Feministische Jurisprudenz. Linz
Fox Keller, Evelyn, Feminismus und Wissenschaft. In: List, Elisabeth/ Studer, Herlinde (Hg.), Denkverhältnisse - Feminismus und Kritik. Frankfurt a.M. 1989, 281.
Fraser, Nancy, Unruly Practices. Power, Discourse and Gender in Contemporary Social Theory. Minneapolis 1989
Frommel, Monika, Rechtsprechung statt Rechtsverweigerung. In: Neue Kriminalpolitik 3/93, 22 ff.
Gerhard, Ute, Verhältnisse und Verhinderungen. Frankfurt/M. 1978
dies., Anderes Recht für Frauen? Feminismus als Gegenkultur. In: Gessner, Volkmar/Hassemer, Winfried (Hg.): Rechtsproduktion und Rechtsbewußtsein. Baden-Baden 1988, 209-226.
dies., Gleichheit ohne Angleichung. Frauen im Recht. München 1990
Gerhard, Ute/ Limbach, Jutta (Hg.), Rechtsalltag von Frauen. Frankfurt/M 1988
Gilligan, Carol, Joining the Resistance: Psychology, Politics, Girls and Women. In: 29 Michigan Quarterly Rev.: The Female Body I, Laurence Goldstein ed., 1990, 501-536.
Grimm, Dieter (Hg., 1973/1976): Rechtswissenschaft und Nachbarwissenschaften. 2 Bände
Habermas, Jürgen (1994/1992): Faktizität und Geltung. Beiträge zur Diskurstheorie des Rechts und des demokratischen Rechtsstaats. 4. Auflage Frankfurt/M., 242 ff.
Häberle, Peter: Die offene Gesellschaft der Verfassungsinterpreten. In: JZ 1975, 352 ff.
ders., Verfassungslehre als Kulturwissenschaft. 1982
Hagemann-White, Carol, Thesen zur kulturellen Konstruktion von Zweigeschlechtlichkeit. In: Schaeffer-Hegel/Wartmann (Hg.): Mythos Frau, 1984, S. 137-139
Hark, Sabine, In: 11 fem. studien 1993
Hassels/Hommerich, Frauen in der Justiz. Bundesministerium für Justiz 1993
Hausen, Karin/Nowotny, Helga (Hrsg., 1986): Wie männlich ist die Wissenschaft, Frankfurt/M.
Hofmann, Hasso, Rechtsphilosophie. In: Koslowski, Peter: Orientierung durch Philosophie. Tübingen 1991, 118, 122
Huerkamp, Claudia, Jüdische Akademikerinnen in Deutschland 1900-1938. In: Wobbe/Lindemann aaO., 100
Irigaray, Luce, Die Zeit der Differenz. Für eine friedliche Revolution. Frank-furt/M.-New York 1991
dies., Liberia delle Donne die Milano (1988): Wie weibliche Freiheit entsteht
Joerges, C./Trubek, David M., Critical Legal Thought: An American-German Debate. Baden-Baden 1989
von Kirchmann, Julius Hermann, Wertlosigkeit der Jurisprudenz als Wissenschaft, hg. von Herrmann Klenner. Freiburg/Berlin 1990, Reprint von 1847

Knapp, Gudrun-Axeli, Macht und Geschlecht. Neuere Entwicklungen in der feministischen Macht- und Herrschaftsdiskussion. In: dies./Wetterer, Angelika (Hg.) TraditionenBrüche. Entwicklungen feministischer Theorie. Freiburg 1992, S. 287-325.
Kodré, Petra, Der forsche Hansi und die entzükende Resi. Eine Analyse von Alltagssexismen am Beispiel eines Lehrbuches. Linz 1991
Krüger, Marlies, "Überlegungen und Thesen zu einer feministischen (Sozial)Wissenschaft". In: Beer, Ursula (Hg.), Klasse - Geschlecht. Bielefeld 1987, 58 ff.
Lange, Silvia, Diskriminierung von Frauen in Prüfungssituationen. Berlin 1994
de Lauretis, Teresa, Feminist Studies/Critical Studies: Issues, Terms and Contexts. In: dies., ed., Bloomington 1986, 9
Lichtenberg, Georg Christoph: Sudelbücher. Hg., München 1968, F 578
Limbach, Jutta, In: Hausen, Karin/Nowotny, Helga (Hg., 1986): Wie männlich ist die Wissenschaft? Frankfurt/M. 1988
dies., Engagement und Distanz als Probleme einer feministischen Rechtswissenschaft. In: Gerhard/ Limbach, Rechtsalltag, S. 169 ff.
Lindemann, Gesa, Das paradoxe Geschlecht. Transsexualität im Spannungsfeld von Körper, Leib und Gefühl. Frankfurt/M. 1994
dies, Die Konstruktion der Wirklichkeit und die Wirklichkeit der Konstruktion. In: Wobbe, Theresa/Lindemann, Gesa, Denkachsen. Zur theoretischen und institutionellen Rede vom Geschlecht. Frankfurt/M. 1994
Lucke, Doris, Vorüberlegungen für ein Recht der Geschlechterbeziehungen. Zur Begründung eines "anderen" Rechts. In: STREIT, 1991, 91 ff., 94.
MacFarlane, Julie, A Feminist Perspective on Experience-Based learn ing and Curriculum Change. In: 26 Ottawa L. Rev. 1994, 357-383.
MacKinnon, Catharine A., Women as Women in Law. In: Feminism Unmodified, Cambridge/Mass. 1987
dies. Feminism Unmodified. Discourses on Life and Law. Cambridge 1987
dies, Feminism in Legal Education. In: 1 Legal Education Review, 1989, 85 ff.
dies, Toward a Feminist Theory of the State. Cambridge 1989
dies.: Auf dem Weg zu einer feministischen Jurisprudenz. In: STREIT 1993, 4 ff.;
dies, Gleichheit der Geschlechter: Über Differenz und Dominanz. in Appelt, Erna/Neyer,Gerda: Feministische Politikwissenschaft. Wien, 1994, 37 ff
dies, Auf dem Weg zu einer neuen Theorie der Gleichheit. In: KritV 1994, 363-376;
Maihofer, Andrea, Zum Dilemma GRÜNER Rechtspolitik. In: KJ 1988, 432 ff.
dies, Gleichheit nur für Gleiche? In: Gerhard, Ute u.a. (Hg.): Differenz und Gleichheit. Menschenrechte haben (k)ein Geschlecht, Frankfurt/M. 1990, 351-365
Malson, Micheline R. et. al. (eds.), Feminist Theory in Practice and Process. Chicago 1989
Meier-Scherling, Anne-Gudrun, Die Benachteiligung der Juristin zwischen 1933 und 1945. In: DRiZ 1975, 10 ff.
Minow, Martha, Making all the Difference. Inclusion, Exclusion and American Law. Ithaca/London 1990
Mossmann, Mary Jane, (1986) Feminism and Legal Method: the differenz it makes. In: 3 Australian J. of L. & Soc.
Nunner-Winkler, Gertrud (Hg.), Weibliche Moral. Die Kontroverse um eine geschlechtsspezifische Ethik. Frankfurt/M 1991
Oberlies, Dagmar, Der Versuch, das Ungleiche zu vergleichen. Tötungsdelikte zwischen Männern und Frauen und die rechtliche Reaktion. In: KJ 1990, 318-331.
Okin, Susan Moller, Justice, Gender and the Family. New York 1989
Olsen, Frances, The Family and The Market: A Study of Ideology and Legal Reform. In: 96 Harv.L.Rev. 1983, 1497-1578
dies, Das Geschlecht des Rechts. In: KJ 1990, 303 ff

Pabst, Franziska/Slupik, Vera, Das Frauenbild im zivilrechtlichen Schulfall. Eine empirische Untersuchung, zugleich ein Beitrag zur Kritik gegenwärtiger Rechtsdidaktik. In: KJ 1977, 242-256
Pasero, Ursula, Geschlechterforschung revisited.: konstruktivistische und systemtheoretische Perspektiven. In: Wobbe, Theresa/Lindemann, Gesa, Denkachsen. Zur theoretischen und institutionellen Rede vom Geschlecht, Frankfurt/M, 1994
Pateman, Carole The Sexual Contract. Stanford 1988
Raab, Monika, Männliche Richter - weibliche Angeklagte. Bonn 1993
Reich, Andreas, HRG-Kommentar. Bad Honnef. 4. Aufl. 1994
Rich, Adrienne, Zwangsheterosexualität und lesbische Existenz. In: List/Studer (Hg): Denkverhältnisse. Frankfurt/M., 1989
Rommelspacher, Birgit, Dominanzkultur 1995
Rödig, Andrea, Geschlecht als Kategorie. Überlegungen zum philosophisch-feministischen Diskurs. In: feministische Studien 1992, 105 ff.
Sacksofsky, Ute, Das Grundrecht auf Gleichberechtigung. Baden-Baden 1990
Schapira, Alisa, Die Rechtsprechung zur Vergewaltigung. Über die weit gezogenen Grenzen der unerlaubten Gewalt gegen Frauen. In: KJ 1977. 221-241.
Scheiwe, Kirsten, Frauenzeiten - Männerzeiten. Berlin 1993
Schiek, Dagmar, Nachtarbeitsverbot für Arbeiterinnen. Gleichberechtigung durch Deregulierung? Baden-Baden 1992
Schlink, Bernhard, Zwischen Identifikation und Distanz. In: Der Staat 1976, 335
Schmidt-Aßmann, Eberhard, Zur Situation der rechtswissenschaftlichen Forschung. In: JZ 1995, 2-10,
Schneider, Elizabeth M., The Dialectics of Rights and Politics. Perspectives from the Women's Movement. In: 61 NYU L.Rev. 1986, 589 ff.
Scholz, Bettina/Schittenhelm, Anja, Exmatrikulation. Studienabbruchverhalten von Frauen und Männern. Berlin 1994
Schröder, Hannelore, Die Rechtlosigkeit der Frau im Rechtsstaat. Frankfurt/New York 1979
Schulz, Ulrike, Wie männlich ist die Juristenschaft? Begleittext; hg. von der Fern-Universität Gesamthochschule Hagen 1989
Slupik, Vera, Weibliche Moral versus männliche Gerechtigkeitsmathematik? Zum geschlechtsspezifischen Rechtsbewußtsein. In: Bryde, Brun-Otto/ Hoffmann-Riem, Wolfgang (Hg.): Rechtsproduktion und Rechtsbewußtsein. Baden-Baden 1988, 221-238;
Stein, Lorenz, Zur Charakteristik der heutigen Rechtswissenschaft. In: Deutsche Jahrbücher für Wissenschaft und Kunst, 1841, No 92 -100
Stein, Ruth-Heidi/Wetterer, Angelika (Hg.), Studierende und studierte Frauen. Ein ost-west-deutscher Vergleich. Kassel 1994
Torrey, Morrison et.al., Teaching Law in a feminist manner... 1990
Unger, Roberto Mangabeira, The Critical Legal Studies Movement. Cambridge/London 1986
Vaerting, Mathilde, Neubegründung der Psychologie von Mann und Weib, Bd. I: Die weibliche Eigenart. im Männerstaat und die männliche Eigenart. im Frauenstaat. Karlsruhe 1921, Nachdruck Berlin 1975
Wetterer, Angelika, Profession und Geschlecht. Über die Marginalität von Frauen in hochqualifizierten Berufen. Frankfurt/M./New York 1992
Wobbe, Theresa, Von Marianne Weber zu Edith Stein: Historische Koordinaten des Zugangs zur Wissenschaft. In: dies./Lindemann, Gesa (1994): Denkachsen. Zur theoretischen und institutionellen Rede vom Geschlecht. Frankfurt/M. 1994, 28 ff.
Wobbe, Theresa/Lindemann, Gesa, Denkachsen. Zur theoretischen und institutionellen Rede vom Geschlecht. Frankfurt/M. 1994
Young, Iris Marion, Justice and the Politics of Difference. Princeton 1990

Gerlinda Smaus

Das Geschlecht des Strafrechts

1. Geschlechtersymbolismus von gesellschaftlichen Institutionen

Dieser Text versteht sich als eine Weiterentwicklung meiner Überlegungen über die Frauenkriminalität zu der Differenzierung der sozialen Kontrolle und über die Kriminologie von Frauen[1]. Habe ich im ersten Beitrag festgestellt, daß das Strafrecht ein Instrument ist, das nicht nur eine schichtspezifische, sondern auch eine geschlechtsspezifische Orientierung aufweist, so hat die Analyse des Verhältnisses der strafrechtlichen sozialen Kontrolle zu der medizinischen, besonders der psychiatrischen Kontrolle zu der Feststellung geführt, daß die Kontrollsysteme selbst ein bestimmtes Geschlecht haben bzw. einem Geschlecht zugeordnet werden können. Diese Vermutung wurde dann durch die Anwendung der Kriterien der feministischen Erkenntnistheorie auf kriminologische Beiträge von Frauen erhärtet. Eine Zuordnung von Institutionen zum Geschlecht ist möglich, weil biologischer Sex vom sozialen Geschlecht als einer Konstruktion (rückwirkend selbst des biologischen Sexes, auf dem sie scheinbar aufbaut) unterschieden werden muß[2]. "Geschlecht" haben (als Ergebnis einer immerwährenden konstruktiven Tätigkeit von Gesellschaftsmitgliedern) nicht nur Lebewesen mit bestimmtem "Sex", sondern alle Dinge, alle Institutionen, alle Worte unserer Sprache. Wir leben, nach Harding, in einem *geschlechtsspezifischen Universum*, was heißt, daß in ihm alles mit dualen Bewertungskategorien verbunden ist, die ihrerseits als zusammenhängend mit dem so einprägsamen (weil unaufhörlich geprägten) Dualismus "Männer - Frauen" dargestellt und wahrgenommen wird. "Leistung vs. gefühlsmäßige Zuwendung", "hart. vs. weich", "Regeln folgend vs. flexibel", "Wandel vs. Immanenz", "Rationalität vs. Emotionalität", "Hochschulprofessor vs. Kindergärtnerin", "Strafe vs. Behandlung" werden als "männliche" bzw. "weibliche" Attribute verstanden, und, wo möglich, auch als biologische Eigenschaften den zwei Sexkategorien zugeschrieben. Die grundsätzliche Differenzierung in duale Geschlechterkategorien ist dem anschaulichen Material der Biologie nachgebildet, wohl übersehend, daß selbst biologische Unterschiede ohne (männlich geprägte) kulturelle Überformung weit weniger anschaulich wären.

Über der wichtigen Dekonstruktion des Geschlechterbegriffs wird jedoch häufig übersehen, daß die Zuschreibung von weiblichen (gender-) Rollen an Frauen (sex) und von männlichen (gender-) Rollen an Männer (sex) keineswegs bedeutet, daß konkrete Menschen in diesen Rollen auch aufgingen, daß sie nur "ihre" Rollen und nicht auch die des anderen Geschlechts "spielten". Wenn nicht beachtet wird, daß Frauen (sex) und Männer (sex) in unterschiedlichen Gender-Kontexten laufend ihre Gender-Rollen wechseln, könnte selbst die dekonstruktive Arbeit zu nunmehr „strukturalistischer" Verdinglichung von Geschlechterrollen führen: Die Geschlechterrolle würde als so unabänderlich betrachtet, wie vor der Dekonstruktion die biologische „Wesensbestimmung" des Weiblichen und des Männlichen. So spielen z.B. Frauen in der Wissenschaft größtenteils die gleiche Gender-Rolle wie Männer, sie lernen und reproduzieren größtenteils den gleichen Stoff, stützen sich größtenteils auf die gleichen methodologischen Zugänge usw. Was in

---

[1] Vgl. Smaus 1990, Smaus 1990; Smaus 1994.

[2] Ein Blick in die Geschichte der Biologie zeigt, daß selbst der "biologische Geschlechtsunterschied" noch konstruiert wird (Harding 1990, S. 135), indem die Unterschiede überbetont, das Gemeinsame dagegen unterdrückt wird. Biologie gehört zu den wichtigsten Gebieten der feministischen Forschung. Abgesehen von Versuchen, feministische Evolutionstheorien aufzustellen, die plausibler als die der "normal science" wären, kann zumindest festgestellt werden, daß alle bisherigen Forschungen nicht bloß vom Anthropomorphismus, sondern vom Androzentrismus verzerrt waren. Sogar in das Verhalten von Affen wird hineininterpretiert, was der Herr gerne möchte (vgl. Harding 1991, S. 85).

einer feministischen Wissenschaft thematisiert werden kann, sind die zwar "kleinen", aber dennoch wertvollen Unterschiede, die Frauen (gender) in die Wissenschaft einbringen.

Der Geschlechtersymbolismus ist deshalb so wirksam, weil er trotz des Vordringens von Frauen auf den Arbeitsmarkt stets von Neuem durch die Verteilung der gesellschaftlich notwendigen Handlungsprozesse in Abhängigkeit vom biologischen Sex reproduziert wird. Dies bezeichnet Harding als *Struktur des sozialen Geschlechts bzw. als gesellschaftliche geschlechtsspezifische Arbeitsteilung*[3], die zwar häufig als eine "natürliche" dargestellt wird, in der aber in Wirklichkeit die Variable Geschlecht nicht funktional, sondern mit Hilfe der Machtstruktur, die als Männerherrschaft bezeichnet wird[4], zur Legitimierung des unterschiedlichen Zugangs von Frauen (sex) zum Arbeitsmarkt und seinen Ressourcen eingesetzt wird.

Es ist wichtig, sich zu vergegenwärtigen, daß, selbst wenn es universalpragmatische anthropologische Bedürfnisse der Menschen hinsichtlich der Interpretation oder der Kontrolle der Welt gewesen wären, die diese ungeheure Komplexitätsreduktion auf zwei Wahrnehmungs/Bewertungskategorien hervorgebracht hätten, sie dennoch veränderliche Konstruktionen der Männerherrschaft darstellen. Beinahe noch wichtiger ist indessen die obige Feststellung, daß sich das symbolische Geschlechteruniversum auf alle menschlichen Aktivitäten erstreckt, so daß es möglich wird, vom Geschlecht des Strafrechts zu sprechen[5], statt es als eine geschlechtsneutrale Institution zu begreifen, bei der die Variable "Geschiecht" (ähnlich wie "Schicht") lediglich eine "Schräglage" verursacht[6].

Diesen Zugang zum Gegenstand unserer Analyse verdanken wir feministischen Erkenntnistheorien, die sich mit dem "Geschlecht" der Wissenschaft befassen. So z.B. identifiziert Harding drei mögliche erkenntnistheoretische Voraussetzungen der feministischen Forschung:

1) Feministischer Empirismus ist dadurch gekennzeichnet, daß er Sexismus und Androzentrismus in der Forschung als gesellschaftlich bedingte Verzerrungen begreift, die durch strikte Anwendung der bereits existierenden methodologischen Normen der Wissenschaft korrigiert werden können[7]. Vorn ehmlich geht es darum, die weißen Flecken der Wissenschaft "hic sunt feminae" aufzufüllen, ohne daß sich dabei im Großen und Ganzen an der Landkarte selbst etwas verändern würde. Feministischer Empirismus wurde in der Kriminologie und auch schon zur Analyse des Strafrechts *angewandt*[8].

---

[3] Harding 1991. S. 14.

[4] Die Männerherrschaft als Herrschaftsform, die es legalerweise gar nicht geben kann, wird deshalb als Urheber dieser Konstruktionen betrachtet, weil sich die Geschlechterdifferenzen in allen drei Ebenen in moralischer, sozialer und politischer Hinsicht zueinander asymmetrisch verhalten. Die Bezeichnung "Männerherrschaft" ziehe ich der Bezeichnung „Patriarchat" vor, weil die letztere nicht bloße Herrschaft, sondern auch umfassende Fürsorglichkeit implizierte. „Männerherrschaft" hingegen bedeutet Machtanspruch ohne Gegenleistung. Zum Begriff "Patriarchat" vgl. Schüssler-Fiorenza 1988. S. 15 ff.

[5] Vgl. Harding "Das Geschlecht des Wissens" 1991. Nach Olsen (1990) wird das Recht als mänlich, androgyn, patriarchalisch u.a. bezeichnet. Vgl. auch MacKinnon 1979, Atkins/Hoggett 1984; O'Donovan 1985; Messerschmidt 1988; Lautmann 1990 u.a.

[6] Vgl. Tove Stang Dahl über das "Recht": "The modern gender-neutral legal machinery meets the gender-specific reality - or let me rather phrase the controverse: the often gender-relative reality meets the unisex law" (1986. S. 361). Dieser Täuschung unterliegen auch die meisten feministischen Analysen der weiblichen Kriminalität, die die Ursachen für den geringen Anteil von Frauen an der Kriminalität durch die Andersartigkeit von Frauen und nicht durch die Geschlechtsspezifität des Strafrechts erklären (vgl. Smaus 1990).

[7] Harding 1991, S. 145 ff.

[8] Vgl. z.B. Simon 1975; Adler 1978; Gipser 1975; Bröckling 1980; Funken 1989.

2) Die feministische Standpunkttheorie hat ihren Ursprung in der Hegelschen Herr-Knecht Dialektik. Die Unterdrückten, besonders wenn sie sich zu sozialen Befreiungsbewegungen zusammenschließen, sind imstande, die Welt aus einer umfassenderen Perspektive zu erfassen, weil sie die der Erkenntnis und Beobachtung hinderlichen Scheuklappen und Tarnungen beseitigen[9]. Diese Dialektik läßt sich auch auf das Geschlechterverhältnis anwenden: Die gesellschaftliche Vorherrschaft der Männer hat partielle und pervertierte Auffassungen und Vorstellungen zur Folge. Die androzentrische Forschung unterdrückt dasjenige Wissen, welches das Patriarchat im allgemeinen infrage stellt. Feminismus und Frauenbewegung stellen politische und motivationale Begründungen für einen "Standpunkt" dar, der gleichsam eine moralisch und wissenschaftlich akzeptable Grundlage für feministische Interpretationen natürlicher und gesellschaftlicher Phänomene enthält. Zu der Richtung des "Standpunktfeminismus" können all diejenigen Forschungen gezählt werden, zu denen Frauen deshalb befähigt sind, weil sie sowohl in der Erziehung (gender weiblich) als auch in der Produktion (gender männlich) tätig sind und deshalb eine "doppelte" Vergesellschaftung erfahren[10]. Im Bereich des Strafrechts sind besonders Forschungen von "Betroffenen" der männlichen Gewalt zu nennen, in denen Gewalt nicht als individuelle pathologische Erscheinung, sondern als strukturelle Vorgabe für Frauen interpretiert wird[11].

3) Feministicher Postmodernismus versucht im Unterschied zum tiefgreifenden Skeptizismus und unverorteten "männlichen" Postmodernismus eines Derrida, Foucault, Lacan u.a., der Wissen in unzusammenhängende Bruchstücke auflöst[12], Bausteine für eine neue, umfassende und 'objektivere' Wissenschaft vom universellen Standpukt der Unterdrückten zu finden. Die feministische postmoderne Kritik der Wissenschaft betrifft die Tatsache, daß keine der bisherigen - ihrem Anspruch nach umfassenden - Theorien auf die tatsächlichen und hierarchischen Unterdrückungsstrukturen eingegangen sind. Selbst emanzipatorische Theorien sind, wenn sie nur 'Klasse' thematisieren, unangemessen, weil sie die ethnische und die Geschlechterstruktur außer Acht lassen[13].

Alle diese Zugänge sind mit Paradoxien behaftet, die sich allerdings nicht in der Forschung selbst, sondern nur im gesellschaftlichen Wandel beheben lassen[14].

2. *Homologie des Geschlechtersymbolismus in der Wissenschaft und im Strafrecht*

Der wesentliche Beitrag feministischer Erkenntnistheorien besteht darin, daß sie die soziale Abhängigkeit allen Wissens, nicht nur des "verzerrten", darstellen; die Wissenschaft als eine besondere selektive Konstruktion der Welt ist durch die soziale Stellung und die Interessen derjenigen geprägt, die an ihr mitgewirkt haben, der Interessengemeinschaft von weißen, westlichen, ökonomisch besser gestellten Männern[15]. Die männlich (gender) in Sozialisationsprozessen geprägten "Männer" (sex) schreiben in ihrer Tätigkeit als Wissenschaftler (gender) in die Wissenschaft diejenigen Eigenschaften ein und fort, die

---

[9] Vgl. Harding 1991, S. 13.

[10] Vgl. Rose 1983; Hartsock 1983.

[11] Vgl. systematische Übersicht bei Smaus 1994.

[12] Vgl. z.B. Lyotard 1988; Baudrillard 1988.

[13] In der Kriminologie vgl. Smart. 1990, S. 78 ff.

[14] Vgl. Smaus 1995, S. 16 ff.

[15] Der Unterschied der feministischen Erkenntnistheorien zu "männlichen" Wissenssoziologien besteht darin, daß die letzteren die jeweilige individuelle Bedingtheit der Erkenntnis herausstellen, die gesamte Wissenschaft aber als eine Akkumulierung der Wahrheiten, in der sich die partiellen Verzerrungen aufheben, für "objektiv" halten. Feministische Epistemologie betont zusätzlich die geschlechtsspezifische Abhängigkeit des gesamten Projekts "Wissenschaft".

sie selbst für sich in Anspruch nehmen: Universalismus, Rationalität, Wertfreiheit, Unparteilichkeit, Interessen- und Leidenschaftslosigkeit, Objektivität, Befasstheit mit Abstrakten Regeln, Bevorzugung von harten Daten und durchdringenden Technologien, Vernunft, Geist, Kultur[16] - alles verbunden mit einem als unabhängig gedachten archimedischen Standpunkt. Die Wissenschaft gefällt sich darin, daß sie sich als alleine der Suche nach Klarheit, Wahrheit und Gewißheit verpflichtet (selbstreferentiell, wie man heute sagen würde) darstellt.

Durch die "Hochhaltung" dieser Werte werden die jeweils binären Kategorien wie Nähe, Wertung und Engagement, Empathie, Relativismus je nach Interessen (als verpönter Partikularismus), Emotionalität (als verpönte Irrationalität), sanfte, nicht penetrierende Methoden, Orientierung an der Anwendung und bewußtes standpunktabhängiges Hervorbringen von Wissen, die als "weibliche" Attribute gelten, nicht als komplementäre, sondern als hierarchisch untergeordnete Kategorien bewertet: Das fortschrittliche Männliche müsse über das natürliche Weibliche Herrschaft erlangen[17].

Die heute verborgenen Werte der androzentrischen Wissenschaft wurden einst explizit dargelegt und zum Prinzip der modernen, im Gegensatz zu den mittelalterlichen Wissenschaftskonzeptionen, erklärt. Es war die Aufklärung (Hume, Kant), die diese Aufspaltungen durchgesetzt hat. Der moderne Wissenschaftsbetrieb trennt darüber hinaus zwischen dem Entdeckungskontext und dem Rechtfertigungskontext des Wissens[18]. Die Erkenntnisproduktion des Wissens wird ferner auch von seiner gesellschaftlichen Verwendung abgespalten und der Wissenschaftler von der Verantwortung für seine Entdeckungen entbunden. Damit hängt die Trennung von Denken und Fühlen zusammen, welche deshalb so gefährlich ist, weil sie als Vorbild für andere Bereiche der gesellschaftlichen Praxis (z.B. Schulwesen, Medizin, Strafrecht u.a.) durchgesetzt wird. Die moderne Wissenschaft verschleiert ihre Beziehung zur Macht, während sie sich die Anliegen der Herrschenden zu eigen macht[19].

Diese Eigenschaften weist die "normale" Wissenschaft gegenwärtig auch dann auf, wenn in ihr nicht nur Männer (sex), sondern auch Frauen (sex) in männlichen (gender) Rollen tätig sind. Wird indessen die Wissenschaft als ein Text "gelesen", tritt auch das verdrängte "Weibliche" zu Tage - jenseits der Hervorhebung männlicher Werte ist in der androzentrischen Wissenschaft auch intuitives Denken, Wertschätzung von Beziehungen und ein fürsorgliches Verhalten gegenüber der Natur befördert worden. Das Vorhandensein dieser verdrängten, als weiblich (gender) betrachteten Eigenschaften ist deshalb so wichtig, weil sie Ausgangspunkte für eine mögliche Reintegration der abgewiesenen Attribute darstellen und es Frauen im größeren Maße ermöglichen würden, die im Prozeß der "doppelten" Vergesellschaftung erworbenen Eigenschaften in die Wissenschaft "legalerweise" einzubringen. Ohne eine explizite Sichtbarmachung des androzentrischen Charakters der Wissenschaft und anderer Institutionen würden die verdrängten Momente trotz der im postmodernen Denken sehr schmerzlich empfundenen Dysfunktionalität der einstigen einseitigen Ausdifferenzierung der Wissenschaft nicht als Standards in der Wissenschaft zugelassen werden. Die Wissenschaft würde weiterhin vorzüglich von denjenigen Subjekten reproduziert werden, auf die sie abgestimmt ist, und die sie wiederum auf ihr gemeinsames Ideal Abstimmen, nämlich von Angehörigen des männlichen Sex.

Spätestens an dieser Stelle muß deutlich geworden sein, daß in der gleichen Weise wie die Eigenschaften der Wissenschaft auch die "Errungenschaften" des modernen Strafrechts beschrieben werden können. Oft muß bloß das Wort "Wissenschaft" durch "Strafrecht" ersetzt werden:

---

[16] Vgl. Harding 1991. S. 127 ff.

[17] Vgl. Harding 1991. S. 159.

[18] Entdeckungskontext: Auswahl und Definition der Forschungsprobleme; Rechtfertigungs-, bzw. Begründungskontext - angeblich rigorose Beweisführung, die das Wissen lediglich legitimieren (vgl. Harding 1991. S. 113 f.).

[19] Vgl. Harding 1991. S. 130 ff.

Strafrecht/Wissenschaft geht von der Existenz einer einheitlichen Gesellschaft für Männer und Frauen aus, obwohl praktisch jede Erscheinung mit vergeschlechtlichter Bedeutung belegt ist - es fehlt eine folgerichtige Analyse der Kategorie Geschlecht. Modernes Strafrecht/Wissenschaft hat den Geschlechterbegriff explizit ignoriert, während es implizit spezifisch männliche Bedeutungszuschreibungen der strafrechtlichen Zwecke für ihre Interessen ausnutzte[20]. Es konzentrierte sich vorn ehmlich auf prestigeträchtige Bereiche des öffentlichen Lebens und vernachlässigte Situationen, die es als "inoffizielle, private" Bereiche bezeichnet. Wie zufällig sind dies den Frauen zugewiesene Lebensbereiche.

Daß die moderne Wissenschaft und das moderne Strafrecht gleiche Eigenschaften haben, erklärt sich daraus, daß sie in der gleichen kulturellen Tradition des Abendlandes stehen, von der wir nun wissen, daß sie "Rationalität" als eine formale Eigenschaft begreift, die keinen Aufschluß über Inhalte enthält und die legidlich die logische Stichhaltigkeit der Argumentationsketten zu überprüfen erlaubt. Eine andere, inhaltliche (feministische) Deutung der Anwendung des Begriffes "Rationalität" kommt zu der Erkenntnis, daß er einen Nützlichkeitsaspekt im Sinne einer Kosten-Nutzen Berechnung enthält: der Männerherrschaft mag es "rational" erscheinen, wenn nur Männer die wichtigen, prestigeträchtigen, "rational organisierten Bereiche" verwalten, während Frauen der unberechenbare, aber auch lebendige "Rest" überlassen wird. Den widerspenstigen Gegenstand von Gesellschaftswissenschaften und dem Strafrecht - die Menschen - versucht man(n) (gender) dadurch unter Kontrolle zu bringen, daß das naturwissenschaftliche Wissenschaftsmodell auch für die Erklärung von sozialen Tatbeständen angenommen wird.

In diesem Sinne können die allgemeinen Charakterisierungen des Strafrechts, die sein Selbstverständnis ausdrücken, noch um folgende Beschreibungen ergänzt werden: Das Strafrecht atomisiert, "zerlegt" menschliche Beziehungen in Stücke, ebenso, wie Biologie zum Zwecke der Beobachtung Organismen in Präparate zergliedert; die Vorliebe für dichotome Kategorien setzt es fort, indem es von Recht und Unrecht, von Tätern und Opfern spricht. Es vertritt ein kausales naturwissenschaftliches Handlungsmodell, indem es von präexistenten Ursachen bzw. Motiven als Antrieben/Motoren für bestimmte Handlungen ausgeht. Trotzdem unterstellt es, daß diese im Menschen wirkenden "natürlichen" Kräfte wie die Natur selbst durch seinen "Geist" beherrschbar sind. Es orientiert sich an Wahrheitsfindung (Deskription) als der Grundlage einer Abstrakten, kontextunabhängigen Gerechtigkeit (Wertung, Askription) und nicht an einer Behebung von problematischen Beziehungen und Situationen. Es zerstört Zusammenhänge, in die es interveniert, es trennt das "befallene Glied vom Körper ab", indem es den Straftäter aus der Gesellschaft ausschließt. Es vertritt ein mechanisches Gleichgewichts- bzw. Vertragsmodell, in dem Schuld durch Strafe aufgewogen wird und es berücksichtigt nicht, daß für Erziehung und Behandlung nicht-reziproke Formen der Zuwendung typisch sind[21]. Diese allgemeine geschlechtsspezifische Ausrichtung des Strafrechts drückt sich in allen seinen Bestandteilen aus, wie im Folgenden beispielhaft dargelegt wird.

3. *Primäre Konstruktionen des Strafrechts - Geschlechtsspezifität seiner Tatbestände*

Das Strafrecht ist zwar als ein gleiches Recht par excellence verfaßt, hat aber in Wirklichkeit je spezifische Adressaten. Das heißt, daß nur Gesellschaftsmitglieder in ganz spezifischen Situationen oder Positionen bestimmte Tatbestände verletzen können. Die Aufnahme von Strafandrohungen für bestimmte Handlungen ins Strafrecht wird als primäre Kriminalisierung bezeichnet, und wir können diesen Vorgang analog zur Wissenschaft als den "Entdeckungszusammenhang" des Strafrechts betrachten, von dem wir wissen, daß er sich um seine Anwendung, die Strafverhängung, nicht schert. Schon in

---

[20] Vgl. Harding 1991, S. 159.
[21] Vgl. van Swaaningen 1989, S. 167.

den dreißiger Jahren wiesen Strafrechtswissenschaftler und Kriminologen[22] darauf hin, daß es eine genaue Kenntnis des Strafrechts erlaubt, von vornherein zu bestimmen, Mitglieder welcher Gesellschaftsgruppen zu Tätern werden, welche Motive sie für ihre Taten angeben und welche "Ursachen" der Straftaten in Frage kommen werden. Dies liegt daran, daß sich die Entscheidungen, bestimmte Handlungen ins Strafrecht aufzunehmen, nicht im luftleeren Raum abspielen, sondern auf einer Beobachtung und Bearbeitung von konkreten, kontextabhängigen Handlungen von Gesellschaftsmitgliedern beruhen. Bei der abstrakten Formulierung von strafrechtlichen Tatbeständen wird aber der soziale Kontext, in dem die Unerwünschtheit des Verhaltens und die Gründe, warum Menschen in bestimmten Positionen dieses Verhalten wählen, festgestellt wurden, nicht mehr erwähnt. Das Strafrecht richtet sich dann scheinbar an "alle, die...", in Wirklichkeit jedoch nur an "die, die im Stande sind, bestimmte Handlungen auszuführen bzw. die, die zu bestimmten Begehungsweisen überhaupt Zugang haben". Auf diese Weise kann man bei gleichzeitiger Kenntnis der gesellschaftlichen Struktur und der Organisation der Geschlechter voraussagen, bei welchen Delikten vornehmlich Männer (gender), bei welchen hingegen Frauen (gender) in Frage kommen. Wenn wir nicht schon wüßten, daß Frauen nur solche Positionen in der Gesellschaft innehaben, die ihnen keinen Zugang zu schweren Straftaten, die nur in hohen Positionen begangen werden können, ermöglichen, wir könnten darauf aus den Normverletzungen von Frauen schließen[23]. Dies heißt im Umkehrschluß, daß Frauen solche Positionen in der Gesellschaft zugewiesen werden, für die sich das Strafrecht nicht besonders interessiert. Das wird häufig als Schutz der Privatsphäre vor strafrechtlichen Eingriffen mißverstanden. Die Privatsphäre stellt nämlich keinen nach Abzug allen Öffentlich verbleibenden Raum, sondern eine eigenständige rechtliche Konstruktion dar, die es den einstigen Patriarchen ermöglichen sollte, sich nach der Gründung von modernen Staaten einen Rest an Machtbefugnis wenigstens in "ihren" Häusern und gegenüber ihren Familienmitgliedern zu erhalten[24]. In der Tat hat sich das Strafrecht historisch gesehen zunächst zum Schutze der "maiestatis" und später immer stärker zum Schutze der sich entfaltenden Produktion und des Handels entwickelt, was sich an der Ausdifferenzierung der Tatbestände zum Schutz von verschiedenen Formen des Eigentums und von verschiedenen Formen seiner Verletzungen, deutlich ablesen läßt[25].

Zwar schützt das Strafrecht auch "Leben" und körperliche Unversehrtheit, doch bemißt sich der Wert beider abstrakter Kategorien an den Funktionen, die sie in verschiedenen Systemkontexten haben. Die "maiestas" bildet heute der Staat mit seinen Institutionen. Beide "prestigeträchtigen, öffentlichen" Systeme, die Staatsverwaltung und die freie Marktwirtschaft, nehmen für sich in Anspruch, nach Kriterien organisiert zu sein, die wir oben als die Selbstbeschreibung der Wissenschaft und des Strafrechts identifiziert haben. In beiden Systemen haben Frauen (sex) nur untergeordnete Positionen, so daß man sagen kann, daß das Strafrecht hauptsächlich männliche (sex) Adressaten hat, die in männlich (gender) organisierten Systemen tätig sind. Der strafrechtliche Begriff der Verantwortung setzt sogar explizit einen Menschen voraus, der in die Gesellschaft mit vollen Rechten und Pflichten integriert ist und auch imstande ist, diese wahrzunehmen - also den vernünftigen Mann (reasonable man), ein bona fida Mitglied der Gesellschaft, dem die Ehre gebührt, daß seine Verletzungen öffentlich, vor einem aus Ehrenmännern bestehenden Gericht, mit großem Aufwand behandelt werden[26].

Eine solche Vergewisserung über den geschlechtsspezifischen Charakter des Strafrechts erklärt viel zuverlässiger als ätiologische Theorien den geringen Anteil von Frauen an der Kriminalität. Frauen verhalten sich nicht deswegen weniger kriminell, weil sie ein

---

[22] Hall 1947; Sutherland 1939.
[23] Vgl. Smaus 1990.
[24] Vgl. O'Donovan 1985, S. 56 f.
[25] Vgl. Hall 1935; Lüdtke 1982.
[26] Die "armen", armen Kriminellen und deshalb behandlungsbedürftigen Menschen hat nicht das Strafrecht, sondern die Kriminologie hervorgebracht. Vgl. Foucault 1976.

"besseres Wesen" hätten und auch nicht deshalb, weil sie die "weiche" weibliche Rolle zu einer Verletzung des Strafrechts unfähig machte, sondern deshalb, weil das Strafrecht nicht eine geschlechtsneutrale Zusammenfassung menschlicher Moral und schützenswerter Güter darstellt[27]. Das Strafrecht muß selbst als eine selektive Konstruktion analysiert werden, wobei sich allerdings der eigentliche geschlechtsspezifische "Sinn" einiger Tatbestände erst in ihren Anwendungen enthüllt.

Als ausdrückliche Adressatinnen des Strafrechts kommen Frauen im Zusammenhang mit ihrer reproduktiven Funktion und der Organisation des sexuellen Triebes vor[28]. Dies deutet nur prima facie auf eine hohe Bewertung der reproduktiven Leistung hin. Wie die äußerst "flexible" Handhabung des § 218 zeigt, geht es hierbei nicht um den Schutz des ungeborenen Lebens oder eine tatsächliche Kontrolle der natürlichen Reproduktion, sondern um Versuche, Frauen moralisch zu degradieren, sie auf dem ihnen zugewiesenen "Platz" festzuhalten.

Da das moderne Strafrecht universalistisch formuliert ist, bleiben mitunter auch Frauen (sex) in seinem "Netz" hängen. Die implizite Geschlechtsspezifität zeigt sich dann darin, daß die scheinbar gleichen Handlungen, wie z.B. Diebstähle, bei Frauen einen anderen "Sinn" als bei Männern haben. Die moderne Bedeutung von Diebstahl impliziert nicht bloß, daß sich jemand etwas ohne Gegenleistung aneignet, sie impliziert gleichzeitig, daß er dies tut, statt seinen Unterhalt auf legalem Wege - und sei es in Form eines Lohnsurrogats wie z.B. der Sozialhilfe - zu bestreiten. Das Diebstahlsverbot ist also mit einer Erwartung an das "richtige" Verhalten in der Arbeitswelt geknüpft. Mit der legalen Konstruktion des Mannes als des "Ernährers" der Familie ist verbunden, daß Frauen nicht primär diese Verantwortung zugeschrieben wird. Wenn sie dann Lebensmittel oder anderen Haushaltsbedarf stehlen, um ihre Kinder durchzubringen, ja sogar wenn sie betrügerische Handlungen begehen, um ihre Kinder an höheren Schulen zu unterhalten[29], dann handeln sie konform mit ihrer weiblichen Rolle und verletzen das Strafrecht nur "nebenbei", nämlich anstelle ihrer Männer. Das heißt nicht, daß Männer stehlen oder betrügen sollten, sie sollen aber für ihre Familie sorgen. Tun sie dies nicht, handeln Frauen "unter Druck", in Ausnahmesituationen, die keine legalen Alternativen enthalten, was alles exkulpierende Momente darstellt. Diese andere Situation von Frauen in Bezug auf Diebstahl und andere Straftaten wird von Richtern auch so empfunden, und deshalb verurteilen sie Frauen häufig zu milderen Strafen. Die unterschiedliche rollenbezogene Bedeutung von Diebstahl zeigt sich auch darin, daß Frauen (gender) eher auf den Gebrauchswert der gestohlenen Ware für die natürliche Reproduktion, Männer (gender) hingegen häufiger auf ihren Tauschwert im Bereich der materiellen Reproduktion abstellen, was sich auch im höheren Strafmaß ausdrückt.

Die "Milde" der Richter, die als ihre "Ritterlichkeit" bezeichnet wird, geht, wie wir angedeutet haben, nicht auf eine unspezifische "Attraktivität" von Frauen (sex) zurück,[30] sondern ist ein Zeichen einer adäquaten Anwendung des Strafrechts dort, wo der Buchstabe des Gesetzes zu einer inadäquaten Lösung führen würde. Eine Frau wegzusperren ist etwas anderes als einen Mann auszuschließen, der schon (aus dem Arbeitsmarkt) ausgeschlossen ist. Ein Soldat der Reservearmee der Arbeitslosen ist einfach zu ersetzen, nicht jedoch eine Frau, die Mutter ist, denn eine Reservearmee von Müttern und Hausfrauen gibt es nicht[31]. Damit schützen die Richter allerdings nicht die Frauen (sex), son-

---

[27] Eine solche Unterstellung liegt z.B. der Frage von Cain zugrunde, warum die Konstruktion der männlichen Geschlechterrolle so abgrundtief kriminogen sei (vgl. Cain 1990, S. 12). Die Antwort darauf wäre, weil Männer im Besitze der (Straf-)Macht ihren (armen und machtlosen) Geschlechtsgenossen bestimmte Zugänge zu Ressourcen verbieten. Daß das Strafrecht geschlechtsspezifisch verzerrt ist, hat Bertrand schon 1967 beobachtet.

[28] Vgl. die Beurteilung der Geschlechtsspezifität der strafrechtlichen Tatbestände bei Bröckling 1980.

[29] Vgl. Funken 1989.

[30] Vgl. Oberlies, 1995.

[31] Vgl. Kips 1991. Edwards meint, gezeigt zu haben, daß sich das Personal rechtlicher Institutionen nicht vom weiblichen Geschlecht per se, sondern von der Wahrnehmung und Bewertung von mit

dern vor allem die traditionelle familiale Organisation der natürlichen Reproduktion der Gesellschaftsmitglieder, konkret die Kinderaufzucht und die häußliche Pflege des "Familienernährers"[32].
Daß Frauen (sex) nicht generell auf Erleichterungen rechnen können, zeigt sich, wenn sie eine männliche gender-Rolle spielen. Besonders heftige Reaktionen der Richter erfolgen, wenn angeklagte Frauen die weibliche Rolle nicht etwa unterschreiten (schlechte Mütter), sondern sie aufheben (gar keine Mutter) und sich „männlich" verhalten: Gewalt mit Waffen anwenden, Waren um des Profits willen stehlen usw[33]. Das zeigt, daß Männer und Frauen nicht als biologische Wesen vor Gericht stehen; Mitglieder dieser Institutionen reagieren auf sie als Träger von sozialem Geschlecht, welches sich in Rollen ausdrückt. Rollen selber sind in und durch die vergeschlechtlichte Arbeitsteilung begründet, mithin wird der Bezug der Person eben zu dieser Struktur beurteilt. Die unterschiedliche Behandlung von Frauen und Männern vor Gericht (und anderen Institutionen), sei es bei der Zuteilung des Labels, sei es bei der Bestimmung der Maßnahmen, bezieht sich über die individuelle soziale Identität der/s zu Beurteilenden auf ihre/seine Position in der vergeschlechtlichten Wirklichkeit[34].

4.   Geschlechtsspezifität der Rechtsprechung - sekundäre Kriminalisierung

Sehr viel detaillierter ist die Geschlechtsspezifizität der Rechtsprechung bei Gewaltanwendungen gegenüber Frauen untersucht worden. Hierbei geht es nicht um selektive Bestimmung der Adressaten des Strafrechts, sondern die selektive Bestimmung der Opfer von Straftaten bei intrageschlechtlichen Auseinandersetzungen. Wenn Männer die Täter und Frauen die Verletzten sind, dann werden "Täter" häufig vor einem strafrechtlichen Zugriff immunisiert und der Status "Opfer einer Straftat" nicht anerkannt. Beginnen wir mit *sexuellen Mißhandlungen von Kindern*[35]. In den wenigen Fällen, wo dies den Organen bekannt wird, werden die Angeklagten nur selten überführt. Die Begründung dafür lautet, daß sich die Taten schwer nachweisen lassen, weil Kinder unglaubwürdige Opfer seien[36]. Dies steht jedoch im Widerspruch dazu, daß häufig gleichzeitig eine "Mitschuld" des Kindes an seiner Mißhandlung angenommen wird[37]. Als besonders unsensibel erweist sich die Beurteilung des sexuellen Mißbrauchs, der sich ohne physische Gewaltanwendung vollzieht, als eines harmlosen Falls, weil dies die Abhängigkeit des Kindes von seinem Ernährer völlig verkennt[38]. Mädchen werden in der Regel stärker als ihre Väter stigmatisiert, z.B. dadurch, daß psychiatrische Gutachten über sie angefordert

---

dem sozialen Geschlecht verbundenen Eigenschaften beeindrucken läßt (1989, S. 175). Das Geschlecht per se gibt es aber ohne zugeschriebene Eigenschaften nicht, so daß es stets die weiblichen Rolle ist, auf die in Gerichtsverhandlungen implizite bezug genommen wird. Umgekehrt ist die „Rolle" darauf angewiesen, daß sie stets in verschiedenen Kontexten, wie hier vor Gericht, reproduziert wird.

[32] Vgl. Hanmer/Stanko 1985. Immerhin aber nutzen hier Richter den Entscheidungsspielraum "flexibel" aus, sie gehen mit dem ihnen anvertrauten Instrument "weich" und nicht wie vorgesehen, "hart" um.

[33] Vgl. Scutt 1979; Hancock 1980.

[34] So wird z.B. beobachtet, daß arme, schwarze Frauen vor Gericht so streng wie weiße Männer behandelt werden (vgl. Rice 1990, S. 57 ff.). Dies wird als die Wirkung der Variablen "Ethnie" interpretiert, was freilich keine Erklärung, sondern die Verdoppelung der Beobachtung ist. Eine Erklärung könnte vielmehr darin bestehen, daß schwarze Frauen wie *Männer* behandelt werden, weil sie wie weiße Männer Oberhäupter und Ernährer ihrer Familien sind und sie deshalb auch der gleichen Erwartung unterliegen, ihren Unterhalt auf dem Arbeitsmarkt zu verdienen.

[35] Vgl. Bibliographie von Brinkmann/Honig 1986.

[36] Vgl. Fegert 1991, S. 67 f.

[37] Vgl. kritisch dazu Trube-Becker 1982, S. 89.

[38] Vgl. Remmschmid u.a. 1990, S. 233.

werden[39]. In der Tat stellt sich das Verhör vor den Organen sozialer Kontrolle den Betroffenen fast so schlimm wie die Mißhandlung selber dar - woraus die männliche liberale Strafrechtspolitik kurzerhand schließt, man könnte dies den Opfern, und infolge dessen auch den Tätern, ersparen.

Wie erniedrigend die Behandlung seitens der Organe sozialer Kontrolle, seitens der Ärzte, der Polizei, der Staatsanwälte und der Richter ist, müßen vor allem *vergewaltigte Frauen* erfahren. Die Demütigungen bestehen darin, daß die Situationsdeutung von Frauen nicht ernst genommen, als nicht glaubwürdig oder übertrieben behandelt wird. Das heißt, daß Frauen kognitive Fähigkeiten abgesprochen und ihre Anzeigen wegen ihrer "bloßen" Emotionalität zurückgewiesen werden[40]. Vertreter der Organe sozialer Kontrolle füllen die leeren Buchstaben des Gesetzes mit männlichen Alltagstheorien: Zu einer normalen Sexualität gehöre es, daß sich Männer aktiver, Frauen dagegen eher passiv verhalten; Männer seien sexuell triebhafter als Frauen; die vergewaltigte Frau habe sicherlich dem Täter vorher Hoffnungen gemacht; der Täter sei von Liebe übermannt worden; das Opfer nehme es auch sonst mit der Treue zu einem Partner nicht so genau usw. Nach Meinung der Richter gibt es nur ganz wenige "echte", dafür aber viele "unechte" Opfer von Vergewaltigungen. Das Verhalten und der Ruf der "unechten" Opfer werden dann zur Entschuldigung der Täter eingesetzt[41].

Das Des-Interesse des Strafrechts an den "nicht-prestige-trächtigen" Bereichen kommt besonders deutlich im Umgang mit Mißhandlung von Frauen durch ihre Ehemänner, Verlobten, Freunde in der "privaten Sphäre" zum Ausdruck[42]. Für die "private" Gewalt, zu der *körperliche Mißhandlungen* und *"Erzwingung des Beischlafs in der Ehe"* zählen, ist scheinbar niemand offiziell zuständig[43]. Die Polizei als die "erste Instanz", die dem Strafrecht zuarbeitet, betrachtet die von Frauen erlittenen Körperverletzungen als zufällige Folgen "familiärer Auseinandersetzungen", bei denen sie nicht eingreifen muß. Auf hilfesuchende mißhandelte Frauen reagieren Polizisten mit Mißachtung: Frauen zeigten sich hilflos und schwach, manche dagegen schrien, keiften, seien hysterisch, renitent und aggressiv. Frauen seien selbst schuld, wenn sich der Beamte am liebsten mit dem Ehemann identifizieren möchte...[44]. Im Gesetz und in der Rechtsprechung herrscht noch immer die Meinung vor, daß Geschlechtsverkehr zu den im Ehevertrag festgelegten Pflichten gehört und daß frau mit ihrer Weigerung eine Unterlassung begeht[45].

Als besonders sexistisch erweisen sich Begründungen bei *Tötungshandlungen von Männern an ihren Partnerinnen*. Bei einer Analyse von Gerichtsakten wird u.a. festgestellt, daß trotz der Abscheu, die gegenüber solchen Taten (vor dem Hintergrund des gleichermaßen verachteten Milieus) auch bei Richtern besteht, überwiegend "Ver-ständnis" im Sinne von Entschuldigung der Taten in die Urteile einfließt. Es werden überwiegend Motive mit entlastenden Mustern angeführt, wie z.B. daß der Täter unter "Gruppendruck" handelte, statt dieses nicht zu rechtfertigende männerbündnerische Ritual negativ zu beurteilen. Ebenso wird eine gewalttätige Dynamik nicht verurteilt, sondern wiederum zur Entlastung des Angeklagten eingesetzt.

---

[39] Vgl. Fegert 1991, S. 72 ff.

[40] Vgl. Degler u.a. 1981; Röthlein 1986, S. 156 ff.; Michaelis-Arntzen 1981, S. 27 ff.; Warnke 1986, S. 17 ff.; Jakobs 1986, S. 103 ff.; Janshen 1991, S. 379 ff.

[41] Vgl. Abel 1988, S. 69 ff.

[42] Die Anzahl von Frauen, die Gewalthandlungen erfahren, reichen von 100.000 bis 4 Mio. jährlich. In den etwa 180 Frauenhäusern suchten im Jahre 1988 etwa 24.000 Frauen Zuflucht (vgl. Lösel u.a. 1990, S. 95). Gemäß einer Umfrage bei Frauen in Frauenhäusern wurde körperliche Gewalt von 55,4%, Drohungen mit gegenwärtiger Gefahr für Leib oder Leben von 20,3%, "sonstiger" psychischer Druck von 18,9% und "Sonstiges" von 4,1% der Ehemänner bei der Erzwingung von Geschlechtsverkehr angewandt. Vgl. auch Bibliographie von Pelz-Schreyögg 1985.

[43] Zu Behandlung der mißhandelten Frauen durch Organe sozialer Kontrolle vgl. Hagemann-White u.a. 1981, S. 113 ff.

[44] Vgl. Hagemann-White u.a. 1981, S. 135.

[45] Vgl. Paetow 1987, S. 141 ff.

Tötungen im Zusammenhang mit sexuellen Gewaltdelikten werden als Verdeckkungstaten angesehen, ohne daß auch die sexuelle Gewalt als Auslöser selbst schon in Frage gestellt würde. Zusätzlich wird dadurch, daß das Opfer vergewaltigt wurde, nicht mehr seine Arglosigkeit unterstellt, was dem Täter den Vorwurf des heimtückischen Mordes erspart. Die Gerichte unterstellen, daß der Sexualtrieb des Mannes seine Steuerungsfähigkeit, seine Fähigkeit zu denken, außer Kraft setzt, wobei ihm ein uneingeschränktes Recht auf Befriedigung zusteht[46]. In dieser Hinsicht ist besonders die Gleichsetzung der Einheit einer rechtlichen Handlung mit der steigenden Erregung des Täters bis zum Samenerguß verräterisch. Frauen sollen dem Partner jederzeit zur Verfügung stehen und alle seine Wünsche erfüllen, wobei dieser Besitzanspruch von Männern über Frauen nicht selbst schon als eine Form der Gewalt, sondern als deren Anlaß bewertet wird. Dies gilt auch für das angebliche Motiv "Eifersucht", in der sich der Anspruch auf Beherrschung der Frau ausdrückt, der nicht etwa ein Nebenbuhler nicht gestattet wird, sondern vielmehr ihre Selbsbestimmung. Wenn sich Frauen von ihren mißhandelnden Männern lösen, zeigen Richter für die tödliche Eskalation der männlichen Reaktion viel Verständnis.

Die weitgehende Nicht-Anwendung des Strafrechts gegenüber Männern, die Gewalt an Frauen und Kindern anwenden, ist so auffallend, daß sie zu dem Schluß berechtigt, daß die physische Gewalt nur scheinbar vom Staate monopolisiert wurde. Es hat vielmehr den Anschein, daß sie besonders in "privaten" Bereichen als eine quasi-legale zugelassen wird[47]. Dies kann weiterhin im Sinne des oben erwähnten Zusammenhangs zwischen der androzentrischen Wissenschaft und männlichen Interessen auch als eine implizite Komplizenschaft von Männern in hegemonialen Positionen, konkret im Strafecht, mit untergeordneten Männern auf Kosten des weiblichen Geschlechts (und der Kinder) interpretiert werden[48].

5.   *Männliche (gender) Behandlungsmethoden des Strafrechts - der strafrechtliche Anwendungskontext*

Strafrichter sind ausdrücklich von einer Verantwortung für die sozialen Folgen ihrer Entscheidungen entbunden. Daß das Strafrecht nicht zu einer Behebung der problematischen Situationen, die Gesellschaftsmitglieder mitunter mit strafrechtlich verbotenen Mitteln zu lösen versuchen, beiträgt, sondern sie sekundär noch verschlechtert, ist in der kritischen Kriminologie, der abolitionistischen Perspektive und in Beiträgen zu der Geschlechtsspezifität des Netzes der sozialen Kontrolle zur Genüge dargelegt worden[49].

Um an dieser Stelle nicht die eingangs erwähnte Charakterisierung des Strafrechts als männlich wiederholen zu müssen, soll ein Hinweis darauf genügen, daß sich alle bisher vorgeschlagenen Alternativen zur strafrechtlichen Reaktion mühelos den weiblich bezeichneten Eigenschaften zuordnen ließen: In der abolitionistischen Perspektive eines Nils Christie erscheint Devianz nicht als eine klare Übertretung von eindeutig formulierten Normen, sondern als eine Imponderabilie des Lebens, die Frauen aus der Erziehung

---

[46] Dies liest sich so: "Zugunsten des Angeklagten war zu berücksichtigen, daß er sich möglicherweise aufgrund der Schwangerschaft seiner Ehefrau in einem sexuellen Spannungszustand befunden hatte (...) Allerdings muß sich der Angeklagte insoweit entgegenhalten lassen, daß er andere Möglichkeiten hätte finden können, um diesen Zustand abzubauen" (Oberlies 1995, S. 75).

[47] Vgl. Brückner 1983, S. 10; Ptacek 1988, S. 142 ff.; Stanko 1985, S. 70.; Gelles 1983, S. 158; Smaus 1994.

[48] Eine Frau aus der Frauenbewegung, die an einer Umerziehung inhaftierter sexueller Gewalttäter beteiligt war, mußte erkennen, daß sie sich von "normalen" Männern nur durch die angezeigte Vergewaltigung unterscheiden (vgl. Tügel/ Heilemann 1987, S.97). In einer Umfrage an 1039 Männern im Jahre 1985 meinten 29% der Befragten, daß physische Gewalt gegenüber Ehefrauen "minimal", 52% in "mittlerer Ausprägung", 14% "potentiell von allen" angewendet wird (Metz-Göckel/ Müller 1986, S. 120 f.).

[49] Vgl. Sack 1968; Hulsman 1986; Smaus 1993.

von Kindern nur zu gut bekannt ist. Alle negativen Sanktionen im Nahraum, und nur dort sind sie gleichermaßen sinnvoll wie legitim, bezwecken die Wiederherstellung eines friedlichen Zustandes und nicht die Zerstörung der Gruppe/Gemeinschaft durch den Ausschluß des "Abweichenden". Einen Dualismus von Tätern und Opfern gibt es schon deshalb nicht, weil am Problem wahrscheinlich immer schon mehrere Personen mit gleichermaßen berechtigten Interessen und Leidenschaften beteiligt sind, und im übrigen die Rollen der Beurteilten und der Beurteilenden in der Gruppe im Laufe der Zeit ständigem Wechsel unterliegen. Das Losungswort heißt nicht "Leid zufügen", sondern *Fürsorglichkeit für die Betroffenen, Erhalt der Gruppe/Gemeinschaft*[50]..

Diese "Logik" der Behandlung von Störungen der Routine kann deshalb als eine andere, "weibliche" bezeichnet werden, weil sie sich überhaupt von der irrigen Vorstellung löst, man könne Handlungen "logisch richtig" unter Normen subsumieren. Eine ausgleichende Gerechtigkeit ist in keiner Weise an das Sanktionensystem des Strafrechts beschränkt - im "Leben" stellt sie sich häufig selbst her, indem alle möglichen Boni und Mali gegeneinander aufgerechnet werden. Auf viele dieser Aspekte wies van Swaaningen schon 1989 hin, nur schränkte er seine Bezeichnung des Strafrechts auf "männliches Denken über Frauen" ein. Eigentlich aber haben Männer mehr Grund als Frauen, statt einer "harten", uneinsichtigen Behandlung durch Männer (sex) im Besitze der Macht, eine sensible, die Vielfalt berücksichtigende Behandlung nach dem Persephone-Modell (gender weiblich) zu verlangen, denn sie sind es, die dem strafrechtlichen Zugriff in 80% aller Fälle ausgesetzt sind. Von diesem achtzigprozentigen Anteil der Männer an der Polizeilichen Kriminalstatistik gelangen überproportional viele in das Gefängnis, wo sie zu "zuverlässigen Proletariern" abgerichtet werden sollen. Geht es bei der gegenwärtigen hohen Arbeitslosenrate bei Männern darum, den Konnex "legales Einkommen - Konsum" zu erhalten, so geht es bei Frauen darum, in dieser Kette hintan gestellt zu bleiben.

Deshalb wird es nicht wundern, daß Gefängnisse für Frauen am sichtbarsten die geschlechtsspezifische Orientierung des Strafrechts verdeutlichen. Wir sagten schon, daß vor allem solche Frauen mit Freiheitsstrafe belangt werden, die die Rollendifferenzierung als solche verletzten, d.h. die sich in irgendeiner Weise "männlich" verhielten. Statt ihnen zu gestatten, männlichen Habitus (gender) weiter zu entwickeln und legale männliche Rollen zu übernehmen, trägt die gesamte Anlage der Frauengefängnisse dazu bei, das alte Rollenstereotyp mit Gewalt durchzusetzen[51]. Eingeschlossene Frauen können in der Regel nur "weibliche" Berufe wie Köchin oder Näherin erlernen, die sie in Freiheit nicht werden ernähren können und die sie deshalb wahrscheinlich wieder in Abhängigkeit von männlichen "Ernährern" bringen, ein Zustand, gegen den sie mit strafrechtlich verbotenen Handlungen aufbegehrten. Sie erhalten keine Gelegenheit, männliche Berufe mit Aussicht auf Beschäftigung auf dem öffentlichen Arbeitsmarkt zu erlernen, sie werden lediglich zu "zuverlässigen Ehefrauen von zuverlässigen Proletariern" abgerichtet.

6.   Zusammenfassung

Das Geschlecht des Strafrechts drückt sich nicht nur in seinen Inhalten, sondern wie eingangs dargelegt, schon in seiner Form aus. Was Max Weber als die Entwicklung des Rechts im allgemeinen beschreibt, gilt auch für das Strafrecht: Die Entwicklung des modernen, formal rationalen Rechts setzte zunächst die "Generalisierung" voraus. Sie besteht in der *Reduktion* auf die für die Entscheidung des Einzelfalles maßgebenden Gründe auf ein oder mehrere *Prinzipien*, die fortan in "Rechtssätzen" festgehalten werden. Daran knüpft die "synthetische Arbeit der juristischen Konstruktion von Rechtsverhältnissen und Rechtsinstitutionen" an. Sie besteht in der Erfassung der *rechtlichen Relevanz* der in typischer Art. und Weise verlaufenden Handlungsweisen, und der Bestimmung der Art. und Weise, wie diese relevanten Bestandteile in sich *logisch widerspruchslos* als rechtlich

---

[50]   Vgl. Christie 1982.
[51]   Für das Gefängnis vgl. Smaus 1991; andere Institutionen sozialer Kontrolle vgl. Kersten 1986; Lees 1986.

geordnet zu denken seien. Der letzte Schritt besteht in der Systematisierung, d.h. in der "Inbeziehungsetzung aller durch Analyse gewonnenen Rechtssätze in der Weise, daß sie ein *logisch klares, in sich logisch widerspruchsloses, und vor allem, prinzipiell lückenloses System von Regeln* bilden"[52]. Zusammen mit der Unterstellung, daß das, was sich juristisch nicht konstruieren lasse, rechtlich nicht relevant sei, und daß das Gemeinschaftshandeln von Menschen durchweg als "Anwendung" oder "Ausführung" bzw. als "Verstoß" gegen Rechtssätze gedeutet werden müsse[53], bilden sie die Grundlagen des gegenwärtigen positiven, formal rationalen Rechts.

Die Vorstellung, Feministinnen wollten das Rad der Geschichte (gender männlich) wieder herumreißen und auf die Errungenschaften des modernen, universalen, formalen Rechts verzichten, muß auf den ersten Blick schauderhaft erscheinen. An dieser Stelle muß denn auch gesagt werden, daß es bei der Herausstellung der Übereinstimmung des Geschlechts des Strafrechts mit dem Geschlecht der HERRschaft, nicht um Denunziation gehen kann. Vielmehr wird ein neuer Zugang dazu benutzt, der Kritik an dysfunktionalen Entwicklungen des Strafrechts (und möglicherweise auch anderer Rechtsgebiete) einen frischen Ausdruck zu verleihen. Es ist den LeserInnen sicherlich nicht entgangen, daß sich die oben geübte Kritik der realen Verhältnisse des Arguments bedient, sie habe nicht die hehren männlichen Ideale im Strafrecht (und in der Wissenschaft) erreicht. Eine solche Kritik am Strafrecht wurde indessen schon allenthalben geübt. Das Neue an der feministischen Kritik besteht vielleicht darin, daß sie den Nachweis führt, daß die männlichen Idealvorstellungen vom Recht im allgemeinen und vom Strafrecht im besonderen ohne grundlegende Veränderungen der Institutionen nicht erreicht werden können. Wie schon die sehr verkürzte Analyse der „männlichen" Eigenschaften des Strafrechts gezeigt haben, beruht es auf einem letztlich nicht-rationalen, unmoralischen und ungerechten Ausschluß einer Hälfte (wenn wir den Dualismus überhaupt aufrechterhalten wollen) der menschlichen Eigenschaften, die Lösungen von vitalen Problemen bereithalten könnten, bei denen das gegenwärtige strafrechtliche Korsett (gender männlich für Natur weiblich) machtlos ist. Wie der Wissenschaftsbetrieb müßte sich auch das Strafrecht Zugängen, Überlegungen und Behandlungen öffnen, die einer anderen Rationalität und Logik als der formalen folgen. Die Aufnahme der verdrängten Eigenschaften wird aber deshalb verweigert, weil, "objektiv" gesehen, dies die männliche Hegemonie im Strafrecht (und der Wissenschaft) in Frage stellen würde und weil es wegen der Homologie der "Charaktere" der Institutionen und dem Habitus ihrer Diener subjektiv sehr schwer fallen dürfte, die als richtig anerkannten Prinzipien aufzugeben und sich auf den chaotischen Zustand des Lebens einzulassen.

---

[52] Vgl. Weber 1956, S. 123 ff.
[53] Vgl. Weber 1956, S. 126.

Literatur

Abel, H., Vergewaltigung. Stereotypen in der Rechtsprechung und empirische Befunde, Weinheim und Basel 1988
Adler, Sisters in Crime, New York 1978
Atkins, S./Hoggett, B., Women and the Law, Oxford 1984
Baudrillard, J., Die Simulation, in: WELSCH, W. (Hrsg.), Wege aus der Moderne. Schlüsselworte der Postmoderne-Diskussion, Weinheim 1988, S. 153-162
Bertrand, M.-A., The Myth of Sexual Equality Before the Law, Criminality. Centre de psychologie et de pedagogie, Montreal 1967, S.129-159
Brinkmann, W./Honig, M., Gewalt gegen Kinder. Kinderschutz. Eine sozialwissenschaftliche Auswahlbibliographie, München 1986
Bröckling, E., Frauenkriminalität. Darstellung und Kritik kriminologischer und devianzsoziologischer Theorien, Stuttgart. 1980
Brückner, M., Liebe der Frauen. Über Weiblichkeit und und Mißhandlung, Frankfurt/M. 1983
Cain, M., Towards Transgression: New Directions in Feminist Criminology, in: International Journ al of the Sociology of Law 1990, 18, S.1 - 18
Christie, N., Limits to Pain, Oxford 1982
Degler, H. (Hrsg.), Vergewaltigt. Frauen berichten, Hamburg 1981
Edwards, S., AR, Sex/Gender, Sexism and Criminal Justice: Some Theoretical Considerations, in: International Journ al of the Sociology of Law, 1989, 17, S.165-184
Fegert, J.M., Glaubensbekenntnis und Gruppenjargon, In: Janshen, D. (Hrsg.), Sexuelle Gewalt. Die alltägliche Menschenrechtsverletzung, Frankfurt/M. 1991, S. 47 - 85
Foucault, Michel, Überwachen und Strafen, Frankfurt/M. 1976
Funken, Ch., Frau - Frauen - Kriminalität, Opladen 1989
Gellers, R.J., An Exchange/Social Control Theory, in: *Finkelhor, D./Gellers, R.J./Hotaling, G.T. / Strauss*, (eds.), The Dark Side of Families. Current Family Violence Research, Beverly Hills, London, New Delhi 1983, S. 151 - 165
Gipser, D., Mädchenkriminalität, München 1975
Hagemann-White, C./Kabemann, B./Kootz, J./Weinmann, U./Wild, C.C./Burghardt, R./Scheu, U., Hilfen für mißhandelte Frauen. Schriftenreihe des Bundesministers für Jugend, Familie und Gesundheit Bd. 124, Stuttgart, Berlin, Köln, Mainz 1981
Hall, J.,Theft, Law and Society, Indianapolis 1935
Hall, J., General Principles of Criminal Law, Indianapolis 1947
Hancock, L., The Myth that Females Are Treated More Leniently than Males in the Juvenile Justice System, in: Australian and New Zealand Journ al of Sociology 16, 1980, S. 4 - 13
Hanmer, J./Stanko, E, Striping Away the Rhetoric of Protection: Violence to Women, Law and the State, in: International Journ al of the Sociology of Law, 1985, 13, S. 357 - 374
Harding, S., Feministische Wissenschaftstheorie: Zum Verhältnis von Wissenschaft und sozialem Geschlecht, Hamburg 1991
Harding, S., Das Geschlecht des Wissens, Frankfurt/New York 1994
Hartstock, N., The Feminist Standpoint: Developing the Ground for a Specifically Feminist Historical Materialism, in: Methodology and Philosophy of Science, Dordrecht 1983
Hulsmann, L.H.C., Critical Criminology and the Concept of Crime, in: Contemporary Crises 10, 1986, S. 63-80
Jakobs, K., Das Mißtrauen gegen die vergewaltigte Frau im Ermittlungsverfahren unter besonderer Berücksichtigung der Stellung der Staatsanwaltschaft, in: *Fehrman, H./Jacobs, K./Junker, R.*, Das Mißtrauen gegen vergewaltigte Frauen, Sonderband der BKA-Reihe, Wiesbaden 1986, S. 103 - 132

Janshen, D., Gelegenheitsprostitution kann nicht ausgeschlossen werden, in: *Janshen, D.* (Hrsg.), Sexuelle Gewalt. Die allgegenwärtige Menschenrechtsverletzung, Frankfurt/M. 1991, S. 379 - 398

Kersten, G.., Gut und Geschlecht. Zur institutionellen Verfestigung abweichenden Verhaltens bei Jungen und Mädchen, in: Kriminologisches Journ al 18, 1986, S. 241 - 257

Kips, M., Strafrecht für Männer, Psychiatrie für Frauen, in: Kriminologisches Journ al 23, 1991, S. 125 - 134

Lautmann, R.,, Die Gleichheit der Geschlechter und die Wirklichkeit des Rechts, Opladen 1990

Lees, S., Sitte, Anstand und die soziale Kontrolle von Mädchen - Eine englische Studie, in: Kriminologisches Journ al 18, 1986, S. 258 - 272

Lösel, F. / Selg, H. /Schneider, U. unter Mit. von *Müller-Luckmann, E.*, Ursache, Prävention und Kontrolle von Gewalt aus psychologischer Sicht, In: *Schwind, H.D./Baumann, J.* (Hrsg.), Ursachen, S. 1 - 156

Lüdtke, A., "Gemeinwohl", Polizei und "Festungspraxis". Staatliche Gewaltsamkeit und innere Verwaltung in Preußen, 1815-1850, Göttingen 1982

Lyotard. J.-F., Die Moderne redigieren, in: *Welsch, W.* (Hrsg.), Wege aus der Moderne. Weinheim 1988, S. 204 - 214

Machinnon, C., Sexual Harrasment of Working Women. A Case of Sex Discrimination, New Haven, London 1979

Messerschmidt, J., Überlegungen zu einer sozialistisch -feministischen Kriminologie, in: *Janssen, H./Kaulitzky, R./ Michalowski, R.,.* (Hrsg.), Radikale Kriminologie, Bielefeld 1988, S. 83 - 101

Metz-Göckel, S./Müller, U., Der Mann, Weinheim, Basel 1981

Michaelis-Arntzen, E., Die Vergewaltigung aus kriminologischer, viktimologischer und aussagepsychologischer Sicht, München 1981

Oberlies, D., Tötungsdelikte zwischen Männern und Frauen, Pfaffenweiler 1995

O'Donovan, K., Sexual Divisions in Law, London 1985

Olsen, F., Feminism and Critical Legal Theory: An American Perspective, in: International Journ al of the Sociology of Law 18, 1990, S. 199-215

Paetow, B., Vergewaltigung in der Ehe, Freiburg im Br. 1987

Plez-Schreyögg, H., Gewalt in Familien. Eine Literaturübersicht, München 1985

Ptacek, H., Why do Man Batter their Wives, in: *Yllö, K./Bogard, M.* (eds.), Feministic Perspectives on Wife Abuse, Newbury Park, London, New Delhi 1988, S. 133 - 157

Remmschmid, H./Hacker, F./Müller-Luckmann, E./Schmidt, M.H./Strunk, P., Ursachen, Prävention und Kontrolle von Gewalt aus psychiatrischer Sicht. In: *Schwind, H.D. / Baumann, J.* (Hrsg.), Ursachen, S. 157 - 292

Rice, M., Challenging Orthodoxies in Feminist Theory, in: *Gelsthrope, L./Morris, A.*, (eds.), Feminist Perspectives in Criminology, Milton Keynes, Philadelphia 1990, S. 57 - 69

Röthlein, C., Der Gewaltbegriff im Strafrecht unter besonderer Berücksichtigung der Sexualdelikte, München 1986

Rose, H., Hand, Brain and Heart, A Feminist Epistemology for the Natural Sciences, in: Signs: Journ al of Women and Culture in Society 9, 1983

Sack, F., Neue Perspektiven in der Kriminalsoziologie. In: *Sack, F./König, R.*, (Hrsg.), Kriminalsoziologie, Frankfurt/M. 1968, S. 431-475

Schüssler-Fiorenza, E., Brot statt Steine. Die Herausforderung einer feministischen Interpretation der Bibel. Freiburg (Schweiz) 1988

Schwind, H. D./Baumann, J. (Hrsg.), Ursachen, Prävention und Kontrolle von Gewalt. Analysen und Vorschläge der Unabhängigen Regierungskommission zur Verhinderung und Bekämpfung von Gewalt, Bd.II, Berlin 1990

Scutt, J.A.., The Myth of the Chivalry Factor in Female Crime, in: Australian Journ al of Social Issues 14, 1979, S. 3- 20

Simon, R.., Women and Crime, Lexington, D.C. 1975

Smart, C., Feminist Approaches to Criminology or Postmodern Woman Meets Atavistic Man, in: *Gelstthorpe, L./Morris, A.*.(eds.), a.a.O., S. 70 - 84

Smaus, G., Das Strafrecht und die Frauenkriminalität, in: Kriminologisches Journal 22, 1990, 4, S. 266 - 283

Smaus, G., Reproduktion der Frauenrolle im Gefängnis, in: Streit 9, 1991, 1, S. 23 - 33

Smaus, Gerlinda, Physische Gewalt als ultima ratio des Patriarchats, in: Kriminologisches Journal 26, 1994, 2, S. 82 - 104

Smaus, Gerlinda, Feministische Erkenntnistheorie und Kriminologie von Frauen, in: Kriminologisches Journal, 5. Beiheft 1995, S. 9 - 27

Stang Dahl, T., Womens Law: Method, Problems, Values, in: Contemporary Crises 10, 1986, 4, S. 301 - 316

Stanko, E., Intimitate Intrussions. Woman's Experience of Male Violence, London, Boston, Melbourne, Henley 1985

Swaaningen, van R., Feminismus und Abolitionismus als Kritik der Kriminologie, in: Kriminologisches Journal 21, 3, 1989, S. 162 - 181

Sutherland, Edwin H.., Principles of Criminology, 4th. ed., New York 1939

Trube-Becker, E., Gewalt gegen das Kind. Vernachlässigung, Mißhandlung, sexueller Mißbrauch und Tötung von Kindern, Heidelberg 1982

Tügel, H./Heilemann, M., Frauen verändern Vergewaltiger, Frankfurt/M. 1987

Warnke, C., Die vergewaltigte Frau im Gestrüpp einer opferfeindlichen Strafverfolgung, in: *Fehrmann, H./Jacobs, K./Junker, R.*, Das Mißtrauen gegen vergewaltigte Frauen, Sonderband der BKA-Forschungsreihe, Wiesbaden 1986

Weber, Max, Wirtschaft und Gesellschaft, 5. Auflage, Tübingen 1956

Anhang 1: Mitteilung der Kommission an das Europäische Parlament und den Rat über die Auslegung des Urteils des Gerichtshofes vom 17. Oktober 1995 in der Rechtssache C-450/93, Eckart Kalanke gegen Freie Hansestadt Bremen

1. Einführung

Am 17. Oktober 1995 erließ der Gerichtshof der Europäischen Gemeinschaften sein Urteil in der Rechtssache C-450/93 (Eckart Kalanke gegen Freie Hansestadt Bremen)[1], das Anlaß zu erheblichen Kontroversen in ganz Europa gegeben hat. Ursache dieser Kontroversen war die durch das Urteil geschaffene Unsicherheit hinsichtlich der Rechtmäßigkeit von Quoten und anderen positiven Maßnahmen, die darauf abzielen, die Zahl von Frauen in bestimmten Bereichen oder Positionen zu erhöhen.

Dem Urteil in der Rechtssache Kalanke kommt große Bedeutung zu, da es zu einem Zeitpunkt gefällt worden ist, wo zunehmend erkannt wird, daß die vor 20 Jahren erlassenen Rechtsvorschriften zur Bekämpfung der Diskriminierung heute nicht mehr ausreichen, um die Chancengleichheit der Frauen im Hinblick auf ihren Zugang zur Beschäftigung und zum beruflichen Aufstieg herbeizuführen. Obgleich in den letzten 10 Jahren auf diesem Gebiet einige echte Fortschritte erzielt wurden, liegen die Arbeitslosenquoten in den meisten Teilen der Gemeinschaft bei Frauen höher als bei Männern. Die Frauen stellen nach wie vor die meisten Langzeitarbeitslosen. Oft haben sie schlecht bezahlte und unsichere Arbeitsplätze, für die nur geringe Qualifikationen erforderlich sind, und nach wie vor werden Männer und Frauen unterschiedlich entlohnt. Auch haben immer noch nicht genug Frauen die Möglichkeit, Positionen zu besetzen, in denen Entscheidungen getroffen werden, oder in vollem Umfang am politischen und wirtschaftlichen Leben teilzunehmen.

Die Gleichbehandlung von Männern und Frauen am Arbeitsplatz stellt ein Grundrecht dar, wie der Gerichtshof in seinem Urteil vom 15. Juni 1978 in der Rechtssache 149/77, Defrenne III[2] anerkannte. Insbesondere stellte der Gerichtshof hinsichtlich der Existenz eines allgemeinen Grundsatzes, der eine Diskriminierung aufgrund des Geschlechts im Hinblick auf Beschäftigungs- und Arbeitsbedingungen verbietet, fest, daß die Beseitigung einer solchen Diskriminierung zu den Grundrechten gehört, die einen der Grundsätze des Gemeinschaftsrechts darstellen, und deren Einhaltung der Gerichtshof zu sichern hat. Der Grundsatz, daß die Grundrechte geachtet werden sollten, ist seitdem im Vertrag über die Europäische Union (Art. F absatz 2) verankert worden.

Nach Ansicht der Kommission muß zu einer Zeit, wo die Chancengleichheit für Frauen neben dem Kampf gegen die Arbeitslosigkeit auf höchster Ebene (anläßlich der Tagungen des Europäischen Rates von Essen, von Cannes und von Madrid) als Aufgabe von größter Wichtigkeit anerkannt worden ist, unbedingt noch einmal bekräftigt werden, daß es erforderlichen falls angebracht ist, "positive Maßnahmen" zur Förderung der Chancengleichheit von Frauen und Männern zu ergreifen, insbesondere durch Beseitigung faktischer Ungleichheiten, die sich auf die Chancen von Frauen im Berufsleben auswirken.

Eine amtliche Definition "positiver Maßnahmen" auf Gemeinschaftsebene liegt nicht vor. Man ist sich jedoch in der europäischen Gemeinschaft allgemein darüber einig, daß der Begriff "positive Maßnahmen" alle Maßnahmen umfaßt, die darauf abzielen, den Auswirkungen früherer Diskriminierungen entgegenzuwirken, bestehende Diskriminierungen zu beseitigen und die Chancengleichheit von Frauen und Männern, insbesonderein bezug auf Bereiche oder Positionen, in denen Angehörige eines Geschlechts signifikant unterrepräsentiert sind, zu fördern. In zunehmendem Maße wird anerkannt, daß es sich

---

[1] Slg. 1995, S I-3051
[2] Slg. 1978, S. 1365

dabei um eine Frage nicht nur der Billigkeit, sondern auch der Effizienz bei der Verwaltung von Humanressourcen handelt.

Positive Maßnahmen können verschiedene Formen annehmen: Ein erster Typ umfaßt Maßnahmen, die in bezug auf die nachteiligen Umstände, die typisch für die Teilnahme der Frauen am Arbeitsmarkt sind, Abhilfe schaffen sollen. Der Zweck ist, die Ursachen für die schlechteren Beschäftigungs- oder Aufstiegsmöglichkeiten zu beseitigen, die sich nach wie vor auf die Erwerbstätigkeit von Frauen auswirken, insbesondere durch Maßnahmen auf der Ebene der Berufsberatung und Berufsausbildung. Einen zweiten Typ stellen Aktionen dar, die die Erzielung eines bestimmten Gleichgewichts der familiären und der beruflichen Pflichten und eine effizientere Verteilung dieser Pflichten zwischen den beiden Geschlechtern fördern. In diesem Fall haben die Maßnahmen Priorität, die die Organisation der Arbeitszeit, den Ausbau der Kinderbetreuungsinfrastruktur und die Wiedereinstellung von Arbeitnehmern in den Arbeitsmarkt nach einer Unterbrechung der Berufstätigkeit betreffen.

Ein dritter Typ beruht auf dem Gedanken, daß positive Maßnahmen darauf abzielen sollten, einen Ausgleich für frühere Diskriminierungen zu schaffen. Dementsprechend wird eine vorrangige Behandlung bestimmter Personengruppen vorgeschrieben. Diese kann die Form von Quotensystemen oder Zielen annehmen. Dabei kann es sich um mehr oder weniger starre Quoten handeln. Man spricht von starren Quoten, wenn diese Quoten festlegen, daß ein bestimmter Prozentsatz erzielt werden muß, ohne daß Qualifikationen oder Verdienste der betroffenen Personen berücksichtigt werden, oder wenn vorgeschrieben wird, daß Mindesterfordernissen entsprochen werden muß, ohne daß eine Möglichkeit besteht, die besonderen Umstände eines Falls zu berücksichtigen. Bei weniger starren oder flexiblen Quoten handelt es sich dagegen um solche, durch die für eine bestimmte Gruppe eine vorrangige Behandlung festgelegt wird, sofern die Qualifikationen im Hinblick auf die Tätigkeit gleichwertig sind und es möglich ist, außergewöhnliche Umstände zu berücksichtigen.

2. Die Einstellung der Gemeinschaft zu "positiven Maßnahmen"

Die Kommission hat sich immer sehr für positive Maßnahmen eingesetzt. Im Jahre 1984 legte sie einen Vorschlag für eine Empfehlung zur Förderung positiver Maßnahmen vor, die vom Rat angenommen wurde.[3]

In der Empfehlung werden die Mitgliedstaaten aufgefordert, eine Politik positiver Maßnahmen anzunehmen, um die faktischen Ungleichheiten, mit denen Frauen im Berufsleben konfrontiert sind, zu beseitigen sowie die Aufhebung der Geschlechtertrennung im Arbeitsmarkt zu fördern. Ziel dieser Maßnahmen ist es, der Benachteiligung der erwerbstätigen oder arbeitsuchenden Frauen aufgrund der vorhandenen Einstellungen, Verhaltensmuster und Strukturen, die auf einer herkömmlichen Rollenverteilung in der Gesellschaft zwischen Männern und Frauen basieren, entgegenzuwirken oder sie auszugleichen. Auch werden die Mitgliedstaaten aufgefordert, die Beteiligung der Frauen in den verschiedenen Berufen und Bereichen des Arbeitslebens, in denen sie gegenwärtig unterrepräsentiert sind, insbesondere in den zukunftsträchtigen Sektoren, und auf den Ebenen mit höherer Verantwortung zu fördern, um zu einer besseren Nutzung aller menschlichen Ressourcen zu gelangen. Auch wird den Mitgliedstaaten empfohlen, dafür Sorge zu tragen, daß die positiven Maßnahmen möglichst Aktionen zur Förderung der Bewerbung, der Einstellung und des Aufstiegs von Frauen in Bereichen, Berufen und auf Ebenen, wo Frauen unterrepräsentiert sind, insbesondere in verantwortlichen Stellungen, einschließen.

Weiterhin ist daran zu erinnern, daß die Kommission im Dritten Mittelfristigen Aktionsprogramm der Gemeinschaft für die Chancengleichheit (1991 - 1995), das mit der

---

[3] Empfehlung Nr. 84/635/EWG des Rates vom 16. Dez. 1984 zur Förderung positiver Maßnahmen für Frauen (Abl. Nr. L 331, 19.12.1984, S. 34)

Entscheidung des Rates vom 21. Mai 1991[4] angenommen worden ist, die Notwendigkeit positiver Maßnahmen betont und eine Anzahl von Aktionen durchgeführt hat, die speziell auf die Eingliederung der Frau in den Arbeitsmarkt und die Verbesserung der Qualität der Beschäftigung von Frauen abzielen. Im vierten Aktionsprogramm (1996 - 2000), das mit Beschluß 95/593/EWG des Rates[5] angenommen wurde, wird als eines der u.a. durch positive Aktionen zu verfolgenden Ziele die Öffnung des Arbeitsmarktes genannt.

Bei der Kommission selbst wurde ein zweites Programm positiver Aktionen zur Förderung der weiblichen Bediensteten (1992 - 1996) angenommen, mit dem die Ungleichgewichte in bezug auf die Anzahl der weiblichen Bediensteten in den Laufbahnen und Stellungen, in denen sie unterrepräsentiert sind, ihre Aufstiegschancen gefördert und flankierende Maßnahmen vorgesehen werden sollen, die es Bediensteten ermöglichen, berufliche und familiäre Pflichten besser miteinander in Einklang zu bringen. Als Bestandteile einer kohärenten Strategie zur Beseitigung von de-facto-Ungleichheiten sind mehrere Maßnahmen vorgesehen. Insbesondere werden die Dienststellen ermutigt, bei gleicher Qualifikation und gleichen Verdiensten weiblichen Bewerbern bei der Einstellung, Beförderung und Besetzung von Führungspositionen den Vorzug zu geben, solange Frauen auf einer bestimmten Stufe oder in einer bestimmten Laufbahngruppe unterrepräsentiert sind. Dafür werden Ziele festgelegt und Umsetzungsmaßnahmen vereinbart, die eine qualitative und quantitative Analyse der Lage, einen kohärenten Aktionsplan zur Förderung einer größeren Ausgewogenheit zwischen Frauen und Männern sowie eine Bewertung in regelmäßigen abständen umfassen.

3. Der Tatbestand in der Rechtssache Kalanke

In der Rechtssache Kalanke stellte sich die Frage, ob ein bestimmtes deutsches Gesetz über positive Maßnahmen mit der Richtlinie 76/207/EWG[6] vereinbar ist oder ob es die Grenzen der in Art. 2 Absatz 4[7] der Richtlinie vorgesehenen Ausnahme überschreitet. Das Gesetz zur Gleichstellung von Mann und Frau im öffentlichen Dienst des Landes Bremen sieht vor, daß bei Einstellung und Beförderung in Bereichen, in denen Frauen unterrepräsentiert sind, Frauen bei gleicher Qualifikation vor ihre männlichen Mitbewerber vorrangig berücksichtigt werden <u>müssen</u>. Eine Unterrepräsentation liegt vor, wenn auf den einzelnen Stufen der jeweiligen Personalgruppe nicht mindestens zur Hälfte Frauen vertreten sind.

Herr Kalanke, dem aufgrund dieser Regelung eine bestimmte Beförderung versagt worden war, focht diese Entscheidung vor den deutschen Gerichten an. Das deutsche Gericht entschied, die Beförderung sei nach deutschem Recht einschließlich des Grundgesetzes rechtmäßig, doch wurde die Frage, ob sie mit der Richtlinie 76/207/EWG vereinbar sei, dem Gerichtshof der Europäischen Gemeinschaften vorgelegt.

Die einschlägigen Vorschriften des Gesetzes zur Gleichstellung von Mann und Frau im öffentlichen Dienst des Landes Bremen lauten:
"Einstellung, Übertragung eines Dienstpostens und Beförderung
Bei der Einstellung, einschließlich der Begründung eines Beamten- und Richterverhältnisses, die nicht zum Zwecke der Ausbildung erfolgt, sind Frauen bei glei-

---

[4] ABl. Nr. C 142 vom 31.5.1991, S. 1

[5] ABl. Nr. L 335 vom 30.12.1995, S. 37

[6] Richtlinie des Rates 76/207/EGW vom 9. Febr. 1976 zur Verwirklichung des Grundsatzes der Gleichbehandlung von Männern und Frauen hinsichtlich des Zugangs zuur Beschäftigung, zu Berufsausbildung und zum beruflichen Aufstieg sowie in bezug auf die Arbeitsbedingungen (ABl. Nr. L 39/14.2.76, S. 40.

[7] Artikel 2 Absatz 4 lautet wie folgt: „Die Richtlinie steht nicht den Maßnahmen zur Förderung der Chancengleichheit von Männern und Frauen, insbesondere durch die Beseitigung der tatsächlich bestehenden Ungleichheiten, die die Chancen von Frauen in den in Art. 1 genannten Bereichen beeinträchtigen, entgegen."

cher Qualifikation wie ihre männlichen Mitbewerber in den Bereichen vorrangig zu berücksichtigen, in denen sie unterrepräsentiert sind.
Eine Unterrepräsentation liegt vor, wenn in den einzelnen Lohn-, Vergütungs- und Besoldungsgruppen der jeweiligen Personalgruppe einer Dienststelle nicht mindestens zur Hälfte Frauen vertreten sind. Dies gilt auch für die nach dem Geschäftsverteilungsplan vorgesehenen Funktionsebenen."

4. Das Urteil

In seinem Urteil führt der Gerichtshof der Europäischen Gemeinschaften aus:
- Wie sich aus Art. 1 Abs. 1 der Richtlinie ergibt, hat diese zum Ziel, daß in den Mitgliedstaaten der Grundsatz der Gleichbehandlung von Männern und Frauen u.a. hinsichtlich des Zugangs zur Beschäftigung einschließlich des Aufstiegs verwirklicht wird. Dieser Grundsatz der Gleichbehandlung beinhaltet nach Art. 2 Abs. 1 der Richtlinie, daß "keine unmittelbare oder mittelbare Diskriminierung aufgrund des Geschlechts erfolgen darf".
- Eine nationale Regelung, wonach Frauen, die die gleiche Qualifikation wie ihre männlichen Mitbewerber besitzen, in Bereichen, in denen die Frauen unterrepräsentiert sind, bei einer Beförderung automatisch der Vorrang eingeräumt wird, bewirkt aber eine Diskriminierung der Männer aufgrund des Geschlechts.
Der Gerichtshof ist jedoch der Meinung, daß zu prüfen ist, ob eine solche nationale Regelung nach Art. 2 Abs. 4 der Richtlinie zulässig ist. In dieser Hinsicht stellt der Gerichtshof fest, daß diese Vorschrift
- dem Zweck der Zulassung von Maßnahmen dient, die zwar dem Anschein nach diskriminierend sind, tatsächlich aber in der sozialen Wirklichkeit bestehende faktische Ungleichheiten beseitigen oder verringern sollen,
- nationale Maßnahmen im Bereich des Zugangs zur Beschäftigung einschließlich des Aufstiegs zuläßt, die die Frauen spezifisch begünstigen und darauf ausgerichtet sind, deren Fähigkeit zu verbessern, auf dem Arbeitsmarkt mit anderen zu konkurrieren und unter den gleichen Bedingungen wie die Männer eine berufliche Laufbahn zu verwirklichen,
- als Ausnahme von einem in der Richtlinie verankerten individuellen Recht eng auszulegen sind.
Schließlich macht der Gerichtshof klar, daß
- eine nationale Regelung, die den Frauen bei Ernennungen oder Beförderungen *absolut* und *unbedingt* den Vorrang einräumt, über eine Förderung der Chancengleichheit hinausgeht und damit die Grenzen der in Artikel 2 Absatz 4 der Richtlinie vorgesehenen Ausnahmen überschreitet.
Der Gerichtshof schließt, daß auf die Frage des vorlegenden Gerichts zu antworten ist, daß Artikel 2 Absätze 1 und 4 der Richtlinie 76/207/EWG einer nationalen Regelung entgegensteht, nach der, wie im erörterten Fall, bei gleicher Quaifikation von Bewerbern unterschiedlichen Geschlechts um eine Beförderung in Bereichen, in denen die Frauen unterrepräsentiert sind, den weiblichen Bewerbern automatisch der Vorrang eingeräumt wird, wobei eine Unterrepräsentation dann vorliegen soll, wenn in den einzelnen Vergütungsgruppen der jeweiligen Personalgruppe nicht mindestens zur Hälfte Frauen vertreten sind, und dies auch für die nach dem Geschäftsverteilungsplan vorgesehenen Funktionsebenen gelten soll.

5. Durch das Urteil aufgeworfene Fragen

Es sieht so aus, daß die negative Einstellung des Gerichtshofs zur Rechtmäßigkeit des Bremer Gesetzes ausschließlich auf der Auslegung von Art. 2 Abs. 4 der Richtlinie 76/207/EWG beruht. Aus dem Urteil geht deutlich hervor, daß diese Vorschrift ein Quotensystem, durch das Frauen bei der Zuweisung von Posten oder bei der Beförde-

rung *automatisch* der Vorrang vor Männern eingeräumt wird, nicht deckt. Gleichwohl können zu Art. 2 Abs. 4 noch einige Fragen gestellt werden.
  Beschränkt sich diese Vorschrift darauf, positive Maßnahmen zugunsten von Frauen am Arbeitsplatz nur in bezug auf Maßnahmen wie besondere Unterstützung bei der Berufsbildung, Urlaub aus familiären Gründen usw. zu schützen, oder erlaubt sie auch eine positive Diskriminierung im Bereich Einstellung/Beförderung durch Bevorzugung von Frauen unter bestimmten Umständen? Sollte in letzterem Fall zwischen positiven Aktionen, bei denen Überlegungen bezüglich Notwendigkeit/Verhältnismäßigkeit berücksichtigt werden, und solchen, bei denen dies nicht geschieht, unterschieden werden?

5a) Die Einstellung des Obersten Bundesgerichts der Vereinigten Staaten zur "affirmative action"

In diesem Zusammenhang ist das Fallrecht des Obersten Bundesgerichts der Vereinigten Staaten zur "affirmative action" von Interesse, das deutlich macht, daß es hier um äußerst komplexe Fragen geht. Der Begriff "affirmative action" dient zur Bezeichnung entweder von Aktionen zur Ermittlung und Beseitigung von Diskriminierung bei der Beschäftigung oder von Maßnahmen, die auf eine erhöhte Beteiligung von geschützten Gruppen, d.h. Minderheiten und Frauen, am Arbeitsleben abzielen. Es besteht ein Unterschied zwischen öffentlichen (unter dem Gleichheitsschutz der Verfassung der Vereinigten Staaten) und privaten Maßstäben (unter dem Titel VII des Bürgerrechtsgesetzes von 1964).
  Affirmative Aktionen im öffentlichen Sektor müssen nach einem Maßstab der "genauen Prüfung" ("strict scrutiny") bewertet werden, der verlangt, daß ein "zwingendes staatliches Interesse" („compelling government interest") vorliegt und daß die Aktion "genau" auf dieses Interesse "zugeschnitten" („narrowly tailored") ist, d.h. es wird *Verhältnismäßigkeit* verlangt. Im privaten Sektor ist die Einstellung des Obersten Gerichtshofs zu freiwilligen affirmativen Aktionen von Arbeitgebern flexibler als der "strict scrutiny"-Maßstab, da sie sich nur auf die Grundelemente der Prüfung des "genauen Zuschnitts" (narrowly tailored test) konzentriert.
  Der einzige geschlechtsspezifische Fall, *Johnson*[8] betrifft eine freiwillige affirmative Aktion von privaten Arbeitgebern. In diesem Fall wurde ein Plan für affirmative Aktionen angewandt, um den Frauenanteil in einem Beruf, der herkömmlicherweise von Männern ausgeübt wird, zu erhöhen. Bei der Besetzung eines Postens wurde eine weibliche Bewerberin einem männlichen Kollegen vorgezogen, obwohl ihre bei der Prüfung erreichte Punktzahl geringfügig niedriger lag als die des Mannes.
  Es wurde entschieden, daß diese Aktion mit dem Verbot der Diskriminierung bei der Beschäftigung nach Artikel VII des Bürgerrechtsgesetzes von 1964 vereinbar war, u.a. mit der Begründung, daß eine Berücksichtigung des Geschlechts des Bewerbers dann gerechtfertigt ist, wenn ein offenkundiges Ungleichgewicht vorliegt, das eine Unterrepräsentation von Frauen in "Berufskategorien, in denen herkömmlicherweise eine Segregation der Geschlechter besteht" widerspiegelt.
  Ein Urteil des Obersten Gerichtshofs in einem geschlechtsspezifischen Fall im öffentlichen Sektor liegt nicht vor. In diesem Zusammenhang ist jedoch der Fall *Adarand*[9] von Interesse, der Fördermaßnahmen betraf, die darauf abzielten, das Gleichgewicht der Rassen im Bereich des öffentlichen Auftragswesens zu verbessern. In diesem Fall führte das Oberste Bundesgericht zum ersten Mal eine genaue gerichtliche Prüfung von vom Bund angenommenen Fördermaßnahmen durch. Obgleich die zur Prüfung vorliegende besondere Maßnahme als nicht ausreichend "genau zugeschnitten" erachtet wurde, um das angestrebte Ziel zu erreichen, ist doch die Feststellung wichtig, daß sieben der neun Mitglieder des Obersten Bundesgerichts die Gesetzmäßigkeit einer ergebnisorientierten Vorzugsbehandlung von benachteiligten Gruppen, die allerdings immer einer genauen Prüfung unterzogen werden muß, speziell bestätigten.

---

[8] Johnson gegen Transportation Agency, 480 US 616 (1987)

[9] Adarand Constructor Inc. gegen Peña Secretary of Transportations, 63, USLW 4523 (1995)

5b) Internationales Recht auf dem Gebiet der Menschenrechte

Auch das internationale Recht verbietet eine Diskriminierung aufgrund des Geschlechts. Die internationalen Instrumente der Vereinten Nationen und des Europarats neigen jedoch dazu, die Legitimität bestimmter "Sondermaßnahmen" zugunsten bestimmter benachteiligter Gruppen zur Schaffung einer de-facto-Gleichheit anzuerkennen. In dem Übereinkommen der Vereinten Nationen vom 18. Dezember 1979 zur Beseitigung jeder Form von Diskriminierung der Frau wird in Art. 4 anerkannt, daß den Frauen, auch wenn sie de jure gleichberechtigt sind, eine wirkliche Gleichbehandlung noch nicht automatisch garantiert wird. Um die de-facto-Gleichberechtigung der Frauen in der Gesellschaft und am Arbeitsplatz beschleunigt herbeizuführen, ist es den Staaten erlaubt, solange Sondermaßnahmen zu ergreifen, wie noch Ungleichheiten bestehen.

Im Jahr 1988 nahm der Ausschuß der Vereinten Nationen für die Beseitigung der Diskriminierung der Frau seine allgemeine Empfehlung Nr. 5 an, mit der den Staaten empfohlen wird, in größerem Umfang Gebrauch von zeitweiligen Sondermaßnahmen wie positive Aktionen, Vorzugsbehandlung oder Quotensysteme zu machen, um die Eingliederung von Frauen in Bildung, Wirtschaft, Politik und Beschäftigung zu fördern. Diese Sondermaßnahmen sollen einfach dazu dienen, die Herbeiführung einer de-facto- Gleichberechtigung von Frauen zu beschleunigen und sollten keine gesonderten Maß-stäbe für Frauen und Männer schaffen. Die Angemessenheit solcher Maßnahmen sollte unter Berücksichtigung der tatsächlichen Existenz diskriminierender Praktiken bewertet werden. Folglich sind solche Maßnahmen nicht mehr erforderlich und sollten aufgehoben werden, sobald die Ziele der Chancengleichheit und Gleichstellung erreicht sind.

Das Übereinkommen 111 der IAO vom 4. Juni 1958 über die Diskriminierung in Beschäftigung und Beruf spricht von der Gleichheit sowohl der Gelegenheiten als auch der *Behandlung* und besagt in Art. 2, daß jedes Mitglied, für das dieses Übereinkommen in Kraft ist, sich verpflichtet, eine internationale Politik festzulegen und zu verfolgen, die darauf abzielt, mit Methoden, die den innerstaatlichen Verhältnissen und Gepflogenheiten angepaßt sind, die Gleichheit der Gelegenheiten und der Behandlung in bezug auf Beschäftigung und Beruf zu fördern, um jegliche Diskriminierung auf diesem Gebiet auszuschalten.

Art. 5 des Übereinkommens der IAO ist im vorliegenden Fall von besonderer Bedeutung, da er lautet:

"1. Die besonderen Schutz- oder Hilfsmaßnahmen, die in anderen Übereinkommen oder Empfehlungen der Internationalen Arbeitskonferenz vorgesehen werden, gelten nicht als Diskriminierung.

2. Jedes Mitglied kann nach Anhörung der maßgebenden Arbeitgeber- und Arbeitnehmerverbände, soweit solche bestehen, erklären, daß auch andere Sondermaßnahmen nicht als Diskriminierung gelten sollen, sofern diese auf die Berücksichtigung der besonderen Bedürfnisse von Personen abzielen, die aus Gründen des Geschlechts, des Alters, der Behinderung, der Familienpflichten oder der sozialen oder kulturellen Stellung anerkanntermaßen besonders schutz- oder hilfsbedürftig sind."

Der Grundsatz der Chancengleichheit und der Gleichbehandlung aller Arbeitnehmer ist auch in der von der IAO am 25. Juni angenommenen Erklärung zur Chancengleichheit und Gleichbehandlung weiblicher Arbeitnehmer verankert. Art. 1 schließt alle Formen der Diskriminierung aufgrund des Geschlechts aus, durch die diese Chancengleichheit und Gleichbehandlung nicht anerkennt oder eingeschränkt werden, und sieht vor, daß eine begünstigende Sonderbehandlung während einer Übergangszeit, die darauf abzielt, eine tatsächliche Gleichheit der Geschlechter herbeizuführen, nicht als Diskriminierung gilt.

Teil II des Zusatzprotokolls zur Europäischen Sozialcharta vom 5. Mai 1988 sieht in Art. 1 vor, daß die Vertragsparteien sich verpflichten, das Recht auf Chancengleichheit und Gleichbehandlung in Beschäftigung und Beruf ohne Diskriminierung aufgrund des Geschlechts anzuerkennen und geeignete Maßnahmen zu ergreifen, um dessen Anwendung in verschiedenen Bereichen, zu denen auch der berufliche Werdegang einschließlich des beruflichen Aufstiegs gehört, zu gewährleisten und zu fördern. Es wird ausdrücklich erklärt, daß diese Bestimmung der Annahme besonderer Maßnahmen zur Beseitigung von de facto-Ungleichheiten nicht entgegensteht.

Im Kontext des internationalen Rechts wird noch immer darüber diskutiert, ob und in welchem Umfang Regelungen, durch die Frauen bei Einstellung oder Beförderung automatisch Vorrang eingeräumt wird, zulässig sind oder nicht. Gleichwohl ist klar, daß das internationale Recht auf dem Gebiet der Menschenrechte eine unterschiedliche Behandlung von Männern und Frauen mit dem Ziel, die de-facto-Gleichberechtigung von Frauen in der Gesellschaft beschleunigt herbeizuführen, nicht ausschließt - in manchen Fällen unter Umständen sogar verlangt. Andererseits sollte eine solche unterschiedliche Behandlung auf objektiven und vernünftigen Kriterien beruhen und nicht darauf abzielen, daß auf Dauer ungleiche oder unterschiedliche Maßstäbe angelegt werden.

6. Auslegung des Urteils in der Rechtssache Kalanke

Wie schon oben erwähnt wurde, können positive Aktionen verschiedene Formen annehmen. Einmal kann es sich um Quotenregelungen oder Ziele handeln wie in dem vom Gerichtshof der Europäischen Gemeinschaften untersuchten Fall. Der Gerichtshof sollte entscheiden, ob es rechtmäßig ist, durch Anwendung einer solchen Regelung Frauen, die sich um eine Beförderung in Bereichen, in denen sie unterrepräsentiert sind, bewerben, bei gleicher Qualifikation den Vorrang vor männlichen Mitbewerbern einzuräumen.

Die Antwort des Gerichtshofs auf diese Frage könnte auf zwei Arten ausgelegt werden:
- Entweder der Gerichtshof hat die Möglichkeit abgelehnt, Quotensysteme zu rechtfertigen, auch wenn sie eine Schutzklausel umfassen, die es ermöglicht, die besonderen Umstände eines Falls zu berücksichtigen.
- Oder der Gerichtshof hat sich auf das im Bremer Gesetz vorgesehene System "starrer" Quoten beschränkt, das - und zwar automatisch - auf Herrn Kalanke angewendet wurde.

Die Kommission ist der Ansicht, daß der Gerichtshof nur das automatische Quotensystem des Landes Bremen mißbilligt hat. Diese Auslegung beruht auf dem Wortlaut des Urteils selbst, in dem der Gerichtshof deutlich sagt, daß eine nationale Regelung, die den Frauen bei Ernennungen oder Beförderungen *absolut und unbedingt* den Vorrang einräumt, die Grenzen der in Art. 2 Abs. 4 der Richtlinie 76/207/EWG vorgesehenen Ausnahme überschreitet (siehe Randnummer 22 des Urteils).

Zwar verweist der Gerichtshof in Randnummer 23 auf das Problem, daß "an die Stelle der ... Förderung der Chancengleichheit das Ergebnis gesetzt wird, zu dem allein die Verwirklichung einer solchen Chancengleichheit führen könnte." Dieser Absatz wurde jedoch offensichtlich nur als Zusatz zu dem in Randnummer 22 enthaltenen Hauptgedanken des Gerichtshofs, daß die Rechtswidrigkeit der Bremer Regelung durch den "absoluten und unbedingten" Charakter des Frauen eingeräumten Vorrangs bedingt ist, hinzugefügt. Die Bemerkungen des Gerichtshofs in Randnummer 23 beruhen offensichtlich auf der Annahme, daß von einem starren, unbedingten Quotensystem die Rede ist. Außerdem zielt dieser Absatz anscheinend hauptsächlich darauf ab, die allzu ambitionierten Elemente der besonderen Regelung, um die es sich in der Rechtssache *Kalanke* ging, d.h. das Ziel, das "in allen Vergütungsgruppen und auf allen Funktionsebenen einer Dienststelle" ebenso viele Frauen wie Männer vertreten sind, zu kritisieren. Schließlich ist deutlich, daß der Gerichtshof nur ersucht worden war, eine Vorabentscheidung über Systeme mit den Merkmalen der Bremer Regelung zu treffen; der Urteilstenor beschränkt sich natürlich auf die Rechtmäßigkeit solcher Systeme. Auch ist zu bemerken, daß der Gerichtshof eindeutig anerkennt, daß Maßnahmen erforderlich sind, die über die klassischen gegen Diskriminierung gerichteten Vorschriften hinausgehen, wenn eine Gleichstellung in der Praxis erzielt werden soll (Randnummer 20).

Die Kommission vertritt daher die Ansicht, daß Quotensysteme, die weniger starr und automatisch als die in dem Bremer Gesetz vorgesehene Regelung sind, von dem Urteil des Gerichtshofs nicht berührt werden und daher folgerichtig als rechtmäßig angesehen werden müssen.

In diesem Kontext ist die Kommission der Meinung, daß die Mitgliedstaaten die Wahl haben, welche positiven Maßnahmen sie einführen. Beispielhaft bleiben nach Auffassung der Kommission folgende Arten von positiven Maßnahmen durch das Kalanke-Urteil unberührt:
- Quoten, die an die Qualifikation für bestimmte Tätigkeit gebunden sind, sofern sie es ermöglichen, besondere Umstände zu berücksichtigen, die eine Ausnahme vom Grundsatz der Bevorzugung des unterrepräsentierten Geschlechts rechtfertigen könnten,
- Pläne für die Beförderung von Frauen, die den Frauenanteil und die Fristen, innerhalb derer die Anzahl von Frauen erhöht werden sollte, festlegen, aber die keine Regel für eine automatische Bevorzugung der einzelnen Entscheidungen über Einstellung und Beförderung aufstellen,
- eine *grundsätzliche* Verpflichtung des Arbeitgebers, eine dem unterrepräsentierten Geschlecht angehörende Person bevorzugt einzustellen oder zu befördern; in einem solchen Fall wird niemandem ein individuelles Recht auf Bevorzugung verliehen,
- Reduzierung der Sozialversicherungsbeiträge solcher Unternehmen, die Frauen einstellen, die auf den Arbeitsmarkt zurückkehren, um Aufgaben in Bereichen wahrzunehmen, in denen Frauen unterrepräsentiert sind,
- staatliche Beihilfen für Arbeitgeber, die Frauen in Bereichen einstellen, in denen diese unterrepräsentiert sind,
- andere positive Maßnahmen mit dem Schwerpunkt auf Ausbildung, Berufsberatung, Neuorganisation der Arbeitszeit, Kinderbetreuung usw.

Was das von der Kommission durchgeführte Programm positiver Aktionen zur Förderung ihrer weiblichen Bediensteten angeht, so ist zu vermerken, daß dies von dem Kalanke-Urteil unberührt bleibt, da es nicht vorsieht, daß Frauen *automatisch* bevorzugt werden (es handelt sich eher um ein *Prinzip*, das bei gleicher Qualifikation zu befolgen ist).

Schlußfolgerungen

Die Kommission ist der Meinung, daß der Gerichtshof nur ein besonderes Merkmal des Bremer Gesetzes, nämlich den automatischen Charakter der Regelung, durch den Frauen ein Absolutes und unbedingtes Recht auf Einstellung oder Beförderung verliehen wird, mißbilligt hat. Daher vertritt die Kommission den Standpunkt, daß nur ein völlig starres Quotensystem, das es nicht erlaubt, individuelle Umstände zu berücksichtigen, rechtswidrig ist.

Mitgliedstaaten und Arbeitgeber können sich daher aller anderen Formen positiver Maßnahmen, einschließlich flexibler Quoten, bedienen.

Der Kommission liegt sehr viel daran, daß die Kontroverse, die der *Kalanke*-Fall ausgelöst hat, endgültig beendet wird. Obgleich die Auswirkungen dieses Urteils bei korrekter Auslegung begrenzt sind, ist die Kommission der Ansicht, es wäre nützlich, den Wortlaut von Art. 2 Abs. 4 der Richtlinie 76/207 so zu ändern, daß der Text der Vorschrift speziell die Arten positiver Aktionen erlaubt, die von dem *Kalanke*-Urteil unberührt bleiben. Durch eine solche *erklärende* Änderung würde deutlich gemacht, daß positive Maßnahmen, die keine starren Quoten umfassen, nach dem Gemeinschaftsrecht zulässig sind, und es würde sichergestellt, daß der Text der Richtlinie die wahre Rechtslage, wie sie sich aus dem Urteil des Gerichtshofs ergibt, deutlicher widerspiegelt.

Anhang 2: Universitäre Gleichbehandlungsrichtlinien bzw. Frauenförderpläne

Bettina Graue

A. Zur Struktur der Dokumentation nach ausgewählten frauenfördernden Schwerpunkten

Die vorliegende Dokumentation hat sich zum Ziel gesetzt, den Stand der Frauenförderung im Hochschulbereich auf untergesetzlicher Ebene darzustellen.[1]

In Ausführung der entsprechenden Regelungen der Gleichstellungsgesetze, die sich u.a. auch auf den universitären Bereich beziehen, und der Hochschulgesetze, wurden von verschiedenen Universitäten der BRD Gleichbehandlungsrichtlinien oder Frauenförderpläne erlassen, die dem verfassungsrechtlich in Art. 3 II S. 2 GG n.F.[2] verbürgten Auftrag zur Herstellung faktischer Gleichberechtigung von Männern und Frauen sowie den gesetzlichen Vorgaben nachkommen sollen.

Aufgrund der Fülle des zu dokumentierenden Materials, aber auch aus inhaltlichen Gründen, sind die dokumentierten Vorschriften auf die wichtigsten Bereiche der Frauenförderung in den Universitäten beschränkt.

Ausgewählt wurden schwerpunktmäßig sechs Gesichtspunkte, unter denen die Gleichbehandlungsrichtlinien bzw. Frauenförderpläne der Universitäten dokumentiert sind: Allgemeine Aufgaben, Vorrangregelungen/Zielvorgaben, Sanktions-bzw. Anreizsysteme, Frauenbeauftragte, Kinderbetreuung/Familienpflichten und geschlechtsspezifische Inhalte in Forschung und Lehre.

Dabei ist zu beachten, daß alle Hochschulgesetze der Länder eine allgemeine Aufgabenbeschreibung vorn ehmen, in der die Gleichberechtigung bzw. Gleichstellung der Frauen an der Universität als Zielsetzung normiert wird. Daneben finden sich spezielle Vorschriften zur Institution der Frauenbeauftragten und dem Bereich der Kinderbetreuung/Familienpflichten. Weniger als die Hälfte der Bundesländer trifft in ihren Hochschulgesetzen eine Regelung zur Frage der Vorrangregelungen/Zielvorgaben bei der Stellenbesetzung oder Vergabe von Stipendien und Forschungsmitteln (Berlin, Bremen, Hamburg, Niedersachsen, Rheinland-Pfalz, Schleswig-Holstein und Thüringen). Die Punkte Sanktions-/Anreizsysteme zur Steigerung der Attraktivität von Frauenfördermaßnahmen, die eine Erhöhung des Frauenanteils bei Professuren und wissenschaftlichem Personal durchsetzen helfen sollen und geschlechtsspezifische Inhalte in Forschung und Lehre, die der Frauen- und Geschlechterforschung die Anerkennung als Wissenschaft verleihen, finden sich dagegen nur teilweise bzw. ausschließlich in den Gleichbehandlungsrichtlinien und Frauenförderplänen der Universitäten. Insoweit kann von einer größeren Regelungsdichte der Gleichbehandlungsrichtlinien und Frauenförderpläne im Gegensatz zu den Landesgleichstellungs- und Hochschulgesetzen gesprochen werden.

Eine Besonderheit innerhalb der sechs ausgewählten Schwerpunkte stellt der Punkt Sanktions-/Anreizsysteme dar, der sich auf der Ebene der Gleichbehandlungsrichtlinien und Frauenförderpläne der Universitäten lediglich an sieben Universitäten findet (FU Berlin, Humboldt-Universität Berlin, Universität Bremen, Johann-Wolfgang Goethe-Universität Frankfurt/a.M., Universität Hannover, Ruhr-Universität Bochum, Otto-von-Guericke-Universität Magdeburg). Die Universität Magdeburg sieht im Rahmen ihrer

---

[1] Auf eine Dokumentation der Hochschul- und Gleichstellungsgesetze wurde verzichtet, da diese unschwer in den Gesetzblättern der Länder nachzulesen sind

[2] Art. 3 II GG a.F. wurde durch das Gesetz zur Änderung des Grundgesetzes vom 27.10.1994, BGBl. I, S. 3146 ein Satz 2 angefügt: "Der Staat fördert die tatsächliche Durchsetzung der Gleichberechtigung von Frauen und Männern und wirkt auf die Beseitigung bestehender Nachteile hin."

Richtlinien zur Frauenförderung die Entwicklung eines materiellen Anreizsystems für die kommenden Jahre vor. In den vorliegenden Entwürfen zu Gleichbehandlungsrichtlinien bzw. Frauenförderplänen streben drei weitere Universitäten die Verabschiedung eines entsprechenden Punktes an (Universität Hamburg, Universität Göttingen, Westfälische Wilhelms-Universität Münster).

Im Zusammenhang mit den Gleichstellungsgesetzen sind lediglich die explizit auf den Hochschulbereich bezogenen Regelungen interessant. Dabei ist nicht nur zu berücksichtigen, daß bislang noch in einem Bundesland (Thüringen) ein Gleichstellungsgesetz fehlt, sondern daß auch in fünf der vorliegenden Gleichstellungsgesetze der Länder (Baden-Württemberg, Bremen, Mecklenburg-Vorpommern, Saarland, Sachsen) hochschulspezifische Regelungen nicht vorgesehen sind. Brandenburg hat in seinem Landesgleichstellungsgesetz gemäß § 2 III die Geltung für den Hochschulbereich ausdrücklich ausgenommen. Auch im Hamburgischen Gleichstellungsgesetz findet sich in § 17 eine Ausklammerung des Hochschulbereichs. Die verbleibenden acht Gleichstellungsgesetze der Länder betonen entweder ihre direkte Anwendbarkeit (Hessen, Niedersachsen) oder regeln lediglich einen speziellen Aspekt der Frauenförderung für die Hochschulen (Bayern, Berlin, Nordrhein-Westfalen, Rheinland-Pfalz, Sachsen-Anhalt, Schleswig-Holstein). Schließlich ist im Hinblick auf die Gleichbehandlungsrichtlinien bzw. Frauenförderpläne der Universitäten zu berücksichtigen, daß sich ein Teil der Universitäten noch im Entwurfsstadium einer Richtlinie befindet, so daß diese im wesentlichen nicht dokumentierbar sind. Hier wurde innerhalb der Dokumentation der Weg der inhaltlichen Beschreibung des Vorhandenseins der sechs Schwerpunkte gewählt. So liegen sowohl für Brandenburg als auch für Mecklenburg-Vorpommern von den angefragten Universitäten keine Gleichstellungsrichtlinien vor. Die Universitäten Potsdam (Brandenburg) und Rostock (Mecklenburg- Vorpommern) sind noch in der Phase des Entwurfs entsprechender Richtlinien oder Pläne. Für die Universität Hamburg liegt seit dem 03.07.1995 eine überarbeitete Fassung einer Frauenförderrichtlinie durch die Frauenbeauftragte vor. An der Universität Göttingen (Niedersachsen) ist bislang nur ein Diskussionsentwurf eines Rahmenplans zur Frauenförderung mit Stand vom 06.12.1995 im Gespräch. Sowohl an der Westfälischen Wilhelm-Universität Münster als auch an der Universität-Gesamthochschule-Siegen (Nordrhein-Westfalen) sind dem Senat der Universitäten Entwürfe eines Frauenförderrahmenplanes zugegangen. Dabei geht die Frauenbeauftragte der Universität Münster davon aus, daß der Frauenförderrahmenplan noch im Wintersemester 1995/1996 verabschiedet wird. Schließlich liegt dem Senat der Universität des Saarlandes ebenfalls der Entwurf eines Gleichstellungsplanes durch die Gleichstellungsbeauftragte vom 28.6.1995 vor.

Im Hinblick auf die rechtlichen Grundlagen der Gleichbehandlungsrichtlinien oder Frauenförderpläne der Universitäten ist der Frage nachzugehen, wie das Verhältnis von Gleichstellungs- bzw. Frauenförderungsgesetzen und Hochschulgesetzen der Länder zueinander ist. Dort, wo die Gleichstellungsgesetze keine Angabe über die Geltung für die Universitäten machen, ist das jeweilige Hochschulgesetz im Wege der Spezialität (lex specialis) anwendbar. Ist in dem jeweiligen Hochschulgesetz z.B. keine Vorrangregelung bzw. Zielvorgabe für die Stellenbesetzung vorhanden, dürfte eine Anwendbarkeit des entsprechenden Gleichstellungsgesetzes gegeben sein, das dann die Grundlage für die Gleichbehandlungsrichtlinien der Universitäten stellt. Gleichwohl handelt es sich hierbei um eine Auslegungsfrage, die in ihrer Gänze noch nicht Abschließend geklärt ist[3].

Festzuhalten ist, daß die Gleichbehandlungsrichtlinien bzw. Frauenförderpläne der einzelnen Universitäten in ihrer rechtlichen Ausgestaltung nicht nur auf den inzwischen auch explizit in Art. 3 II GG n.F. enthaltenen Auftrag zur Herstellung faktischer Gleichberechtigung von Männern und Frauen zurückzuführen sind, sondern ebenfalls eine rechtliche Basis im Hochschulrahmengesetz (§ 2 II) sowie entweder im Hochschulgesetz

---

[3] Erläuterungen zum Zusammenwirken von NGG und NHG einerseits und NGG und BeschSCHG andererseits als Grundlage für den Erlaß der "Senatsrichtlinien für die Gleichstellung von Frauen und Männern an der Universität Hannover" vom 3.8.1995; S. 7

oder Gleichstellungsgesetz des Landes oder in einem Zusammenwirken von Hochschulgesetz und Gleichstellungsgesetz haben.
Auch muß in diesem Zusammenhang noch auf die EuGH-Entscheidung vom 17.10.1995 zu leistungsabhängigen Vorrangregelungen zugunsten von Frauen im Bereich der Beförderung des § 4 II Bremisches Landesgleichstellungsgesetz [4] hingewiesen werden, die die Vereinbarkeit solcher Regelungen mit Art. 2 IV und I der Richtlinie 76/207/EWG[5] negativ beantwortete. Die Auswirkungen dieser Entscheidung auf andere Gleichstellungsgesetze der Länder mit anderen Formen der Vorrangregelungen zugunsten von Frauen bei Beförderungen[6] ist inzwischen geklärt, da die Entscheidung des BAG vom 5.3.1996, das dem EuGH die Frage nach der Vereinbarkeit des § 4 II BremLGG mit Art. 2 IV und I der Richtlinie 76/207/EWG im Wege des Vorabentscheidungsersuchens gem. Art. 177 III EG-Vertrag vorgelegt hatte,[7] die in einem Teil der juristischen Literatur[8] geäußerte Auffassung bestätigt, daß Vorrangregelungen in anderen Gleichstellungsgesetzen der Länder, die eine Härteklausel zur Wahrung von Einzelfallgerechtigkeit enthalten, von der Entscheidung nicht berührt seien[9]. Allerdings steht noch eine Entscheidung des BVerfG zum Vorlagebeschluß des AG Arnsberg[10] zu einer ähnlichen Vorrangregelung des Nordrheinwestfälischen Frauenfördergesetzes aus.

Im Ergebnis steht jedoch nach der Entscheidung des BAG vom 5.3.1996 fest, daß ähnliche Vorschriften mit Härteklausel in Hochschulgesetzen und Gleichbehandlungsrichtlinien bzw. Frauenförderplänen der Universitäten damit weiterhin Gültigkeit haben. Sowohl von der Entscheidung des EuGH als auch der des BAG nicht berührt sind Vorrangregeln im Bereich der Einstellung und bei der Besetzung von Ausbildungsplätzen[11].

---

[4] EuGH Urteil v. 17.10.1995; Rs. C-450/93 Kalanke/Freie Hansestadt Bremen; NJW 1995, S. 3109 = EuZW 1995, S. 762

[5] Richtlinie des Rates der EG zur Verwirklichung des Grundsatzes der Gleichbehandlung von Männern und Frauen hinsichtlich des Zuganges zur Beschäftigung, zur Berufsausbildung und zum beruflichen Aufstieg sowie in bezug auf die Arbeitsbedingungen v. 9.2.1976; Abl. 39, S. 40

[6] Der EuGH hat die Unvereinbarkeit von leistungsabhängigen Vorrangregelungen festgestellt, die *automatisch* (Hervorhebung der Verf.) die Bevorzugung von Frauen im Bereich der Beförderung vorsehen.

[7] BAG, Beschluß vom 22.6.1993, NZA 1994, S. 77

[8] Dieball/Schiek, EuroAS 1995, S. 185; (S. 186); Schiek, Der Personalrat 1995, S. 512; Dies., AuR 1996, S. 128; Dies., WSi Mitteilungen 1996, S. 341; Colneric, Streit 1995, S. 168; Dies.; BB 1196, S. 295; Raasch, KJ 1995, S. 493; DJB Streifbandzeitung 1996, S. 1 (Interview mit Günter Hirsch, Richter am EuGH); Plett, Ansprüche-Forum demokratischer Juristinnen und Juristen 1996, S. 10; Rust, NJ 1996, S. 102; Fuchsloch, FuR 1996, S. 871; Graue, RiA 1996, S. 82; Mitteilungen der Kommission an den Rat und das Europäische Parlament über die Auslegung des Urteils des EuGH vom 17.10.1995 in der Rs. C.-450/93 Kalanke/Freie Hansestadt Bremen; Vorsichtig: Scholz/-Hofmann, WiB 1995, S. 951; Rechtsprechung: ArbG Berlin, Urteil v. 10.01.1996, Streit 1996, S. 79; A.A. Loritz, EuZW 1995, S. 763; Strack, JZ 1996, S. 197; Rechtsprechung: VG Gelsenkirchen, Beschluß v. 21.12.1995 Az.: 6303/94

[9] BAG, Urteil vom 5.3.1996, NZA 1996, 751

[10] VG Arnsberg, Beschluß v. 18.1.1995; NVwZ 1995, S. 725

[11] Dieball/Schiek; EuroAS 1995, S. 185; S. 186f

B Dokumentation

1. Baden-Württemberg

1.1 Albert-Ludwigs-Universität Freiburg i.Br.

Frauenförderplan für die Albert-Ludwigs-Universität Freiburg, Beschluß des Senats v. 3.7.1991

1.1.1 Allgemeine Aufgaben (-)

1.1.2 Vorrangregelungen/Zielvorgaben (-)

1.1.3 Sanktions-/Anreizsysteme (-)

1.1.4 Frauenbeauftragte

1. Frauenförderung in der Zuständigkeit der Universität Freiburg
1.1 Institutionelle Einrichtungen zur Förderung von Wissenschaftlerinnen und Studentinnen
1.1.2 Die Frauenbeauftragte der Universität
Die Frauenbeauftragte der Universität ist Mitglied der ständigen Senatskommission. Sie hat folgende Aufgaben:
- Beratung der Organe der Universität und der Fakultäten in allen die Frauen betreffenden Angelegenheiten
- Mitwirkung bei der Weiterentwicklung und Feststellung der Umsetzung des Frauenförderplans der Universität in Zusammenarbeit mit der ständigen Senatskommission und den Organen der Universität
- Anregung von Maßnahmen, die im Rahmen der Universität auf eine bessere Vereinbarkeit von Familie und Beruf zielen
- Unterstützung der Fakultäten bei Vorhaben zur Frauenforschung und zu frauenspezifischen Studieninhalten
- Mitwirkung in überregionalen Gremien, die sich um die Verbesserung der Situation von Wissenschaftlerinnen und Studentinnen bemühen
- Unterrichtung der universitären und außeruniversitären Öffentlichkeit in Angelegenheiten, die die Aufgaben der Frauenbeauftragten betreffen, unter Absprache mit dem Rektor/der Rektorin bzw. der Universitätspressestelle
- Beratung von Wissenschaftlerinnen und Studentinnen in Fällen von Benachteiligung
- Anregung von Maßnahmen zur Fort- und Weiterbildung von Wissenschaftlerinnen
- Berichtspflicht gegenüber dem Senat
- Jährliche Vorlage eines Tätigkeitsberichts
- Mitwirkung, daß qualifizierte Bewerberinnen im Rahmen von Berufungsverfahren gehört und entsprechend ihrer Qualifikation berücksichtigt werden.

Soweit es sich um die Erfüllung der zuvor aufgeführten Aufgaben handelt, hat die Frauenbeauftragte das Recht auf Information, insbesondere (unter Wahrung des Datenschutzgesetzes) auf Akteneinsicht, sowie auf Teilnahme an den Sitzungen des Senats, des Großen Senats und der Fakultätsräte. Sie stimmt sich in gemeinsamen Angelegenheiten mit den Personalräten der Universität ab.

Sie ist ferner zur Teilnahme an den Berufungskommissionen berechtigt. Im Falle ihrer Nichtteilnahme ist sie vom Dekan/der Dekanin bzw. dem/der Vorsitzenden der Berufungskommission im Verlaufe des Verfahrens zu informieren über: die eingegangenen Bewerbungen, die zu Probevorträgen Eingeladenen, die Termine der Probevorträge.

Sie muß im Verfahren vor der Ausschreibung über deren Text sowie über die Zusammensetzung der Berufungskommission unterrichtet werden. Vor der Formulierung des Berufungsvorschlags in der Kommission, soll die Frauenbeauftragte gehört werden. Sie hat das Recht, eine eigene Stellungnahme zu Berufungsvorschlägen abzugeben, die Teil des Berichts an den Senat werden.

Die Organe der Universität und der Fakultäten unterstützen die Frauenbeauftragte bei Erfüllung ihrer Aufgaben.

Die Frauenbeauftragte der Universität wird vom Senat für 2 Jahre gewählt. Sie muß Professorin und als solche beamtet oder zumindest Mitglied des wissenschaftlichen Dienstes sein. Neben den Mitgliedern des Senats sind vorschlagsberechtigt die Frauenbeauftragten der Fakultäten und die Mitglieder der ständigen Senatskommission. Wiederwahl ist möglich. In gleicher Weise wird die Stellvertreterin der Frauenbeauftragten gewählt. Sie vertritt die Frauenbeauftragte in allen Belangen.

1.1.3 Die Frauenbeauftragten der Fakultäten

Die Frauenbeauftragten der Fakultäten arbeiten mit ihrem Fakultätsrat zusammen. Sie sind ihm und der Frauenbeauftragten der Universität gegenüber berichtspflichtig. Sie tauschen untereinander und mit den Frauenbeauftragten der Universität in regelmäßigen Abständen Informationen aus. Sie haben folgende Aufgaben:

- Entgegennahme von Beschwerden, Wünschen und Anregungen von Wissenschaftlerinnen und Studentinnen sowie deren Beratung
- Unterstützung
a) der Frauenbeauftragten der Universität
b) der Fakultät bei der Erarbeitung von Vorschlägen für fakultätsinterne Maßnahmen zur Förderung von Wissenschaftlerinnen und Studentinnen und zur Verbesserung der Arbeitsbedingungen
c) der Studienberatung für Studentinnen
d) von Vorhaben zur Frauenforschung und frauenspezifischen Studieninhalten
- Prüfung und Klärung von Berichten über Benachteiligung von Wissenschaftlerinnen und Studentinnen in der Fakultät
- Mitwirkung bei der Strukturplanung der Fakultät mit dem Ziel, den Anteil von Frauen in Forschung und Lehre zu erhöhen.

Sie werden in Angelegenheiten, die ihre Fakultät betreffen, von der ständigen Senatskommission zur Förderung von Wissenschaftlerinnen und Studentinnen hinzugezogen.Die beamtet oder zumindest Mitglied des wissenschaftlichen Dienstes sein. Sie wird von der Frauenbeauftragten der Universität vertreten.

1.1.4 Die ständige Senatskommission zur Förderung von Wissenschaftlerinnen und Studentinnen

Die ständige Senatskommission hat dafür zu sorgen, daß der Plan, Wissenschaftlerinnen und Studentinnen an der Universität zu fördern, verwirklicht und weiterentwickelt wird. Sie hat insbesondere die Aufgabe, die Frauenbeauftragte der Universität bei der Erfüllung ihrer unter 1.1.2 genannten Aufgaben zu unterstützen.

Der ständigen Kommission gehören an:
- kraft Amtes: die Frauenbeauftragte der Universität
- aufgrund von Wahlen:
  3 Professorinnen/Professoren
  2 Vertreterinnen/Vertreter des wissenschaftlichen Dienstes
  2 Studentinnen
  1 Vertreterin des nichtwissenschaftlichen Dienstes ohne Stimmrecht (als Übergangsregelung)

Die Wahlmitglieder werden vom Senat auf Vorschlag von Mitgliedern der jeweiligen Gruppe gewählt. Die Amtszeit der Studentinnen beträgt 1 Jahr, die der übrigen Mitglieder 2 Jahre. Wiederwahl ist möglich.

Mehr als die Hälfte der Kommissionsmitglieder müssen Frauen sein. Die Mitglieder der Kommission wählen die Vorsitzende/den Vorsitzenden der Kommission. Diese/dieser führt in regelmäßigen Abständen sowie bei Bedarf Arbeitssitzungen durch.

1.2 Empfehlungen an den Verwaltungsrat

Dem Verwaltungsrat wird empfohlen, bis zur Genehmigung von Sach- und Personalmitteln durch das Land der Frauenbeauftragten der Universität und ihrer Stellvertreterin für ihre Arbeit Hilfskraftmittel in Höhe von DM 20.000,- und Sachmittel in Höhe von DM 5.000,- zuzuweisen.

Dem Verwaltungsrat wird empfohlen, in den zukünftigen Haushaltsanträgen zur Gewährleistung von angemessenen Arbeitsmöglichkeiten der Frauenbeauftragten und ihrer Stellvertreterin eine Stelle nach BAT IIa für eine Mitarbeiterin/einen Mitarbeiter und eine halbe Schreibkraftstelle zu beantragen, sowie Sach- und Hilfskraftmittel vorzusehen.

2 Empfehlungen zur Verbesserung der allgemeinen Rahmenbedingungen

2.2 Empfehlungen zur personellen und sachlichen Ausstattung der Frauenbeauftragten der Universität

Zur Gewährleistung von angemessenen Arbeitsmöglichkeiten sind der Frauenbeauftragten der Universität und ihrer Stellvertreterin zuzuweisen:
- 1 Stelle nach BAT IIa für eine Mitarbeiterin/einen Mitarbeiter und eine 1/2 Schreibkraftstelle
- Sach- und Hilfskraftmittel

2.3 Entlastung von Dienstaufgaben der Frauenbeauftragten der Universität

Die Frauenbeauftragte soll bei ihren Dienstaufgaben entlastet werden (z.B. Reduktion ihrer Lehrverpflichtungen um 50%).

1.1.5 Kinderbetreuung/Familienpflichten

2.4 Empfehlungen zur Verbesserung der Arbeitsbedingungen von Wissenschaftlerinnen
Empfohlen wird die Prüfung folgender Regelungen:

2.4.1 Familienfreundliche Arbeitszeiten und Teilzeitarbeit
- Reduzierung (in der Regel Halbierung) der Arbeitszeit aus familiären Gründen auch für wissenschaftliche Angestellte entsprechend der Regelung für Beamte/Beamtinnen, mit dem Recht, auf die volle Stelle zurückzukehren (in diese Regelung sollen auch Leitungspositionen und befristete Stellen einbezogen werden)
- flexiblere Regelung der Arbeitszeit für das gesamte wissenschaftliche Personal
- befristete Reduzierung des Lehrdeputats und/oder der Institutstätigkeit
- für teilzeitbeschäftigte Mitarbeiterinnen und Mitarbeiter gleiche berufliche Fortbildungsmöglichkeiten wie für Vollzeitbeschäftigte

2.4.2 Beurlaubung und Wiedereinstieg
- Beurlaubung von wissenschaftlichen Angestellten aus familiären Gründen, wie dies bei Beamtinnen und Beamten möglich ist
- Rückkehr auf den gleichen oder einen gleichwertigen Arbeitsplatz, soweit dies möglich ist
- Zugang zu den Forschungseinrichtungen für das wissenschaftliche Personal bei Beurlaubungen, soweit versicherungsrechtlich möglich
- Möglichkeiten, auch bei Beurlaubungen Lehraufträge zu übernehmen oder Projekte zu betreuen
- Schaffung von Kontakt- und Fortbildungsstipendien, um Wiedereinstieg zu erleichtern

2.4.3 Befristete Arbeitsverhältnisse
- Vermeidung von Benachteiligungen für wissenschaftliche Angestellte, die ihre Arbeitszeit reduziert haben, bei Anschlußverträgen in befristeten Angestelltenverhältnissen und bei Beurlaubung
- Flexible Vertretungsregelungen
- Verlängerung der Laufzeit von Verträgen entsprechend § 50 (3) HRG bei reduzierter Arbeitszeit (Halbtagsbeschäftigung)

2.4.4 Mutterschutzvertretung und Maßnahmen zur Kinderbetreuung
Empfohlen wird:
- eine Vertretungsregelung - auch bei Beamtinnen - während der Zeit des Mutterschutzes
- die Schaffung von ganztägigen Einrichtungen an der Universität, in denen Kinder der Beschäftigten und Studierenden betreut werden.

(...)

2.7 Empfehlung zur flexiblen zeitlichen Handhabung von Stipendien
Es wird empfohlen, die Laufzeiten für Stipendien flexibel zu gestalten, um Wissenschaftlerinnen die Möglichkeit zu geben, die Arbeit an der Promotion oder Habilitation bei Schwangerschaft oder familiären Verpflichtungen unterbrechen zu können.

1.1.6 Geschlechtsspezifische Inhalte in Forschung und Lehre

1.   Frauenförderung in der Zuständigkeit der Universität Freiburg
(...)
1.3   Empfehlungen an die Fakultäten
Den Fakultäten kommt bei der Förderung von Wissenschaftlerinnen und Studentinnen eine entscheidende Rolle zu. Das gilt sowohl für Fragen von Lehre und Forschung von Frauen als auch für die Forschung über frauenspezifische Themen.
In den Lehrveranstaltungen sind frauendiskriminierende Inhalte und Methoden zu vermeiden.
Die Fakultäten sollen prüfen:
- wie die Frauenförderung in der Fakultät institutionalisiert werden kann
- wie der Anteil der Frauen als stimmberechtigte Mitglieder in Berufungskommissionen erhöht werden kann
- ob und ggf. wie die Frauenforschung auf Fakultätsebene zu fördern ist
- ob und ggf. wie der Anteil von Lehrveranstaltungen zu Themen der Frauenforschung zu erhöhen ist
- ob Prüfungstermine wegen besonderer familiärer Belastungen aufgeschoben werden können
- ob die Wahl von Themen der Frauenforschung im Studium und in den Prüfungen durch eine Änderung in den Studien- und Prüfungsordnungen erleichtert werden kann
- ob in den Bibliotheken eine ausreichende Grundausstattung mit Literatur zur Frauenforschung gewährleistet ist und wie diese ergänzt werden kann.
Der Anteil der Frauen beim wissenschaftlichen Dienst soll erhöht werden. Bei gleicher Eignung soll nach Möglichkeit die Stelle mit einer Wissenschaftlerin besetzt werden.
Es ist anzustreben, den Anteil weiblicher Hilfskräfte und Tutorinnen zu erhöhen. Studierende sollen über offene Stellen informiert werden. (...)
2.   Empfehlungen zur Verbesserung der allgemeinen Rahmenbedingungen
(...)
2.5   Empfehlungen zur Förderung der Frauenforschung
Empfohlen wird:
- von seiten des Landes zusätzliche Mittel im Bereich von Lehre und Forschung sowie für Bibliotheksausstattung zur Verfügung zu stellen;
- zu prüfen, ob interdisziplinär eingerichtete Professuren zur Frauenforschung geschaffen werden können;
- Projekte der Frauenforschung zu fördern u.a. durch finanzielle Unterstützung von Publikationen auf diesem Gebiet.
2.6   Empfehlung zur Einrichtung einer Stiftung zur Frauenförderung
Zur gezielten Förderung von besonders begabten Studentinnen und Wissenschaftlerinnen durch Stipendien (Promotionsstipendien, Post-Doc-Stipendien, Habilitationsstipendien, Wiedereinstiegsstipendien) und von wissenschaftlichen Projekten zu Themen der Frauenforschung wird die Prüfung der Einrichtung einer Landesstiftung empfohlen.

1.2 Universität Konstanz

Grundsätze des Senats zur Förderung von Frauen in Forschung und Lehre an der Universität Konstanz, Senatsbeschluß v. 13.12.1989

1.2.1 Allgemeine Aufgaben (-)

1.2.2 Vorrangregelungen/Zielvorgaben

I.1   Zielvorgaben für die Stellenbesetzung
1.1 Zur Erhöhung des Anteils von Frauen in Forschung und Lehre entwickeln die Fakultäten Zielvorgaben für die Besetzung wissenschaftlicher Stellen. Diese Vorgaben sind mittelfristig zu verwirklichen; sie gelten für die Besetzung von Planstellen ebenso wie für die von Drittmitteln finanzierten Stellen. Den Ausgangspunkt für die Zielvorgaben sollen die Frauenanteile auf den verschiedenen Ebenen wissen-

schaftlicher Qualifikation und Beschäftigungsverhältnisse bilden. Die Zielvorgaben für diese einzelnen Ebenen sollen sich dabei an den gegebenen Anteil auf der jeweils darunter liegenden Ebene orientieren.
1.2 Auf dieser Grundlage empfiehlt der Senat den Fakultäten folgende Zielvorgaben
- Bei der Einstellung von Tutoren und wissenschaftlichen Hilfskräften sollen weibliche Bewerber so berücksichtigt werden, daß ihr Anteil mindestens den der Studierenden der jeweiligen Fakultät erreicht.
- Bei der Annahme von Doktoranden und dabei insbesondere bei der Vergabe von Promotionsstellen bzw. -stipendien sollen weibliche Bewerber so berücksichtigt werden, daß ihr Anteil mindestens den der Studienabsolventen der betreffenden Fakultät erreicht.
- Bei der Besetzung von Stellen für den promovierten wissenschaftlichen Dienst sollen weibliche Bewerber so berücksichtigt werden, daß ihr Anteil mindestens den der abgeschlossenen Promotionen in der jeweiligen Fakultät erreicht.
- Bei der Vergabe von Habilitationsstellen bzw. -stipendien sollen weibliche Bewerber so berücksichtigt werden, daß ihr Anteil mindestens den des promovierten wissenschaftlichen Dienstes in der jeweiligen Fakultät erreicht.
- Bei der Besetzung von Professuren und anderen Stellen für Habilitierte sollen weibliche Bewerber so berücksichtigt werden, daß ihr Anteil mindestens den der abgeschlossenen Habilitationen erreicht.
1.3 Der Senat empfiehlt den Fakultäten, im Wintersemester 1989/90 die Festsetzung von Zielvorgaben für einen Zeitraum von zunächst zwei Jahren zu beraten und zu beschließen. (...)
I. 2   Stellenbesetzungsverfahren
(...)
2.2 Frauen sollen mindestens entsprechend ihrem Anteil an den Bewerbungen, die die formalen Voraussetzungen und die Anforderungen an die gewünschte Qualifikation erfüllen, zu Auswahlgesprächen und Probevorträgen eingeladen werden. (...)
I.3   Finanzielle Förderung
3.1 Der Senat der Universität Konstanz begrüßt den Vorschlag des Ministeriums für Wissenschaft und Kunst, die Schaffung eines besonderen Stellenprogramms für Frauen zu prüfen.
3.4 Die Universität Konstanz erwartet vom Ministerium für Wissenschaft und Kunst, daß es ein besonderes zusätzliches Stipendienprogramm für Doktorandinnen initiiert.

1.2.3 Sanktions-/Anreizsysteme (-)

1.2.4 Frauenbeauftragte

III.   Institutionelle Maßnahmen
1. Der Senat bestellt einen Frauenrat. Der Frauenrat wirkt auf die Herstellung der gesetzlich gebotenen Chancengleichheit (§ 3 Abs. 1 UG) der Wissenschaftlerinnen an der Universität Konstanz hin.
2. Der Frauenrat nimmt insbesondere folgende Aufgaben zur Förderung von Wissenschaftlerinnen und Studentinnen wahr:
a) Erarbeitung von Vorschlägen sowie Kontrolle von Fördermaßnahmen
b) Anregung und Unterstützung von Förderaktivitäten
c) Erschließung außeruniversitärer Forschungsförderungsmittel und Finanzierungsquellen
d) Anlaufstelle für Beschwerden
e) Sammlung und Bereitstellung von Publikationen und Statistiken über Frauenförderung
f) Informations- und Öffentlichkeitsarbeit
g) Pflege der Zusammenarbeit mit dem Personalrat, dem Studentenwerk und anderen Einrichtungen in den Fragen, die alle Frauen an der Universität betreffen.
3. Der Frauenrat hat das Recht, in allen Angelegenheiten, die die Belange von Wissenschaftlerinnen unmittelbar berühren, Vorschläge zu machen und Stellung zu nehmen. Zu diesem Zweck ist er im Rahmen der gesetzlichen Vorschriften berechtigt, die notwendigen Auskünfte einzuholen.
4. Der Frauenrat erarbeitet jährlich einen Bericht. Dieser enthält eine Darstellung der Situation der an der Universität Forschung und Lehre tätigen Frauen. Darüber hinaus dokumentiert er die Auswirkungen von Fördermaßnahmen und gibt einen Überblick über die Arbeit des Frauenrats. Der Bericht wird im Senat beraten und zusammen mit dem Rechenschaftsbericht des Rektors veröffentlicht.

5. Der Frauenrat ist ein beratender Ausschuß des Senats. Ihm sollen jeweils zwei Vertreterinnen aus der Gruppe der Professorinnen, des Mittelbaus und der Studentinnen angehören. Die Mitglieder des Frauenrats werden auf Vorschlag der jeweiligen Gruppe vom Senat ernannt. Ihre Amtszeit beträgt zwei Jahre. Der Frauenrat wählt aus seiner Mitte eine Vorsitzende.

6. Für die Führung der laufenden Geschäfte des Frauenrats ist in der Zentralen Verwaltung die Stelle einer Referentin einzurichten. Es ist erforderlich, daß die Mittel für diese Stelle vom Ministerium für Wissenschaft und Kunst bereitgestellt werden. Die Referentin hat das Recht, als ständiges Gastmitglied an den Sitzungen des Senats teilzunehmen.

1.2.5 Kinderbetreuung/Familienpflichten

(...)

I.2.5 Können bei Stellenbesetzungen Bewerberinnen nicht berücksichtigt werden, da sie die vorgeschriebene Altersgrenzen überschreiten, soll die Universität von Ausnahmeregelungen Gebrauch machen, wenn die Überschreitung durch Wahrnehmung familiärer Pflichten verursacht wurde.

I.3.2 Der Senat der Universität Konstanz begrüßt die Absicht des Ministeriums, die Landesgraduiertenförderung so zu ändern, daß
- die Universität die Unterbrechung eines Arbeitsvorhabens wegen besonderer familiärer Belastungen bis zu einem Jahr, in Ausnahmefällen bis zu zwei Jahren, zustimmen kann,
- bei einer Unterbrechung des Arbeitsvorhabens wegen besonderer familiärer Belastungen das Stipendium in Höhe von einem Viertel, höchstens 300,- DM monatlich, bis zum Ende der Unterbrechung fortgezahlt werden kann.

I.3.3 Bei Promotionsstipendien außerhalb der Landesgraduiertenförderung muß darauf geachtet werden, daß das Promotionsziel nicht durch das Auslaufen der Finanzierung gefährdet ist, wenn sich die Promotionsdauer durch besondere familiäre Belastungen verlängert. Entsprechendes gilt für die Habilitation.

I.4   Verbesserung der Arbeitsbedingungen

4.1 Die Universität Konstanz schafft alle Voraussetzungen, um die Möglichkeiten zur zeitlich begrenzten Teilzeitarbeit auszubauen. Sie hält weiterhin an ihrem Konzept der flexiblen Arbeitszeiten fest und baut dieses weiter aus.

4.2 Die Universität Konstanz strebt im Zusammenwirken mit dem Studentenwerk einen Ausbau der bestehenden Kinderbetreuungsmöglichkeiten an. Im Mittelpunkt stehen dabei die Angliederung einer Kindertagesstätte für Kinder von bis zu 6 Jahren an den bestehenden Kindergarten sowie die Schaffung von Einrichtungen für kurzfristige Kinderbetreuungen (Stillen, Wickeln, Krabbelgruppe ggf. Betreuung) innerhalb der Universität.

1.2.6 Geschlechtsspezifische Inhalte in Forschung und Lehre

II.   Förderung von "gender studies"

Noch heute sind Alltagswirklichkeit, Lebensbedingungen, Probleme und Interessen von Frauen in den meisten wissenschaftlichen Bereichen von Forschung und Lehre unzureichend repräsentiert. Gerade mit der Erforschung geschlechtsspezifischer Inhalte und Methoden befassen sich die "gender studies".Es ist anzustreben, in der Universität in diesem Bereich bestärkt Forschungsprojekte durchzuführen. Dem Lehrkörper unserer Universität wird empfohlen, sich die Betreuung studentischer Arbeiten zu frauenbezogenen Fragestellungen besonders angelegen sein zu lassen. Die Fakultäten und Fachgruppen sollen sich um ein vermehrtes prüfungsrelevantes Lehrangebot im Bereich der "gender studies" - auch unter Berücksichtigung studentischer Vorschläge - bemühen. Die geistes- und sozialwissenschaftlichen Fakultäten sollten sich bemühen, eine institutionelle Verankerung der "gender studies", z.B. durch die Einrichtung einer eigenen Professur, zu erreichen.

2. Bayern

2.1 Friedrich-Alexander-Universität Erlangen-Nürnberg

Gleichstellungsempfehlungen, Senatsbeschluß v. 1.3.1995

2.1.1 Allgemeine Aufgaben (-)

2.1.2 Vorrangregelungen/Zielvorgaben

2.1 Ziel

Bis zur Herstellung der durch Art. 34 BayHSchG und Art. 3 Abs. 2 GG gebotenen Chancengleichheit gilt: In Fakultäten, Instituten und zentralen Einrichtungen, in denen Frauen unterrepräsentiert sind, sollen Bewerberinnnen, die in gleicher Weise geeignet, befähigt und fachlich qualifiziert sind, bevorzugt berücksichtigt werden. Dadurch soll der Frauenanteil des wissenschaftlichen Personals mittelfristig auf den der vorhergehenden Qualifikationsstufe angehoben werden. Dies gilt, unter Wahrung der Einzelfallgerechtigkeit, bei Neueinstellungen, Berufungsvorschlägen, Beförderungen, Abordnungen, Umsetzungen, Vertragsverlängerungen und Höhergruppierungen und bei der Vergabe von Stellen für wissenschaftliche Weiterqualifikation. Die Universität setzt sich dieses Ziel auch für die Vergabe von Lehraufträgen und Gastprofessuren und Habilitationsförderungen.

(...)

2.4 Vorauswahl, Vorstellungsvorträge

Bei der Vorauswahl zur Besetzung einer Professur werden qualifizierte Bewerberinnen mindestens in dem Maße zu einem Vorstellungsvortrag eingeladen, wie es ihrem relativen Anteil an der Gesamtzahl der qualifizierten Bewerbungen entspricht.

(...)

3.1 Frauenanteile bei qualifikationsfördernden studentischen und wissenschaftlichen Hilfstätigkeiten

Bei qualifikationsfördernden studentischen und wissenschaftlichen Hilfskrafttätigkeiten (z.B. Tutorien, Mitarbeit in Forschungsprojekten) sollen Frauen gemäß dem Studentinnenanteil im betreffenden Fach eingestellt werden.

(...)

3.4 Stellung der Universität zu Förderungsmöglichkeiten von Frauen

Die Universität informiert die Studienfachberater/innen, die Professorinnen und Professoren sowie die Frauenbeauftragten über aktuelle Förderungsmöglichkeiten, wie sie z.B. im Rahmen des 2. Hochschulsonderprogramms vorgesehen sind. Die Universität setzt sich nachdrücklich für zusätzliche Stellenprogramme ein, die den Wiedereinstieg nach einer familienbedingten Phase ermöglichen.Die Universität verwendet Sonderprogramme neben der Nutzung der normalen Kapazitäten als zusätzliche Möglichkeiten zur Erhöhung des Frauenanteils am wissenschaftlichen Nachwuchs.

2.1.3 Sanktions-/Anreizsysteme (-)

2.1.4 Frauenbeauftragte

1.4 Information der Frauenbeauftragten

Die Frauenbeauftragte der jeweiligen Fakultät wird von der/dem Auschreibenden über alle Stellenausschreibungen zeitgleich mit der Ausschreibung unterrichtet. Die Frauenbeauftragte der Universität wird entsprechend vom Leiter/der Leiterin der zentralen Einrichtungen unterrichtet.

2.2 Besetzung von Berufungskommissionen

Die Frauenbeauftragte der Fakultät ist an allen Vorgängen im Zusammenhang mit der Besetzung von Professuren qua Amt beteiligt. Dies gilt für die Funktionsbeschreibung, die Verabschiedung von Auswahlkriterien, die Formulierung der Stellenausschreibung wie das eigentliche Berufungsverfahren. Den Fakultäten wird empfohlen, zusätzlich zur jeweiligen Fakultätsfrauenbeauftragten in jede Berufungskommission eine stimmberechtigte Professorin aufzunehmen. Wo dies nicht möglich ist, soll eine zusätzliche Mittelbauvertreterin als beratendes Mitglied zugezogen werden.

2.3 Mitwirkung der Frauenbeauftragten bei der Stellenbesetzung im wissenschaftlichen Mittelbau

Vor der Besetzung einer Stelle im wissenschaftlichen Mittelbau, die (universitäts-)öffentlich ausgeschrieben war, ist der Frauenbeauftragten der entsprechenden Fakultät/Einrichtung die Gelegenheit zur Stellungnahme zu geben. In strittigen Fällen hört die Universitätsleitung die Frauenbeauftragte.

3.3	Information für Studentinnen
Die Frauenbeauftragten der Fakultäten setzen einmal im Jahr eine Informationsveranstaltung für Studentinnen an, bei der - in Kooperation mit der Stipendienstelle und dem Frauenbüro - über postgraduale Stipendien und Förderungsmöglichkeiten berichtet wird.
4.1	Beratungs- und Weiterbildungsangebote für Studentinnen
In Zusammenarbeit mit der zentralen Studienberatung der Universität Erlangen-Nürnberg und im Rahmen ihrer Möglichkeiten bieten die Frauenbeauftragten der Universität spezifische Beratungen für Studentinnen sowie Weiterbildungsseminare an. Diese Angebote werden im Vorlesungsverzeichnis sowie in allen sonstigen Informationen zur Studienberatung bekannt gemacht.
6.2	Information über sexuelle Belästigung
Die Frauenbeauftragten erstellen in Zusammenarbeit mit der psychologisch-psychotherapeutischen Beratungsstelle des Studentenwerkes und seiner Rechtsberatung ein Informationsblatt zum Thema sexuelle Belästigung.
8.1	Etat
Die Universität ist bemüht, den Etat (Sach- und Personalmittel, Reisekosten, Lehrauftragsmittel) für die Frauenbeauftragte um die Höhe der Zuwendung durch das Kultusministerium aufzustocken.
8.2	Besetzung des Frauenbüros
Dem in der Regel in zweijährigem Turnus wechselnden Wahlamt der Frauenbeauftragten steht ein Frauenbüro zur Seite, das die Kontinuität der Arbeit sicherstellt. Dieses Frauenbüro sollte entsprechend der Größe der Universität Erlangen-Nürnberg möglichst mit einer ganzen Stelle für eine Mitarbeiterin (BAT IIa) und einer halben Stelle BAT VII für eine Verwaltungskraft ausgestattet sein.
8.3	Entlastung von Dienstaufgaben
Die Ermäßigung des Lehrdeputats der Universitätsfrauenbeauftragten ist durch das Bayerische Hochschulgesetz geregelt. Die Frauenbeauftragten der Fakultäten sollen nach Einzelfallprüfung von sonstigen Dienstaufgaben entlastet werden. Die Universität wirkt darauf hin, daß die Tätigkeit als Universitätsfrauenbeauftragte analog der Tätigkeit einer Dekanin/eines Dekans als Grund für die Verschiebung eines Forschungsfreisemesters anerkannt wird.

2.1.5 Kinderbetreuung/Familienpflichten

2.6	Flexible Handhabung der Altersgrenzen
Die Universität befürwortet eine flexible Handhabung von Altersgrenzen, die insbesondere die spezifischen Biographien von Frauen berücksichtigt. Auch ein höheres Alter am Ende einer Qualifikationsphase, das durch die Ausübung des Amtes der Frauenbeauftragten und eine entsprechende Vertragsverlängerung bedingt ist, darf nicht zum Nachteil gereichen.
5.1	Arbeitszeiten, Teilzeitarbeit, Beurlaubungen
Die Universität informiert ihre Beschäftigten umfassend über die gesetzlichen und tariflichen Bestimmungen und Möglichkeiten der Freistellung. Auf Antrag wird eine Beurlaubung oder eine von der Regelarbeitszeit abweichende Gestaltung von Arbeitszeiten wegen Kindererziehung, Pflege von Haushaltsangehörigen, Fort- und Ausbildung unter Beachtung der dienstlichen Belange ermöglicht. Die/der betroffene Beschäftigte wird über die mit der Beurlaubung bzw. Arbeitszeitreduzierung verbundenen Auswirkungen (tarifrechtlicher Art, Altersversorgung etc.) eingehend beraten. Die Aufstockung der Arbeitszeit nach vorübergehender Teilzeitbeschäftigung soll auf Antrag zum nächstmöglichen Zeitpunkt erfolgen.
5.2	Kinderbetreuung
Die Universität trägt im Rahmen ihrer Möglichkeiten dazu bei, daß für alle Beschäftigten und Studierenden der Universität ausreichend viele Kinderbetreuungsplätze zur Verfügung stehen. Bedarf und Ausgestaltung dieser Einrichtungen (Altersstufen, Ganztags-, stundenweise und abendliche Betreuung, etc.) werden in Kooperation mit der Frauenbeauftragten sowie mit dem Studentenwerk bestimmt. Bei Neubauten wird ein angemessener Raumbedarf für Kinderbetreuung eingeplant.
5.3	Wiederaufnahme der Berufstätigkeit und Verbindung zum Beruf
Die Universität garantiert den Beurlaubten eine spätere Wiederbeschäftigung auf einem gleichwertigen Arbeitsplatz. Dabei soll der Wunsch nach Rückkehr an den vorherigen Arbeitsplatz möglichst berücksichtigt werden. Zeiten der Kinderbetreuung und Familienarbeit müssen, auch bei befristeten Stellen, berücksichtigt werden und dürfen nicht zum Nachteil gereichen. Es wird befürwortet, Wissenschaftle-

rinnen und Wissenschaftlern die Möglichkeit zu geben, während ihrer Beurlaubung durch Lehraufträge, Projektbetreuungen und Werkverträge, durch Krankheits- und Urlaubsvertretungen eine Verbindung zum Beruf aufrechtzuerhalten.

5.4   Studierende Eltern

Die Universität sieht die Probleme, denen Studierende mit Kind in besonderem Maße ausgesetzt sind. Sie versucht, diesen Personenkreis zu entlasten, indem sie im Rahmen ihrer Möglichkeiten bei Beurlaubungen und Prüfungen die Handlungsspielräume nutzt. Die Dozentinnen und Dozenten werden gebeten, bei der Festsetzung ihrer Lehrveranstaltungszeiten auch die Belange studierender Eltern zu berücksichtigen.

2.1.6 Geschlechtsspezifische Inhalte in Forschung und Lehre

7.   Frauenforschung/gender studies
7.1   Allgemeine Förderung

Die Universität bemüht sich um die besondere Förderung von Frauenforschung/gender studies mit den ihr zur Verfügung stehenden Möglichkeiten. Sie empfiehlt den Fakultäten, wo dies möglich ist, bei der Neuausschreibung von Professuren Frauenforschung/gender studies in das Qualifikationsprofil mit aufzunehmen. Die Universität akzentuiert in ihrem Hochschulentwicklungsplan Frauenforschung/gender studies als einen ihrer wichtigen Schwerpunkte in Forschung und Lehre.

7.2   Lehr- und Prüfungsinhalte unter der Perspektive der Frauenforschung/gender studies

Die Fakultäten werden aufgefordert, ihren Möglichkeiten entsprechend Theorien und Ergebnisse aus dem Bereich der Frauenforschung/gender studies als integralen Bestandteil der Studien- und Prüfungsinhalte aufzunehmen. Sie werden ferner gebeten, Lehrveranstaltungen zum Thema Frauenforschung/gender studies besonders zu fördern.

2.2 Ludwig-Maximilians-Universität München

Empfehlungen zur Gleichstellung von Frauen und Männern in Studium, Forschung und Lehre, Beschluß des Senats v. 29.7.1994

2.2.1   Allgemeine Aufgaben (-)

2.2.2 Vorrangregelungen/Zielvorgaben

1.   Abbau struktureller Benachteiligungen für Wissenschaftlerinnen bei Stellenbesetzungen und Berufungen

1.4 In Instituten, Fakultäten und zentralen Einrichtungen, in denen Frauen unterrepräsentiert sind, sollen Bewerberinnen unter Berücksichtigung des Vorrangs von Eignung, Befähigung und fachlicher Leistung besonders gefördert werden und daher Vorrang vor gleichqualifizierten männlichen Bewerbern erhalten. Dies gilt unter Wahrung der Einzelfallgerechtigkeit bei Neueinstellungen, Berufungsvorschlägen, Beförderungen, Abordnungen, Umsetzungen, Vertragsverlängerungen und Höhergruppierungen und bei der Vergabe von Ausbildungsstellen. Die Universität setzt sich dieses Ziel auch für die Vergabe von Lehraufträgen, Gastprofessuren und Promotions- und Habilitationsförderungen. Bei der Besetzung von Stellen, die im Rahmen von Drittmittelprojekten gefördert werden, wird empfohlen, nach den Grundsätzen dieser EMPFEHLUNGEN zu verfahren. In einem ersten Schritt empfiehlt die Universität, den Frauenanteil ihres wissenschaftlichen Personals in den einzelnen Bereichen auf den Frauenanteil der vorhergehenden Qualifikationsstufe anzuheben. Es wird angestrebt, dieses Ziel mittelfristig, d.h. im Laufe der nächsten sechs Jahre zu erreichen. Die Universität fordert die Fakultäten und zentralen Einrichtungen auf, in Zusammenarbeit mit ihrer Frauenbeauftragten innerhalb eines Jahres konkrete Vorstellungen zu entwickeln, wie dieses Ziel in ihren Bereichen umzusetzen ist. Die Richtwerte sind in Absoluten Zahlen anzugeben.

(...)

1.9 Bei der Vorauswahl zur Besetzung einer Stelle werden Bewerberinnen bei entsprechender Eignung und Qualifikation mindestens in dem Maße zu einer persönlichen Vorstellung eingeladen, die ihrem relativen Anteil an der Gesamtzahl der qualifizierten Bewerbungen entspricht.
2. Förderung des wissenschaftlichen Nachwuchses
Fachliche Qualifikation, Leistung und Fähigkeit haben Vorrang bei der Förderung des wissenschaftlichen Nachwuchses. Unter diesem Vorbehalt wird folgendes empfohlen:
2.1 Bei qualifikationsfördernden studentischen Hilfskrafttätigkeiten sind die Bewerbungen von Frauen entsprechend ihrem Anteil an den Studierenden im jeweiligen Fach zu berücksichtigen.
2.2 Bei der Vergabe von Promotionsstipendien durch die Universität sollen Stipendien mindestens im Anteil der Studentinnen am jeweiligen Fach an Frauen vergeben werden. Bei Vorschlägen zur Aufnahme von Studierenden in Stiftungen sind qualifizierte Studentinnen besonders zu berücksichtigen.

2.2.3 Sanktions-/Anreizsysteme (-)

2.2.4 Frauenbeauftragte

1.5 Die Frauenbeauftragte der Fakultät ist an allen Vorgängen im Zusammenhang mit der Besetzung von Professuren zu beteiligen. Dies gilt für den Vorprüfungsantrag, die Verabschiedung von Auswahlkriterien, die Formulierung der Stellenausschreibung wie das eigentliche Auswahlverfahren.
1.6 Neben der jeweiligen Fakultätsfrauenbeauftragten soll jeder Berufungskommission mindestens eine weitere, stimmberechtigte Frau (Professorin) angehören. Wenn keine Professorin aus dem gleichen oder benachbarten Fachgebiet der zu besetzenden Stelle zur Verfügung steht, wird empfohlen, auf Fachwissenschaftlerinnen anderer Fakultäten zurückzugreifen.
(...)
2.3 Die Universität und ihre Fakultäten machen es sich zur Aufgabe, die Beratung der Studentinnen während des Studiums zu intensivieren und vor allem Promotions- und Habilitationsvorhaben anzuregen und zu unterstützen. Die Frauenbeauftragten der Fakultäten setzen einmal im Semester eine Informationsveranstaltung für Studentinnen an, in der über aktuelle Entwicklungen von Fördermöglichkeiten und Stipendien berichtet wird.
2.4 Die Studienfachberatung sowie alle Professorinnen/Professoren und Frauenbeauftragten erhalten regelmäßig Informationen über aktuelle Förderungsmöglichkeiten, wie sie z.B. im Rahmen des 2. Hochschulsonderprogramms (HSP II) vorgesehen sind.
3. Studium und Lehre
3.2 Die zentrale Studienberatung der Universität und die Fachstudienberatungen konzipieren im Rahmen ihrer Tätigkeit und in Zusammenarbeit mit den Frauenbeauftragten Beratungskonzepte für weibliche Studierende und führen diese in geeigneter Form durch. Diese Konzepte sollen sich sowohl an Anfängerinnen wenden als auch studienbegleitend sein und eine wissenschaftliche Laufbahnberatung einschließen.
(...)
5. Schutz vor sexueller Belästigung und Gewalt
5.3 Die Frauenbeauftragten der Universität entwickeln in Zusammenarbeit mit der Psychosozialen und Psychotherapeutischen Beratungsstelle des Studentenwerkes und der Rechtsabteilung der Universität ein entsprechendes Informationsblatt für ihre Studierenden und Beschäftigten.
7. Frauenbeauftragte
7.1 Die Universität richtet die Höhe ihres Etats (Sach- und Personalmittel, Reisekosten, Lehrauftragsmittel) für die Frauenbeauftragte weiterhin mindestens nach der Maßgabe des Ministeriums.
7.2 Der Universitätsfrauenbeauftragten steht weiterhin ein Büro zur Seite, das die Effektivität und Kontinuität dieses auf zwei Jahre befristeten Wahlamtes gewährleistet. Wegen erheblich gewachsener Belastung seit Einführung des Amtes wird langfristig eine Schreibkraft-Stelle sowie eine BAT IIa-Stelle benötigt. Entsprechende Haushaltsmittel sind weiterhin wie bisher bei der Haushaltsaufstellung anzumelden.
7.3 Die Universität unterstützt die Anstrengungen der Universitätsfrauenbeauftragten, ein Programm zur Fortbildung von Frauenbeauftragten zu entwickeln und durchzuführen, das durch Workshops die

Sach- und Handlungskompetenz ihrer nebenberuflichen Frauenbeauftragten in den Fakultäten gewährleistet (Rechtsgrundlagen, Berufungsverfahren, Öffentlichkeitsarbeit, Umgang mit sexueller Belästigung).
7.4 Die Universität unterstützt die Anstrengungen ihrer Frauenbeauftragten, im Art. 3 Abs. 4 BayHSchLG sowohl eine angemessene Freistellung der Frauenbeauftragten von anderweitigen dienstlichen Tätigkeiten durchzusetzen als auch eine entsprechende Verlängerung ihrer Stelle gemäß Art. 21 a Abs. 3 BayHSchLG.
7.5 Den Fakultäten wird empfohlen, die Zusammenarbeit mit ihren Frauenbeauftragten (soweit dies noch nicht geschieht) durch Sachmittel und Mittel für studentische Hilfskräfte zu unterstützen.
8. Senatsausschüsse für Gleichstellungsfragen
Die Frauenbeauftragte kann in der inhaltlichen Arbeit und der Entwicklung neuer Konzepte von einem Senatsausschuß unterstützt werden.
8.1 Der Senat kann nach Art. 29 BayHSchG einen beratenden Senatsausschuß für Gleichstellungsfragen einsetzen. Die Zusammensetzung richtet sich nach dem BayHSchG und berücksichtigt Mitglieder beider Geschlechter.
8.2 Der Senatsausschuß berät über alle Fragen, die die Herstellung der verfassungsrechtlich gebotenen Chancengleichheit und die Vermeidung von Nachteilen für Wissenschaftlerinnen, weiblichen Lehrpersonen und Studentinnen betreffen. Er formuliert Vorschläge zur Entwicklungsplanung, soweit diese Frauenförderung betrifft und bereitet fächerübergreifende Beschlüsse zu diesem Thema vor. Er hat das Recht, in allen Angelegenheiten, die die Belange von Wissenschaftlerinnen und Studentinnen betreffen, Vorschläge zu machen und Stellung zu beziehen. Zu diesem Zweck ist er im Rahmen der gesetzlichen Vorschriften berechtigt, die notwendigen Auskünfte einzuholen. Der Senatsausschuß für Gleichstellungsfragen berät insbesondere über die Gleichstellungsempfehlungen der Universität, der Fakultäten und der zentralen Einrichtungen und ist für die Überprüfung ihrer Wirksamkeit zuständig.
8.3 Der Senatsausschuß für Gleichstellungsfragen kann aufgelöst werden, wenn die Gleichstellung von Wissenschaftlerinnen, weiblichen Lehrpersonen und Studentinnen an der Universität erreicht ist.

2.2.5 Kinderbetreuung/Familienpflichten

1.7 Es ist darauf zu achten, daß bei Berufungen vermehrt Gutachten von Frauen erstellt werden und daß im Gutachten über Wissenschaftlerinnen die spezifischen Biographien von Frauen berücksichtigt werden. Ein durch Unterbrechungen und Teilzeitarbeit gekennzeichneter Erwerbsverlauf darf Bewerberinnen nicht zum Nachteil gereichen: Kenntnisse und Erfahrungen, die in anderen Bereichen erworben wurden, sind - sofern sie auf das Anforderungsprofil der Stelle passen - besonders anzuerkennen.
1.8 Die für die Entscheidung zuständigen Organe der Universität bemühen sich, den gesetzlichen Handlungsspielraum hinsichtlich von Altersgrenzen auszuschöpfen, um auf diese Weise auch den spezifischen weiblichen Biographien Rechnung zu tragen.
2.5 Die Universität setzt sich nachdrücklich für zusätzliche Stellenprogramme ein, die den Wiedereinstieg nach einer familienbedingten Phase ermöglichen. Die Universität verpflichtet sich, Sonderprogramme zur Frauenförderung neben der Nutzung der regulären Förderprogramme als zusätzliche Möglichkeiten zur Erhöhung des Frauenanteils am wissenschaftlichen Nachwuchs zu verwenden.
4. Vereinbarkeit von Familie und Ausbildung/Beruf
4.1 Die Personalstelle hält für alle Beschäftigten ein Merkblatt bereit, in dem alle erforderlichen Informationen über die gesetzlichen und tariflichen Bestimmungen und Möglichkeiten von Teilzeitarbeit, Freistellung und Beurlaubung wegen Kindererziehung, Pflege von Haushaltsangehörigen u.a.m. zusammengestellt sind. Auf Antrag wird eine Beurlaubung oder eine von der Regelarbeitszeit abweichende Gestaltung von Arbeitszeiten wegen Kindererziehung, Pflege von Haushaltsangehörigen, Fort- und Ausbildung unter Beachtung der dienstlichen Belange und der geltenden Arbeitszeitregelungen ermöglicht. Die/der betroffene Beschäftigte wird über die mit der Beurlaubung bzw. Arbeitszeitreduzierung verbundenen Auswirkungen (tarifrechtlicher Art, Altersversorgung, etc.) eingehend beraten. Die Aufstockung der Arbeitszeit nach vorübergehender Teilzeitbeschäftigung soll auf Antrag zum nächstmöglichen Zeitpunkt erfolgen.
4.2 Die Universität setzt sich im Rahmen ihres Ermessensspielraums für gesetzliche Regelungen ein, die vorsehen, daß befristete Arbeitsverhältnisse um die Zeiten des Beschäftigungsverbotes nach den Vor-

schriften über den Mutterschutz bzw. eines Erziehungsurlaubs verlängert werden. Dies gilt für Dienstverhältnisse im Beamten- und Angestelltenverhältnis.

4.3 Teilzeitbeschäftigten sollen die gleichen beruflichen Aufstiegs- und Fortbildungschancen eingeräumt werden wie Vollzeitbeschäftigten. Eine Teilzeitbeschäftigung soll der Besetzung einer Vorgesetzten- und Leitungsfunktion nicht entgegenstehen.

4.4 Entsprechend dem Bedarf von Studierenden und wissenschaftlichem Personal sind Möglichkeiten für Kinderbetreuung zu schaffen. Die Universität setzt sich dafür ein, daß die zuständigen staatlichen und kommunalen Instanzen und die Wohlfahrtsverbände ausreichend viele Kinderbetreuungsplätze für Beschäftigte und Studierende zur Verfügung stellen; dies gilt insbesondere anläßlich von Neubauvorhaben der Universität. Flexible Öffnungszeiten in diesen Einrichtungen sind für die Vereinbarkeit von Familie und Ausbildung/Beruf ebenso unerläßlich wie die Berücksichtigung der Belange studierender Eltern bei der Festsetzung von (parallelen) Lehrveranstaltungen.

4.5 Bei Beurlaubung (z.B. Erziehungsurlaub, Mutterschutz) sind die gesetzlichen Möglichkeiten zur Beschäftigung von Vertretungs- und Aushilfskräften in vollem Maße auszuschöpfen. Die Universität setzt sich bei den zuständigen staatlichen Instanzen nachdrücklich und immer wieder dafür ein, daß ihr Etat um ausreichende Mittel für die Finanzierung von Vertretungen während der gesetzlichen Mutterschutzfrist aufgestockt wird.

4.6 Die Universität wird Beurlaubte auf einem gleichwertigen Arbeitsplatz weiterbeschäftigen. Dabei soll der Wunsch nach Rückkehr an den vorherigen Arbeitsplatz möglichst berücksichtigt werden. Es wird befürwortet, Wissenschaftlerinnen und Wissenschaftlern die Möglichkeit zu geben, während ihrer Beurlaubung durch Lehraufträge, Projektbetreuungen und Werkverträge, durch Krankheits-und Urlaubsvertretungen, eine Verbindung zum Beruf aufrechtzuerhalten.

4.7 Die Universität wirkt darauf hin, daß die BAFöG-Höchstförderungsdauer und die Frist zur Ablegung der Prüfung bei Schwangerschaft/Mutterschaft (bzw. Vaterschaft) verlängert wird, und zwar bei Müttern um mindestens zwei, bei Vätern um ein Semester je Kind, in Härtefällen darüber hinaus. Außerdem unterstützt sie die Bemühungen der Frauenbeauftragten, gesetzliche Voraussetzungen für ein Teilzeitstudium für studierende Eltern zu schaffen, wodurch betroffenen Studierenden ermöglicht werden soll, auch während der Familienphase Leistungsnachweise zu erbringen.

4.8 Verlängerung der Fristen für den erstmaligen Abschluß befristeter Verträge: Die Universität verpflichtet sich, den in der Soll-Vorschrift § 57b Abs. 6 HRG eröffneten Ermessensspielraum von über 4 Jahren hinaus zugunsten von Bewerberinnen zu nutzen, wenn Zeiten, die nach landesrechtlichen Regelungen zu einem Beschäftigungsverbot wegen Schwangerschaft/Mutterschaft und zu einer Beurlaubung wegen Kindererziehung geführt haben, zwischen der letzten Hochschulprüfung oder Staatsprüfung und dem erstmaligen Abschluß eines befristeten Arbeitsvertrages liegen.

2.2.6 Geschlechtsspezifische Inhalte in Forschung und Lehre

6. Frauenforschung (Genus-Forschung)

Die Hochschulen tragen Verantwortung gegenüber der Öffentlichkeit für die Einlösung des Gleichberechtigungsgrundsatzes auch durch Forschung. Dazu gehört die Institutionalisierung von interdisziplinärer geschlechterspezifischer Forschung, die in vielen Bereichen Beiträge zu einer grundlegenden Revision von Wissen, Theoriebildung und Methodologie geleistet hat.

6.1 Die Universität bemüht sich um die besondere Förderung von Frauenforschung/Genus-Forschung mit allen ihr offenstehenden Möglichkeiten. Dazu gehören die Förderung von Arbeiten, Projekten, von Veranstaltungen wie Ringvorlesungen und Tagungen zu diesem Themenbereich. Die Fakultäten werden aufgefordert, ihren Möglichkeiten entsprechend Lehrinhalte aus dem Bereich der Frauenforschung/Genus-Forschung als integralen Bestandteil der Studien- und Prüfungsordnungen aufzunehmen. Auch bei Pflichtveranstaltungen sollte überlegt werden, ob sie unter Gesichtspunkten aus dem Bereich der Frauenforschung/Genus-Forschung angeboten werden können. Die Umsetzung dieser Maßnahme darf nicht zu einer Verschärfung der Studienbedingungen führen.

Die Fakultäten werden weiterhin aufgefordert, Lehrveranstaltungen zum Thema der Frauenforschung/Genus-Forschung besonders zu fördern. Hierzu gehört z.B. die Vergabe von Lehraufträgen und Gastprofessuren, die Einladung zu Gastvorträgen sowie nach Möglichkeit die Einrichtung spezifischer Studienschwerpunkte und Professuren mit entsprechender Arbeitsrichtung.

Die Fakultäten konkretisieren ihre Vorstellungen in ihrem Strukturplan und ihren Gleichstellungs-Empfehlungen. Die Universität akzentuiert in ihrem Hochschulentwicklungsplan die Frauenforschung/Genus-Forschung als einen ihrer wichtigen Schwerpunkte in Forschung und Lehre und berücksichtigt dies bei der Umverteilung von Mitteln. Wo dies möglich und sinnvoll ist, soll bei der Neubesetzung von Stellen das Fachgebiet Frauenforschung/Genus-Forschung als Teil der Qualifikation gefördert werden, um der geringen Verbreitung dieses Forschungsgebiets wirksam entgegenzutreten und kontinuierliche Lehre in diesem Bereich zu gewährleisten.
6.2 Darüber hinaus strebt die Universität an, der Empfehlung der Bund-Länder-Kommission für Bildungsplanung und Forschungsförderung zu folgen, spezifisch gewidmete Professuren in einzelnen Bereichen einzurichten. Der Senat berücksichtigt dies im Hochschulentwicklungsplan.
6.3 Die Universität unterstützt weiterhin den Bibliotheksschwerpunkt "Frauenforschung" der Universitätsbibliothek.

3. Berlin

3.1 Freie Universität Berlin

Frauenförderrichtlinien der Freien Universität Berlin, Beschluß des Akademischen Senats vom 17.2.1993 (FU-Mitt. 17/1993, S. 2 ff.) bestätigt von der Senatsverwaltung für Wissenschaft und Forschung am 16.3.1993 in der Fassung der 1. Ordnung zur Änderung der Frauenförderrichtlinien vom 21.6.1995 mit Beschluß des Akademischen Senats vom 25.6.1995 (FU-Mitt. 36/1995, S. 2)

3.1.1   Allgemeine Aufgaben

"Präambel"
Die Freie Universität Berlin hat sich zum Ziel gesetzt, durch die folgenden Frauenförderrichtlinien der Gleichstellung zur Verwirklichung von Frauen und Männern in der Hochschule beizutragen. Damit unterstreicht die Freie Universität Berlin die grundsätzliche Notwendigkeit, die besondere Situation von Frauen an der Hochschule zu berücksichtigen. Mit den Frauenförderrichtlinien sollen strukturelle Benachteiligungen von Frauen beseitigt und gleiche Entwicklungsmöglichkeiten sichergestellt werden.
Der Akademische Senat der Freien Universität Berlin erläßt in Übereinstimmung mit dem Berliner Hochschulgesetz und dem Landesantidiskriminierungsgesetz universitätsspezifische Regelungen zur Gleichstellung und Förderung von Frauen. Die Frauenförderrichtlinien ergänzen und konkretisieren die gesetzliche Verpflichtung, bestehende Unterrepräsentationen von Frauen abzubauen und Frauen aktiv zu fördern. Es ist die Absicht des Akademischen Senats, mit den nachfolgenden Maßnahmen an der Freien Universität Berlin den Anteil der Frauen in den Bereichen, in denen Frauen unterrepräsentiert sind, zu erhöhen und die Lern- und Arbeitssituation für Frauen entscheidend zu verbessern. Dies schließt ein, daß Benachteiligungen von Frauen entgegengewirkt werden soll, die in Tätigkeitsfeldern vorliegen, in denen kaum Berufsaufstiegschancen bestehen und in denen überwiegend Frauen beschäftigt sind. Für die Gleichstellung und Förderung von Frauen beim wissenschaftlichen Personal dient der Frauenanteil der jeweils vorhergehenden Qualifikationsstufe als Maßstab. (...)

3.1.2 Vorrangregelungen/Zielvorgaben

§ 1   Stellenbesetzungen und Berufungen
(1) Für die Besetzung von Professuren sollen Berufungslisten so aufgestellt werden, daß sie den Namen mindestens einer Bewerberin enthalten, deren Qualifikation der ausgeschriebenen Stelle entspricht und die Aufnahme in den Listenvorschlag rechtfertigt.
(2) Bei Beurteilung wissenschaftlicher Qualifikation dürfen als Kriterium nicht herangezogen werden Unterbrechungen oder Reduzierungen der wissenschaftlichen Tätigkeit und eine daraus resultierende geringere Quantität der fachlichen Leistung (z.B. Anzahl der Publikationen) oder Verzögerungen beim Abschluß einzelner Qualifikationsabschlüsse aufgrund der Betreuung von Kindern oder pflegebedürftigen Angehörigen.

(3) War bei der Aufstellung einer Berufungsliste für eine Professur die Berücksichtigung einer Frau nicht möglich und sind Frauen im Lehrkörper unterrepräsentiert, so ist der jeweilige Fachbereich verpflichtet, dem Mangel an qualifiziertem weiblichen Nachwuchs in diesem Fach zu begegnen. Vom Fachbereich wird erwartet, daß er sich besonders bemüht, freie Stellen für wissenschaftliche Assistentinnen bzw. Assistenten mit qualifizierten Frauen zu besetzen. Gegebenenfalls können dafür auch freiwerdende Professuren vorübergehend (maximal 6 Jahre) als Habilitationsstellen zur Förderung des wissenschaftlichen Nachwuchses abweichend besetzt werden.
(4) Solange in einem Fachbereich Unterrepräsentanz von Frauen bei wissenschaftlichen Stellen vorliegt, sollen Qualifikationsstellen in Gruppen von mindestens zwei Stellen zusammen ausgeschrieben und besetzt werden. Es soll angestrebt werden, daß von zwei bzw. drei Stellen mindestens eine von vier bzw. fünf Stellen mindestens zwei etc. an Frauen vergeben werden.
§ 30 Frauenförderpläne
(1) Die Frauenförderrichtlinien werden umgesetzt durch Frauenförderpläne, die die Fachbereiche, Zentralinstitute, Zentrale Einrichtungen bzw. zentralen Dienstleistungsbereiche einschließlich der Zentralen Universitätsverwaltung alle zwei Jahre erstellen.
(2) In den Frauenförderplänen sind auf der Grundlage der Frauenanteile an den Beschäftigten, den Studierenden, den Studienabschlüssen, den Promotionen und Habilitationen für jeweils zwei Jahre verbindliche Zielvorgaben zur Erhöhung des Frauenanteils festzulegen. Bei der Festlegung der Zielvorgaben für die Einstellung von wissenschaftlichem Personal ist von den Frauenanteilen der jeweiligen Qualifikationsstufen auszugehen. Der Frauenanteil soll
- bei studentischen Beschäftigten mindestens dem der Studentinnen,
- bei akademischen Mitarbeiterinnen und Mitarbeitern mindestens dem der Absolventinnen, - bei wissenschaftlichen Assistentinnen und Assistenten mindestens dem der Promotionen,
- bei beschäftigten habilitierten Wissenschaftlerinnen und Wissenschaftlern sowie bei den Professuren mindestens dem der Habilitationen des jeweiligen Fachbereichs bzw. Zentralinstituts entsprechen.

3.1.3 Sanktions-/Anreizsysteme

§ 21 Anreizsysteme und Sanktionen
(1) Bei der Entscheidung über die Ausstattung der Organisationseinheiten und die Mittelverteilungen soll berücksichtigt werden, inwieweit der jeweilige Frauenförderplan umgesetzt und insbesondere eine Erhöhung der Frauenanteile in den einzelnen wissenschaftlichen Qualifikationsstufen sowie Laufbahn- und Berufsfachrichtungen erreicht worden ist.
(2) Von den Mitteln für Lehre und Forschung (Titelverbund), die den Fachbereichen zugewiesen werden, soll ein Prozent einbehalten und entsprechend der Leistung in der Frauenförderung nach Maßgabe folgender Kriterien verteilt werden:
1. Zahl der Absolventinnen des vergangenen Jahres bezogen auf die Zahl der weiblichen Studierenden der davorliegenden drei Jahre.
2. Promotionen von Frauen während des vergangenen Jahres bezogen auf die Zahl der Absolventinnen der davorliegenden drei Jahre.
3. Habilitationen von Frauen während des vergangenen Jahres bezogen auf die Zahl der Promotionen von Frauen der davorliegenden drei Jahre.
4. Neubesetzungen von Professuren mit Frauen während der vergangenen vier Jahre bezogen auf die Gesamtzahl der Neubesetzungen von Professuren während der vergangenen vier Jahre.
(3) In den Fachbereichen sollen fachspezifische frauenfördernde Kriterien zur Vergabe dieser Mittel an die weiteren Organisationseinheiten entwickelt werden. Die nach den Leistungskriterien "Frauenförderung" zugewiesenen Mittel sind in den Fachbereichen im Benehmen mit der Frauenbeauftragten zu verteilen. Über die Verwendung der Mittel ist im Fachbereich zu berichten.

3.1.4 Frauenbeauftragte

§ 23 Wahl der Frauenbeauftragten
(1) An der Freien Universität werden eine zentrale Frauenbeauftragte und für diese zwei Stellvertreterinnen gewählt.

(2) In den Fachbereichen, Zentralinstituten, Zentraleinrichtungen sowie der Universitätsbibliothek und der zentralen Universitätsverwaltung wird jeweils eine Frauenbeauftragte und eine Stellvertreterin gewählt.
(3) Die Frauenbeauftragten können ihr jeweiliges Wahlgremium als Frauenrat zu ihrer Unterstützung heranziehen.

§ 24   Plenum der Frauenbeauftragten
Die örtlichen Frauenbeauftragten und die zentrale Frauenbeauftragte arbeiten im Frauenbeauftragtenplenum zusammen.

§ 25   Aufgaben der Frauenbeauftragten
(1) Die Frauenbeauftragten wirken auf die Gleichstellung der Frauen in der Freien Universität und auf die Vermeidung von Benachteiligungen für weibliche Angehörige der Hochschule und für Bewerberinnen hin. Sie kontrollieren die Umsetzung der Frauenförderrichtlinien.
(...)

§ 26   Beanstandungs- und Widerspruchsrecht
(1) Beanstandet die Frauenbeauftragte bei personellen oder sonstigen Maßnahmen innerhalb von zwei Wochen einen Verstoß gegen das Landesantidiskriminierungsgesetz, ist der Vorgang von der Leitung des jeweiligen Bereichs erneut zu entscheiden. Die Frist beginnt mit der Unterrichtung der Frauenbeauftragten über die Maßnahme. Diese wird bis zur Entscheidung der Leitung des Bereichs ausgesetzt und darf erst nach Fristablauf oder vorheriger ausdrücklicher Zustimmung der Frauenbeauftragten ausgeführt werden.
(2) Ist die Entscheidung eines Gremiums der akademischen Selbstverwaltung gegen die Stellungnahme der Frauenbeauftragten getroffen worden, so kann sie innerhalb von 2 Wochen widersprechen. Die erneute Entscheidung darf frühestens eine Woche nach Einlegung des Widerspruchs erfolgen. (...)

§ 27   Etat der Frauenbeauftragten
Die wirksame Erfüllung der Aufgaben der Frauenbeauftragten ist durch die Bereitstellung von Personalmitteln für die Frauenbeauftragten der Universitätsklinika und Sachmitteletats für Veranstaltungen und Veröffentlichungen für alle Frauenbeauftragten im erforderlichen Umfang zu gewährleisten.

3.1.5 Kinderbetreuung/Familienpflichten

§ 4   Arbeitszeit und Arbeitsorganisation
(1) Beschäftigungsverhältnisse sollen so gestaltet werden, daß Elternschaft, Erziehung und die Betreuung pflegebedürftiger Angehöriger mit der Wahrnehmung der Dienstaufgaben zu vereinbaren sind. (...)

§ 7   Kinderbetreuung
Die Freie Universität Berlin erweitert ihr Angebot an Betreuungsplätzen für die Kinder von Studierenden und Beschäftigten ggf. in Kooperation mit bezirklichen Kindertagesstätten und Kinderkrippen.

3.1.6 Geschlechtsspezifische Inhalte in Forschung und Lehre

§ 19   Vergabe von Lehraufträgen und Gastprofessuren
Solange Frauen beim hauptberuflichen wissenschaftlichen Personal in einem Bereich
unterrepräsentiert sind, werden dort bei gleichwertiger Qualifikation (Eignung, Befähigung und fachlicher Leistung) Gastprofessuren und Vakanzvertretungen vorrangig und Lehraufträge entsprechend dem Frauenanteil der Studierenden an Frauen vergeben.

§ 22   Frauenstudien und Frauenforschung
(1) Die Freie Universität Berlin strebt den Ausbau von Frauenstudien und Frauenforschung an. Methoden und Inhalte der Frauenforschung sollen feste Bestandteile von Lehre und Forschung an der Freien Universität Berlin werden.
(2) Arbeitsbereiche für Frauenforschung sollen bei der Entwicklungsplanung, insbesondere bei Entscheidungen über die Ausstattung der Organisationseinheiten und der Festlegung der Zweckbestimmung von Professuren berücksichtigt werden. Die Arbeitsbereiche sollen auch durch die Zuweisung von Qualifikationsstellen ausreichend unterstützt werden.
(3) Die Freie Universität Berlin fördert die Bildung von Frauenforschungsschwerpunkten und die Durchführung von Frauenforschungsprojekten. Alle Organisationseinheiten und Gremien werden aufge-

fordert, entsprechende Vorhaben insbesondere bei der Vergabe von Sach- und Personalmitteln angemessen zu berücksichtigen. (...)
(6) Die Studiengänge und Studienangebote an der Freien Universität Berlin sollen Fragestellungen aus dem Bereich der Frauenforschung in das Lehrangebot einbeziehen. Die Fachbereiche und Zentralinstitute entwickeln Vorschläge für den Ausbau von Frauenstudien und die Aufnahme in die Studien- und Prüfungsordnungen der jeweiligen Studiengänge. (...)
(8) Das frauenbezogene Lehrangebot wird durch die Vergabe von Lehraufträgen und durch Gastprofessuren und Gastdozenturen vorrangig für Frauen unterstützt, solange die Förderung von Frauenstudien und Frauenforschung erforderlich ist.

3.2 Humboldt-Universität zu Berlin

Frauenförderrichtlinien, Beschluß des Akademischen Senats v. 18.10.1994 mit Änderung v. 6.12.1994 und Änderung im Kuratorium am 7.12.1994; Amtl. MBl. Nr. 8/1995 v. 26.5.1995

3.2.1 Allgemeine Aufgaben

„Präambel"
Die Humboldt-Universität hat sich zum Ziel gesetzt, zur Verwirklichung der Gleichstellung von Frauen und Männern in der Hochschule beizutragen. Der Akademische Senat der Humboldt-Universität erläßt auf der Grundlage des Berliner Hochschulgesetzes und des Landesgleichstellungsgesetzes universitätsspezifische Regelungen zur Gleichstellung und Förderung von Frauen. Diese Frauenförderrichtlinien ergänzen und konkretisieren die gesetzliche Verpflichtung, bestehende Unterrepräsentationen von Frauen an der Universität abzubauen und Frauen aktiv zu fördern.
Die Humboldt-Universität strebt an, auch künftig den Anteil von Frauen am wissenschaftlichen Personal aufrechtzuerhalten, der insbesondere in den Positionen des Mittelbaus in der Vergangenheit bereits errreicht war. Es ist die erklärte Absicht des Akademischen Senats, mit den nachfolgenden Maßnahmen den Anteil der Frauen in solchen Bereichen, in denen Frauen unterrepräsentiert sind, zu erhöhen und die Lern- und Arbeitssituation für Frauen so zu verbessern, daß strukturelle Benachteiligungen für Frauen an der Hochschule beseitigt und gleiche Entwicklungsmöglichkeiten gewährleistet werden.
Es ist das besondere Anliegen des Akademischen Senats, daß es in der spezifischen Situation der Humboldt-Universität mit den hier erfolgenden Veränderungen der Personalstruktur im Gefolge des Einigungsvertrags nicht zur Schaffung zusätzlicher struktureller Benachteiligungen in bezug auf die berufliche Position, Arbeitsbedingungen und Karrieremöglichkeiten von Frauen kommt. Insbesondere ist mittelfristig sicherzustellen, daß zum Zeitpunkt des Auslaufens der im Zuge der Personalüberleitung befristeten Arbeitsverträge des wissenschaftlichen Personals Neueinstellungen von Frauen mindestens in dem Umfang erfolgen, daß die vor 1989 erreichten Frauenanteile in den verschiedenen Wissenschaftsbereichen erhalten bleiben bzw. bei Unterrepräsentation erhöht werden. (...)

3.2.2 Vorrangregelungen/Zielvorgaben

§ 2   Besetzung von Stellen und Beschäftigungspositionen, Berufungen, Beförderungen, Auswahlkriterien und Verfahrensregelungen
(1) Bei Einstellungen für das wissenschaftliche und das sonstige Personal und bei der Erstellung von Berufungsvorschlägen sind Frauen bei gleichwertiger Qualifikation so lange bevorzugt einzustellen bzw. vorzuschlagen, bis keine Unterrepräsentation mehr vorliegt.
(2) Bei Beförderungen und Höhergruppierungen gilt Abs. 1 entsprechend.
(...)
(6) War bei der Aufstellung einer Berufungsliste für eine Professur die Berücksichtigung einer Frau nicht möglich und sind Frauen im Lehrkörper unterrepräsentiert, so ist die jeweilige Fakultät verpflichtet, dem Mangel an qualifizierten weiblichen Nachwuchs in diesen Fächern zu begegnen. Von den Fakultäten wird erwartet, daß sie sich besonders bemühen, freie Stellen für wissenschaftliche Assistentinnen bzw. Assistenten mit qualifizierten Frauen zu besetzen. Die Frauenförderpläne der Fakultäten sollen hierzu unter Berücksichtigung der fachspezifischen Bedingungen geeignete Verfahrensregelungen ent-

wickeln. Gegebenenfalls können dafür auch freiwerdende Professuren vorübergehend (max. 6 Jahre) als Habilitationsstellen zur Förderung des wissenschaftlichen Nachwuchses abweichend besetzt werden.
(7) In Bereichen, in denen Frauen unterrepräsentiert sind, sind grundsätzlich alle Bewerberinnen, sofern sie die formal notwendige Qualifikation für die Stelle besitzen, zu Vorstellungsgesprächen einzuladen, oder mindestens ebenso viel Frauen wie Männer. Von dieser Vorschrift kann nur mit Zustimmung der Frauenbeauftragten abgewichen werden. (...)
(11) Der Anteil von Frauen unter studentischen Beschäftigten aller Tarifgruppen, insbesondere studentischen Hilfskräften, soll bei gleichwertiger Qualifikation mindestens dem Frauenanteil an den Studierenden des jeweiligen Studienganges entsprechen.
§ 3   Vergabe von Lehraufträgen, Gastprofessoren und Stellenverwaltungen
Solange Frauen beim hauptberuflichen wissenschaftlichen Personal in einem Bereich unterrepräsentiert sind, werden dort bei gleichwertiger Qualifikation Gastprofessoren und Verwaltungen freier Professorenstellen (Lehrstuhlvertretungen) nach Möglichkeit vorrangig an Frauen vergeben. Lehraufträge, insbesondere besoldete Lehraufträge, sollen nach Möglichkeit entsprechend dem Frauenanteil an den Studierenden an Wissenschaftlerinnen vergeben werden.
§ 4   Ausbildungsplätze
(1) In Ausbildungsberufen, in denen Frauen unterrepräsentiert sind, wird die Hälfte der Ausbildungsplätze mit geeigneten Bewerberinnen besetzt. Nur dann, wenn sich trotz intensiver Bemühungen nicht genügend geeignete Frauen bewerben, können diese Stellen mit Bewerbern besetzt werden. Für nachrückende Frauen und Männer werden getrennte Listen geführt. Bei sonstigen Ausbildungsplätzen sollen Frauen mindestens entsprechend ihrem Anteil an der Gesamtzahl der Bewerbungen berücksichtigt werden.
(2) Frauen, die in einem Beruf ausgebildet werden, in dem der Frauenanteil bisher unter 20% liegt, sind vorrangig in ein Beschäftigungsverhältnis im erlernten Beruf zu übernehmen.
§ 7   Stipendien und wissenschaftliche Nachwuchsförderung
(1) Die Humboldt-Universität strebt an, daß Frauen bei der Vergabe von Promotionsstipendien entsprechend dem Frauenanteil an den Absolventinnen und Absolventen berücksichtigt werden. In Fächern, in denen Frauen deutlich unterrepräsentiert sind, sollte als kompensatorische Maßnahme je nach den fachspezifischen Bedingungen ein etwas höherer Anteil für Frauen vorgesehen werden. Alle Lehrenden werden aufgefordert, Studentinnen besonders über Stipendien zu informieren und sich für ihre verstärkte Berücksichtigung bei der Stipendienvergabe einzusetzen. (...)
§ 8   Forschungsförderung und Vergabe von Forschungsmitteln
(1) Bei der Vergabe der zentralen Forschungsmittel der Humboldt-Universität (Humboldt-Forschungsfonds) wird angestrebt, daß die Mittelvergabe an Frauen insgesamt dem Anteil von Frauen am wissenschaftlichen Personal der Humboldt-Universität entspricht. In der Berichterstattung über die Verwendung der Mittel ist regelmäßig auch über den Frauenanteil in bezug auf Anzahl der geförderten Projekte und Umfang der bewilligten Mittel zu berichten.
(2) In den Vergaberichtlinien der Humboldt-Universität zu Forschungsmitteln soll vorgesehen werden, daß bei gleicher Qualität von Projektanträgen solche Projektanträge bevorzugt werden, an deren Ausarbeitung Frauen stärker beteiligt waren und in denen voraussichtlich nach Bewilligung Frauen beschäftigt werden. Es soll darauf geachtet werden, daß Projektanträge mit Themen zur Frauen- und Geschlechterforschung angemessen berücksichtigt werden.

3.2.3 Sanktions-/Anreizsysteme

§ 9   Anreizsysteme und Sanktionen
(1) An der Humboldt-Universität soll ein Stellenpool zur Frauenförderung (Frauenförderungspool) eingerichtet werden. Über die Verteilung der Professorenstellen innerhalb dieses Stellenpools entscheidet das Kuratorium auf Vorschlag des Akademischen Senats in Abstimmung mit den Fakultäten, der Entwicklungsplanungskommission und der Frauenbeauftragten. Über die Verteilung der Nachwuchsstellen innerhalb dieses Stellenpool entscheidet die Präsidentin in Abstimmung mit den Fakultäten, der Entwicklungsplanungskommission und der Frauenbeauftragten.
(2) Bei der Entscheidung über die künftige Ausstattung der Organisationseinheiten mit Sachmitteln, Tutorenstellen und Mitteln zur Forschungsförderung soll berücksichtigt werden, inwieweit der jeweilige

Frauenförderplan umgesetzt, eine Erhöhung der Frauenanteile in den einzelnen wissenschaftlichen Qualifikationsstufen sowie Laufbahn- und Berufsfachrichtungen erreicht worden ist. (...)
(3) Von den Mitteln für Lehre und Forschung, die den Fakultäten und Instituten zugewiesen werden, nach dem Kriterium des Erfolgs bei der Frauenförderung grundsätzlich in Frage kommen, soll vorab ein bestimmter Anteil einbehalten und unter Berücksichtigung folgender Kriterien verteilt werden (positives Anreizsystem). (...)

1. Förderung der Qualifizierung von Frauen
1.1 Anteil der Absolventinnen des Vorjahres gemessen am Studentinnenanteil
1.2 Anteil der im Vorjahr promovierten Frauen gemessen am gemittelten Absolventinnenanteil der vorhergehenden drei Jahre
1.3 Anteil der in den vergangenen zwei Jahren habilitierten Frauen gemessen am gemittelten Anteil der promovierten Frauen der vorhergehenden fünf Jahre
2. Förderung der Vergabe von Stellen an Frauen.
2.1 Anteil der wissenschaftlichen Mitarbeiterinnen zur Qualifikation gemessen am gemittelten Absolventinnenanteil der vorhergehenden drei Jahre
2.2 Anteil der wissenschaftlichen Assistentinnen gemessen am gemittelten Frauenanteil bei den Promotionen der vorhergehenden drei Jahre
2.3 Anteil der Frauen bei Professuren gemessen am Frauenanteil beim übrigen wissenschaftlichen Personal

(4) Reduzierungen des Frauenanteils am wissenschaftlichen Personal innerhalb der Fakultäten bzw. Fächer im Zuge der personellen Umstrukturierungen in den nächsten Jahren haben Reduzierungen bei den Mitteln für Lehre und Forschung zur Folge. (...)
Sollte der Frauenanteil in einer Fakultät über einen vom Senat zu bestimmenden Umfang hinaus reduziert werden, dann behält der Senat sich vor, beim Freiwerden der nächsten befristeten Nachwuchsstelle beim Kuratorium zu beantragen, diese Stelle anderweitig zu verwenden und sie einer Fakultät mit nachweisbaren Erfolgen in der Frauenförderung zuzuweisen.

3.2.4 Frauenbeauftragte

§ 18   Wahl der Frauenbeauftragten
(1) An der Humboldt-Universität wird eine zentrale Frauenbeauftragte gem. BerlHG und für diese zwei Stellvertreterinnen gewählt. (...)
(2) In den Fakultäten (...) wird jeweils eine Frauenbeauftragte und mindestens eine Stellvertreterin gewählt (dezentrale Frauenbeauftragte). (...)
§ 19   Aufgaben, Kompetenzen und Ausstattung der Frauenbeauftragten
(1) Die Frauenbeauftragten wirken auf die Gleichstellung der Frauen in der Humboldt-Universität und auf die Vermeidung von Benachteiligungen für weibliche Angehörige der Hochschule und für Bewerberinnen hin. Sie beraten und unterstützen die Hochschulleitung und die übrigen Organe und Einrichtungen der Hochschule in allen Frauen betreffenden Angelegenheiten. Sie machen in diesen Angelegenheiten Vorschläge und nehmen Stellung zu geplanten Entwicklungen.
(2) Die Frauenbeauftragten nehmen Anregungen und Beschwerden entgegen. Sie kontrollieren die Umsetzung dieser Frauenförderrichtlinien und der Frauenförderpläne in den Fakultäten und den übrigen Organisationseinheiten.
(3) Die Frauenbeauftragten haben Informations-, Rede- und Antragsrecht bei allen Sitzungen der Gremien der Akademischen Selbstverwaltung ihres jeweiligen Bereichs. Sie sind rechtzeitig in allen Frauen betreffenden Angelegenheiten der Hochschule bzw. ihres Bereichs zu informieren.
(4) Frauenbeauftragte haben das Recht auf Teilnahme an Personalangelegenheiten (Einstellungen, Beförderungen und Höhergruppierungen, Entlassungen). Dies beinhaltet folgendes:
- Beteiligung an Stellenausschreibungen
- Einsicht in Bewerbungsunterlagen
- Beteiligung an Auswahlverfahren (in Form offizieller Auswahlgremien oder durch den Leiter der jeweiligen Einrichtung)
- Teilnahme an Bewerbungsgesprächen
- Beteiligung an Entscheidungsverfahren über Entlassungen

- Beteiligung an der Vergabe von Lehraufträgen und Hilfskraftstellen
Bei außerordentlichen Kündigungen kann die Beteiligung der Frauenbeauftragten auf Wunsch der Betroffenen ausgeschlossen werden.
(5) Beanstandet die Frauenbeauftragte bei personellen oder sonstigen Maßnahmen innerhalb von zwei Wochen einen Verstoß gegen das Landesgleichstellungsgesetz, ist der Vorgang von der Leitung des jeweiligen Bereichs erneut zu entscheiden. Die Frist beginnt mit der Unterrichtung der Frauenbeauftragten über die Maßnahme. Diese wird bis zur Entscheidung der Leitung des Bereichs ausgesetzt und darf erst nach Fristablauf oder vorheriger ausdrücklicher Zustimmung der Frauenbeauftragten ausgeführt werden. Bei außerordentlichen Kündigungen reduziert sich die Einspruchsfrist auf eine Woche entsprechend den Regelungen für die Personalvertretung.
(6) Ist die Entscheidung eines Gremiums der akademischen Selbstverwaltung gegen die Stellungnahme der Frauenbeauftragten getroffen worden, so kann sie innerhalb von zwei Wochen widersprechen. Die erneute Entscheidung darf frühestens eine Woche nach Einlegung eines Widerspruchs erfolgen. (...)
(7) Die Frauenbeauftragten sind im Rahmen ihrer Aufgaben nicht an fachliche Weisungen gebunden. Sie übernehmen in diesem Rahmen Öffentlichkeits- und Informationsarbeit.
(8) Die dezentralen Frauenbeauftragten und die zentrale Frauenbeauftragte arbeiten im Rat der Frauenbeauftragten zusammen. Die Frauenbeauftragte der Humboldt-Universität ist dem Rat der Frauenbeauftragten gegenüber rechenschaftspflichtig.
(9) Die Frauenbeauftragten können einmal im Semester eine Versammlung der weiblichen Hochschulangehörigen des jeweiligen Bereichs durchführen. Es wird Dienstbefreiung in Anlehnung an das Personalvertretungsgesetz gewährt.
(10) Die wirksame Erfüllung der Aufgaben der Frauenbeauftragten ist durch die Bereitstellung von Personalmitteln und eines eigenen Etats für die Zentrale Frauenbeauftragte und die Frauenbeauftragte der Charité, und durch die Bereitstellung von Sachmitteln für Veranstaltungen und Veröffentlichungen für alle Frauenbeauftragten im erforderlichen Umfang im Rahmen des Haushalts zu gewährleisten.

3.2.5 Kinderbetreuung/Familienpflichten

§ 12 Kinderbetreuung
(1) Die Humboldt-Universität wirkt darauf hin, daß die traditionell umfangreiche Versorgung mit Kindertages- und Kinderkrippenplätzen bestehen bleibt. Sie setzt sich dafür ein, daß für alle Beschäftigten und Studierenden mit Kindern ausreichend Betreuungsplätze für Klein- und Vorschulkinder bereitgestellt werden.
(2) An der Humboldt-Universität sind in räumlicher Nähe zum Hauptgebäude Möglichkeiten zur Kinderbetreuung nach 16.00 Uhr bereitzustellen.
(3) Um die Kinderbetreuung in Abstimmung mit der Arbeitszeit zu gewährleisten, soll in den Geschäftsordnungen der Gremien und ihrer Kommissionen geregelt werden, daß Sitzungen nicht länger als bis 18.00 Uhr dauern. Längere Tagungszeiten sind mindestens eine Woche im voraus anzukündigen. Die Humboldt-Universität wirkt darauf hin, daß Mitgliedern, die Kinder unter 14 Jahren oder pflegebedürftige Angehörige betreuen, aus den Mitteln für Sitzungsgelder ein Entgelt für Ersatzbetreuung erstattet wird für die Zeit, die Gremien und Kommission über die nach Satz 1 bestimmte Zeit hinaus tagen.
(4) In allen größeren Dienstgebäuden der Humboldt-Universität sind Wickelräume bzw. entsprechende räumliche Möglichkeiten einzurichten.
§ 13 Weitere Maßnahmen zur Unterstützung von Elternschaft bzw. anderen Formen familienbezogener Pflegetätigkeiten in Studium und anschließenden Qualifikationsphasen
(1) Die Humboldt-Universität wirkt darauf hin, daß sich Schwangerschaft, Elternschaft sowie die Betreuung pflegebedürftiger Angehöriger nicht negativ auf Studium und Studienabschluß auswirken. Dem soll in Studien- und Prüfungsordnungen Rechnung getragen werden.
(2) Abs. 1 gilt sinngemäß auch für weiterführende akademische Qualifikationsphasen, die zu Promotion und Habilitation führen sollen. Dem ist bei der Ausgestaltung der Arbeitsbedingungen von Qualifikationsstellen Rechnung zu tragen.
(3) Die Humboldt-Universität ermöglicht den Studierenden bei Schwangerschaft sowie zur Betreuung von Kindern oder pflegebedürftigen Angehörigen den Teilzeitstudierendenstatus. Nähere Ausführungsbestimmungen hierzu werden in Abstimmung mit der Kommission für Lehre und Studium und der Frauenbeauftragten erlassen.

(4) Die Humboldt-Universität wirkt darauf hin, daß Stipendien bzw. auf Antrag der Stipendiatinnen und Stipendiaten bzw. BAFöG-EmpfängerInnen genannt und BAFöG-Empfänger durch Erziehungsurlaub oder Beurlaubung aus familiären Gründen unterbrochen oder in Teilzeitform mit entsprechend längerer Laufzeit umgewandelt werden können.
(5) Das prüfungsrelevante Lehrangebot ist zeitlich so zu terminieren, daß die Teilnahme mit der Betreuung von Kindern zu vereinbaren ist. Im Rahmen der Veranstaltungsplanung ist deshalb darauf zu achten, daß bis zur vollen Auslastung der Raumkapazität Pflichtveranstaltungen in den verschiedenen Studiengängen nicht nach 16.00 Uhr stattfinden.
Parallelveranstaltungen sollen zu unterschiedlichen Terminen angeboten werden. Studierende Eltern sind bei der Wahl der Termine bevorzugt zu berücksichtigen.

§ 14   Arbeitszeit und Arbeitsorganisation
(1) Beschäftigungsverhältnisse sollen so gestaltet werden, daß Elternschaft, Erziehung und die Betreuung pflegebedürftiger Angehöriger mit der Wahrnehmung der Dienstaufgaben zu vereinbaren sind. Auf Antrag der Beschäftigten soll im Einzelfall nach Wegen gesucht werden, eine von der Regelarbeitszeit abweichende Gestaltung der Arbeitszeit im Rahmen der gesetzlichen und tariflichen Regelungen zu ermöglichen.
(2) Befristete Arbeitsverhältnisse werden grundsätzlich um die Dauer von Mutterschutz und Erziehungsurlaub im Rahmen der gesetzlichen und tariflichen Regelungen verlängert.
(3) Teilzeitbeschäftigten sind die gleichen beruflichen Aufstiegs- und Fortbildungschancen einzuräumen wie Vollzeitbeschäftigten. Eine Teilzeitbeschäftigung soll der Besetzung einer Leitungsfunktion nicht entgegenstehen.
(4) Nach Ablauf von befristeter Arbeitszeitverkürzung aus familiären Gründen soll der entsprechenden Dienstkraft ein gleichwertiger Vollzeitarbeitsplatz angeboten werden. Bei der Besetzung von Vollzeitarbeitsplätzen werden bei gleichwertiger Qualifikation bisher Teilzeitbeschäftigte vorrangig berücksichtigt.
(5) Arbeitsverträge unterhalb der Sozialversicherungsgrenze werden außer mit studentischen Beschäftigten nicht abgeschlossen. Auf ausdrücklich begründeten eigenen Wunsch der Beschäftigten kann von dieser Regel abgewichen werden. Darüber hinaus schließt die Humboldt-Universität keine Verträge mit Firmen ab, die Teilzeitarbeitsverhältnisse unterhalb der Sozialversicherungsgrenze begründen.
(6) Kleinere Arbeitszeitanteile sind mindestens zu Halbtagsstellen zu bündeln.

§ 15   Freistellung und Beurlaubung
(1) Die Dienststelle informiert die Beschäftigten umfassend über die gesetzlichen und tariflichen Bestimmungen und Möglichkeiten der Freistellung, z.B. zur Betreuung eines Kindes, und weist insbesondere auch Männer auf die Möglichkeit hin, Erziehungsurlaub, Beurlaubung und Teilzeittätigkeit aus familiären Gründen in Anspruch zu nehmen. Die Beschäftigten sind detailliert und schriftlich auf die Folgen reduzierter Arbeitszeit (besonders für die Altersversorgung) hinzuweisen.
(2) Bei Beurlaubungen bzw. Reduzierung der Arbeitszeit zur Wahrnehmung familiärer Verpflichtungen, Mutterschutz und Erziehungsurlaub sollen nach kapazitärer und organisatorischer Überprüfung des jeweiligen Bereichs alle Anstrengungen unternommen werden, um unverzüglich Vertretungsmittel bereitzustellen.
(3) Dienstkräften, die zur Betreuung von Kindern und Pflegebedürftigen beurlaubt sind, ist die Teilnahme an Fort- und Weiterbildungsveranstaltungen anzubieten. Es ist sicherzustellen, daß sie sich regelmäßig über die entsprechenden Angebote informieren können. Ihnen sind, sofern sie es nicht selbst für bestimmte Zeit ausgeschlossen haben, im Rahmen der rechtlichen Möglichkeiten Urlaubs- und Krankheitsvertretungen vorrangig anzubieten. Beurlaubten Dienstkräften, die in die Beschäftigung zurückkehren wollen, sind die Ausschreibungen der jeweiligen Einrichtung auf Wunsch bekanntzugeben.
(4) Von den Fakultäten und Beschäftigungsbereichen wird erwartet, daß sie Wissenschaftlerinnen und Wissenschaftler, die zur Betreuung von Kindern und pflegebedürftigen Angehörigen ihre wissenschaftliche Tätigkeit unterbrechen, durch Kontaktangebote ermöglichen, während dieser Zeit den Anschluß an Forschung und Lehre zu halten.
(5) Nach Ablauf einer Beurlaubung aus familiären Gründen garantiert die Humboldt-Universität grundsätzlich die Beschäftigung an einem gleichwertigen Arbeitsplatz, auch dann, wenn die Arbeitszeit auf Antrag der oder des Beschäftigten reduziert wird. Nach einem längeren Beurlaubungszeitraum ist eine Einarbeitungsphase vorzusehen.

(6) Entsprechend dem Erziehungsurlaub für Beschäftigte sollen studierende Eltern ebenfalls die Möglichkeit haben, sich länger als zwei Semester beurlauben zu lassen, wenn sie dies wünschen. Die Humboldt-Universität wirkt darauf hin, daß entgegenstehende Bestimmungen bis zum 01.04.1995 entsprechend geändert werden.

3.2.6 Geschlechtsspezifische Inhalte in Forschung und Lehre

§ 6   Frauenstudien und Frauenforschung
(1) Die Humboldt-Universität fördert und unterstützt die Arbeit des Zentrums für interdisziplinäre Frauenforschung (ZiF). Sie strebt den Ausbau von Frauenstudien und Frauenforschung innerhalb geeigneter Fachrichtungen und auf interdisziplinärer Ebene an. Die Auseinandersetzung mit Methoden und Inhalten der Frauenforschung soll fester Bestandteil von Lehre und Forschung an der Humboldt-Universität werden.
(2) Die Humboldt-Universität fördert die Bildung von Forschungsschwerpunkten zur Frauen- und Geschlechterforschung und die Durchführung entsprechender Forschungprojekte. Alle Organisationseinheiten und Gremien werden aufgefordert, entsprechende Vorhaben insbesondere bei der Vergabe von Sach- und Personalmitteln angemessen zu berücksichtigen. Richtlinien für die Vergabe von Forschungsmitteln sollen die Förderung von Forschung aus dem Bereich Frauen- und Geschlechterforschung mit berücksichtigen.
(3) Arbeitsgruppen für Frauenforschung sollen bei der Entwicklungsplanung, insbesondere bei Entscheidungen über die Ausstattung der Organisationseinheiten und der Festlegung der Zweckbestimmung von Professuren berücksichtigt werden. Die Arbeitsgruppen sollen durch die Zuweisung von Qualifikationsstellen ausreichend unterstützt werden.
(4) Die Humboldt-Universität führt regelmäßig eine Bestandsaufnahme über die Entwicklung und Ergebnisse der Frauen- und Geschlechterforschung an der Humboldt-Universität durch und dokumentiert sie in geeigneter Form in ihrem Forschungsbericht. Sie fördert den wissenschaftlichen Austausch in diesem Bereich z.B. auch durch die Veröffentlichung von Forschungsergebnissen, die Veranstaltung von Symposien etc.
(5) Die Universitätsbibliothek und die Bereichsbibliotheken stellen die für Frauenstudien und Frauenforschung relevante Literatur zur Verfügung und erschließen vorhandene Sammlungen.
(6) Die Studiengänge und Studienangebote an der Humboldt-Universität sollen Fragestellungen aus dem Bereich der Frauenforschung in das Lehrangebot einbeziehen. Die Fakultäten entwickeln Vorschläge für den Ausbau von Frauenstudien und die Aufnahme in die Studien- und Prüfungsordnungen der jeweiligen Studiengänge. Sie arbeiten dabei mit dem Zentrum für interdisziplinäre Frauenforschung auf der Grundlage der vorhandenen Ansätze in Lehre und Forschung zusammen.
(7) In den Einführungsveranstaltungen der Fachbereiche sollen im Rahmen des Überblicks über die fachspezifischen Wissenschaftsansätze auch die Methoden, Schwerpunkte und Ergebnisse der Frauenforschung im jeweiligen Fach vermittelt werden.
(8) Das frauenbezogene Lehrangebot wird durch die Vergabe von Lehraufträgen und Gastvorträgen sowie durch Gastprofessuren vorrangig an Frauen unterstützt, solange es nicht durch ausreichende Angebote durch das hauptamtliche wissenschaftliche Personal abgedeckt werden kann.

4. Brandenburg

Es liegen bei den angefragten Universitäten (z.B. Potsdam) noch keine Gleichbehandlungsrichtlinien bzw. Frauenförderpläne vor.

5. Bremen

Universität Bremen

Richtlinie zur Erhöhung des Anteils von Frauen am wissenschaftlichen Personal der Universität Bremen, Beschluß des Akademischen Senats v. 21.10.1992, in Kraft getreten am 09.08.1995

5.1 Allgemeine Aufgaben

"Präambel".

Das Bremische Hochschulgesetz verpflichtet die Hochschulen, bei der Wahrnehmung ihrer Aufgaben auf die Beseitigung der für Frauen in der Wissenschaft bestehenden Nachteile hinzuwirken und allgemein zur Gleichberechtigung der Geschlechter und zum Abbau der Benachteiligung von Frauen beizutragen. Gleichzeitig haben die Hochschulen Programme zur Förderung von Frauen im Studium, Lehre und Forschung aufzustellen, in denen Maßnahmen und Zeitvorstellungen enthalten sein müssen, wie in allen Fächern bei Lehrenden und Lernenden eine vorhandene Unterrepräsentanz von Frauen abgebaut werden kann. In Erfüllung dieses gesetzlichen Auftrags beschließt die Universität die nachfolgende Richtlinie.

5.2 Vorrangregelungen/Zielvorgaben

§ 2   Maßnahmen zum Abbau von Unterrepräsentanz
(1) Der gesetzliche Auftrag wird in der Weise umgesetzt, daß Frauen in den Bereichen, in denen sie unterrepräsentiert sind, soweit das Gesetz nichts anderes vorschreibt, im Falle gleichwertiger Eignung, Befähigung und fachlicher Leistung (im folgenden: Qualifikation) bevorzugt einzustellen, zu befördern und höherzugruppieren sind.
(2) Bei der Vergabe von Ausbildungsplätzen und Stellen mit Qualifizierungsfunktion wird der gesetzliche Auftrag gemäß § 4 Abs. 2 Satz 4 BremHG in der Weise umgesetzt, daß Frauen in den Bereichen, in denen sie unterrepräsentiert sind, mindestens entsprechend dem Anteil der Studienanfängerinnen des jeweiligen Bereichs unter der Voraussetzung mit Vorrang zu berücksichtigen sind, daß von den Bewerberinnen im Einzelfall die für die jeweilige Aufgabe gestellten Anforderungen erbracht werden. Gleiches gilt für solche Stellen, die sich aus Teilen einer Qualifikationsstelle und Teilen einer drittmittelfinanzierten Stelle zusammensetzen.
(3) Die Fachbereiche und sonstigen Organisationseinheiten, die Lehre anbieten, sind aufgefordert, bei Unterrepräsentation weiblicher Lehrender durch die Vergabe von Lehraufträgen das Studium bei weiblichem Lehrpersonal zu ermöglichen.
§ 3   Zeitvorstellungen
(...)
(2) Mit dem Ziel eines schrittweisen Abbaus der Unterrepräsentanz ist innerhalb eines Zeitraums von 5 Jahren nach Inkrafttreten dieser Richtlinie mindestens folgender Anteil von Frauen in den einzelnen Studiengängen zu erreichen (Zielvorstellung):
1. Der Anteil der weiblichen studentischen Hilfskräfte muß in Studiengängen mit mehr als 50% Studienanfängerinnen dem Anteil der Studentinnen im Grundstudium entsprechen. In Studiengängen mit einem Anteil von Studienanfängerinnen zwischen 33% und 50% muß der Anteil der weiblichen studentischen Hilfskräfte mindestens 50% betragen. In Studiengängen mit einem geringeren Anteil an Studienanfängerinnen muß die Zahl der weiblichen studentischen Hilfskräfte einen um 50% erhöhten Anteil entsprechen.
2. Der Anteil der Doktorandinnen muß unter Einschluß der Doktorandenstipendiatinnen dem Anteil der examinierten Frauen entsprechen; in Studiengängen mit mehr als 50% examinierten Frauen muß der Anteil mindestens 50% betragen.
3. Der Anteil der wissenschaftlichen Mitarbeiterinnen muß dem Anteil der examinierten Frauen entsprechen; in Studiengängen mit mehr als 50% examinierten Frauen muß der Anteil mindestens 50% betragen.
4. Der Anteil der Habilitandinnen in den Studiengängen muß dem Anteil der promovierten Frauen entsprechen
5. Der Anteil der Professorinnen und Hochschuldozentinnen muß dem Anteil der Habilitandinnen in dem jeweiligen Studiengang entsprechen.

(...)

§ 4   Stellenausschreibung
(1) Stellen für das wissenschaftliche Personal und Qualifizierungsstellen sind grundsätzlich auszuschreiben. Sofern sich in einem Bereich, in dem Frauen unterrepräsentiert sind, auf die interne Aus-

schreibung hin keine Frau bewirbt, ist die Ausschreibung öffentlich zu wiederholen. Die Verpflichtung zur öffentlichen Wiederholung der Ausschreibung entfällt innerhalb der ersten fünf Jahre nach Inkrafttreten dieser Richtlinie, wenn in dem betreffenden Studiengang die Quoten nach § 3 Abs. 2 dieser Richtlinie erreicht sind.
(2) Von der öffentlichen Ausschreibung kann bei drittmittelfinanzierten Stellen für wissenschaftliches Personal gemäß §9a Abs. 3 des Bremischen Beamtengesetzes abgesehen werden. Wird eine drittmittelfinanzierte Stelle geteilt und mit einer geteilten Qualifizierungsstelle (z.b. einer Stelle für wissenschaftliche MitarbeiterInnen) zusammengefaßt, gilt § 4 Abs. 1 dieser Richtlinie.
(...)

5.3 Sanktions-/Anreizsysteme

§ 3   Zeitvorstellungen
(...)
(4) Diejenigen Fachbereiche, die nach Ablauf von 5 Jahren nach Inkrafttreten dieser Richtlinie in den Studiengängen die Unterrepräsentanz nach Maßgabe des Absatzes 2 abgebaut haben, können beim Akademischen Senat beantragen, daß ihnen die frei werdenden Stellen aus solchen Fachbereichen, die diese Vorgaben nicht realisiert haben, zur vorübergehenden Bewirtschaftung zugewiesen werden.
§ 6   Rechenschaftspflicht
Konnte bei den Berufungs- und Einstellungsvorschlägen eine Frau nicht berücksichtigt werden, ist dem Berufungs- oder Einstellungsvorschlag eine Erläuterung beizufügen, welche Bemühungen unternommen worden sind, um Bewerberinnen für die Stellen zu gewinnen und warum diese Bemühungen gescheitert sind. Satz 1 gilt auch für die Vergabe von Doktorandinn/en-Stipendien.

5.4 Frauenbeauftragte

§ 9   Frauengleichstellungspläne, Berichte der Fachbereiche und sonstigen Organisationseinheiten
(...)
(2) Die Fachbereiche und sonstigen Organisationseinheiten gemäß § 16b BremHG haben zweijährlich über ihre Bemühungen zur Erhöhung des Anteils von Frauen am wissenschaftlichen Personal und deren Realisierung im Rahmen der Rechenschaftsberichte des Rektors zu berichten. Die dezentralen Frauenbeauftragten sind vor der Abgabe des Berichtes zu beteiligen. Jährlich ist eine Statistik über die erfolgten Einstellungen und die Vergabe von Doktorand/inn/enstipendien getrennt nach Geschlechtern und bezogen auf die besonderen Verhältnisse des jeweiligen Bereichs zu erstellen. Die Zuständigkeit für die Erstellung der Berichte liegt bei den Fachbereichsräten bzw. den entsprechenden Gremien der sonstigen Organisationseinheiten gemäß § 16b BremHG. Die dezentralen Frauenbeauftragten können nicht zur Erstellung der Berichte verpflichtet werden.
(...)
§ 12   Zentrale Kommission für Frauenfragen
(1) Der Zentralen Kommission für Frauenfragen (ZKFF) des Akademischen Senats gemäß § 5a Abs. 2 BremHG gehören je Statusgruppe zwei Mitglieder und stellvertretende Mitglieder an. Die Frauenbeauftragte nach Landesgleichstellungsgesetz ist Mitglied der ZKFF mit beratender Stimme. Das Vorschlagsrecht für die Wahl der Mitglieder der ZKFF im Akademischen Senat wird durch statusgruppenbezogene Frauenvollversammlungen ausgeübt, auf denen die KandidatInnen bestimmt werden.
(2) Die ZKFF wählt aus ihrer Mitte zwei Sprecherinnen und zwei stellvertretende Sprecherinnen, die vom Akademischen Senat zu Frauenbeauftragten bzw. stellvertretenden Frauenbeauftragten bestellt werden (Zentrale Frauenbeauftragte).
(3) Die ZKFF unterstützt die Universität bei allen Maßnahmen zum Abbau von Nachteilen für Frauen in der Wissenschaft. Sie macht Vorschläge und nimmt Stellung gegenüber allen zuständigen Stellen der Universität. Sie berichtet dem Akademischen Senat regelmäßig über ihre Arbeit. Sie hat das Recht, sich jederzeit über alle Angelegenheiten der Frauenförderung zu unterrichten. Bei Verstößen gegen § 4 Abs. 2 BremHG oder gegen Bestimmungen dieser Richtlinie hat sie das Recht, diese über den Rektor zu beanstanden.

§ 13 Zentrale Frauenbeauftragte
(1) Die zentralen Frauenbeauftragten unterstützen und kontrollieren Frauengleichstellungsmaßnahmen in der Universität. Sie handeln im Rahmen der Beschlüsse der ZKFF. Die zentralen Frauenbeauftragten sind im Rahmen ihrer Aufgaben nach § 5a Abs. 1 BremHG an der Planung und Entscheidung der Universitätsleitung, insbesondere bei personellen, sozialen und organisatorischen Maßnahmen, mitberatend zu beteiligen. Ihnen ist zur Erfüllung dieser Aufgabe Einsicht in Akten, Planungs- und Bewerbungsunterlagen zu gewähren. Die zentralen Frauenbeauftragten haben das Recht, an allen Sitzungen, auch deren nicht öffentlichen Teilen mit beratender Stimme und Antragsrecht teilzunehmen. In Berufungs- und Personalauswahlverfahren des wissenschaftlichen Personals haben sie das Recht, ein Sondervotum abzugeben.
(2)   Weitere Aufgaben der zentralen Frauenbeauftragten sind u.a.:
- Sprecherinnen auf zentraler Ebene innerhalb der Universität und nach außen,
- Überprüfung der Einhaltung dieser Richtlinie auf zentraler Ebene, Abgabe von Stellungnahmen und Einsprüchen bei Personalauswahl- und Berufungsverfahren, letzteres in Absprache mit den dezentralen Frauenbeauftragten,
- Koordination der Angelegenheiten der dezentralen Frauenbeauftragten auf zentraler Ebene mit den zuständigen universitären Stellen,
- Förderung wissenschaftlicher Qualifizierung von Frauen durch Kontrolle der Stellen- und Stipendienvergabe,
- Erstellung eines kritischen Jahresberichts über die Beseitigung der Benachteiligung und Durchsetzung der Gleichstellung von Frauen in der Wissenschaft im Bereich der Universität,
- Kooperation mit dem Personalrat, der zentralen Gleichstellungsstelle in Bremen, gewerkschaftlichen und anderen Organisationen und Gruppierungen,
- Beteiligung und Mitsprache an den Zukunftsperspektiven der Universität, auch im Hinblick auf eine Förderung der Frauenforschung,
- Teilnahme an der Bundeskonferenz der Hochschulfrauenbeauftragten.
(3) Professorinnen und unbefristet eingestellte akademische Mitarbeiterinnen werden für die Wahrnehmung der Funktion der zentralen Frauenbeauftragten angemessen entlastet (zum Beispiel: Reduzierung der Lehrverpflichtung um 4 SWS sowie ein zusätzliches Forschungssemester; Freistellung der akademischen Mitarbeiterin von den Dienstpflichten in Höhe der Hälfte der Arbeitszeit). Befristet eingestellte und teilzeitbeschäftigte akademische Mitarbeiterinnen sind entsprechend den unbefristet eingestellten zu entlasten oder es ist ihnen eine angemessene Vertragsverlängerung anzubieten. Entlastungen der befristet eingestellten, voll- und teilzeitbeschäftigten akademischen Mitarbeiterinnen dürfen nicht zu Lasten von Qualifizierungszeiten gehen. Studentinnen werden für die Dauer der Wahrnehmung des Amtes der Sprecherin bzw. stellvertretenden Sprecherin behandelt wie studentische Hilfskräfte und erhalten eine Vergütung in Hilfskraftstunden in angemessenem Umfang bis zur Höhe der monatlich maximal zulässigen Hilfskraft-Stundenzahl.
(4) Die zentralen Frauenbeauftragten sind berechtigt, Sprechstunden abzuhalten, die Beschäftigten zu unterrichten und zu beraten und Wünsche, Anregungen und Beschwerden entgegenzunehmen. Sie haben das Recht, mindestens einmal pro Semester eine Versammlung der an der Universität Bremen wissenschaftlich in Forschung, Lehre und Studium arbeitenden und lehrenden Frauen sowie eine Studentinnen-Vollversammlung einzuberufen. Die weiblichen Beschäftigten haben das Recht, zur Teilnahme an den Frauenversammlungen ihren Arbeitsplatz zu verlassen. Studentinnen darf die Teilnahme an der Studentinnen-Vollversammlung nicht als Fehlzeit bei Praktika, Übungen etc. angerechnet werden.
(5) Die zentralen Frauenbeauftragten dürfen in Ausübung ihres Amtes nicht behindert und wegen ihres Amtes nicht benachteiligt oder begünstigt werden; § 97 Abs. 3 BremHG Satz 1 gilt auch im Hinblick auf ihre berufliche Entwicklung.
§ 14   Arbeitsstelle der ZKFF
Die wissenschaftliche und verwaltungsmäßige Zuarbeit zur ZKFF und den zentralen Frauenbeauftragten erfolgt durch die "Arbeitsstelle zur Durchsetzung der Gleichberechtigung von Wissenschaftlerinnen und Studentinnen an der Universität Bremen". Die Arbeitsstelle ist sächlich, räumlich und personell mit der notwendigen Verwaltungs- und Schreibkapazität sowie wissenschaftlicher Kompetenz in den Bereichen Geistes- und Sozialwissenschaft und Rechtswissenschaft ausgestattet.

§ 15   Dezentrale Frauenbeauftragte
(1) Die Fachbereiche und die sonstigen Organisationseinheiten gemäß § 16b BremHG bestellen Frauenbeauftragte, die in Absprache mit den zentralen Frauenbeauftragten den Fachbereichsrat, die/den Fachbereichssprecher/in bzw. die Leitung der sonstigen Organisationseinheiten bei der Erfüllung der Aufgaben nach § 4 Abs. 2 BremHG sowie bei der Umsetzung dieser Richtlinie auf dezentraler Ebene unterstützen (dezentrale Frauenbeauftragte). Zu dezentralen Frauenbeauftragten können eine Frauenbeauftragte und eine oder mehrere Stellvertreterinnen oder ein gleichberechtigtes Kollektiv bestellt werden. Das Vorschlagsrecht für die zu bestellenden dezentralen Frauenbeauftragten wird durch im Fachbereich oder in der sonstigen Organisationseinheit durchzuführende Frauenvollversammlungen ausgeübt.
(2) Die dezentralen Frauenbeauftragten sind von den Verwaltungen der in Abs. 1 genannten Organisationseinheiten über alle in dieser Richtlinie geregelten Angelegenheiten rechtzeitig zu informieren. Sie sind berechtigt, im Hinblick auf die Organisationseinheit, der sie angehören, von allen Stellen der Universität Auskunft über die in dieser Richtlinie geregelten Angelegenheiten zu verlangen. Zu den Sitzungen der Fachbereichsgremien bzw. der entsprechenden Gremien in den sonstigen Organisationseinheiten sind sie einzuladen. Bezogen auf die Fachbereiche und sonstigen Organisationseinheiten, denen sie angehören, nehmen die dezentralen Frauenbeauftragten in Kooperation mit den zentralen Frauenbeauftragten die Rechte nach § 17 Abs. 1 wahr.
(3) Die dezentralen Frauenbeauftragten können zu ihrer Unterstützung in Berufungs- und Personalauswahlverfahren sowie in sonstigen Gremiensitzungen die zentralen Frauenbeauftragten hinzuziehen. Es kann ein Sondervotum gemäß Berufungsordnung und den sonstigen Verfahrensordnungen zur Einstellung wissenschaftlichen Personals abgegeben werden. Sind in den in Abs. 1 genannten Organisationseinheiten keine Frauenbeauftragten bestellt worden, sind die zentralen Frauenbeauftragten von den Organisationseinheiten unmittelbar zu unterrichten.
(4) Die dezentralen Frauenbeauftragten dürfen in Ausübung ihres Amtes nicht behindert und wegen ihres Amtes nicht benachteiligt werden, § 97 Abs. 3 BremHG. Die dezentralen Frauenbeauftragten sind zur Wahrnehmung ihrer Aufgaben von den Fachbereichen bzw. den sonstigen Organisationseinheiten im notwendigen Umfang sächlich, räumlich und personell auszustatten.
§ 16   Teilnahme der Frauenbeauftragten an Berufungs- und Auswahlverfahren
(1) Die Teilnahme der Frauenbeauftragten an den Berufungs- und Auswahlverfahren zur Einstellung von Professor/inn/en, Hochschuldozent/inn/en, Oberassistent/inn/en, Oberingenieurinnen und Oberingenieuren regeln die jeweiligen Verfahrensordnungen.
(2) Werden zur Auswahl wissenschaftlichen Personals Kommissionen gebildet, deren Tätigkeit nicht durch eine Ordnung geregelt ist, gelten die Vorschriften der Berufungsordnung über die Beteiligung und die Rechte der Frauenbeauftragten entsprechend.
(3) Werden zur Auswahl wissenschaftlichen Personals keine Kommissionen gebildet, ist sicherzustellen, daß die Rechte der Frauenbeauftragten auf frühzeitige Information und Beteiligung gewahrt werden. Die Frauenbeauftragten können ein Sondervotum abgeben. Dies gilt auch bei Einstellungen aus Mitteln Dritter.
§ 17   Akteneinsicht, Vertraulichkeit
(1) Von den durch Akteneinsicht gewonnenen Kenntnissen dürfen die zentralen und dezentralen Frauenbeauftragten nur im Rahmen ihrer Aufgabenstellung Gebrauch machen. Im übrigen sind sie zur Verschwiegenheit über die durch die Akteneinsicht gewonnenen Kenntnisse verpflichtet.
(2) Darüber hinaus sind die zentralen und dezentralen Frauenbeauftragten verpflichtet, über die persönlichen Verhältnisse von Beschäftigten, die ihnen aufgrund ihres Amtes bekannt geworden sind, sowie bei Angelegenheiten, die ihrer Bedeutung oder ihrem Inhalt nach einer vertraulichen Behandlung bedürfen, auch nach dem Erlöschen des Amtes Stillschweigen zu bewahren. Die Verpflichtung besteht bei Einwilligung der Beschäftigten nicht gegenüber der Dienststelle und dem Personalrat.

5.5 Kinderbetreuung/Familienpflichten

§ 11   Mutterschutz
Befristete Arbeitsverhältnisse sind im Rahmen der rechtlichen Möglichkeiten um die Dauer von Mutterschutzfristen und Urlaub, der für die Betreuung oder Pflege eines Kindes unter 18 Jahren oder eines pflegebedürftigen sonstigen Angehörigen gewährt worden ist, zu verlängern, wenn diese Zeiten in Anspruch genommen werden.

5.6 Geschlechtsspezifische Inhalte in Forschung und Lehre

§ 7 Stellenplanung und -beschreibung
Die Fachbereiche und sonstigen Organisationseinheiten sind aufgefordert, bei der Planung und der Definition von Stellenanforderungen und bei der Besetzung und Wiederbesetzung von Stellen im wissenschaftlichen Bereich Arbeits- und Lehrgebiete verstärkt zu berücksichtigen, die explizit aus der Sicht von Frauen (ihren Lebensbedingungen, ihrer Benachteiligung in der Gesellschaft) vorhandene wissenschaftliche Theorien und Methoden hinterfragen. Dabei sollen bislang unbeachtet gebliebene und ausgeklammerte Aspekte aufgegriffen und in einem Kontext berücksichtigenden fachspezifischen oder interdisziplinären Herangehensweise neue Perspektiven in die Wissenschaft und Forschung eingebracht werden (Frauenforschung, feministische Forschung, auf die Geschlechterdifferenz bezogene Forschung).

§ 8 Frauenspezifische Themen in der Lehre
(1) Die Fachbereiche und sonstigen Organisationseinheiten, die Lehre anbieten, sollen Lehrveranstaltungen zu auf die Geschlechterdifferenz bezogenen Themenstellungen im Rahmen des Lehrangebots nach Studien- und Prüfungsordnungen besonders fördern. Ist dies durch hauptberuflich an der Universität Bremen tätiges Lehrpersonal nicht sicherzustellen, soll dies durch die Vergabe von Lehraufträgen und Gastprofessuren sowie durch Einladung zu Gastvorträgen erfolgen.
(2) Die Fachbereiche und sonstigen Organisationseinheiten sind aufgefordert, geschlechtsspezifische Themenstellungen ihrer Fachdisziplinen in ihren Studien- und Prüfungsordnungen zu verankern.
(3) Der Akademische Senat verpflichtet sich, ausreichend Mittel für die Vergabe von Lehraufträgen im Sinne der Abs. 1 und 2 zur Verfügung zu stellen.

§ 10 Gesamtuniversitäre Gleichstellungsmaßnahmen
(...)
(2) Die in den §§ 7 und 8 dieser Richtlinie genannten Aspekte sollen in einen gesamtuniversitären Frauengleichstellungsplan des Akademischen Senats einfließen.
(...)

6. Hamburg

Universität Hamburg

Überarbeitung des Entwurfs der Frauenförderrichtlinie der Universität Hamburg durch die Frauenbeauftragte v. 3.7.1995

Die überarbeitete Fassung des Entwurfs einer Frauenförderrichtlinie ist relativ kurzgefaßt, aber ausführlich. Sie deckt sowohl den Punkt Vorrangregelungen/Zielvorgaben zugunsten von Professorinnen, Assistentinnen und wissenschaftlichen Mitarbeiterinnen ab als auch die mögliche Stellenausschreibung nur für Frauen in besonders begründeten Fällen. Daneben ist ein Sanktions/Anreizsystem vorgesehen, das im Fall der Nichtbesetzung einer Professur mit einer Frau i.S.d. Frauenförderplans eines Fachbereichs die Umwandlung der Stelle in eine Qualifikationsstelle zur Folge hat. Ein Sanktions-/Anreizsystem gilt auch für Assistentenstellen, wenn ein Fachbereich diese nicht mit Frauen besetzen kann: Auf Antrag werden diese Stellen einem anderen Fachbereich zugewiesen. Gleiches gilt auch für wissenschaftliche Mitarbeiterstellen. Die Institution der Frauenbeauftragten ist umfassend geregelt. Der Punkt Kinderbetreuung/Familienpflichten sowie geschlechtsspezifische Inhalte in Forschung und Lehre finden in dem Entwurf Berücksichtigung.

7. Hessen

7.1 Johann Wolfgang Goethe-Universität Frankfurt/a.M.

Grundsätze zur Förderung von Frauen, Konventsbeschluß v. 8.2.1995

7.1.1 Allgemeine Aufgaben

1. Zielsetzung

1.1 Die Universität wirkt auf die Gleichstellung von Männern und Frauen sowie die Beseitigung der Unterrepräsentanz von Frauen in allen Bereichen der Hochschule hin. Mit diesen Grundsätzen zur Förderung von Frauen sollen strukturelle Benachteiligungen von Frauen beseitigt, durch aktive berufliche Förderung von Frauen den Zugangs- und Aufstiegschancen sowie die Arbeitsbedingungen von Frauen verbessert und gleiche Entwicklungschancen für Frauen und Männer geschaffen werden. Durch die Verpflichtung zur aktiven Frauenförderung unterstreicht die Universität Frankfurt am Main die Notwendigkeit, die besondere Situation von Frauen zu berücksichtigen.
(...)

7.1.2 Vorrangregelungen/Zielvorgaben

3. Vorstellungsgespräch und Auswahlentscheidung
(...)
3.1.1 In Besoldungs- und Vergütungsgruppen, in denen Frauen unterrepräsentiert sind, werden mindestens ebensoviele Frauen wie Männer oder alle Bewerberinnen zum Probevortrag bzw. Vorstellungsgespräch eingeladen, soweit sie die gesetzlichen und die durch die Ausschreibung definierten Voraussetzungen für die Besetzung der Stelle erfüllen.
3.1.2 In Bereichen, in denen Frauen unterrepräsentiert sind (Vgl. 1.2), werden bei gleichwertiger Qualifikation Frauen bei der Besetzung von höherwertigen Stellen solange bevorzugt, bis ihr Anteil 50% der jeweiligen Qualifikationsstufe beträgt. Zeiten der Kinderbetreuung, Familienarbeit und bisherige Teilzeitarbeit dürfen als Unterbrechung der Berufstätigkeit nicht nachteilig gewertet werden.
3.1.3 In Ausbildungsberufen, in denen Frauen unterrepräsentiert sind, sind sie bei der Vergabe von Ausbildungsplätzen mindestens zur Hälfte zu berücksichtigen. Es sind geeignete Maßnahmen zu ergreifen, um Frauen auf freie Ausbildungsplätze in diesen Berufen aufmerksam zu machen und sie zur Bewerbung zu veranlassen. Liegen trotz solcher Maßnahmen nicht genügend Bewerbungen von Frauen vor, können mehr als die Hälfte der Ausbildungsplätze mit Männern besetzt werden.
(...)
3.4 Bei der Besetzung von höherwertigen Stellen (ausgenommen Professoren- u. Hochschuldozentenstellen) sollen bei gleicher Qualifikation Hausbewerbungen von Frauen, die sich durch besondere Leistung am Arbeitsplatz und/oder durch Fortbildung qualifiziert haben, vorrangig berücksichtigt werden. Dabei ist ein transparentes Leistungsbewertungsverfahren zugrunde zu legen.
3.5 Nichtwissenschaftliche Mitarbeiterinnen, die eine Stelle vertreten, sollen bei entsprechender Leistung in Besetzungsverfahren für unbefristete Stellen vorrangig berücksichtigt werden.
(...)
3.10 Außerhalb von Planstellen werden in Bereichen, in denen Frauen unterrepräsentiert sind, bei Einstellungen von Hilfskräften und bei der Vergabe von Promotionsstipendien und Lehraufträgen Frauen bei gleichwertiger Qualifikation bevorzugt. Bei der Ausschreibung von Stipendien sind Frauen gezielt anzusprechen. Regelungspunkt 3.4 gilt entsprechend.
(...)
4. Fortbildung, Weiterbildung und Förderung
4.9 Die Universität setzt sich dafür ein, daß ...
4.9.3 im Graduiertenförderungsprogramm des Landes Hessen jeweils innerhalb von zwei Jahren der Frauenanteil bei den Stipendien des Graduiertenförderungsprogramms mindestens 50% aller Graduiertenstipendien beträgt.
7. Lehre und Forschung
7.7 Die Universität und ihre Fachbereiche berücksichtigen Frauen mindestens entsprechend ihrem Anteil an den Studierenden bei internationalen Austauschprogrammen. Sie fordert gezielt Studentinnen auf, sich an internationalen Austauschprogrammen zu beteiligen.
8. Studienbegleitende Maßnahmen
8.5 Die Fachbereiche achten darauf, daß die schon vorhandenen Labor- und Computerplätze den Studentinnen mindestens entsprechend ihrem Anteil an den Studierenden des jeweiligen Faches zur Verfügung stehen.

7.1.3 Sanktions-/Anreizsysteme

3. Vorstellungsgespräch und Auswahlentscheidung
3.11 Werden die Zielvorgaben des Frauenförderplanes der Universität (Vgl. Teil II) für jeweils zwei Jahre nicht erfüllt, bedarf bis zu ihrer Erfüllung jede weitere Einstellung oder Beförderung eines Mannes in einem Bereich, in dem Frauen unterrepräsentiert sind, der Zustimmung der Präsidentin/des Präsidenten.

7.1.4 Frauenbeauftragte

1. Zielsetzung
1.3 Bei der Verwirklichung der Ziele des Frauenförderplanes arbeiten die Organe und Gliederungen der Universität, die Verwaltung, die Frauenbeauftragte und der Frauenrat der Universität bzw. die Frauenbeauftragten/Frauenräte der Fachbereiche zusammen. Die Kompetenzen des Frauenrates sowie das Wahlverfahren der Frauenvertretung werden durch Satzung als Teil 4 des Frauenförderplanes geregelt.
2. Ausschreibungen
2.4 Liegen nach der ersten Ausschreibung keine Bewerbungen von Frauen vor, die die gesetzlichen und die in der Ausschreibung definierten Voraussetzungen für die Besetzung der Stelle erfüllen, ist auf Verlangen der Frauenbeauftragten der Universität im Benehmen mit der/dem Frauenbeauftragten/Frauenrat des Fachbereichs die Ausschreibung einmal zu wiederholen.
3. Vorstellungsgespräch und Auswahlentscheidung
3.1.4 Die Auswahl der Bewerberinnen bzw. der Bewerber ist schriftlich zu begründen. Dabei ist auszuführen, welche Maßnahmen ergriffen wurden, um geeignete Bewerberinnen für die entsprechende Stelle zu finden. Die Begründung ist der Frauenbeauftragten zuzuleiten.
3.7 Einer Berufungskommission gehören mindestens zwei stimmberechtigte Frauen an; mindestens eine davon sollte Vertreterin des wissenschaftlichen Personals sein. Sollte dies nicht möglich sein, ist eine Wissenschaftlerin aus einem benachbarten Fachbereich zu beteiligen. Falls eine solche Beteiligung nicht zustande kommt, ist die Frauenbeauftragte der Universität zu unterrichten.
6. Maßnahmen zum Schutz vor sexueller Belästigung
6.4 Die Universität sorgt für verstärkte Sicherheit in ihren Anlagen z.B. durch die Einrichtung von Frauenparkplätzen, ausreichende Beleuchtung etc. Ein weitergehender Maßnahmenkatalog wird durch eine im Benehmen mit dem Frauenrat vom Präsidenten zu vergebende Fachstudie erarbeitet.

7.1.5 Kinderbetreuung/Familienpflichten

3. Vorstellungsgespräch und Auswahlentscheidung
3.1.5 Im Vorstellungsgespräch sind Fragen nach der Regelung der Kinderbetreuung oder nach der Familienplanung und Schwangerschaft unzulässig.
4. Fortbildung, Weiterbildung und Förderung
4.3 Entstehen durch die Teilnahme an dienstlichen Fortbildungsmaßnahmen unvermeidliche Kosten für die Betreuung von Kindern unter zwölf Jahren oder von nach ärztlichem Zeugnis pflegebedürftigen Angehörigen, so werden diese erstattet.
4.4 Fortbildungsmaßnahmen sollen so organisiert werden, daß Frauen die Teilnahme ermöglicht wird.
4.5 Beschäftigte, die aus familiären Gründen beurlaubt sind, sind über die entsprechenden Fort- und Weiterbildungsmaßnahmen zu informieren, damit auch sie die Möglichkeit zur Teilnahme haben.
4.9 Die Universität setzt sich dafür ein, daß ...
4.9.5 alleinerziehende Stipendiatinnen und Stipendiaten einen Kinderzuschlag und einen Alleinerziehendenzuschlag erhalten.
5. Verbesserung der Arbeitssituation
5.1 Teilzeitbeschäftigten sind die gleichen beruflichen Aufstiegsmöglichkeiten und Fortbildungschancen einzuräumen wie Vollzeitbeschäftigten. Sie werden bei der Gewährung freiwilliger sozialer Leistungen Vollzeitbeschäftigten gleichgestellt. Die Wahrnehmung von Leitungsaufgaben und Teilzeitbeschäftigung schließen sich nicht aus.
5.3 Beurlaubte Bedienstete sollen durch Urlaubs- und Krankheitsvertretung die Verbindung zum Beruf aufrechterhalten können.

9. Lebenskonzepte von Frauen
9.1 Die Universität bemüht sich verstärkt darum, mehr Räume und Personal für die Betreuung von Kindern aller Universitätsmitglieder dem Bedarf entsprechend zur Verfügung zu stellen. Diese Betreuungseinrichtungen müssen die Betreuung während der Betriebszeiten der Universität stundenweise bzw. ganztätig gewährleisten.
9.2 Die Universität informiert u.a. im Unireport und über Aushänge an allen Fachbereichssekretariaten über die Möglichkeiten der Kinderbetreuung.
9.3 Die Universität erkennt Schwangerschaft, Kinderbetreuung und die Betreuung naher Angehöriger als Gründe für eine Beurlaubung vom Studium im Rahmen der „Verordnung über das Verfahren der Immatrikulation an den Hochschulen des Landes Hessen" an. Befristete Dienstverhältnisse von wissenschaftlichen Mitarbeitern und Mitarbeiterinnen werden bei Beurlaubung für Mutterschutz- und Erziehungsurlaubszeiten entsprechend verlängert.
9.4 Studierende, die durch Krankheit ihrer Kinder am Studium gehindert sind, werden genauso wie im Falle eigener Krankheit behandelt. Es sollte ihnen die Möglichkeit eingeräumt werden, die versäumten Leistungsnachweise entsprechend später zu erbringen. Sollte dies nicht möglich sein, wird ihnen dies schriftlich bestätigt.
9.5 Für aus familiären Gründen Beurlaubte sowie für die Zeit des Beschäftigungsverbotes nach § 6 des Mutterschutzgesetzes und § 6 der Mutterschutzverordnung beurlaubte Frauen ist eine angemessene Vertretung zu stellen. Dies gilt auch für Teilzeitbeschäftigte. In diesen Fällen sollen keine entsprechenden Stellensperren auferlegt werden.

7.1.6 Geschlechtsspezifische Inhalte in Forschung und Lehre

7. Lehre und Forschung
7.1 Die Johann Wolfgang Goethe-Universität fördert die Institutionalisierung von Frauenforschung/geschlechtsspezifischer Forschung/genderstudies in den einzelnen Fachbereichen.
7.2 Die Fachbereiche werden aufgefordert, ihren Möglichkeiten entsprechend geschlechtsspezifische Lehrinhalte als integralen Bestandteil in Pflichtveranstaltungen aufzunehmen und in die Studienordnung zu integrieren. In Pflicht- und Wahlpflichtveranstaltungen sollen frauenspezifische Gesichtspunkte, soweit möglich, aufgenommen werden. Die Bibliotheken sind entsprechend auszustatten.
7.3 Die Fachbereiche werden darüberhinaus aufgefordert, im Rahmen ihrer Möglichkeiten Professuren für Frauenforschung/geschlechtsspezifische Forschung/genderstudies einzurichten und diesem Bereich Mittelbaustellen zu widmen.
7.4 Die Zentralen Organe der Universität unterstützen die Koordination interdisziplinärer Frauenforschung/geschlechtsspezifische Forschung/genderstudies und die entsprechende Lehre und richten eine Arbeitspapierreihe "Arbeiten aus dem Frauenförderungsprogramm" ein.
7.5 Frauenfördernde Maßnahmen sind bei den Kriterien erfolgsorientierter Mittelvergabe bei Forschung und Lehre zu berücksichtigen.
7.6 Die Universität informiert regelmäßig im Unireport über bestehende Austauschprogramme im Bereich Frauenforschung/geschlechtsspezifische Forschung/genderstudies.

7. 2 Philipps-Universität Marburg

Frauenförderplan der Philipps-Universität Marburg v. 17.11.1994

7.2.1 Allgemeine Aufgaben (-)

7. 2.2 Vorrangregelungen/Zielvorgaben

2. Maßnahmen zur Gleichstellung von Frauen und Männern
2.2. Stellenausschreibungen, Berufungen und Auswahlverfahren
(...)

Um qualifizierten Frauen innerhalb der Universität Aufstiegschancen zu eröffnen, werden in den Bereichen, in denen Frauen nicht unterrepräsentiert sind, Stellen zunächst nur uni-intern ausgeschrieben. Ausnahmen von diesem Grundsatz bedürfen der Zustimmung der Frauenbeauftragten (...)
Auch Stellen für studentische und wissenschaftliche Hilfskräfte sollen ausgeschrieben werden und die Mittel der jeweiligen Einrichtung mindestens entsprechend dem Frauenanteil an den Studierenden dieses Faches an Frauen vergeben werden (...)
In Bereichen, in denen Frauen unterrepräsentiert sind, sind alle Bewerberinnen oder mindestens ebenso viele Frauen wie Männer zum Vorstellungsgespräch einzuladen, sofern sie die formal notwendige Qualifikation für die Stelle besitzen. Bei Einstellungen, Beförderungen und Höhergruppierungen sind Frauen bei gleicher Eignung, Befähigung und fachlicher Leistung so lange vorrangig zu berücksichtigen bis die Zielvorgabe in der jeweiligen Besoldungs-, Vergütungs- und Lohngruppe errreicht ist. (...)
Mitarbeiterinnen, die bereits über entsprechende Qualifikationen oder Fähigkeiten verfügen bzw. sich durch entsprechende Fortbildungsveranstaltungen qualifiziert haben, muß im Rahmen freiwerdender Stellen bei gleichwertiger Qualifikation vorrangig Gelegenheit gegeben werden, ihre Kenntnisse und Fähigkeiten auf einem höher bewerteten Arbeitsplatz anzuwenden. (...)
Frauen werden bei entsprechender Eignung und Qualifikation bei der Vertretung von Stellen bevorzugt berücksichtigt.

2.3   Aus-, Fort- und Weiterbildung
Ausbildungsplätze sind in den Bereichen, in denen Frauen unterrepräsentiert sind, je Ausbildungsgang und Vergaberunde mindestens zur Hälfte an Frauen zu vergeben. Für nachrückende Frauen und Männer werden getrennte Listen geführt. Die an der Philipps-Universität ausgebildeten Frauen werden bei gleicher Eignung bei der Übernahme solange vorrangig berücksichtigt, wie im jeweiligen Bereich Frauen unterrepräsentiert sind. (...)
Anträge von Frauen auf geeignete dienstliche Fortbildungsmaßnahmen aus Bereichen, in denen Frauen unterrepräsentiert sind, sind besonders zu berücksichtigen.

7.2.3 Sanktions-/Anreizsysteme (-)

7. 2.4 Frauenbeauftragte

2.2   Stellenausschreibungen, Berufungen und Auswahlverfahren
Gibt es eine Fachbereichsfrauenbeauftragte, so ist sie bei der Abfassung der Stellenausschreibungen zu beteiligen. (...) Die Frauenbeauftragte verzichtet auf eine zweite Stellenausschreibung, wenn nach der ersten Ausschreibung keine geeigneten Bewerbungen von Frauen vorliegen, sich aber ein geeigneter Schwerbehinderter beworben hat, vor allen Dingen dann, wenn die Dienststelle signalisiert, daß der Schwerbehinderte zur Einstellung vorgeschlagen werden soll. (...)
Wird für eine Stelle ein männlicher Bewerber ausgewählt, obwohl Frauen unterrepräsentiert sind, ist dies ausführlich zu begründen. Es ist anzuführen
- inwieweit die Stellungnahme der Frauenbeauftragten bei der Auswahl berücksichtigt wurde.
(...)
5.   Maßnahmen gegen sexuelle Belästigung am Arbeitsplatz.
(...)
Anlagen und Gebäude der Philipps-Universität werden auf Gefahrenquellen und bedrohliche Raumsituationen in bezug auf sexuelle Belästigung und Gewalt gegen Frauen untersucht. Es werden in Zusammenarbeit mit der Frauenbeauftragten und der Personalvertretung Vorschläge für bauliche und andere Veränderungen erarbeitet. (...)
In Fällen sexueller Belästigung steht die Psychotherapeutische Beratungsstelle, der Beirat zur Förderung der beschäftigten, lehrenden und studierenden Frauen und die Frauenbeauftragte zur Verfügung.
7.   Struktur und Verfahrensfragen der Frauenförderung
(...)
Die Frauenbeauftragte informiert die Schwerbehindertenvertretung, wenn bei einem Widerspruchsverfahren oder bei Akteneinsicht Schwerbehinderte betroffen sind.
Die Schwerbehindertenvertretung kann nach Rücksprache mit der Frauenbeauftragten im beiderseitigen Einvernehmen auf ihre Rechte gem. § 14 i.V.m. § 25 SchwbG verzichten.

Mindestens einmal im Monat findet ein Gespräch zwischen der Frauenbeauftragten und dem Personalrat statt. (...)
Die Stelle der Frauenbeauftragten und ihrer Stellvertreterin wird alle sechs Jahre uni-intern ausgeschrieben. Die Frauenbeauftragte und ihre Stellvertreterin werden vom Präsidenten im Benehmen mit dem Beirat zur Förderung der beschäftigten, lehrenden und studierenden Frauen bestellt.
An den einzelnen Fachbereichen und fachbereichsfreien Einrichtungen sollen Fachbereichsfrauenbeauftragte bestellt werden. Die Wahl erfolgt durch den jeweiligen Fachbereichsrat (Wahlmodus und Aufgaben s. Satzung für die Fachbereichsfrauenbeauftragten).

7.2.5 Kinderbetreuung/Familienpflichten

1. Zielsetzungen
(...)
- Frauen und Männern soll die Vereinbarkeit von Beruf und Familie erleichtert werden. Die entsprechenden Regelungen gelten ausdrücklich für beide Geschlechter, damit die Vereinbarkeitsproblematik nicht einseitig den Frauen angelastet wird und Benachteiligungen durch Kindererziehung oder Pflege von Angehörigen abgebaut werden.
2.2 Stellenausschreibungen, Berufungen und Auswahlverfahren
(...)
Bisherige Teilzeitarbeit oder Erwerbslosigkeit darf nicht zum Nachteil der Bewerberin gewertet werden. Fragen nach einer bestehenden oder geplanten Schwangerschaft oder danach, wie die Betreuung von Kindern neben der Berufstätigkeit gewährleistet werden kann, sind unzulässig.
2.3 Aus-, Fort- und Weiterbildung
(...)
In Inhalten, Methoden und zeitlicher Anlage der internen Fort- und Weiterbildungsangebote soll den Möglichkeiten insbesondere auch von teilzeitbeschäftigten Frauen besser Rechnung getragen werden. Vor allem die EDV-Schulungen müssen nach dem geltenden Tarifvertrag aufgabenbezogen angelegt sein, mit der Einführungs- und Einarbeitungsphase verknüpft werden, für Teilzeitbeschäftigte nutzbar sein und durch breite und frühzeitige Information bekannt gemacht werden. (...)
3. Maßnahmen zur besseren Vereinbarkeit von Studium, Beruf und Familie
Die Philipps-Universität informiert die Beschäftigten umfassend über die gesetzlichen Möglichkeiten der Freistellung, z.B. zur Betreuung von Kindern und pflegebedürftigen Angehörigen, über die diesbezüglichen Bestimmungen in Tarifverträgen sowie im hessischen Gleichberechtigungsgesetz.
Beschäftigungsverhältnisse sollen so gestaltet werden, daß Elternschaft, Erziehung und die Betreuung pflegebedürftiger Angehöriger mit der Wahrnehmung der Dienstaufgaben zu vereinbaren sind.
Anträgen von Arbeitnehmerinnen und Arbeitnehmern aus Teilzeitbeschäftigung, Beurlaubung oder flexibler Arbeitszeit zur Betreuung von Kindern oder pflegebedürftigen Angehörigen soll unverzüglich entsprochen werden. Familienorientierte Arbeits- und Urlaubszeiten werden vorrangig gewährt.
Bei Teilzeitbeschäftigungen und Beurlaubungen aus familiären Gründen sowie für die Zeit des Beschäftigungsverbotes nach § 6 des Mutterschutzgesetzes und § 6 der Mutterschutzverordnung ist unverzüglich ein personeller Ausgleich vorzunehmen.
Der Wunsch nach Teilzeitbeschäftigung darf nicht die Übernahme von Leitungsfunktionen ausschließen. Leitungsfunktionen sind so zu gestalten, daß sie auf Wunsch auch von Teilzeitbeschäftigten wahrgenommen werden können.
Die Dienststelle ermuntert Abteilungen und Fachbereiche, Vorschläge zu Arbeitszeitmodellen im Interesse insbesondere der weiblichen Beschäftigten zu entwickeln.
Beschäftigte, die eine Teilzeitbeschäftigung oder eine Beurlaubung beantragen, werden auf die Folgen, insbesondere in bezug auf arbeitslosenversicherungs-, renten- und versorgungsrechtliche Ansprüche hingewiesen.
Aus familiären Gründen beurlaubten Beschäftigten sind, sofern sie dies nicht selbst zu einer bestimmten Zeit ausgeschlossen haben, Urlaubs- und Krankheitsvertretungen vorrangig anzubieten.
Die Dienststelle bemüht sich, insbesondere bei Auszubildenden, bei Schwangerschaft, Mutterschaft und Erziehungsurlaub die für die Betroffene jeweils günstigste Lösung zu finden.
Beurlaubten Beschäftigten, die an ihren Arbeitsplatz zurückkehren wollen, sind interne Informationen, z.B. das Weiterbildungsprogramm zuzusenden.

Von den Fachbereichen wird erwartet, daß sie Wissenschaftlerinnen und Wissenschaftlern, die zur Betreuung von Kindern oder pflegebedürftigen Angehörigen ihre wissenschaftliche Tätigkeit unterbrechen, ermöglichen, während dieser Zeit den Anschluß an Forschung und Lehre zu halten.
Nach einer Pause aus familiären Gründen soll der Wiedereinstieg in wissenschaftliches Arbeiten gezielt gefördert werden.
Die Philipps-Universität wirkt darauf hin, daß sich Schwangerschaft, Elternschaft sowie die Betreuung pflegebedürftiger Angehöriger nicht negativ auf Studium und Studienabschluß auswirken. Dem wird in Studien- und Prüfungsordnungen Rechnung getragen, soweit es der gesetzliche Rahmen gestattet.
Das prüfungsrelevante Lehrangebot ist nach Möglichkeit so zu strukturieren und zu terminieren, daß die Teilnahme mit der Betreuung von Kindern zu vereinbaren ist. Parallelveranstaltungen sollen zu unterschiedlichen Zeiten angeboten werden. Studierende Eltern sind bei der Wahl der Termine bevorzugt zu berücksichtigen.
Schwangerschaft und Elternschaft können bei Vorliegen besonderer Umstände ein "wichtiger Grund" für eine Beurlaubung vom Studium gemäß § 39 Abs. 2 HHG sein.
Die Philipps-Universität wirkt darauf hin, daß "Familienzeiten" bei der Studienzeitberechnung angemessen berücksichtigt werden und Studien- und Prüfungsleistungen auch während Beurlaubungen möglich sind.
Die Philipps-Universität setzt sich dafür ein, daß von Altersgrenzen für Frauen insbesondere bei Qualifizierungsstellen, Stipendien und Berufungen in begründeten Fällen abgewichen werden kann.
Die Philipps-Universität setzt sich für die Einrichtung dienststellennaher Kindertagesstätten und den Ausbau ganztägiger Kinderbetreuungsmöglichkeiten ein.
Die Philipps-Universität richtet Stillräume und Wickeltische (außerhalb der Toilette) ein.

7. 2.6 Geschlechtsspezifische Inhalte in Forschung und Lehre

1.   Zielsetzungen
(...)
Es sollen die Unterrepräsentanz von Frauen im Wissenschaftsbetrieb aufgehoben und die Möglichkeiten von Wissenschaftlerinnen für selbstbestimmte Forschung verbessert werden. Frauenförderung ist auf Ergebnisse, Analysen und Anstöße aus der Frauenforschung angewiesen. Frauenforschung wiederum bedarf der Frauenförderung, denn sie braucht nicht nur eigene Arbeitsmöglichkeiten, sondern sie bedarf auch eines reichhaltigen Umfeldes von Wissenschaftlerinnen mit unterschiedlichen Arbeitsgebieten. Zentrales Erfordernis ist, und dies muß Frauenförderung durchsetzen, daß Frauenforschung in ihrer ganzen fächerspezifischen Ausdifferenzierung anderen wissenschaftlichen Schwerpunkten gleichgestellt wird.
6.   Frauen- und Geschlechterforschung
Frauenforschung stellt mit ihren Ansätzen und Ergebnissen ein großes Innovationspotential dar. Die Beachtung der Analysekategorie "Geschlecht" ist in allen Fächern ein wichtiger Aspekt der Forschung. Die Philipps-Universität unterstützt eine dauerhafte Institutionalisierung von Frauenforschung an der Philipps-Universität, d.h. auch die Anpassung von Studien- und Prüfungsordnungen und den Ausbau von Stellen. Dabei kommt den Fachbereichen besondere Bedeutung zu. Ebenso notwendig wie die fachspezifische Weiterentwicklung der Frauenforschung ist die Förderung einer interdisziplinären Zusammenarbeit, die bereits in der interdisziplinären Arbeitsgruppe Frauenforschung praktiziert wird. Langfristig ist die Einrichtung eines Frauenforschungsschwerpunktes und eines Nachwuchsförderprogramms zur Frauen- und Geschlechterforschung anzustreben.

8. Mecklenburg-Vorpommern

An den beiden Universitäten des Landes Mecklenburg-Vorpommern, Rostock und Greifswald, liegen bislang keine Gleichbehandlungsrichtlinien vor. Für die Universität Rostock gibt es einen Entwurf einer Universitätsverfassung mit einer Vorschrift über die Gleichstellung von Frau und Mann.

9. Niedersachsen

9.1 Universität Göttingen

Rahmenplan zur Frauenförderung der Universität Göttingen, Diskussionsentwurf mit Stand v. 6.12.1995

Der Punkt Vorrangregelungen/Zielvorgaben lehnt sich an die §§ 47 III und 5 NGG an. Bei Nichtbeachtung der Frauenförderung im Stellenbesetzungsverfahren ist der Aspekt Sanktions-/An-reizsysteme vorgesehen. Vorgesehen sind weiterhin Vorschriften zur Regelung der Institution der Frauenbeauftragten, der Kinderbetreuung/Familienpflichten und der geschlechtsspezifischen Inhalte in Forschung und Lehre.

9.2 Universität Hannover

Senatsrichtlinien zur Gleichstellung von Frauen und Männern an der Universität Hannover, Senatsbeschluß v. 3.5.1995 / Gesamtpersonalrat v. 3.8.1995

9.2.1 Allgemeine Aufgaben (-)

9.2.2 Vorrangregelungen/Zielvorgaben

Abschnitt 1
Stellenausschreibungen und Stellenbesetzungen
1.   Geltung für jedes Personal
(...)
1.1 Die erforderliche Qualifikation ist exakt festzulegen. Diese Qualifikationsanforderungen sowie die in der Ausschreibung genannten Aufgabengebiete und Tätigkeitsmerkmale dürfen während des Auswahlverfahrens nur bei Vorliegen eines besonderen Grundes und im Einvernehmen mit der zuständigen Frauenbeauftragten und - soweit es um Einstellungen im MTV-Bereich geht - dem zuständigen Personalrat verändert werden.
(...)
1.3 An Auswahlverfahren soll, unbeschadet der Beteiligungsrechte der Frauenbeauftragten, mindestens eine Frau beteiligt sein.
1.4 Sparmaßnahmen bzw. strukturelle Veränderungen dürfen nicht überproportional zu Lasten der Frauenförderung gehen. Ist der Wegfall einer Stelle, die zur Zeit mit einer Frau besetzt ist, aus fachlichen oder anderen Gründen dennoch unumgänglich, so soll nach Möglichkeit die nächste freiwerdende gleichwertige Stelle bis zum Erreichen eines Anteils von 50% mit einer Frau besetzt werden.
3.   Personal im technischen und Verwaltungsdienst
Zur Erreichung des Ziels in § 6 NGG wird in Ausschreibungen sowie beim Arbeitsamt darauf hingewiesen, daß weibliche Auszubildende bei gleicher Eignung und Befähigung bevorzugt eingestellt werden.
Abschnitt 3
Förderung des wissenschaftlichen Nachwuchses
Gemäß § 47 (3) NHG gilt die Vorgabe, daß beim wissenschaftlichen Personal Frauen bei gleicher Qualifikation bevorzugt berücksichtigt werden, solange der Frauenanteil in der jeweiligen Berufsgruppe 50% nicht erreicht hat, sinngemäß für die Vergabe von Stipendien und andere Maßnahmen, die zur Förderung und Entfaltung von Wissenschaftlerinnen und Wissenschaftlern beitragen.
1. Dementsprechend unterstützt die Universität Hannover die Frauenbeauftragte nach ihren Möglichkeiten bei allen Aktivitäten, die der gezielten Information über Möglichkeiten der internen und externen Förderung von Wissenschaftlerinnen dienen (UH-interne Forschungsprogramme, Stipendien, Graduierten-Kollegs, Förderprogramme der DFG, des BMFT etc.). Dies gilt insbesondere in den Fachbereichen, in denen Wissenschaftlerinnen bisher unterrepräsentiert i.s.d. § 47 (3) NHG sind. In die Information zur Vergabe von Stipendien und Forschungsmitteln wird daher folgende Formulierung aufgenommen: "Die Universität Hannover strebt eine besondere Förderung des

weiblichen wissenschaftlichen Nachwuchses an und fordert Frauen ausdrücklich zur Antragstellung auf".
2. Bei den Vorschlägen zur Vergabe von Promotionsstipendien sollen Frauen mindestens entsprechend ihrem Anteil an den Abschlüssen und bei den Vorschlägen zur Vergabe von Habilitationsstipendien entsprechend dem Frauenanteil an den Promovierten der jeweiligen Fachrichtung berücksichtigt werden. Dozentinnen und Dozenten sind aufgefordert, Studentinnen, Absolventinnen und promovierte Wissenschaftlerinnen über Stipendien zu informieren und sich für ihre verstärkte Berücksichtigung bei der Stipendienvergabe einzusetzen.
(...)
4. Bei der Einstellung von wissenschaftlichen Hilfskräften und studentischen Hilfskräften zur Unterstützung des Personals in Lehre und Forschung sollen qualifizierte Frauen entsprechend der Regel in § 47 3 NHG bevorzugt berücksichtigt werden.
(...)

9.2.3 Sanktions-/Anreizsysteme

Abschnitt 9
Maßnahmen zur Umsetzung der Senatsrichtlinien
(...)
6. Die Hochschulleitung entwickelt gemeinsam mit der zentralen Frauenbeauftragten und der Kommission für Frauenförderung und Gleichberechtigung ein Anreizsystem zugunsten derjenigen Fachbereiche bzw. Einrichtungen, die für den jeweils zurückliegenden Planungszeitraum hinsichtlich der Realisierung ihrer Frauenförderpläne deutliche Fortschritte erzielt haben.

9.2.4 Frauenbeauftragte

Abschnitt 6
Frauenbeauftragte
Die Fachbereiche, die zentralen Einrichtungen und die Verwaltung werden aufgefordert, die Frauenbeauftragten bei der Erfüllung ihrer Aufgaben zu unterstützen.
Abschnitt 7
Frauenvollversammlungen
Eine Vollversammlung aller weiblichen Hochschulmitglieder und -angehörigen der UH wird mindestens einmal jährlich während der Dienstzeit von der zentralen Frauenbeauftragten einberufen. Ebenso können die dezentralen Frauenbeauftragten einmal jährlich während der Dienstzeit eine Versammlung der weiblichen Hochschulmitglieder und -angehörigen der jeweiligen Organisationseinheit durchführen.
Abschnitt 8
(8)   Sexuelle Belästigung
(...)
3. Die Frauenbeauftragten nehmen Anregungen und Beschwerden von betroffenen Frauen entgegen. Analog ist eine Vertrauensperson als Anlaufstelle für betroffene Männer zu bestimmen. In Fällen sexueller Belästigung erstatten diese Vertrauenspersonen mit Einverständnis der Betroffenen der Hochschulleitung Bericht.
Abschnitt 9
Maßnahmen zur Umsetzung der Senatsrichtlinien
(...)
2. An der Erstellung der Frauenförderpläne sind die zuständige Frauenbeauftragte und der zuständige Personalrat frühzeitig zu beteiligen.
(...)
5. In den geplanten Verfahren zur Evaluierung der Universität sind vorhandene Defizite, die die Gleichstellung von Frauen und Männern an der Hochschule betreffen, sichtbar zu machen. Zu diesem Zweck sind entsprechende Kriterien in die zu entwickelnden Bewertungskataloge aufzunehmen und den zum Zweck der Evaluierung abzugebenden Berichten zugrundezulegen. Hierbei sind die zentrale Frau-

enbeauftragte und die Kommission für Frauenförderung und Gleichberechtigung rechtzeitig einzubeziehen.
Abschnitt 10
Berichtspflicht
1. Die Fachbereiche, die zentralen Einrichtungen und die Verwaltung legen der Kommission für Frauenförderung und Gleichberechtigung alle zwei Jahre, in der Regel zu Beginn des Wintersemesters (erstmals zum 1.10.1998), einen Bericht über die Umsetzung dieser Richtlinien und über die Realisierung des jeweiligen Frauenförderplans vor. Dem Bericht ist eine Stellungnahme der zuständigen Frauenbeauftragten beizufügen.
2. Die Kommission für Frauenförderung und Gleichberechtigung berichtet dem Senat jeweils am Ende der Amtsperiode über den nach den vorliegenden Einzelberichten erreichten Stand der Gleichstellung von Frauen und Männern an der Universität Hannover. Der zentralen Frauenbeauftragten ist rechtzeitig Gelegenheit zur Stellungnahme zu geben.
3. Bei Ausbleiben von Resultaten in bestimmten Bereichen schlägt die Kommission für Frauenförderung und Gleichberechtigung im Benehmen mit der zentralen Frauenbeauftragten dem Senat weitergehende Maßnahmen vor.

9.2.5 Kinderbetreuung/Familienpflichten

Abschnitt 2
(2) Lehre und Studium
(...)
7. Prüfungsordnungen sollen dahingehend geändert werden, daß schwangere Studentinnen und erziehende Studierende keine Nachteile in Prüfungsverfahren erleiden.
Abschnitt 3
Förderung des wissenschaftlichen Nachwuchses
(...)
3. Die Universität Hannover wirkt darauf hin, daß bei gleicher Qualifikation frauenspezifische Lebensläufe in Bezug auf Lebensalter und vorgegebene Altersgrenzen berücksichtigt werden.
(...)
5. Von den Fachbereichen und anderen Beschäftigungsbereichen wird erwartet, daß sie Wissenschaftlerinnen und Wissenschaftlern, die zur Betreuung von Kindern und pflegebedürftigen Angehörigen ihre wissenschaftliche Tätigkeit unterbrechen, durch Kontaktangebote ermöglichen, während dieser Zeit den Anschluß an Forschung und Lehre zu halten.

9. 2.6 Geschlechtsspezifische Inhalte in Forschung und Lehre

Abschnitt 1
Stellenausschreibungen und Stellenbesetzungen
(...)
2. Wissenschaftliches Personal
2.1 Stellenausschreibungen im Bereich von Lehre und Forschung sollen, soweit dies im Einzelfall geboten ist, Kenntnisse über den jeweiligen Stand der Geschlechterforschung als Qualifikationserfordernis berücksichtigen.
(...)

Abschnitt 2
Lehre und Studium
(...)
4. Fachbereiche, in denen Frauen - bei der Gruppe der Studentinnen und auch bei der Gruppe der Wissenschaftlerinnen - besonders stark unterrepräsentiert sind, sind gehalten, Gastprofessorinnen zu gewinnen, herausragende Wissenschaftlerinnen für die Ernennung zu Honorarprofessorinnen vorzuschlagen und vermehrt Lehraufträge an Frauen zu vergeben. Dabei sollen auch Fachwissenschaftlerinnen, die wissenschaftliche Ansätze der Geschlechterforschung in ihrem jeweiligen Fach vertreten, berücksichtigt werden.

(...)
6. Zur überfachlichen Qualifizierung sollen in Zusammenarbeit mit dem Frauenbüro und/oder außeruniversitären Einrichtungen Veranstaltungen für Studentinnen angeboten werden.
(...)

Abschnitt 4
Geschlechterforschung und Frauenstudien
Gemäß § 2 (3) NHG ist es Aufgabe der Universität, ihre Möglichkeiten zur Förderung von Frauenforschung und Frauenstudien zu nutzen.
1. Die Fachbereiche der Universität Hannover fördern so weit wie möglich Lehrveranstaltungen und vorhandene Forschungsvorhaben aus dem Bereich der Geschlechterforschung. Hierzu gehören auch Vorschläge zur Vergabe von Lehraufträgen und Gastprofessuren und die Einladung zu Gastvorträgen, ferner die Einrichtung von Studienschwerpunkten, Professuren mit entsprechender Ausrichtung sowie Teilumwidmungen von Professuren zur Aufnahme des Forschungs- und Lehrbereichs Geschlechterforschung/Frauenforschung. In der Regel sind diese Aufgaben Frauen zu übertragen.
2. Die Fachbereiche prüfen, ihren Bedingungen entsprechend, indwieweit Erkenntnisse der Geschlechterforschung/Frauenforschung als Lehr- und Prüfungsinhalte in den Studien- und Prüfungsordnungen verankert werden sollen.
3. Die Fachbereiche prüfen, ihren Bedingungen entsprechend, inwieweit zur Gewährleistung von Chancengleichheit für weibliche und männliche Studierende ein ergänzendes Lehrangebot speziell für weibliche Studierende eingerichtet werden soll.

9.3. Carl von Ossietzky Universität Oldenburg

9.3.1. Grundordnung der Universität Oldenburg, Bekanntmachung der MWK v. 6.2.1991

9.3.1.1 Allgemeine Aufgaben

§ 2 Aufgaben
(...)
(2) Die Universität wirkt auf die Beseitigung der Benachteiligung hin, die für die an der Universität beschäftigten und studierenden Frauen besteht.
(...)

9.3.1.2 Vorrangregelungen/Zielvorgaben

§ 32   Vorbereitung von Personalentscheidungen
(...)
(3) Bei Besetzungen von Stellen der Universität sind in allen Organisationseinheiten, Gruppen und Laufbahnen Bewerberinnen bei gleicher Qualifikation solange bevorzugt einzustellen, bis ihr Anteil die Hälfte der Stellen beträgt. Bei der Ausschreibung ist hierauf besonders hinzuweisen. Satz 1 ist auch bei Beförderungen und Höhergruppierungen anzuwenden.
(...)

9.3.1.3 Sanktions-/Anreizsysteme (-)

9. 3.1.4 Frauenbeauftragte

§ 21   Frauenbeauftragte und Gleichstellungsstelle
(1) An der Universität Oldenburg wird eine Gleichstellungsstelle eingerichtet, die aus einer Vertreterin des wissenschaftlichen und künstlerischen Personals, einer Vertreterin der Mitarbeiterinnen im technischen und Verwaltungsdienst und einer Vertreterin der Studentinnen besteht, die vom Senat in Gruppenwahl gewählt werden; die Vertreterin des wissenschaftlichen und künstlerischen Personals wird von den Professorinnen/Professoren und wissenschaftlichen Mitarbeiterinnen/Mitarbeitern im Senat gemein-

sam gewählt. Ein Mitglied der Gleichstellungsstelle wird vom Senat zur Frauenbeauftragten der Universität bestellt. Versammlungen der weiblichen Universitätsmitglieder der jeweiligen Gruppen, die von der Frauenbeauftragten einzuberufen sind, können dem Senat Wahlvorschläge unterbreiten.
(2) Die Frauenbeauftragte und die weiteren Mitglieder der Gleichstellungsstelle achten darauf, daß sich die Organisationseinheiten und Organe der Universität bemühen, die für Frauen an der Universität bestehenden Benachteiligungen zu beseitigen und die entsprechenden Richtlinien und Förderpläne zu erfüllen. Der Senat beschließt weitere Einzelheiten zu Aufgabe und Stellung der Frauenbeauftragten und der Gleichstellungsstelle.
(3) Die Frauenbeauftragte ist in allen Angelegenheiten, die für die Beseitigung der für Frauen an der Universität bestehenden Benachteiligungen von Bedeutung sind, unverzüglich zu unterrichten. Hält die Frauenbeauftragte einen Beschluß oder eine Maßnahme eines Organs für einen Verstoß gegen Absatz 2, so kann sie dem Beschluß oder der Maßnahme begründet widersprechen. Der Widerspruch verpflichtet das für die Entscheidung zuständige Organ, die Angelegenheit erneut zu beraten.
(4) Jeder Fachbereich soll eine Frauenbeauftragte bestellen. Sie hat für ihren Fachbereich die Aufgaben und Kompetenzen gemäß den Absätzen 2 und 3.
§ 32   Vorbereitung von Personalentscheidungen
(...)
(5) Die zuständige Frauenbeauftragte ist vor der Besetzung von Stellen des wissenschaftlichen Personals und des Personals im technischen und Verwaltungsdienst anzuhören. Sie hat das Recht, bei Angelegenheiten, die mit ihrer Aufgabe unmittelbar zusammenhängen, insbesondere bei Besetzungsverfahren, bei denen sich Frauen beworben haben, an den Sitzungen der zuständigen Gremien beratend teilzunehmen und die Akten einzusehen.

9.3.1.5 Kinderbetreuung/Familienpflichten (-)

9.3.1.6 Geschlechtsspezifische Inhalte in Forschung und Lehre (-)

9.3.2. Richtlinien zur Erhöhung des Anteils von Frauen im Wissenschaftsbereich, Senatsbeschluß v. 3. und 10.12.1986

9.3.2.1 Allgemeine Aufgaben (-)

9.3.2.2 Vorrangregelungen/Zielvorgaben

1. In Stellenausschreibungen für wissenschaftliches Personal sind frauenspezifische Anteile besonders hervorzuheben und folgender Hinweis aufzunehmen: "Die Universität Oldenburg strebt an, den Anteil der Frauen im Wissenschaftsbereich zu erhöhen. Bewerberinnen werden daher bei gleicher Qualifikation gegenüber männlichen Bewerbern bevorzugt".
(...)
4. War bei der Aufstellung einer Berufungsliste für eine Professur die Berücksichtigung einer Frau nicht möglich, so ist in der Regel die nächste freiwerdende Stelle für wissenschaftliches und künstlerisches Personal in dem betreffenden Fach/Fachgebiet mit einer Bewerberin zu besetzen, deren Qualifikation den Aufgaben und Anforderungen der Stelle entspricht.
5. Bei der Einstellung von wissenschaftlichen Mitarbeitern/innen, Hochschulassistenten/innen und sonstigem wissenschaftlichen und künstlerischen Personal sollen Frauen mindestens zur Hälfte berücksichtigt werden.
6. Bei der Einstellung von studentischen und wissenschaftlichen Hilfskräften sollen Studentinnen mindestens zur Hälfte berücksichtigt werden.
7. Bei der Vergabe von Stipendien und anderen Förderungsmaßnahmen (z.B. Promotion etc.) sollen mindestens zur Hälfte Frauen berücksichtigt werden.
(...)

9.3.2.3 Sanktions-/Anreizsysteme

9.3.2.4 Frauenbeauftragte

9. a) Zur Umsetzung dieser Richtlinie bestellt der Senat eine Frauenbeauftragte der Universität. Ihre weiteren Aufgaben und Zuständigkeiten legt der Senat vor ihrer Bestellung fest. Sie ist im Rahmen der gesetzlichen Regelungen berechtigt, zur Umsetzung dieser Richtlinien bei Berufungs- und anderen Besetzungsverfahren im Falle der Bewerbung einer Frau
- an den diesbezüglichen Gremiensitzungen teilzunehmen,
- Akten einzusehen,
- Auskünfte zum Verfahren zu erlangen und
- eine Stellungnahme zur Frage der angemessenen Berücksichtigung der Bewerberinnen zu geben.
Die Frauenbeauftragte der Universität hat Antragsrecht zu Frauenfragen im Senat.
b) Jeder Fachbereich bestellt eine Wissenschaftlerin als Frauenbeauftragte. In Berufungs- und Besetzungsverfahren von wissenschaftlichen Stellen des Fachbereichs nimmt sie anstelle der Frauenbeauftragten der Universität deren Aufgaben gem. Nr. 9a wahr. Außerdem hat die Frauenbeauftragte der Universität das Recht, zur Beratung der Frauenbeauftragten des Fachbereichs an den Verhandlungen in Berufungs- und Besetzungsangelegenheiten teilzunehmen.
10. Die Frauenbeauftragte der Universität und die Frauenbeauftragten der Fachbereiche arbeiten zusammen. Ihre Zusammenarbeit soll der gegenseitigen Unterstützung in Bezug auf ihre Aufgabenbereiche insbesondere bei Besetzungs- und Berufungs- und sonstigen Personalangelegenheiten der weiblichen Universitätsmitglieder und -angehörigen dienen.

9.3.2.5 Kinderbetreuung/Familienpflichten

8. Befristete Arbeitsverhältnisse sind im Rahmen der rechtlichen Möglichkeiten um die Dauer von Mutterschutzfristen und Erziehungsurlaub zu verlängern, wenn diese Zeiten in Anspruch genommen werden.

9.3.2.6 Geschlechtsspezifische Inhalte in Forschung und Lehre

9.3.3. Gleichstellungsstelle für Frauen an der Carl von Ossietzky Universität Oldenburg, Senatsbeschluß 6.05.1987

9.3.3.1 Allgemeine Aufgaben (-)

9.3.3.2 Vorrangregelungen/Zielvorgaben (-)

9.3.3.3 Sanktions-/Anreizsysteme (-)

9.3.3.4 Frauenbeauftragte

1.(...) Diesem Auftrag und der Umsetzung insbesondere der Punkte 9 und 10 der "Richtlinien zur Gleichstellung der Frauen an der Universität Oldenburg" dienen die Gleichstellungsstelle für Frauen an der Universität Oldenburg und die Wahl einer Frauenbeauftragten der Universität.
Die Mitglieder der Gleichstellungsstelle und die Frauenbeauftragte wirken darauf hin, daß sich die Organisationseinheiten und Organe der Universität um die Gleichstellung der Frauen bemühen. Sie achten darauf, daß die "Richtlinien" und weitere vom Senat zu beschließende Richtlinien zur Frauenförderung umgesetzt werden.
2. Die Gleichstellungsstelle für Frauen an der Universität Oldenburg setzt sich zusammen aus

- der Frauenbeauftragten der Universität,
- einer Vertreterin des Bereichs, der nicht die Frauenbeauftragte stellt,
- der Vertreterin aus der Gruppe der Studentinnen.
3. a) Die Frauenbeauftragte der Universität
Vorgesehen ist die Beantragung einer Stelle. Solange der Universität keine Stelle zur Verfügung steht, wird die Frauenbeauftragte der Universität entsprechend der Inanspruchnahme ihrer Tätigkeit von ihren sonstigen Dienstverpflichtungen entlastet (50% der regelmäßigen Dienst- und Arbeitszeit). Der Präsident wird beauftragt, entsprechende Vertretungsmittel bereitzustellen.
Eine Frau aus dem Wissenschaftsbereich oder aus dem technischen und Verwaltungsdienst kann gewählt werden.
(...)
4. Die Mitglieder der Gleichstellungsstelle und die Frauenbeauftragten der Fachbereiche und weiteren Einrichtungen sind für die Belange aller an der Universität Oldenburg beschäftigten und studierenden Frauen zuständig. Sie arbeiten mit dem Ziel zusammen, Benachteiligungen und Diskriminierung von Frauen an der Universität abzubauen und zu verhindern. Die Frauenbeauftragte wird vom Senat für eine Zeitraum von zwei Jahren gewählt.
5. Die Frauenbeauftragte der Universität Oldenburg
- achtet darauf, daß die „Richtlinien"und weitere vom Senat beschlossene Richtlinien zur Frauenförderung verwirklicht werden; sie kann darüber hinaus eigene Vorschläge machen und koordiniert entsprechende Bemühungen und Initiativen;
- entwickelt und koordiniert Vorschläge zur Verbesserung der Arbeitssituation;
- entwickelt und koordiniert Vorschläge zur Verbesserung der Studiensituation von weiblichen Universitätsmitgliedern und Angehörigen;
- nimmt Beschwerden weiblicher Universitätsmitglieder und Angehöriger, die glauben, aufgrund ihres Geschlechts diskriminiert zu werden, entgegen, geht ihnen nach und bemüht sich um Abhilfe;
- entwickelt und koordiniert Verbesserungsvorschläge für die Betreuung von Kindern von Universitätsmitgliedern und Angehörigen während ihrer Tätigkeit an der Hochschule.
Die Frauenbeauftragte berichtet jährlich dem Senat über die Situation der weiblichen Mitglieder und Angehörigen der Universität. Sie legt dem Senat am Ende ihrer Amtszeit einen schriftlichen Rechenschaftsbericht vor. Wenn es erforderlich erscheint, kann ihre Aufgabenbestimmung präzisiert werden.
6. Die Frauenbeauftragte arbeitet mit den Organisationseinheiten und Organen der Universität Oldenburg zusammen. Darüber hinaus bemüht sie sich um Zusammenarbeit mit den kommunalen Frauenbeauftragten, den Landesfrauenbeauftragten sowie mit Frauengruppen und Initiativen.

9.3.3.5 Kinderbetreuung/Familienpflichten (-)

9.3.3.6 Geschlechtsspezifische Inhalte in Forschung und Lehre (-)

9.3.4. Richtlinien über die berufliche Förderung von Frauen im öffentlichen Dienst des Landes Niedersachsen (Frauenförderplan der Universität Oldenburg, Senatsbeschluß v. 24.2.1988)
Hinweis: Hier gilt inzwischen neben dem NHG auch das NGG des Landes Niedersachsen von 1994.

9.3.4.1 Allgemeine Aufgaben (-)

9.3.4.2 Vorrangregelungen/Zielvorgaben

1. Stellenausschreibung
(...)
1.2 In Stellenausschreibungen für Bereiche, in denen bisher überwiegend Männer beschäftigt sind, wird darauf hingewiesen, daß bei gleicher Qualifikation der im Vergleich bestqualifizierten Bewerberinnen und Bewerber Frauen bevorzugt eingestellt werden.
1.3 Die Nr.1.1 und 1.2 gelten für die Ausschreibung von Ausbildungsstellen entsprechend.
(...)

2. Stellenbesetzung, Beförderung, Höhergruppierung
2.1 Frauen sind bei Neueinstellungen in Bereichen, in denen sie gegenwärtig unterrepräsentiert sind, im Sinne von 1.2 in die Auswahl einzubeziehen und zu berücksichtigen.
2.2 Bei der Besetzung von höherwertigen Stellen und bei Beförderungen und Höhergruppierungen sind Frauen bei gleicher Qualifikation wie männliche Bewerber so zu berücksichtigen, daß sie in den jeweiligen Funktionsgruppen (Verwaltungsdienst, technischer Dienst, Bibliotheksdienst) in allen Besoldungs- und Lohngruppen zur Hälfte vertreten sind.
2.3 Frauen sind bei Einstellungen auf Ausbildungsplätze, vor allem in Bereichen, in denen sie gegenwärtig unterrepräsentiert sind, bei gleicher Qualifikation in die Auswahl einzubeziehen und bevorzugt zu berücksichtigen, so daß sie zur Hälfte auf den Ausbildungsplätzen für den jeweiligen Ausbildungsberuf vertreten sind. Frauen sollen nicht geschlechtsspezifisch nur auf bestimmte Berufsmöglichkeiten festgelegt werden.
(...)

9.3.4.3 Sanktions-/Anreizsysteme (-)

9.3.4.4 Frauenbeauftragte

1. Stellenausschreibung
1.4 Bei den Stellenanmeldungen sind bereits bei der Beratung in den einzelnen Organisationseinheiten die für den jeweiligen Bereich zuständigen Frauenbeauftragten hinzuzuziehen. Vor der Beschlußfassung im Senat über die Stellenanmeldungen für den Haushalt ist ein Votum der Frauenbeauftragten einzuholen und besonders zu berücksichtigen.
2. Stellenbesetzung, Beförderung, Höhergruppierung
2.6 Bei allen Besetzungsverfahren, Vorstellungsgesprächen usw. muß die für den jeweiligen Bereich zuständige Frauenbeauftragte informiert und eingeladen werden. Sie hat Rederecht, und es ist ihr Einsicht in die Bewerbungsunterlagen zu gewähren.
7. Umsetzung
7.1 Der Präsident/die Präsidentin erstellt jährlich einen Bericht über die Umsetzung der Landesrichtlinien und ihrer Konkretisierung und Ergänzung. Der Bericht enthält eine Beschreibung der ergriffenen Maßnahmen zu den Punkten 1 - 6 bzw. eine Begründung der unterlassenen Maßnahmen. Der Bericht ist der Frauenbeauftragten und dem Personalrat zur Stellungnahme vorzulegen. Der Bericht sowie die Stellungnahme der Frauenbeauftragten und des Personalrats sind hochschulöffentlich bekanntzumachen.
(...)
7.3 Falls erforderlich, sind diese Konkretisierungen und Ergänzungen in Zusammenarbeit mit der Gleichstellungsstelle zu überarbeiten.

9.3.4.5 Kinderbetreuung/Familienpflichten

2. Stellenbesetzung, Beförderung, Höhergruppierung
2.4 Wegen der Möglichkeit einer Schwangerschaft oder familiärer Verpflichtungen darf niemand von einer Stellenbesetzung ausgeschlossen werden.
(...)
2.7 Für die Dauer der Abwesenheit während der Mutterschutzfrist und des Erziehungsurlaubs oder während einer Beurlaubung aus familiären Gründen muß eine Ersatzkraft eingestellt werden, wenn haushaltsrechtliche Gründe dem nicht entgegenstehen.
3. Vereinbarkeit von Familie und Beruf
3.1 Bei der Gestaltung der beruflichen Rahmenbedingungen für Frauen und Männer ist zu berücksichtigen, daß die Arbeit im Beruf und in der Familie vereinbar ist.
3.2 Die Möglichkeiten zur Teilzeitbeschäftigung und Beurlaubung sind für Frauen und Männer auszuschöpfen. Anträge auf Teilzeitarbeit von Frauen und Männern sind unter Ausschöpfung der rechtlichen Möglichkeiten in allen Gehaltsstufen und Laufbahngruppen zu genehmigen. Teilzeitbeschäftigten sind die gleichen beruflichen Aufstiegschancen einzuräumen wie Vollzeitbeschäftigten. Es dürfen keine beruflichen Benachteiligungen etwa durch Umsetzungen oder Versetzungen erfolgen.

3.3 Bei der Festlegung der Arbeitszeiten sind besondere familiäre Verpflichtungen zu berücksichtigen.
3.4 Die Universität schafft Betreuungsmöglichkeiten für Kinder der Bediensteten, sofern dem haushaltsrechtliche Regelungen nicht entgegenstehen.
Angestrebt wird die Einrichtung einer Kindertagesstätte für Kinder bis zum schulpflichtigen Alter und die Einrichtung eines Kinderhorts.
4. Fortbildung und Umschulung
4.2 Fortbildungsveranstaltungen sind so anzubieten, daß Müttern und Vätern mit betreuungsbedürftigen Kindern und Teilzeitbeschäftigten die Teilnahme erleichtert wird. Maßnahmen der Kinderbetreuung bei Fortbildungsveranstaltungen sind verstärkt vorzusehen.
(...)
4.7 Die Teilnahme von Teilzeitbeschäftigten an ganztägigen beruflichen Aus-, und Fortbildungen gilt als Arbeitszeit.
5. Wiederaufnahme der Berufstätigkeit
5.1 Sowohl für Frauen als auch für Männer sollen die Möglichkeiten der Beurlaubung aus familiären Gründen gewährleistet werden. Die Universität ist verpflichtet, die Beschäftigten umfassend über die Möglichkeiten der Beurlaubung zu informieren.
5.2 Beurlaubten Beschäftigten soll während der Beurlaubung die Möglichkeit geboten werden, ihre berufliche Qualifikation zu erhalten und zu verbessern. Sie sollen daher die Möglichkeiten erhalten, rechtzeitig schon vor Wiederaufnahme ihrer Tätigkeit an Fortbildungsveranstaltungen teilzunehmen. Beurlaubte Bedienstete sind über Fortbildungsangebote zu unterrichten. Die für Weiterbildung zuständigen Einrichtungen der Universität versenden die jeweiligen Angebote an alle beurlaubten Bediensteten (ZWW und Personalabteilung). Die Fortbildungsveranstaltungen sind dienstliche Veranstaltungen. Es wird Reisekostenvergütung gewährt. Bei Unfällen während der Fortbildungsveranstaltungen und auf einem damit zusammenhängenden Weg zum und vom Veranstaltungsort haben Beamte/Beamtinnen Anspruch auf Unfallfürsorge. Arbeitnehmer/innen und Auszubildende genießen Unfallversicherungsschutz; bei Sachschäden werden für die Beamten geltenden Bestimmungen entsprechend angewandt.
5.3 Durch Vertretungs- oder Aushilfstätigkeiten soll Beurlaubten die Verbindung zu ihrem Beruf ermöglicht werden. Beurlaubten soll die Wiederaufnahme der Berufstätigkeit vor allem durch gezielte Einarbeitungshilfen erleichtert werden.

9.3.4.6 Geschlechtsspezifische Inhalte in Forschung und Lehre (-)

9.4 Universität Osnabrück

Grundordnung der Universität Osnabrück, Senatsbeschluß v. 15.6.1995

9.4.1 Allgemeine Aufgaben (-)

9.4.2 Vorrangregelungen/Zielvorgaben (-)

9.4.3 Sanktions-/Anreizsysteme (-)

9.4.4 Frauenbeauftragte

§ 12   Frauenförderung
(1) Der Gesamtsenat bestellt auf Vorschlag der Senate je eine Frauenbeauftragte an den Standorten Osnabrück und Vechta. Die Vorschläge der Senate kommen unter Beteiligung der Frauen aller Statusgruppen des jeweiligen Standorts zustande. Die Amtszeit der Frauenbeauftragten beträgt vier Jahre; in begründeten Fällen kann der Gesamtsenat die Amtszeit auf zwei Jahre verkürzen. Wiederwahl ist zulässig.

(2) Zur Unterstützung der Frauenbeauftragten bildet der Gesamtsenat eine Kommission für Frauenfragen (Kommission). In der Kommission soll jeder Standort durch mindestens ein Mitglied vertreten sein. Die Kommission bereitet Vorschläge für die Bestellung der beiden Frauenbeauftragten vor.
(3) Die Frauenbeauftragten vertreten die Belange und Interessen aller Frauen des jeweiligen Standortes. Sie sind im Rahmen ihrer Aufgaben an fachliche Aufträge und Weisungen nicht gebunden.
(4) Die Frauenbeauftragten können zur Wahrnehmung und im Rahmen ihrer Aufgaben an allen Sitzungen der Gremien mit Rede- und Antragsrecht teilnehmen. Sie sind wie die übrigen Gremienmitglieder einzuladen und zu informieren.
(5) Die Fachbereichsräte, die Kommissionen für die zentralen Einrichtungen und die Präsidentin/der Präsident als Leiterin/Leiter der allgemeinen Universitätsverwaltung können bereichsspezifische Frauenbeauftragte unter Beteiligung der dem jeweiligen Bereich angehörenden Frauen bestellen. Für die Arbeit dieser Frauenbeauftragten gelten die Abs. 3 und 4 entsprechend.
(6) Die Frauenbeauftragten der Universität Osnabrück vertreten einander. Im Verhinderungsfall können sie sich durch Mitglieder der Kommission vertreten lassen.
(7) Richtlinien zur Frauenförderung werden auf Vorschlag der beiden Frauenbeauftragten in der Kommission beraten und dem Gesamtsenat zur Beschlußfassung vorgelegt.

9.4.5 Kinderbetreuung/Familienpflichten (-)

9.4.6 Geschlechtsspezifische Inhalte in Forschung und Lehre (-)

10. Nordrhein-Westfalen

10.1 Universität Bielefeld

Rahmenplan zur Frauenförderung an der Universität Bielefeld, Senatsbeschluß v. 8.2.1995

10.1.1 Allgemeine Aufgaben

"Präambel"
In seiner Stellungnahme vom 7. Januar 1987 hat der Senat der Universität Bielefeld die grundsätzliche Notwendigkeit von Frauenförderung an der Hochschule bekräftigt und detaillierte Maßnahmen zu ihrer Umsetzung vorgeschlagen.
Der Senat verfolgt mit dem jetzt vorgelegten Rahmenplan das Ziel, das Gleichheitsgebot des Grundgesetzes und des Frauenförderungsgesetzes des Landes Nordrhein-Westfalen mit Hilfe positiver Maßnahmen zugunsten von Frauen umzusetzen.
Der Senat hält als Grundsatz für die Umsetzung des Rahmenplans fest: Frauenförderung und Abbau von Benachteiligungen sowie Schaffung gleicher Entwicklungsmöglichkeiten für Frauen ist Aufgabe aller Mitlieder und Angehörigen der Universität.
Der Senat ruft alle Selbstverwaltungsgremien der Fakultäten und Einrichtungen sowie die Verwaltung der Universität auf, bei der Umsetzung dieses Rahmenplans mit der Frauenbeauftragten und den Gleichstellungsbeauftragten in den jeweiligen Bereichen eng zu kooperieren und deren Arbeit nach Kräften zu unterstützen.
(...)

10.1.2 Vorrangregelungen/Zielvorgaben

I. Abbau strukturbedingter Nachteile und Förderung von Wissenschaftlerinnen und Nichtwissenschaftlerinnen
1. Stellenausschreibungen

1.3 Bei Stellenausschreibungen in Bereichen, in denen Frauen unterrepräsentiert sind, ist folgender Satz aufzunehmen: Die Universität Bielefeld will eine Erhöhung des Frauenanteils dort erreichen, wo Frauen unterrepräsentiert sind, und fordert deshalb besonders Frauen auf, sich zu bewerben. Bei gleicher Eignung, Befähigung und fachlicher Leistung werden Frauen bevorzugt eingestellt.
(...)
2. Stellenbesetzungen
2.1.2 Grundsätzlich sollen alle Bewerberinnen, die die formalen Voraussetzungen (gesetzliche Anforderungen nach § 49 UG und Aufgabenbeschreibung nach § 51 Abs. 1 UG) erfüllen, zu einem Probevortrag eingeladen werden. Wenn dies wegen der Zahl der Bewerberinnen nicht praktikabel ist, sind Frauen mindestens im Verhältnis ihres Anteils an den Bewerbungen einzuladen.
(...)
III. Förderung von Wissenschaftlerinnen
1. Die Universität Bielefeld macht es sich zur Aufgabe, zusätzliche Promotionsstipendien für Frauen einzuwerben. Sie wirkt darauf hin, daß 50% der zur Verfügung stehenden Stipendien an Frauen vergeben werden, sofern ausreichend Bewerberinnen mit gleicher Qualifikation Förderungswürdigkeit zur Verfügung stehen.
(...)

10.1.3 Sanktions-/Anreizsysteme (-)

10.1.4 Frauenbeauftragte

I. Abbau strukturbedingter Nachteile und Förderung von Wissenschaftlerinnen und Nichtwissenschaftlerinnen
(...)
2. Stellenbesetzungen
2.1.3 Bei der Vorlage an das Ministerium wird dem Berufungsvorschlag eine Liste aller Bewerberinnen und Bewerber mit Angaben über Alter, wissenschaftliche Qualifikation (Studium, Promotion, Habilitation, fachqualifizierende Tätigkeiten) und derzeitige Stellung beigefügt. Werden in einem Berufungsvorschlag keine Frauen berücksichtigt oder liegt ein Sondervotum oder eine schriftliche Stellungnahme der Frauenbeauftragten zugunsten einer Bewerberin vor, so nimmt die Universität hierzu Stellung.
(...)
2.2.4 Die Dekanin/der Dekan bzw. die Leiterin/der Leiter einer wissenschaftlichen Einrichtung berichtet dem Rektorat jährlich über den Frauenanteil beim wissenschaftlichen Personal, bei den eingegangenen Bewerbungen und bei der Besetzung der Stellen. Die Frauenbeauftragte erhält die Berichte zur Kenntnis.
2.2.5 Solange der Anteil der weiblichen studentischen und wissenschaftlichen Hilfskräfte in der Fakultät/Einrichtung unter der gesetzlich vorgesehenen Quote liegt und keine Frau als Hilfskraft eingestellt werden soll, ist der Dekanin/dem Dekan eine Liste der Bewerberinnen und Bewerber vorzulegen und die Nichtberücksichtigung von Bewerberinnen zu begründen. Die Dekanin/der Dekan bzw. die Leiterin/der Leiter einer wissenschaftlichen Einrichtung berichtet dem Rektorat jährlich über den Frauenanteil bei den Studierenden und bei den studentischen und wissenschaftlichen Hilfskräften. Die Frauenbeauftragte erhält die Berichte zur Kenntnis.
(...)
2.3.2 Bei Vorstellungs- und Eignungsgesprächen für den höheren und gehobenen Dienst ist der Frauenbeauftragten Gelegenheit zur Teilnahme zu geben.
2.3.3 Erhebt die Frauenbeauftragte gegen die beabsichtigte Maßnahme schriftliche Bedenken, so ist ihre Stellungnahme der entscheidenden Stelle vorzulegen.
(...)
VI. Maßnahmen zur Verhinderung von Gewalt gegen Frauen
(...)
4. Der Senat beauftragt die Verwaltung, in Zusammenarbeit mit Frauenbeauftragter und Frauengleichstellungskommission die universitären Anlagen auf Gefahrenquellen direkter Gewalt gegen Frauen zu untersuchen und entsprechende Gegenmaßnahmen zu entwickeln.

VII. Frauenbeauftragte und Frauengleichstellungskommission, Gleichstellungskommissionen und Gleichstellungsbeauftragte
1. Frauenbeauftragte und Frauengleichstellungskommission des Senats
Gem. § 39 der Grundordnung und § 23a UG bestellt der Senat im Rahmen der Aufgabe nach § 3 Abs. 2 UG eine Frauenbeauftragte und deren Stellvertreterin; ihre Amtszeit beträgt vier Jahre. Das Verfahren für die Benennung der Frauenbeauftragten durch alle weiblichen Mitglieder der Universität Bielefeld regelt die Wahlordnung vom 11.11.1987. Der Senat wählt auf Vorschlag der Statusgruppen eine Frauengleichstellungskommission, die Aufgaben nach § 39 Abs. 2 der Grundordnung wahrnimmt. Ihr gehören jeweils drei Mitglieder aus der Gruppe der Professorinnen, der wissenschaftlichen Mitarbeiterinnen, der nichtwissenschaftlichen Mitarbeiterinnen und aus der der Studentinnen an. Die Frauenbeauftragte ist stimmberechtigte Vorsitzende der Frauengleichstellungskommission gem. Senatsbeschluß vom 26.10.1988. Die Frauenbeauftragte ist gegenüber der Frauengleichstellungskommission auskunfts- und rechenschaftspflichtig.
Frauenbeauftragte und Frauengleichstellungskommission befassen sich mit allen Angelegenheiten zur Gleichstellung von Frauen innerhalb der Universität, u.a. mit
- der Entwicklung und Realisierung von Frauenförderungsplänen,
- der Anregung und Überprüfung geeigneter Maßnahmen zur Einschränkung und Verhinderung von Benachteiligungen und Diskriminierungen von Frauen an der Universität und
- der Unterstützung der Mitglieder und Angehörigen der Universität bei der Lösung frauenspezifischer Probleme innerhalb der Universität.
Die Frauengleichstellungskommission arbeitet zur Erfüllung ihrer Aufgaben mit allen Organen, Gremien, Fakultäten und Einrichtungen, den Personalräten und des AStA zusammen.
Die Frauenbeauftragte ist von den jeweils zuständigen Stellen der Hochschule in allen Angelegenheiten zu unterrichten, die die Belange der Frauen in der Universität Bielefeld berühren. Sie hat in diesen Angelegenheiten das Recht, an den Sitzungen der Gremien beratend teilzunehmen.
Die Frauenbeauftragte macht Vorschläge und nimmt Stellung in allen Angelegenheiten, die die Belange der Frauen in der Universität betreffen.
Die Frauenbeauftragte berichtet dem Senat. Frauenbeauftragte und Frauengleichstellungskommission unterrichten darüber hinaus die weiblichen Mitglieder und Angehörigen der Universität über ihre Tätigkeit.
Die Frauenbeauftragte ist auf ihren Antrag von ihren sonstigen Dienstaufgaben in dem notwendigen Umfang freizustellen.
2. Gleichstellungskommission oder Gleichstellungsbeauftragte in den Fakultäten und Einrichtungen und der Verwaltung
2.1 In den Fakultäten und Einrichtungen sowie der Verwaltung werden Gleichstellungskommissionen oder Gleichstellungsbeauftragte gewählt. Die Gleichstellungskommissionen sollen nach Statusgruppen im Verhältnis 1 : 1 : 1 besetzt werden.
2.2 Die Gleichstellungskommission oder die Gleichstellungsbeauftragten in den Fakultäten und Einrichtungen bzw. der Verwaltung befassen sich mit allen Angelegenheiten der Gleichstellung von Frauen innerhalb ihres jeweiligen Bereichs und geben Stellungnahmen gegenüber ihrer Fakultät, Einrichtung bzw. der Verwaltung ab; sie befassen sich insbesondere mit
- der Entwicklung und Realisierung von Frauenförderungsplänen,
- der Anregung und Überprüfung geeigneter Maßnahmen zur Einschränkung und Verhinderung von Benachteiligungen und Diskriminierungen der Frauen ihres Bereichs und
- der Unterstützung der Mitglieder und Angehörigen ihres Bereichs bei der Lösung frauenspezifischer Probleme innerhalb ihres Bereichs.
2.3 Die Gleichstellungsbeauftragte oder die Vorsitzende der Gleichstellungskommission ist von den jeweils zuständigen Stellen der Fakultät oder Einrichtung oder der Verwaltung in allen Angelegenheiten zu unterrichten, die die Belange der Frauen in ihrem jeweiligen Bereich berühren.
2.4 Die Gleichstellungsbeauftragte oder die Gleichstellungskommission unterrichtet die Frauenbeauftragte der Universität in regelmäßigen Abständen.
VIII. Frauenförderungspläne
(...)

Die Statistiken werden sowohl den Gleichstellungsausschüssen oder Gleichstellungsbeauftragten der Fakultäten und Einrichtungen und der Verwaltung als auch der Frauenbeauftragten der Universität zur Kenntnis gegeben.

10.1.5 Kinderbetreuung/Familienpflichten

I. Abbau strukturbedingter Nachteile und Förderung von Wissenschaftlerinnen und Nichtwissenschaftlerinnen
4. Vereinbarkeit von Familie und Beruf
4.1 Die Beschäftigung von Mitgliedern und Angehörigen der Universität Bielefeld wird im Rahmen der rechtlichen und dienstlichen Möglichkeiten so gestaltet, daß die Bereiche Familie und Beruf ohne Nachteile für Frauen zu vereinbaren sind. Teilzeitbeschäftigten sind die gleichen beruflichen Entwicklungs- und Fortbildungschancen einzuräumen wie Vollzeitbeschäftigten.
4.2 Zeiten der Kinderbetreuung und Familienarbeit sowie Teilzeitbeschäftigung werden bei Eignungsbeurteilungen nicht nachteilig bewertet. Zur Aufrechterhaltung des Kontaktes und zur Vorbereitung des Wiedereinstiegs in den Beruf sollen aus familiären Gründen beurlaubte Mitarbeiterinnen und Mitarbeiter bei der Wahrnehmung von Urlaubs- oder Krankheitsvertretungen bevorzugt berücksichtigt werden. Außerdem werden sie über die Möglichkeit der Teilnahme an Fortbildungsveranstaltungen während des Beurlaubungszeitraumes informiert.
4.3 Die Möglichkeiten, befristete Beschäftigungsverhältnisse um die Dauer von Mutterschutzfristen und Erziehungszeiten zu verlängern, werden im Rahmen des geltenden Rechts ausgeschöpft.
4.4 Die Universität Bielefeld fördert aktiv die Bemühungen um eine ausreichende Bereitstellung von Kinderbetreuungsplätzen. Sie erwartet von allen Mitgliedern und Angehörigen Vorschläge zur modellhaften, universitätsinternen Lösung der Kinderbetreuungsproblematik.
4.5 Insbesondere Nachwuchswissenschaftlerinnen und Nachwuchswissenschaftler in den naturwissenschaftlichen Fächern soll während erziehungsbedingter Beurlaubungszeiten der Zugang zu Forschungslabors erhalten bleiben. Dies soll in den Frauenförderungsplänen der entsprechenden Fakultäten umgesetzt werden.
II. Förderung von Studentinnen
1. Die Universität Bielefeld wählt in allen Studien- und Prüfungsordnungen Formulierungen, die sowohl für Frauen als auch für Männer gelten. Prüfungsverfahren müssen die gesetzlichen Mutterschutzfristen und die Fristen des Erziehungsurlaubs berücksichtigen.
(...)
III. Förderung von Wissenschaftlerinnen
1. (...) Die Universität wirkt darauf hin, daß Promotionsstipendien durch Erziehungsurlaub oder Beurlaubung aus familiären Gründen unterbrochen und ggf. verlängert werden können.
(...)
IV. Förderung von Nichtwissenschaftlerinnen
3. Die Universität Bielefeld wirkt bei der Erstellung von externen Fortbildungsprogrammen des Landes darauf hin, daß weitere Angebote zur qualifizierten beruflichen Fortbildung erarbeitet und familienfreundlich, insbesondere arbeitsplatznah, angeboten werden.
(...)

10.1.6 Geschlechtsspezifische Inhalte in Forschung und Lehre

I. Abbau strukturbedingter Nachteile und Förderung von Wissenschaftlerinnen und Nichtwissenschaftlerinnen
3. Verbesserung der Qualifizierungschancen sowie Fort- und Weiterbildung zur Förderung von Frauen
3.4 Die Universität Bielefeld bietet Veranstaltungen zum Thema Frauenförderung in Bezug auf geschlechtstypische Unterschiede in Arbeits- und Sozialbeziehungen an. Bei der inhaltlichen Gestaltung von Fortbildungsprogrammen ist das Thema "Gleichstellung der Frau" vor allem bei Veranstaltungen, die sich an Beschäftigte in Organisations- und Personalabteilungen sowie in Vorgesetztenpositionen richten, und Veranstaltungen, die auf die Übernahme von Führungspositionen vorbereiten sollen, zu berücksichtigen.

II. Förderung von Studentinnen
5. Solange nicht ausreichend hauptberuflich tätige Wissenschaftlerinnen zur Abnahme von Prüfungen zur Verfügung stehen sollen, sollen die Fakultäten insbesondere weiblichen Lehrbeauftragten die Prüfungsberechtigung erteilen.
V. Förderung von Frauenforschung und Frauenstudien
1. Alle Fakultäten und Einrichtungen sind aufgefordert, frauenspezifische Fragestellungen in Forschung und Lehre zu fördern und ein Klima sachlicher Auseinandersetzung und offener Diskussion für methodologische und inhaltliche Probleme der Frauenforschung zu schaffen.
2. Die Fakultäten und Einrichtungen sollen prüfen, ob Fragen der Frauen- und Geschlechterforschung in die Aufgabenbeschreibung von Stellen im wissenschaftlichen Bereich einbezogen werden können, und dies den Möglichkeiten entsprechend umsetzen.
3. Frauen- und Geschlechterstudien werden in die Lehrangebote einbezogen. Lehrveranstaltungen zu diesen Themen werden auch durch Vergabe von Lehraufträgen, durch Gastprofessuren und Gastvorträge gefördert.
4. Frauenstudien-Initiativen werden unterstützt.
5. Die Universität Bielefeld unterstützt die Frauenforschung und den weiteren Ausbau des Netzwerkes Frauenforschung innerhalb der Universität Bielefeld durch die Einwerbung von Personal-, Sach- und Forschungsmitteln.
6. In der universitären Weiterbildung von Lehrern und Lehrerinnen soll der aktuelle Stand neuer Berufsfelder und -perspektiven für Frauen berücksichtigt werden.
7. Die Universität Bielefeld bemüht sich um die Durchführung regelmäßiger Untersuungen zu speziellen Studienproblemen, Karriereproblemen und Diskriminierungserfahrungen von Frauen an der Universität.

10. 2 Ruhr-Universität Bochum

Frauenförderplan der Ruhr-Universität Bochum, Senatsbeschluß v. 9.7.1987

10.2.1 Allgemeine Aufgaben

"Präambel"
Dem Gleichheitsgebot des Grundgesetzes durch positive Aktionen zugunsten von Frauen im öffentlichen Dienst Nachdruck zu verleihen, war schon in verschiedenen Bundesländern Anlaß zu frauenfördernden Maßnahmen. So hat der Minister für Arbeit, Gesundheit und Soziales des Landes Nordrhein-Westfalen am 8.5.1985 einen Runderlaß zur Frauenförderung vorgelegt.
Diesem und dem grundgesetzlichen Auftrag folgt auch der vom Senat der Ruhr-Universität verabschiedete Frauenförderplan. Die einzelnen Maßnahmen wurden entwickelt aus der Einsicht in die Situation von Frauen im öffentlichen Dienst - insbesondere an Universitäten. Das von Prof. Dr. Ernst Benda im Dezember 1986 im Auftrag der Senatskanzlei - Leitstelle Gleichstellung der Frau - der Freien und Hansestadt Hamburg erstellte Rechtsgutachten "Notwendigkeit und Möglichkeit positiver Aktionen zugunsten von Frauen im öffentlichen Dienst" umreißt prägnant die Situation. Der Frauenförderplan der RUB basiert auf den darin vorgenommenen Analysen.
(...)

10.2.2 Vorrangregelungen/Zielvorgaben

2. Besetzung von Stellen
2.1 Bei der Bearbeitung von Bewerbungen ist die Berufungs-, die Personalauswahlkommission bzw. der/die Einstellende verpflichtet, Bewerberinnen, die die ausgeschriebenen Stellenmerkmale erfüllen, in besonderem Maße Gelegenheit zum Nachweis ihrer Qualifikation zu geben.
2.2 Bei der Beschäftigung von studentischen Hilfskräften, bei der Besetzung von Stellen für wissenschaftliche Hilfskräfte, für sonstige Mittelbaustellen und bei Professuren sind Bewerberinnen bei angemessener gleicher Qualifikation solange besonders zu berücksichtigen, bis als Zielgröße zumindest ein Verhältnis entsprechend dem Anteil der Studentinnen an den Studierenden der jeweiligen Fakultät erreicht ist.

2.3 Bei Entscheidungen über Stellenverlängerungen, Beförderungen, Graduierten- und Postgraduiertenstipendien gilt 2.2 entsprechend.
(...)
3. Qualifizierungsmaßnahmen
3.3 Für die wissenschaftlich Beschäftigten und Professorinnen:
3.3.1 Die Hochschulleitung wirkt darauf hin, daß
- zusätzliche Stipendien zur Promotion und Habilitation von Frauen eingerichtet werden.
- Stipendien auf deren Vergabe die Westfälische Wilhelms-Universität Einfluß hat, dem Anteil der Studentinnen an den Studierenden des jeweiligen Faches entsprechend, zumindest jedoch zur Hälfte an Frauen vergeben werden. Wenn in einem Jahr nicht genügend Bewerberinnen vorhanden sind, so ist im darauf folgenden Jahr der Anteil von Frauen um den nicht ausgeschöpften Prozentsatz zu erhöhen, sofern genügend Bewerberinnen mit ausreichender Qualifikation vorhanden sind.
- Aufenthalte deutscher Wissenschaftlerinnen im Ausland und ausländischer Wissenschaftlerinnen in Deutschland besonders unterstützt werden.
(...)
3.3.2 Die Hochschulleitung wirkt darauf hin, daß im Rahmen von Drittmittelprojekten entsprechend verfahren wird.
(...)
3.3.4 Habilitierte Wissenschaftlerinnen sind verstärkt bei der Vergabe von "Vertretungsprofessuren" zu berücksichtigen. Gleiches gilt für die Vergabe von Lehraufträgen.

10.2.3 Sanktions-/Anreizsysteme

6. Weitere Maßnahmen
6.9 Die Ruhr-Universität wirkt beim Wissenschaftsministerium darauf hin, im Sinne der Frauenförderungsmaßnahmen zu handeln, und bei der Einstellung einer Frau die zur Zeit gültigen haushaltsrechtlichen Sparmaßnahmen - wie Wiederbesetzungssperren und Stellenstreichungen - einzuschränken.

10.2.4 Frauenbeauftragte

2. Besetzung von Stellen
2.5 Im Personalvorschlag für die Besetzung einer Stelle müssen die Namen und Qualifikationen aller Bewerberinnen und Bewerber sowie der zu einem Vorstellungsgespräch eingeladenen Personen beiliegen. Diese Angaben sind der Frauenbeauftragten, ggf. den Personalräten und bei Berufungen dem Senatsberichterstatter/der Senatsberichterstatterin weiterzuleiten. Bei Berufungen ist dem Senat darüber Bericht zu erstatten.
(...)
5. Vertrauensfrauen in den Fakultäten
Den Fakultäten wird folgende Empfehlung gegeben:
Die weiblichen Mitglieder einer Fakultät wählen eine Vertrauensfrau. Diese vertritt die Belange der Frauen in der Fakultät. Sie soll das Recht haben, an den Sitzungen des Fakultätsrates und anderer Fakultätsgremien teilzunehmen. Sie soll eng mit der Senatsbeauftragten für Frauenfragen zusammenarbeiten und ist ihr gegenüber berichtspflichtig.

10.2.5 Kinderbetreuung/Familienpflichten

3. Haushaltsrechtliche Maßnahmen
3.1 Bestehende gesetzliche Regelungen und Möglichkeiten zu haushaltsrechtlichen Maßnahmen bei Mutter- bzw. Vaterschaft sollen in regelmäßigen Abständen als Rundschreiben von der Verwaltung bekanntgemacht werden.
3.2 Während einer Beurlaubung soll der Zugang zu Fortbildungsveranstaltungen und zu Maßnahmen der Weiterqualifikation ermöglicht werden. Die betroffenen Mitarbeiterinnen und Mitarbeiter sind über das Angebot vollständig zu informieren.
4. Fort- und Weiterbildung
4.3 Die Kinderbetreuung während der Fort- und Weiterbildungsveranstaltungen muß gewährleistet sein.

6. Weitere Maßnahmen
6.10 Die Ruhr-Universität soll darauf hinwirken, daß die BAFöG-Höchstförderungsdauer und die Frist zur Ablegung der Zwischenprüfung bei Schwangerschaft/Mutterschaft von Studentinnen mindestens um zwei Semester, in Härtefällen auch darüber hinaus, verlängert wird. Entsprechendes gilt für studierende Väter, die ein Kind versorgen.
6.11 Die Kinderbetreuung an der Ruhr-Universität bei der Kindertagesstätte des Studentenwerkes bedarf dringend der Erweiterung. Die Ruhr-Universität soll darauf hinwirken, daß die Zahl der Betreuungsplätze, insbesondere für Säuglinge und Kleinkinder bis zu drei Jahren, mindestens verdoppelt wird.

10.2.6 Geschlechtsspezifische Inhalte in Forschung und Lehre

6. Weitere Maßnahmen
6.1 Bei der inhaltlichen Definition wissenschaftlicher Stellen im Rahmen eines Faches sollen Ansätze und Themenbereiche berücksichtigt werden, die explizit aus der Sicht von Frauen (ihren Lebensbedingungen, ihrer Benachteiligung in der Gesellschaft) vorhandene wissenschaftliche Theorien und Methoden hinterfragen, bislang unbeachtet gebliebene Aspekte aufgreifen und in einer ganzheitlichen, interdisziplinären Herangehensweise neue Perspektiven in die Wissenschaft und Forschung einbringen (Frauenforschung/feministische Forschung).
Die Fakultäten werden aufgefordert, bei der Strukturplanung und Wiederbesetzung von Stellen im wissenschaftlichen Bereich entsprechende Arbeitsgebiete und Lehrangebote verstärkt zu berücksichtigen und in den Studien- und Prüfungsordnungen zu verankern.
6.2 Eine Koordinierungsstelle in der Ruhr-Universität soll Forschungsprojekte und Lehrveranstaltungen, die sich den unter 6.1 beschriebenen Ansätzen und Themenbereichen zuordnen lassen, koordinieren und einen Plan zu ihrer Weiterentwicklung hin zu "field studies" erstellen.
6.3 Die Universitätsbibliothek soll den Sammelschwerpunkt "women studies" einrichten.
6.4 Durch einen von der Ruhr-Universität insbesondere über das Ministerium für Wissenschaft und Forschung zu schaffenden Fonds sollen Arbeiten, Projekte oder Veranstaltungen, die die Situation von Frauen in der Gesellschaft und in den Einzelwissenschaften zum Gegenstand haben, besonders gefördert werden.
6.5 Bei neuen Partnerschaftsverträgen ist der Gesichtspunkt "women studies" bevorzugt zu berücksichtigen.
(...)

10.3.Westfälische Wilhelms-Universität Münster

Entwurf des Frauenförderrahmenplans der Westfälischen Wilhelms-Universität Münster, Gleichstellungskommission des Senats v. Sommersemester 1995

Hinweis: Der Entwurf sollte noch im Wintersemester 1995/1996 verabschiedet werden.

10.3.1 Allgemeine Aufgaben

Vorbemerkung
(...)
Der Senat verfolgt mit dem jetzt vorgelegten Frauenförderrahmenplan das Ziel, den Gleichheitsauftrag des Grundgesetzes auf der Basis der Gesetzgebung des Bundes und des Landes sowie der Verfassung der Westfälischen Wilhelms-Universität umzusetzen.
(...)

10.3.2 Vorrangregelungen/Zielvorgaben

1. Stellenausschreibungen
1.4 Grundsätzlich werden Stellenausschreibungen mit dem Zusatz versehen: "Die Westfälische Wilhelms-Universität Münster will eine Erhöhung des Frauenanteils dort erreichen, wo Frauen unterreprä-

sentiert sind, und fordert deshalb besonders Frauen auf, sich zu bewerben. Bei gleichwertiger Eignung, Befähigung und fachlicher Leistung werden Frauen bevorzugt eingestellt."
(...)
2. Einstellungen, Beförderungen und Höhergruppierungen
In Bereichen, in denen Frauen unterrepräsentiert sind (vgl. die fortzuschreibende Dokumentation der Gleichstellungskommission), werden bei Neueinstellungen, Beförderungen und Höhergruppierungen sowie bei der Vergabe von Ausbildungsplätzen Frauen bei gleichwertiger Eignung, Befähigung und fachlicher Leistung nach dem Frauenförderungsgesetz bevorzugt. Das gleiche gilt für die Einstellung von Hilfskräften sowie nebenberuflich und nebenamtlich Beschäftigten.
Bei Abordnungen und Umsetzungen, die der Beförderung oder Einreihung in eine höhere Lohn-, Besoldungs- oder Vergütungsgruppe dienen, gilt Gleiches.
(...)
2.1.4 Mitarbeiterinnen der Westfälischen Wilhelms-Universität, die über die in der Ausschreibung geforderten Fähigkeiten verfügen oder die an einer entsprechenden Qualifizierungsmaßnahme teilgenommen haben, sind bei der Besetzung freiwerdender Stellen vorrangig zu berücksichtigen.
(...)
2.2. Besetzung von Professuren:
2.2.1 Jeder Berufungskommission müssen eine Wissenschaftlerin, nach Möglichkeit eine Professorin, und eine weitere Frau als stimmberechtigtes Mitglied angehören. In Fächern, in denen keine oder nicht ausreichend Wissenschaftlerinnen vertreten sind, können Wissenschaftlerinnen aus benachbarten Fächern der Hochschule oder Professorinnen gleicher oder benachbarter Fächer von anderen Hochschulen in die Berufungskommission gewählt werden.
(...)
2.2.2 Grundsätzlich sollen Bewerberinnen, die die formalen Voraussetzungen (gesetzliche Anforderungen nach § 49 UG und Aufgabenumschreibung nach § 51 I UG) erfüllen, zu Vorstellung und Abhaltung einer studiengangsbezogenen Lehrveranstaltung eingeladen werden. Soweit die Bewerbungslage dies erlaubt, sind in Bereichen, in denen Frauen unterrepräsentiert sind, jeweils eine gleichgroße Zahl von Bewerberinnen und Bewerbern, die die formalen Voraussetzungen erfüllen, einzuladen.
(...)
2.5 Ehemalige Beschäftigte, insbesondere solche, die aufgrund der damaligen Rechtslage keine Beurlaubung beanspruchen konnten, sollen bei gleichen Voraussetzungen nach Möglichkeit bevorzugt berücksichtigt werden.
3. Qualifizierungsmaßnahmen
3.3 Für die wissenschaftlich Beschäftigten und Professorinnen:
3.3.1 Die Hochschulleitung wirkt darauf hin, daß
- zusätzliche Stipendien zur Promotion und Habilitation von Frauen eingerichtet werden.
- Stipendien auf deren Vergabe die Westfälische Wilhelms-Universität Einfluß hat, den Anteil der Studentinnen an den Studierenden des jeweiligen Faches entsprechend, zumindest jedoch zur Hälfte an Frauen vergeben werden. Wenn in einem Jahr nicht genügend Bewerberinnen vorhanden sind, so ist im darauf folgenden Jahr der Anteil von Frauen um den nicht ausgeschöpften Prozentsatz zu erhöhen, sofern genügend Bewerberinnen mit ausreichender Qualifikation vorhanden sind.
- Aufenthalte deutscher Wissenschaftlerinnen im Ausland und ausländischer Wissenschaftlerinnen in Deutschland besonders unterstützt werden.
(...)
3.3.2 Die Hochschulleitung wirkt darauf hin, daß im Rahmen von Drittmittelprojekten entsprechend verfahren wird.
(...)
3.3.4 Habilitierte Wissenschaftlerinnen sind verstärkt bei der Vergabe von „Vertretungsprofessuren" zu berücksichtigen. Gleiches gilt für die Vergabe von Lehraufträgen.
6. Studium
(...)
6.4 Stipendienvergabe:
Die Stipendienangebote sollen in geeigneter Weise einer breiten Öffentlichkeit bekannt gemacht werden. Frauen sollen dabei zur Bewerbung gesondert aufgefordert werden. Die Westfälische Wilhelms-Universität bemüht sich, zusätzlich Stipendien für Frauen einzuwerben.(...)

6.7   Studentische Hilfskräfte:
Durch gezielte Unterstützung und Beratung soll erreicht werden, daß Hilfskraftstellen vermehrt von Frauen besetzt werden. Hilfskraftstellen sollen mindestens fachbereichsöffentlich ausgeschrieben werden.
Bei der Beschäftigung von Hilfskräften sind Frauen entsprechend den Regelungen des dem Frauenanteil der Studierenden des jeweiligen Faches entspricht. Bei der Besetzung der Stellen ist darauf zu achten, daß bei der Aufgabenverteilung keine geschlechtsspezifischen Diskriminierungen entstehen. Die Studentinnen sollen qualifizierte und qualifizierende Aufgaben ausüben können
(...)

10.3.3 Sanktions-/Anreizsysteme

6.   Studium
6.9   Schaffung positiver Anreize für Frauenförderung:
Die Westfälische Wilhelms-Universität schafft positive Anreize zur Frauenförderung, indem solche Fachbereiche bzw. Institute, die die Gleichstellung von Frauen nachweislich erfolgreich fördern, in den Berichten und Stellungnahmen besonders hervorgehoben und der Öffentlichkeit bekannt gemacht werden.

10.3.4 Frauenbeauftragte

1.   Stellenausschreibungen
1.5 Die Frauenbeauftragte ist über zu besetzende Stellen frühestmöglich zu informieren. Ihr ist Gelegenheit zur Mitwirkung an der inhaltlichen Gestaltung der Ausschreibung zu geben. Sie hat das Recht, Stellenausschreibungen weiterzuleiten.
(...)
2.   Einstellungen, Beförderungen und Höhergruppierungen
(...)
Die Frauenbeauftragte ist an allen Berufungs-, Einstellungs-, Beförderungs- und Höhergruppierungsverfahren zu beteiligen. Dazu ist sie rechtzeitig und umfassend über die vorgesehenen Maßnahmen zu informieren. Der Frauenbeauftragten ist eine Liste mit allen Bewerberinnen sowie mit den zu einem Vorstellungsgespräch Eingeladenen vorzulegen. Auf Verlangen der Frauenbeauftragten werden aus dem Kreis der Bewerberinnen bei entsprechender Qualifikation und Eignung weitere Frauen zum Vorstellungsgespräch eingeladen.
(...)
2.1.1 Bei Vorstellungsgesprächen (oder Auswahl- bzw. Eignungsgesprächen) ist der Frauenbeauftragten Gelegenheit zur Teilnahme zu geben. Sofern keine derartigen Gespräche stattfinden, ist dies gegenüber der Frauenbeauftragten zu begründen.
(...)
2.1.3 Erhebt die Frauenbeauftragte gegen die beabsichtigte Maßnahme schriftlich Bedenken, so ist ihre Stellungnahme den an der Entscheidung beteiligten Stellen vorzulegen. Wird dieser Stellungnahme keine Rechnung getragen, so ist die Ablehnung auf ihr Verlangen hin schriftlich zu begründen.
(...)
2.2.4 Werden in einem Berufungsvorschlag keine Frauen berücksichtigt oder liegt ein Sondervotum oder eine schriftliche Stellungnahme der Frauenbeauftragten zugunsten einer Bewerberin vor, so nimmt der Dekan des Fachbereichs hierzu Stellung.
(...)
2.3.2 In Bereichen, in denen Frauen unterrepräsentiert sind und der Vorschlag nach 2.3.1 nicht die Einstellung (bzw. Beförderung oder Höhergruppierung) einer Frau beinhaltet, hat die oder der Vorschlagende seinen Vorschlag gegenüber der Dienststelle zu begründen, falls Bewerbungen von Frauen vorliegen. Eine Stellungnahme der Frauenbeauftragten ist von der Dienststelle einzuholen.
(...)
2.3.4 Erhebt die Frauenbeauftragte gegen eine beabsichtigte Maßnahme schriftlich Bedenken, sind diese zwischen der Leiterin und dem Leiter der Einrichtung und der Frauenbeauftragten mündlich zu erörtern.

6. Studium
6.2 Studienbegleitende Maßnahmen:
6.2.1 Studienbegleitende Beratung: (...)
An jedem Fachbereich ist eine Studienberatung für Studentinnen anzubieten, die von einer am Fachbereich beschäftigten Wissenschaftlerin durchgeführt wird. Darüber hinaus steht hierfür eine Studentin als studentische Hilfskraft zur Verfügung. Für Studentinnen im Hauptstudium sollen regelmäßig von den Studienberatungen der Fachbereiche und zentralen Einrichtungen und Zentren in Kooperation mit dem Büro der Frauenbeauftragten und universitären Einrichtungen Veranstaltung zur Studien- und Berufsplanung, zu Fragen über fachliche Qualifikation, zu Problemen des Berufseinstieges usw. unter der Leitung von Dozentinnen angeboten werden.
(...)
7. Maßnahmen zur Verhinderung von sexueller Gewalt und sexueller Belästigung von Frauen
7.6 Die Dienststelle benennt in Zusammenarbeit mit den Frauenbeauftragten und den Personalräten eine oder mehrere Frauen, die Frauen in diesen Fragen während der Arbeitszeit und unter Wahrung strengster Diskretion beraten.
7.7 Um sexuelle Belästigung zu verhindern, richtet das Rektorat eine zentrale Beschwerdekommission ein. Dieser Beschwerdekommission gehören die Frauenbeauftragten gemäß ihren Aufgaben nach Art. 41a der Verfassung der Westfälischen Wilhelms-Universität und die Frauenbeauftragten der Personalvertretungen an.
(...)
10. Umsetzung des Frauenförderrahmenplanes auf dezentraler Ebene
10.1 In den Fachbereichen, in der Hochschulmedizin, in den zentralen Einrichtungen und in der Hochschulverwaltung sind auf der Grundlage dieses Frauenförderrahmenplans Förderpläne zu erstellen und umzusetzen. Die Gleichstellungskommission und die Frauenbeauftragten prüfen, ob diese Pläne und Zielvorgaben dem Frauenförderrahmenplan entsprechen und nehmen dazu Stellung. Diese Frauenförderpläne sollen spätestens ein Jahr nach dem Frauenförderrahmenplan in Kraft treten.
(...)
11. Fortschreibung der Dokumentation zur Situation von Frauen und Männern an der Westfälischen Wilhelms-Universität
Die Zentrale Universitätsverwaltung legt der Frauenbeauftragten und der Gleichstellungskommission im Abstand von zwei Jahren eine Dokumentation der Beschäftigten-, Auszubildenden- und Studienstruktur sowie der Promotionen und Habilitationen und die Zahlen der Absolventinnen und Absolventen vor.
Als Grundlage ist ein von der Gleichstellungskommission erarbeitetes Schema zu verwenden. Erste Analysen sollen zum Wintersemester 1994/95 vorliegen.
13. Berichtspflicht
Im Abstand von zwei Jahren berichten die Fachbereiche, die zentralen Einrichtungen und die Verwaltung über den Erfolg ihrer Konzepte, Ziele und Zeitvorgaben zur Frauenförderung sowie über die Schwierigkeiten, die sich dabei ergaben, und über notwendige Verbesserungen. Die Fachbereichsfrauenbeauftragte wirkt bei der Erstellung der Berichte mit. Diese Berichte werden dem Senat, dem Rektorat und der Gleichstellungskommission vorgelegt. Die zentrale Frauenbeauftragte nimmt dazu Stellung.

10.3.5 Kinderbetreuung/Familienpflichten

2. Einstellungen, Beförderungen und Höhergruppierungen
2.1.5 Frühere Teilzeitarbeit und Zeiten des Erziehungsurlaubes bzw. der Beurlaubung dürfen sich weder mittel- noch unmittelbar nachteilig auf Ernennungen, Einstellungen, Höhergruppierungen, Beförderungen sowie Umsetzungen auswirken.
3. Qualifizierungsmaßnahmen
3.2.2 Hochschulinterne Fort- und Weiterbildungsveranstaltungen werden so terminiert, daß sie während der Arbeitszeit stattfinden. Mindestens mit der Hälfte der regelmäßigen Arbeitszeit ist Beschäftigten Dienstbefreiung in entsprechendem Umfang zu gewähren. Beurlaubte Mitarbeiterinnen haben die Möglichkeit, an Fortbildungsveranstaltungen teilzunehmen. Sie sind über entsprechende Angebote von der Dienststelle zu informieren. Ehemalige Mitarbeiterinnen oder Mitarbeiter, die ihr Interesse an einem Wiedereinstieg bekundet haben, sind über die Möglichkeiten dazu zu informieren. Spätestens ein halbes

Jahr vor Beendigung der Beurlaubung ist mit den Beurlaubten ein Personalgespräch über die Möglichkeiten eines qualifizierten Wiedereinstiegs zu führen.
(...)
3.2.4 Fortbildungsangebote sind so zu gestalten, daß familiäre Belastungen dabei berücksichtigt werden, wie z.B. durch ortsnahe Durchführung, Kinderbetreuungsmöglichkeiten und Terminierung. Bei Fort- und Weiterbildungsangeboten sollen verstärkt Frauen als Leiterinnen fungieren.
3.3.1 Die Hochschulleitung wirkt darauf hin, daß
(...)
- bei allen Stipendien im Falle besonderer familiärer oder pflegerischer Aufgaben eine Unterbrechung möglich ist, wenn hierdurch der Abschluß des Arbeitsvorhabens nicht gefährdet wird.
- Teilzeitstipendien (1/2-bzw. 2/3-Stipendien) mit entsprechender verlängerter Laufzeit vergeben werden.
4. Vereinbarkeit von Beruf, familiären oder partnerschaftlichen Verpflichtungen, Teilzeitarbeit und Arbeitszeiten
Elternschaft und andere familiäre oder partnerschaftliche Verpflichtungen sollen für männliche und weibliche Beschäftigte ohne Nachteil mit den Arbeitsaufgaben vereinbar sein. Die Personalverwaltung ist gehalten, besonders männliche Beschäftigte über diesbezügliche Möglichkeiten zu informieren und zur Inanspruchnahme zu motivieren.
(...)
4.4 Aufstiegschancen für Teilzeitbeschäftigte und Beurlaubte
Teilzeitarbeit und Zeiten des Erziehungsurlaubs bzw. der Beurlaubung dürfen sich weder mittel- noch unmittelbar nachteilig auf Ernennungen, Einstellungen, Höhergruppierungen, Beförderungen sowie Umsetzungen auswirken.
Bei Neubesetzung von Vollzeitarbeitsplätzen sollen Teilzeitbeschäftigte der Westfälischen Wilhelms-Universität, die einen Vollzeitarbeitsplatz wünschen, berücksichtigt werden.
4.5 Kinderbetreuung
Die Anzahl der notwendigen Halbtags- und Ganztagskinderbetreuungsplätze an der Westfälischen Wilhelms-Universität wird unter Federführung der Gleichstellungskommission von der Universitätsverwaltung erhoben. Gleichzeitig soll jetzt schon eine Konzeption entwickelt werden, wie dem zu erwartenden Bedarf entsprochen werden kann. Die Westfälische Wilhelms-Universität bemüht sich bei der Stadt Münster zu erreichen, die Anzahl der Ganztagsschulplätze zu erhöhen.
6. Studium
6.3 Austauschprogramme, Auslandsaufenthalte und Praktika
(...)
Bei der Vermittlung und Vergabe von Studien- oder Praktikumsaufenthalten im Ausland soll verstärkt darauf geachtet werden, daß diese auch von Studierenden mit Kind wahrgenommen werden können.
6.4 Stipendienvergabe
(...)
Die Westfälische Wilhelms-Universität wirkt darauf hin, daß grundsätzlich alle Stipendien durch Erziehungsurlaub oder durch Beurlaubung aus familiären Gründen unterbrochen werden können.
Die Altersgrenze für von der Westfälischen Wilhelms-Universität vergebene Stipendien wird bei familiären Belastungen heraufgesetzt.
6.5 Schwangerschaft, Elternschaft, familiäre Verpflichtungen
Die Westfälische Wilhelms-Universität wirkt darauf hin, daß Schwangerschaft, Elternschaft sowie die Wahrnehmung familiärer Verpflichtungen mit einem Studium vereinbar sind. Dem wird in Studien- und Prüfungsordnungen sowie durch bevorzugte Berücksichtigung bei teilnahmebeschränkten Lehrveranstaltungen und Praktika Rechnung getragen.
Die Frist zur Ablegung der Zwischenprüfung bei Schwangerschaft oder Mutterschaft von Studentinnen soll mindestens um zwei Semester, in Härtefällen auch darüber hinaus verlängert werden. Entsprechendes gilt für studierende Väter, die ein Kind versorgen. Entsprechend den Bestimmungen über Mutterschutz und Erziehungszeiten werden die dort angegebenen Zeiten auf Antrag auf die Prüfungsfristen angerechnet.
6.6 Kinderbetreuung
Die Westfälische Wilhelms-Universität verpflichtet sich, den Bedarf an Betreuungsplätzen für Kinder studentischer Eltern festzustellen und die entsprechenden Plätze zu schaffen. Öffnungszeiten und Or-

ganisationsform der Kinderbetreuungseinrichtungen sind den Bedürfnissen der betroffenen studentischen Eltern anzupassen (z.B. ganztägige und stundenweise Betreuung). Die Westfälische Wilhelms-Universität setzt sich dafür ein, daß Bund und Länder die entsprechenden Gelder zur Verfügung stellen. (...)

10.3.6 Geschlechtsspezifische Inhalte in Forschung und Lehre

5. Geschlechterstudien und Geschlechterforschung
5.1 Die Westfälische Wilhelms-Universität strebt den Ausbau von Geschlechterstudien und Geschlechterforschung an. Methoden und Inhalte der Geschlechterforschung sollen feste Bestandteile von Lehre und Forschung werden.
5.2 Die Geschlechterforschung wird bei der Entwicklungsplanung, insbesondere bei der Ausstattung der Fachbereiche sowie der Zweckbestimmung und Besetzungen von Professuren berücksichtigt.
5.3 Die Westfälische Wilhelms-Universität fördert die Bildung von Geschlechterforschungsschwerpunkten und die Durchführung von entsprechenden Forschungsprojekten. Alle Fachbereiche und Gremien werden aufgefordert, entsprechende Vorhaben insbesondere bei der Vergabe von Sach- und Personalmitteln angemessen zu berücksichtigen.
5.4 Die Westfälische Wilhelms-Universität führt regelmäßig eine Bestandsaufnahme über die Entwicklung und Ergebnisse der Geschlechterforschung an der Westfälischen Wilhelms-Universität durch und dokumentiert sie gesondert in ihrem Forschungsbericht. Die Bestandsaufnahme beinhaltet u.a. eine Statistik über Inhalte, Anzahl und Art der Forschungsprogramme und Lehrveranstaltungen sowie das Geschlecht und den Status des wissenschaftlichen Personals und der Lehrenden.
5.5 Die Westfälische Wilhelms-Universität unterstützt Initiativen zur inhaltlichen und organisatorischen Koordination von Geschlechterforschung, indem sie erforderliche Personal- und Sachmittel zur Verfügung stellt. Sie fördert den wissenschaftlichen Austausch in diesem Bereich auch durch die Veröffentlichung von Forschungsergebnissen und die Veranstaltung von Symposien.
5.6 Die Universitätsbibliothek und Institutsbibliothek stellen die für Geschlechterstudien und Geschlechterforschung relevante Literatur und Hilfsmittel (Zugang zu Datenbanken, Bibliographien, Archivbeständen usw.) zur Verfügung und erschließen vorhandene Sammlungen.
5.7 Die Studiengänge und Studienangebote an der Westfälischen Wilhelms-Universität beziehen Fragestellungen aus dem Bereich der Geschlechterforschung in das Lehrangebot ein. Die Fachbereiche entwickeln Vorschläge für die ausreichende Berücksichtigung von Geschlechterstudien und die fakultative Aufnahme in die Studien- und Prüfungsordnungen der jeweiligen Studiengänge. Sie arbeiten dabei mit den vorhandenen Einrichtungen zur Förderung und Koordination von Geschlechterstudien und Geschlechterforschung zusammen.
5.8 In den Einführungsveranstaltungen der Fachbereiche sollen die Methoden, Schwerpunkte und Ergebnisse der Geschlechterforschung des jeweiligen Faches sowie das entsprechende Lehrangebot thematisiert werden.
5.9 Lehrveranstaltungen zu Geschlechterstudien werden auch durch die Vergabe von Lehraufträgen, Gastprofessuren und Gastvorträge an Frauen gefördert. Punkt 3.3.4 des Rahmenplanes gilt entsprechend.
6. Studium
6.1.1   Beratung und Motivation
Die Westfälische Wilhelms-Universität entwickelt durch die Zentrale Studienberatung in Zusammenarbeit mit den Fachbereichen ein Konzept, wie vermehrt Schülerinnen für Studium, besonders für Studiengänge mit geringem Frauenanteil (naturwissenschaftliche und technische Fächer) motiviert werden können.(...)Dazu gehört zum Beispiel:
(...)
- Die Erstellung eigener Broschüren für Frauen, die besonders über Frauenforschungsthemen an der Westfälischen Wilhelms-Universität und über Studiengänge mit bisher geringem Frauenanteil informieren. ...
6.2.2   Andere Maßnahmen
Insbesondere für Studiengänge, in denen Frauen unterrepräsentiert sind, ist zu prüfen, inwieweit durch Änderungen den besonderen Interessen von Frauen Rechnung getragen werden kann. Dabei erstrebt die

Westfälische Wilhelms-Universität die Erhöhung des Anteils der weiblichen Lehrenden. Es sind Tutorien für Frauen einzurichten, die von Frauen geleitet werden.
Es wird angeregt zu untersuchen, inwiefern Frauen besonders oft ihr Studium abbrechen, das Studienziel oder das Studienfach wechseln.
Auf Wunsch und soweit dies von der jeweiligen Prüfungsordnung her möglich ist, soll eine Prüfung bei einer weiblichen Lehrenden ermöglicht werden. Ausbildungs- und Studienkommissionen sowie die Kommission zur Graduiertenförderung sollen zur Hälfte mit Frauen besetzt werden.
(...)

10.4 Universität - Gesamthochschule Siegen

Entwurf eines Rahmenplanes zur Frauenförderung, Beschlußvorschlag der Senatskommission vom 16.1.1995

10.4.1 Allgemeine Aufgaben

"Präambel"
In seiner Stellungnahme vom Dezember 1986 (zu dem Erlaß des Ministeriums für Wissenschaft und Forschung "Grundsätze über Frauenförderung an den Hochschulen" vom 25.7.1986) hat der Senat der Universität - Gesamthochschule Siegen die grundsätzliche Notwendigkeit von Frauenförderung an der Hochschule bekräftigt und detaillierte Maßnahmen zu ihrer Umsetzung vorgeschlagen. Der Senat verfolgt mit dem jetzt vorgelegten Rahmenplan das Ziel, das Gleichheitsgebot des Grundgesetzes und des Frauenförderungsgesetzes des Landes Nordrhein-Westfalen vom 31.10.1989, die Richtlinien des Frauenförderungskonzeptes NRW vom 9.11.1993 und die „Grundsätze zur Frauenförderung an den Hochschulen" des MWF vom 1.11.1993 mit Hilfe positiver Maßnahmen zugunsten von Frauen an dieser Hochschule umzusetzen.
(...)

10.4.2 Vorrangregelungen/Zielvorgaben

1. Abbau strukturbedingter Nachteile und Förderung von Wissenschaftlerinnen, Studentinnen sowie von Mitarbeiterinnen in Technik und Verwaltung
2. Personalauswahlverfahren
2.1 Besetzung von Professuren
2.1.2 Grundsätzlich sollen alle Bewerberinnen, die die formalen Voraussetzungen (gesetzliche Anforderungen nach § 49 UG und Aufgabenbeschreibung nach § 51 Abs. 1 UG) erfüllen, zu einem Probevortrag eingeladen werden. Wenn dies wegen der großen Zahl der Bewerberinnen nicht praktikabel ist, verpflichtet sich die Hochschule, grundsätzlich zumindest gleich viele Wissenschaftlerinnen und Wissenschaftler zu Probevorträgen einzuladen. Die Gesamtzahl der Einzuladenden richtet sich nach den Gepflogenheiten der Fachbereiche.
(...)
2.2 Besetzung von Stellen des übrigen wissenschaftlichen Personals, einschließlich der Stellen im Drittmittelbereich, sowie der Stellen für Studentische und Wissenschaftliche Hilfskräfte
2.2.2 Vorstellungsgespräche sind entsprechend 2.1.2 in dem Umfang durchzuführen, daß grundsätzlich alle Bewerberinnen, die die formalen Voraussetzungen erfüllen, zu einem Vorstellungsgespräch eingeladen werden. Wenn dies wegen der großen Zahl der Bewerberinnen nicht praktikabel ist, verpflichtet sich die Hochschule, grundsätzlich gleich viele Bewerberinnen und Bewerber zu einem Vorstellungsgespräch einzuladen. Die Gesamtzahl der Einzuladenden richtet sich nach den Gepflogenheiten der Fachbereiche. Einem Auswahlgremium müssen auch Frauen angehören.
(...)
2.2.4 Auch bei der Besetzung von Stellen für Wissenschaftliche Hilfskräfte ist nach den aufgeführten Regelungen (2.2.1 - 2.2.3) zu verfahren.
2.3 Besetzung von Stellen im Bereich Technik und Verwaltung
2.3.1 Für das Hochschulpersonal in Technik und Verwaltung findet neben dem Frauenförderungsgesetz auch das Frauenförderungskonzept uneingeschränkt Anwendung. Solange der Anteil der weiblichen

Mitarbeiter im jeweiligen Bereich und auf der jeweiligen Besoldungs- bzw. Vergütungsstufe nicht der gesetzlich vorgesehenen Quote von 50% entspricht, sollen alle Frauen, die die formalen Voraussetzungen mitbringen, zu einem Bewerbungsgespräch eingeladen werden. Wenn dies wegen der großen Zahl von Bewerberinnen nicht praktikabel ist, verpflichtet sich die Hochschule, zumindest gleich viele Bewerberinnen und Bewerber einzuladen.
(...)
V.   Förderung von Frauen in Studium, Forschung und Lehre
1.   Förderung von Studentinnen
(...)
1.8 Die durch die Hochschule zu vergebenden Stipendien sowie die Plätze in Graduiertenkollegs sollen zu 50% an Frauen vergeben werden, sofern ausreichend Bewerberinnen mit gleicher Qualifikation/Förderungswürdigkeit zur Verfügung stehen. Darüber hinaus bemüht sich die Hochschule, zusätzliche Promotionsstipendien für Frauen einzuwerben. Promotionsstipendien sollen durch Erziehungsurlaub oder Beurlaubung aus familiären Gründen unterbrochen werden können.

10.4.3 Sanktions-/Anreizsysteme (-)

10.4.4 Frauenbeauftragte

I.   Abbau strukturbedingter Nachteile und Förderung von Wissenschaftlerinnen, Studentinnen sowie von Mitarbeiterinnen in Technik und Verwaltung
2.   Personalauswahlverfahren
2.1   Besetzung von Professuren
(...)
2.2.1 Der Frauenbeauftragten ist rechtzeitig Gelegenheit zu geben, sich an den Berufungsverfahren zu beteiligen. Sie hat das Recht, in allen Stufen des Verfahrens eine schriftliche Stellungnahme abzugeben.
(...)
2.2 Besetzung von Stellen des übrigen wissenschaftlichen Personals, einschließlich der Stellen im Drittmittelbereich, sowie der Stellen für Studentische und Wissenschaftliche Hilfskräfte
2.2.3 Der Frauenbeauftragten ist rechtzeitig Gelegenheit zu geben, sich an den Einstellungs-, Beförderungs- und Höhergruppierungsverfahren zu beteiligen. Sie hat das Recht, in allen Stufen des Verfahrens eine schriftliche Stellungnahme abzugeben.
(...)
2.2.5 Angesichts der Schlüsselfunktion von Studentischen Hilfskraftstellen für die Heranführung der Studierenden an die aktuelle fachspezifische Forschung ist, wenn der Anteil der weiblichen Studentischen Hilfskräfte unter 50% liegt, die Vergabe einer Studentischen Hilfskraftstelle an einen Bewerber der Dekanin oder dem Dekan zu begründen und die Frauenbeauftragte darüber zu informieren.
(...)
2.3   Besetzung von Stellen im Bereich Technik und Verwaltung
2.3.3 Der Frauenbeauftragten ist Gelegenheit zur Teilnahme an allen Einstellungs-, Beförderungs- und Höhergruppierungsverfahren zu geben.
2.3.4 Erhebt die Frauenbeauftragte gegen eine beabsichtigte Maßnahme schriftlich Bedenken, so ist ihre Stellungnahme von der entscheidenden Stelle mit einzubeziehen.
VI.   Frauenbeauftragte und Frauenrat, Frauenbeauftragte der Fachbereiche
1.   Frauenbeauftragte und Frauenrat
Im Vorgriff auf diesen Rahmenplan hat die Universität - Gesamthochschule Siegen bereits folgende Maßnahmen getroffen:
Gemäß § 18a der Grundordnung und gemäß § 23a UG bestellt das Rektorat, im Rahmen der Aufgabe nach § 3 Abs. 2 UG, eine Frauenbeauftragte; ihre Amtszeit beträgt zwei Jahre.
Das Verfahren für die Benennung der Frauenbeauftragten durch alle weiblichen Mitglieder der Universität - Gesamthochschule Siegen regelt die Wahlordnung für die Wahl des Frauenrats vom 26.07.1988. Dem Frauenrat gehören jeweils fünf Mitglieder aus der Gruppe der Professorinnen, der Studentinnen, der Wissenschaftlichen Mitarbeiterinnen und der Mitarbeiterinnen in Technik und Verwal-

tung an. Die Frauenbeauftragte und ihre Stellvertreterinnen werden vom Frauenrat aus seiner Mitte gewählt.

1.1 Frauenbeauftragte und Frauenrat befassen sich mit allen Angelegenheiten zur Gleichstellung von Frauen innerhalb der Hochschule, u.a. haben sie
a) die Aufgabe, Frauenförderpläne zu entwickeln und für ihre Umsetzung einzutreten,
b) die Aufgabe, geeignete Maßnahmen zur Gleichstellung und zur Verhinderung von Benachteiligungen und Diskriminierungen von Frauen an der Universität - Gesamthochschule Siegen vorzuschlagen,
c) die Aufgabe, die Mitglieder und Angehörigen der Hochschule bei der Lösung frauenspezifischer Probleme innerhalb der Hochschule zu unterstützen,
d) die Aufgabe, zu Veranstaltungen und Projekten, die die Arbeits- und Lebenssituation von Frauen betreffen, in Studium und Fort- und Weiterbildung sowie zu Frauenforschungsprojekten an der Hochschule anzuregen und diese zu unterstützen.

Frauenbeauftragte und Frauenrat arbeiten zur Erfüllung ihrer Aufgaben mit allen Organen, Gremien, Fachbereichen und Einrichtungen, den Personalräten und der StudentInnenschaft zusammen.

1.2 Die Frauenbeauftragte hat nach der Grundordnung folgende Aufgaben und Rechte:
a) das Recht, in allen Frauen betreffenden Fragen tätig zu werden,
b) bei frauenrelevanten Angelegenheiten einen Anspruch auf umfassende Information und Akteneinsicht im Rahmen der einschlägigen rechtlichen Bestimmungen, sowie Rede- und Antragsrecht in allen Hochschulgremien, insbesondere Berufungskommissionen,
c) das Recht, in allen Personalangelegenheiten Stellungnahmen abzugeben,
d) die Aufgabe, Anregungen und Beschwerden von Angehörigen und Mitglieder der Hochschule nachzugehen, soweit sie zu ihrem Aufgabenbereich gehören,
e) die Pflicht, jährlich über die Situation von Frauen in Studium, Lehre und Forschung und im Bereich Technik und Verwaltung dem Senat und der Frauenvollversammlung zu berichten.

2. Frauenbeauftragte in den Fachbereichen, zentralen Einrichtungen und der Hochschulverwaltung

2.1 Der Senat fordert die Fachbereiche und zentralen Einrichtungen sowie die Verwaltung über die in dem §18a der Grundordnung getroffenen Regelungen hinaus auf, die Position einer internen Frauenbeauftragten und ihrer Vertreterin zu schaffen.

2.2 Die Wahl in dem jeweiligen Bereich sollte (in Anlehnung an die Wahl der zentralen Frauenbeauftragten) so erfolgen, daß jede der 4 Gruppen eine Vertreterin wählt. Dieses Vierergremium wählt eine Sprecherin. Für die Zentralverwaltung muß ein Sondermodell überlegt werden.

2.3 Die Frauenbeauftragten in den Fachbereichen und zentralen Einrichtungen bzw. in der Verwaltung befassen sich mit allen Angelegenheiten der Gleichstellung von Frauen innerhalb ihres jeweiligen Bereichs.

Sie befassen sich insbesondere mit:
- Der Entwicklung und Realisierung von internen Frauenförderplänen,
- der Anregung und Überprüfung geeigneter Maßnahmen zur Einschränkung und Verhinderung von Benachteiligungen und Diskriminierungen der Frauen ihres Bereichs und
- der Unterstützung der Mitglieder und Angehörigen ihres Bereichs bei der Lösung frauenspezifischer Probleme.

2.4 Die Fachbereichsfrauenbeauftragte ist von den jeweils zuständigen Stellen der Fachbereiche, der zentralen Einrichtungen und der Verwaltung in allen Angelegenheiten zu unterrichten, die die Belange der Frauen in ihrem jeweiligen Bereich betreffen.

2.5 Die Frauenbeauftragten in den Fachbereichen, zentralen Einrichtungen und in der Hochschulverwaltung arbeiten mit der zentralen Frauenbeauftragten der Hochschule zusammen. Sie können die zentrale Frauenbeauftragte in den Gremien des jeweiligen Bereichs vertreten.

VII. Frauenförderpläne
(...)
Als Grundlage für die Frauenförderpläne dienen u.a. hinreichend differenzierte Statistiken, die von den Fachbereichen, zentralen Einrichtungen und der Verwaltung für ihren jeweiligen Bereich erstellt und fortgeschrieben werden. Die Statistiken werden sowohl den Frauenbeauftragten der Fachbereiche, der zentralen Einrichtungen und der Verwaltung als auch der Frauenbeauftragten der Hochschule zur Kenntnis gegeben.

10.4.5 Kinderbetreuung/Familienpflichten

II.   Fort- und Weiterbildung zur Förderung von Frauen in Technik und Verwaltung
(...)
5. Beschäftigten im Erziehungsurlaub oder aus familiären Gründen Beurlaubten muß die Möglichkeit geboten werden, an Fort- und Weiterbildungsveranstaltungen teilzunehmen. Sie sind über entsprechende Angebote zu informieren.
6. Bei der Organisation von Fort- und Weiterbildungsangeboten sind die Belastung der Beschäftigten durch Familienarbeit und das Faktum der Teilzeitbeschäftigung zu berücksichtigen.
7. Hochschulinterne Fort- und Weiterbildungsveranstaltungen sollen während der Arbeitszeit stattfinden. Andernfalls ist eine Dienstbefreiung in entsprechendem Umfang zu gewähren und auf Antrag Kinderbetreuung anzubieten. In der Einladung ist auf die Möglichkeit von Kinderbetreuung hinzuweisen. Die Hochschule trägt die Kosten für die hochschulinterne Fort- und Weiterbildung.
III.   Vereinbarkeit von Familie und Beruf
1. Bei der Festlegung dienstlicher Rahmenbedingungen ist schrittweise auf die Vereinbarkeit der beruflichen Tätigkeit mit Elternschaft, Erziehung und anderen familiären Verpflichtungen hinzuarbeiten. Insbesondere männliche Beschäftigte sollen zum Erziehungsurlaub, zur Beurlaubung und zur Teilzeitbeschäftigung aus Gründen der Familienarbeit motiviert werden.
2. Die Beschäftigung von Mitgliedern und Angehörigen der Universität - Gesamthochschule Siegen wird so gestaltet, daß die Bereiche Familie und Beruf ohne Nachteile zu vereinbaren sind. So sind z.B. für Teilzeitbeschäftigte die gleichen Aufstiegschancen wie für Vollzeitbeschäftigte zu schaffen.
3. Zeiten der Kinderbetreuung und Familienarbeit sowie Teilzeitbeschäftigung werden bei Eignungsbeurteilungen nicht als Ausfallzeiten gewertet, sondern positiv berücksichtigt.
4. Die Möglichkeiten, befristete Beschäftigungsverhältnisse um die Dauer von Mutterschutzfristen und Erziehungsurlaubszeiten zu verlängern, werden im Rahmen des geltenden Rechts ausgeschöpft. Den Betroffenen ist eine entsprechende Beratung zu gewährleisten.
5. Die Universität - Gesamthochschule Siegen trifft eine Vereinbarung über "gleitende Arbeitszeit" für die Mitarbeiterinnen und Mitarbeiter in Technik und Verwaltung.
6. Um Vereinbarkeit von Familie und Beruf zu erreichen, ist für die Universität - Gesamthochschule Siegen die Förderung der Bemühungen um eine ausreichende Bereitstellung von Kinderbetreuungsplätzen von besonderer Bedeutung. Sie erwartet von allen Mitgliedern und Angehörigen Vorschläge zur modellhaften, universitätsinternen Lösung der Kinderbetreuung und Bemühungen zu deren konkreten Umsetzung.
V.   Förderung von Frauen in Studium, Forschung und Lehre
1.   Förderung von Studentinnen
1.4 Bei dem Abschluß von Kooperationsverträgen mit Industriebetrieben, Verwaltungen u.ä. ist darauf hinzuwirken, daß Praktikumsplätze bzw. Arbeitsplätze für Studentinnen in ausreichender Zahl zur Verfügung gestellt werden.
Zeiten der Familienarbeit werden im Zuge von Einzelfallentscheidungen in entsprechenden Studiengängen als Praktikumszeiten analog zur Anerkennung von Bundeswehr- und Zivildiensttätigkeiten angerechnet.
1.5 Die Universität - Gesamthochschule Siegen kann auf Wunsch von Studierenden, wenn wegen Kinderbetreuung oder Schwangerschaft eine ordnungsgemäße Durchführung des Studiums nicht möglich ist, eine Beurlaubung vom Studium aussprechen. Außerdem ist darauf hinzuarbeiten, den Betroffenen den Status von "Teilzeitstudierenden" einzuräumen.
1.6 Mutterschutz- und Erziehungsurlaubszeiten, allgemeine Erziehungszeiten von Kindern bis zu 12 Jahren sowie Zeiten der häuslichen Pflege von Familienangehörigen werden auf Antrag auf Prüfungsfristen und -zeiten, auch Diplomprüfungszeiträume, angerechnet.
(...)

10.4.6 Geschlechtsspezifische Inhalte in Forschung und Lehre

2.   Förderung von Frauenforschung und Frauenstudien
2.1 Es wird empfohlen, frauenspezifische Fragestellungen als integralen Bestandteil in Forschung und Lehre aller Fachbereiche und zentralen Einrichtungen vorzusehen.

2.2 Fragen der Frauen- und Geschlechterdifferenzforschung sollen möglichst in die Aufgabenbeschreibung von Stellen im wissenschaftlichen Bereich einbezogen werden.
2.3 Es wird empfohlen, langfristig Themen der Frauen- und Geschlechterdifferenzforschung als Bestandteil von Studien- und Prüfungsordnungen vorzusehen. Anstehende Revisionen der Prüfungs- und Studienordnungen sollen für die Aufnahme der entsprechenden Prüfungs- und Studienelemente genutzt werden. Die genannten Themen sind regelmäßig möglichst durch hauptamtliche Lehrkräfte anzubieten, ggf. durch die Vergabe von Lehraufträgen, Gastprofessuren und Gastvorträgen sicherzustellen.
2.4 Initiativen im Bereich Frauenstudien, auch zu Frauenprojekten in allen Fachbereichen, werden unterstützt.
2.5 Die Universität - Gesamthochschule Siegen unterstützt die Frauenforschung und den Ausbau des Netzwerkes Frauenforschung innerhalb der Hochschule Siegen, z.B. durch die Einwerbung von Personal-, Sach- und Forschungsmitteln.
2.6 Der aktuelle Stand der Frauenforschung, neuer Berufsfelder und Berufsperspektiven für Frauen wird zusätzlich in die Weiterbildungsprogramme der Universität - Gesamthochschule Siegen (für Lehrer und Lehrerinnen, Angebote der Mittwochsakademie und des Forums Siegen) aufgenommen.
2.7 Die Universität - Gesamthochschule Siegen unterstützt Frauenforschung und Frauenstudien und nimmt die Ergebnisse in die regelmäßige Berichterstattung auf.

11. Rheinland-Pfalz

Universität Koblenz-Landau

Gleichstellungsplan, Senatsbeschluß v. 19.9.1995

11.1 Allgemeine Aufgaben

"Präambel"
Die Universität Koblenz-Landau hat sich die Gleichstellung von Frau und Mann an der Hochschule zum Ziel gesetzt. Durch den vorliegenden Gleichstellungsplan will die Universität in ihrem Gestaltungs- und Zuständigkeitsbereich zur Durchsetzung der im Grundgesetz enthaltenen Grundrechte beitragen, insbesondere zu den Geboten in Art. 1 Abs. 1 (...) und Art. 3 Absätze 2 und 3 (...).
Mit dem im Gleichstellungsplan enthaltenen Regelsystem will die Universität Koblenz-Landau strukturelle Benachteiligungen von Frauen beseitigen und Frauen gleiche Ausbildungs- und Berufschancen wie Männern ermöglichen. Die einzelnen Maßnahmen betreffen Studium, Lehre, Forschung und Arbeit an der Universität. Sie sollen die Lern-, Lehr- und Arbeitssituation für Frauen entscheidend verbessern. Gleichstellung von Frauen an der Universität beschränkt sich somit nicht auf Wissenschaftlerinnen, sondern bezieht alle Status- und Beschäftigtengruppen ein. Insbesondere soll auch Benachteiligungen von Frauen in solchen Tätigkeitsfeldern entgegengewirkt werden, die nur geringe Berufsaufstiegschancen bieten und in denen überwiegend Frauen beschäftigt sind (§ 4 Abs. 3 LGG).
(...)

11.2 Vorrangregelungen/Zielvorgaben

2.   Stellenausschreibung und -besetzung
2.1   Stellenausschreibung
4. In Bereichen, in denen Frauen unterrepräsentiert sind, werden Stellenausschreibungen mit dem Zusatz versehen "Die Universität Koblenz-Landau strebt eine Erhöhung des Frauenanteils an und fordert daher Frauen nachdrücklich zur Bewerbung auf. Bei gleicher Qualifikation/Eignung werden Frauen bevorzugt berücksichtigt."
2.2   Stellenbesetzungen
2.2.1   Besetzung von Professuren

2.2.1.2 Grundsätzlich sind alle Bewerberinnen, die die formalen Voraussetzungen erfüllen (§ 46 LHG), zu einem Probevortrag einzuladen. Ist die Anzahl der Bewerberinnen zu hoch, sind mindestens so viele Frauen wie Männer einzuladen.
2.2.2   Besetzung von akademischen Mitarbeiterinnen- bzw. Mitarbeiterstellen
  1. Für die Stellenausschreibung gilt Abs. 2.1.
(...)
  3. Abs. 2.2.1.2 gilt sinngemäß und unter Berücksichtigung der für die jeweilige Stelle gültigen Bestimmungen für die Einstellung.
2.2.3   Studentische und wissenschaftliche Hilfskräfte
Bei der Besetzung ist anzustreben, Frauen in einem angemessenen Verhältnis zu den Studierenden bzw. Absolventinnen und Absolventen eines Faches zu berücksichtigen.
2.2.4   Besetzung von Stellen in Bibliothek, Technik und Verwaltung
  2. Abs. 2.2.1.2 gilt sinngemäß.
6.   Stipendien
6.1   Einwerbung und Ausschreibung von Stipendien
  1. Die Universität bemüht sich darum, daß zusätzliche Studien-, Promotions- und Habilitationsstipendien eingerichtet werden, die vorrangig der Förderung des weiblichen wissenschaftlichen Nachwuchses dienen; sie macht es sich zur Aufgabe, derartige zusätzliche Stipendien für Frauen einzuwerben.
(...)
6.2   Vergabe von Stipendien
  1. Die Universität strebt bei der Vergabe von Stipendien zur Studienförderung an, Frauen mindestens entsprechend ihrem Anteil an der Studierendenschaft, bei der Vergabe von Promotions- und Habilitationsstipendien entsprechend dem Frauenanteil an Absolventinnen und Absolventen eines Faches zu berücksichtigen.
(...)

11.3 Sanktions-/Anreizsysteme (-)

11.4 Frauenbeauftragte

2.   Stellenausschreibung und -besetzung
2.1   Stellenausschreibung
  3. Die Frauenbeauftragte ist über alle Stellenausschreibungen zu informieren. Alle Einrichtungen sollen sich vor Veröffentlichung der jeweiligen Stellenausschreibung mit der Frauenbeauftragten beraten.
(...)
  5. Die Einrichtung, in der die Stelle zu besetzen ist, informiert die Frauenbeauftragte zum frühestmöglichen Zeitpunkt über den Inhalt der Stellenausschreibung, damit diese geeignete Bewerberinnen gezielt ansprechen kann.
2.2   Stellenbesetzungen
2.2.1   Besetzung von Professuren
  5. Bei der Vorlage an das Ministerium wird dem Berufungsvorschlag eine Liste aller Bewerberinnen und Bewerber mit Angaben über Alter und wissenschaftliche Qualifikation sowie derzeitige Stellung beigefügt. Werden in einem Berufungsvorschlag Frauen nicht berücksichtigt oder liegt ein Sondervotum oder eine vom Berufungsvorschlag abweichende Stellungnahme der Frauenbeauftragten vor, so nimmt die Universität hierzu Stellung dabei ist zu begründen:
- inwieweit nach geeigneten Bewerberinnen für die Stelle gesucht wurde,
- inwieweit die Stellungnahme der Frauenbeauftragten bei der Auswahl berücksichtigt wurde.
Diese Begründung ist dem Berufungsvorschlag beizufügen und der Frauenbeauftragten in Kopie zuzuleiten.
(...)
2.3   Beteiligung der Frauenbeauftragten
  1. Die Frauenbeauftragte ist ohne besondere Aufforderung durch die Kanzlerin/den Kanzler bzw. die Personalabteilung von allen Stellenausschreibungen rechtzeitig zu informieren.

2. An Berufungs- und Stellenbesetzungsverfahren ist die Frauenbeauftragte bei allen Schritten zu beteiligen. Sie ist zu jedem Zeitpunkt des Verfahrens über den aktuellen Stand zu informieren (z.B. durch Sitzungsprotokolle). Sie erhält Einsicht in die Bewerbungsunterlagen und kann eine Stellungnahme abgeben, die zu den Akten zu nehmen ist. Sie kann an allen Sitzungen des Berufungs- oder Stellenbesetzungsgremiums teilnehmen und hat in Berufungskommissionen Rede-, Antrags- und aufschiebendes Widerspruchsrecht.

2.4 Beförderungen, Höhergruppierungen und Übertragung höherwertiger Tätigkeiten
Bei der Beförderung, Höhergruppierung und Übertragung höherwertiger Tätigkeiten werden Frauen und Männer gleichberechtigt berücksichtigt. Die Frauenbeauftragte kann zu diesen Anträgen eine Stellungnahme abgeben.

6. Stipendien
6.1 Einwerbung und Ausschreibung von Stipendien
2. Die Universität informiert die Frauenbeauftragte umfassend und termingerecht über alle anstehenden Stipendien.
(...)
6.2 Vergabe von Stipendien
2. An den Vergabeverfahren für Stipendien ist die Frauenbeauftragte zu beteiligen.
(...)
8. Sexuelle Belästigung
3. Die Universitätsleitung ist dabei behilflich, daß sexuell belästigte Personen rechtliche und psychologische Beratung erhalten. Die Frauenbeauftragte ist dabei zu beteiligen, sofern die betroffene Person dies wünscht.
9. Generelle Vereinbarungen
9.2 Statistiken
2. Auf Antrag der Frauenbeauftragten werden zusätzliche geschlechtsspezifische Auswertungen durchgeführt.
(...)
10. Schlußbestimmungen
4. Der vorliegende Gleichstellungsplan wird nach Ablauf von zwei Jahren auf der Grundlage der jährlich erstellten Statistiken vom Senat im Benehmen mit der Frauenbeauftragten auf seine Wirksamkeit hin überprüft und ggf. aktualisiert.

11.5 Kinderbetreuung/Familienpflichten

2.2 Stellenbesetzungen
2.2.1 Besetzung von Professuren
3. Bei der Beurteilung der wissenschaftlichen Qualifikation soll eine Unterbrechung oder Reduzierung der wissenschaftlichen Tätigkeit und eine daraus resultierende geringere Quantität an fachlichen Leistungen bzw. eine Verzögerung eines Qualifikationsabschlusses nicht nachteilig berücksichtigt werden, wenn diese Unterbrechung aufgrund von Familienpflichten wie z.B. der Betreuung von Kindern oder pflegebedürftigen Haushaltsangehörigen erfolgte.
(...)
3. Vereinbarkeit von Familie und Beruf
3.1 Arbeitszeit und Arbeitsorganisation
1. Die Universität ist bemüht, die Beschäftigungsverhältnisse ihrer Mitglieder so zu gestalten, daß Elternschaft und die Betreuung pflegebedürftiger Haushaltsangehöriger mit der Wahrnehmung der Dienstaufgaben vereinbar sind. Hierzu sollen auch die Möglichkeiten der flexiblen Arbeitszeitgestaltung genutzt werden.
2. Die Erhöhung der Arbeitszeit nach vorübergehender Teilzeitbeschäftigung erfolgt auf Antrag der/des Beschäftigten zum nächstmöglichen Zeitpunkt.
3. Teilzeitbeschäftigten sind die gleichen beruflichen Aufstiegs- und Fortbildungschancen einzuräumen wie Vollzeitbeschäftigten. Dies gilt sowohl für die Qualifikations- und Eignungsbeurteilungen als auch für die Besetzung von Leitungsfunktionen. Berufliche Benachteiligungen durch Um- oder Versetzung erfolgen nicht (§ 11 Abs. 1 und 2 LGG).

3.2 Beurlaubungen

1. Die Universität informiert die Beschäftigten umfassend über die gesetzlichen Bestimmungen und Möglichkeiten der Freistellung zur Wahrnehmung familiärer Verpflichtungen und weist ausdrücklich auf die beamtenbesoldungsrechtlichen, versorgungs- und tarifvertraglichen Folgen aufgrund einer Beurlaubung oder Reduzierung der Arbeitszeit hin.

2. Nach Ablauf einer solchen Beurlaubung bemüht sich die Universität, den bisherigen Arbeitsplatz wieder zur Verfügung zu stellen, auch wenn die Arbeitszeit auf Antrag der/des Beschäftigten reduziert wird. Wenn dies in Ausnahmefällen nicht möglich ist, garantiert die Universität zumindest einen gleichwertigen Arbeitsplatz.

3. Beurlaubten Personen sind die entsprechenden Stellenausschreibungen der Hochschule bekanntzugeben.

4. Den Beschäftigten, die zur Wahrnehmung von Familienarbeit beurlaubt sind, sollen Urlaubs- und Krankheitsvertretungen sowie sonstige zeitlich befristete Beschäftigungsverhältnisse vorrangig angeboten werden.

3.3 Wiedereinstieg

1. Beurlaubten Beschäftigten werden Möglichkeiten geboten, ihre berufliche Qualifikation zu erhalten und zu verbessern sowie Verbindung zu ihrem Beruf, zu Forschung und Lehre aufrecht zu erhalten. Sie können wärend der Beurlaubungszeit an Fort- und Weiterbildungsveranstaltungen teilnehmen und werden von der Universität regelmäßig über Angebote unterrichtet.

2. Der berufliche Wiedereinstieg nach einer Familienphase soll durch gezielte Einarbeitungshilfen (z.B. neue Techniken am Arbeitsplatz) erleichtert werden.

3. Nachwuchswissenschaftlerinnen und Nachwuchswissenschaftler, die ihre Berufstätigkeit durch Elternschaft oder Betreuung pflegebedürftiger Haushaltsangehöriger unterbrechen mußten, sind bei der Besetzung wissenschaftlicher Stellen, einschließlich Drittmittel-Stellen bei gleicher Qualifikation bevorzugt zu berücksichtigen.

3.4 Kinderbetreuung

Die Universität wirkt darauf hin, daß ein bedarfsgerechtes Betreuungsangebot für Kinder von Studierenden und Beschäftigten eingerichtet wird.

4. Fort- und Weiterbildung

4.1 Organisation und Gestaltung von Fort- und Weiterbildungsangeboten

2. Universitätsinterne Fort- und Weiterbildungsangebote sind so zu gestalten, daß den familiären Belastungen der Teilnehmenden Rechnung getragen wird.

(...)

5. Studium und Lehre

5.1 Studium

1. Die Universität setzt sich dafür ein, daß Schwangerschaft, Elternschaft sowie die Betreuung pflegebedürftiger Haushaltsangehöriger sich nicht nachteilig auf Studium und Studienabschluß auswirken. Dies gilt insbesondere für die Anerkennung von prüfungsrelevanten Leistungsnachweisen bei der Wiederaufnahme des Studiums nach familienbedingter Unterbrechung, der Planung von Prüfungsfristen bei schwangeren Studentinnen u.ä.

2. Bei der Zulassung zu Veranstaltungen mit begrenzter Teilnehmerinnen- und Teilnehmerzahl sollen auch die Interessen studierender Eltern berücksichtigt werden.

3. Die Universität bemüht sich, daß Studierenden mit Kind familiengerechte Wohnheimplätze angeboten werden.

4. Die Universität bemüht sich, daß Zahlungen nach dem Bundesausbildungsförderungsgesetz aus familiären Gründen (Erziehungsurlaub, Pflege von Haushaltsangehörigen) auf Antrag der Studierenden ohne Nachteil unterbrochen bzw. in Teilzeit mit entsprechend längerer Laufzeit gewährt werden.

6. Stipendien

6.2 Vergabe von Stipendien

3. Bei der Eignungsbeurteilung von Bewerberinnen und Bewerbern zur Vergabe von Stipendien sind durch Familienarbeit erworbene Erfahrungen und Fähigkeiten positiv zu berücksichtigen. Verlängerte Studiendauer und Überschreiten der Altersgrenzen aus diesen Gründen wirken sich bei der Beurteilung nicht negativ aus.

(...)

5. Die Universität setzt sich dafür ein, daß Stipendien aus familiären Gründen (Erziehungsurlaub, Pflege von Haushaltsangehörigen) auf Antrag der Betroffenen unterbrochen oder in Teilzeitstipendien mit entsprechend längerer Laufzeit umgewandelt werden.

11.6 Geschlechtsspezifische Inhalte in Forschung und Lehre

7. Frauenstudien, Frauen- und Geschlechterforschung
Frauen- und Geschlechterforschung als interdisziplinäre Forschung setzt wichtige Impulse zum Abbau von struktureller Diskriminierung von Frauen und ist damit ein wirksames Instrument zur Frauenförderung.
   1. Die Universität fördert gezielt Projekte, Tagungen und Kolloquien zu Frauenstudien sowie Frauen- und Geschlechterforschung. Sie bemüht sich um Zusammenarbeit und Austausch mit anderen Universitäten im Bereich dieser Forschung.
   2. Die Fachbereiche beziehen Fragen der Frauen- und Geschlechterforschung in die Aufgabenbeschreibung von Stellen im wissenschaftlichen Bereich ein und beraten sich darüber mit der Frauenbeauftragten bzw. ihrer Vertreterin. Fragestellungen aus dem genannten Bereich werden in das Lehrangebot der Studiengänge der Universität einbezogen. Solange die Frauen- und Geschlechterforschung noch nicht hinreichend durch hauptamtliche Lehrende vertreten wird, sollen Themen aus diesem Bereich bevorzugt bei der Vergabe von Lehraufträgen, bei Gastprofessuren und Gastvorträgen berücksichtigt werden. Die Fachbereiche unterrichten den Senat einmal jährlich darüber.
   3. Die Universitätsbibliothek erschließt vorhandene Sammlungen zur Frauen- und Geschlechterforschung.

12. Saarland

Universität des Saarlandes

Entwurf eines Gleichstellungsplans bei Stellenausschreibungen der Universität des Saarlandes, Senatsvorlage v. 28.6.1995

Der Entwurf regelt den Aspekt Vorrangregelungen/Zielvorgaben bei der Besetzung von Professuren und wissenschaftlichem Personal nur im Vorfeld der Auswahlentscheidung, d.h. für Probevorträge und Vorstellungsgespräche. Dieses gilt auch für Stellenbesetzungen im Verwaltungs- und Technikbereich. Im bezug auf die Vergabe von Stipendien gilt eine echte "Vorrangregel", die sich am jeweiligen Frauenanteil der entsprechenden Qualifizierungsstufe orientiert. Der Gesichtspunkt Sanktions-Anreizsysteme zur Förderung der Einstellung von Frauen ist nicht vorgesehen. Die Institution der Frauenbeauftragten, Kinderbetreuung/Familienpflichten sowie geschlechtsspezifische Inhalte in Forschung und Lehre sind als umfassende Regelung berücksichtigt

13. Sachsen

13.1 Technische Universität Dresden

Frauenförderungsprogramm, Referat Gleichstellung von Frau und Mann v. 10.2.1992

13.1.1 Allgemeine Aufgaben

Dieses Frauenförderungsprogramm soll dazu beitragen, die Gleichstellung von Frauen und Männern an der TU Dresden (Abk. TUD) zu verwirklichen. Dazu gehören die berufliche Gleichstellung, die Mitarbeit in allen Gremien der Selbstverwaltung, in deren Ausschüssen, Arbeitsgruppen und Kommissionen sowie die Förderung spezifischer Forschungsinhalte (geschlechtsspezifische Forschung = Frauenforschung).

13.1.2 Vorrangregelungen/Zielvorgaben

2. Statusgruppenspezifische Maßnahmen zur Frauenförderung
2.1.1 Förderung des wissenschaftlichen Nachwuchses
Die Arbeit der Vergabekommission für Förderstipendien hat unmittelbar Auswirkungen auf den Frauenanteil der Promovierenden und Habilitierenden. Die/der Gleichstellungsbeauftragte der TUD gehört von Amts wegen der Vergabekommission für Förderstipendien an. Bei der Gewährung von Förderleistungen ist die besondere Lebenssituation von Frauen im Hinblick auf ihre Gleichstellung in Wissenschaft und Hochschulbildung zu beachten. Bei gleichen fachlichen Voraussetzungen ist Bewerberinnen der Vorzug einzuräumen.
Zur Förderung von Wissenschaftlerinnen werden spezielle Stipendien (Promotions- und Habilitationsstipendien) angestrebt.
(...)
2.1.6 Stellenbesetzung
In Berufungsverfahren und bei Stellenbesetzungen sind grundsätzlich alle Bewerberinnen, die die Qualifikationsanforderungen erfüllen, in alle Stufen des Auswahlverfahrens einzubeziehen. Ist abzusehen, daß es für eine Stelle keine Bewerberinnen gibt, so ist die Gleichstellungsbeauftragte der TUD durch die ausschreibende Stelle davon umgehend in Kenntnis zu setzen.
2.2 Nichtwissenschaftliche Mitarbeiterinnen
2.2.2 Bewerbungen von Frauen auf höherwertige Stellen
Bei Hausbewerbungen auf höherwertige Stellen sind Frauen mit vergleichbarer Laufbahnvoraussetzung zu bevorzugen, wenn der Anteil in der jeweiligen Lohn-, Gehalts- oder Besoldungsgruppe entweder in der Fakultät oder den zentralen wissenschaftlichen Einrichtungen bzw. zentralen Betriebseinheiten oder in der zentralen Universitätsverwaltung unter 50% liegt.

13.1.3 Sanktions-/Anreizsysteme (-)

13.1.4 Frauenbeauftragte

1. Allgemeine Maßnahmen
1.1 Beschäftigungsstruktur
Halbjährlich ist eine Analyse der Beschäftigungsstruktur der TUD einschließlich des wissenschaftlichen Nachwuchses zu erarbeiten. Die/der Gleichstellungsbeauftragte der TUD ist für die Erstellung und Auswertung der Analyse verantwortlich. Auf ihren/seinen Antrag stellt der Kanzler der TUD die entsprechenden Daten zur Verfügung. Der Datenschutz ist zu gewährleisten.
(...)
1.2 Tarifangelegenheiten
Die Gleichstellungsbeauftragten in den Fakultäten, der Verwaltung, den zentralen wissenschaftlichen Einrichtungen und den zentralen Betriebseinheiten (im Folgetext Gleichstellungsbeauftragte d.E. genannt) nehmen nach Aufforderung der/des Dienstvorgesetzten bzw. der/des einspruchserhebenden Angestellten an der Überprüfung von Tätigkeitsbeschreibungen (z.B. Heraushebungsmerkmalen) beratend teil. Sie können zum Einspruch der/des TU-Angestellten schriftlich Stellung nehmen.
Die Gleichstellungsbeauftragten nehmen im Rahmen ihrer Möglichkeiten Einfluß auf Tarifverhandlungen.
(...)
1.4 Weiter- und Fortbildungsmaßnahmen
1.4.1 Vorbereitung auf Konkurrenzsituationen
(...)
Durch aktive Zusammenarbeit der/des Gleichstellungsbeauftragten mit dem "Expertinnen-Beratungsnetz Hamburg" wird Frauen Hilfe bei der beruflichen Weiterentwicklung gegeben. Die TUD unterstützt die Arbeit einer Expertinnen-Beratungsstelle, die insbesondere im Interesse der TU-Angehörigen wirksam wird und den Tendenzen der steigenden Erwerbslosigkeit von Frauen entgegenwirkt.
(...)

1.6 Geschlechtsspezifische Beeinträchtigungen
Studentinnen und Mitarbeiterinnen, die geschlechtsspezifischen Beeinträchtigungen (einschließlich sexueller Belästigung) ausgesetzt sind, können sich der Gleichstellungsbeauftragten der TUD anvertrauen. Sie vermittelt bei Bedarf Termine für individuelle Aussprachen mit Fachfrauen (Juristinnen, Ärztinnen, Psychologinnen), informiert über Seminare, Vorträge und Selbsthilfegruppen im Territorium und ergreift geeignete Maßnahmen zur Problembewältigung.

2. Statusgruppenspezifische Maßnahmen zur Frauenförderung

2.1.2 Strukturplanung der Fakultäten
Die Gleichstellungsbeauftragten der Fakultäten sind an den Entscheidungsfindungen über Strukturänderungen zu beteiligen. Die Dekane veranlassen die rechtzeitige Übermittlung der dazu nötigen Informationen und geben den Gleichstellungsbeauftragten Gelegenheit zur Stellungnahme.

2.1.3 Ausschreibungen von Stellen
(...)
b) Die/der Gleichstellungsbeauftragte der TUD wird vom Dezernat Personal über alle Ausschreibungen von Stellen informiert. Sie/er leitet bundesweite Ausschreibungen über das Fraueninformationsnetz weiter.
c) Die/der Gleichstellungsbeauftragte der TUD ist von der ausschreibenden Struktureinheit nach Ablauf der Ausschlußfrist über alle Bewerberinnen und Bewerber in Kenntnis zu setzen.

2.1.4 Berufungskommissionen
An den Sitzungen der Berufungskommissionen für die Besetzung von Stellen des wissenschaftlichen Personals nimmt die/der Gleichstellungsbeauftragte der Fakultät bzw. des Fachbereichs teil.
(...)

2.3.1 Werbung von Schülerinnen
(...)
Veröffentlichungen über das Immatrikulationsgeschehen an der TUD und über offene Studienplätze sind mit der/dem Gleichstellungsbeauftragten der TUD abzustimmen.

3. Verantwortlichkeiten und Berichtspflicht
Mit der Bestätigung des Frauenförderprogramms im Senat der TU Dresden und nach seiner Veröffentlichung ist dieses Programm verbindlich. Verantwortlich für die Einhaltung des Frauenförderungsprogramms ist der Rektor der TU Dresden. Die/der Gleichstellungsbeauftragte der TU unterstützt und kontrolliert die Umsetzung und berichtet spätestens nach 2 Jahren im Senat darüber.

Anlage:
Organisation der Frauenförderung
1. Die/der Gleichstellungsbeauftragte der TUD
1.1 Voraussetzungen
Die/der Gleichstellungsbeauftragte der TUD sollte mindestens 3 Jahre an der TU Dresden gearbeitet haben. Sie/er ist hauptamtlich für eine Wahlperiode von 2 Jahren tätig, darüber hinaus ist sie/er berechtigt, Lehr- und Forschungsaufgaben wahrzunehmen. Eine Wiederwahl ist höchstens zweimal möglich.
1.2 Aufgaben der/des Gleichstellungsbeauftragten der TUD
Die/der Gleichstellungsbeauftragte der TUD
- wirkt in Abstimmung mit dem Rektor umfassend auf die Verwirklichung der Gleichstellung von Frauen und Männern an der TU Dresden hin
- erarbeitet zusammen mit den Gleichstellungsbeauftragten d.E. und der Senatskommission Frauenförderung das Frauenförderungsprogramm, legt es dem Senat zur Beschlußfassung vor, trägt zu seiner Durchsetzung bei und kontrolliert die Realisierung
- legt dem Senat Berichte zur sozialen und beruflichen Situation der an der TUD beschäftigten Frauen und Männer vor, die Entscheidungsvorschläge einschließen
- wirkt bei der Besetzung von Stellen mit, nimmt Presse- und Öffentlichkeitskontakte wahr und organisiert Informationsveranstaltungen
- bearbeitet Anregungen und Beschwerden aller Universitätsangehörigen, soweit sie sich auf die Gleichstellung beziehen
- unterstützt die Wahl der Gleichstellungsbeauftragten d.E.
- initiiert und unterstützt eine Arbeitsgruppe für geschlechtsspezifische Forschung an der TU Dresden
- unterstützt die Erweiterung des Expertinnen-Beratungsnetzes Hamburg auf den Raum Dresden

- bearbeitet im Auftrag der TU Dresden gleichstellungsrelevante Aufgaben auf Bundes- und/oder Landesebene
- unterstützt die Erarbeitung und Änderung von Gesetzesvorlagen, Förderungsprogrammen, Empfehlungen usw. nach Anforderung durch die entsprechenden Dienststellen bei BMWB, beim Land Sachsen und bei der Hochschulrektorenkonferenz
- arbeitet eng mit der Bundeskonferenz der Frauenbeauftragten an Hochschulen der BRD (BuKoF) zusammen.

1.3 Rechte und Befugnisse der/des Gleichstellungsbeauftragten der TUD
Die/der Gleichstellungsbeauftragte der TUD ist im Rahmen ihrer/seiner inhaltlichen Arbeit und der gesetzlichen Regelungen nicht an Weisungen gebunden. Sie/er ist verpflichtet, ihre/seine Mitarbeit in Arbeitsgruppen auf Bundes- und/oder Landesebene dem Rektor anzuzeigen und ihn über die Arbeitsergebnisse in regelmäßigen Abständen zu unterrichten.
Die/der Gleichstellungsbeauftragte der TUD nimmt an den Sitzungen des Senats beratend teil.
Sie/er macht Vorschläge und nimmt Stellung zu allen die Gleichstellung der Frauen betreffenden Angelegenheiten, insbesondere in Berufungsverfahren und bei der Besetzung der Stellen des wissenschaftlichen Personals. Sie/er hat das Recht auf Einsichtnahme in Bewerbungsunterlagen.
Die Universität ist verpflichtet, sie/ihn mit allen für die Erfüllung ihrer/seiner Aufgaben notwendigen Informationen rechtzeitig zu versorgen.
Die/der Gleichstellungsbeauftragte der TUD wirkt darauf hin, daß bundes- und landesweit sowie im Rahmen des TU-Haushaltes gesonderte Mittel für die Gleichstellungsarbeit zur Verfügung gestellt werden.
Sie/er verfügt über eine eigene Kostenstelle.

1.4 Wahlmodus
Die/der Gleichstellungsbeauftragte der TUD und die/der Stellvertreter/in werden in geheimer Wahl für eine Amtszeit von 2 Jahren durch die Gleichstellungsbeauftragten d.E. gewählt. Auf die Änderung dieses im Hochschulerneuerungsgesetz vorgeschriebenen Wahlmodus ist hinzuarbeiten.

2. Gleichstellungsbeauftragte d.E.
In den Fakultäten, den zentralen wissenschaftlichen Einrichtungen, zentralen Betriebseinheiten und der Verwaltung werden Gleichstellungsbeauftragte gewählt. Wahlberechtigt sind alle Angehörigen d.E. Als gewählt gilt die/der Kandidat/in, die/der die Mehrheit der Stimmen erhält.
Die Gleichstellungsbeauftragten d.E. arbeiten nebenamtlich mit entsprechender Entlastung von ihren Dienstaufgaben (Richtwert: 10%). Eine Betriebsvereinbarung dazu ist vorzubereiten und abzuschließen.
In allen Gleichstellungsangelegenheiten d.E. sind zunächst die Gleichstellungsbeauftragten d.E. zuständig. Sie werden von der/dem Gleichstellungsbeauftragten der TUD unterstützt. Sie haben das Recht, an der Neu- und Umgestaltung von Arbeitsplätzen mitzuwirken und kontrollieren die Realisierung der Frauenförderungsprogramme. Die Gleichstellungsbeauftragten der Fakultäten nehmen an den Sitzungen des Fakultätsrats mit beratender Stimme teil.

3. Frauenkommission der TUD
Die Frauenkommission der TUD wird von der/dem Gleichstellungsbeauftragten der TUD geleitet. Ihr gehören alle gewählten Gleichstellungsbeauftragten an. Sie ist ein beratendes Gremium für alle Gleichstellungsfragen. Die Frauenkommission der TUD tagt regelmäßig in öffentlicher Sitzung. Die Sitzungen sind rechtzeitig anzukündigen, sie finden außerhalb der Arbeitszeit statt. Die/der Gleichstellungsbeauftragte der TUD kann den Ausschluß der Öffentlichkeit festlegen.

4. Gleichstellungsbüro
Im Gleichstellungsbüro befinden sich die Arbeitsplätze der/des Gleichstellungsbeauftragten der TUD und einer Referentin. Dazu gehören weiterhin Büroarbeitsplätze des Expertinnen-Beratungsnetzes, der Koordinierungsstelle Frauenforschung/Frauenstudien und eine Handbibliothek, die gleichzeitig als Beratungsraum zu nutzen ist.

Die Arbeit der/des Gleichstellungsbeauftragten ist durch eine angemessene Ausstattung des Gleichstellungsbüros zu unterstützen. Eine studentische Hilfskraft kann in Anspruch genommen werden.

13.1.5 Kinderbetreuung/Familienpflichten

1.3 Vereinbarkeit von Familie und Beruf/Ausbildung
Beschäftigungsverhältnisse an der TUD sind so zu gestalten, daß Elternschaft und andere familiäre Verpflichtungen mit der Wahrnehmung der Dienstaufgaben vereinbar sind.
(...)
2.1.5 Anrechnung von Beurlaubungszeiten
Zeiten der Beurlaubung aus familiären Gründen und bisherige Teilzeitarbeit sollen bei Ernennungen, Berufungen (z.B. als Ausnahmen in Abweichungen von den Vorschriften über das Berufungsalter), Einstellungen, Höhergruppierungen sowie Umsetzungen auswirken, soweit gesetzliche und tarifliche Festlegungen dem nicht entgegenstehen.
2.2 Nichtwissenschaftliche Mitarbeiterinnen
2.2.1 Qualifizierungsmaßnahmen
Bei Qualifizierungsmaßnahmen sind Mitarbeiterinnen der TUD bevorzugt und zwar nach Möglichkeit während der Dienstzeit fortzubilden. Fort- und Weiterbildungsmaßnahmen sind terminlich so anzubieten, daß Frauen mit betreuungsbedürftigen Kindern teilnehmen können. Die/der Gleichstellungsbeauftragte der TUD vermittelt bei Bedarf Betreuungskapazität für Kinder während der Maßnahme.
(...)
2.2.3 Teilzeitarbeit und Beurlaubung
Zeiten der Beurlaubung aus familiären Gründen und bisherige Teilzeitarbeit dürfen sich bei Einstellungen, Höhergruppierungen sowie Umsetzungen weder unmittelbar noch mittelbar nachteilig auswirken, soweit keine gesetzlichen und tariflichen Bedingungen dem entgegenstehen.
(...)
2.3.2 Zugang zur Hochschule/Auswahlverfahren
Laut Hochschulerneuerungsgesetz (§ 36) ist ein bestimmter Teil der Studienplätze Bewerberinnen und Bewerbern vorzubehalten, für die die Versagung der Zulassung eine außergewöhnliche, insbesondere soziale Härte bedeuten würde; das betrifft vor allem Bewerberinnen und Bewerber mit Kind. Die Gleichstellungsbeauftragten der Fakultäten kontrollieren die Einhaltung dieser Vorschrift.
2.3.3 Betreuung von Studentinnen
Eine Schwangerschaft wird auf Wunsch der Studentin als Grund für die Unterbrechung eines laufenden Prüfungsverfahrens anerkannt.
Bei Schwangerschaft/Elternschaft sind auf Wunsch der/des Studierenden individuelle Fördervereinbarungen zu treffen, die eine Modifizierung des Studienablaufes und der Prüfungsreihenfolge beinhalten. Sozial verträgliche Regelungen zur Unterbringung von Studierenden mit Kind werden mit dem Studentenwerk vereinbart.

13.1.6 Geschlechtsspezifische Inhalte in Forschung und Lehre

1.5 Geschlechtsspezifische Forschung und Lehrangebote
An der TUD wird eine Arbeitsgruppe "Koordinierungsstelle Frauenforschung/Frauenstudien in Sachsen" aufgebaut.
Die Ergebnisse der Frauenforschung werden fachübergreifend ausgewertet. Vorträge über diese Forschungsergebnisse und Lehrveranstaltungen zu geschlechtsspezifischen Themen werden durch die/den Gleichstellungsbeauftragte/n der TUD besonders unterstützt.

13.2 Universität Leipzig

Gleichstellungsprogramm (GSP) der Universität Leipzig, Senatsbeschluß v. 27.7.1993

13.2.1 Allgemeine Aufgaben

1. Ziele und Grundlagen
(1) Die Universität Leipzig strebt mit diesem Programm die Gleichstellung von Frauen mit den männlichen Angehörigen sowie den Abbau vorhandener Benachteiligungen von Frauen an.

Insbesondere gilt dies bei Stellenbesetzungen, bei der Förderung des wissenschaftlichen Nachwuchses, in Studium und Lehre, bei Fort- und Weiterbildung. Die Vereinbarkeit von Familie und Beruf soll gefördert werden.
(2) Das GSP soll dazu beitragen, an der Universität Leipzig Studien-, Lehr-, Forschungs- und Arbeitsbedingungen zu schaffen, die allen Frauen die gleichberechtigte Wahrnehmung ihrer Rechte, die Ausübung ihrer Pflichten sowie die berufliche Chancengleichheit gewährleisten.
(...)

13.2.2 Vorrangregelungen/Zielvorgaben

1. Ziele und Grundlagen
(3) Die Universität Leipzig strebt an, den Frauenanteil in den universitären Leitungsgremien kontinuierlich zu erhöhen. Die Fakultäten und Einrichtungen sollen bei der Aufstellung von Listen und Kandidaturen auf eine dementsprechende Berücksichtigung von Frauen achten und eigene Zielvorgaben entwickeln.
(...)
2. Stellenbesetzung
2.2 Besetzung von Stellen
(1) Bei der Vorauswahl zur Besetzung einer Stelle sollen die für die Stelle qualifizierten Bewerberinnen bevorzugt zu einer persönlichen Vorstellung eingeladen werden.
(2) Die Universität Leipzig wirkt darauf hin, daß bei gleicher Qualifikation und Eignung im Sinne der Stellenausschreibung auf jeder Lohn-, Gehalts- und Besoldungsebene Frauen bevorzugt eingestellt werden.
(...)
(9) Hausbewerbungen von Frauen auf höherwertige Stellen werden bei Eignung vorrangig berücksichtigt.
3. Förderung des weiblichen wissenschaftlichen Nachwuchses
Die Universität Leipzig und ihre Fakultäten machen es sich zur besonderen Aufgabe, befähigte Studentinnen während des Studiums zu beraten und Promotions- und Habilitationsvorhaben in besonderem Maße anzuregen und zu unterstützen.
Förderleistungen müssen die besondere Lebenssituation von Frauen beachten, und es ist bei gleichen fachlichen Voraussetzungen Bewerberinnen der Vorzug einzuräumen.
3.1 Frauenanteil bei studentischen und wissenschaftlichen Hilfskräften
Bei der Einstellung von studentischen und wissenschaftlichen Hilfskräften sollen bei gleicher fachlicher Qualifikation und Eignung Bewerberinnen bevorzugt berücksichtigt werden.
3.2 Frauenanteil bei Stipendien, Förderung von Promotion und Habilitation
(1) Bei der Vergabe von Promotionsstipendien gilt den Bewerberinnen besonderes Augenmerk.
(...)
(4) Fachrichtungen, welche eine geringe Zahl von weiblichen Bewerbungen aufzuweisen haben, verwenden besondere Bemühungen darauf, bevorzugt Promotionen und Habilitationen von Frauen zu fördern.
(...)

13.2.3 Sanktions-/Anreizsysteme (-)

13.2.4 Frauenbeauftragte

2. Stellenbesetzung
2.1 Stellenausschreibung
(3) Die Gleichstellungsbeauftragte der Universität Leipzig wird von den Personaldezernaten rechtzeitig über alle Ausschreibungen von Stellen und über alle eingegangenen Bewerbungen informiert und gewährleistet deren Weiterleitung an die Gleichstellungsbeauftragten der Struktureinheiten.
(...)

2.2 Besetzung von Stellen
(7) Werden in einem Berufungsvorschlag Bewerberinnen nicht berücksichtigt, ist dies unter Bezugnahme auf die dem Berufungsvorschlag beizufügende namentliche Liste aller eingegangenen Bewerbungen gegenüber der Gleichstellungsbeauftragten der Universität Leipzig auf Nachfrage zu begründen.
(...)
5. Fort- und Weiterbildung
An der Universität Leipzig werden in Zusammenarbeit mit den Gleichstellungsbeauftragten Veranstaltungen zur allgemeinen Fortbildung und Weiterqualifizierung für Frauen angeboten. Ziele der Fortbildung für Frauen sind u.a. die Verbesserung der Aufstiegschancen, die langfristige Sicherung der Beschäftigung sowie der Abbau der durch familienbedingte Ausfallzeiten entstandenen Informationsdefizite. Auf diese Angebote wird in geeigneter Weise hingewiesen.
(...)
(2) An der Universität Leipzig werden fächerübergreifende Veranstaltungen und andere Dienstleistungen für Frauen aller Bereiche angeboten, die einen speziellen Bedarf an Qualifizierung oder außerberuflicher Unterstützung berücksichtigen (z.B. Computer-, Rhetorik- und Selbstverteidigungskurse; Rechts- und psychologische Beratung). Die Gleichstellungsbeauftragten wirken bei der Ausarbeitung eines entsprechenden Angebots mit.
6. Studium und Lehre
(1) Die zentrale Studienberatung der Universität Leipzig bemüht sich in Zusammenarbeit mit den Fakultäten und deren Gleichstellungsbeauftragten darum, Studienbewerberinnen in stärkerem Maße für jene Studienfächer zu gewinnen, in denen eine Unterrepräsentanz von Frauen besteht. Gleichermaßen sollten Studienbewerber für traditionell von Frauen bevorzugte Fachrichtungen interessiert werden.
(...)
10. Gleichstellungsbeauftragte und Senatskommission für Gleichstellungsfragen
(1) Die Gleichstellungsbeauftragte der Universität und ihre Stellvertreterin werden auf Vorschlag der Gleichstellungsbeauftragten der Fakultäten und Einrichtungen vom Senat für die Amtsdauer von 3 Jahren bestellt. In geeigneter Weise unterstützt die Universität den Arbeitsbereich, aus dem die Gleichstellungsbeauftragte kommt, personell für die Dauer des Amtes. Sie sichert die Tätigkeit einer wissenschaftlichen und einer technischen Mitarbeiterin ab. Nach Beendigung ihrer Amtszeit erhält die Gleichstellungsbeauftragte ein Freisemester für fachliche Qualifizierung.
(2) Die Gleichstellungsbeauftragte der Universität oder deren Stellvertreterin nimmt Stellung zu allen die Belange der Frauen berührenden Angelegenheiten, bei Personalveränderungen, bei Stellenausschreibungen, insbesondere in allen Berufungs- und Stellenbesetzungsverfahren sowie dienst- und arbeitsrechtlichen Streitigkeiten, an denen Frauen beteiligt sind. Sie oder ihre Stellvertreterin erhält alle zur Wahrnehmung der Interessenvertretung von Frauen und zur Frauenförderung für alle Mitarbeiterinnen und Studentinnen notwendigen Unterlagen, Informationen und Dokumente rechtzeitig und hat das Recht auf Einsichtnahme in Bewerbungsunterlagen.
Die Gleichstellungsbeauftragte der Universität kann ihre Rechte und Kompetenzen in den Berufungs- und Stellenbesetzungsverfahren auf die Gleichstellungsbeauftragte der Fakultät oder der Struktureinheit übertragen, soweit dies die gesetzlichen Regelungen zulassen.
(3) Die Arbeit der Gleichstellungsbeauftragten wird durch eine Senatskommission für Gleichstellungsfragen unterstützt, die aus Frauen aller Statusgruppen gebildet wird. Die Gleichstellungsbeauftragte oder ihre Stellvertreterin oder die von ihr jeweils benannten Mitglieder der Senatskommission für Gleichstellungsfragen haben das Recht, in allen Gremien der Universität mit Rede- und Antragsrecht sowie Widerspruchsrecht mitzuarbeiten, sofern die Belange von Frauen berührt werden und es die gesetzlichen Regelungen zulassen. Sie können als Person des Vertrauens bei Personal- und anderen Gesprächen einbezogen werden, sofern es die betreffenden Frauen wünschen.
(4) Die Gleichstellungsbeauftragte der Universität gehört als Mitglied dem Konzil, dem Senat, der Vergabekommission für Stipendien und der Kommission für Lehre und Studium an und verfügt über Rede- und Antragsrecht sowie Widerspruchsrecht in allen die Gleichstellung betreffenden Fragen.
(5) Vor allen Entscheidungen über Angelegenheiten, die die Belange der Frauen an der jeweiligen Einrichtung der Universität unmittelbar berühren, ist den Gleichstellungsbeauftragten eine angemessene Frist zur Abgabe eines Vorschlages oder einer Stellungnahme einzuräumen.
Den Beschlüssen von Gremien sind bei Weiterleitung die Stellungnahmen und Vorschläge der Gleichstellungsbeauftragten gemäß Satz 1 und auf deren Wunsch beizufügen.

(6) Die Gleichstellungsbeauftragte betreibt Öffentlichkeitsarbeit und organisiert Informationsveranstaltungen. Sie berichtet jährlich dem Senat und führt jährlich eine Frauenvollversammlung durch.

13.2.5 Kinderbetreuung/Familienpflichten

2. Stellenbesetzung
2.2 Besetzung von Stellen
(3) Bei der Einstellungsbeurteilung sind familiär bedingte Beurlaubungen als zusätzliche Belastung besonders anzuerkennen. Sie dürfen nicht nachteilig bewertet werden.
(4) Durch familienspezifische Aufgaben entstandene Verzögerungen sind Bewerberinnen in der akademischen Qualifizierung nicht nachteilig anzurechnen.
(...)
3.2 Frauenanteil bei Stipendien, Förderung von Promotion und Habilitation
(3) Alle Stipendienprogramme sind so zu gestalten, daß sie auch von Frauen und Männern in Anspruch genommen werden können, die während dieser Zeit Kinder betreuen. Eine Möglichkeit ist die Umwandlung der Stipendien in "Teilzeit"-Stipendien bei entsprechender Laufzeitverlängerung.
(...)
(5) Die Universität Leipzig setzt sich nachdrücklich für die Wahrnehmung von Stipendien und von zusätzlichen Stellenprogrammen ein, um Wissenschaftlerinnen und Wissenschaftlern den Wiedereinstieg nach der Familienphase zu ermöglichen.
4. Vereinbarkeit von Familie und Beruf für Frauen und Männer
4.1 Arbeitszeiten, Teilzeitarbeit, Beurlaubungen
(1) Zeiten der Beurlaubung aus familiären Gründen oder bisherige Teilzeitarbeit dürfen sich bei Einstellungen, Höhergruppierungen sowie Umsetzungen nicht nachteilig auswirken.
(2) Unter Beachtung der dienstlichen Belange sollten auf der Grundlage der gesetzlichen Bestimmungen frauen- und elternfreundliche Regelungen ermöglicht werden:
- Gestaltung flexibler Arbeitszeiten bei Kinderbetreuung, Pflege von Haushaltsangehörigen sowie Fort-, Aus- und Weiterbildung auf Antrag von Beschäftigten
- gleiche berufliche Aufstiegs- und Fortbildungschancen für Teilzeitbeschäftigte
- Reduzierung der Arbeitszeit oder Freistellung (Beurlaubung) auf begründeten Wunsch von Beschäftigten
- Aufstockung der Arbeitszeit nach vorübergehender Teilzeitbeschäftigung auf Antrag zum nächstmöglichen Zeitpunkt
- Möglichkeiten für beurlaubte Bedienstete zur Aufrechterhaltung der Verbindung zum Beruf z.B. durch Urlaubs- und Krankheitsvertretung sowie Weiterbildung
- Einstellung und Vertretungs- und Aushilfskräften bei Beurlaubungen von Beschäftigten (z.B. Mutterschutz und Erziehungsurlaub)
- Verlängerung des befristeten Arbeitsverhältnisses um die Dauer des Erziehungsurlaubs und des Mutterschutzes
- Weiterbeschäftigung an gleichwertigem Arbeitsplatz an der Universität nach Inanspruchnahme des Erziehungsurlaubs und der evtl. anschließenden Beurlaubung (ohne Bezüge)
4.2 Schwangerschaft und Kinderbetreuung
(1) Zur besseren Vereinbarkeit von Schwangerschaft, Kinderbetreuung und Studium wirkt die Universität Leipzig darauf hin, daß über die zwei Freisemester hinaus, die Studierenden im Regelfall zustehen, Schwangerschaft als Grund für eine Beurlaubung vom Studium anerkannt wird.
(2) Die Universität Leipzig wirkt darauf hin, daß die BAFöG-Höchstförderungsdauer und die Frist zur Ablegung der Prüfung bei Schwangerschaft/Mutterschaft von Studentinnen mindestens um zwei Semester, in Härtefällen darüber hinaus, verlängert wird.
(3) Sonderstudienpläne für werdende Mütter sind als individuelle Fördervereinbarungen auf Wunsch der Studentinnen zu ermöglichen. Eine Schwangerschaft wird auf Antrag der Studentin als Grund für die Verlagerung des Prüfungszeitraums (Vorverlegung oder Verlängerung), für die Modifizierung der Prüfungsreihenfolge oder für die Unterbrechung eines laufenden Prüfungsvorganges anerkannt.
(4) Laut Regelung des HRG § 57 b (6) soll der erstmalige Abschluß eines befristeten Arbeitsvertrages nicht später als 4 Jahre nach der letzten Hochschul- oder Staatsexamensprüfung erfolgen. Eine Überschreitung des Zeitraumes um maximal 3 Jahre sollte dann gewährt werden, wenn eine weitere Qualifi-

zierungsphase (z.B. über Promotionsstipendien) (...) unmittelbar anschließt oder durch die Geburt und Betreuung (Mutterschutz/Erziehungsurlaub) eines oder mehrerer Kinder oder pflegebedürftiger Familienangehöriger ein Arbeitsverhältnis früher nicht eingegangen werden konnte.
(5) Die Universität Leipzig bemüht sich über die Kinderbetreuung von Studentinnen und Studenten hinaus, allen Universitätsangehörigen in Zusammenarbeit mit der Stadt eine bedarfsdeckende Kinderbetreuung bis ins Schulalter zu ermöglichen. Sie setzt sich dafür ein, die kostenlose stundenweise Kinderbetreuungsmöglichkeit zu erhalten und auszubauen.
5. Fort- und Weiterbildung
(...)
(1) Fortbildungsangebote sollten ausdrücklich Frauen als Zielgruppe ansprechen und deren familiäre Belastung berücksichtigen, z.b. durch ortsnahe Fortbildungsmöglichkeiten, Angebote mit Kinderbetreuung, Angebote für Teilzeitbeschäftigte, Blockseminare usw.
(...)

13.2.6 Geschlechtsspezifische Inhalte in Forschung und Lehre

1. Ziele und Grundlagen
(4) Zur wissenschaftlichen Unterstützung, Begleitung und Evaluierung der Gleichstellungsarbeit fördert die Universität Leipzig die Entwicklung sowohl disziplinärer als auch interdisziplinärer Frauen- bzw. Geschlechterforschung.
(5) Aufgabe von Gleichstellungsarbeit ist es weiter, die für Frauen an der Universität bestehenden Nachteile aufzuzeigen, um so schrittweise auf die Gleichstellung von Frauen hinzuwirken.
(...)
6. Studium und Lehre
(2) Die Fakultäten der Universität Leipzig fördern Lehrveranstaltungen zur Frauen- und Geschlechterthematik (Lehrgänge, Gastprofessuren, Gastvorträge, Einrichtung spezifischer Studienschwerpunkte, Professuren mit entsprechender Arbeitsausrichtung).
(...)
7. Frauen- und Geschlechterforschung
(1) Frauenforschung beschäftigt sich auf interdisziplinärer Basis mit den Ursachen und Mechanismen der spezifischen sozialen Benachteiligung, Diskriminierung und Unterdrückung von Frauen sowie mit ihren Leistungen in Vergangenheit und Gegenwart. Frauenforschung trägt zur Überwindung dieser historisch entstandenen und patriarchalisch bedingten Ungleichheit von Mann und Frau bei.
(2) Schrittweise sollen Frauenforschungsprogramme und frauenspezifische Lehrinhalte in Fakultäten und Forschungseinrichtungen etabliert und in der Lehre umgesetzt werden.
(3) Die Fakultäten werden aufgefordert, bei der Strukturplanung und Wiederbesetzung von Stellen im wissenschaftlichen Bereich auch frauenspezifische Arbeitsgebiete und Lehrangebote zu berücksichtigen.
(4) Lehraufträge mit geschlechterspezifischen Themen sind gleichberechtigt mit anderen Lehraufträgen zu genehmigen. Feministischer Wissenschaftsansatz darf kein Grund zur Diskriminierung sein.
(5) Die Universität Leipzig fördert in besonderem Maße Arbeiten, Projekte oder Veranstaltungen, die die Situation von Frauen in der Gesellschaft, in der Wissenschaft im allgemeinen und in den Einzelwissenschaften zum Gegenstand haben.
(6) Die Universität Leipzig strebt langfristig die Einrichtung eines Lehrstuhles für Frauenforschung an, berücksichtigt seinen Stellen-, Sach- und Forschungsmittelbedarf und unterstützt die Einrichtung eines interdisziplinären Frauen- und Geschlechterforschungszentrums.
(7) Die Universitätsbibliothek richtet einen Sammelschwerpunkt "Frauenforschung" ein.

14. Sachsen-Anhalt

14.1 Martin-Luther-Universität Halle-Wittenberg

Gleichstellungsprogramm der Martin-Luther-Universität Halle-Wittenberg, Senatsbeschluß v. 1.11.1995.

14.1.1 Allgemeine Aufgaben

Der Senat und die Hochschulleitung der Martin-Luther-Universität verpflichten sich mit diesem Programm, alle gesetzlichen und sonstigen Möglichkeiten auszuschöpfen, um die tatsächliche Gleichstellung der weiblichen und männlichen Mitglieder der Hochschule zu erreichen. Dabei wird die Notwendigkeit unterstrichen, mit Hilfe der im Programm festgelegten Maßnahmen (A) der Organisation der Frauenförderung (B) den Abbau vorhandener Benachteiligungen von Frauen zu realisieren und gleiche Entwicklungsmöglichkeiten für Frauen und Männer sicherzustellen. Der Senat und die Hochschulleitung setzen sich für die Schaffung solcher Bedingungen ein, die den weiblichen wie männlichen Universitätsangehörigen die Vereinbarkeit von Beruf und Familie ermöglichen.
(...)

14.1.2 Vorrangregelungen/Zielvorgaben

A)   Maßnahmen zur Beseitigung von Benachteiligungen
2)   Förderung des weiblichen wissenschaftlichen Nachwuchses
(...)
Bei der Einstellung von Tutoren und wissenschaftlichen bzw. studentischen Hilfskräften sollen bei gleicher Qualifikation und Eignung Bewerberinnen mindestens entsprechend ihrem Anteil an den Absolventen bzw. Studierenden des jeweiligen Faches berücksichtigt werden.
Bei der Vergabe von Promotionsstipendien durch die Universität sollen Bewerberinnen bei gleicher Qualifikation mindestens entsprechend ihrem Anteil an den Promotionsberechtigten des betreffenden Faches berücksichtigt werden. ...
(...)

14.1.3 Sanktions-/Anreizsysteme (-)

14.1.4 Frauenbeauftragte

I A)   Maßnahmen zur Beseitigung von Benachteiligungen
2)   Förderung des weiblichen wissenschaftlichen Nachwuchses
(...)
Die MLU strebt bei der Vergabe von Preisen für den wissenschaftlichen Nachwuchs die angemessene Berücksichtigung der Nachwuchswissenschaftlerinnen an. Die Gleichstellungsbeauftragte der Universität wirkt in der Preisvergabekommission mit.
3.   Stellenbesetzungsverfahren
a.   Stellenausschreibung
(...)
Die Stellenausschreibungen werden der Gleichstellungsbeauftragten der Universität bzw. den Gleichstellungsbeauftragten der jeweilig betroffenen Fakultäten, Fachbereiche und zentralen Einrichtungen vom geschäftsleitenden Beamten der Hochschulverwaltung über Verteiler zugestellt.
b.   Verfahren bei Berufungen und Stellenbesetzung
Die Gleichstellungsbeauftragten der Fakultäten, Fachbereiche und die der zentralen Einrichtungen sind über eingegangene Bewerbungen zu informieren.
In den Berufungs- und Stellenbesetzungskommissionen ist die Mitwirkung stimmberechtigter Frauen sicherzustellen. In den Berufungskommissionen soll mindestens eine der stimmberechtigten Frauen Professorin sein. Die Gleichstellungsbeauftragten der Fachbereiche, Fakultäten bzw. zentralen Einrichtungen nehmen als Mitglied mit beratender Stimme teil. Ihr ist Gelegenheit zu Unterrichtung und Stellungnahme zu geben.
(...)
Die Gleichstellungsbeauftragte der Universität arbeitet als Mitglied in der Berufungsprüfungskommission mit.

4. Weiterbildung
(...)
Die Kontrolle obliegt dem Fachbereichssprecher bzw. Dekan in Zusammenarbeit mit der entsprechenden Gleichstellungsbeauftragten.
6. Bericht zur Situation der Frauen
(...)
Der Senat erörtert alle 2 Jahre aufgrund eines Berichtes der Gleichstellungsbeauftragten der Universität und der Kommission für Gleichstellungsfragen Auswirkungen der Maßnahmen nach A1 bis A6 und ggfs. deren Anpassung an die aktuelle Situation. Der Bericht wird auf der Grundlage der universitären Statistik erstellt.
I B) Organisation der Frauenförderung
1. Kommission für Gleichstellungsfragen
Die Gleichstellungsbeauftragte der Universität, deren Stellvertreterin und die Gleichstellungsbeauftragten der Fakultäten, Fachbereiche, zentralen Einrichtungen und der Verwaltung bilden die Kommission für Gleichstellungsfragen an der Martin-Luther-Universität.
Die Kommission berät den Senat in Angelegenheiten, welche die Gleichstellung von Frauen und Männern an der Universität betreffen. Zu ihren Aufgaben gehören insbesondere:
- die Kontrolle von Maßnahmen zur Förderung von Wissenschaftlerinnen und Studentinnen sowie die Erarbeitung von Vorschlägen für deren Fortschreibung und nötige Korrekturen
- die Kontrolle und die Durchsetzung des Frauenfördergesetzes
- die Anregung zu Forschungsvorhaben und Lehrangeboten hinsichtlich der Frauen- und Geschlechterforschung.
Die Kommissionsmitglieder sind für das nichtwissenschaftliche Personal und die Auszubildenden in allen die Gleichstellung betreffenden Problemkreisen die Ansprechpartnerinnen.
Die Gleichstellungsbeauftragten der Fachbereiche und Fakultäten und die der zentralen Einrichtungen beraten die Gleichstellungsbeauftragte der Universität.
2. Aufgaben der Fachbereiche und Fakultäten
Die Fachbereiche und Fakultäten der Martin-Luther-Universität sind verpflichtet, Förderpläne in Zusammenarbeit mit der Gleichstellungsbeauftragten des jeweiligen Fachbereichs der jeweiligen Fakultät aufzustellen.
(...)
Die Gleichstellungsbeauftragten der Fachbereiche und Fakultäten nehmen beratend an den Fachbereichs- und Fakultätssitzungen bzw. entsprechender Leitungssitzungen der zentralen Einrichtungen teil.
3. Gleichstellungsbeauftragte/Frauenbüro
Die Gleichstellungsbeauftragte berät und unterstützt die Hochschulleitung und die zentralen Gremien in allen die Gleichstellung betreffenden Angelegenheiten und nimmt Anregungen auf. Darin wird sie von der Referentin des Büros für Gleichstellungsfragen unterstützt. Das Büro ist für alle Mitglieder der Universität in Fragen der Gleichstellung zuständig. Das Büro für Gleichstellungsfragen ist angemessen sachlich und personell auszustatten. Dazu gehören eine Referentin (1/2 Stelle) und 1/3 Schreibkraft. Das Büro ist räumlich angemessen auszustatten und in einem zentralen Gebäude unterzubringen.

14.1.5 Kinderbetreuung/Familienpflichten

1. Maßnahmen zur Beseitigung von Benachteiligungen
7. Vereinbarkeit von Familie, Beruf und Studium
Die Studien-, Lehr-, Forschungs- und sonstige Arbeitsbedingungen sind so zu gestalten, daß für Frauen die gleichberechtigte Wahrnehmung der Rechte und Pflichten gewährleistet wird. Insbesondere tragen die Prüfungsordnungen der besonderen Situation von Schwangeren und Eltern mit Kleinkindern Rechnung.
Die Universität setzt sich für die Betreuung der Kinder von Mitgliedern der Hochschule ein. In Absprache mit dem Studentenwerk und der Kommune strebt die Universität an, Kindereinrichtungsplätze zur Verfügung zu stellen.

14.1.6 Geschlechtsspezifische Inhalte in Forschung und Lehre

I A)   Maßnahmen zur Beseitigung von Benachteiligungen
5.   Frauen- und Geschlecherforschung
Die Martin-Luther-Universität fördert ideell und materiell den Ausbau der Frauen- und Geschlechterforschung. Lehrangebote und Forschungsprojekte zu Frauenfragen und zum Verhältnis der Geschlechter sollen - soweit dies den Fachbereichen und Fakultäten fachlich möglich ist - gefördert werden. Dazu gehören u.a.:
- die Unterstützung entsprechender Lehrangebote
- Ringvorlesungen und interdisziplinäre Veranstaltungen (Konferenzen, Tagungen)
- die Entwicklung von Forschungsschwerpunkten
- die Universität unterstützt die Anschaffung von Literatur zur Frauen- und Geschlechterforschung und ist bemüht, zu dieser Forschung einen Sammelschwerpunkt zu entwickeln. Entsprechende Literatur wird auch dem Frauenbüro zugestellt.

14.2 Otto-von-Guericke-Universität Magdeburg

Regelung der Tätigkeit der Gleichstellungsbeauftragten und Grundsätze zur Frauenförderung, Senatsbeschluß v. 19.4.1995 i.d.F.v. 18.10.1995 und Gesamtpersonalrat v. 21.8.1995 und 6.11.1995

14.2.1 Allgemeine Aufgaben

"Präambel"
Um langfristig den Auftrag des sachsen-anhaltinischen-Hochschulgesetzes (§ 3 Abs. 5) und des Gesetzes zur beruflichen Förderung von Frauen im öffentlichen Dienst zu erfüllen, erläßt die Otto-von-Guericke-Universität nachfolgende Grundsätze.

14.2.2 Vorrangregelungen/Zielvorgaben

Teil II
1.   Verfahren bei Stellenbesetzungen
Grundsätze
Bei der Besetzung von Stellen für wissenschaftliches Personal und für nichtwissenschaftliches Personal mit Leitungsfunktionen sind Bewerberinnen bei gleicher Qualifikation so zu berücksichtigen, daß die Unterrepräsentanz von Frauen abgebaut wird.
(...)
1.2 Alle Bewerberinnen, deren Arbeitsgebiete und Qualifikation der Stellenausschreibung entsprechen, sollen zu einem Vorstellungsgespräch eingeladen werden (vgl. Gesetz zur beruflichen Förderung von Frauen, § 4 Abs. 1). Ausnahmen bedürfen der Zustimmung der Gleichstellungsbeauftragten.
(...)
1.4 Sind Frauen im Lehrkörper unterrepräsentiert, so muß die Universität besondere Bemühungen darauf verwenden, den weiblichen wissenschaftlichen Nachwuchs insbesondere bei Promotionen und Habilitationen zu fördern und freie Stellen mit geeigneten Frauen besetzen.
(...)
3.   Fördermaßnahmen und Kinderbetreuung
3.1 Bei der Vergabe von Promotionsstipendien sollen weibliche und männliche Bewerber in gleicher Zahl berücksichtigt werden, sofern die Bewerberlage und die Qualifikation der Bewerber dieses zulassen.

(...)

14.2.3 Sanktions-/Anreizsysteme

Teil II.
Vorbemerkungen
(1) In den kommenden Jahren ist es Aufgabe des Senats, ein materielles Anreizsystem zur Frauenförderung zu entwickeln, das auf die konzeptionelle Gestaltung und Umsetzung der Frauenförderung hinzielt. Gefördert werden sollten Initiativen und Aktivitäten, die - basierend auf fach- bzw. fakultätsspezifischen Förderplänen und deren Zielsetzungen - zur Erhöhung des Frauenanteils beitragen.
(...)

14.2.4 Frauenbeauftragte

Teil I
§ 1   Die Gleichstellungsbeauftragte der Universität
(1) Die Gleichstellungsbeauftragte unterstützt die Universität bei allen Maßnahmen zur Förderung von Wissenschaftlerinnen, weiblichen Beschäftigten (Verwaltungspersonal, Pflegepersonal, technisches Personal) und Studentinnen. Sie wirkt an der Aufstellung von Frauenförderplänen für die gesamte Einrichtung mit.
Die Gleichstellungsbeauftragte vertritt die Interessen aller Mitarbeiterinnen an der Universität. Sie sorgt für die Herstellung der Chancengleichheit für Frauen und Männer und achtet auf die Vermeidung von Nachteilen für weibliche Angehörige der Universität.
(2) Die Gleichstellungsbeauftragte unterstützt den Rektor, die Selbstverwaltungsgremien und die Verwaltung bei der Umsetzung von Frauenförderplänen und wirkt insbesondere darauf hin, daß
- der Anteil von Frauen innerhalb des wissenschaftlichen, des technischen und des Verwaltungspersonals auf allen Ebenen angemessen erhöht wird, insbesondere dort, wo Frauen stark unterrepräsentiert sind,
- die berufliche Situation hinsichtlich der Vereinbarkeit von Beruf und Familie in erforderlichem Maße berücksichtigt wird (vgl. Teil II, Abs. 3) und
- der Anteil der Studentinnen in den Studiengängen, in denen sie stark unterrepräsentiert sind, erhöht und ihre Studiensituation verbessert wird.
(3) Die Gleichstellungsbeauftragte ist befugt, Stellungnahmen gegenüber dem Rektor und dem Ministerium abzugeben
- zu allgemeinen und grundsätzlichen Fragen der Förderung von Frauen,
- zu Frauenförderplänen der Universität und der Fachbereiche,
- in allen Berufungsverfahren,
- zu Einstellungsfragen und Entlassungen.
(4) Die Gleichstellungsbeauftragte bzw. ihre Stellvertreterin kann im Rahmen ihrer Aufgaben an allen Sitzungen des Senats und seiner Kommissionen mit Antrags- und Rederecht teilnehmen. Sie hat das Recht, in allen Berufungsangelegenheiten die notwendigen und sachdienlichen Informationen zu erhalten und vor Entscheidungen gehört zu werden.
(5) Der Gleichstellungsbeauftragten und ihrer Stellvertreterin sind im Rahmen der rechtlichen Möglichkeiten für ihre Tätigkeit entsprechende Freistellungen von anderen Aufgaben zu sichern. Die Universität gewährt der Gleichstellungsbeauftragten und ihrer Stellvertreterin eine Pflichtstundenabminderung und eine angemessene Befreiung von anderen Dienstaufgaben, die mit dem Ministerium zu vereinbaren sind.
(6) Die Universität sichert die personelle Ausstattung im Zeitumfang mit einer halben Stelle mit einer den Aufgaben entsprechenden Vergütung sowie die materielle Ausstattung des Gleichstellungsbüros, einschließlich Dienstreisegelder und Honorare. Eine diesbezügliche Kostenplanung ist im Haushalt vorzunehmen.
(7) Die Gleichstellungsbeauftragte bzw. ihre Stellvertreterin kann an den Sitzungen der Personalräte und des Gesamtpersonalrates mit beratender Stimme teilnehmen.
§ 2   Gleichstellungsbeauftragte der Fakultäten und der Zentralen Einrichtungen
(1) In den Fakultäten der Universität, in den Zentralen Einrichtungen und in der Universitätsverwaltung wird je eine Gleichstellungsbeauftragte und eine Stellvertreterin gemäß der gültigen Wahlordnung für die Dauer von zwei Jahren gewählt. Diese Beauftragten können alle Rechte bzw. Pflichten gemäß § 1

Abs. 3 - 5 wahrnehmen, soweit dies nicht durch die Gleichstellungsbeauftragte der Universität erfolgt, damit sie aus ihrem Tätigkeitsfeld heraus kompetenter agieren können.
(2) Die Gleichstellungsbeauftragten der Fakultäten bzw. der Verwaltung und der Zentralen Einrichtungen unterstützen Fördermaßnahmen für Frauen auf Fakultäts- oder Institutsebene, sie setzen sich dafür ein, daß geltende Fördergesetze berücksichtigt werden und nehmen Anregungen und Beschwerden entgegen.
Sie arbeiten mit der Gleichstellungsbeauftragten der Universität zusammen und unterstützen deren Arbeit.
(3) Die Aufgaben sind:
- Stellungnahme gegenüber dem Fakultätsrat und den Berufungskommissionen vor der Beschlußfassung über Berufungsvorschläge und zu Einstellungen und Entlassungen;
- Umsetzung des Frauenförderplanes in den Fakultäten in Zusammenarbeit mit der jeweiligen Personalvertretung
- Die Gleichstellungsbeauftragten haben das Recht, an den Sitzungen der Selbstverwaltungsgremien ihrer Fakultäten bzw. Zentralen Einrichtungen mit Rede- und Antragsrecht teilzunehmen.
§ 3   Senatskommission für Gleichstellungsfragen
Die Gleichstellungsbeauftragten bilden die Senatskommission für Gleichstellungsfragen. Die Senatskommission vertritt die Laueninteressen im Rahmen der Gesamtinteressen der Otto-von-Guericke-Universität.
Teil II
1.   Verfahren bei Stellenbesetzungen
1.1 Wird eine Stelle ausgeschrieben, so ist die Gleichstellungsbeauftragte über die Ausschreibung rechtzeitig zu informieren. Ausschreibungen haben die geforderte Qualifikation und das gewünschte Arbeitsgebiet zu benennen.
1.2 Alle Bewerberinnen, deren Arbeitsgebiete und Qualifikation der Stellenausschreibung entsprechen, sollen zu einem Vorstellungsgespräch eingeladen werden (vgl. Gesetz zur beruflichen Förderung von Frauen, § 4 Abs. 1). Ausnahmen bedürfen der Zustimmung der Gleichstellungsbeauftragten.
1.3 Jeder Berufungskommission sollen in der Regel mindestens zwei stimmberechtigte Frauen angehören, wobei auch Frauen aus fachlich benachbarten Bereichen berücksichtigt werden oder aus anderen Einrichtungen kommen können, wenn sie fachlich ausreichend qualifiziert sind, um die Eignung der Bewerber zu beurteilen. Abweichungen von der Regel bedürfen der Zustimmung der Gleichstellungsbeauftragten der Fakultät. Die Gleichstellungsbeauftragte der Universität bzw. die Gleichstellungsbeauftragten der jeweiligen Fakultät nehmen mit beratender Stimme an Berufungskommissionssitzungen teil.
5.   Berufliche Fort- und Weiterbildung für weibliche Beschäftigte an der Universität
(...)
Um Frauen eine kontinuierliche wissenschaftliche Arbeit zu ermöglichen, sind die Öffnungszeiten der Bibliotheken und der Lesesäle sowie von Computerkabinetten und anderen Arbeitsräumen mit der Senatskommission für Gleichstellung abzustimmen.
(...)
Teil III
Sexuelle Belästigung und sexuelle Gewalt
(5) Frauen haben das Recht, bei sexueller Belästigung und sexueller Gewalt die Vorgesetzten bzw. die Gleichstellungsbeauftragte der Universität oder der Struktureinheit zu informieren. Sie können dies zur Wahrnehmung ihrer Anonymität auch unter Einschaltung einer dritten Person ihres Vertrauens tun.
(...)

14.2.5 Kinderbetreuung/Familienpflichten

Teil II
Vorbemerkungen
(3) Für flexible Arbeitszeitgestaltung sind rechtliche Rahmenbedingungen weitestgehend auszuschöpfen. Dienstpläne sowie die Sitzungszeiten der Gremien der akademischen Selbstverwaltung sollen weitestmöglich die individuellen Bedürfnisse derjenigen Personen berücksichtigen, die Kinder oder pflegebedürftige Angehörige betreuen.
(...)

1. Verfahren bei Stellenbesetzungen
1.5 Bei Beurteilung von Eignungsvoraussetzungen werden die Besonderheiten in Berufsbiographien von Frauen, wie z.B. Ausfallzeiten wegen Kindererziehung, nicht nachteilig bewertet.
3. Fördermaßnahmen und Kinderbetreuung
3.2 Befristete Arbeitsverhältnisse sind bei Inanspruchnahme von Mutterschaftsfristen und des Kinderbetreuungsurlaubs durch Mutter oder Vater entsprechend den gesetzlichen Regelungen zu verlängern. Es dürfen keine Nachteile durch Schwangerschaft und Kinderbetreuung entstehen. Das gilt sowohl für eine sich eventuelle verlängernde Studienzeit als auch für das Ablegen von Prüfungen.
4. Verbesserung der Vereinbarkeit von Beruf und Familie
Im Rahmen der gesetzlichen, tarifvertraglichen oder sonstigen Regelungen der Arbeitszeit und der dienstlichen Möglichkeiten sind im Einzelfall Beschäftigten mit Familienpflichten bei Bedarf geänderte tägliche und wöchentliche Arbeitszeiten einzuräumen.
- Bei Anordnungen von Mehrstundenarbeitszeit sind im Rahmen des Ausgleiches die Interessen der betroffenen Mitarbeiterinnen zu beachten.
- Fortbildungskurse, die Frauen - insbesondere auch aus den unteren Vergütungsgruppen den beruflichen Aufstieg sowie beurlaubten Beschäftigten der Wiedereinstieg erleichtern, sind in ausreichendem Umfang anzubieten; dazu gehören bei Bedarf auch eigene Kursangebote vornehmlich für Frauen.
(...)
5. Berufliche Fort- und Weiterbildung für weibliche Beschäftigte an der Universität
(...)
Fortbildungsangebote, die außerhalb der Arbeitszeit stattfinden, sind möglichst so anzubieten, daß sie Kinderbetreuung usw. zulassen.
(...)
Teilzeitbeschäftigten sind grundsätzlich die gleichen beruflichen Auftiegs- und Weiterbildungschancen wie Vollbeschäftigten zu gewähren.

14.2.6 Geschlechtsspezifische Inhalte in Forschung und Lehre

Teil II
2. Einrichtung einer Gastprofessur
Die Universität strebt die Einrichtung einer Dorothea-Erxleben-Gastprofessur an. Dorothea Erxleben lebte von 1715 - 1762 in Quedlinburg und erwarb 1754 als erste deutsche Frau in Halle den medizinischen Doktortitel.
Diese Professur soll Frauen aus Wissenschaftsgebieten, in denen Frauen unterrepräsentiert sind, zur fachlichen und persönlichen Profilierung jeweils für ein halbes bis zwei Jahren offenstehen.

15. Schleswig-Holstein

15.1 Frauenförderrichtlinien der Ministerin für Wissenschaft, Forschung und Kultur zur Gleichstellung der Frauen an den Hochschulen nach § 33 Abs. 2 HSG (Landesaufgaben) v. 21.12.1994

15.1.1 Allgemeine Aufgaben

1. Zielsetzung und Geltungsbereich
1.1 Bei der Herstellung der verfassungsrechtlich gebotenen Chancengleichzeit zwischen Männern und Frauen kommt dem öffentlichen Dienst Vorbildfunktion zu. Nach § 2 Abs. 2 HSG ist die Hochschule verpflichtet, Frauen und Männern die ihrer Qualifikation entsprechenden gleichen Entwicklungsmöglichkeiten zu geben und die für weibliche Mitglieder bestehenden Nachteile zu beseitigen.
(...)

15.1.2 Vorrangregelungen/Zielvorgaben (-)

15.1.3 Sanktions-/Anreizsysteme (-)

15.1.4 Frauenbeauftragte

2. Feststellung der Beschäftigungsstruktur und Berichtspflicht
2.1 Jede Hochschule erhebt aufgrund eines landeseinheitlichen Erhebungsbogens den Anteil der Frauen an der Zahl der Beschäftigten und der Bewerbungen und erstellt einen Bericht zur Beschäftigungsstruktur. In Bereichen, in denen Frauen unterrepräsentiert sind, sind die Ursachen dafür besonders zu erläutern. Der Personalrat und die Frauenbeauftragte erhalten Gelegenheit zur Stellungnahme.
(...)
3. Besetzung von Stellen
3.1 Bei Stellenbesetzungsverfahren in der Zentralen Verwaltung und in Zentralen Einrichtungen ist die Frauenbeauftragte der Hochschule zu beteiligen. Bei Stellenbesetzungsverfahren in den Fachbereichen und im Klinikum ist die jeweils zuständige Frauenbeauftragte des Fachbereichs oder des Klinikums zu beteiligen.
3.2 Mit der Frauenbeauftragten sind insbesondere abzustimmen:
- alle Ausschreibungskriterien,
- Ausschreibungstext,
- Veröffentlichungsorgan,
- Veränderung von Auswahlkriterien, die über den Ausschreibungstext hinausgehen,
- Auswahl der zu einem Vorstellungsgespräch Einzuladenden,
- Termine für Vorstellungsgespräche.
Werden Gespräche mit Bewerberinnen und/oder Bewerbern durchgeführt, ist die Frauenbeauftragte zu diesen Bewerbungsgesprächen einzuladen. Entscheidet ein Auswahlgremium über eine Stellenbesetzung durch Abstimmung, ist die Frauenbeauftragte stimmberechtigt. Eine evtl. abweichende Stellungnahme der Frauenbeauftragten ist dem Personalvorgang beizufügen.
3.3 Widerspricht die Frauenbeauftragte einer beabsichtigten Personalentscheidung und tritt ihr das Rektorat nicht bei, so ist die Entscheidung der Ministerin für Wissenschaft, Forschung und Kultur einzuholen.
3.4 Bei der Besetzung der Stellen zur Promotion und für Hochschulmitglieder nach §§ 220, 221, 222 und 223 Abs. 1 LBG (wissenschaftliche und künstlerische Assistentinnen und Assistenten, Oberassistentinnen, Oberassistenten, Oberingenieurinnen, Oberingenieure, Hochschuldozentinnen, Hochschuldozenten und wissenschaftliche und künstlerische Mitarbeiterinnen und Mitarbeiter, denen nicht Daueraufgaben an der Hochschule übertragen werden sollen) einschließlich der Drittmittelstellen kann von einer öffentlichen Ausschreibung nur mit Zustimmung der Frauenbeauftragten abgesehen werden. Die Professorin oder der Professor bzw. die Einrichtung, der die Stelle zugeordnet ist, hat das Vorschlagsrecht.
3.5 Bei der Vergabe von Lehraufträgen und Professurvertretungen ist die Frauenbeauftragte zu beteiligen. Das Verfahren wird zwischen Rektorat und Frauenbeauftragter orientiert an Frauenförderung einerseits und möglichst effektiver Handhabung andererseits einvernehmlich festgelegt.
5. Frauenbeauftragte
5.1 An den staatlichen Hochschulen des Landes Schleswig-Holstein nehmen die Frauenbeauftragten auch die Aufgaben der Gleichstellungsbeauftragten für die Landesaufgaben wahr.
5.2 Die Frauenbeauftragte hat bei allen personellen, sozialen und organisatorischen Maßnahmen ihrer Hochschule auf die Gleichstellung von Frauen hinzuwirken. Zwischen ihr und den Beschäftigten ist der Dienstweg nicht einzuhalten. Die Frauenbeauftragte ist vom Rektorat über die Beschäftigungsstruktur, insbesondere in den Bereichen, in denen Frauen unterrepräsentiert sind, fortlaufend zu unterrichten. Die Frauenbeauftragte ist befugt, Beschäftigten und Bewerberinnen und Bewerbern, für deren Personalangelegenheiten die Hochschule zuständig ist, Auskünfte über die Beschäftigungsstruktur zu erteilen.
5.3 Die Rektorate, Dekanate, Institutsleitungen und Leitungsgremien in den Klinika haben die Frauenbeauftragte im Rahmen ihres Aufgabenbereiches an allen Vorhaben so frühzeitig zu beteiligen, daß de-

ren Initiativen, Anregungen, Vorschläge, Bedenken oder sonstige Stellungnahmen berücksichtigt werden können. Der Frauenbeauftragten sind Unterlagen, die zur Erfüllung ihrer Aufgaben erforderlich sind, vorzulegen. Ihr sind die erbetenen Auskünfte zu erteilen. Ferner ist ihr Gelegenheit zu geben, an Besprechungen, Sitzungen, Konferenzen oder sonstigen Beratungen teilzunehmen, die Auswirkung auf die Gleichstellung von Frauen haben können. Die Frauenbeauftragte bekommt dadurch nicht die Rechte eines Mitgliedes des Rektorates nach § 45 HSG.
5.4 Die Frauenbeauftragte ist im Rahmen ihrer Zuständigkeit insbesondere bei allen Stellenausschreibungen, Einstellungen, Beförderungen und Höhergruppierungen, Kündigungen und Entlassungen sowie vorzeitigen Versetzungen in den Ruhestand, einschließlich vorhergehender Planungen zu beteiligen. Soweit dies zur Erfüllung ihrer Aufgaben erforderlich ist, ist ihr auch in Personalakten Einsicht zu gewähren.

15.1.5 Kinderbetreuung/Familienpflichten

4. Teilzeitbeschäftigung
Wird auf einer Stelle Teilzeitbeschäftigung gewährt, die als ganze Stelle eingerichtet wurde und nur zeitlich befristet besetzt werden darf (§§ 220 ff. LBG), gelten die Regelungen des Hochschulrahmengesetzes über die Verlängerung von befristeten Dienst- und Arbeitsverhältnissen mit Wissenschaftlerinnen und Wissenschaftlern. Dies gilt nicht für Stellen, die über Drittmittel zeitlich befristet eingeworben wurden.

15.1.6 Geschlechtsspezifische Inhalte in Forschung und Lehre (-)

15.2 Christian-Albrechts-Universität zu Kiel

Frauenförderungsrichtlinien des Senates der Christian-Albrechts-Universität zu Kiel, Senatsbeschluß v. 12.7.1994

15.2.1 Allgemeine Aufgaben

"Präambel"
Die Christian-Albrechts-Universität zu Kiel (CAU) fördert die gleichberechtigte und vertrauensvolle Zusammenarbeit von Frauen und Männern in Forschung, Lehre, Studium und Nachwuchsförderung auf allen Funktionsebenen. Sie erfüllt damit insbesondere das Verfassungsgebot in Art. 6 der Landesverfassung sowie die ihn in § 2 Abs. 2 HSG zugewiesene Aufgabe.
Zu diesem Zweck erläßt der Senat der Christian- Albrechts-Universität zu Kiel Frauenförderungsrichtlinien gemäß § 33 Abs. 1 HSG. Die Mitglieder der Hochschule verpflichten sich, diese Richtlinien in den Bereichen Forschung, Lehre, Studium und Nachwuchsförderung bei der Anwendung geltenden Hochschulrechts, insbesondere bei der Ausfüllung von Beurteilungs- und Ermessensspielräumen einzuhalten.
Die Richtlinien werden durch Frauenförderpläne der Fakultäten umgesetzt, in denen die Fakultäten in eigener Verantwortung Maßnahmen der Frauenförderung entwickeln, die der jeweils spezifischen Fakultätssituationen Rechnung tragen (vgl. Abschnitt 5).
(...)

15.2.2 Vorrangregelungen/Zielvorgaben

1. Hochschullehrerinnen, Berufungsverfahren und Förderung des weiblichen wissenschaftlichen Nachwuchses
1.1 Berufungsverfahren
1.1.5 Liegen Bewerbungen von Wissenschaftlerinnen vor, die den fachlichen Qualifikationskriterien entsprechen, so sind bei gleicher fachlicher Qualifikation diese vorrangig zum Probevortrag einzuladen, solange Frauen in dem entsprechenden Fach unterrepräsentiert sind.

1.2   Förderung der Hochschullehrerinnen und des weiblichen wissenschaftlichen Nachwuchses
1.2.1 Bei gleicher Eignung, Befähigung und fachlicher Leistung sollen Bewerberinnen gegenüber Bewerbern auf der Grundlage des nachfolgenden Maßstabes bevorzugt berücksichtigt werden. Für die Gleichstellung und Förderung von Frauen beim wissenschaftlichen Personal dient der Frauenanteil der jeweils vorhergehenden Qualifikationsstufe im fraglichen Fach in einem zu benennenden Zeitraum grundsätzlich als Maßstab. Dieser Maßstab kann modifiziert werden. (Vgl. Punkt 5.3)
Der Frauenanteil soll also hochschulintern
- bei studentischen Beschäftigten mindestens dem der Studentinnen,
- bei wissenschaftlichem Personal mindestens dem der Studienabsolventinnen,
- bei wissenschaftlichen Assistenzstellen mindestens dem der weiblichen Promovierten entsprechen.
1.2.2 Die CAU wirkt im Rahmen ihrer Zuständigkeit darauf hin, daß Wissenschaftlerinnen über Habilitationsstipendien informiert werden und daß sie im Rahmen der Vergabe dieser Stipendien bei gleicher Qualifikation im Vergleich zu männlichen Bewerbern mindestens entsprechend dem Frauenanteil an den Promotionen im jeweiligen Fach berücksichtigt werden.
1.2.3 Die CAU wirkt darauf hin, daß die Landesregierung zusätzliche Assistenzstellen zur Verfügung stellt, auf denen sich qualifizierte Wissenschaftlerinnen habilitieren können.
1.2.4 Die CAU empfiehlt, sofern keine Assistenzstellen bzw. Dozenturen und Professuren zur Verfügung stehen, vermehrt Drittmittel für habilitierende und habilitierte Wissenschaftlerinnen einzuwerben (z.B. Heidenberg-Stipendien etc.).
(...)
1.2.6 Lehraufträge, Gastprofessuren sowie Vakanzvertretungen sollen bei gleicher Qualifikation vorrangig an Wissenschaftlerinnen vergeben werden. Von der Frauenbeauftragten vorgeschlagene Kandidatinnen sollen entsprechend berücksichtigt werden.
Bei Vorschlägen für und der Auswahl von Vortragenden der CAU bei Tagungen, Symposien und Kongressen sind Wissenschaftlerinnen besonders zu berücksichtigen. Dies gilt auch für Kolloquien, Ringvorlesungen und Gastvorträge.
1.3   Stellenbesetzungen und Qualifikationsförderung
1.3.5 Die CAU wirkt im Rahmen ihrer Zuständigkeit darauf hin, daß Frauen bei entsprechender Qualifikation bei der Vergabe von Promotionsstipendien entsprechend dem Studienabsolventinnenanteil des jeweiligen Faches berücksichtigt werden.
Dozentinnen und Dozenten werden aufgefordert, besonders Studentinnen über die Stipendien zu informieren und sich für ihre angemessene Berücksichtigung bei der Stipendienvergabe einzusetzen.
2.   Studium
2.1   Beratung und strukturelle Maßnahmen
2.1.5 Im Rahmen des Studiums generale sollten für Studentinnen regelmäßig Veranstaltungen zur überfachlichen Qualifikation vorrangig von Dozentinnen mit folgenden Themen angeboten werden:
- Bewerbungstraining
- Rhetorik
- Zeitmanagement
- Teamarbeit
- Karriereplanung
- sowie Computerkurse.
2.1.6 Die CAU wirkt im Rahmen ihrer Zuständigkeit darauf hin, daß Studentinnen über Stipendien zur Studienförderung informiert werden. Bewerberinnen sollen im Rahmen der Stipendienvergabe bei Vorliegen entsprechender Qualifikation entsprechend ihrem Anteil an den Studierenden berücksichtigt werden.
3.   Frauen- und Geschlechterforschung
3.8 Das Lehrangebot im Bereich der Frauen- und Geschlechterforschung wird durch die Vergabe von Lehraufträgen, Gastprofessuren und Gastdozenturen, die vorrangig an Wissenschaftlerinnen vergeben werden sollen, unterstützt.
4.   Weitere Förderungsmaßnahmen
4.2 Besetzung von Gremien und Ausschüssen
Es wird angestrebt, die Gremien und Ausschüsse der Selbstverwaltung der CAU entsprechend dem jeweiligen Frauenanteil in den einzelnen Statusgruppen mit weiblichen Mitgliedern zu besetzen.

5. Frauenförderpläne der Fakultäten und zentralen Einrichtungen

5.3 In den Frauenförderplänen sind auf der Grundlage der Frauenanteile an den Beschäftigten, den Studierenden, den Studienabschlüssen, den Promotionen und Habilitationen Ziele zur Erhöhung des Frauenanteils bis zur Erreichung der Parität festzulegen. Bei der Festlegung der Zielvorgaben für die Einstellung wissenschaftlichen Personals ist von den Frauenanteilen der jeweils vorhergehenden Qualifikationsstufen auszugehen. (Siehe Punkt 1.2.1 dieser Richtlinien zur Erläuterung dieses Prinzips).

In Fächern, in denen Frauen oder Männer extrem unter- oder überrepräsentiert sind, müssen in den Frauenförderplänen der spezifischen Situation gerecht werdende Sonderregelungen, die den Maßstäben der in Punkt 1.2.1 genannten allgemeinen Zielvorgaben u.a. nicht mehr entsprechen, getroffen werden. Dies könnte z.B. der Fall sein bei einem sehr niedrigen Studentinnenanteil in einem Fach oder z.B. in einem Institut mit sehr geringer Stellenausstattung, da die Orientierung an der jeweils vorhergehenden Qualifikationsstufe in diesen Fällen im Sinne der Erhöhung des Frauenanteils nur schwer greifen könnte.

(...)15.2.3 Sanktions-/Anreizsysteme (-)

15.2.4 Frauenbeauftragte

1. Hochschullehrerinnen, Berufungsverfahren und Förderung des weiblichen wissenschaftlichen Nachwuchses
1.1 Berufungsverfahren
1.1.1 (...)Die Fakultätsfrauenbeauftragte ist bei der Erstellung des Ausschreibungstextes für Dozenturen und Professuren, bei der Festlegung der Eignungs- und Qualifikationskriterien und im Berufungsverfahren selbst grundsätzlich zu beteiligen. Die so festgelegten Kriterien dürfen während des Verfahrens nur unter Beteiligung der Fakultätsfrauenbeauftragten verändert oder ergänzt werden.
(...)
1.1.7 Die Fakultätsfrauenbeauftragte kann in Berufungsverfahren sämtliche Bewerbungsunterlagen einsehen. Sie hat die Möglichkeit, an allen Probevorträgen teilzunehmen. Die Fakultätsfrauenbeauftragte ist zu den Sitzungen der Berufungsausschüsse aufgrund § 66a Abs. 2 und 3 in Verbindung mit § 97 Abs. 3 HSG einzuladen und hat dort ein Antrags-, Rede- und Widerspruchsrecht. Die Fakultätsfrauenbeauftragte kann verlangen, daß von ihr benannte Bewerberinnen in die Vorstellung und Begutachtung einbezogen werden; in diesem Fall sind die Gutachten der Vorschlagsliste beizufügen.
1.3 Stellenbesetzungen und Qualifikationsförderung
1.3.1 Mit Ausnahme von projektgebundenen Stellen kann bei der Besetzung von Landesstellen im wissenschaftlichen Bereich, die für mindestens zwei Jahre besetzt werden, von einer Ausschreibung der Stellen nur mit Zustimmung der Frauenbeauftragten der CAU abgesehen werden.
(...)
1.3.2 Die Frauenbeauftragte der CAU ist zum Ausschreibungstext zu hören und bei dem Auswahlverfahren grundsätzlich zu beteiligen.
(...)
4. Weitere Förderungsmaßnahmen
4.4 Berichtspflicht
4.4.1 Das Rektorat der CAU berichtet im Rahmen seines Jahresberichtes über Maßnahmen der Frauenförderung und ihre Ergebnisse. Im übrigen erhält die Frauenbeauftragte vom Rektorat eine Bestandsaufnahme der Beschäftigten- und Studierendenstruktur sowie der abgeschlossen Prüfungs-, Promotions- und Habilitationsverfahren und der Forschungsförderung. Die Materialien sollen Aufschluß geben über die Umsetzung und Einhaltung der Frauenförderungsrichtlinien des Senats und die Fortschreibung bzw. Anpassung der Fakultätsfrauenförderpläne. Die Berichte sollen insbesondere geschlechtsdifferenzierte Angaben enthalten über:
- die Anzahl der wissenschaftlichen Beschäftigten, der Teilzeitbeschäftigten und der Neueinstellungen getrennt nach Besoldungs- und Vergütungsgruppen der jeweiligen Laufbahn bzw. Berufsfachrichtungen;
- die Anzahl der abgeschlossenen Examens- und Diplomprüfungen, der Promotionen, Habilitationen und der außerplanmäßigen Professuren und

- die Anzahl der Studierenden getrennt nach Studienfächern mit Angaben über Hochschul- und Fachsemesterzahlen.
(...)
5. Frauenförderpläne der Fakultäten und zentralen Einrichtungen
5.4 Die Fakultäten - und für die zentralen Einrichtungen das Rektorat - legen nach Abstimmung mit der jeweils zuständigen Frauenbeauftragten den Fakultätskonventen und dem Senat einen Bericht über die Umsetzung und Einhaltung der Frauenförderpläne vor. Auf der Grundlage dieser Berichte schreiben die Fakultäten bzw. das Rektorat die Frauenförderpläne fort oder passen sie an die aktuelle Entwicklung an. Der Berichtszeitraum soll 2 Jahre nicht überschreiten. Das Rektorat faßt diese Berichte zusammen.

15.2.5 Kinderbetreuung/Familienpflichten

1. Hochschullehrerinnen, Berufungsverfahren und Förderung des weiblichen wissenschaftlichen Nachwuchses
1.1 Berufungsverfahren
1.1.9 In Berufungsverfahren soll im Einzelfall geprüft werden, ob Verzögerungen in der wissenschaftlichen Laufbahn von Bewerberinnen und Bewerbern auf die nachweisbare Betreuung von Kindern oder pflegebedürftigen Angehörigen zurückzuführen sind. Ist dies der Fall, so darf das Lebensalter nicht ausschlaggebender Maßstab der Beurteilung sein. Gleiches gilt auch für Verzögerungen beim Abschluß einzelner Qualifikationen und bei geringerer Anzahl von Publikationen im Vergleich zu anderen Bewerberinnen und Bewerbern.
1.3 Stellenbesetzungen und Qualifikationsförderung
1.3.7 Die CAU wirkt darauf hin, daß ein höheres Lebensalter bei der Vergabe von Stipendien in begründeten Ausnahmefällen kein Ausschlußgrund sein darf. Diese Regelung berücksichtigt besondere Lebenslagen wie z.B. erfolgte Kindererziehung oder die Erlangung der Hochschulzugangsberechtigung über den Zweiten Bildungsweg.
(...)
2. Studium
2.2 Vereinbarkeit von Studium und Elternschaft bzw. Pflege
2.2.1 Die CAU wirkt darauf hin, daß sich Schwangerschaft, Elternschaft sowie die Betreuung pflegebedürftiger Angehöriger nicht negativ auf Studium und Studienabschluß auswirken. Dem wird in Studien- und Prüfungsordnungen Rechnung getragen, soweit der gesetzliche Rahmen es gestattet.
Die Professorinnen und Professoren sind gehalten, Schwangere und Eltern auf Wunsch umfassend zu beraten und bei ihrem Studienabschluß zu unterstützen, z.B. durch die Vergabe von Examensarbeiten, die sich organisatorisch mit der Elternschaft vereinbaren lassen.
2.2.2 Die Studien- und Prüfungsordnungen sind derart zu ändern, daß den Studierenden bei Schwangerschaft sowie in Zeiten der Betreuung von Kindern oder pflegebedürftigen Angehörigen die Durchführung eines Teilzeitstudiums möglich ist.
2.2.3 Die CAU wirkt darauf hin, daß Schwangere, Alleinerziehende und Eltern einen zeitlich zusammenhängenden Anspruch auf Urlaubssemester erhalten. Die Beurlaubungshöchstgrenze aus Gründen der Kindererziehung wird in Anlehnung an das Bundeserziehungsgeldgesetz festgelegt. Für den Fall, daß beide Elternteile Studierende der CAU sind, kann der Erziehungsurlaub geteilt werden.
2.2.4 Es soll darauf hingewirkt werden, daß Studierende, die ihr Studium wegen Elternschaft unterbrochen haben, bei der Wiedereinschreibung in zulassungsbeschränkten Studiengängen bevorzugt werden.
2.2.5 Studierende Eltern sind bei der Wahl der Termine von parallelen Lehrveranstaltungen bevorzugt zu berücksichtigen.
4. Weitere Förderungsmaßnahmen
4.3 Kinderbetreuung
Die CAU erweitert in Zusammenarbeit mit dem Studentenwerk die Betreuungsmöglichkeiten für die Kinder von Studierenden.
Die CAU strebt an, Betreuungsmöglichkeiten für die Kinder von Beschäftigten zu schaffen. Diese Betreuungsmöglichkeiten sollten sich in ihren Öffnungszeiten den Bedürfnissen der wissenschaftlichen Beschäftigten anpassen.

15.2.6 Geschlechtsspezifische Inhalte in Forschung und Lehre

2. Studium
2.1 Beratung und strukturelle Maßnahmen
2.1.4 Auf Wunsch von einer angemessenen Anzahl von Studentinnen sollen Lehrveranstaltungen und Tutorien eingerichtet werden, die sich ausschließlich an Studentinnen richten. Näheres regeln die Frauenförderpläne der Fakultäten.
(...)
3. Frauen- und Geschlechterforschung
3.1 Die CAU strebt den Ausbau von Frauen- und Geschlechterforschung an der Hochschule an. Methoden und Inhalte dieser Forschung sollen feste Bestandteile von Lehre und Forschung an der CAU werden.
3.2 Das Zentrum für interdisziplinäre Frauenforschung (ZiF) hat als zentrale Einrichtung der CAU die Aufgabe, interdisziplinäre Forschungsprojekte zu konzipieren und durchzuführen. Die im folgenden genannten Punkte dienen darüber hinaus der curricularen Absicherung von Frauen- und Geschlechterforschung an der CAU.
3.3 Die CAU unterstützt die Institutionalisierung von Frauen- und Geschlechterforschung und ihre Vermittlung in den Fächern durch eine entsprechende Entwicklungsplanung. Dies kann durch die Festlegung der Zweckbestimmung von Professuren und die erforderliche Ausstattung der dazugehörigen Organisationseinheiten erfolgen. Die Arbeitsbereiche für Frauen- und Geschlechterforschung sollen insbesondere durch die Zuweisung von Qualifikationsstellen unterstützt werden.
3.4 Die CAU fördert die Bildung von Schwerpunkten der Frauen- und Geschlechterforschung und die Durchführung entsprechender Forschungsprojekte in einzelnen Fächern. Organisationseinheiten und Gremien der Hochschule werden aufgefordert, entsprechende Vorhaben insbesondere bei der Vergabe von Sach- und Personalmitteln angemessen zu berücksichtigen. Die Hochschulleitung wirkt darauf hin, daß bei der Vergabe von Forschungsmitteln und Forschungsprogrammen die Frauen- und Geschlechterforschung berücksichtigt wird.
3.5 Die CAU dokumentiert die Ergebnisse der Frauen- und Geschlechterforschung an der CAU im Rahmen ihres Forschungsberichtes Christiana Albertina. Die CAU fördert den wissenschaftlichen Austausch in diesem Bereich auch durch die Veröffentlichung von Forschungsergebnissen und die Veranstaltung von Symposien.
3.6 Die im Aufbau befindliche Forschungsbibliothek des Zentrums für interdisziplinäre Frauenforschung stellt die für Frauen- und Geschlechterforschung relevante Literatur zur Verfügung, die Zentralbibliothek und die Institutsbibliotheken erschließen vorhandene Sammlungen entsprechend.
3.7 Die Studiengänge und Studienangebote an der CAU sollen Fragestellungen aus dem Bereich der Frauen- und Geschlechterforschung in das Lehrangebot einbeziehen. Diese Fragestellungen sollen vermehrt in Lehrveranstaltungen berücksichtigt werden.
Solche Themen sollten - soweit möglich - in die Studien- und Prüfungsordnungen als prüfungsrelevant aufgenommen werden.
(...)

16. Thüringen

Friedrich Schiller Universität Jena

Richtlinien zur Förderung der Gleichstellung von Frau und Mann, Senatsbeschluß v. 24.3.1992

16.1. Allgemeine Aufgaben

Die vorliegenden Richtlinien verfolgen das Ziel, die verfassungsrechtlich gebotene Gleichstellung von Frauen und Männern innerhalb der Wissenschaftlerinnen und Wissenschaftler, der Studentinnen und Studenten sowie der Mitarbeiterinnen und der Mitarbeiter in Verwaltung und Technik der Friedrich-Schiller-Universität zu fördern. Die Förderung der Wissenschaftlerinnen orientiert sich an § 2 Abs. 2 des Hochschulrahmengesetzes.

(...)

16.2 Vorrangregelungen/Zielvorgaben (-)

16.3 Sanktions-/Anreizsysteme (-)

16.4 Frauenbeauftragte

I. Gleichstellungsorgane
1. Organisation und Zuordnung
Die Gleichstellungsstelle ist dem Rektor direkt unterstellt; sie unterliegt ausschließlich seiner Dienst- und Fachaufsicht. Die Gleichstellungsstelle wird von einer Hochschullehrerin ehrenamtlich geleitet, der ein/e wissenschaftliche/er Mitarbeiter/in mit einer auf 3 Jahre befristeten Förderstelle zugeordnet wird. (Die Leitung der Gleichstellungsstelle wird wie die Leitung eines Senatsausschusses behandelt).
2. Aufgaben
Die Gleichstellungsbeauftragte hat auf Universitätsebene darauf hinzuwirken, daß das Verfassungsgebot "Männer und Frauen sind gleichberechtigt" beachtet und erfüllt wird. Sie hat bestehende Defizite in der Gleichberechtigung von Frau und Mann aufzuzeigen und aktiv Maßnahmen zur Gleichstellung von Frauen zu fördern, insbesondere wo familienbedingte Nachteile vorliegen. Dafür werden folgende grundlegende Maßnahmen eingeleitet:
- Offenlegung der Statistiken (z.B. Kennzeichnung der Bereiche, in denen Frauen unterrepräsentiert sind, Anteil der Frauen an Bewerbungen) und Ableitung von Quotierungsmodellen (Berufungen bzw. Beförderungen, Förderung von Studentinnen und Wissenschaftlerinnen)
- Förderung der Frauenforschung an der FSU
- Organisation zusätzlicher Weiterbildungsangebote innerhalb eines jeden Semesters zur Behebung frauentypischer fachlicher Defizite.
Die Gleichstellungsbeauftragte übt folgende Funktionen aus:
a) Öffentlichkeitsarbeit
Der Gleichstellungsbeauftragten obliegt im Rahmen ihrer Kompetenzen die Öffentlichkeitsarbeit durch Pressemitteilungen, Erstellen von Informationsmaterial, Mitwirkung bei einschlägigen Veranstaltungen, Ausstellungen u.ä. Sie arbeitet dabei mit der Universitätspressestelle zusammen, die sie im Rahmen ihrer Möglichkeiten unterstützt.
b) Die Gleichstellungsbeauftragte als Anlauf- und Vermittlungsstelle
Die Gleichstellungsbeauftragte ist Anlaufstelle für Fragen, Anregungen und Beschwerden der an der Friedrich-Schiller-Universität studierenden und arbeitenden Frauen und Männer, soweit es sich um die in diesen Richtlinien aufgeführten Aufgabenbereiche der Gleichstellungsstelle handelt. Zu diesem Zweck führt die Gleichstellungsbeauftragte regelmäßig Sprechstunden durch.
Zur Beseitigung von Gleichstellungsproblemen wird die Gleichstellungsbeauftragte erforderlichenfalls als Vermittlerin zwischen den betroffenen Frauen und den zuständigen Stellen (z.B. der Universitätsleitung und der Institute) tätig.
c) Kontakte, Zusammenarbeit und Erfahrungsaustausch
Die Gleichstellungsbeauftragte pflegt Kontakte zu Verbänden, Einrichtungen, Initiativen, die sich in Frauenfragen engagieren. Sie fördert die Zusammenarbeit und den Erfahrungsaustausch mit anderen Gleichstellungsstellen speziell auf Hochschulebene.
d) Untersuchungen
Die Gleichstellungsbeauftragte kann selbst Untersuchungen durchführen, die ihrer Zielsetzung dienen oder - im Rahmen zur Verfügung stehender Haushaltsmittel und unter Beachtung der einschlägigen Vergabebestimmungen - solche an qualifizierte Einzelpersonen oder Institutionen vergeben. Hierfür ist die Zustimmung des Beirates für Gleichstellungsfragen erforderlich.

3. Stellung innerhalb der Verwaltung, Informations- und Beteiligungspflicht der Verwaltung
Die Universitätsleitung, -verwaltung, -gremien haben die Gleichstellungsbeauftragte rechtzeitig über gleichstellungsrelevante Fragen und Vorhaben zu informieren, diese überprüft die Vorlagen auf Benachteiligungen von Frauen und macht ggf. Änderungsvorschläge.
Gemäß dem Landeshochschulgesetz ist die Gleichstellungsbeauftragte Mitglied des Senats.
Die Gleichstellungsbeauftragte ist nach Abstimmung mit dem Rektorat gegegenüber den Struktureinheiten berechtigt, die zur Erfüllung ihrer Aufgaben notwendigen Auskünfte und statistischen Daten einzuholen. Die Einsichtnahme in Akten etc. ist ihr nach Abstimmung mit dem Rektorat und unter Beachtung der Datenschutzbestimmungen gestattet (in Personalakten nur mit Zustimmung der Betroffenen).
4. Mitwirkung in Personal- und Organisationsangelegenheiten
Die Gleichstellungsbeauftragte setzt sich die Erarbeitung eines Frauenförderplanes für die FSU zum Ziel.
Sie ist über Personal- und Organisationsangelegenheiten im Rahmen der Entscheidungsvorbereitung vor der Verabschiedung im Senat zu unterrichten und einzubeziehen, soweit es sich um die in diesen Richtlinien aufgeführten Aufgabenbereiche handelt.
Die Gleichstellungsbeauftragte bzw. der Beirat für Gleichstellungsfragen sind an den personellen Auswahlverfahren bei externen und internen Stellenausschreibungen beratend zu beteiligen. Die Gleichstellungsbeauftragte bzw. ihre Fakultätsvertreterinnen haben das Recht, an den Beratungen der Berufungskommissionen teilzunehmen.
Die Gleichstellungsbeauftragte kann über den Rektor eigene Empfehlungen in den Senat und seine Ausschüsse einbringen. Die Gleichstellungsbeauftragte hat dem Senat einen jährlichen Bericht über ihre Tätigkeit vorzulegen.
5. Wahl der Gleichstellungsbeauftragten
Die Gleichstellungsbeauftragte und mindestens eine Stellvertreterin wird vom Senat gewählt. Eine einmalige Wiederwahl ist möglich. Die Dauer ihrer Tätigkeit entspricht der Dauer der Wahlperiode des Senats.
Vorschläge zur Wahl der Beauftragen werden von dem Beirat für Gleichstellungsfragen und frauenrelevanten Gruppierungen an der FSU unterbreitet.
Die Förderstelle der/des Gleichstellungsbeauftragten zugeordneten wissenschaftlichen Mitarbeiterin/Mitarbeiters wird nach erfolgter Ausschreibung auf Vorschlag der Gleichstellungsbeauftragten in Absprache mit der Universitätsleitung besetzt, letztere kann einer Einstellung der/des Vorgeschlagenen nur bei Vorliegen wichtiger Gründe widersprechen.
6. Zusammensetzung des Beirates für Gleichstellungsfragen
Zum Beirat für Gleichstellungsfragen gehören alle Frauen, die Wahlfunktionen an der Universität ausüben. In den Fakultäten wird je eine Wissenschaftlerin (in der medizinischen Fakultät 2) basisdemokratisch dazugewählt. Die technischen Mitarbeiterinnen wählen aus den Hauptberufsgruppen insgesamt 4 Vertreterinnen (1 Sekretärin, 1 Krankenschwester, 1 MTA, 1 sonstige Mitarbeiterin). Den Studentinnen wird empfohlen, im Studentenrat einen eigenen Beirat für Gleichstellung zu bilden. Eine Studentin soll in den Universitätsbeirat entsendet werden. Wenn die Gleichstellungsbeauftragte nicht aus dem Bereich Medizin kommt, so ist die Vertreterin der Medizin eine Stellvertreterin der Gleichstellungsbeauftragten.
7. Organisatorisches
a) Der Gleichstellungsbeauftragten werden angemessene finanzielle Mittel seitens der FSU für Sachmittel, Dienstreisen sowie Schreibkapazität zur Verfügung gestellt. Die Friedrich-Schiller-Universität setzt sich beim Ministerium für Wissenschaft und Kultur des Landes Thüringen für einen gesonderten Haushaltstitel ein.
b) Die Gleichstellungsbeauftragte kann entsprechend den gesetzlichen Regelungen nach Ablauf ihrer Amtszeit ein zusätzliches Forschungssemester erhalten.
II. Stellenausschreibungen und -besetzungen/Berufungen
2. Die Gleichstellungsbeauftragte wird frühzeitig über alle Stellenausschreibungen unterrichtet, damit sie geeignete Bewerberinnen auf die Ausschreibungen aufmerksam machen kann.
VI. Studiun/Studentinnen, Promotions- und Habilitationsförderung
1. Die Gleichstellungsbeauftragte berät Studentinnen in frauenspezifischen Studienfragen.
2. Die Gleichstellungsbeauftragte wirkt beim Studentenwerk Jena darauf hin, daß, sofern es die gültige Prüfungsordnung zuläßt, die BAFöG-Förderungshöchstdauer und die Frist zur Ablegung der Prüfung bei Schwanger-/Mutterschaft von Studentinnen um zwei Semester, in Härtefällen um zwei weitere (bis

zum 5. Lebensjahr des Kindes) verlängert wird. Entsprechendes gilt für studierende Väter, die ein Kind versorgen, und die bis zum 3. Lebensjahr den Kindern drei Semester Verlängerung bekommen können (§ 15 BAföG).
3. Die Gleichstellungsbeauftragte bemüht sich gezielt um die Förderung weiblichen Nachwuchses. Jede/r Hochschullehrer/in sollte geeignete Frauen zur Promotion und Habilitation ermutigen, indem er/sie sie auch auf vorhandene Stipendien und andere staatliche Förderprogramme für Wissenschaftlerinnen informiert.
(...)

16.5 Kinderbetreuung/Familienpflichten

II. Stellenausschreibungen und -besetzungen, Berufungen
3. Bei der Eignungsbeurteilung sind geschäftsspezifische und familiär bedingte Unterbrechungen der Berufstätigkeit sowie Teilzeitarbeit als zusätzliche Belastung und nicht nachteilig zu bewerten. Bei der Auswertung der eingehenden Bewerbungen wird ein durch Geburt und Erziehung von Kindern im Vergleich zu anderen Bewerbern höheres Lebensalter nicht zu Ungunsten der/des Bewerberin/Bewerbers gewertet.
III. Arbeitszeiten, Teilzeitarbeit, befristete Arbeitsverhältnisse, Kündigungen
1. Unter Beachtung der dienstlichen Belange und in Absprache mit dem Personalrat soll eine von der Regelarbeitszeit abweichende Gestaltung der Arbeitszeit in begründeten Fällen wegen Kindererziehung, Pflege von Haushaltsangehörigen, Fort- und Ausbildung ermöglicht werden, soweit durch Rechtsvorschriften nichts anderes bestimmt wird. Das gilt für Frauen und Männer.
2. Teilzeitbeschäftigten werden die gleichen beruflichen Aufstiegs- und Fortbildungschancen eingeräumt wie Vollzeitbeschäftigten. Erfordert die Fort- und Weiterbildung eine Ganztagsarbeit, so soll diese ermöglicht werden.
3. Befristete Arbeitsverhältnisse werden um die Dauer des Erziehungsurlaubes bzw. des Mutterschutzes verlängert, sofern der Befristungsgrund dies zuläßt.
4. Nach Inanspruchnahme des Erziehungsurlaubes sichert die Friedrich-Schiller-Universität, den gesetzlichen Bestimmungen entsprechend, die Beschäftigung an einem gleichwertigen Arbeitsplatz zu.
5. Bei der Entscheidung über die Kündigung von Mitarbeiterinnen und Mitarbeitern sind die geschlechtsspezifischen und familiären Unterbrechungen sowie Teilzeitarbeit nicht nachteilig zu werten.
IV. Weiter- und Fortbildung
Die Universität bietet Weiterbildungsmöglichkeiten so an, daß insbesondere Frauen zur Teilnahme ermutigt werden.
Dies bedeutet:
- die Berücksichtigung familiärer Belastungen von Frauen durch ortsnahe Fortbildungsmöglichkeiten
- Angebote für Teilzeitbeschäftigte
- Möglichkeiten für beurlaubte Frauen (z.B. Mutterschafts- und Erziehungsurlaub), an Fortbildungsmaßnahmen teilzunehmen, um einen schnellen Anschluß an das geforderte Qualifikationsniveau zu gewährleisten und die berufliche Wiedereingliederung zu erleichtern.
VI. Studium/Studentinnen, Promotions- und Habilitationsförderung
4. Die Gleichstellungsstelle setzt sich dafür ein, daß die Altersgrenze für die Vergabe von Promotions- und Habilitationsstipendien um maximal fünf Jahre heraufgesetzt wird, soweit frauen- und familienspezifische Gründe eine Ausnutzung der Regelförderungszeit verhindert haben.

16.6 Geschlechtsspezifische Inhalte in Forschung und Lehre

V. Frauenforschung
Die FSU unterstützt und fördert frauenrelevante Forschungsarbeiten, d.h. Forschungen, die geschlechts- und familienspezifische Fragestellungen aufgreifen. Sie setzt sich beim Ministerium für Wissenschaft und Kunst des Landes Thüringen für die Gründung eines Instituts für Geschlechterforschung und die Begründung von Professuren für Frauenforschung ein. Die Universität berücksichtigt bei der Strukturplanung und Besetzung von Stellen im wissenschaftlichen Bereich entsprechende Arbeitsgebiete und Lehrangebote.

Anhang 3 : Antidiskriminierungsrichtlinie Fachbereich Rechtswissenschaft
Beschluß des Fachbereichsrats Rechtswissenschaft der Universität Bremen
vom 5.7.1995

1. Präambel

"Der Staat fördert die tatsächliche Durchsetzung der Gleichberechtigung von Frauen und Männern und wirkt auf die Beseitigung bestehender Nachteile hin" - so der 1994 in die Verfassung eingefügte Artikel 3 Abs. 2 Satz 2 GG. Auch für die Hochschulen unterstreicht dieser Satz die Notwendigkeit, darauf hinzuwirken, daß die Chancengleichheit der Geschlechter verwirklicht wird. Gefordert ist tatsächliche Gleichheit. Es ist nicht ausreichend, für Frauen und Männer nur formal gleiche Rechte zu sichern.

Seit fast 10 Jahren ist es gesetzliche Aufgabe der Hochschulen, die für Wissenschaftlerinnen bestehenden Nachteile zu beseitigen (§ 2 Abs. 2 HRG). Eine entsprechende Vorgabe enthält das BremHG.

Für Hochschulen in Bremen ist darüberhinausgehend die Verpflichtung geregelt, zur Gleichberechtigung der Geschlechter beizutragen und hierzu insbesondere Programme zur Förderung von Frauen in Studium, Lehre und Forschung aufzustellen (§ 2 Abs. 2 BremHG).

Der Fachbereich Rechtswissenschaft der Universität Bremen sieht sich verpflichtet, Frauen im juristischen Studium, in der Lehre und in der juristischen Forschung systematisch und dauerhaft zu fördern. Der juristische Fachbereich setzt sich hierzu für die nächsten sechs Jahre insbesondere die folgenden Ziele:

1. Die Verankerung geschlechtsspezifischer Inhalte in Lehre, Prüfung und Forschung ist fortzusetzen und weiterzuentwickeln.
2. Der Fachbereich sieht es als notwendig an, den Frauenanteil bei den Habilitationsstellen und bei den Professuren in den nächsten Jahren deutlich zu erhöhen.

Bei den Qualifizierungsstellen zur Promotion ist der derzeitige Anteil einer hälftigen Beteiligung von Frauen mindestens zu halten.

Es gilt insgesamt, die Schere zwischen den steigenden Anteilen von Frauen bei den Studierenden der Rechtswissenschaft und der unverändert verschwindend geringen Zahl von Frauen bei dem unbefristet beschäftigten wissenschaftlichen Personal kontinuierlich zu schließen.

2. Zum hochschulrechtlichen Rahmen

Mit der Antidiskriminierungsrichtlinie des Fachbereichs Rechtswissenschaft der Universität Bremen (im folgenden *Antidiskriminierungsrichtlinie 1995*) will der Fachbereich sowohl dem gesetzlichen Auftrag nach § 4 Abs. 1 BremHG nachkommen, Frauenförderrichtlinien zu beschließen als auch der entsprechenden Verpflichtung nach Nr. 11 der Richtlinie zur Erhöhung des Anteils von Frauen am wissenschaftlichen Personal der Universität Bremen (im folgenden *Frauenrichtlinie 1987*). Die Frauenrichtlinie 1987 ist am 15.9.1987 als genehmigte Satzung in Kraft getreten.

Eine der Nr. 11 vergleichbare Regelung enthält § 9 Abs. 1 der Richtlinie zur Erhöhung des Anteils von Frauen am wissenschaftlichen Personal der Universität Bremen (im folgenden *AS-Richtlinie 1992*), die der Akademische Rat am 21.10.1992 beschlossen hat und die bis heute nicht vom Senator für Bildung genehmigt worden ist.

3. Inhalte

Die Antidiskriminierungsrichtlinie 1995 ersetzt den *Antidiskriminierungsplan* des Fachbereichs Rechtswissenschaft von *1989*. Dieser war in Umsetzung von Nr. 11 der Frauenrichtlinie 1987 am 15.2.1989 und 12.4.1989 vom Fachbereichsrat beschlossen worden.

Die Antidiskriminierungsrichtlinie 1995 enthält vier Bereiche:
- Geschlechtsspezifische Inhalte in Lehre, Prüfung und Forschung,
- PEP (Personalentwicklungsplanung) für Juristinnen,
- Frauenbeauftragte bzw. Frauenbeauftragtenkollektiv,

- Bericht zur und Fortschreibung der Antidiskriminierungsrichtlinie 1995.

4 Lehre, Prüfung und Forschung

4.1 Geschlechtsspezifischen Inhalte in Lehre, Prüfung und Forschung

Der Fachbereich stellt kontinuierlich ein Angebot frauenspezifischer Lehrveranstaltungen sicher. Dazu sind im Veranstaltungstableau regelmäßig folgende Veranstaltungen aufzunehmen:
- *"Grundrecht auf Geschlechtergleichbehandlung"* als grundlagenscheinfähige Wahlveranstaltung zum Verfassungsrecht für das 2. Semester mit 2 SWS,
- *"Feministische Rechtstheorie"* als Seminar oder grundlagenscheinfähige Wahlveranstaltung im Rahmen eines feministischen Lehrauftrags insbesondere für höhere Semester mit 2 SWS,
- *"Recht der Lebensbedingungen von Frauen"* zu wechselnden thematischen Schwerpunkten als Seminar oder grundlagenscheinfähige Wahlveranstaltung für höhere Semester mit 2 SWS,
- *"Geschlechtergleichbehandlung im Recht der internationalen Arbeits- und Sozialordnung"* als Seminar zu wechselnden thematischen Schwerpunkten im "Aufbaustudium Europäisches und internationales Recht" sowie für den FB 6 mit 2 SWS,
- *Schwerpunktveranstaltung:* Geschlechtsspezifische Fragen sind Gegenstand mehrerer - allerdings nicht für jeden Jahrgang angebotener - Schwerpunktbereiche. Im Rahmen einzelner Schwerpunktbereiche wird für das 7. oder 8. Semester eine Veranstaltung mit 2 SWS zum Diskriminierungsschutz angeboten - wie auch aus der Schwerpunktbereichsverordnung vom Juni 1995 ersichtlich.
- Der Fachbereich gewährleistet für das erste und für das zweite Semester die Durchführung von mindestens vier studentischen Tutorien *"Jura für Frauen"*.
- Der Fachbereich setzt sich dafür ein, daß in jedem Semester und zumindest in jedem Jahr ein *Gastvortrag* zu frauenrechtlichen Themen am juristischen Fachbereich gehalten wird.

4.2 Erläuterung der Vorhaben zu geschlechtsspezifischen Inhalten in Lehre, Prüfung und Forschung

Das Gesetz über die erste juristische Staatsprüfung und den juristischen Vorbereitungsdienst *(JAPG)* i.d.F. vom 22.6.1993 schreibt fest, daß für das Studium der Rechtswissenschaft geschlechtsspezifische Inhalte Gegenstand der Lehre und der Prüfung sind. So sind die Kernfächer, weitere Pflichtfächer und der von den Studierenden gewählte Schwerpunktbereich jeweils auch mit ihren geschlechtsspezifischen Grundlagen Gegenstand der Lehre und damit auch Gegenstand der ersten juristischen Staatsprüfung (§ 13 Abs. 1 Satz 1 JAPG). Die erste juristische Staatsprüfung soll zeigen, daß Studierende über die erforderlichen Rechtskenntnisse einschließlich der geschlechtsspezifischen Bezüge verfügen (§ 9 Abs. 2 JAPG).

Entsprechend ist die *Lehre* zu gestalten. Das Studienprogramm ist mit der *Studienordnung* konkretisiert worden. Hier ist allgemein geregelt, daß frauenspezifische Fragestellungen verstärkt Gegenstand der Lehre sein sollen. Geschlechtsspezifische Fragen können eigenständiger Gegenstand semesterübergreifender Wahlveranstaltungen und Seminare sein. Geschlechtsspezifische Fragestellungen sind auf jeden Fall in den Kernfächern und den weiteren Pflichtfächern zu behandeln. Für die vier Schwerpunkte (Wirtschaftsrecht/Bürgerliches Recht, Kriminalwissenschaften/Strafrecht, Öffentliches Recht, Arbeitsrecht/Sozialrecht) sind geschlechtsspezifische Themen als Gegenstand der Lehre vorgesehen. Solche Fragestellungen sind für fast alle Schwerpunktbereiche in das Lehrprogramm aufgenommen und in der *Schwerpunktbereichsverordnung* verankert worden.

Es ist eine Selbstverständlichkeit, daß mit Hausarbeiten und Aufsichtsarbeiten zu geschlechtsspezifischen Themen für das Studium erforderlich *Leistungsnachweise* erbracht werden können. Ebenso ist es möglich, Seminarscheine zu erwerben.

Ein bundesweites Novum ist die *Professur "Recht der Geschlechterbeziehungen"*. Sie wurde nach längeren Diskussionen auch am juristischen Fachbereich über die strukturelle Benachteiligung von Frauen im Recht eingerichtet. Inhalt der Professur sind die Arbeits- und Lebensbedingungen von Frauen und die rechtlichen Möglichkeiten der Antidiskriminierung, insbesondere unter Berücksichtigung theoretischer Neukonzeptionen des Rechts. Schwerpunkte bilden arbeits- und sozialrechtliche Themen der Geschlechtergleichbehandlung einschließlich ihrer verfassungs- und europarechtlichen Grundlagen sowie rechtliche Fragen der institutionellen Frauenpolitik. Die Professur hat damit Themen zum Gegenstand,

die quer zu den herkömmlichen drei Rechtsgebiete liegen. Forschungsschwerpunkt sind Fragen des Antidiskriminierungsrechts.
Als studentische Arbeitsgemeinschaft wird am juristischen Fachbereich *"Jura für Frauen"* für das 1. und 2. Semester mit 2 SWS angeboten. Diese Veranstaltungen greifen Themen aus den drei Kernbereichen auf. Sie sind nicht einer bestimmten Pflichtveranstaltung zugeordnet, unterscheiden sich insofern wesentlich von den anderen studentischen Tutorien für die ersten beiden Semester. Die Frauentutorien sind eine wichtige Orientierungshilfe für Studentinnen zum juristischen Studium und dessen Umfeld.
Eine Veranstaltung zur *"Feministische Rechtstheorie"* behandelt die - bisher weitgehend außerhalb der Bundesrepublik entwickelten - Theorien für eine feministische Rechtswissenschaft.
Die rechtlichen Möglichkeiten, Frauenthemen in Lehre und Prüfung zu behandeln, sind für den juristischen Fachbereich vorbildlich geregelt. Diese Freiräume werden in Praxis in unterschiedlicher Intensität von den Lehrenden genutzt. Ein wichtiges Hindernis ist hierbei auch eine fehlende Information über die für das jeweilige Rechtsgebiet einschlägigen geschlechtsspezifischen Fragestellungen. Relevant ist außerdem der für verschiedene Rechtsgebiete noch eher unterentwickelte Stand der Frauenrechtsforschung.
Frauenspezifische Themen sind mittlerweile an anderen Universitäten - meist außerhalb der Bundesrepublik - bereits seit längerem Gegenstand von Forschung und Lehre. *Gastvorträge* können hier wichtige Impulse für die Umsetzung des gesetzlichen Auftrages geben, geschlechtsspezifische Fragen in der Lehre zu behandeln.

5   Personalentwicklungsplanung (PEP) für Juristinnen

Es ist das Ziel der Personalpolitik des Fachbereichs Rechtswissenschaft, den Frauenanteil am wissenschaftlichen Personal des juristischen Fachbereichs zu erhöhen bzw. zu verfestigen.
Die quantitativen Ziele orientierten sich am Kaskadenmodell der AS-Richtlinie 1992 sowie den quantitativen Vorgaben der Frauenrichtlinie 1987. PEP differenziert hierfür die Vorgaben und das Ausmaß der Verbindlichkeit für vier Gruppen:
-     studentischen Hilfskräfte und Korrekturassistentinnen,
-     Doktorandinnen und wissenschaftlichen Mitarbeiterinnen,
-     Habilitandinnen und wissenschaftlichen Assistentinnen und
-     Professorinnen.
Gesetzliche Vorgabe ist, daß bei der Besetzung von "Stellen mit Qualifizierungsfunktion" Frauen "mindestens entsprechend dem Anteil der Studienanfängerinnen des jeweiligen Bereichs unter der Voraussetzung mit Vorrang zu berücksichtigen sind, daß von den einzelnen Bewerberinnen im Einzelfall die für die jeweilige Aufgabe gestellten Anforderungen erbracht werden" (§ 4 Abs. 2 S. 4 BremHG). Die Vorgabe *der Mindestqualifikation* ist für die ersten drei Gruppen relevant.
Für die Besetzung einer Professur ist gesetzlich bestimmt, "daß Frauen in Bereichen, in denen sie unterdurchschnittlich vertreten sind, bei gleichwertiger Qualifikation wie männliche Mitbewerber grundsätzlich zu bevorzugen sind" (§ 4 Abs. 2 S. 3 BremHG). Voraussetzung ist eine *gleichwertige Qualifikation*.
Die folgenden Vorschläge gehen jeweils von diesen beiden unterschiedlichen gesetzlichen Vorgaben aus.
Es ist bekanntermaßen eines der entscheidenden Hindernisse für Juristinnen, sich für einen Verbleib im Wissenschaftsbetrieb entscheiden zu können, daß *rechtzeitige Informationen* zur voraussichtlichen Personalentwicklungsplanung weitgehend fehlen. Frauen sind in besonderer Weise auf die Chance einer längerfristigeren Lebensplanung angewiesen. Es sind durchschaubare Strukturen erforderlich, zu welchen voraussichtlichen Zeitpunkten und für welches Fachgebiet Stellen zu besetzen sein werden.
Der Fachbereichsrat Rechtswissenschaft wird jährlich einen Bericht zur derzeitigen Personalsituation und künftig voraussichtlich freiwerdenden Stellen beraten. Der Bericht liegt im Fachbereich zur Einsicht vor. Er ist ebenso Juristinnen und Juristen außerhalb der Fachbereichs - auch bundesweit - bei entsprechendem Interesse zur Verfügung zu stellen.
Die Antidiskriminierungsrichtlinie 1995 gibt für die Personalentwicklungsplanung *konkrete Ziel- und Zeitvorgaben* einschließlich der Konsequenzen, die sich daraus ergeben, wenn Zielvorgaben nicht erreicht werden.
Für die Zielvorgaben werden hinsichtlich der relevanten Ausgangssituation die *statistischen Angaben* so zugrunde gelegt, wie sie derzeit zur Verfügung stehen.

Die Zielvorgaben werden für einen *Sechs-Jahres-Zeitraum* festgelegt. Erst in dieser Zeitspanne sind in erheblicherem Umfang personelle Veränderungen zu erwarten.
Zusätzliche Maßnahmen des Landes oder der Universität zum Abbau von Unterrepräsentanz von Frauen beim wissenschaftlichen Nachwuchs dürfen nicht auf die Erfüllung der Zielvorgaben angerechnet werden.
Für die Zielvorgaben und die Bestandsaufnahme sind *Drittmittelgeförderte Stellen* informationshalber anzugeben.
Der Fachbereich Rechtswissenschaft geht davon aus, daß im Rahmen von Drittmittelprojekten, für die universitäre Kapazitäten genutzt werden, Frauen in gleicher Weise wie bei mit universitären Mitteln finanzierten Stellen von den Verantwortlichen beschäftigt werden. Sollte sich bei mit Drittmittelstellen geförderten Projekten dauerhaft zeigen, daß dies nicht geschieht, wird der Fachbereichsrat im Rahmen seiner Möglichkeiten über Konsequenzen hinsichtlich der Nutzung universitärer Kapazitäten entscheiden.

5.1   Studentische Hilfskräfte/ Korrekturassistenz

5.1.1   Vorhaben für studentische Hilfskräfte/ Korrekturassistentinnen

Am juristischen Fachbereich werden bei den studentischen Hilfskräfte Studentinnen mit einem Anteil von nicht weniger als der Hälfte der zu Verfügung stehenden Stunden (einschließlich einer Schwankungsbreite von 5%) beschäftigt.
Dieser Frauenanteil ist ebenso bei den für Korrekturassistenz zur Verfügung stehenden Stunden zu erreichen.
Es liegen Listen bei der Fachbereichsverwaltung für studentische Hilfskräfte und zur Korrekturassistenz aus, in denen sich Interessierte bereits im Vorfeld einer konkreten Stellenbesetzung eintragen können.
Der Fachbereichsprecher/die Fachbereichsprecherin achtet mit Unterstützung der Fachbereichsverwaltung bei der Vergabe von Verträgen mit studentischen Hilfskräften darauf, daß der festgelegte Frauenanteil im jeweiligen Semester erreicht wird.
Bleibt der Frauenanteil unter dieser Zielvorgabe, berücksichtigt dies der Fachbereichsrat bei der Zuweisung der Hilfskraftmittel für das nächste Haushaltsjahr. Grundlage ist eine statistische Übersicht der Verwaltung zur Anzahl der für Studentinnen/Studenten hinsichtlich der Tutorien bzw. der Professuren abgerechneten Hilfskraftstunden.

5.1.2   Erläuterung der Vorhaben für studentische Hilfskräfte/Korrekturassistentinnen
Seit den 90er Jahren sind ungefähr die Hälfte der Studierenden zu Beginn des juristischen Studiums an der Universität Bremen Studentinnen. In den Jahren 1990 bis 1995 hat der Frauenanteil bei den Studierenden insgesamt eine Schwankungsbreite von 48% bis 52% gehabt.
Entsprechend § 3 Abs. 2 S. 1 Nr. 1 AS-Richtlinie 1992 muß der Anteil weiblicher studentischen Hilfskräfte dem Frauenanteil zu Studienbeginn entsprechen. Dies Ziel ist auch bei der Beschäftigung studentischer Hilfskräfte am juristischen Fachbereich zu erreichen.
Bleibt der Frauenanteil unter dem erwarteten Ziel, soll die Möglichkeit bestehen, dies jeweils bei der Verteilung der Mittel für studentische Hilfskräfte zu Beginn des neuen Haushaltsjahrs vom Fachbereichsrat zu berücksichtigen.

5.2   Promotion

5.2.1   Vorhaben für Doktorandinnen und wissenschaftliche Mitarbeiterinnen

Der Fachbereich informiert in geeigneter Form über Promotionsmöglichkeiten, z.B. im Rahmen von Seminaren und besonderen Informationsveranstaltungen.
Der juristische Fachbereich unterstützt die Möglichkeit, gezielt Stipendien zur Förderung der Promotion für Frauen zu nutzen. Hinsichtlich der Stipendien für Doktorandinnen gilt das Ziel eines Frauenanteils von 50%.
Jeweils zu Ende des Sommersemesters gibt der Fachbereich eine Übersicht über die voraussichtlich in den nächsten zwei Semestern freiwerdenden Stellen für wissenschaftliche Mitarbeiterinnen und Mitarbeiter heraus.

Das Stellenprofil, das Grundlage für die Auswahlentscheidung ist, wird nach Beratung mit der ständigen Auswahlkommission des Fachgebiets bei der universitären Stellenausschreibung bekanntgegeben. Frauen werden bei den wissenschaftlichen Mitarbeiterinnen und Mitarbeitern mit einem Anteil von nicht weniger als der Hälfte der zu Verfügung stehenden Stellen (einschließlich einer Schwankungsbreite von einer Stelle) beschäftigt. Der Frauenanteil von nicht weniger als der Hälfte aller Stellen soll jeweils für die drei Gebiete Öffentliches Recht, Bürgerliches Recht und Strafrecht erreicht werden.
Die der Professur "Recht der Geschlechterbeziehungen" zugeordnete Stelle wird hinsichtlich des angestrebten Frauenanteils nur für den Fachbereich, nicht aber für eines der drei Rechtsgebiete berücksichtigt.
Der Fachbereichsrat wird von der Verwaltung informiert, wenn mit einer geplanten Stellenbesetzung der Frauenanteil am Fachbereich insgesamt (weiter) unter die Zielgröße sinken würde.
Wenn mit der geplanten Stellenbesetzung der Frauenanteil in einem Fachgebiet und damit zugleich auch im Fachbereich insgesamt unter die Zielgröße sinken würde, sind freigewordene Stellen abweichend von der Besetzungsliste für die nächsten Professur zu besetzen, die nach der Besetzungsliste des Fachbereichsrats anschließend eine Stelle besetzen könnte.
In Härtefällen ist auf Wunsch der Hochschullehrerin/des Hochschullehrers mit Beteiligung des Fachbereichsrats ein Tausch in der Reihenfolge der Besetzungsliste möglich. Diese Möglichkeit besteht z.B., wenn die für die Stellenbesetzung ausgewählte Bewerberin kurzfristig absagt und andere Bewerbungen so kurzfristig nicht zur Verfügung stehen.

5.2.2   Erläuterung der Vorhaben für Doktorandinnen und wissenschaftliche Mitarbeiterinnen

Studentinnen schließen das erste juristische Staatsexamen mit vergleichbaren Ergebnissen ab wie Studenten.
Bei einem Frauenanteil von ca. 50% beim 1. juristischen Staatsexamen in Bremen werden am juristischen Fachbereich - auch entsprechend § 3 Abs. 2 S. 1 Nr. 3 AS-Richtlinie 1995 - Frauen mit nicht weniger als der Hälfte der zur Verfügung stehenden Stellen beschäftigt.
Der juristische Fachbereich hat diesen Frauenanteil in den letzten Jahren immer erreicht und regelmäßig überschritten. Seit der persönlichen Zuordnung der Stellen für wissenschaftliche Mitarbeiterinnen/Mitarbeiter hat sich dieser Anteil verringert. Es gilt, den am Examen orientierten Frauenanteil zu sichern.
Grundlage für das Stellenbesetzungsverfahren ist die vom Fachbereichsrat beschlossenen Liste über die Zuordnung der Stellen zu einzelnen Professuren. Diese Liste ist jeweils zu verändern, wenn Arbeitsverträge vor Ablauf des Vertragszeitraums enden, Abschlußstipendien bewilligt werden oder dem Fachbereich - insbesondere infolge von Berufungsverhandlungen - zusätzliche Stellen zur Verfügung gestellt werden.
Die Professorinnen und Professoren des juristischen Fachbereich können sich mit dieser Besetzungsliste langfristig darauf einrichten, wann für die eigenen Professur aller Voraussicht nach eine Stelle (wieder)zubesetzen ist.
Es soll in der Verantwortung der drei Gebiete Öffentliches Recht, Bürgerliches Recht und Strafrecht liegen, die Zielgröße der Beschäftigung von Frauen insgesamt nicht zu unterschreiten. Die Verantwortung und der Spielraum für die einzelne Personalentscheidung verbleibt damit bei der Hochschullehrerin/dem Hochschullehrer in Zusammenarbeit mit den Kolleginnen/den Kollegen des jeweiligen Fachgebietes.
Konsequenz einer geplanten Stellenbesetzung, mit der für den Fachbereich insgesamt die geplante Zielgröße unterschritten werden würde, ist grundsätzlich eine Veränderung der Besetzungsliste. Dies ist der vertretbare und vorhersehbare Ansatzpunkt für mögliche Reaktionen. Es ist eine konkrete Bindung für den Bereich, bei dem eine Personalpolitik für Frauen in der begrenzten Autonomie und in der Verantwortung des Fachbereichs möglich ist.
Es bietet sich heute nicht mehr an, bei - unverbindlichen - Absichtserklärungen stehenzubleiben. Die Promotion ist für die Rechtswissenschaft der erste entscheidende Stolperstein dafür, künftig den Anteil von Juristinnen im Wissenschaftsbetrieb zuerhöhen. Die Frauenanteile liegen deutlich unter dem Anteil bei den Examinierten. Dies gilt bundesweit und auch in Bremen.
Es ist ein Schwerpunkt der Antidiskriminierungsrichtlinie 1995, den Frauenanteil bei den Promotionen im Rahmen der Möglichen gezielt und verbindlich zu fördern.

5.3 Habilitation

5.3.1 Vorhaben für Habilitandinnen und wissenschaftliche Assistentinnen

Der juristische Fachbereich unterstützt die Möglichkeit, Stipendien zur Förderung der Habilitation von Frauen zu nutzen. Der Fachbereich wird alle Möglichkeiten nutzen, zusätzliche Stellen für wissenschaftliche Assistentinnen einzuwerben.
Hinsichtlich der Stipendien für die Habilitandinnen gilt das Ziel eines Frauenanteils von 40%.
Für die Stellen der wissenschaftlichen Assistentinnen/Assistenten wird ein Frauenanteil von nicht unter 40% (einschließlich einer Schwankungsbreite von einer Stelle) der Stellen angestrebt.
Stellen für wissenschaftlichen Assistentinnen/ Assistenten sind bundesweit auszuschreiben. Das Stellenprofil, das Grundlage für die Auswahlentscheidung ist, wird mit der Stellenausschreibung bekanntgeben.
Es wird eine Arbeitsgruppe zur Strukturplanung des Fachbereich Rechtswissenschaft eingesetzt, die sich auch mit der Nachwuchsförderung befassen wird.

5.3.2 Erläuterung der Vorhaben für Habilitandinnen und wissenschaftliche Assistentinnen

Anknüpfend an § 3 Abs. 2 S. 1 Nr. 4 AS-Richtlinie 1992 hätte der Anteil der Habilitandinnen am juristischen Fachbereich dem Anteil der promovierten Frauen zu entsprechen. Der Fachbereich Rechtswissenschaft geht in der eigenen Praxis deutlich über diesen Anteil hinaus. Dies ist die vernünftige Reaktion auf die bundesweite Schere zwischen den steigenden Anteilen von Frauen bei den Studierenden der Rechtswissenschaft und ihrem völlig defizitären Anteilen bei den Promotionen und Habilitationen. Der für Habilitationen angestrebte Frauenanteil liegt deshalb über dem bundesweiten Anteil promovierter Frauen.
Frauenförderung an den Hochschulen ist ohne eine größere Planungssicherheit über möglicherweise vorhandene Stellen nicht hinreichend realisierbar. Für eine perspektivische Planung fehlen Festlegungen zur Hochschulentwicklungsplanung. Anliegen ist deshalb, für den Fachbereich mehr Basisinformationen zu erhalten. Außerdem hat der Fachbereich über die eigenen Prioritäten für eine Besetzung und die Zuordnung der Stellen im einzelnen zu beraten. Dies soll von der Arbeitsgruppe des Fachbereichs Rechtswissenschaft zur Strukturplanung vorbereitet werden.

5.4 Professuren

5.4.1 Vorhaben für Professorinnen

Zu besetzende Stellen sind bundesweit auszuschreiben. Die Anforderungen an die Qualifikation sind vor der Sichtung der Bewerbungsunterlagen von der Berufungskommission festzulegen.
Bei der Besetzung einer Professur sind Frauen entsprechend § 4 Abs. 2 S. 3 BremHG bei gleichwertiger Qualifikation wie männliche Mitbewerber grundsätzlich zu bevorzugen.
Es ist beabsichtigt, Professorinnen - bei entsprechend qualifizierten Bewerberinnen - am juristischen Fachbereich mit einem Anteil von nicht unter 20% zu beschäftigen.
Die Arbeitsgruppe zur Strukturplanung am Fachbereich Rechtswissenschaft wird sich mit der Hochschulstrukturplanung hinsichtlich der Professuren befassen. Die Arbeitsgruppe wird dabei auch Vorschläge für den Fachbereichsrat dazu vorbereiten, wie die steigende Prüfungsbelastung vor und mit dem 1. Staatsexamen berücksichtigt werden könnte.

5.4.2 Erläuterung der Vorhaben für Professorinnen

Stellen sind gem. § 9 a BremBG öffentlich auszuschreiben. Das Stellenprofil ist nach § 3 Abs. 2 Berufungsordnung vor Beginn der Vorauswahl der Bewerber/innen festzulegen.
Der Frauenanteil bei den Habilitationen hatte bereits Anfang der 80er Jahre einen Anteil von ca. 15% erreicht. Dieser Anteil ist 1990 wieder erreicht worden. Juristen haben in der Zwischenzeit vom Ausbau der Habilitationsstellen überproportional profitiert.
Anknüpfend an § 3 Abs. 2 Nr. 5 AS-Richtlinie 1992 hätte der Anteil hauptamtlichen Professorinnen dem Anteil der Habilitandinnen zu entsprechen. Der Fachbereich Rechtswissenschaft strebt einen höhe-

ren Frauenanteil an. Nur so kann die Chance bestehen, daß künftig in jedem Fachgebiet eine Professorin tätig wäre.
Für die Besetzung der Stellen der Hochschullehrerinnen/Hochschullehrer gilt eine ähnliche Unsicherheit für eine perspektivische Planung wie für die wissenschaftlichen Assistentinnen. Es bedarf einer strukturellen Klärung auch im Fachbereich, bei welcher der freiwerdenden Stelle es unerläßlich sein wird, eine Stelle wiederzubesetzen. Es wäre für jede Frauenförderung weitgehend sinnlos, erst bei einem Schrumpfen des Fachbereichs auf die Minimalausstattung eines Fachgebiets bei Neubesetzungen auf einen ausreichenden Frauenanteil achten zu können.

6 *Frauenbeauftragte bzw. Frauenbeauftragtenkollektiv*

Der Fachbereich gewährleistet die Ausstattung der Frauenbeauftragten/des Frauenbeauftragtenkollektivs mit den für die Arbeit erforderlichen Sachmitteln.
Der Fachbereich stellt die Umsetzung der Verfahrensregelung des Rektors vom 14.9.1993 zur Sicherung der Beteiligung von dezentralen Frauenbeauftragten an Auswahl-/Berufungsverfahren im Wissenschaftsbetrieb sicher. Hierzu gehört die Beteiligung an den Sitzungen der Berufungs- und Auswahlkommissionen. Information über anstehende Stellenbesetzungsplanungen etc.

7 *Bericht und Fortschreibung*

Der Fachbereich wird in Vorbereitung des Berichts des Rektors "über die Bemühungen zur Erhöhung des Anteils der Frauen am wissenschaftlichen Personal und deren Realisierungen" über die Erfahrungen mit der Antidiskriminierungsrichtlinie 1995 berichten. Der Rektor hat nach Ziffer 13 der Frauenrichtlinie 1987 im Abstand von zwei Jahren zu berichten.
Die Antidiskriminierungsrichtlinie ist nach Ablauf des Sechs-Jahreszeitraum (1996 - 2001) unter Auswertung der vorliegenden Erfahrungen fortzuschreiben.

Anhang 4 : Zu den Autorinnen

Dr. Susanne Baer, LL.M,

Seit 1995 wissenschaftliche Mitarbeiterin am Institut für Öffentliches Recht und Völkerrecht an der Humboldt-Universität zu Berlin, seit 1993 ebenda Mitbetreuung des Projekts Feministische Rechtswissenschaft. Studium der Politik- und Rechtswissenschaft an der FU Berlin, Referendariat in Berlin und Boston, 1991/92 Senatsverwaltung für Stadtentwicklung und Umweltschutz, 1992/93 Masters-Studium an der University of Michigan Law School, bis 1995 Stipendiatin der Hans-Böckler-Stiftung zur Promotion in Frankfurt/M. ("Würde oder Gleichheit?" Nomos 1995).

Lehre, Forschung, Vorträge und Publikationen zu Fragen feministischer Rechtswissenschaft, Verfassungsrecht und Verfassungsreformen, Zivil-, Arbeits- und Strafrecht gegen Diskriminierung, Rechtskulturen und rechtstheoretischen Problemen; Übersetzungen.

Prof. Dr. Ninon Colneric,

geb. 1948, ist seit 1989 Präsidentin des Landesarbeitsgerichts Schleswig-Holstein. Sie war Richterin am Arbeitsgericht Oldenburg und vertrat Professoren in den Universitäten Bremen und Frankfurt. Von 1988 bis 1994 gehörte sie dem Wissenschaftlichen Beirat des Zentrums für Europäische Rechtspolitik an. 1992 wurde Colneric in den ZDF-Fernsehrat berufen.

Veröffentlichungen insbesondere zum Arbeitskampfrecht, zum Recht der ausländischen Arbeitnehmerinnen und Arbeitnehmer sowie zur Gleichbehandlung von Frauen und Männern.

Helga Ebeling,

geb. 1951, seit 1975 Referentin im Bundesministerium für Bildung und Wissenschaft mit wechselnden Aufgabengebieten, u.a. Bildungsforschung, Bildungsberatung, Familie und Bildung, Sonderpädagogik, Informationstechnik und Bildung, seit 1989 Leiterin des Referates "Frauen in Bildung und Wissenschaft", seit 1995 Referat "Frauen in Bildung und Forschung" des Bundesministeriums für Bildung, Wissenschaft, Forschung und Technologie.

Veröffentlichungen zu Fragen der Frauenförderung in Schule, Berufsbildung, Wissenschaft, Weiterbildung und in europäischen Programmen.

Prof. Dr. Ute Gerhard,

geb. 1939, Studium der Rechtswissenschaften, Soziologie und Geschichte, lehrt an der Universität Frankfurt/M. Soziologie mit dem Schwerpunkt Frauenarbeit/Frauenbewegung. Zahlreiche Veröffentlichungen zur Geschichte der Frauenarbeit und Frauenbewegung, zu Frauenrechten und Sozialpolitik, unter anderem:
Verhältnisse und Verhinderungen, Frankfurt/M. 1978; auf Kosten von Frauen, Hrsg. von Gerhard/Schwarzer/Slupik, Weinheim 1988; Gleichheit ohne Angleichung. Frauen im Recht, München 1990; Unerhört. Die Geschichte der deutschen Frauenbewegung, Reinbek.

Bettina Graue,
geb. 1966, seit 1993 wissenschaftliche Mitarbeiterin am Fachbereich Rechtswissenschaft der Universität Bremen für Öffentliches Recht mit Schwerpunkt "Recht der Geschlechterbeziehungen"; zur Zeit Referendarin, Promotion zur Frauenförderung im öffentlichen Dienst sowie erste Veröffentlichungen zur Frauenförderung im öffentlichen Dienst, an Hochschulen und im Europarecht.

Prof. Dr. Jutta Limbach,

geboren 1934, ist seit 1994 Präsidentin des Bundesverfassungsgerichts. Sie war in den Jahren 1963 bis 1966 am Fachbereich Rechtswissenschaft der Freien Universität Berlin als wissenschaftliche Assistentin tätig. Im Jahre 1971 hat sie mit Hilfe eines Habilitanden-Stipendiums der Deutschen Forschungsgemeinschaft habiliert. Seit 1971 ist sie Professorin für Bürgerliches Recht, Handels- und Wirtschaftsrecht sowie Rechtssoziologie an der Freien Universität Berlin, seit 1989 als Professorin beurlaubt. 1989 war sie Mitglied des wissenschaftlichen Beirats für Familienfragen beim Bundesministerium für Jugend, Familie, Frauen und Gesundheit. Sie ist Mitherausgeberin mehrerer wissenschaftlicher Zeitschriften und Herausgeberin - gemeinsam mit Marion Eckertz-Höfer und Heide Pfarr - einer Schriftenreihe zur Gleichstellung der Frau. 1992 bis 1993 war sie Mitglied der Gemeinsamen Verfassungskommission von Bundestag und Bundesrat. Veröffentlichungen zu Fragen des Handels- und Gesellschaftsrechts, des Familienrechts, der soziologischen Jurisprudenz sowie des Verfassungsrechts.

Prof. Dr. Heide M. Pfarr,

geb. 1944, seit 1976 Professorin für Bürgerliches Recht und Arbeitsrecht an der Universität Hamburg im Forschungsschwerpunkt Diskriminierung von Frauen im Erwerbsleben. 1984 - 1986 Vizepräsidentin der Universität Hamburg, 1989 - 1991 Senatorin für Bundesangelegenheiten und Europabeauftragte des Landes Berlin, 1991 - 1993 Staatsministerin für Frauen, Arbeit und Sozialordnung des Landes Hessen, seit 1995 neben der Professur in Hamburg Wissenschaftliche Direktorin des Wirtschafts- und Sozialwissenschaftlichen Instituts der Hans-Böckler-Stiftung und Mitglied der Geschäftsführung dieser Stiftung.
Zahlreiche Veröffentlichungen im Arbeits- und Verfassungsrecht.

Prof. Dr. Ursula Rust,

geb. 1955, von 1982 bis 1988 wissenschaftliche Angestellte bei der Leitstelle Gleichstellung der Frau in der Senatskanzlei Hamburg, von 1989 bis 1992 Regierungsdirektorin im Frauenministerium des Landes Schleswig-Holstein, seit 1992 Universitätsprofessorin, Professur „Recht der Geschlechterbeziehungen" am Fachbereich Rechtswissenschaften der Universität Bremen. Veröffentlichungen im Arbeits-, Sozial- und Europarecht insbesondere zu frauenrechtlichen Themen

Dr. Silvia Siegmund-Ulrich,

geb. 1955, Assistenzprofessorin am Institut für Öffentliches Recht, Politikwissenschaft und Verwaltungslehre an der Universität Graz. Bis Herbst 1994 Vorsitzende des Arbeitskreises für Gleichbehandlungsfragen an der Universität Graz und Vorsitzende der Arbeitsgruppe für Gleichbehandlungsfragen im Wissenschaftsministerium. 1995 Leitung der vom Bundesministerium für Frauenfragen eingerichteten Expertinnengruppe zur Änderung des verfassungsrechtlichen Gleichheitsgebotes. Seit 1995 österreichische Vertreterin in der europäischen Expertengruppe über positive Maßnahmen (Positive Action Coordinating Group). Forschungsschwerpunkte: Fragen des verfassungsrechtlichen und einfachgesetzlichen Diskriminierungsschutzes in Österreich und im internationalen Vergleich; Forschungsorganisation und Universitätsorganisationsrecht.

Dr. phil. Gerlinda Smaus,

geb. 1940 in Granesau, Böhmen. Studium der Soziologie an der Karls-Universität in Prag (1967), Promotion zum Dr. phil. 1973 in Saarbrücken. Wissenschaftliche Mitarbeiterin an der KU Prag bis 1968, seitdem an der Universität des Saarlandes, im Institut für Rechts- und Sozialphilosophie der Rechts- und Wirtschaftswissenschaftlichen Fakultät. Empirische Forschungen auf dem Gebiet der Kultursoziologie und der Kriminologie; Veröffentlichungen in der Rechtssoziologie, kritischer Kriminologie und Frauenforschung; Lehre in allgemeinen und speziellen Soziologien. Ehemalige Redakteurin des Kriminologischen Journals und nunmehr Beiratsmitglied. Gründungs- und Vorstandsmitglied der Gesellschaft für interdisziplinäre wissenschaftliche Kriminologie, seit März 1996 Vorsitzende.
Mutter von 3 Kindern.

Bettina Sokol,

geb. 1959, von 1986 bis 1990 wissenschaftliche Mitarbeiterin am Fachbereich Rechtswissenschaft der Universität Bremen, seit 1990 Richterin am Verwaltungsgericht, seit 1992 stellvertretendes Mitglied des Bremischen Staatsgerichtshofes, von 1993 bis 1996 wissenschaftliche Mitarbeiterin am Bundesverfassungsgericht, seit April 1996 Landesbeauftragte für Datenschutz in Nordrhein-Westfalen.
Vorträge, Lehr- und Veröffentlichungstätigkeit im öffentlichen Recht, insbesondere zu frauenrechtlichen Themen

Dr. Angelika von Wahl,

geb. 1963, studierte Politikwissenschaft in München, Berlin und an der Duke University (USA). Sie beendete 1989 ihr Diplom zu Fragen der Immigrations- und Akulturationsforschung an der Freien Universität Berlin. Ab 1989 war sie Mitglied im Graduiertenkolleg "Die USA und die Probleme der Demokratie" am John F. Kennedy-Institut für Nordamerika-Forschung und hat mit einer vergleichenden Policy zur beruflichen Gleichstellungspolitik von Frauen in den USA und der Bundesrepublik promoviert. Seit 1996 ist sie DAAG-Gastdozentin an der University of North Carolina in Chapel Hill (USA).
Veröffentlichungen in den Bereichen Arbeitsmarkt-, Frauen-, Bildungs- und Immigrationspolitik, insbesondere unter geschlechtsspezifischer Perspektive.

Dr. Susanne Walther, LL.M. (Georgetown),

geb. 1956, hat in Freiburg, Genf und Washington, D.C. (USA) Rechtswissenschaft studiert und promovierte 1990 an der Universität Freiburg mit einer Dissertation aus dem Bereich der Strafrechtsdogmatik. Sie ist seit 1987 wissenschaftliche Referentin am Max-Planck-Institut für ausländisches und internationales Strafrecht in Freiburg/Brsg.
Veröffentlichungen zum Thema des deutschen, ausländischen und internationalen Straf- und Strafverfahrensrechts.

Herausgegeben von Prof. Dr. Jutta Limbach, Prof. Dr. Heide Pfarr und Marion Eckertz-Höfer

Schriften zur Gleichstellung der Frau

Susanne Baer — Band 13
Würde oder Gleichheit?
Zur angemessenen grundrechtlichen Konzeption von Recht gegen Diskriminierung am Beispiel sexueller Belästigung am Arbeitsplatz in der Bundesrepublik Deutschland und den USA
1995, 352 S., brosch., 88,– DM, 642,– öS, 80,– sFr, ISBN 3-7890-4073-8

Hannelore Maelicke — Band 12
Ist Frauenstrafvollzug Männersache?
Eine kritische Bestandsaufnahme des Frauenstrafvollzuges in den Ländern der Bundesrepublik Deutschland
Mit einem Vorwort von Fritz Sack
1995, 122 S., brosch., 38,– DM, 277,– öS, 35,50 sFr, ISBN 3-7890-4072-X

Christiane Berneike — Band 11
Die Frauenfrage ist Rechtsfrage
Die Juristinnen der deutschen Frauenbewegung und das Bürgerliche Gesetzbuch
1995, 119 S., brosch., 38,– DM, 277,– öS, 35,50 sFr, ISBN 3-7890-3808-3

Christine Fuchsloch — Band 10
Das Verbot der mittelbaren Geschlechtsdiskriminierung
Ableitung, Analyse und exemplarische Anwendung auf staatliche Berufsausbildungsförderung
1995, 318 S., brosch., 79,– DM, 577,– öS, 72,– sFr, ISBN 3-7890-3672-2

Heinz-Gerd Suelmann — Band 9
Die Horizontalwirkung des Art. 3 II GG
1994, 147 S., brosch., 45,– DM, 329,– öS, 42,– sFr, ISBN 3-7890-3413-4

Klaus Lange — Band 8
Kommunale Frauenbeauftragte
Rechtsgutachten zum Entwurf eines Zehnten Gesetzes zur Änderung der Niedersächsischen Gemeindeordnung und der Niedersächsischen Landkreisordnung
1993, 132 S., brosch., 39,– DM, 285,– öS, 36,– sFr, ISBN 3-7890-3053-8

Jutta Limbach/
Marion Eckertz-Höfer (Hrsg.) — Band 7
Frauenrechte im Grundgesetz des geeinten Deutschland
Diskussion in der Gemeinsamen Verfassungskommission von Bundestag und Bundesrat und der Bundesratskommission Verfassungsreform
– Dokumentation –
1993, 303 S., brosch., 78,– DM, 569,– öS, 71,– sFr, ISBN 3-7890-3052-X

Dagmar Schiek — Band 6
Nachtarbeitsverbot für Arbeiterinnen
Gleichberechtigung durch Deregulierung?
1992, 447 S., brosch., 98,– DM, 715,– öS, 89,– sFr, ISBN 3-7890-2677-8

**NOMOS Verlagsgesellschaft
76520 Baden-Baden**

Ute Sacksofsky

Das Grundrecht auf Gleichberechtigung

Eine rechtsdogmatische Untersuchung zu Artikel 3 Absatz 2 des Grundgesetzes

2. erweiterte Auflage

Mit der aktuellen Diskussion um die Gleichstellung der Frau ist auch der Gleichberechtigungsartikel des Grundgesetzes in das Zentrum des Interesses gerückt. Nachdem die Vorschriften, die Frauen ausdrücklich benachteiligen, weitgehend aus der Rechtsordnung verschwunden sind, werden neue Probleme an ihn herangetragen, wie etwa die Frage nach der Zulässigkeit von Frauenquoten.
Damit muß grundsätzlich geklärt werden, wie das Grundrecht „Männer und Frauen sind gleichberechtigt" zu verstehen ist. Hierzu werden die Rechtsprechung des Bundesverfassungsgerichts analysiert und die verschiedenen Phasen der Auslegung in der Literatur kritisch gewürdigt. Ein rechtsvergleichender Blick gilt der parallelen Diskussion in den USA. Die Autorin kommt mit Hilfe der klassischen Auslegungsmethode zu dem Ergebnis, daß der Gleichberechtigungssatz als gruppenbezogenes Dominierungsverbot zu verstehen ist.
Die 1. Auflage der Untersuchung hat ein großes Echo in der Fachöffentlichkeit und darüber hinaus gefunden. Die 2. Auflage wurde um einen Nachtrag erweitert, der die Entwicklung seit dem Jahr 1991 verarbeitet und insbesondere die kürzlich vorgenommene Verfassungsänderung berücksichtigt.

1996, 456 S., brosch., 98,– DM, 715,– öS, 89,– sFr, ISBN 3-7890-4318-4
(Schriften zur Gleichstellung der Frau, Bd. 1)

**NOMOS Verlagsgesellschaft
76520 Baden-Baden**